D1997715

Horst Pöttker · Thomas Meyer (Hrsg.)

Kritische Empirie

Horst Pöttker · Thomas Meyer (Hrsg.)

Kritische Empirie

Lebenschancen in den Sozialwissenschaften. Festschrift für Rainer Geißler

VS VERLAG FÜR SOZIALWISSENSCHAFTEN

VS Verlag für Sozialwissenschaften
Entstanden mit Beginn des Jahres 2004 aus den beiden Häusern
Leske+Budrich und Westdeutscher Verlag.
Die breite Basis für sozialwissenschaftliches Publizieren

Bibliografische Information Der Deutschen Bibliothek
Die Deutsche Bibliothek verzeichnet diese Publikation in der Deutschen Nationalbibliografie; detaillierte bibliografische Daten sind im Internet über <http://dnb.ddb.de> abrufbar.

1. Auflage April 2004

Alle Rechte vorbehalten
© VS Verlag für Sozialwissenschaften/GWV Fachverlage GmbH, Wiesbaden 2004

Lektorat: Frank Engelhardt / Verena Grupp

Der VS Verlag für Sozialwissenschaften ist ein Unternehmen von Springer Science+Business Media.
www.vs-verlag.de

Das Werk einschließlich aller seiner Teile ist urheberrechtlich geschützt. Jede Verwertung außerhalb der engen Grenzen des Urheberrechtsgesetzes ist ohne Zustimmung des Verlags unzulässig und strafbar. Das gilt insbesondere für Vervielfältigungen, Übersetzungen, Mikroverfilmungen und die Einspeicherung und Verarbeitung in elektronischen Systemen.

Die Wiedergabe von Gebrauchsnamen, Handelsnamen, Warenbezeichnungen usw. in diesem Werk berechtigt auch ohne besondere Kennzeichnung nicht zu der Annahme, dass solche Namen im Sinne der Warenzeichen- und Markenschutz-Gesetzgebung als frei zu betrachten wären und daher von jedermann benutzt werden dürften.

Umschlaggestaltung: KünkelLopka Medienentwicklung, Heidelberg
Druck und buchbinderische Verarbeitung: Rosch-Buch, Scheßlitz
Gedruckt auf säurefreiem und chlorfrei gebleichtem Papier
Printed in Germany

ISBN 3-531-14106-6

Inhalt

3. Lebenschancen und Migration

Anhang

Rainer Geißler und das soziologische Konzept der Lebenschancen

Einleitung

Ursprünglich war dieses Buch gedacht, um einen Kollegen und Freund zu ehren, dem ungeachtet seiner Sportlichkeit und intellektuellen Frische das Dasein als Emeritus unmittelbar bevorstand. Dass diese Perspektive sich heute verschoben hat, liegt nicht zuletzt am Jubilar selbst. Wie er versucht hat, das ihm Bevorstehende vorläufig abzuwenden, wirft ein Licht auf die Kombination von Unabhängigkeit und Augenmaß, die für ihn typisch ist. Andere wären auf dem Dienstweg oder juristisch vorgegangen. Er hat mit normaler Post einen Brief nach Düsseldorf geschickt, an den Ministerpräsidenten und die Fraktionsvorsitzenden im Landtag. Der enthielt die schlichte Information, dass es den gebeutelten Landeshaushalt entlasten würde, wenn man Hochschullehrern wieder die Option einräumte, bis zum 68. Lebensjahr im Dienst zu bleiben. Offenbar leuchtete dieses Argument den Adressaten ein, denn es gibt mittlerweile einen entsprechenden Kabinettsbeschluss, weiteres ist zum Zeitpunkt dieser Formulierung noch nicht bekannt. Wir würden uns sehr freuen, wenn dieses Buch am 8. Mai 2004 „nur“ zum 65. Geburtstag eines weiterhin voll in Forschung, Lehre und Selbstverwaltung aktiven Rainer Geißler erschiene.

1. Rainer Geißlers kritische Empirie

Der Mut zu der Selbstverständlichkeit, den Weg zu wählen, der jedem Bürger offen steht, zeugt von einer Tugend, die für einen deutschen Professor eben *nicht* selbstverständlich ist. Sie ließe sich bei ihm durch manche Anekdote illustrieren. Eine davon hängt mit dem Schauplatz zusammen, der Universitätsstadt Siegen, genauer: der Gegend um ihren Hauptbahnhof. Es wimmelt dort nicht vor gastronomischen Verlockungen, auch nicht an Samstagnachmittagen, wenn externe Lehrbeauftragte sich nach einem Blockseminar mit dem ortsansässigen Kollegen treffen, bevor sie sich wieder auf den Heimweg machen. In Siegen bietet sich für solche Treffen vor allem die Filiale einer weltweit operierenden Fast-Food-Kette an. Anders als mancher stilbewusste Kollege hat Rainer Geißler keine Probleme, es sich an diesem plebejischen Ort gemütlich zu machen. Bildungsbürgerlichen Bedenken hält er allenfalls die Bemerkung entgegen, hier gehe es doch demokratisch zu.

Wer so redet, versteht unter Demokratie offenbar mehr als eine Staatsform, ja sogar mehr als einen Zustand der Gesellschaft. Er meint damit eine *Lebensweise*, der vor allem Dünkel fern liegt. Das zeigt sich auch im Berufsleben. Der Hochschullehrer Rainer Geißler behandelt Studierende und Mitarbeiter nicht aus professoraler Höhe, sondern pflegt einen kollegialen Umgang mit ihnen. Über den egalitären Stil hinaus gehört zur demokratischen Lebensweise das Engagement gegen ungerechte Zustände. Dass es Rainer Geißler auch an diesem Impuls nicht mangelt, zeigen schon Aufsatztitel wie „Fremdenhass – Warum es in Deutschland brennt und was wir dagegen tun können“ (1993), „Mehr Bildungschancen, aber weniger Bildungsgerechtigkeit – ein Paradox der Bildungsexpansion“ (1999) oder „'Ausländerkriminalität' – Vorurteile, Missverständnisse, Fakten“ (2000).

Einem Soziologen, der bei den wissenschaftlichen Standards keine Abstriche machen will, verlangt die demokratische Lebensweise ab, sich für das Thema soziale Ungleichheit zu interessieren, um es mit analytischer Schärfe und empirischer Präzision aufs Korn zu nehmen. Rainer Geißlers 1973 erschienene, drei Jahrzehnte später in den Kanon der „Schlüsselwerke für die Kommunikationswissenschaft“ aufgenommene Dissertation über „Massenmedien, Basiskommunikation und Demokratie“ kombiniert im Untertitel die Begriffe *normativ* und *empirisch* vermittels eines Bindestrichs. Auch die Formulierung „Kritische Empirie“ im Titel dieses Buches deutet die beiden nur scheinbar widersprüchlichen Seiten des sozialwissenschaftlichen Programms an, das für die Arbeit Rainer Geißlers von Beginn an charakteristisch gewesen ist.

2. Das Konzept der Lebenschancen

Die Edition einer Festschrift ist ein mühsames Geschäft, wenn mehr als 25 Autorinnen und Autoren aus verschiedenen Disziplinen und Berufsfeldern an dem Unternehmen beteiligt sind. Umso erfreulicher für die Herausgeber, dass sich bei der Frage nach dem Titel unverzüglich Einigkeit herstellen ließ. Wenn man nach einem Oberbegriff für das Werk Rainer Geißlers sucht, drängt sich das Konzept der *Lebenschancen* auf. Nicht nur trägt eines seiner Bücher, „Soziale Schichtung und Lebenschancen“, den Begriff im Titel; im Grunde können alle Arbeiten Geißlers – mal deutlicher, mal weniger deutlich – als Beiträge zur Lebenschancenforschung verstanden werden.

Was ist nun unter dem Begriff Lebenschancen zu verstehen, der den Vorarbeiten Max Webers zum Trotz in den Sozialwissenschaften noch immer ein Schattendasein führt[1]? Geißler hat in Anlehnung an Ralf Dahrendorf folgende Antwort entwickelt: *Lebenschancen sind Chancen auf die Verwirklichung von Lebenszielen, die in einer Gesellschaft als erstrebenswert angesehen werden.* Es geht also um Chancen, an vorteilhaften Lebensbedingungen teilhaben und nachteiligen Lebensbedingungen ausweichen zu können. Anders gesagt: Es geht um ein Konzept, das – ausgehend von dem für demokratische Gesellschaften konstitutiven Prinzip der Chancengleichheit –

1 Über die Ursachen dieser Randständigkeit lässt sich nur spekulieren. Möglicherweise sind unter der langjährigen Vorherrschaft des Paradigmas von der individualisierten Wohlstands- und Erlebnisgesellschaft Fragen nach der ungleichen Verteilung von Lebenschancen nur zeitweilig ins Abseits gedrängt worden. Im Zuge der mittlerweile auf Dauer gestellten Wirtschaftskrise mit einer strukturell verfestigten Massenarbeitslosigkeit sind jedenfalls Zeichen einer Umkehr erkennbar.

soziale Missstände ins Visier nimmt. Statt nur im Elfenbeinturm abstrakte Wissenschaft zu betreiben, wird eine Perspektive favorisiert, die der Soziologie schon im 19. Jahrhundert in die Wiege gelegt worden ist und die das Augenmerk auf soziale Probleme, Ungerechtigkeiten und Konflikte richtet.

Aber es ist nicht nur die normative Ausrichtung, durch soziologische Aufklärung zur Verbesserung der gesellschaftlichen Verhältnisse beitragen zu wollen, die für das Lebenschancenkonzept spricht. Weitere, eher systematische Gründe lassen sich hinzufügen:

Erstens hat dieses Konzept den Vorteil, sowohl makro- als auch mikrosoziologische Implikationen zu enthalten, wie beispielsweise der Beitrag von Irene Woll-Schumacher in diesem Band auf plastische Weise zeigt. Denn so wie Lebenschancen einerseits auf den objektiven Lebensverhältnisses beruhen, so sind sie andererseits von der subjektiven Wahrnehmung und Bearbeitung dieser Verhältnisse durch handelnde Individuen beeinflusst. Soziale Strukturen fungieren als Bedingungen für Lebenschancen, die von menschlichen Akteuren produziert und reproduziert werden.

Zweitens geht das Lebenschancenkonzept notwendigerweise mit einer zeitlich-dynamischen Zugriffsweise einher. Denn es setzt voraus, dass sich die menschliche Geschichte als ein zwar strukturell konstanter, in seinen konkreten Formen jedoch wechselvoller Prozess der Ausbeutung, Unterdrückung und Ungerechtigkeit, kurz: als Geschichte ungleicher Lebenschancen artikuliert. Und gleichzeitig wird angenommen, dass zumal im Rahmen der sich beschleunigt wandelnden Gegenwartsgesellschaft die soziale Verteilung der Lebenschancen stets veränderbar ist.

Drittens ist der Lebenschancenbegriff nicht nur historisch-vertikal, sondern auch horizontal orientiert. Ihm ist eine auf die verschiedenen Felder der Gesellschaft ausgerichtete Querschnittsperspektive inhärent, die beispielsweise die Chancen auf hohe Lebenserwartung, auf gute Ausbildung oder auf hohe subjektive Lebenszufriedenheit ebenso in den Blick nimmt wie die Möglichkeiten einer autonomen Identitätsentwicklung.

Schließlich kann man in diesem Zusammenhang nochmals auf Dahrendorf zurückkommen, der das Lebenschancenkonzept rühmt, weil es sich um einen Begriff handele, „der *sozial* ist, also nicht angewiesen auf individuelle Wahrnehmung oder diese, was noch schlimmer wäre, verordnend; der *strukturell* ist, also das begehrte Ziel nicht nur an den zufälligen ‚Gegenständen', sondern an Mustern der Sozialorganisation festmacht; der als Folge seines sozialen und strukturellen Charakters *historisch* ist; und der *theoretisch* ist, also im Prinzip alle gegebenen Gesellschaften und ihr bekanntes Potential transzendiert" (Dahrendorf 1979: 47).

Ohne den systematischen Gehalt des Lebenschancenbegriffs hier zu vertiefen, sollte klar sein: Es handelt sich um einen „Kompaktbegriff" (Niklas Luhmann), der, ohne diffus zu sein, genügend abstrakt ist, um eine erhebliche Bandbreite an Gegenstandsfeldern sinnvoll zu bündeln. Schon ein Blick ins Inhaltsverzeichnis genügt, um die Spannbreite der im Folgenden versammelten Beiträge zu erkennen: Von der Lebenserwartung in der Antike bis zu den Risiken jugendlicher Spätaussiedler, von den Restriktionen der australischen Migrationspolitik bis zum Wandel der Lebensbedingungen für Frauen in Oberhausen, von der Mediennutzung türkischer Migranten bis zu den Selbstbildern deutscher Spitzenmanager.

3. Überlegungen zur Edition

Im Mai 2002 haben wir Kolleginnen und Kollegen, bei denen uns eine persönliche oder thematische Nähe zu Rainer Geißler und seiner Arbeit bekannt war, zur Beteiligung an dieser Festschrift eingeladen. Um genügend Zeit für eine gründliche Redaktion zu haben, baten wir eindringlich, die Beiträge bis Anfang des Jahres 2003 zu liefern. Es spricht für das Ansehen Rainer Geißlers in der Soziologie und über deren Fachgrenzen hinaus, dass die allermeisten Angeschriebenen der Einladung gern gefolgt sind. Einige Manuskripte sind bis zum Sommer 2003 noch hinzugekommen, teils weil ihre Autorinnen und Autoren uns erst im Laufe der Editionsarbeit eingefallen sind, teils, weil sie Wind von der Sache bekommen und sich selbst gemeldet haben.

Am Titel des Buchs, den bereits das Einladungsschreiben mitteilte, konnten wir nach Sichtung der Manuskripte festhalten. Nicht festgehalten haben wir an der ursprünglich geplanten Gliederung. Der realisierten Anordnung der Beiträge, wie sie dem Inhaltsverzeichnis zu entnehmen ist, liegen vier Überlegungen zu Grunde:

Zunächst die Trennung von synchronen und diachronen Aspekten. Im ersten Abschnitt „Lebenschancen und soziale Ungleichheit" haben wir Querschnittanalysen gesammelt, im zweiten „Lebenschancen und sozialer Wandel" Beiträge, die Phänomene der Chancenungleichheit im historischen Längsschnitt betrachten. Dass es sich bei dieser Unterscheidung um ein heuristisches Konstrukt handelt, weil Ungleichheit in der sozialen Realität immer beide Aspekte hat, bedarf kaum der Erwähnung.

Zweitens haben wir alle Beiträge, die sich Problemen der Migration und Integration ethnischer Minderheiten widmen, in einen thematisch gebundenen dritten Abschnitt gestellt. Das scheint uns nicht zuletzt deshalb sinnvoll, weil Rainer Geißlers Forschungstätigkeit seit den 1990er Jahren vor allem auf diesen Problemkreis gerichtet ist. Als Leiter des Projekts „Mediale Integration ethnischer Minderheiten in Deutschland, den USA und Kanada " wird er dem Siegener DFG-Forschungskolleg „Medienumbrüche" auch nach einer Pensionierung erhalten bleiben.

Innerhalb jedes Abschnitts haben wir drittens die mehr begrifflich-theoretisch argumentierenden Beiträge nach vorn und die mehr empirisch orientierten, konkrete Daten präsentierenden Studien nach hinten gestellt. Auch das ist natürlich nur ein heuristisches und überdies ziemlich grobes Kriterium, denn Theorie sollte nicht ohne empirische Unterfütterung, Empirie nicht ohne kritische Reflexion bleiben, was vielen Texten dieses Bandes gelingt.

Unsere vierte Überlegung schließlich war, Texte zum Themenkreis „Journalismus und Öffentlichkeit" jeweils ans Ende der Abschnitte zu stellen, da es hier um die mediale Wiedergabe und Verarbeitung von zuvor analysierten Problemen geht.

Ungewöhnlich mag erscheinen, dass wir nicht nur die Literaturverzeichnisse, sondern auch die Notizen zu den Autorinnen und Autoren unmittelbar mit ihren Texten verbunden haben, anstatt sie, wie hierzulande üblich, am Ende in einer alphabetischen Liste zu präsentieren. Das hat zwei Gründe. Einmal erscheint es uns in einer Festschrift besonders wichtig, etwas über die Personen der Beiträgerinnen und Beiträger und ihre Beziehungen zum Jubilar zu erfahren. Zum anderen haben wir die Art und Weise berücksichtigt, wie wissenschaftliche Literatur nun einmal rezipiert und verbreitet zu werden pflegt. Wenn Aufsätze als Kopien den Weg zu ihren Lesern finden, fallen am Ende präsentierte Biogramme oft unter den Tisch. Im angelsächsischen Wissenschaftsbetrieb, wo es pragmatischer und publikumsfreundlicher zugeht, ist es die Regel, dass Herausgeber diesen Umstand antizipieren.

Unser Dank gilt allen Beiträgerinnen und Beiträgern, die ihre Manuskripte durchweg pünktlich und in hoher Qualität geliefert haben; sodann dem Westdeutschen Verlag, dem Fachbereich 1 der Universität Siegen und der Stiftung Pressehaus NRZ, denen die materielle Grundlage für die Herausgabe dieser Festschrift zu verdanken ist; weiterhin Christina Kiesewetter (Dortmund), die sich zuverlässig und verständnisvoll der Mühe der Textproduktion unterzogen hat; und last not least Rainer Geißler selbst, bei einem von uns Doktorvater, beim anderen älterer wissenschaftlicher Bruder, der sich – zu unterschiedlichen Zeitpunkten – auch um unsere Habilitationen im Fachbereich 1 der Universität Siegen gekümmert hat. Hoffen wir, dass sich von ihm Gelerntes in diesem Band niederschlägt.

Siegen und Dortmund im November 2003

Thomas Meyer
Horst Pöttker

Kapitel 1

Lebenschancen und soziale Ungleichheit

Kritische Empirie – Der Sozialstrukturansatz von Rainer Geißler

Thomas Meyer

> Selbstbestimmung in einer hochkomplexen Gesellschaft ist nur für denjenigen möglich, der möglichst viel von Kräften, Mechanismen und Tendenzen weiß, die diese Gesellschaft beherrschen. Nur wer die Zwänge und Konstellationen des Faktischen einigermaßen durchschaut, kann die Werte am Seienden oder das Seiende an Werten messen und in diesem Sinne realistisch-kritisch denken und urteilen.
>
> (Rainer Geißler 1973)

Als Autor des viel genutzten und 2002 in der dritten überarbeiteten Auflage erschienenen Lehrbuchklassikers „Die Sozialstruktur Deutschlands“ ist Rainer Geißler auch außerhalb der Soziologie einem breiteren Publikum bekannt geworden. Innerhalb seiner Zunft hat er sich vor allem als engagierter Vertreter der vertikalen, um das Schichtmodell zentrierten Sozialstruktur- und Ungleichheitsforschung einen Namen gemacht. Der Beitrag will das leitende Erkenntnisinteresse, die konzeptionellen Prämissen und Traditionsstränge, die diesem Forschungsparadigma zu Grunde liegen, herausarbeiten. Zu diesem Zweck wird im ersten Schritt der Darstellung das von Geißler favorisierte Wissenschaftsverständnis skizziert. Danach werden unter Rekurs auf den Soziologieklassiker Theodor Geiger die konzeptionellen Bausteine präsentiert, die das Gerüst des Sozialstrukturansatzes Geißlers bilden. Im Kapitel vier wird sodann die Kritik Geißlers am hiesigen Mainstream der Sozialstrukturforschung erörtert, bevor ein Fazit gezogen wird.

1. Soziologie als kritisch-empirische Krisenwissenschaft

Will man sich dem Soziologiebegriff Geißlers annähern, empfiehlt es sich, auf das bereits in seiner Promotionsschrift von 1973, „Massenmedien, Basiskommunikation und Demokratie“, zu Grunde gelegte Wissenschaftsverständnis zurückzugreifen. Schon der durchaus programmatisch zu verstehende Untertitel der Arbeit, „Ansätze zu einer normativ empirischen Theorie“, macht zweierlei deutlich. Erstens: Mit Stoßrichtung gegen eine spekulative Zugriffsweise, die sich als „gesamtgesellschaftliche Sozialphilosophie“ (Geißler 1973: 203) präsentiert – wie es prototypisch in dem in der Massenkommunikationssoziologie so einflussreichen „Manipulationstheorem“ der Frankfurter Schule der Fall ist – votiert Geißler für eine Form der Hypothesenbildung, die streng an dem Kriterium der wissenschaftlichen Überprüfbarkeit orientiert ist. Die Grenze zwischen empirisch verifizierbaren Aussagen und rein spekulativen, erfahrungswissenschaftlich nicht belegbaren Thesen soll nicht verwischt werden. Zweitens wird dieser, wenn man so will, strikt „positivistischen“ Zugriffsweise allerdings ein normatives Verständnis zur Seite gestellt, welches sich ausdrücklich von „unkritischen“ Positionen abgrenzen möchte, die „bestehende Zusammenhänge aufdecken, ohne sie gleichzeitig von einer bestimmten Norm her zu beurteilen“ (1973: 4).

Diesem Diktum entsprechend legt Geißler die Wertbasis seines Denkens unverblümt offen: Es sei wünschenswert, notiert er, „eine liberaldemokratische Gesellschaft, die auf den Prinzipien größtmöglicher Selbstbestimmung und größtmöglicher Chancengleichheit beruht, zu verwirklichen“ (1973a: 80f.). Ihm geht es um die Realisierung „einer möglichst partizipatorischen Demokratie“ (1973: 208), in der die Strukturen der politischen und sozialen Herrschaft minimiert sind. Insofern liegt Uwe Schimank (in diesem Band, S. 43) mit seiner Einschätzung völlig richtig, wenn er schreibt: „Rainer Geißler ist ein politisch engagierter Soziologe. Er betreibt Soziologie nicht im Elfenbeinturm, sondern will mit seinen soziologischen Erkenntnissen gesellschaftlich wirken.“ Diese Position – die Geißler (1973: 5) mit dem Etikett „kritisch-empirisch“ versieht – hat für die soziologische Arbeit die Konsequenz, dass die Kategorien zur Zusammenstellung der Fakten und Daten explizit wertbesetzt sind.

Dem hier ausgedrückten Fachverständnis liegt die sozialkritische Traditionslinie der Soziologie zu Grunde, welche die Disziplin ausdrücklich als „Krisenwissenschaft“ definiert (1996: 323; 1973a: 80). Danach ist es die vornehmliche Aufgabe der Soziologie, die Missstände der Gesellschaft ins Visier zu nehmen und zur Lösung sozialer Probleme beizutragen. Für Geißler heißt dies, vor allem ein Problem in den Blickpunkt zu rücken, nämlich das der sozialen Ungleichheit – der seines Erachtens auch unter den Bedingungen der modernen Wohlstandsgesellschaft ein herausgehobener Stellenwert beizumessen ist. Nach dem Gesagten versteht es sich beinahe von selbst, dass diese Entscheidung nicht einfach einem funktionalen Interesse an sozialer Stabilität und Ordnung gehorcht, sondern dass ihr eine spezifische Werthaltung zu Grunde liegt. So wie auf der einen Seite das vorzufindende Ausmaß an Ungleichheit von Geißler als „soziale Ungerechtigkeit“ und als „ärgerliche soziale Tatsache“ gebrandmarkt wird (1996: 322), sollen auf der anderen Seite die Privilegien und Risiken unter Legitimationszwang gestellt werden.

Aber es ist nicht allein diese Akzentsetzung, die von dem aufklärerischen Impetus von Geißlers Zugriffsweise kündet. Hinzu tritt das Ziel, die sozialwissenschaftlichen Erkenntnisse und Einsichten aus dem Elfenbeinturm der Hochschule hinaustreten zu lassen. Getreu dem Motto von Pierre Bourdieu (1993: 7), „die Soziologie wäre keine Stunde der Mühe wert, sollte sie ein Wissen von Experten für Experten sein“, sucht er nicht nur immer wieder nach Publikations- und Vortragsorten mit großer Reichweite, sondern verwendet eine Sprache, die durch eine große Klarheit und Verständlichkeit gekennzeichnet ist, wie man sie in den deutschsprachigen Sozialwissenschaften selten findet. Das Zielbild, das diesem Gedankengang zu Grunde liegt, ist klar: Es ist das Ideal des „kritisch denkenden, seine Umwelt mitgestaltenden Menschen“ und mündet in Geißlers Forderung, „Wissen um die Zusammenhänge und Abläufe im sozialen und politischen Prozess der eigenen Gesellschaft in das allgemeine Erziehungsprogramm aufzunehmen.“ Denn, so heißt es weiter, „'demokratische Basisprozesse' können nur spielen, wenn möglichst viele Gesellschaftsmitglieder die Mechanismen kennen, die ihren Handlungsspielraum bestimmen“ (1973a: 82).

Damit ist offensichtlich: Geißler ist den zwei Richtungen, in die sich die gegenwärtige Entwicklung der Soziologie aufspalten lässt (Beckert 2002), kaum zuzuordnen. Auf der einen Seite stehen nämlich jene, die hochgradig professionell und methodisch ausgefeilt arbeiten, dabei jedoch in der Regel öffentlich stumm bleiben. Auf der anderen Seite versammeln sich diejenigen, die mit oftmals kurzatmigen Gegenwartsdiagnosen die Öffentlichkeit bedienen, diese jedoch selten rigoros an der Wirklichkeit überprüfen und dadurch hinter die Standards der Profession zurückfallen. Was im Gegensatz hierzu die Arbeiten Geißlers auszeichnet, ist die Konzentration auf zentrale gesellschaftliche Probleme mit dem Ziel, der Öffentlichkeit ein empirisch informiertes, besseres und kritischeres Verständnis ihrer Gesellschaft zu ermöglichen. Wie schon angedeutet, gegen das Postulat wissenschaftlicher Werturteilsfreiheit verstößt er dabei nicht. Die eigenen normativen Maßstäbe kommen – getreu den Vorgaben von Max Weber – nur vor und nach dem eigentlichen Forschungsprozess zum Tragen, bei der Auswahl seiner Problemstellungen und den Schlussfolgerungen, die er zieht.

1.1. Beispiel: „Ausländerkriminalität“

Die Frage nach der Gesetzestreue ethnischer Minderheiten gehört zu den Forschungsthemen, denen sich Geißler (etwa: 1994a, 1999a, 2000a) wiederholt und mit viel Verve gewidmet hat. Ich möchte hierauf etwas genauer eingehen, da sich an diesem Gegenstandsbereich die Spezifika seines Soziologiebegriffs besonders gut veranschaulichen lassen. Geißlers Weg der Analyse lässt sich in fünf Arbeitschritte gliedern:

1. Der erste Zugriff gilt der Auswahl eines als problematisch erachteten Bereichs der gesellschaftlichen Entwicklung. Dabei kann in Anlehnung an Richard K. Merton dann von einem Problem gesprochen werden, wenn es eine beträchtliche Kluft gibt zwischen dem, was ist, und dem, was sein soll. Anders gesagt: Es sind solche Phänomene in das Zentrum der Forschung zu rücken, die Gruppen von Gesellschaftsangehörigen in benachteiligten Lebenssituation zeigen und die daher als veränderungsbedürftig anzusehen sind. Die Frage nach der Gesetzestreue wird von Geißler deshalb verfolgt, weil der Diskurs über die Kriminalität von ethnischen Minderheiten Vorurteile enthält und Missverständnisse produziert, die der Integration der so genannten Ausländer zuwiderlaufen. Damit ist der Wertstandpunkt Geißlers bereits

angedeutet: Ausgehend von dem Sachverhalt, dass Deutschland ein Einwanderungsland ist, dessen multi-ethnisches Segment sich in den nächsten drei Jahrzehnten aller Voraussicht nach in etwa verdoppeln wird, steht die deutsche Bevölkerungsmehrheit „vor der Herausforderung, mit den zahlenmäßig zunehmenden ethnischen Minderheiten ‚fairverständnisvoll' umzugehen und Integrationsbarrieren beiseite zu räumen" (2001: 27).[1] Weiterhin ist es aber auch noch das Motiv der Machtkritik[2], welches bei dieser Argumentation eine Rolle spielt; denn die Diskussion über die Bedrohung durch Ausländer ist verschränkt mit Prozessen der Macht, die dem Zweck dienen, das Denken, Urteilen und Handeln anderer Menschen zu beeinflussen. Im Klartext: Der Diskurs ist nach Geißler deshalb gefährlich, weil das negativ eingefärbte Zerrbild von Migranten eine restriktive Ausländerpolitik legitimieren hilft oder gar Fremdenfeindlichkeit entschuldigt.

2. Im nächsten Schritt, dem eigentlichen Startpunkt der wissenschaftlichen Analyse, geht es um eine nüchterne, weder dramatisierende noch beschönigende Bestandsaufnahme der Problematik. Um diesem Ziel näher zu kommen, greift Geißler auf das „objektive", empirisch-quantitative Datenmaterial der Statistischen Jahrbücher und vor allem das der Polizeilichen Kriminalstatistik (PKS) zurück. Bei der Interpretation der Daten ist freilich größte Sorgfalt zu empfehlen. Dies setzt u.a. eine exakt-differenzierende Begrifflichkeit voraus, und heißt beispielsweise, sich von der pauschalen „Sammelsuriumskategorie" der „Ausländer" zu verabschieden. Genauso wichtig für die Untersuchung der Verbrechensrealität ist es, die Zahlen der offiziellen Kriminalstatistik durch die Daten der so genannten Dunkelfeldforschung zu ergänzen. Denn diese zeigen, dass bei der Strafverfolgung ethnische Selektionseffekte auf Seiten der deutschen Bevölkerung, der Polizei und Gerichte eine erhebliche Rolle spielen, die nicht nur die Ausländeranteile unter den Tatverdächtigen erhöhen, sondern mit großer Wahrscheinlichkeit auch unter den Verurteilten und Häftlingen.
3. Es muss der Binsenweisheit der Sozialstrukturforschung Rechnung getragen werden, dass die Merkmale der Soziallage (Geschlechter-, Alters-, Großstadt- und vor allem Schichteffekte) das (kriminelle) Verhalten stark beeinflussen. Wird dieser Sachverhalt gebührend berücksichtigt, kommt man zu folgendem, gängigen Vorurteilen widersprechenden Befund: „Die große Masse der in Deutschland lebenden Migranten – die Arbeitsmigranten – ist genauso gesetzestreu wie die Deutschen und sogar gesetzestreuer als Deutsche in ähnlicher Soziallage bzw. mit ähnlichem Sozialprofil" (2001: 29).
4. Ausgehend von dieser Erkenntnis werden im vierten Schritt die theoretischen Konsequenzen für den Zusammenhang von Migration und Kriminalität gezo-

---

1 Als Orientierungsmarke für einen toleranten und humanen Umgang mit seinen ethnischen Minderheiten empfiehlt Geißler das kanadische Modell der „Einheit in Verschiedenheit" (Geißler: 2001a).

2 Theodor Geiger sieht in der Machtkritik eine der gesellschaftlichen Zentralfunktionen der sozialwissenschaftlichen Intelligenz.

gen, und die Frage lautet, warum sich die Arbeitsmigranten besser an die Gesetze halten als Deutsche mit vergleichbarem Sozialprofil. Die Antwort mündet in der Anpassungsthese, die kurz gefasst besagt, dass die Migranten bescheidener in ihren Ansprüchen sind als Einheimische und daher bereit sind, sich mit ihren relativ benachteiligten Lebensbedingungen im Aufnahmeland zu arrangieren.

5. Mit diesem Ergebnis lässt Geißler seine Untersuchung allerdings noch nicht enden. Den „pragmatischen Charakter" (1973a: 80) der Soziologie ernst nehmend, überlegt er sich im Anschluss und getrennt von dem Teil der wissenschaftlichen Beweisführung unter der Überschrift „Was tun?", mit welchen Strategien dem aufgewiesenen Missstand begegnet werden kann. Er plädiert dafür, den öffentlichen und schulischen Diskurs über Ausländer von falschen und einseitigen Aussagen und Daten zu reinigen, den Ausländerbegriff durch differenziertere Begriffsbildungen zu ersetzen sowie den Sachverhalt der besonderen Gesetzestreue der Arbeitsmigranten häufiger herauszustreichen. Letzteres macht Geißler, indem er bewusst jenseits der engen Grenzen der Fachwissenschaft seine Einsichten durch Beiträge in Tageszeitungen und Vorträge vor Praktikern, Polizisten, Politikern und Sozialarbeitern einer größeren Öffentlichkeit unterbreitet.

2. Grundlinien des Sozialstrukturansatzes von Geißler

Unterschiedliche Erkenntnisinteressen, Theoriepräferenzen und Traditionslinien haben verschiedene Ansätze der Sozialstrukturanalyse hervorgebracht. Ein Durchgang durch die soziologische Literatur zeigt, dass der Begriff „Sozialstruktur" zu den schillerndsten, unklarsten und dennoch häufigsten in der Soziologie gehört. Will man den konzeptionellen Prämissen des Sozialstrukturbegriffs von Geißler auf den Grund gehen, empfiehlt es sich, einen Blick auf die durch Theodor Geiger verkörperte Tradition der Sozialstrukturanalyse zu werfen, die einen der herausragenden Bezugspunkte seines Denken bildet.[3]

2.1 Die Tradition Theodor Geigers

Die Bezugnahmen auf Geiger bringen folgende vier zentralen Vorentscheidungen für die Sozialstrukturanalyse mit sich:

---

3 Geißlers Arbeiten (vor allem: 1985; 1995) ist es im Übrigen auch zu verdanken, dass Geiger zumindest in der Ungleichheitsforschung nicht gänzlich in Vergessenheit geraten ist. Dennoch tritt Geiger nur selten aus seinem angestammtem „Schatten- und Fußnotendasein" heraus. Rühmliche Ausnahmen bilden Vester u.a. (1993) und Schroth (1999).

1. Geigers Ansatz bezieht sich auf gesamtgesellschaftliche Strukturen. Zu den zentralen Angelegenheiten des Forschers gehört es, der Frage nachzugehen, welche sozialen Differenzierungsformen in einer Gesellschaft bestehen und worauf sie beruhen. Mit Blick auf die Moderne gibt Geiger eine zweigleisige Antwort: Die Gesellschaft gilt einerseits als ein nach Teilbereichen funktional differenziertes und andererseits als ein nach Schichten und Klassen vertikal stratifiziertes Sozialgebilde. Geiger gehört also zu den Ausnahmen derjenigen, die beide, Schichtungs- und Differenzierungsperspektive, zugleich akzentuieren und sie nicht – wie zumeist üblich – gegeneinander ausspielen. Allerdings gilt ihm Schichtung als das primäre Strukturierungsprinzip. Das Gefüge sozialer Ungleichheit wird dabei als die Kernstruktur der spätkapitalistischen Gesellschaft betrachtet, wobei eine besondere Beachtung den vertikalen Aspekten der Sozialstruktur, dem Oben und Unten, dem Besser- und Schlechter-gestellt-Sein zu gelten hat. Ausgehend von der gerade für die moderne Gesellschaft so konstitutiven Dynamik muss es der Soziologie zudem besonders darum gehen, die Sozialstrukturen in ihrem Wandel zu erfassen und das Geschehen theoretisch zu durchdringen. Für die Ungleichheits- und Mobilitätsanalyse bedeutet dies vor allem – wie es Geiger vorgeschlagen und getan hat –, sich empirisch und begrifflich den Prozessen der „Umschichtung“ und „Fluktuation“ zu widmen. In diesem Zusammenhang gehört es zu den Verdiensten Geigers, die bis heute verbreitete Legende von der „offenen Leistungsgesellschaft“ empirisch als Ideologie entlarvt zu haben.
2. Geiger erhebt den Schichtbegriff zum Grundkonzept der Sozialstrukturanalyse. Allen sozialstrukturellen Umwälzungsprozessen zum Trotz gilt daher auch in den Gesellschaften „fortgeschrittener Entwicklungsstufe“, dass die Schichtordnung die Sozialstruktur maßgeblich bestimmt (1951: 7). Absicht ist es, das Konzept der Schichtung als ein für die Analyse der Sozialstrukturen aller Gesellschaften taugliches Basiskonzept vorzustellen, welches anders als der Klassenbegriff nicht so stark auf die Stellung des Menschen im Wirtschaftsprozess fixiert ist und Lebenschancen nicht einseitig an die ökonomische Klassenlage bindet. Für Geiger gilt Klasse nur noch als Spezialfall sozialer Schichtung, die sich zwar für die Untersuchung der kapitalistischen Gesellschaften, nicht aber als universelles Analyseinstrument eignet. Ziel dieses Schichtkonzepts ist es, den Zusammenhang von sozialer Lage, Mentalität und Lebensduktus oder, um es mit Pierre Bourdieu auszudrücken, den Zusammenhang von Struktur, Habitus und Praxis zu erhellen. In einer ersten Annäherung versteht Geiger unter Schichtung die Gliederung der Gesellschaft nach den typischen Soziallagen ihrer Mitglieder. Dabei kann die Soziallage durch verschiedene historisch und kulturell variierende Faktoren, die so genannte Schichtdeterminanten, bestimmt sein. Wie viele und welche Determinanten letztendlich ausschlaggebend sind für die jeweilige Soziallage, unterscheidet sich von Gesellschaft zu Gesellschaft. Fest steht je-

doch, dass der Komplexität moderner Sozialstrukturen nur ein mehrdimensionales Schichtgefüge gerecht werden kann. Um freilich den Blick für das Wesentliche nicht zu verlieren, gehört es zu den zentralen Aufgaben der Ungleichheitsforschung, die jeweils dominanten Schichtdimensionen einer Gesellschaft herauszuarbeiten. Ein weiteres Signum des Geigerschen Ansatzes ist es, dass er, wie schon angedeutet, nicht bei der „objektiven" Lageanalyse stehen bleibt, sondern das Schichtkonzept an den „subjektiven" Aspekt der Mentalität bindet. Mentalität wird definiert als „geistig-seelische Disposition", als „unmittelbare Prägung des Menschen durch seine soziale Lebenswelt und die von ihr ausstrahlenden, an ihr gemachten Lebenserfahrungen" (Geiger 1932: 77). Als Begriff der Sozialcharakterologie ist die Mentalität gleichsam die psychische Antwort auf die soziale Lage. Hier gilt es jedoch zu beachten, dass die Zusammenhänge zwischen Lage und Mentalität keinesfalls als deterministisch zu begreifen sind. Lagen sind lediglich als typische Einzugsfelder für bestimmte Mentalitäten zu verstehen. Insofern gibt es immer auch Bevölkerungskreise, die vom „Typischen" abweichen und für die statusinkonsistentes Handeln und Denken charakteristisch ist. Anders gesagt: Es werden Handlungsspielräume des individuellen Handelns zugestanden. Insofern wäre es absurd, Schichtungslagen sozusagen allein aus der wissenschaftlichen Vogelperspektive anhand objektiver Kriterien bestimmen zu wollen oder implizit eine Kongruenz von objektiver Lage und subjektivem Bewusstsein anzunehmen, wie dies etwa der naive Umgang mit dem Begriff eines „Arbeiterbewusstseins" oder einer „Oberklassenmentalität" nahe legt.

3. Geiger bindet die aufklärerische Qualität der Soziologie strikt an die Trennung von Analyse und Wertung. Dieser Haltung entspricht sein auf Ideologiekritik bedachtes Wissenschaftsethos, welches aber mitnichten heißt, einem gesellschaftspolitisch neutralisierten Wissenschaftsbegriff das Wort zu reden. Im Gegenteil: Soziologie soll als eine Wissenschaft verstanden werden, die sich „der Gegenwart als Problem"[4] zuwendet (Meyer 2001a: 60-62). Dieser Auffassung entsprechend ist es die auffallende Gleichzeitigkeit von emphatischer Wissenschaftlichkeit einerseits und kritischer Problemorientierung andererseits, die sich dem Betrachter des Werks von Geiger aufdrängt. Was ihm für die Soziologie vorschwebt, ist kühle, unbestechliche Kritik nach Art der empirischen Gesellschaftsforschung, deren strikt tatsachen- und faktenbezogenes Denken die Aufgabe hat, sich kritisch gegenüber jeglicher sozialer Wirklichkeit zu verhalten. Kurz: Als Wirklichkeitswissenschaftler und nicht als Moralwissenschaftler soll der Soziologe zu einem unbestechlichen Ferment der Kritik werden.
4. Das vielleicht auffallendste Kennzeichen des Geigerschen Schaffens ist sein so energisches wie stetiges Eintreten für eine sich als rationale Erfahrungs-

4 Auch wenn es gelegentlich vergessen zu werden droht: Die Beschäftigung mit sozialen Problemen und die Idee sozialer Reform waren eine zentrale Basis für die Entstehung der modernen Sozialwissenschaften.

> wissenschaft verstehende Soziologie. Er ist nicht nur einer der ersten Soziologen, der sich für eine realwissenschaftliche, auf die quantifizierenden Methoden der Statistik gestützte Betrachtung der sozialen Tatsachenwelt einsetzt und Beiträge zur Methodologie und zur Verfeinerung der Methoden der empirischen Sozialforschung verfasst, sondern der auch selbst immer wieder in diesem Sinne tätig wird.

Spätestens mit der Übernahme der Professur in Braunschweig avancierte Geiger Anfang der 1930er Jahre zum Sendboten einer Soziologie, die als „strenge Wissenschaft" allein in „empirischen Gegebenheiten" und nicht in „höheren Wirklichkeiten" (Geiger 1931: 203) ihren Gegenstand findet. Seine Devise lautet, den Boden der rauen Welt unter den Füßen zu behalten. Absicht Geigers ist es, einer erfahrungswissenschaftlichen, möglichst quantitativ-exakten soziologischen Wirklichkeitsrekonstruktion den Weg zu ebnen. Diesem Anliegen entspricht es, wenn er sich in einer Zeit, in der es an empirischen Erhebungen mangelt, für die soziologische Nutzung vorhandenen statistischen Datenmaterials und die Verfahren ihrer Anwendung stark macht. Als Erziehungssoziologe und Lehrerbildner engagiert sich Geiger in einer sehr modern anmutenden Weise dafür, die Ausbildung eines statistischen Zahlensinns auf die Tagesordnung der Schule zu setzen mit dem Ziel, Schülern und Schülerinnen einen genaueren Einblick in die Größenordungen, Beziehungen und Veränderungen wesentlicher sozialstruktureller Zusammenhänge zu geben. Dabei erkennt er in den Kennziffern der amtlichen Sozialstatistik, selbst wenn sie viele Jahre zurückreichenden, eine unerlässliche soziologische Informationsquelle, die es ermöglicht, präzise Aussagen über die komplexer werdende Gesellschaft und über Trends ihrer Entwicklung zu machen. Wer es nur versteht, das vorhandene Datenmaterial plastisch zu lesen, so Geiger, der kann „ungeahnte Entdeckungen" (1933: 5) machen.[5]

2.2 Lebenschancen als analytisch-normative Schlüsselkategorie

Die Soziologie hat es zwar häufig mit Lebenschancen zu tun und benutzt – wohl nicht zuletzt angestoßen durch die Arbeiten Max Webers – gelegentlich diesen Ter-

---

5 In Anbetracht des in den Medien tagtäglich verabreichten „Zahlenbluffs" ist es nur konsequent, wenn die Kehrseite der Weckung des Zahlensinns für Geiger die der „Erziehung zur Zahlenkritik" ist: „Die Weckung des Sinnes für die statistische Funktion der Zahl ist heute wichtiger als je, weil die Bevölkerung durch Presse, Flugschrift, Werberede mit angeblicher Statistik tausendfach berannt wird. Ihr hilflos ausgeliefert zu sein, ist so schlimm wie die Gegenwehr, die sich in dem billigen Wort Luft macht: mit Statistik könne man alles beweisen. Nein, gerade das gehört mit zu den Aufgaben der Schule, die Jugend so auszubilden, daß man ihr mit Statistik *nicht* alles beweisen kann. Denn nur der Sachunkundige und Zahlenunbeholfene läßt sich bluffen. Die statistische Desillusionierung, die Schutzimpfung gegen den Zahlenbluff geschieht aber nur auf *einem* Weg, durch Schulung des kritischen Zahlensinnes und durch gründliche Belehrung über die in Zahlen ausgedrückten Tatbestände" (1933: 30f.).

minus. Aber in den Bestand ihrer allgemein anerkannten Begriffe hat sie ihn bisher nicht aufgenommen. Anders sieht es bei Geißler aus, der dem Begriff in seinen Arbeiten eine tragende Rolle zuweist. Sein Impulsgeber ist Ralf Dahrendorf, der sich zuerst in dem Buch „Lebenschancen. Anläufe zur sozialen und politischen Theorie“ (1979; siehe aber auch 1992: 39ff.) ausführlich mit dem Begriff der Lebenschancen auseinandersetzt mit dem Ziel, ihn als Grundbegriff zum Verständnis sozialer Prozesse zu etablieren. Dahrendorf beschreibt sein Vorhaben wie folgt:

> „Wir suchen einen Begriff, der sozial ist, also nicht angewiesen auf individuelle Wahrnehmung oder diese, was noch schlimmer wäre, verordnend; der strukturell ist, also das begehrte Ziel nicht nur den zufälligen `Gegenständen`, sondern an Mustern der Sozialorganisation festmacht; der als Folge seines sozialen und strukturellen Charakters historisch ist; und der theoretisch ist, also im Prinzip alle gegebenen Gesellschaften und ihr bekanntes Potential transzendiert. Meine These ist, dass der Begriff der Lebenschancen dies leistet“ (1979: 47).

Die einige Seiten später entfaltete Kurzformel, auf die Dahrendorf seinen Begriff bringt, lautet: „Lebenschancen sind von sozialen Strukturen bereitgestellte Möglichkeiten individueller Entfaltung“ (92). Geißler knüpft hier unmittelbar an (1987: 3): „Lebenschancen sind Chancen auf die Verwirklichung von Lebenszielen, die in einer Gesellschaft im allgemeinen als erstrebenswert angesehen werden.“ Die Chancen auf einen sicheren und vorteilhaften Arbeitsplatz, auf die Teilnahme an Herrschaft, auf eine gute Ausbildung, auf die Freiheit von Strafverfolgung, auf Gesundheit und Wohlbefinden im Alter, so wird weiter konkretisiert, „lassen sich als Möglichkeiten begreifen, allgemein hoch bewertete Lebensziele zu verwirklichen“. Es geht also um die Chance, an bestimmten möglichst vorteilhaften Lebensbedingungen teilhaben zu können bzw. umgekehrt, nachteiligen Lebensbedingungen ausweichen zu können. Wobei Geißler davon ausgeht, dass die Unterschiede in den Lebenschancen und Lebensrisiken in hohem Maße mit der vertikalen Verteilung wichtiger Ressourcen zusammenhängen.[6] Klar ist: Mit dem Konzept der Lebenschancen steht hier ein „werthaltiger Begriff“ zur Debatte, der neben das für die Legitimation der modernen Gesellschaft konstitutive Leistungsprinzip das nicht minder bedeutsame Postulat der Gleichheit der Lebenschancen rückt. Anders gesagt: Es ist das in der Gesellschaft strukturell angelegte Spannungsverhältnis zwischen dem kulturellen Gleichheitsprinzip und der faktischen Ungleichheit sozialer Lebens-

6 Schimank (in diesem Band, S. 43) weist zu Recht darauf hin, dass Geißler hier Dahrendorfs Konzept der „Ligaturen“ – gemeint sind soziale Zugehörigkeiten und Bindungen – als essenzielle Dimension von Lebenschancen unterschlägt. Allerdings liegt Geißler hier im Einklang mit gängigen Definitionen (etwa Hillmann 1994: 472f.). Zudem ist es empirisch zumindest umstritten, inwieweit und in welchem Ausmaß Ligaturen für ein „gutes Leben“ vonnöten sind. Dahrendorf selbst hat in seinen späteren Publikationen der Idee der Ligaturen als essenzieller Dimension von Lebenschancen nur noch wenig Gewicht beigemessen.

chancen, die Kluft zwischen dem Wert der Gleichheit und der Realität der Ungleichheit, das Geißler veranlasst, das „Problem der Gerechtigkeit“ zum Angelpunkt seiner Sozialstrukturanalyse zu erheben.[7]

3. Irrwege und Gefahren der Sozialstrukturforschung

Geißlers bewusst kritische Auseinandersetzung mit dem Mainstream der deutschen Sozialstrukturanalyse zeichnet es nicht nur aus, Fehlentwicklungen pointiert zu benennen, sondern sie lässt zugleich einige Spezifika des von ihm favorisierten Sozialstrukturansatzes in besonderer Schärfe hervortreten.

Die jüngere Geschichte der westdeutschen Sozialstrukturforschung kann nach Geißler (1998: 218ff.) grob in zwei Phasen untergliedert werden. Die erste Phase, deren Beginn Anfang der 1980er Jahre zu datieren ist, lässt sich als eine Perspektivenerweiterung des zunehmend in die Defensive geratenen Klassen- und Schichtparadigmas bezeichnen. Neben die Analyse der alten vertikalen Strukturen tritt nunmehr die Erforschung der so genannten neuen (horizontalen) Ungleichheiten (Geschlecht, Alter, ethnische Zugehörigkeit, Region). Das Blickfeld wurde erweitert, Klassen- und Schichtenlagen galten nur noch als eine von mehreren Dimensionen im vieldimensionalen Raum sozialer Ungleichheiten. Die insgesamt durchaus fruchtbare Phase Eins trägt allerdings schon den Keim der problematischen Phase Zwei in sich. Denn nicht mehr nur eine Erweiterung der Perspektiven heißt nun das Ziel, sondern die Sozialstrukturanalyse soll revolutioniert werden. Seit Mitte der 1980er Jahre gewinnt die Auffassung Oberhand, dass sich die Klassen und Schichten im Zuge der Modernisierung auflösen, und von den Paradigmarevolutionären wie etwa Stefan Hradil (1987), vor allem aber Ulrich Beck (1986) und Gerhard Schulze (1992), wird das Ende der Klassengesellschaft verkündet. Nicht mehr Klassen und Schichten, sondern Lagen, Milieus und vor allem Lebensstile gelten nunmehr als Schlüsselbegriffe einer adäquaten, realitätsnahen Analyse. Was ist zu dieser Neuorientierung zu sagen?

Das Urteil muss ambivalent ausfallen. Auf der einen Seite können die Lebensstilsoziologie und ihre Vordenker durchaus einige Verdienste für sich verbuchen (ausführlich: Meyer 2001: 256ff.). Ebenso wichtig wie ihre in vielen Detailpunkten bedenkenswerte, wenn auch oftmals überzogene Kritik an den Schwachstellen der etablierten Klassen- und Schichtungssoziologie sind ihre Beiträge zu soziokulturellen Phänomenen im Allgemeinen und zu Lebensstil- und Milieutypologien im Besonderen. Gerade letztere haben das Bild von unserer Gesellschaft, die das kulturelle Feld generell aufgewertet hat, zweifelsohne ergänzt und verfeinert. Aber nicht nur das. Die Lebensstilsoziologie hat eine zunehmend lebensfern agierende Sozial-

7 Damit wird eine Zugriffsweise favorisiert, die schon die klassische Soziologie auszeichnete. Neben zentralen Arbeiten von Emile Durkheim – allen voran seine Studie über den Selbstmord, die als Prototyp einer Soziologie sozialer Probleme angesehen werden kann – ist als weiterer europäischer Gründungsvater solch einer Zugriffsweise Karl Marx zu nennen.

strukturanalyse wieder an die Fragen der alltäglichen Lebensgestaltung herangeführt und ihren Blick auf den in modernen Wohlstandsgesellschaften besonders wichtigen symbolischen Bereich sozialer Ungleichheit, aber auch auf das Problem der Sozialintegration gerichtet. Neben diesen Meriten, die die Paradigmarevolutionäre durchaus für sich verbuchen können, muss jedoch auf der anderen Seite ein erheblicher Negativkatalog ihrer Bemühungen zur Sprache kommen.

3.1 Freiheit der Lebensstile?

Aus der Perspektive Geißlers sind besonders drei Kritikpunkte gegenüber der Lebensstilsoziologie hervorzuheben. Der erste Einwand richtet sich gegen die Radikalität, mit der die Mehrzahl der Anhänger der Lebensstilforschung ihren Paradigmenwechsel betreiben. Will sagen: Es ist die Vorherrschaft so genannter Entkopplungs- und Entstrukturierungstheoreme, die Geißlers (1994: 16f.; 1998: 224) Argwohn hervorrufen. Denn diese glauben den Zusammenhang zwischen objektiven Lebensbedingungen und subjektiven Lebensweisen mehr oder weniger zerschneiden zu können. Während man Klassen- und Schichtkonzepten teilweise vorwerfen kann, auf objektive Ressourcen fixiert zu sein und die subjektive Handlungsdimension der Sozialstruktur und damit die Akteure selbst aus dem Blick zu verlieren, gerät hier der Zusammenhang der Handlungsmuster und der ungleichen Verteilung der objektiven Ressourcen aus dem Blick. Gewiss: Es liegt nahe, dass die kommerzielle Umfrageforschung das Interesse an sozialstrukturellen Erklärungen hinter demjenigen an Marktsegmenten und Zielgruppen zurücktreten lässt. Berücksichtigen sollte man auch, dass es den in der Lebensstilforschung bevorzugten Clusteranalysen weniger darum geht, bestimmte Dinge „sozial zu erklären", als erst einmal deskriptive Typologien gruppenspezifischer Performanzprofile zu identifizieren (Giegler 1994: 257). Befremdlich erscheint indes, dass gerade die besonders profunden Exponenten der Lebensstilforschung, wenn auch in unterschiedlichen Variationen, so doch in beinahe geschlossener Front zu den Strukturierungstheorien in Distanz treten und so dem Zerrbild mehr oder weniger frei gewählter Lebensstile Vorschub leisten (Meyer 2001: 262f.).[8]

Während für Bourdieu noch unumstritten ist, dass jeder Mensch einen Lebensstil führt, ohne dass dies irgendeiner Absicht bedürfte, verficht etwa Gerhard Schulze,

8 Besonders prononciert lässt sich diese Lesart in der Arbeitsgruppe um Karl H. Hörning und Matthias Michailow (1990) nachweisen, die Lebensstile als gleichsam frei flottierende Analysekategorien konzeptualisieren. Natürlich kann man sagen, dass der Versuch, Lebensstile als eine autonome, gleichsam eigenständige Ebene der Sozialintegration zu fassen, eine Extremposition verkörpert, die in dieser Radikalität ohne Vergleich ist. Nur – und dies ist mein Punkt – der Grundtenor fällt auch bei anderen zentralen Protagonisten der "Lebensstilwende" wie etwa Hartmut Lüdtke oder Gerhard Schulze – um nur zwei prominente Namen zu nennen – kaum anders aus. Das kollektive Mehr an Geld, Freizeit und Bildung, so ihre Argumentation, habe die Handlungsspielräume derart geweitet, dass Lebensstile in wachsender Unabhängigkeit von strukturellen Rahmenbedingungen immer mehr in die Beliebigkeit individualisierter Akteure gestellt werden.

einer der Wortführer der Paradigmarevolution, eine intentionalistische Position, nach der Lebensstile vor allem dort entstehen, wo Akteure dazu befähigt sind, ihre Lebensweise bewusst zu gestalten. Demgemäß gilt auch seine Aufmerksamkeit nicht den objektiven Zwängen und Restriktionen, sondern, wie es bezeichnenderweise heißt, den autonomen Gestaltungs- und Symbolisierungsleistungen moderner „Menue-Kompositeure", „Möglichkeitsmanager" und „Katalogblätterer". Kurz und gut: Mit dem Übergang von einer „Gesellschaftsbildung durch Not" zu einer „Gesellschaftsbildung durch Überfluss" gilt der „Wählende als die paradigmatische Gestalt der Gegenwart" (Schulze 1993: 407). Dieser Gedankengang braucht nicht weiter entfaltet zu werden, bilanzierend kann man festhalten: Lebensstil ist der Begriff der Sozialstrukturforschung, der sich von „objektiven", d.h. unabhängig vom Denken und Handeln des einzelnen existierenden gesellschaftlichen Strukturen am weitesten entfernt; zugleich ist es der Begriff, der vergleichsweise begrenzte Aussagen über Ursachen, Entstehungsprozesse und Dispositionen des Verhaltens enthält, dafür aber die zunehmende Wahlfreiheit der Lebensführung unterstellt (Hradil 1992: 29).

So verbreitet diese Sichtweise ist, wissenschaftlich ist sie nicht zu halten. Es sind nämlich die jüngeren Ergebnisse aus der Lebensstilforschung selbst, die den längst überfälligen Rückzug von den allzu eilfertigen Entobjektivierungsthesen nahe legen (etwa: Konietzka 1995; Wahl 1997; Georg 1998; Schroth 1999). Die dortigen Befunde zeigen nämlich, dass Lebensstile alles andere als das Produkt unabhängiger Subjekte sind, die sozusagen tun und lassen können, was sie wollen. Zu Recht moniert Geißler: Das Kind droht mit dem Bade ausgeschüttet zu werden, wenn der Zusammenhang der pluralisierten Lebensstile mit den objektiven, ungleich verteilten Handlungsressourcen aus dem Auge gerät (Geißler 2002: 142). Sein Ratschlag lautet, nicht das eine Paradigma durch das andere zu ersetzen, sondern sich beide ergänzen zu lassen. Lebensstile sollten konsequenter, als es bisher geschehen ist, in den Strukturkontext sozialer Ungleichheit eingebettet werden. Vonnöten ist also eine Forschungsmethodologie, die das komplexe Verhältnis von Struktur und Subjekt nicht kategorial auflöst, sondern ins Zentrum rückt.

Diesem Veto ist in meinen Augen nicht viel hinzufügen. Denn selbst, wenn die immer wieder behauptete These einer wachsenden gesellschaftlichen Bedeutung des Subjekts richtig sein sollte, ändern sich die Grundvoraussetzungen der Sozialstrukturanalyse nicht. Ob und wie jemand handelt, kann aus sozialstruktureller Perspektive nicht autonom, sondern nur sozial beeinflusst sein. Auch für Lebensstile gilt somit: Wie alles Handeln werden sie innerhalb von sozialen Strukturen hervorgebracht, die nicht einfach überschritten werden können. Die Handlungen von Individuen sind nicht zufällig oder willkürlich, sie sind von einer sozialen Logik durchzogen, die vor allem auf vertikale Strukturen verweist. Sie stellen sozusagen die harten Bedingungen, Zwänge und Restriktionen der Lebensführung dar, die die Grenzen vorgeben, innerhalb derer man sein Leben gestalten kann.

3.2. Von den kritischen Lebenschancen – zur postmodernen Lebensstilforschung

Der zweite Einwand Geißlers in Richtung Lebensstilsoziologie lautet: Ihr ist der gesellschaftskritische, an den Werten sozialer Gleichheit und Gerechtigkeit orientierte Gehalt entwichen. Im Zentrum ihres Interesses stehe nicht die fragwürdige Ungleichheit der Lebenslagen und Lebenschancen, sondern die Ausdifferenzierung der Milieus, Lebensstile, Lebensformen und Handlungsmöglichkeiten. Das Unbehagen an sozialen Ungerechtigkeiten, so die polemische Kritik, weiche der „Freude über die bunte Vielfalt". „Die sozialstrukturelle Lebenschancenforschung verengt sich zur kultursoziologischen Lebensstilforschung" (Geißler 1996: 322).

Die hier angeprangerte Entfernung von dem, was man auch die normative Kernsubstanz der klassischen Sozialstrukturforschung nennen könnte, verbindet sich mit einer merkwürdigen Konzentration auf die jenseits von Arbeit und Beruf liegenden Felder von Kultur, Freizeit, Ästhetik und Konsum. Lässt man die Studien der letzten Jahre Revue passieren, so scheinen die Lebensstile von postadoleszenten „Trendsettern", Teilgruppen der aufsteigenden Mittelschichten oder grellen großstädtischen Subkulturen mehr zu interessieren als diejenigen von Arbeitslosen, alten Menschen, Hausfrauen, Sozialhilfeempfängern oder ethnischen Minderheiten. Zu dieser ideologischen Schlagseite passt die Behauptung, nach der gegenwärtig die „horizontale" Semantik von Lebensstilen und Milieus und nicht die „vertikale" von Klassen und Schichten als Bezugspunkt lebensweltlicher Orientierung diene.[9] Aber nicht nur dies; obwohl die Anzeichen für neue Spaltungen und alte Ausgrenzungen schon seit längerem nicht mehr zu übersehen sind, glaubt man im gleichen Atemzug dem Hierarchiemodell eines gesellschaftlichen „Oben und Unten" eine umstandslose Absage erteilen zu können.[10] Dem entspricht die These, dass ein ungeregeltes und nicht-hierarchisiertes Klima von Indifferenz und achselzuckender Verächtlichkeit den sozialen Raum bestimme (Schulze 1992; Müller-Schneider 1994; Michailow 1996). Um den Gedankengang mit den Worten Geißlers (1996: 322) zu beenden: Soziologie, die sich einmal als eine kritische Krisenwissenschaft verstand, ist auf dem Weg, sich unter der Hand in eine „postmoderne, unverbindliche Vielfaltsforschung" zu verwandeln.

3.3 Die Ideologie der Nachklassengesellschaft

Es ist unbestritten, dass sich die Lebensbedingungen der modernen Gesellschaft in den letzten Jahrzehnten nachhaltig verändert haben. Durch ein Mehr an Wohlstand, Bildung, Freizeit und Konsum sind die Soziallagen und Lebensbedingungen vielfäl-

---

9 Niemals wurde etwa eine Gruppe oder gar ein repräsentativer Bevölkerungsquerschnitt danach befragt, welche Milieus sie in der Gesellschaft sehen und in welchem Verhältnis diese zueinander stehen (Endruweit 1999).

10 Endruweit (1999: 25) kommentiert diese Optik treffend mit den Worten: „Der Blick für die Weiterexistenz von oben und unten wird zumeist nur denen getrübt, die gesichert oben sitzen."

tiger und die Menschen z.T. aus sozialen, kulturellen, materiellen und zeitlichen Bindungen herausgelöst geworden. Die zunehmende Mobilität wirbelt die Lebenswege und Lebenslagen durcheinander und erschwert die Herausbildung schichttypischer Milieus. Dennoch drängt sich die Frage auf: Warum hat sich die radikale Theorie der Klassenlosigkeit, die weder in Westeuropa noch in Nordamerika ein Pendant hat, so schnell ausgebreitet? Wieso konnte sie zum überragenden Bezugspunkt der Mehrheit der hiesigen Sozialstrukturanalytiker werden? Um diese Fragen zu beantworten, geht Geißler den nicht zuletzt von Geiger vorgebahnten Weg der Ideologiekritik; sie bildet für ihn den eigentlichen Schlüssel, um dem Geheimnis der Paradigmarevolution auf die Spur zu kommen, und sie bildet den Aufhänger des dritten Einwandes, den Geißler gegen die Lebensstilsoziologie vorbringt. In seinen Augen sind es die spezifischen Weltdeutungsbedürfnisse der tragenden Gruppe der Gesellschaft und ihr altbekannter „Widerwillen gegen das Klassenmodell als solches“ (Theodor Geiger), die durch die „Beruhigungsideologie“ (Ralf Dahrendorf) der Nachklassengesellschaft und der ihr entsprechenden Konzepte bedient werden. Pointiert bemerkt Geißler (1998: 226f.) hierzu:

> „Diejenigen Schichten, die der Fahrstuhl zu Lebensstandard und Bildung in die mittleren und höheren Stockwerke befördert hat, sowie diejenigen, die schon so weit oben waren, dass sie des Fahrstuhls erst gar nicht bedurften, können die Annehmlichkeiten ihrer Etagen besser nutzen und deren Probleme besser bewältigen, wenn sie nicht mehr nach unten schauen und wenn sie ihren Wohnbereich für das ganze Haus halten. ... Im Überfluss der Erlebnisgesellschaft, in der das soziale Geschehen um 'die Gestaltungsidee eines schönen, interessanten, subjektiv als lohnend empfundenen Lebens' (Schulze 1992: 37) kreist, kann man sich – auch als Soziologe – wohliger einrichten als in einer Welt, in der es noch Ecken oder gar ganze Regionen mit Not und sozialer Ungerechtigkeit gibt.“

Grundsätzlich rät Geißler, die auf Ulrich Beck (1986: 22) zurückgehende Fahrstuhlmetapher mit Vorsicht zu genießen. Denn ihr generalisierendes Bild verdeckt, dass sowohl die Risiken als auch die sozialstrukturelle Aufwärtsbewegung schichtspezifisch gebrochen sind und die Klassengesellschaft eben nicht insgesamt eine Stufe höher gefahren wurde. Will sagen: Viele haben den Fahrstuhl zu den höheren Etagen von Wohlstand, Bildung, Mobilität oder Konsum entweder gar nicht erwischt oder mussten schon auf halber Etage wieder aussteigen, während andere mehrere Etagen höher befördert wurden. Und in den unteren Stockwerken des Hauses sind die Risiken von Krankheit, Armut, Arbeitslosigkeit und Kriminalisierung deutlich weiter verbreitet als in den mittleren und oberen (Geißler 1998: 225).

Das Ideologische an der Rede von der Nachklassengesellschaft besteht aber nicht nur darin, dass sie bestimmte Aspekte des sozialstrukturellen Wandels verabsolutiert und für das Ganze ausgibt. Hinzu kommt, dass die Rede von der Erlebnis- und Lebensstilgesellschaft – unabhängig von ihrem Wahrheitsgehalt – in die Sozialwelt diffundiert, aus der sie gewonnen wurde, um auf diesem Weg die Wahrnehmung ihrer Mitglieder zu strukturieren und nicht zuletzt in die Deutungsmacht der Massenmedien Eingang zu finden. Damit übernimmt sie, ob gewollt oder nicht, die ideologische Funktion, der bestehenden Ungleichheitsordnung legitimatorische Rückendeckung zu liefern.[11]

Ein weiteres Beispiel für die Ideologiekritik Geißlers liefern seine Arbeiten zur Bildungssoziologie. Auf diesem Gebiet macht er es sich seit Jahren zur Aufgabe, der „Illusion der Chancengleichheit" und der ihr entsprechenden Leistungsideologie – wer tüchtig ist, setzt sich durch – zu widerstreiten. Während der Ruf nach gleichen Bildungschancen für Kinder aus allen Schichten in der öffentlichen Diskussion seit den 1970er Jahren verschwand und diesbezügliche soziologische Studien zu einem Nischenthema wurden, wird Geißler (etwa: 1987a; 1990a; 1994b; 2002: Kap. 13; 2003) nicht müde, auf die anhaltende Benachteiligung der sozial Schwachen aufmerksam zu machen. Mehr noch: Er betont, wie sich etwa beim Run auf die Gymnasien die Chancenabstände zwischen privilegierten und benachteiligten Gruppen noch vergrößert haben. Um zumindest einen schlagenden Befund zur Ungleichheit der Bildungschancen zu nennen: Im Jahr 2000 beginnen nur 7 von 100 Arbeiterkindern ein Universitätsstudium, aber mehr als die Hälfte der Beamtenkinder, und von den Kindern von Freiberuflern waren es Ende der 1980er Jahre sogar 82 Prozent (Geißler 2002: 345ff.).

Zuletzt hat die viel zitierte Pisa-Studie verdeutlicht, dass Deutschland „Weltspitze" bei der schichtspezifischen Benachteiligung ist (Geißler 2003: 12); will sagen: Wir zählen zu den Ländern, in denen die Abstände der sozial Schwachen zur Spitze am größten sind. Dennoch argwöhnt Geißler mit Recht: Das „Hauptbeben" verursachen die im internationalen Vergleich mäßigen Leistungen – ein kleineres „Nebenbeben" wie die Bildungsprobleme der Migrantenkinder und die schichtspezifischen Chancendefizite wurden dagegen, wenn überhaupt, nur am Rande registriert. Insofern bleibt es fraglich, ob seine Forderung, dass darüber nachgedacht und geforscht werden muss, wie sich die Bildungschancen der Kinder aus benachteiligten Schichten verbessern lassen, auf Gehör treffen wird.

4. Moderne Sozialstrukturen als dynamische pluralisierte Schichtstrukturen

Geißlers Abrechnung mit dem Mainstream der deutschen Sozialstrukturforschung heißt allerdings nicht, dass er einem paradigmatischen Stillstand das Wort reden würde. Auch für ihn steht außer Frage, dass die „moderne" Sozialstruktur einer enormen Veränderungsdynamik unterliegt und von Tendenzen zunehmender Diffe-

11 Für Bourdieu (1984: 755) stellen die „Kämpfe zwischen den individuellen wie kollektiven Klassifikations- und Ordnungssystemen, die durch eine Veränderung der Wahrnehmungs- und Bewertungskategorien der sozialen Welt und darin auf eine Veränderung der sozialen Welt selbst abzielen, ... eine vergessene Dimension der Klassenkämpfe dar".

renzierung und Pluralisierung gekennzeichnet ist.[12] Diese Entwicklung kann natürlich auch für seine am Schichtbegriff orientierte Gesellschaftsanalyse nicht ohne Folgen bleiben, vielmehr führt sie ihn zu dem Modell einer „dynamisch pluralisierten Schichtstruktur";[13] diesem liegen erst einmal zwei als unproblematisch zu erachtende Ausgangsüberlegungen zu Grunde.

Erstens: Die bereits erwähnten gesellschaftlichen Modernisierungsschübe (ein Mehr an Wohlstand, Bildung, Sicherheit, Freizeit etc.) haben die Folge, dass die Gesellschaft der Gegenwart keine Klassengesellschaft im Sinne des „radikalen Klassenrealismus" (Kreckel 1992: 124) mehr ist. Will sagen: Die lebensweltliche Existenz von Klassen und Schichten in Form integrierter, soziokulturell homogener und politisch organisierter Milieu- und Großgruppen mit entsprechenden Konfliktlinien wird unterhöhlt.[14] Klassen und Schichten verschwinden zusehends aus der Lebenswelt des Menschen, sie werden im Alltag immer weniger wahrgenommen und sind immer seltener Objekt bewusster Identifikationen.[15] Geißler trägt diesem

12 Zumal in der Tradition Geigers gilt es für das Schichtungs- und Klassensystem, den Aspekt der Dynamik hervorzuheben: Es befindet sich im ständigen Wandel, und zahlreiche Umschichtungen finden statt.

13 Eine ausführlichere Zusammenfassung dieses Modelles findet sich bei Weber-Menges (2002: 166ff.).

14 Das hier thematisierte Problem bringt Ulrich Beck gewohnt scharfzüngig auf den Punkt, wenn er zum Schichtbegriff notiert: Er „ist ein liberalisierter Klassenbegriff im Abschiedszustand, ein Übergangsbegriff, dem die soziale Realität der Klassen bereits unter den Händen verschwimmt, der sich aber die eigene Ratlosigkeit noch nicht einzugestehen wagt und der dann das willig mit sich geschehen lässt, was Wissenschaftler gerne tun, wenn sie ratlos werden: ihr Handwerkszeug putzen. Wäre doch gelacht! Die Wirklichkeit muss reinpassen! Die Begriffe etwas runder, weicher, offener für alles das machen, was in sie nicht hineinpasst, aber ganz offensichtlich in sie hineingehört. Diese Wabbelmasse mit operationaler Superausstattung – das ist der ‚moderne' Schichtungsbegriff. Ihm sieht man die Datenmassen an, die er so oder so – mit ‚oberer Unterschicht' oder „unterer Oberschicht" – verarbeiten, unter Permanentausdehnung all seiner Realitätsbindungen, in sich beherbergen muss. So etwas zeichnet! Da bleibt nur eines übrig: Daten von der Realitätsfrage abkoppeln. Sie irgendwie sortieren. Und das weiter ‚Schichten' nennen. Den Freibrief dafür gibt es in einer gut institutionalisierten Wissenschaft, die mit ihren Problemen langfristig umzugehen weiß, immer. Hier heißt er: Klassifikation. Letzter Schritt von der Klasse über die Schichten in die wirkliche Unwirklichkeit der reinen Klassifikation, in der einerseits der Begriff der Klasse ja noch enthalten ist, die aber zugleich dem freien Schalten und Walten der Wissenschaft jeden nur erdenklichen Raum gibt. Klassifikationen können qua Gerichtsbeschluss der Wissenschaftstheorie in eigener Sache nämlich weder wahr noch falsch sein. Schichten sind also das unentschiedene Übergangsstadium zwischen Klassen und Klassifikationen. Sie sind im letzten Nur-Noch-Klassifikationen mit nach außen hin noch nicht getilgtem Wirklichkeitsanspruch, vom dem sie sich aber nach innen hin zugleich selbst entbunden haben" (1986: 140f.). Konsequenterweise spricht Beck daher auch von einem „Kapitalismus ohne Klassen" (1986: 113). In der Auseinandersetzung zwischen „alten Klassentheoretikern" und „neuen Individualisierungstheoretikern", geht es also darum, ob man eher auf die objektiven Ungleichheitstatbestände oder auf die subjektive Bewusstmachung durch die Akteure abhebt. Uwe Schimanks (vgl. seinen Beitrag in diesem Band, S.43) Interpretation lautet daher, dass Geißler zu einer „Wiederbewusstwerdung" der „Klassen an sich" als „Klassen für sich" beitragen wolle.

15 Denn es spricht nichts dafür, dass statt auf sozioökonomischen nunmehr auf soziokulturellen Gemeinsamkeiten basierende Gruppenzugehörigkeiten die alltäglichen Handlungsspielräume prägen, wie die Vertreter der Lebensstilansätze behaupten. Die auf gesamtgesellschaftlicher Ebene identifi-

Sachverhalt durch die These von der „historisch langfristigen Tendenz zur Entschichtung der Sozialstruktur“ (1990: 93 ff.) Rechnung.

Zweitens: Die sozialstrukturelle Modernisierung hat die Akteure aus materiellen, sozialen, zeitlichen und kulturellen Bindungen teilweise herausgelöst. Dabei hat auch die soziale Schichtung für bestimmte Bewusstseins- und Verhaltensunterschiede an Bedeutung verloren. Deren Prägekraft auf die Persönlichkeit hat nachgelassen, die Handlungsspielräume haben sich geweitet und der Zusammenhang zwischen objektiven Lebensbedingungen und subjektiven Lebensweisen lockert sich. Ebenso ist von dem Gedanken Abschied zu nehmen, dass alle Ressourcen und Lebenschancen schichtspezifisch verteilt seien. Geißler vertritt vielmehr die Staffelungshypothese, die besagt, dass die Wirkung der Schichtzugehörigkeit in verschiedenen Segmenten unterschiedlich ausfällt. Wie in einem Modell konzentrischer Kreise ist danach ein Kern von stark schichtabhängigen Segmenten umgeben von Zonen mittlerer und schwach schichtspezifischer Segmente und diese schließlich von einem Ring schichtneutraler Bereiche (1996: 334f.). Außerdem sind es die „neuen“, so genannten horizontalen Faktoren wie Geschlecht, Alter, Region, Privatheitsstatus, Generationenzugehörigkeit oder auch die Teilhabe an wohlfahrtsstaatlichen Umverteilungen, die das Bild der Sozialstruktur vermehrt bestimmen.[16]

Kurzum: Auch von Geißler werden die nachhaltig veränderten gesellschaftlichen Ausgangsbedingungen für die Sozialstrukturanalyse nicht geleugnet. Seine entscheidende Frage lautet jedoch: Welches ist der dominante Sektor der Sozialstruktur, welche Dimensionen sind ausschlaggebend für das Ungleichheitsgefüge, welche Strukturen sind als die wesentlichen zu erachten? Seine Antwort: Die Schichtstruktur ist zwar in Veränderung begriffen, sie löst sich aber keinesfalls auf. Mehr noch: *Die vertikale Dimension dominiert auch im differenzierten Ungleichheitsgefüge* der individualisierten Wohlstandsgesellschaft. Die Tendenzen zur Entstrukturierung der vertikalen sozialen Ungleichheit werden in den neueren Ansätzen der Sozialstrukturanalyse erheblich überzeichnet. Die zentralen Lebenschancen und Lebensrisiken sind weiterhin schichttypisch verteilt (Geißler 2002: 139). Es gibt somit keinen Abschied von Klasse und Schicht; schichtspezifisch ungleiche Lebenschancen, etwa im Hinblick auf Bildung, Einkommen, Vermögen, politische Teilhabe, angenehme und qualifizierte Arbeit sowie ungleiche Risiken wie Arbeitslosigkeit, Krankheit, Armut und Kriminalisierung bleiben erhalten, teils gelockert, teils verändert, teils aber auch

---

zierten Lebensstile und Milieus entspringen nämlich nicht anders als die "nominalistischen" Klassenmodelle ausschließlich den Ordnungsvorstellungen und Konstruktionsbemühungen von Soziologen. Auch die Lebensstilclusterungen sind also nichts anderes als statistische, auf der Basis von Ähnlichkeitsgesichtspunkten ermittelte artifizielle Aggregierungen, die weder sozial bekannt und benannt, noch den nominellen Mitgliedern als solche bewusst sind oder gar durch ein Gefühl der Zusammengehörigkeit geeint werden. Es stellt sich die Frage, ob es gegenwärtig überhaupt noch soziale Großgruppen gibt und ob das Bild von einer einigermaßen übersichtlichen Makrogruppenstruktur sozialer Lagen realistisch ist (Reichenwallner 2000: 40).

16 Die meisten dieser Erscheinungen sind natürlich nicht neu, sondern ihnen wird lediglich eine vermehrte Aufmerksamkeit geschenkt.

vergrößert. Immer noch fungieren der Berufs- und vor allem der Bildungsstatus, so wird Geißler nicht müde zu betonen, als wichtigste Zuweisungskriterien sozialer Ungleichheit. Aufs Ganze der Gesellschaft gesehen beeinflussen sie die Lebenschancen der Menschen stärker als Unterschiede nach Geschlecht, Alter, Generation, Region, Nationalität oder als der neue, aber auf lange Sicht wohl vorübergehende West-Ost-Gegensatz (1994: 31). Zudem sind die Schichtkriterien relativ fest verankert, und ihre meritokratische Legitimation macht sie relativ resistent gegen Versuche, sie zu beseitigen.[17] Für die Richtigkeit dieser Interpretation spricht, dass in den Augen der Bevölkerung die vertikalen Ungleichheiten deutlicher mit der Vorstellung eines „Oben" und „Unten" in der Gesellschaft verbunden werden als etwa Unterschiede nach Alter oder Geschlecht. Da die Unterschiede im Berufs- und Qualifikationsstatus als Ausdruck individueller Leistungsbereitschaft und Fähigkeit gelten, werden sie weniger kritisiert oder sind z.T. sogar gewünscht.

Weitere Einblicke in die „dynamische, pluralisierte Schichtstruktur" (1994: 31) der gegenwärtigen Gesellschaft lassen sich über eine Betrachtung von Geißlers überarbeitetem Haus-Modell (Geißler 2002: 119) gewinnen.

4.1. Soziale Schichtung der westdeutschen Bevölkerung

Das Hausmodell beruht konzeptionell auf den Vorarbeiten von Geiger und Dahrendorf und empirisch auf Daten des sozioökonomischen Panels (SOEP) aus dem Jahr 2000. Es beabsichtigt, durch eine Konzentration auf das Wesentliche eine gewisse Ordnung in das unübersichtliche Durcheinander sozialer Ungleichheit zu bringen. Studiert man die Architektur des Hauses, tritt zutage, dass sie stärker als in den 1960er Jahren „offenes Wohnen" in nicht deutlich voneinander getrennten Etagen und Räumen ermöglicht. Dennoch sind die Menschen weiterhin genötigt oder gewillt, sich vornehmlich in bestimmten Wohnbereichen aufzuhalten (2002: 120f.). Weiterhin ist erkennbar, das dem Beruf, der verschiedene Faktoren wie Einkommen, Qualifikation und Prestige bündelt, die ausschlaggebende Rolle zufällt. Allerdings liegen der Schichteinteilung weitere Kriterien (materielle Lage, ethnische Zugehörigkeit, Position im Herrschaftsgefüge) zu Grunde.

Eingang in das Modell haben aber auch typische Mentalitäten und Lebenschancen gefunden. Trotz der dominant vertikalen Ausrichtung werden herkömmliche Vorstellungen durchbrochen, indem die Schichten z.T. horizontal nebeneinander angeordnet werden. Manche Schichten sind aber auch in sich sehr heterogen und erstrecken sich über mehrere Stockwerke. Die gepunkteten Linien zeigen weiterhin, dass die Decken und Wände durchlässiger geworden sind; Schichten sind also ganz im Sinne Geigers weder scharf gegeneinander abgegrenzte Gruppierungen noch sind ihre Grenzen unüberwindbare Schranken. Ins Auge fällt ferner in der unteren Etage die gegenüber Facharbeitern deutlich benachteiligte „neue Grundschicht", die noch

17 Im Bildungssystem ist die Geschlechterungleichheit weitgehend beseitigt worden, während die schichtspezifischen Ungleichheiten der Bildungschancen fortbestehen.

einmal differenziert ist in deutsche und ausländische Un- und Angelernte. Dass Ausländer in einem „Anbau“ neben dem Schichtgebäude leben, deutet an, dass sie nur unvollständig in die Gesellschaft integriert sind. Hier ist neben der materiellen Lage ein horizontaler Faktor, nämlich der der ethnischen Zugehörigkeit ausschlaggebend. Offensichtlich wird, dass der steigende Wohlstand die Randschicht derjenigen, die an oder unter der relativen Armutsgrenze leben müssen, nicht beseitigt hat.

Abbildung 1: Das Hausmodell von Rainer Geißler

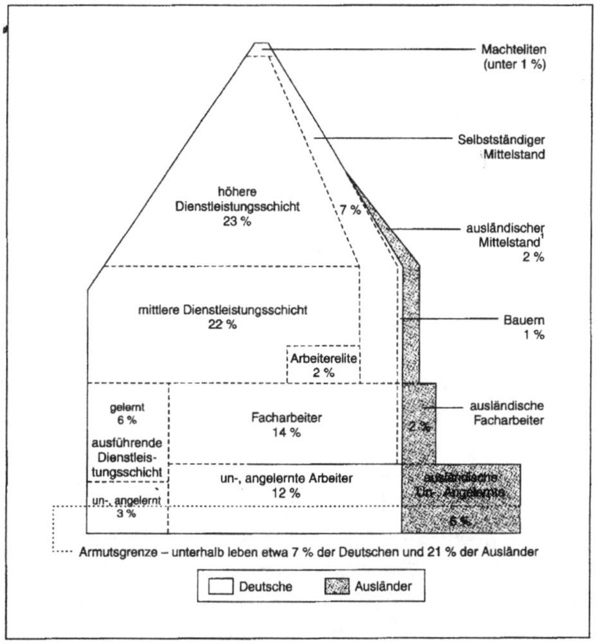

1 Selbstständige, mittlere und höhere Dienstleister
Datenbasis: SOEP 2000; N = 17.850; berechnet von *Stefan Weick*.

Im Vergleich zu älteren Klassen- und Schichtmodellen ist neben der Berücksichtigung der ausländischen Gesellschaftsmitglieder schließlich die Vergrößerung der Dienstleistungsschichten, die Verkleinerung des alten Mittelstandes, das Schrumpfen der Bauernschaft und die Ausdifferenzierung der Arbeiterschaft als ein Ergebnis des Modells hervorzuheben.

5. Fazit

Wie ist der auf das Vertikalparadigma zentrierte Sozialstrukturansatz Geißlers zu beurteilen? Meine Antwort fällt zweigeteilt aus. Misst man ihn an den weit reichenden Vorstellungen, die die Ungleichheitsklassiker mit Klassen- und Schichtkonzeptionen verbanden, so hat der Ansatz einerseits sicherlich an Anspruchsniveau verloren, das so leicht nicht wiederzugewinnen sein wird. Bei allen Unterschieden im Detail: Karl Marx, Max Weber und Theodor Geiger war ein realistisches Erkenntnis- und Begriffsverständnis gemein, das neben der systematisch ungleichen Verteilung von Ressourcen und Zugangschancen nicht zuletzt die Bildung sozialer Klassen- und Schichten als lebensweltlich-reale Phänomene im Auge hatte, in denen sich spezifische Erfahrungen der Vergemeinschaftung, in manchen Fällen gar ein kollektives Interessenengagement herausbildet. Dies alles ging – zumindest bei Marx, in Ansätzen aber auch bei Geiger – mit der Hoffnung einher, nichts weniger als die grundlegenden gesellschaftlichen Konflikte und die treibenden Kräfte sozialen Wandels mit den Mitteln der Klassenanalyse ausmachen zu können. Gemessen an der außerordentlichen Aufschließungskraft, die die Gründungsväter sowohl in gesellschaftstheoretischer als auch in zeitdiagnostischer Hinsicht mit dem Vertikalparadigma verbanden, kann von einer deutlichen Absenkung des Aspirationsniveaus heutiger Klassen- und Schichtungsansätze gesprochen werden. Heute sind es jedenfalls nur noch wenige, die glauben, auf ihrer Grundlage die konstitutiven Gruppenbildungs-, Konflikt-[18] und Entwicklungsprinzipien der Gesellschaft ausmachen zu können.[19]

Kritisch ist ferner zu vermerken, dass die Schichtungs- und Klassensoziologie konzeptionell den Problemen der Arbeitslosigkeit und Armut kaum gewappnet zu sein scheint. Die aktuelle Debatte zu dem Begriff „Exklusion" deutet jedenfalls darauf hin, dass ein grundsätzlich neuer Zugang zur soziologischen Analyse von sozialer Ungleichheit jenseits der üblichen Begriffe anzuraten ist.

Dies ist die eine, durchaus problematische Seite der Medaille. Dennoch gehören die Klassen und Schichten mitnichten zu den Altenteilen, die es zu verabschieden gilt. Gerade weil der Klassencharakter der Gesellschaft durch die Modernisierung der Sozialstruktur in seinem Erscheinungsbild vielfach gebrochen ist und die schichttypischen Unterschiede an der lebensweltlichen Oberfläche auf den ersten Blick schwerer wahrzunehmen sind, sollte es die Aufgabe der Sozialstrukturanalyse sein, die zunehmend in die „Tiefenstruktur" der Gesellschaft verlagerten Ungleich-

18 Dahrendorf (1992: 236) spricht von einer „Individualisierung des sozialen Konflikts". Statt sich in Interessengruppen zu organisieren, wie es vormals die Arbeiter- und Frauenbewegung getan hat, kämpfen die benachteiligten Akteure bestenfalls individuell um sozialen Aufstieg.

19 Dieser Entwicklung trägt Geißler Rechnung, wenn er schreibt: Der Schichtbegriff entfernt sich vom Typus eines empirischen Begriffs und nähert sich dem Typus des „hypothetischen Konstrukts" (1990: 98; 1994: 25).

heitsmechanismen sichtbar zu machen.[20] Geißler hat den Verdienst, genau dieses getan zu haben und zugleich mit zahlreichen Belegen den Nachweis für die Fortdauer, z.T. auch für die Verstärkung schichttypischer Lebenschancen und Lebensrisiken erbracht zu haben. Schichten und Klassen sind also keine blutleeren Schreibtischkonstruktionen, sondern zeigen auch in der individualisierten Wohlstandsgesellschaft die Orte an, wo die zentralen Lebenschancen und Lebensrisiken verteilt werden. Zudem demonstriert Geißlers Schichtmodell, dass zahlreiche Orientierungen, Verhaltensweisen und Interaktionen – wie etwa Studien zu Erziehungszielen, zur Nutzung von Massenmedien oder der Konfliktwahrnehmung belegen – mit dem Bildungs- und Berufsstatus variieren. Zu bedenken ist aber auch, dass die viel zitierten Individualisierungs- und Pluralisierungsprozesse nicht überall gleichmäßig greifen, sondern in unterschiedlichen Schichten und Milieus mit unterschiedlicher Geschwindigkeit ablaufen. In höheren Schichten vollziehen sich die Prozesse anders und intensiver als in niedrigeren Schichten, denn mit Wohlstand ist eine starke Freisetzung aus materiellen Zwängen und mit Bildung ein höheres Maß an Selbstreflexion und eine weitgehende Lösung aus traditionellen Bindungen verknüpft.

Zum Ende möchte ich nur noch vier Untersuchungsbefunde anführen, die die Präsenz und Persistenz stabiler Ungleichheitsstrukturen deutlich machen.

1. Während die völlig überzogene Kritik am Schicht- und Klassenparadigma soziologische Analysen zur schichtspezifischen Benachteiligung im Bildungssystem seit Jahren in ein Nischendasein abgedrängt hat, haben die Pisa-Ergebnisse das Paradox der Bildungsexpansion – „mehr Bildungschancen, aber weniger Bildungsgerechtigkeit" – in einer interkulturellen Vergleichsuntersuchung eindrucksvoll bestätigt (Geißler 2003). Neben der viel zitierten Pisa-Studie ist es hierzulande nun auch die 14. Shell-Jugendstudie (Deutsche Shell 2002), die den Zusammenhang zwischen Elternhaus und Bildungsniveau erhärtet. Die Studie zeigt, dass von allen Jungen und Mädchen, die eine Sonderschule besuchen, neun von zehn aus der Unter- oder unteren Mittelschicht stammen. Weit weniger als ein Zehntel der Jugendlichen aus der Oberschicht oder oberen Mittelschicht besuchen dagegen die Hauptschule. Jugendliche aus der Unterschicht sind in der Freizeit häufiger passiv (Fernsehen, Videos, „Rumhängen"), während diejenigen aus der Oberschicht sportlich aktiv sind, Bücher lesen oder im Internet surfen.
2. Letzteres verweist bereits darauf, dass sich mit dem raschen Vordringen neuer Medien ein Trend zur digitalen Spaltung der Gesellschaft nach sozialer Schichtung abzeichnet. In den Medienwissenschaften spricht man schon von der Ausbildung einer „medialen Klassengesellschaft" (Jäckel/Winterhoff-Spurk 1996), in der sich verstärkt zwei antagonistische Informationsklassen –

20 So ist der Fernseher etwa bei allen Schichten verbreitet. Aufgabe der Sozialstrukturanalyse ist es, jenseits der nivellierten Oberflächenschichtung die Tiefenschichtung, d.h. den schichtspezifisch variierenden Umgang mit dem TV nachzuweisen.

„Info-Eliten“ und „Medienanalphabeten“ – mit höchst unterschiedlichen Teilhabe- und Selbstverwirklichungsressourcen gegenüberstehen.

3. Am Beispiel der Weitergabe von Erbschaften, deren Bedeutung in den letzten Jahrzehnten zugenommen hat, kann Marc Szydlik die Rolle der Familie als zentrale Reproduktionsstätte sozialer Ungleichheit belegen. Zutage tritt, dass schichthöhere Eltern ihren Kindern nicht nur eine bessere Schul- und Berufsausbildung ermöglichen, sondern auch deutlich häufigere und höhere Erbschaften. Die Bevölkerungsgruppe der ehemaligen Hauptschüler hat die geringste Chance, etwas zu erben; die zahlenmäßig kleinste Bildungsschicht der Hochschulabsolventen erbt dagegen am häufigsten (Szydlik 2000: 144ff.).
4. Michael Hartmann legt in seiner Untersuchung über den „Mythos von den Leistungseliten“ (2002) die Wirklichkeit hinter der Fassade der offiziell verkündeten Ideologie von der Leistungsgesellschaft offen. Deutlich wird, dass sich nicht nur mehr als vier Fünftel der Vorstandsvorsitzenden der 100 größten deutschen Unternehmen aus dem gehobenen Bürgertum rekrutieren, sondern dass diese Selbstrekrutierung – aller Bildungsexpansion zum Trotz – in den letzten 25 Jahren noch exklusiver geworden ist (1998: 173f.). Die Karrierechancen sind heute auch für formal gleich Qualifizierte extrem ungleich. Erklären lässt sich dies vor allem mit dem unterschiedlichen klassenspezifischen Habitus. Bei Bewerbungsgesprächen und erst recht bei der Auswahl von Führungskräften in Großunternehmen ist eine souveräne Ausstrahlung oftmals ausschlaggebend. Die Trittsicherheit in den oberen Etagen, so Hartmann, sei einfach nur gegeben, wenn man das Gelände seit Kindesbeinen kennt.

Diese kleine Auswahl kann genügen; klar ist, dass die Nachklassengesellschaft herbeigeredet wird, empirisch lässt sie sich nicht begründen. Daher muss es Aufgabe nüchterner soziologischer Analyse sein – so kann man die Botschaft des Ansatzes von Geißler resümieren –, die vertikalen Strukturen sozialer Ungleichheit so deutlich wie möglich herauszuarbeiten, damit die von „alten“ und „neuen“ Klassikern wie Marx, Geiger oder Bourdieu verfochtenen Gerechtigkeitsideale als verpflichtende Fluchtpunkte der Sozialstrukturanalyse erhalten bleiben und Privilegien unter Legitimationsdruck gestellt werden.

Literatur

Beck, Ulrich (1986): Risikogesellschaft. Auf dem Weg in eine andere Moderne. Frankfurt a.M.
Beckert, Jens (2002): Das Beobachten von Beobachtungen ist nicht genug. In: Frankfurter Rundschau. 8. Oktober 2002.
Bourdieu, Pierre (1984): Die feinen Unterschiede. Kritik der gesellschaftlichen Urteilskraft. Frankfurt a.M.
Bourdieu, Pierre (1993): Soziologische Fragen. Frankfurt a.M.
Dahrendorf, Ralf (1979): Lebenschancen. Anläufe zur sozialen und politischen Theorie. Frankfurt a.M.
Dahrendorf, Ralf (1992): Der moderne soziale Konflikt. Essay zur Politik der Freiheit. Stuttgart.
Deutsche Shell (Hrsg.) (2002): Jugend 2002. Zwischen pragmatischem Idealismus und robustem Materialismus. Frankfurt a.M.
Endruweit, Günter (1999): Milieu und Lebensstilgruppe – Nachfolger des Schichtenkonzepts? Manuskript.
Geiger, Theodor (1951): Bildungsprobleme in der modernen technischen Welt. Rundfunkvortrag: Nordwestdeutscher Rundfunk, Mai 1951. Theodor-Geiger-Archiv der TH Braunschweig. 7 Seiten.
Geiger, Theodor (1933): Volkssoziologie als Heimatkunde. Theodor-Geiger-Archiv der TH Braunschweig. 33 Seiten.
Geiger, Theodor (1932): Die soziale Schichtung des deutschen Volkes. Soziographischer Versuch auf statistischer Grundlage. Stuttgart.
Geiger, Theodor (1931): Gesellschaft. In: Vierkandt, Alfred (Hrsg.) (1931): Handwörterbuch der Soziologie. Stuttgart.
Geißler; Rainer (1973): Massenmedien, Basiskommunikation und Demokratie. Ansätze zu einer normativ-empirischen Theorie. Tübingen.
Geißler, Rainer (1973a): Soziologische Historie und historische Soziologie. Gedanken zu einem modernen Gegenwartskundeunterricht. In: Geschichte in Wissenschaft und Unterricht. 1973. 2. S. 65-87.
Geißler, Rainer (1985): Die Schichtungssoziologie von Theodor Geiger. Zur Aktualität eines fast vergessenen Klassikers. In: Kölner Zeitschrift für Soziologie und Sozialpsychologie. 1985. 37. S. 387-410.
Geißler, Rainer (Hrsg.) (1987): Soziale Schichtung und Lebenschancen in der Bundesrepublik Deutschland. Stuttgart.
Geißler, Rainer (1987): Einführung. In: Ders. (1987): 1-4.
Geißler, Rainer (1987a): Soziale Schichtung und Bildungschancen. In: Ders. (1987): 79-110.
Geißler, Rainer (1990): Schichten in der post-industriellen Gesellschaft. Die Bedeutung des Schichtbegriffs für die Analyse unserer Gesellschaft. In: Berger, Peter A./Hradil, Stefan (Hrsg.): Lebenslagen, Lebensläufe, Lebensstile. Göttingen. S. 81-101.
Geißler, Rainer (1990a): Entwicklung der Sozialstruktur und Bildungswesen in der Bundesrepublik Deutschland und in der DDR. In: Anweiler, Oskar u.a. (Hrsg.): Vergleich von Bildung und Erziehung in der Bundesrepublik Deutschland und in der Deutschen Demokratischen Republik, Köln. S. 83-111
Geißler, Rainer (1994): Die pluralisierte Schichtstruktur der modernen Gesellschaft: zur aktuellen Bedeutung des Schichtbegriffs. In: Ders.: Soziale Schichtung und Lebenschancen in Deutschland. 2. völlig überarbeitete Auflage. Stuttgart. S.6-31.
Geißler, Rainer (1994a): Das gefährliche Gerücht von der hohen Ausländerkriminalität. In: Aus Politik und Zeitgeschichte B 35. S. 30-39.
Geißler, Rainer (1994b):Soziale Schichtung und Bildungschancen. In: Ders. (Hrsg.): Soziale Schichtung und Lebenschancen in der Bundesrepublik Deutschland. 2. völlig überarbeitete Auflage Stuttgart. S. 111-159.
Geißler, Rainer (1995): Die Bedeutung Theodor Geigers für die Sozialstrukturanalyse der modernen Gesellschaft. In: Bachmann, Siegfried (Hrsg.): Theodor Geiger. Soziologe in einer Zeit zwischen „Pathos und Nüchternheit“. Berlin. S. 273-297.
Geißler, Rainer (1996): Kein Abschied von Klasse und Schicht. Ideologische Gefahren der deutschen Sozialstrukturanalyse. In: Kölner Zeitschrift für Soziologie und Sozialpsychologie 48. S. 319-338.

Geißler, Rainer (1998): Das mehrfache Ende der Klassengesellschaft. Diagnosen sozialstrukturellen Wandels. In: Friedrichs, Jürgen/Lepsius, Rainer M./Mayer, Karl. Ulrich (Hrsg.): Die Diagnosefähigkeit der Soziologie (Sonderheft 38 der KZfSS). Opladen. S. 207-233.

Geißler, Rainer (1999a): Der bedrohliche Ausländer. Zum Zerrbild ethnischer Minderheiten in Medien und Öffentlichkeit. In: Otterbach, Markus/Trautmann, Sebastian K. (Hrsg.): Integration durch soziale Kontrolle. Zur Kriminalität und Kriminalisierung allochthoner Jugendlicher. Köln. S. 23-38.

Geißler, Rainer (2000): „Ausländerkriminalität" – Vorurteile, Missverständnisse, Fakten. Anmerkungen zu einer vielschichtigen Problematik. In: Migration und Soziale Arbeit. 1/2000. S. 20-27.

Geißler, Rainer (2000a): Bessere Präsentation durch bessere Repräsentation. Anmerkungen zum Problem „ethnische Minderheiten und Öffentlichkeit". In: Schatz, Heribert/Holtz-Bacha, Christina/Nieland , Jörg-Uwe (Hrsg.): Migranten und Medien. Wiesbaden. S. 129-146.

Geißler, Rainer (2001): Sind „Ausländer" krimineller als Deutsche? In: Gegenwartskunde 50. 1. S. 27-41.

Geißler, Rainer (2001a): Multikulturalismus in Kanada – Modell für Deutschland? In: Allmendinger, Jutta (Hrsg.): Gute Gesellschaft? Zur Konstruktion sozialer Ordnungen. Opladen. S. 618-642.

Geißler, Rainer (2002): Die Sozialstruktur Deutschlands. Die gesellschaftliche Entwicklung vor und nach der Vereinigung. 3., grundlegend überarbeitete Auflage. Opladen.

Geißler, Rainer (2003): Das Schweigen zur schichtspezifischen Benachteiligung – von Pisa gestört. In : Pädagogik 55. 2. S. 10-15.

Georg, Werner (1998): Soziale Lage und Lebensstil. Eine Typologie. Opladen.

Giegler, Helmut (1994): Lebensstile in Hamburg. In: Dangschat, Jens/Blasius, Jörg (Hrsg.): Lebensstile in den Städten. Konzepte und Methoden. Opladen. S. 255-272.

Grönemeyer, Axel (1999): Soziale Probleme, soziologische Theorie und moderne Gesellschaften. In: Albrecht, Günter u.a. (Hrsg.): Handbuch soziale Probleme. S. 13-72.

Hartmann, Michael (1998): Homogenität und Stabilität. Die soziale Rekrutierung der deutschen Wirtschaftselite im europäischen Vergleich. In: Berger, Peter/Vester, Michael (Hrsg.): Alte Ungleichheiten – Neue Spaltungen. Opladen. S. 171-187.

Hartmann, Michael (2002): Der Mythos von den Leistungseliten. Spitzenkarrieren und soziale Herkunft in Wirtschaft, Politik, Justiz und Wissenschaft. Frankfurt a.M./New York.

Hillmann, Karl Heinz (1994): Wörterbuch der Soziologie. 4. überarbeitete Auflage. Stuttgart.

Höpflinger, Francois (1997): Bevölkerungssoziologie. Eine Einführung in bevölkerungssoziologische Ansätze und demographische Prozesse. Weinheim/München.

Hörning, Karl H./Matthias Michailow (1990): Lebensstil als Vergesellschaftungsform. In: Berger, Peter A./Hradil, Stefan (Hrsg.): Lebenslagen, Lebensläufe, Lebensstile. Soziale Welt, Sonderband 7. Göttingen. S. 501-522.

Hradil, Stefan (1987): Sozialstrukturanalyse in einer fortgeschrittenen Gesellschaft. Von Klassen und Schichten zu Lagen und Milieus. Opladen.

Hradil, Stefan (1992): Alte Begriffe und neue Strukturen: Die Milieu-, Subkultur- und Lebensstilforschung der 80er Jahre. In: Ders. (Hrsg.): Zwischen Bewusstsein und Sein. Die Vermittlung „objektiver" Lebensbedingungen und „subjektiver" Lebensweisen. Opladen. S. 15-56.

Jäckel, Michael/Winterhoff-Spurk Peter (Hrsg.) (1996): Mediale Klassengesellschaft? München.

Konietzka, Dirk (1995): Lebensstile im sozialstrukturellen Kontext. Ein theoretischer und empirischer Beitrag zur Analyse soziokultureller Ungleichheiten. Opladen.

Kreckel, Reinhard (1992): Politische Soziologie der sozialen Ungleichheit. Frankfurt a.M./New York.

Meyer, Thomas (2001): Das Konzept der Lebensstile in der Sozialstrukturforschung – eine kritische Bilanz. In: Soziale Welt. 52. S. 255-271.

Meyer, Thomas (2001a): Die Soziologie Theodor Geigers. Emanzipation von der Ideologie. Wiesbaden.

Michailow, Matthias (1996): Individualisierung und Lebensstilbildung. In: Schwenk, Otto (Hrsg.): Lebensstil zwischen Sozialstrukturanalyse und Kulturwissenschaft. Opladen. S. 71-98.

Müller-Schneider, Thomas (1994): Schichten und Erlebnismilieus. Der Wandel der Milieulandschaft in Deutschland. Von hierarchisierenden zu subjektorientierten Wahrnehmungsmustern. In: Zeitschrift für Soziologie 25. S. 190-206.

Müller-Schneider, Thomas (1998): Subjektbezogene Ungleichheit. Ein Paradigma zur Sozialstrukturanalyse post-industrieller Gesellschaften. In: Berger, Peter A./Vester, Michael (Hrsg.): Alte Ungleichheiten – Neue Spaltungen. Opladen. S. 275-296.

Reichenwallner, Martina (2000): Lebensstile zwischen Struktur und Entkopplung: Beziehungen zwischen Lebensweisen und sozialen Lagen. Wiesbaden.

Schimank, Uwe (2000): Handeln und Strukturen. Einführung in die akteurtheoretische Soziologie. Weinheim/München.

Schroth, Yvonne (1999): Dominante Kriterien der Sozialstruktur. Zur Aktualität der Schichtungssoziologie von Theodor Geiger. Münster.

Schulze, Gerhard (1992): Die Erlebnisgesellschaft. Kultursoziologie der Gegenwart. Frankfurt a.M.

Schulze, Gerhard (1993): Entgrenzung und Innenorientierung. Eine Einführung in die Theorie der Erlebnisgesellschaft. In: Gegenwartskunde.42. S. 405-419.

Szydlik, Marc (2000): Lebenslange Solidarität? Generationenbeziehungen zwischen erwachsenen Kindern und Eltern. Opladen.

Vester, Michael u.a. (1993): Soziale Milieus im gesellschaftlichen Strukturwandel. Köln.

Wahl, Anke (1998): Strukturierte Pluralität. Lebensstile zwischen vertikalen Strukturbedingungen und intervenierenden Faktoren. Frankfurt a.M.

Weber-Menges, Sonja (2002): „Arbeiterklasse oder Arbeitnehmer?" Vergleichende empirische Untersuchung zu Soziallage, Lebenschancen und Lebensstilen von Arbeitern und Angestellten in Industriebetrieben. Diss. Siegen.

Der Autor

Thomas Meyer, Priv.-Doz. Dr. phil. (*1958), 1986-2002 Wissenschaftlicher (Ober-) Assistent an der Universität Siegen im Fach Soziologie (Prof. Dr. Rainer Geißler); seit 2003 Studienrat im Fachbereich 1 der Universität Siegen; Studium der Sozialwissenschaften, Geschichte und Erziehungswissenschaften in Siegen und Hagen. Arbeitsschwerpunkte: Familien- und Sozialstrukturforschung.

Jüngere Publikationen: Die Soziologie Theodor Geigers, Wiesbaden 2001; Das Konzept der Lebensstile in der Sozialstrukturforschung – eine kritische Bilanz. In: Soziale Welt, 2001, H.3, S. 255-271; Das „Ende" der Familie – Szenarien zwischen Mythos und Wirklichkeit. In: U.Volkmann/U. Schimank: Soziologische Gegenwartsdiagnosen II, Opladen 2002, S. 199-224.

Kämpfe um Lebenschancen[1]

Uwe Schimank

Rainer Geißler ist ein politisch engagierter Soziologe. Er betreibt Soziologie nicht im Elfenbeinturm, sondern will mit seinen soziologischen Erkenntnissen gesellschaftlich wirken. Zu seinem Generalthema – der Ungleichheit der Lebensverhältnisse in der modernen Gesellschaft – will er nicht bloß soziologische Beschreibungen und Erklärungen liefern, sondern auch politische Bewertungen abgeben. Mit dem Gebot wissenschaftlicher Werturteilsfreiheit hat er dabei keine Probleme. Die eigenen Wertmaßstäbe kommen bei ihm nur vor und nach dem eigentlichen Forschungsprozess zum Tragen: bei der Wahl seiner Themen und bei den – von den wissenschaftlichen Aussagen klar getrennten – politischen Schlussfolgerungen, die er zieht. Diese Schlussfolgerungen werden im Übrigen selten explizit ausgesprochen. Vor dem Hintergrund eines „sozialdemokratischen Konsensus" (Dahrendorf 1979: 147-166), den man weit über sozialdemokratische Parteien im engeren Sinne hinaus zumindest bis vor kurzem fraglos unterstellen durfte, konnte Geißler seine soziologischen Befunde oftmals für sich sprechen lassen. Werte wie Chancengleichheit und Solidarität mit den schwächeren Mitgliedern der Gesellschaft waren hinreichend geteilt, um unmittelbar zu verstehen, was Geißler jeweils politisch sagen wollte.

Inzwischen ist das „sozialdemokratische Zeitalter", jedenfalls fürs Erste, vorbei – was man auch und vielleicht sogar gerade dort merkt, wo Sozialdemokraten die Regierung stellen. Dies ist womöglich ein guter Zeitpunkt, um über den politischen Stellenwert von Geißlers Soziologie nachzudenken. Als Ankerpunkt solcher Überlegungen bietet sich der Begriff der Lebenschancen an. Geißler verwendet ihn häufig;[2] der Begriff taucht sogar im Titel eines von Geißler (1987a) herausgegebenen Sammelbandes auf. Allerdings beschäftigt sich Geißler nirgends damit, den Begriff genauer zu bestimmen. Offenbar hält er das für unnötig, weil er auf einen gesellschaftlichen common sense setzt. Dieser könnte etwa so aussehen, wie ihn Ralf Dahrendorf (1979: 24) in seinen weit ausholenden Reflexionen des Begriffs zunächst einmal umreißt: „Lebenschancen sind die Backformen menschlichen Lebens in Gesellschaft; sie bestimmen, wie weit Menschen sich entfalten können." Diese individuellen Entfaltungsmöglichkeiten sieht Geißler (1996a: 21) stark sozialstrukturell geprägt; genauer gesagt geht er davon aus, dass „die Unterschiede in den Lebenschancen in hohem Maße mit der vertikalen Verteilung wichtiger Ressourcen zusammen hängen".

---

1 Für hilfreiche Hinweise danke ich Eva Barlösius, Nicole Burzan und Ute Volkmann.

2 Siehe etwa den Index von Geißler (1996a).

Es gibt also Menschen mit besseren und andere mit schlechteren Lebenschancen. Diese Ungleichheit ist für Geißler wie für Dahrendorf nicht nur ein soziologisch interessantes Faktum, sondern darüber hinaus zwar nicht in allen, aber doch in vielen ihrer Ausprägungen politisch anstößig. Diese Anstößigkeit speist sich dabei aus zwei Quellen. Zum einen haben die in ihren Lebenschancen relativ schlechter gestellten Gesellschaftsmitglieder oftmals ein Interesse daran, ihre Lage zu verbessern. Zum anderen fällt es den relativ besser Gestellten häufig schwer, ihre Bevorzugung ethisch zu rechtfertigen; umgekehrt sehen die schlechter Gestellten die Moral auf ihrer Seite. So erzeugen Interessen und ethische Gesichtspunkte immer wieder aufs Neue gesellschaftliche Kämpfe um Lebenschancen. Spätestens diese Auseinandersetzungen zeigen, dass der Begriff der Lebenschancen keine rein analytische Kategorie der Wissenschaft ist, sondern auch ein politischer Kampfbegriff. Genau deshalb eignet er sich als Leitbegriff einer politisch engagierten Soziologie gesellschaftlicher Ungleichheit, wie sie von Geißler betrieben wird.

Im Folgenden soll es darum gehen, gewissermaßen einige wichtige Frontlinien der Kämpfe um Lebenschancen in der modernen Gesellschaft nachzuzeichnen. In dem so erarbeiteten Bild lässt sich dann genauer aufzeigen, an welchen Fronten Geißler engagiert ist – und an welchen nicht.

1. Die vergessenen Ligaturen

Welche sozialstrukturellen Faktoren prägen die individuellen Lebenschancen, vorerst weiterhin sehr allgemein als Möglichkeiten der Selbstentfaltung verstanden? Ein Sozialstrukturanalytiker wie Geißler würde – stichwortartig zusammengefasst – etwa wie folgt antworten:

1. Lebenschancen sind vom individuellen Einkommen abhängig, das wiederum stark durch den ausgeübten Beruf bestimmt wird. In einer kapitalistischen Marktwirtschaft muss sich der Einzelne viele Güter und Dienstleistungen – von der Wohnung bis zur psychotherapeutischen Beratung – kaufen, und je mehr er verdient, desto mehr kann er sich leisten. In diesem Sinne macht Geld sehr wohl glücklich.
2. Die individuellen Lebenschancen hängen von wohlfahrtsstaatlichen Leistungen ab, die teils allen, teils besonders bedürftigen Gesellschaftsmitgliedern bereitgestellt werden. Das Leistungsspektrum des Wohlfahrtsstaates ist breit. Es reicht von der medizinischen Versorgung bis zum Kultur- und Sportangebot und zur Sicherstellung einer gesundheitlich zuträglichen und ästhetisch ansprechenden Natur.
3. Lebenschancen hängen davon ab, welche juristischen und politischen Rechte Individuen genießen. Durch politische Partizipation – die ihrerseits als Meinungs- und Versammlungsfreiheit, aktives und passives Wahlrecht, das Recht auf die Bildung politischer Vereinigungen und weitere Rechte der Mitwir-

kung an staatlichen Entscheidungen institutionalisiert ist – wird Einfluss auf die gezielte Gestaltung von Lebenschancen durch Gesetze genommen. Rechtliche Garantien ermöglichen, bestimmte Lebenschancen gegenüber dem Staat oder Privaten, z.B. Unternehmen, einzuklagen.

4. Im Vorfeld dieser verschiedenen sozialstrukturellen Prägungen wirken schließlich die Bildungschancen. Sie bestimmen nachhaltig die Arbeitsmarkt- und damit die Einkommenschancen; und auch die Möglichkeit der Nutzung vieler wohlfahrtstaatlicher Leistungen, politischer Einfluss und rechtliche Klagechancen hängen in erheblichem Maße mit dem individuellen Bildungsniveau zusammen.

All dies leuchtet nicht bloß theoretisch ein, sondern ist auch in zahlreichen empirischen Untersuchungen wieder und wieder aufgezeigt worden. Lebenschancen ergeben sich, so gedacht, aus dem Zusammenspiel von drei Größen. Die erste Größe sind individuell erarbeitete *Ressourcen*, vor allem Geld und Bildung. Die zweite Größe sind staatlich verbürgte individuelle *Anrechte*, die zumeist kollektiv erkämpft worden sind: auf wohlfahrtstaatliche Leistungen, auf Bildung und auf Rechtsstaat und Demokratie.[3] Sowohl den Ressourcen als auch den Anrechten müssen als dritte Größe *Angebote* gegenüber stehen.[4] Wer z.B. im planwirtschaftlichen Mangel lebt, kann mit seinem Einkommen nichts kaufen; und wenn die staatliche Finanzkrise zur drastischen Kürzung wohlfahrtstaatlicher Leistungen zwingt, kann sich beispielsweise das Recht auf Bildung mehr oder weniger in Nichts auflösen.

Um es nochmals zu sagen: An der fortdauernden Wichtigkeit einer soziologischen Betrachtung und politischen Bewertung dieser Zusammenhänge gibt es nichts zu deuteln. Die Frage ist lediglich, ob damit bereits alles über die Lebenschancen von Individuen in der modernen Gesellschaft gesagt ist. Dahrendorf (1979) kommt zu dem Schluss: Nein! Sein Resultat lautet, dass eine Betrachtung der genannten sozialstrukturellen Faktoren lediglich eine der beiden Dimensionen von Lebenschancen erfasst: die Dimension der *Optionen*. Aus dem Blick bleibt demgegenüber die zweite, ebenso wichtige Dimension: die der *Ligaturen*.

Dahrendorf (1979: 50-52) erläutert: „Lebenschancen … sind eine Funktion von zwei Elementen, Optionen und Ligaturen, die unabhängig voneinander variieren können". Die Bedeutung der Optionen lässt sich, wie Dahrendorf zugesteht, „leichter entschlüsseln": „Optionen sind in sozialen Strukturen gegebene Wahlmöglichkeiten". Alltagssprachlich formuliert: Es geht um Freiheitsspielräume des Einzelnen – und dass die etwas mit Lebenschancen zu tun haben, leuchtet unmittelbar ein. Demgegenüber gesteht Dahrendorf zu: „Der Begriff der Ligaturen ist zunächst fremder". Was ist damit gemeint?

---

3 Die historische Reihenfolge, in der diese Anrechte erkämpft wurden, ist bekanntlich: Rechtsstaat – Demokratie – Wohlfahrtsstaat. Siehe dazu Marshall (1949).

4 Dahrendorf (1992) unterscheidet Angebote und Anrechte, arbeitet aber die Ressourcendimension analytisch nicht klar heraus, wie wohl sie ihm in der Sache deutlich vor Augen steht.

> „Ligaturen sind Zugehörigkeiten; man könnte sie auch Bindungen nennen. ... Vom Standpunkt des Einzelnen stellen sich Ligaturen als Bezüge dar. Sie geben dem Ort, den er innehat, Bedeutung. Überhaupt kennzeichnet Ligaturen das Element des Sinns und der Verankerung, während Optionen das Ziel und den Horizont des Handelns betonen."

Reduziert man die konkrete Person analytisch auf das soziologische Akteurmodell des Identitätsbehaupters (Schimank 2000: 121-143), lässt sich sagen: Durch Optionen werden die Möglichkeiten der Gestaltung und sozialen Darstellung der je individuellen Identität bestimmt; Ligaturen bestimmen demgegenüber die Möglichkeiten der sozialen Bestätigung dieser Identität durch Bezugspersonen. Beides ist gleichermaßen notwendig für ein gutes Leben, wie Dahrendorf konstatiert: „Ligaturen ohne Optionen bedeuten Unterdrückung, während Optionen ohne Bindung sinnlos sind." Lebenschancen sind also, formal betrachtet, für Dahrendorf (1979: 109) das Produkt der Multiplikation von Ligaturen und Optionen. Keine der beiden Dimensionen darf auf Null reduziert werden, weil dies auch die Lebenschancen auf Null reduzierte.

Für einen zunächst einmal auf individuelle Freiheit setzenden Liberalen wie Dahrendorf (1979: 51) besteht die überraschende Einsicht darin: „Ein Maximum an Optionen ist als solches kein Maximum an Lebenschancen, und ein Minimum an Optionen ist nicht das einzige Minimum an Lebenschancen." Liberale und Sozialdemokraten stimmen in ihren Prioritäten insoweit überein, dass beide bei Lebenschancen zunächst oder sogar ausschließlich an Optionen denken.[5] Konservative – genauer gesagt: Wertkonservative[6] – bilden die Gegenposition zu dieser sozial-liberalen Hoffnung auf die „Multioptionsgesellschaft" (Gross 1994). Wertkonservative halten – ebenso einseitig, wie es die sozial-liberale Betonung der Optionen ist – die Ligaturen hoch: die individuell Sinn stiftenden Bindungen an Familie, Stand, Region, Religionsgemeinschaft, Nation und ähnliches. Sozial-Liberale favorisieren – holzschnittartig vereinfacht – Optionen ohne Rücksicht darauf, was mit den Ligaturen passiert, während Wertkonservative an Ligaturen festhalten, ohne sich um Optionen zu scheren.

Angesichts dieser beiden Einseitigkeiten insistiert Dahrendorf (1979: 54): „Um so wichtiger ist es zu betonen, daß es möglich ist, beides zu haben, Wahlen und Bezüge, und daß das Wachsen des einen nicht notwendig das Schrumpfen des anderen bedeutet." Streng genommen würde dies bedeuten, dass ein und derselbe sozialstrukturelle Wandlungsprozess sowohl erweiterte Optionen als auch gefestigtere – oder zumindest stabil bleibende – Ligaturen hervor bringt, also „eine höhere Ebene von beiden erreicht wird". Dahrendorf (1979: 55) fährt explizit fort: „Lebenschancen

5 Der – keineswegs bagatellisierbare – Unterschied dieser beiden politischen Lager lässt sich anhand der zuvor unterschiedenen vier sozialstrukturellen Determinanten von Optionen so markieren: Liberale betonen den ersten und dritten Faktor, Sozialdemokraten den zweiten und vierten.

6 Im Unterschied zu all jenen, die nur deshalb am Bestehenden hängen, weil es ihre Privilegien schützt.

können nicht nur durch die Suche nach einem optimalen Gleichgewicht gegebener Optionen und Ligaturen erweitert werden, sondern auch dadurch, daß beide wachsen." Er konstruiert dementsprechend auch ein Koordinatensystem, dessen beide Achsen Skalen für das Ausmaß an Optionen bzw. Ligaturen in einer historisch gegebenen Gesellschaft – oder, spezifischer: für eine bestimmte Gruppe in einer solchen Gesellschaft – darstellen; und er behauptet unter anderem, dass in der deutschen Gesellschaft sowohl mehr Optionen als auch mehr Ligaturen realisiert sind als in der brasilianischen (Dahrendorf 1979: 115-117).

Er verweist selbst auf die mannigfachen Schwierigkeiten einer validen und reliablen empirischen Operationalisierung der beiden Dimensionen von Lebenschancen, so dass derartige Einordnungen ganzer Nationen nichts als eine heuristische Fingerübung darstellen. Sie seien hier nur erwähnt, um nochmals zweierlei klar zu machen: Erstens nimmt Dahrendorf Ligaturen als eigenständige Dimension menschlicher Lebenschancen ernst; und zweitens sieht er die prinzipielle Möglichkeit, dass Ligaturen erhalten bleiben oder sogar quantitativ und/oder qualitativ wachsen, obwohl Optionen zunehmen.

In seinen Diagnosen dessen, was faktisch in den westlichen Gesellschaften seit dem neunzehnten Jahrhundert und verstärkt in den letzten Jahrzehnten passiert ist, zeichnet Dahrendorf jedoch ein deutlich anderes, sowohl enger geschnittenes als auch in sich widersprüchlich erscheinendes Bild. Enger geschnitten ist das Bild in sofern, als Dahrendorf den gängigen Topos einer Erosion wichtiger Ligaturen durch Optionssteigerungen als einen vorherrschenden Zug der Moderne aufnimmt. So heißt es etwa: „Bis zu einem gewissen Grade bedeutete die Ausweitung von Lebenschancen unweigerlich die Reduktion menschlicher Bindungen und Bezüge. Ligaturen mussten gelöst werden, um Menschen in die Lage zu versetzen, die Optionen der modernen Gesellschaft wahrzunehmen. … Aber die Reduktion von Bezügen erwies sich als selbstbeschleunigender und scheinbar unaufhaltsamer Prozeß. … Die Zerstörung von Ligaturen hat menschliche Lebenschancen bis zu dem Punkt reduziert, an dem selbst Überlebenschancen wieder gefährdet sind." (Dahrendorf 1979: 58-59) Nicht nur die Klassiker der Soziologie, auch heutige soziologische Zeitdiagnosen von Peter Gross (1994) bis zu Amitai Etzioni (1996) offerieren eine in den behandelten Phänomenen und angebotenen Erklärungsmustern durchaus vielfältige, im Tenor aber erstaunlich einstimmige ähnliche Deutung. Dahrendorf nutzt also eine von ihm selbst entwickelte, durchaus innovative theoretische Idee in seinen diagnostischen Überlegungen gerade nicht, um über den sozialwissenschaftlichen common sense hinauszukommen.

Noch frappanter mutet allerdings an, dass er in seinen zeitdiagnostischen Reflexionen der Folgejahre die Idee der Ligaturen als essenzieller Dimension von Lebenschancen zwar nicht völlig vergisst, aber doch unausgesprochen wieder stark relativiert. Dahrendorfs (1992) Einschätzungen des „neuen sozialen Konflikts" kreisen um das Verhältnis von Anrechten und Angeboten, woraus sich die Optionen von Individuen und gesellschaftlichen Gruppen ergeben. Der Neoliberalismus und die wirtschaftliche Globalisierung werden aus diesem Blickwinkel betrachtet. Die

Kämpfe um Lebenschancen stellen sich so vor allem als Kämpfe um die Gewährung und den Fortbestand von Anrechten etwa sozialstaatlicher Art dar, die es den Betreffenden überhaupt erst ermöglichen, von vielen gesellschaftlich bereit stehenden Angeboten Gebrauch machen zu können. Ligaturen kommen in dieser Betrachtung nur in soweit ins Spiel, als Individuen, denen wichtige Anrechte nicht gewährt werden, früher oder später in Bindungslosigkeit verfallen, also die geltenden Werte und Normen nicht länger achten und aus Gruppenzugehörigkeiten herausfallen. Drastisch reduzierte oder dauerhaft vorenthaltene Optionen führen also zu Ligaturenverlust.[7] Ligaturen werden so analytisch zu einem Annex dessen reduziert, was mit den Optionen passiert.[8] Damit fällt Dahrendorf auf die klassische Linie des sozialphilosophischen Liberalismus zurück, die er mit dem Konzept der Lebenschancen ursprünglich gerade überwunden hatte.

Geißler hat – wie schon angesprochen – Lebenschancen von Anfang an bis heute eindimensional an Optionen gebunden. Selbst an den wenigen Stellen, an denen er explizit auf Dahrendorfs Konzept eingeht, ignoriert er die Ligaturen vollständig. Geißler (1987b: 3) zitiert Dahrendorf (1979: 92) mit einer ähnlichen Begriffsbestimmung, wie sie auch hier am Anfang stand: „Lebenschancen sind von Sozialstrukturen bereitgestellte Möglichkeiten individueller Entfaltung.“ Dies wird von Geißler (1987b: 3) sodann durch einen impliziten Rekurs auf Robert K. Mertons (1949) Anomie-Konzept noch etwas weiter spezifiziert: „Lebenschancen sind Chancen auf die Verwirklichung von Lebenszielen, die in einer Gesellschaft im allgemeinen als erstrebenswert angesehen werden.“ Beide Begriffsbestimmungen sind so formuliert, dass Ligaturen durchaus eingeschlossen sind; doch man denkt bei „individueller Entfaltung“ bzw. der „Verwirklichung von Lebenszielen“ unwillkürlich zunächst einmal an Optionen, eben an gewährte Anrechte und verfügbare Angebote. Dass jedenfalls Geißler genau so denkt, wird an allen Beiträgen des von ihm konzipierten Sammelbandes über „soziale Schichtung und Lebenschancen“ (Geißler 1987a) unmissverständlich deutlich.

Will man dem gegenüber nicht nur nach Optionen, sondern auch nach Ligaturen fragen, könnte man zum einen den Horizont der Ungleichheitsforschung gänzlich verlassen. Dann ließe sich beispielsweise danach fragen, was Säkularisierung für die Lebenschancen der Gesellschaftsmitglieder bedeutet – also der Verlust von Glaubensgewissheit und/oder kirchlichen Einbindungen. Ähnlich könnte man über Verstädterung oder – aktueller – über die „Single-Gesellschaft“ (Hradil 1995) nachdenken, also erstens empirisch prüfen, ob der jeweils behauptete Ligaturenverlust auch tatsächlich in nennenswertem Maße eingetreten ist – und wenn ja, zweitens dessen Auswirkungen auf die individuellen Lebenschancen im Einzelnen nachgehen. Zum anderen könnte man diese und eine Reihe weiterer Phänomene aber auch innerhalb der ungleichheitstheoretischen Perspektive analysieren. Die meisten Ligaturen sind, was man sich nicht immer klar macht, gesellschaftlich ähnlich ungleich verteilt

7 Auch diese Denkfigur gibt im Übrigen die Vorstellung eines Nullsummenverhältnisses von Optionen und Ligaturen auf.

8 Ganz ähnlich argumentiert auch die Forschergruppe um Wilhelm Heitmeyer (1997a; 1997b).

wie Optionen. Diese *Ligaturen-Ungleichheiten* korrelieren teilweise mit Schichtzugehörigkeit, teilweise aber auch nicht.[9]

Teile der Ungleichheitsforschung haben diesem Tatbestand zumindest im Hinblick auf einige Ligaturen dadurch Rechnung getragen, dass auch die so genannten „horizontalen Ungleichheiten" in die Bestimmung sozialer Lagen einbezogen worden sind (Hradil 1987). Insbesondere Ligaturen, die in Gestalt von positiv bewerteten sozialen Beziehungen auftreten, lassen sich etwa über den Familienstatus oder über Freundschafts- und Unterstützungsnetzwerke erfassen; und dass diese Ligaturen wichtige Bestandteile individueller Lebenschancen sind, lässt sich an pauschalen Indikatoren wie der allgemeinen Lebenszufriedenheit einer Person ebenso ablesen wie an spezifischeren Auswirkungen – etwa psycho-somatischen Erkrankungen oder der Kriminalitätsneigung. Das Risiko, sich unglücklich zu fühlen oder krank oder kriminell zu werden, sinkt mit der Quantität und Qualität der Ligaturen einer Person. Neben den affektiv positiven sozialen Beziehungen einer Person gehören zu den Ligaturen auch die identitätsstiftenden evaluativen und normativen Orientierungen. Diese reichen vom religiösen Glauben bis zur Geschmackssicherheit, wie sie die Zugehörigkeit zu einer Lebensstil-Gemeinschaft – siehe etwa Gerhard Schulzes (1992) Milieus – verschafft. Wie die angeführten Phänomene zeigen, verfügt die Soziologie durchaus über einiges Wissen über die ungleiche Verteilung wichtiger gesellschaftlicher Ligaturen. Dieses Wissen ist teils im Rahmen der Ungleichheitsforschung selbst, insbesondere in den über Schichtungskategorien hinausgehenden neueren Ansätzen erarbeitet worden, teils auch in den einschlägigen speziellen Soziologien wie etwa der Medizin- oder der Religionssoziologie.

Geißler hat freilich diese neueren Forschungsansätze stets mit erheblichem Argwohn gesehen. Es sei „kein Abschied von Klasse und Schicht" – so Geißlers (1996b) Replik auf Beck (1983) – zu nehmen, die vertikalen Ungleichheiten seien nicht im Verschwinden begriffen. Damit hat er natürlich ebenso Recht wie mit dem Beharren darauf, dass Optionen eine nicht weg zu denkende Dimension individueller Lebenschancen sind, die auch nicht deshalb heutzutage aus der Diskussion verschwinden kann, weil alle Gesellschaftsmitglieder diesbezüglich saturiert seien. Dem ist bekanntermaßen keineswegs so. Aber heißt dieses berechtigte Insistieren auf den Optionen umgekehrt, dass die Ligaturen weiterhin unter den Tisch fallen können? Dahrendorfs Erkenntnisgewinn hatte gerade darin bestanden, beide Dimensionen von Lebenschancen nicht länger implizit oder explizit gegeneinander auszuspielen. Doch wie nicht zuletzt Dahrendorfs eigener Rückfall in die alten Denktraditionen zeigt, ist es bis zu einer umfassend angelegten soziologischen Ungleichheitsforschung, die sich sowohl den Optionen als auch den Ligaturen angemessen widmet, noch ein weiter Weg.

9 Die Korrelation mit Schichtzugehörigkeit kann im Übrigen auch negativ sein. Vielleicht sind ja die Reichen und Gebildeten im Schnitt weniger glaubensfest als die „einfachen Leute". Wenn dem so wäre, ließe sich sehr wohl darüber streiten, wer über die besseren Lebenschancen verfügt.

2. Der funktionale Antagonismus progressiven und konservativen Denkens

Es gibt sicher verschiedene Gründe dafür, warum die herausgestellte Zweidimensionalität menschlicher Lebenschancen offenbar so schwer zu denken ist – sowohl soziologisch als auch politisch. Ich will eine Ursache näher beleuchten, die zutiefst im Selbstverständnis der Moderne verankert ist und darüber hinaus die soziologische Ungleichheitsforschung stark geprägt hat. Zurückgreifen kann ich dabei auf Albert Hirschmans (1991) profunde Analyse der „rhetoric of reaction“ – also der Argumentationsmuster derjenigen, die gesellschaftliche Reformen ablehnen und zu stoppen versuchen.[10] Zu diesen Reformen haben schließlich in der Moderne, deren normativem Gleichheitspostulat entsprechend, ganz prominent immer wieder politische Bemühungen gehört, die sich auf die Verringerung sozialer Ungleichheiten – und zwar in der Optionsdimension – gerichtet haben. Es geht also um Reformen auf genau der Linie, auf der heutzutage Geißler mit seiner soziologischen Ungleichheitsforschung politisch wirken möchte.

Hirschman (1991: 7) arbeitet detailliert heraus, dass derartigen Reformbemühungen wieder und wieder drei Standardargumente – je für sich oder in unterschiedlichsten Kombinationen – entgegengehalten worden sind:

- das Argument der *perversity*: „...any purposive action to improve some feature of the political, social, or economic order only serves to exacerbate the condition one wishes to remedy.” Das Streben nach einer Verbesserung der Lebenschancen gesellschaftlicher Gruppen oder gar aller Gesellschaftsmitglieder führt demnach zu unerwünschten Effekten – und diese überwiegen faktisch das, was positiv gewollt wurde.
- das Argument der *futility*: „attempts at social transformation will be unavailing“ Noch radikaler als im ersten Argument heißt es also: Wer Lebenschancen verbessern will, wird weder positive noch negative Effekte erzielen, sondern überhaupt keine. Alle Anstrengung bleibt vergebliche Liebesmüh.
- das Argument der *jeopardy*: „the cost of the proposed change or reform is too high as it endangers some previous, precious accomplishment.” War das zweite Argument radikaler als das erste, ist dieses dritte konzilianter. Es gesteht zu, dass man in der Vergangenheit eine gezielte Verbesserung von Lebenschancen erreicht hat – aber damit müsse man es nun genug sein lassen, um nicht ungewollt einen Rückfall hinter das Erreichte und vielleicht sogar hinter einen weit zurück liegenden status quo zu riskieren.

10 Es geht also im Weiteren um Deutungsmuster. In der deutschen Ungleichheitsforschung haben – vor allem auch unter Rekurs auf Pierre Bourdieu – Peter Berger (1989) und Eva Barlösius (2001) auf die Bedeutung von Ungleichheitssemantiken hingewiesen, die eben nicht bloß Abbilder, sondern auch Leitbilder der Kämpfe um Lebenschancen sind.

Von der Französischen Revolution bis zur neoliberalen Kritik am Wohlfahrtsstaat der achtziger Jahre illustriert Hirschman diese „rhetoric of reaction" an vielen Beispielen. Zunächst einmal zeigt er damit, wie stereotyp, also offenbar unbelehrbar bestimmte Argumente wiederholt werden – und sie werden durch Wiederholung keineswegs besser. Die Kräfte der Beharrung sind selbstgewiss wie eh und je – und sie sind es natürlich nicht zuletzt deshalb, weil hinter der Gemeinwohlrhetorik aller drei Argumentationsmuster die Verteidigung handfester Privilegien derjenigen steht, die in der Optionsdimension über bessere Lebenschancen als andere verfügen.

Unbelehrbarkeit auf der einen Seite bringt eine entsprechende Unbelehrbarkeit auf der anderen Seite hervor, wobei die Frage müßig ist, wer damit angefangen hat. Der „rhetoric of reaction" korrespondiert also in der Geschichte der Moderne eine „progressive rhetoric", die durch drei Argumentationsmuster charakterisiert ist, die Pendants zu den genannten drei Argumentationen darstellen:

- Gegen *perversity* wird die Hoffnung auf *action* gestellt. Zugespitzt formuliert: Es kann nur besser werden. Um die Lebenschancen ist es dem zu Folge jeweils so schlecht bestellt, dass jegliches Bemühen, sie zu verbessern, bei allen zugestandenen möglichen negativen Nebenwirkungen immer noch eine Verbesserung des Status quo herbeiführen wird.
- Gegen *futility* wird *progress* beschworen. Die Geschichte weist eine unwiderstehliche Dynamik zum Besseren auf, der nicht zu folgen oder gar Widerstand zu leisten Wahnsinn wäre.
- Gegen *jeopardy* setzt man auf eine *synergy illusion*. Anstatt das, was jetzt an Verbesserung der Lebenschancen angestrebt wird, als Gefährdung des bereits Erreichten anzusehen, setzt man darauf, dass das Erreichte weiter gefestigt und das jetzt Angestrebte gewissermaßen als natürliche Fortsetzung des bisher Erreichten von diesem getragen wird.

Weder die Behauptungen der „progressive rhetoric" noch die der „rhetoric of reaction" lassen sich generell bestätigen – entgegen den anders lautenden Beteuerungen der jeweiligen Anhänger. Beide Richtungen von Argumentationsmustern sind also manchmal wahr, und manchmal nicht. Davon zeugt nicht zuletzt die Tatsache, dass beide Rhetoriken jeweils genügend Beispiele für die Triftigkeit der eigenen Argumente herbei zitieren können. Ginge es um rein wissenschaftliche Behauptungen, liefe ein derartiges Gegeneinander der verschiedenen Argumente darauf hinaus, deren jeweiligen Geltungsbereich durch die Spezifikation von Randbedingungen einzuschränken, also etwa zu formulieren: Wenn die Bedingungen x, y und z gegeben sind, wird eine Reform mehr und gewichtigere unerwünschte als erwünschte Folgen hervorbringen. Entsprechende Forschungsanstrengungen könnten, zumindest *in the long run*, auf eine friedliche Koexistenz zunächst konträrer Thesen hinaus laufen. Genau dieses analytische Kleinarbeiten großer Deutungskonflikte ist aber nicht die Sache politischer Auseinandersetzungen – weshalb die „progressive rhetoric" und die „rhetoric of reaction" einander bis heute unversöhnlich gegenüber stehen und auch kein Ende dieses Zustandes absehbar ist.

Die Methodologie wissenschaftlicher Forschung favorisiert demzufolge eine Logik der Konkurrenzvermeidung durch Differenzierung von Wahrheitsansprüchen.[11] Das Gegeneinander der Argumente wird in der Sachdimension in ein Teils/Teils transformiert. Die Logik politischer Macht läuft demgegenüber auf eine Transformation in der Zeitdimension hinaus: Heute herrscht die eine Rhetorik vor, morgen die andere. Talcott Parsons und Niklas Luhmann haben die Institutionalisierung des Wechsels von progressiver und konservativer politischer Programmatik in demokratischen politischen Systemen auf dieser Linie herausgearbeitet.

Für Luhmann (1974) ist progressiv/konservativ der Code des politischen Systems.[12] Dieser Code zeichnet sich gegenüber anderen Codes, etwa dem von Recht/Unrecht im Rechtssystem, dadurch aus, das er keine eingebaute Präferenz besitzt. Recht ist Unrecht vorzuziehen; aber „Fortschritt" ist nicht immer besser als die Erhaltung des Bestehenden, oder umgekehrt. Das Progressive ist anders als das Konservative; aber in dieses Anderssein ist eben keine Wertdifferenz eingebaut. In diesem Unentschieden-Halten der Bewertung sieht Luhmann (1974: 262) die eigentümliche Leistung des Codes: „Er kann jedes beliebige politische Thema verdoppeln in eine progressive und eine konservative Fassung." Diese Perspektivenverdopplung wird dadurch akzentuiert und stabilisiert, dass die progressive und die konservative Sicht der Dinge in eine Frontstellung gegeneinander gebracht werden: In dem Maße, wie der politische Code die Kommunikation bestimmt, „baut er … durch Dichotomisierung die Möglichkeiten der Einigung und der Kompromißfindung ab" (Luhmann 1974: 268). Es geht gerade nicht darum, einen moderaten „mittleren Weg" zu finden, sondern darum, den Dauerstreit zu institutionalisieren.[13]

Ziemlich idealtypisch findet sich dies in solchen Demokratien, die als Zweiparteiensystem funktionieren, wobei die eine Partei die progressive und die andere die konservative Linie vertritt.[14] Parsons (1959) hat das am Beispiel der Vereinigten Staaten analysiert. Entscheidend für ein solches Arrangement ist, dass zwischen der Demokratischen Partei als Repräsentantin des progressiven und der Republikanischen Partei als Repräsentantin des konservativen Pols des politischen Codes ein relatives Kräftegleichgewicht besteht, so dass immer wieder ein geringer Anteil von Wechselwählern dafür sorgt, dass die Parteien einander an der Regierung ablösen. Keine der beiden Positionen, weder die progressive noch die konservative, ist also dauerhaft Minderheit und damit immer nur in der Opposition. Damit „gibt der politi-

11 Dieses Muster ist im Übrigen auch in Emile Durkheims (1893: 314-343) Erklärung gesellschaftlicher „Arbeitsteilung" als ein allgemein geltendes prominent.

12 Luhmann (2000) bestimmt später das Haben oder Nicht-Haben von Macht als binären Code der Politik, und progressiv/konservativ lediglich als Zweitcodierung dieses primären Codes.

13 Man fühlt sich an Helmut Schelskys (1957) Frage erinnert, ob die „Dauerreflexion" institutionalisierbar sei.

14 Man sollte allerdings nicht dem Fehler verfallen, Rhetoriken trennscharf Parteien oder einzelnen Politikern zuzuordnen. Höchstens näherungsweise ordnen sich korporative oder individuelle Akteure einer der Rhetoriken zu.

sche Code die Möglichkeit, fallweise zwischen Kontinuität und Diskontinuität zu wählen, ohne für diese Wahl eine Präferenzrichtung vorzeichnen zu können.“ (Luhmann 1974: 269) Die Politik hält mal am Bestehenden fest, auch gegen Kräfte des Wandels in der Gesellschaft; mal ändert sie das Bestehende, auch gegen Kräfte der Beharrung. Parsons (1959: 253-256) erläutert diese Dynamik wie folgt:

> „the conservative party... has broadly an interest in quieting things down politically, in damping the urgency of demands for specific and positive action. The liberal party, on the other hand, has an interest in arousing the public to the urgency of action and tends to stress such action issues whenever they seem to be politically opportune... The central phenomenon starts with the pressing of a policy by the party of the left, in recent times the Democrats. The policy is opposed by the right, that is, the Republicans, sometimes bitterly. There are many alarmist views expressed that the policy will ruin the country and destroy the unique virtues of the "American system." Then the measure, or a series of them, is enacted. Relatively quickly after enactment the excitement dies down, and the new situation comes to be accepted by its former opponents... when the next Republican administration comes along it does not try seriously to reverse the policy or restore the status quo ante. ... The main pattern introduced by the new policy does become instutionalized and an essential part of the social structure of the country. ... the American two-party system is a mechanism by which, at any given time, a relative equilibrating balance in a pluralistic society is maintained, so that conflicts and divisive tendencies are controlled and more or less fully resolved. It is also, seen over a period of time, a principal mechanism ... by which the process of structural change in the society operates.“

Was Luhmann für den politischen Code und Parsons für die Parteienkonstellationen herausstellen, ist die Funktionalität der Institutionalisierung einer „Doppelstrategie". Die progressive und die konservative Linie stehen einander *sachlich* an entscheidenden Punkten immer wieder unversöhnlich gegenüber; und *sozial* manifestiert sich dies in zwei politischen Lagern, die zwar vielleicht notgedrungen hier und da taktische Kompromisse miteinander eingehen, von denen jedes aber überzeugt davon ist, jeweils allein im Besitz des „richtigen“ Rezepts für die Ordnung des Gemeinwesens zu sein. *Zeitlich* hat mal die eine, mal die andere Seite die Oberhand. Politische Gesellschaftsgestaltung besteht so aus einem auf Dauer gestellten unauflösbaren Gegeneinander, dessen Prozessform dem bekannten „Zwei Schritte voran, ein Schritt zurück“ entspricht. So formuliert klingt es so, als sei letztlich doch die progressive Seite die stärkere: weil schließlich Bewegung im Spiel ist. Gerade die Klagen der Repräsentanten des Progressiven darüber, dass alles viel zu langsam gehe, verweisen allerdings auf das ebenbürtige Gewicht – in den Augen der Progressiven: das Übergewicht – der konservativen Seite.

Progressive und konservative Rhetorik und die dadurch angeleiteten Interessenkämpfe bilden also, mit Blick auf die gesellschaftliche Dynamik betrachtet, einen *funktionalen Antagonismus.*[15] Das unaufhörliche Gegeneinander beider politischen Richtungen sorgt dafür, dass eine Gesellschaft weder erstarrt noch in chaotischen Turbulenzen versinkt.[16] Mit Blick auf solche Politiken, die der Verbesserung individueller Lebenschancen gewidmet sind, hat die progressive Seite – im Parteienspektrum durch Sozialdemokratie und Liberale verkörpert – bis heute durchgängig auf Optionssteigerungen gesetzt. Dies ist zumeist sehr explizit artikuliert worden – ob es nun um das Wahlrecht, die soziale Sicherheit oder die Bildungschancen gegangen ist. Die konservative Seite hat demgegenüber nun nicht einfach ähnlich explizit Ligaturen ins Feld geführt; aber der Erhalt von Ligaturen ist zumindest oft genug ein für die individuellen Lebenschancen positiver Nebeneffekt konservativer Politik gewesen.

Um das zu verstehen, muss man sich vergegenwärtigen, dass das Gegeneinander progressiver und konservativer Politik ja nicht etwa so simpel beschaffen ist, dass erstere auf Options- und letztere auf Ligaturensteigerung setzt. Auch unter Progressiven wird die Bedeutung von Ligaturen erkannt, wie nicht zuletzt Dahrendorfs Ausarbeitung seines zweidimensionalen Konzepts der Lebenschancen dokumentiert. Das sozialdemokratische Milieu eines umfassenden gemeinschaftlichen Lebenszusammenhangs, wie es sich besonders ausgeprägt etwa im großindustriell geprägten Ruhrgebiet fast ein Jahrhundert herausgebildet hat, oder ganz generell die Hochschätzung von Solidarität wären weitere Beispiele für Ligaturenbewusstsein. Umgekehrt sperren sich auch Konservative nicht völlig der Einsicht, dass Optionen für Lebenschancen wichtig sind. Mehr noch: Das konservative Lager musste insgesamt nolens volens den modernen Weg zur „Multioptionsgesellschaft“ (Gross 1994) mitgehen. Eine Steigerung von Ligaturen stand dabei ganz selten einmal auf der konservativen Agenda; worum es zumeist nur noch gehen konnte, war die Verhinderung von Ligaturenverlusten. Teilweise stand dahinter durchaus ein lebendiges Bewusstsein des Wertes eingelebter Gemeinschaften und fragloser normativer und evaluativer Orientierungen. Zum größeren Teil wurde konservative Politik freilich dadurch motiviert, dass gesellschaftlich besser Gestellte durch Verteidigung des Status quo ihre Privilegien wahren wollten – was aber eben, soweit es gelang, mit dem status quo zugleich die darin verankerten Ligaturen erhielt.

Damit stellt sich insgesamt die charakteristische Dynamik der Kämpfe um Lebenschancen in der modernen Gesellschaft so dar, dass auf der einen Seite

15 Zum Konzept des funktionalen Antagonismus und anderen Beispielen siehe Schimank (1994), Bette/Schimank (1998).

16 Die Gesellschaften des real existiert habenden Sozialismus illustrieren demgegenüber, dass beide fatalen Dysfunktionalitäten sogar koexistieren können, wenn eine Einparteienherrschaft zwar das Progressive im Munde führt, die Parteieliten aber vorrangig am Erhalt des Bestehenden, das ihnen ihre Privilegien sichert, interessiert sind.

Progressive intentional für Optionssteigerungen eintreten und auf der anderen Seite *Konservative größtenteils im Zuge ihrer Verteidigung von Privilegien unintendiert wichtige Ligaturen* bewahren. Wenn sich diese Einschätzung, die zunächst einmal nur eine theoretische Spekulation darstellt, bei empirisch eingehenderen Prüfungen bestätigen sollte, würde sich der funktionale Antagonismus von progressiver und konservativer Politik also auch auf dem Feld der Lebenschancen erweisen.

Geißler ist dann als ein konsequenter Vertreter des progressiven Lagers einzustufen, woraus sich sowohl das Verdienst als auch die Begrenzung seiner ungleichheitstheoretischen Forschung ergibt. Das Verdienst ist unverkennbar. Die Steigerung von Optionen bedarf in sehr viel stärkerem Maße eines darauf abzielenden aktiven Engagements als die Erhaltung von Ligaturen, die oft erst in Reaktion auf Bemühungen um Optionssteigerungen aktiv werden muss. Insofern dies jeweils tatsächlich geschehen ist, ist die Begrenzung von Geißlers ungleichheitstheoretischem Approach genau besehen keine: Denn Politiken der Optionssteigerung können sich erfahrungsgemäß oftmals darauf verlassen, dass komplementäre Politiken provoziert werden, die zumindest als Nebeneffekt auf eine Wahrung von Ligaturen hinauslaufen. Als prominenter Repräsentant einer auf vertikale Ungleichheiten fokussierten Sozialstrukturanalyse ist Geißler also nicht etwa trotz, sondern wegen seines einseitigen Verständnisses menschlicher Lebenschancen eine wichtige Stimme der Soziologie im politischen Feld gewesen.

3. Wiedererinnerung an ungleich verteilte Optionen

Geißlers ungleichheitssoziologische Position ist damit sowohl theoretisch als auch politisch charakterisiert. Sie liegt ganz auf der Linie der „progressive rhetoric“ und macht dementsprechend Lebenschancen vor allem an Optionen fest. Gesellschaftliche Ungleichheit wird so als ungleiche Verteilung wichtiger Optionen gesehen; und diese ungleiche Verteilung muss in vielen Hinsichten – so die politische Botschaft – korrigiert werden.[17] Dahrendorf zeigt, dass damit nicht alles über Lebenschancen und gesellschaftliche Ungleichheit gesagt ist, weil die Dimension der Ligaturen ganz aus dem Blick bleibt. Doch dafür gibt es das Korrektiv der „rhetoric of reaction“; und so wie die Konservativen sich nicht sonderlich um Optionen kümmern müssen, können Sozialdemokraten und Liberale die Ligaturen vernachlässigen. Der funktionale Antagonismus beider Lager in einem demokratischen politischen System sorgt dafür,

17 Auch die „progressive rhetoric“ der Sozialdemokraten und Liberalen akzeptiert gesellschaftliche Ungleichheiten dann, wenn diese erstens auf Leistungsdifferenzen zwischen Individuen zurückführbar sind. Dies ist die liberale Komponente des Selbstverständnisses der Moderne als „Leistungsgesellschaft“. Zweitens müssen die Individuen aber auch – so die sozialdemokratische Komponente – die gleichen Chancen gehabt haben, etwas besonders Belohnenswertes zu leisten. Wenn diese Bedingung erfüllt ist, gehen Leistungsdifferenzen, vereinfacht gesagt, nur noch auf unterschiedliche Anstrengung der Individuen zurück; und wer sich mehr anstrengt, darf im Gegenzug auch gesellschaftlich besser gestellt werden.

dass jedes Lager sich in seiner eigenen Einseitigkeit darauf verlassen kann, durch die Einseitigkeit des anderen Lagers korrigiert zu werden.

Abschließend will ich einige, nur noch stichwortartige Überlegungen dazu notieren, wie sich das Wechselspiel von „progressive rhetoric" und „rhetoric of reaction" momentan darstellt und wie aktuell dementsprechend Geißlers ungleichheitstheoretische Position ist. Auf den ersten Blick könnte man ja meinen, dass Optionen und deren ungleiche Verteilung heutzutage nicht mehr das Problem sind. Peter Gross ist keineswegs der einzige, der uns in der „Multioptionsgesellschaft" sieht, in der die Devise gilt: Jedem alles! Nicht Optionsarmut und Optionsverweigerung stellen in dieser Sicht das vorherrschende Problem individueller Lebenschancen dar, sondern Optionsparalyse. Jeder einzelne verfügt über viel zu viele Optionen in allen möglichen Lebensbereichen; und dagegen helfen auf Dauer eigentlich nur Ligaturen. Allein Sinn stiftende Bindungen geben dem Individuum jene Orientierungen, die es braucht, um eine vernünftige und nicht bloß erratischen Impulsen folgende Wahl seiner Optionen treffen zu können.

Freilich wurden von Anfang an gehörige Zweifel angemeldet, ob diese Sicht der Dinge die heutige gesellschaftliche Realität jenseits mancher Oberflächenphänomene wirklich trifft. Selbst Ulrich Beck (1983; 1986: 121-253), dessen „Individualisierungs"-These ebenfalls betont, dass inzwischen die allermeisten Gesellschaftsmitglieder im eigentlichen Sinne des Wortes ein „eigenes Leben" zu führen und für die damit anfallenden Lebensentscheidungen auch selbst Verantwortung zu übernehmen haben, und der dies unter anderem auf eine allgemeine Steigerung des Lebensstandards in den entwickelten westlichen Gesellschaften zurückführt, behauptet an keiner Stelle, dass die ungleiche Verteilung der Optionen sich seit den fünfziger Jahren nennenswert verringert habe. Beck sagt lediglich, dass der „Fahrstuhl-Effekt" der allgemeinen Wohlstandssteigerung eine Gesellschaft herbeigeführt hat, in der ein weit überwiegender Teil der Bevölkerung nicht nur keine materiale Entbehrung mehr erleiden muss, sondern ein zufrieden stellendes Stück vom großen Kuchen der Konsum- und Freizeitchancen erhält. Aus einer insoweit ähnlichen Diagnose erwartete sich Schelsky (1961) bereits drei Jahrzehnte früher ein endgültiges Ende der Klassenkämpfe. Verallgemeinert: Die Kämpfe um Lebenschancen würden sich fortan auf harmlose und entsprechend in zivilisierten Bahnen verlaufende Auseinandersetzungen über kleine Geländegewinne der einen oder anderen gesellschaftlichen Gruppe beschränken. Im Großen war man sich sozusagen einig geworden, weil eben die Schlechtergestellten ihre Lage deutlich verbessert haben – was im Übrigen nicht auf Umverteilung zurückging, sondern auf Produktivitätswachstum.

Zwischen Geißler und Beck gibt es in der Einschätzung der empirischen Tatsachen keinen wesentlichen Dissens. Geißler teilt die Einschätzung von fortbestehenden Ungleichheiten auf höherem Niveau. Beck zieht allerdings aus dieser Tatsachenbeschreibung den Schluss, wir lebten nun in einer Gesellschaft „jenseits von Stand und Klasse". Die fortbestehenden Ungleichheiten verschwinden demzufolge aus dem Blick der Gesellschaftsmitglieder, weil es so gut wie allen hinreichend gut geht. Geißler setzt – um es zu wiederholen – dagegen, dass „kein Abschied von Klasse und Schicht“ zu vermelden sei. Die faktischen Unterschiede der Lebenschancen – wohlgemerkt in der Optionsdimension – bestehen fort. Mit Karl Marx' bekannter Unterscheidung geht es bei dieser Auseinandersetzung letztlich darum, ob man wie Geißler über die „Klasse an sich“ oder wie Beck über „Klasse für sich“ spricht: ob man also eher auf die Ungleichheitstatbestände oder auf deren Wahrnehmung durch die Gesellschaftsmitglieder schaut.

Sowohl Beck als auch Geißler verbinden ihren jeweiligen Blickwinkel mit einer „politischen Soziologie sozialer Ungleichheit“ (Kreckel 1992). Beck erklärt sich daraus, dass der „Klasse an sich“ keine „Klasse für sich“ mehr entspricht, warum sich die Kämpfe um Lebenschancen nicht länger um den traditionellen Interessengegensatz von Kapital und Arbeit mit den Themenfeldern des Einkommen, der Arbeitsbedingungen und der wohlfahrtsstaatlichen Leistungen gruppieren, sondern in heterogene „Sub-Politiken“ diversifizieren, die sich von ökologischen Belangen bis zu lifestyle issues ranken. Wie Geißler und auch Dahrendorf nimmt Beck also eine konflikttheoretische Sicht auf gesellschaftliche Dynamiken ein; und sein Hauptergebnis lautet: Die gesellschaftliche Dynamik hat die Konfliktstruktur folgenreich transformiert. Anstelle eines Zentralkonflikts findet sich mittlerweile ein Neben- und Durcheinander vieler Partialkonflikte.

Auch in diesem Punkt widerspricht Geißler in der Sache Beck nicht. Wenn Geißler dennoch darauf beharrt, weiterhin anstatt von Lebensstil-Milieus von Schichten und Klassen zu sprechen, drückt sich darin eine als nüchterne Tatsachenfeststellung – die aber eben als solche gar nicht strittig ist – daher kommende normative Emphase aus. Geißler will in der heutigen Situation mit seiner Sozialstrukturanalyse politisch wirken. Er will ins gesellschaftliche Bewusstsein heben, dass wir sehr gut daran täten, wieder mehr auf die höchst unterschiedliche gesellschaftliche Verteilung der Optionen zu achten – dass insbesondere die diesbezüglich schlechter Gestellten dies im eigenen Interesse tun sollten. Geißler will mit seiner Soziologie zu einer *Wiederbewusstwerdung der „Klassen an sich“ als „Klassen für sich“* beitragen. Er will die Kämpfe um Lebenschancen refokussieren auf das, was seit eh und je ihr Hauptthema gewesen ist.

Paul Noltes (2001) „Plädoyer für mehr Klassenbewusstsein“ dürfte Geißler aus dem Herzen gesprochen sein. Eva Barlösius (1998) hatte bereits zuvor den „Abschied von der Mitte“ konstatiert. Wie auch Barlösius vermerkt Nolte: „Eigentlich müsste soziale Ungleichheit ein großes Thema unserer Zeit sein. In allen westlichen Industrieländern hat sich der Trend zu einer immer egalitäreren Einkommensverteilung seit den achtziger Jahren markant umgekehrt.“ Auch die Bildungschancen sind – gerade in Deutschland, wie jüngst die Pisa-Studie gezeigt hat – ungleich wie eh und je verteilt. Pierre Bourdieu (1998) hat wortreich darauf hingewiesen, dass der weltweite wirtschaftspolitische „Neoliberalismus“ und die damit einher gehende Globalisierung der Märkte dazu führen, dass eine immer größere Randschicht der Gesellschaft entsteht, deren Lebenschancen drastisch reduziert sind. Dahrendorf (1992) sieht das eigentliche Dramatische an der Lage dieser wachsenden Bevölkerungsgruppe darin, dass sie im wortwörtlichen Sinne überflüssig für die gesellschaftliche Reproduktion und auch in den Augen aller anderen Gesellschaftsmitglieder ist, also nur noch als „Kostgänger" auftritt. Ein noch größerer Sprengsatz für die Sozialintegration der Gesellschaft könnte allerdings darin bestehen, dass – wie ebenfalls Bourdieu hervorhebt – immer mehr Mitglieder der bis dahin gesicherten Mittelschichten in den Zustand der „Prekarität" abrutschen, also objektiv gefährdet sind, in diese Randschicht hineinzugeraten.

All das sind spätestens seit Mitte der achtziger Jahre – als Beck gerade seine „Individualisierungs"-These publizierte – unangenehme Tatsachen, von denen indes größere Teile der deutschen Ungleichheitsforschung noch immer zu wenig Kenntnis genommen haben. Nolte bemerkt: „Unter Linken und liberalen Intellektuellen ist Gesellschaftskritik... passé und gilt als altmodisch; man wendet sich der ‚Kultur' zu, der Welt der Symbole und Imaginationen, nicht mehr der harschen materiellen Realität". Diese allgemeiner gemeinte Einschätzung trifft haargenau die Milieu- und Lebensstilforschung, wie sie zumindest eine Zeit lang den Ton angab.[18]

Man sollte die Bedeutung einer Spezialsoziologie wie der Ungleichheitsforschung für die öffentliche Meinungsbildung nicht überschätzen. Unterschätzen sollte man freilich auch nicht, wie entsprechende Forschungen in die – um wiederum einen Begriff Bourdieus zu verwenden – „Benennungsmacht" eingegangen sind, die die Massenmedien auch in Fragen sozialer Ungleichheit ausüben (Barlösius 1998: 110-112). Es mag durchaus sein, dass die bunten Bilder mancher Lebensstilforscher den Kriterien der Journalisten dafür, was berichtenswert ist, besser entsprechen als die rauen Tatsachen, die ein Sozialstrukturanalytiker wie Geißler in Erinnerung ruft. Aber jedenfalls muss er nicht mit dem Vorwurf leben, zur tolldreisten Affirmation der schlechter gewordenen Verhältnisse beigetragen zu haben.

18 Siehe zur Kritik daran auch Meyer (2001).

Literatur

Barlösius, Eva (1998): Abschied von der Mitte. Anmerkungen über soziale Ungleichheit. In: Schmidt, Susanne/Hawel, Marcus (Hrsg.): Vom Nutzen der Kritik. Perspektiven der Studierenden und ihrer Proteste. Hannover. S. 105-119.

Barlösius, Eva (2001): Die Macht der Repräsentation. In: Barlösius, Eva/Müller, Hans-Peter/Sigmund, Steffen (Hrsg.): Gesellschaftsbilder im Umbruch. Opladen S. 179-202.

Beck, Ulrich (1983): Jenseits von Stand und Klasse? In: Kreckel, Reinhold (Hrsg.): Soziale Ungleichheiten. Sonderheft 2 der Sozialen Welt. Göttingen. S. 35-74.

Beck, Ulrich (1986): Risikogesellschaft. Auf dem Weg in eine andere Moderne. Frankfurt a.M.

Berger, Peter A. (1989): Ungleichheitssemantiken. Graduelle Unterschiede und kategoriale Exklusivitäten. In: Archives Europeennes de Sociologie 16. S. 501-520.

Bette, Karl-Heinrich/Schimank, Uwe (1999): Eigendynamiken der Abweichung. Doping und Terrorismus im Vergleich. In: Gerhards, Jürgen/Hitzler, Ronald (Hrsg.): Eigenwilligkeit und Rationalität sozialer Prozesse. Opladen. S. 316-335.

Bourdieu, Pierre (1998): Gegenfeuer. Wortmeldungen im Dienste des Widerstands gegen die neoliberale Invasion. Konstanz.

Dahrendorf, Ralf (1979): Lebenschancen. Anläufe zur sozialen und politischen Theorie. Frankfurt a.M.

Dahrendorf, Ralf (1992): Der moderne soziale Konflikt. Essay zur Politik der Freiheit. Stuttgart.

Durkheim, Emile (1893): The Division of Labour in Society. Engl. Ausg. der 2. Aufl. New York/London.

Etzioni, Amitai (1996): Die Verantwortungsgesellschaft. Individualismus und Moral in der heutigen Demokratie. Frankfurt a.M.

Geißler, Rainer (Hrsg.) (1987a): Soziale Schichtung und Lebenschancen in der Bundesrepublik Deutschland. Stuttgart.

Geißler, Rainer (1987b): Einleitung. In: Geißler, Rainer (Hrsg.): Soziale Schichtung und Lebenschancen in der Bundesrepublik Deutschland. Stuttgart. S. 1-4.

Geißler, Rainer (1995a): Die Sozialstruktur Deutschlands: Zur gesellschaftlichen Entwicklung mit einer Zwischenbilanz zur Vereinigung. Opladen.

Geißler, Rainer (1996b): Kein Abschied von Klasse und Schicht. Ideologische Gefahren der deutschen Sozialstrukturanalyse. In: Kölner Zeitschrift für Soziologie und Sozialpsychologie 48. S. 319-338.

Gross, Peter (1994): Die Multioptionsgesellschaft. Frankfurt a.M.

Heitmeyer, Wilhelm (Hrsg.) (1997a): Was treibt die Gesellschaft auseinander? Frankfurt a.M.

Heitmeyer, Wilhelm (Hrsg.) (1997b): Was hält die Gesellschaft zusammen? Frankfurt a.M.

Hirschman, Albert O. (1991): The Rhetoric of Reaction – Perversity, Futility, Jeopardy. Cambridge MA.

Hradil, Stefan (1987): Sozialstrukturanalyse in einer fortgeschrittenen Gesellschaft. Opladen.

Hradil, Stefan (1995): Die Single-Gesellschaft. München.

Kreckel, Reinhold (1992): Politische Soziologie der sozialen Ungleichheit. Frankfurt a.M.

Luhmann, Niklas (1974): Der politische Code: „konservativ" und „progressiv" in systemtheoretischer Sicht. In: Zeitschrift für Politik 21. S. 253-271.

Luhmann, Niklas (2000): Die Politik der Gesellschaft. Frankfurt a.M.

Marshall, Thomas H. (1949): Staatsbürgerrechte und soziale Klassen. In: Marshall, Thomas H: Bürgerrechte und soziale Klassen. Frankfurt a.M. S. 33-94.

Merton, Robert K. (1949): Social Structure and Anmomy. In: Merton, Robert K.: Social Theory and Social Structure. New York. S. 185-214.

Meyer, Thomas (2001): Das Konzept der Lebensstile in der Sozialstrukturforschung – eine kritische Bilanz. In: Soziale Welt 52. S. 255-272.

Nolte, Paul (2001): Unsere Klassengesellschaft. Wie könnten die Deutschen angemessen über ihr Gemeinwesen sprechen. In: Die Zeit. 2, 4.1.2001. S. 7.

Parsons, Talcott (1959): „Voting" and the Equilibrium of the American Political System. In: Parsons, Talcott, Sociological Theory and Modern Society. New York. S. 223-263.

Schelsky, Helmut (1957): Ist die Dauerreflexion institutionalisierbar? In: Schelsky, Helmut: Auf der Suche nach der Wirklichkeit. Köln. S. 250-275.

Schelsky, Helmut (1961): Die Bedeutung des Klassenbegriffs für die Analyse unserer Gesellschaft. In: Jahrbuch für Sozialwissenschaft 12. S. 237-269.

Schimank, Uwe (1994): Autonomie und Steuerung wissenschaftlicher Forschung. Ein gesellschaftlich funktionaler Antagonismus. In: Derlien, Hans-Ulrich/Gerhardt, Uta/Scharpf, Fritz W. (Hrsg.): Systemrationalität und Partialinteresse – Festschrift für Renate Mayntz. Baden-Baden. S. 409-431.
Schimank, Uwe (2000): Handeln und Strukturen. München.
Schulze, Gerhard (1992): Die Erlebnisgesellschaft. Kultursoziologie der Gegenwart. Frankfurt a.M.

Der Autor

Uwe Schimank, (*1955), Studium der Soziologie an der Universität Bielefeld, Promotion 1981, Habilitation 1994 dortselbst, langjähriger wissenschaftlicher Mitarbeiter am Kölner Max-Planck-Institut für Gesellschaftsforschung. Seit 1996 Professor für Soziologie im Lehrgebiet Soziologie II/Handeln und Strukturen des Fachbereichs Kultur- und Sozialwissenschaften der FernUniversität Hagen.
Arbeitsschwerpunkte: Theorien der modernen Gesellschaft, soziologische Zeitdiagnosen, Organisations- und Entscheidungstheorien.

Lebenschancenkonzepte – von Theodor Geiger über Otto Neurath bis zu Amartya Sen

Von Stefan Wilsmann

Spätestens der Kinderbericht der Bundesregierung hat die Evidenz weiterhin bestehender „kollektiver" Ausschlussmechanismen aus dem öffentlichen Leben wieder ins Gedächtnis gerufen. Aber auch die Pisa-Studie ließ aufmerken. Rainer Geißlers einleitender Satz aus seinem Artikel „Soziale Schichtung und Bildungschancen" von 1994 ist so gesehen aktueller denn je, wenn es da heißt: „Die soziale Auslese im Bildungssystem ist ein eindrucksvolles Beispiel dafür, welches enorme Beharrungsvermögen schichtspezifische Chancenunterschiede in der modernen Gesellschaft aufweisen können" (Geißler 1994: 111).[1] Exklusionsprozesse wie die im Bildungssystem stehen freilich nicht isoliert für sich. So spricht man heute wieder ganz allgemein davon, dass „nicht so sehr von einer Destrukturierung, als von einer Restrukturierung der Klassengesellschaft gesprochen werden" (Strasser/Dederichs 2000: 92) könne. Spätestens die Offenlegung des Lebensstils der amerikanischen Wirtschaftselite – ein Nebeneffekt der Finanzbetrügereien großer amerikanischer Konzerne im Jahre 2002 – scheint die Niederlage der egalitaristischen Nachkriegs-Utopie von der entschichteten Mittelstandsgesellschaft endgültig besiegelt zu haben;[2] Paul Krugman berichtet über diesen umfassenden Umschichtungsprozess und über die Renaissance eines zweiten Goldenen Zeitalters:[3]

> „Als die Mittelklasse in Amerika an Boden gewann, war die Klasse der Villenbauer und Yachtbesitzer weitgehend verschwunden. 1970 besaßen 0,001 Prozent der Steuerzahler 0,7 Prozent des Gesamtein-

1 Geißler, der seit den 80er Jahren und in der Nachfolge einer Phase der sozialen Öffnung einen allgemeinen Prozess der sozialen Schließung indiziert (Geißler 1994, S. 121), antizipiert hier im Grunde Befunde Baumerts und Schömers, die trotz so mancher Fortschritte beim Versuch der Entkoppelung von Schichtungsfaktoren und Bildungsbeteiligung von einer „hohen Stabilität der Grundstruktur sozialer Disparitäten in der Bildungsbeteiligung" (Baumert/Schömer 2001: 352) sprechen.

2 Dieses Modell hat in Folge der New-Deal Politik der USA nach 1934 immerhin dazu geführt, dass „das Amerika der fünfziger und sechziger Jahre" als „eine Mittelklassegesellschaft" (Krugmann 2002: 25) gegolten habe.

3 Die einst von John K. Galbraith als „protzige Zeit" bezeichnete Epoche (vgl. Deppe 1999: 250) des Goldenen Zeitalters scheint sich zu wiederholen. Die Renaissance des bereits von Thorstein Veblen 1899 in seiner „Theory of the Leisure Class" mit Verachtung beschriebenen Lebensstils der „Superreichen" (Deppe 1999: 250) jedenfalls legt dies nahe; ebenso Hartmanns Daten, mit denen sich in den letzten 20 Jahren in den USA „eine Öffnung der Einkommensschere um fast 1.000 Prozent" (Hartmann 2002: 178) indizieren lässt.

> kommens – sie verdienten also „nur“ 70-mal so viel wie der Durchschnitt, nicht genug, um eine Riesenresidenz zu kaufen oder zu unterhalten. 1998 hingegen flossen mehr als drei Prozent des Gesamteinkommens den oberen 0,01 Prozent zu. Das bedeutet, dass die 13 000 reichsten Familien in Amerika über fast ebenso viel Geld verfügten wie die 20 Millionen ärmsten Haushalte; die Einkommen dieser 13 000 Familien waren etwa 300-mal so hoch wie die der durchschnittlichen Familien“ (Krugmann 2002: 26).

Geißler, der für Deutschland im Bereich der Spitzengehälter zwar Verschiebungen zu Gunsten der Reichen indiziert, hält nach einer Quintilenanalyse eine relativ hohe Stabilität der Einkommensdisparitäten in den letzten Jahrzehnten fest (vgl. hierzu Geißler 2002: 96). Der Rekurs auf Studien des DIW oder auf den German Wealth Report ließe aber auch andere Schlüsse zu:

> „Steigen die Einkünfte aus unselbstständiger Arbeit von 1980 bis 1997 inflationsbereinigt um gerade einmal 33 Prozent netto (ohne Berücksichtigung der Sozialabgaben), so lag der Zuwachs bei den Einkünften aus Unternehmertätigkeit und Vermögen in demselben Zeitraum bei 126 Prozent netto. Pro Kopf gerechnet ist die Kluft noch größer. Hier steht einer Steigerung von nur 1 Prozent sogar eine von 100 Prozent gegenüber. Seit 1997 dürfte sich die Schere noch erheblich weiter zugunsten der Bezieher hoher Einkommen geöffnet haben“ (Hartmann 2002: 177f.).

Wie alarmistisch man auch immer auf diesen Trend reagiert, leugnen tut ihn – bis auf Durchschnittstheoretiker wie der amerikanische Notenbankchef Alan Greenspan – kaum einer. Statt aufs Abstreiten verlegte man sich in den letzten Jahren mehr und mehr auf die Fabrikation von Rechtfertigungsideologien, das heißt auf das Neuzusammenstricken der seit den Zeiten um 1900 bekannten legitimatorischen Selbstdurchsetzer-Ideologie des „Sozialdarwinismus“ (Deppe 1999: 250). Neu ist das alles nicht. Anders aber als bisher, und das ist wirklich neu, wird die altbekannte Begleitmusik zu dieser Entwicklung aus den „konservativen Denkfabriken“ mittlerweile auch durch Instrumente der Linken angereichert. Mit Blick auf die ehrentwürdigende und undifferenzierte Gleichbehandlung des Sozialstaates, einem als paternalistischen Glücksobsorger gedachten Relikt der tayloristischen Epoche, beklagt man auch von Seiten einer linken Egalitarismuskritik die Unzulänglichkeiten klassischer Proporzmodelle der Chancengleichheit. Als stimmführend gelten hier Amartya Sen und Martha Nussbaum. Sie versuchen sich an einer Neubelebung des aristotelischen Ansatzes vom „Guten Leben“. Dabei geht es ihnen, schaut man genau hin, kaum um eine Abschiednahme von der klassischen Sozialstrukturanalyse. Vielmehr verbinden sie das Berechtigte der Kritik am kollektivistisch hegelianischen Modell des alles zum Guten führenden Staates mit einer Neuthematisierung der Ungleichheitsproblematik. Einige Aspekte dieses reflexiven und auch Theorie der demokratischen Gleichheit genannten Ansatzes sind von den nun vorzustellenden Vertretern einer wertnihilistischen und glücksegalitaristischen „Wettlauftheorien“ der Chancengleichheit bereits vorweggenommen. Sie, vor allem Theodor Geiger und Otto Neurath, gilt es zunächst vorzustellen.

1. Zwischen Proporz und Leistung: Geiger und Neurath als frühe Theoretiker der sozialen Ungleichheit

Geiger und Neurath sind als Positivisten bekannt. Und denen traut man mit Feyerabend eine anmaßende „Verisimilitude“ oder gar einen Ratiofaschismus zu, nicht aber den Entwurf eines ausgeklügelten Chancengleichheitskonzepts. Tatsächlich aber sind sie weniger einer affirmativen Sozialtechnik als dem funktionalen Sozialismus schwedischer Provenienz – im Falle Geigers – und dem Austromarxismus – im Falle Neuraths – verbunden.[4] Das Besondere an dieser Konzeption ist, dass man anders als im Leninismus statt an ein hegelianisch Eines – zum Beispiel an einen Wertekonsens –, an die Chancen eines sozial gerechten Sich-Austarierens frei schwebender und interpenetrierender Subsysteme glaubt. Geigers Hoffnung auf die Segnungen des institutionalisierten Klassenkampfs verbindet dabei im Unterschied zu Sombarts Deutschem Sozialismus die Akzeptanz des für die Moderne typischen Moments der dynamis und der freien Interessendurchsetzung mit dem Versuch, dem Agonalen seine mörderischen Zähne zu ziehen.

Dem impliziten Okroyismus der Utopie vom positiven Zeitalter gegenüber skeptisch, teilt man doch mit den frühen Positivisten die Hoffnung, auf die durch Volltaylorisierung der Gesellschaft mögliche Indienststellung von Rationalitätspotenzialen für die Selbstentwicklung des Menschen. Alle Bürger sollen alle Chancen haben, *ihren* Zielen nachzugehen. In diesem Sinne sind Geiger und Neurath klare Anhänger der egalitaristischen „Wettlauftheorie (starting-gate theory)“ (Anderson 2000, S. 145) der Chancengleichheit – einer Kreuzung des oft ausschließlich ressourcen- und distributionsorientierten „Proporz-Modell(s)“ (Geißler 2002: 334) der Chancengleichheit mit dem Prinzip der leistungsbezogenen Chancengleichheit nach der „Formel ‚Gleiche Chancen nach Fähigkeit und Leistung‘“ (Geißler 2002: 334). Dabei akzeptiert die offene Gesellschaft Geigers und Neuraths sozialplanerische und

4 Hannah Arendt betont in ihrem Buch „Elemente und Ursprünge totaler Herrschaft“, hier im Widerspruch zu den von seiten der Frankfurter Schule produzierten Klischees, diese ‚progressive‘ Seite unter anderem des Neopositivismus: „Wissenschaftlichkeit und Wissenschaftsaberglauben im Sinne des Positivismus, Pragmatismus und schließlich Sozialismus behielten immer die menschliche Wohlfahrt als Ziel aller Politik im Auge“ (Arendt 2001: 737) – im Gegensatz zu totalitären Bewegungen.

regulistische Intervention zu Gunsten der Herstellung wirklich gleicher Startbedingungen aller.[5]

Hierin unterscheidet sie sich schließlich auch von der Utopie der Nutzer von Gegensatzkonstruktionen wie denen von Staat und Gesellschaft, Zwang und Freiheit, das heißt von Anhängern einer „liberalen Kampfideologie" (Geiger 1953: 109). Der abstrakte Freiheitsbegriff der Liberalen wird mit der Tatsächlichkeit der Selbstverwirklichungschancen von Individuen bestimmter Schichten konfrontiert. Infolge der Verzerrung der Utopie der bürgerlichen Gesellschaft von Freien zur Klassengesellschaft sei die proklamierte Durchlässigkeit der neuen postfeudalen Ära Chimäre. Zwar stimme, wie Neurath in „Auf dem Weg zum modernen Menschen" aus dem Jahre 1939 schreibt, der Befund, die moderne Gesellschaft sei durchlässiger als die zu früherer Zeit. Zu falschen Schlüssen dürfe dies aber nicht führen:

> „Eine größere Leichtigkeit, von einer sozialen Gruppe zu einer anderen zu wechseln, ist allerdings für das Moderne kennzeichnend. Es ist aber schwierig, all das, was durch Elternhaus, Schule und Umgebung die Klassen voneinander unterscheidet, völlig auszuschalten. Viele Menschen bleiben daher in der sozialen Gruppe, in der sie geboren wurde, und wählen den Beruf, der dem ihrer Eltern ähnlich ist. So sind sie an einen besonderen Lebensstil gebunden: an gewisse Gefahren, die mit ihrem Beruf verbunden sind, an das Vorherrschen von Krankheiten in ihrer Umgebung, an die Lebensweise und Art der Erholung ihres Bekanntenkreises. Die meisten Ehen werden zwischen Menschen derselben sozialen Stellung geschlossen und ebenso die meisten Freundschaften" (Neurath 1991: 532).

Diese Fakten im Kopf, moniert Neurath in „Die Sozialisierung Sachsen" von 1919:

> „Die Vertreter der freien Verkehrswirtschaft hatten übersehen, daß die Menschen nicht an gleicher Stelle den Wettkampf beginnen. Die einen sind reich, die anderen sind arm. Die Reichen haben einen Vorsprung im Wettbewerb, und der Sohn des Armen kann mit dem Sohn des Reichen nicht konkurrieren" (Neurath 1994: 194).

Und in „Lebensgestaltung und Klassenkampf" heißt es, in den Reihen des Bürgertums erklinge immer wieder, ein jeder „habe durch die allgemeine Volksschule den

5 Geiger will eine Vereinigung der Vorteile von Liberalismus und Planwirtschaft (vgl. hierzu: Geiger 1947: 17). In ähnlicher Weise stellt sich Neurath in seiner Rezension „F.A.Hayek, The Road to Serfdom" von 1945 an die Seite derer, „die sich sowohl gegen die leidvolle Marktgesellschaft der Vergangenheit als auch gegen die diktatorische Planung auf der Basis eines totalitären Faschismus wenden" (Neurath 1981c: 981). Sowohl Geiger als auch Neurath ist bekannt, dass Autoren wie Popper, Hayek und Lipmann 1947 im Zuge der Gründung der Mont Pèlerin Society den Begriff des Neoliberalismus prägen und mit ihrem antietatistischen Programm normative und nichtwissenschaftliche Ziele verfolgen.

gleichen Start erhalten. Es ist wahr", konzediert Neurath hier, „früher ließ man die Kinder der beherrschten Klassen überhaupt nicht in die Rennbahn". Auch sei die Rennbahn für die Arbeiter prinzipiell geöffnet worden, „aber die Kinder der neuen privilegierten Gruppen treten wohlgenährt mit leichten Sandalen an, während die Kinder der Proletarier, schlechtgenährt, mit Ketten und Gewichten belastet, den Wettkampf aufnehmen sollen" (Neurath 1981a: 253). Geißler nennt diese Tatsache Jahrzehnte später den „Hindernislauf für schlecht Trainierte" (Geißler 1994: 148). Wie Neurath würde er wohl als Gründe für diese Mobilitätshemmnisse die elterliche Tradition sowie die fehlende Beziehung der Eltern zu „maßgebenden Kreisen" benennen. „Proletarierkinder sind nicht immer durch niedrige Einkommen der Eltern benachteiligt, sondern vor allem durch deren unsichere und hoffnungslose Lage" (Neurath 1981a: 253).[6]

Ähnlich argumentiert Geiger in seiner Studie „Soziale Umschichtungen in einer dänischen Mittelstadt". Geiger beobachtet den Status- und Positionswechsel in seiner Wahlheimat Århus und stellt „ein Bild recht lebhafter Bewegungen" (Geiger 1951: 99) fest. Bei alledem aber sei zu konstatieren, „daß die soziale Schichtung keineswegs mit fortschreitender Demokratisierung flüssiger wird, wie man – einer verbreiteten Doktrin zufolge – erwarten sollte" (Geiger 1951: 110). Und im 1955 veröffentlichten Text „Typologie und Mechanik der gesellschaftlichen Fluktuation" heißt es, auch in hoch spezialisierten, arbeits- und funktionsteiligen Gesellschaften bestimmten „die durch Erziehung und Ausbildung bedingten sozialen Chancen, d.h. aber die soziale Mitgift des Elternhauses, weitestgehend die ganze Lebensbahn" (Geiger 1955: 87). Geiger kritisiert das „frühbürgerliche Traumbild ungehinderter Aufstiegschance", und er merkt an, dass „tatsächliche Hürden" (Geiger 1955a: 95) sozial schwacher Kinder zum Teil absichtlich übersehen würden.[7] So sei zum Beispiel feststellbar, dass „die Kinder der Arbeiterschichten nur sieben Prozent der Studenten" ausmachten, das sei „ein kleiner Bruchteil dessen, was dem Anteil der Arbeiterschicht an der Gesamtbevölkerung entsprechen würde.

Wirtschaftliche Hindernisse allein", bestätigt Geiger hier die auch andernorts getroffenen Befunde, „können dafür nicht der Grund sein, da die kaum günstiger

6 Das Kinderschicksal sei „in der kapitalistischen Ordnung aufs engste mit dem Schicksal der Eltern verknüpft", heißt es da – dem hingegen werde in einer zukünftigen sozialistischen Ordnung „das Kinderschicksal grundsätzlich unabhängig ... vom Schicksal der Eltern" (Neurath 1981a: 254) sein.

7 Im Übrigen meint Geiger in Übereinstimmung mit späteren Theoretikern, die Umschichtungsblockade sei nicht monokausal zu erklären, zum Beispiel durch das fehlende Geld im Elternhaus proletarischer Familien, den Kindern ihre Ausbildung zu finanzieren. Arbeiterkinder seien nicht „nur durch die Kosten der Ausbildung von akademischen Laufbahnen ausgeschlossen" (Geiger 1955a: 96). Soziale Ausschließungen seien komplexer, daher eine Regintegrierbarkeit von Arbeiterkindern auch nicht via besserer Sozialpolitik zu erreichen. Die relative Unabhängigkeit dieser Faktoren vom Einkommen zeige sich, so Geiger, auch entlang von folgender Beobachtung: „Kinder von Angestellten und kleinen Beamten studieren in größerer Zahl als Arbeiterkinder, obwohl die wirtschaftliche Leistungsfähigkeit der ersten kaum größer ist" (Geiger 1955a: 96). Und dass ferner in Dänemark, einem Land mit unentgeltlichem Studium, die Zahl von Arbeiterkindern kaum höher ist als in Ländern mit kostenpflichtigem Studium, spricht überdies für eine nur schwache Koppelung von Einkommen und Chancenwahrnehmung.

gestellten Kleinangestellten weit stärker repräsentiert sind. Geht man zurück zu den Großvätern, stammen jedoch 14 Prozent der Studenten indirekt aus Arbeiterfamilien" (Geiger 1992: 143). Geiger sieht die Ursachen hierfür in den Atmosphären der Herkunftsschicht liegend – ein „fördernder oder hemmender Einfluss des Aufwuchsmilieus" (Geiger 1955a: 97) und die „psychische Mitgift des Elternhauses" (Geiger 1955a: 98).[8] 1950, in seiner Studie „Über die soziale Herkunft der dänischen Studenten" thematisiert Geiger die Kehrseite der Selbstaussperrung der Arbeiter, nämlich das Phänomen der hohen endogenen Rekrutierung der Akademikerschicht.[9] Auch hier nennt er „milieubedingte Antriebe zur intellektuellen Entwicklung" (Geiger 1992: 46) und fordert angesichts extrem ungleicher Startbedingungen der Einzelnen die Einrichtung von Ganztagsschulen. Diese Forderung ergebe sich aus der Feststellung, dass die

> „psychische Mitgift des Elternhauses ... in ihren verschiedenen ... Formen ihren Einfluß auf die Rekrutierung der Akademiker ausüben, solange die Kindheitsentwicklung im Hause vor sich geht, d.h. solange die Familie ihre jetzige Rolle als wichtigste Erziehungsinstitution der Gesellschaft bewahrt. Mit anderen Worten, es kann dafür gesorgt werden, daß die Chancen für die jungen Leute gleich sind, sobald die *öffentliche Erziehung* und Ausbildung reichen. Aber es wird solange und soweit eine gewisse Ungleichheit bei den Startbedingungen bestehen, wie die angeborenen Fähigkeiten im ersten Stadium des Heranwachsens durch das *häusliche Milieu* entfaltet werden, und solange die Atmosphäre der Elternhäuser durch kulturell-sozial gesehen verschiedene Bedingungen geprägt ist. Letzteres wird immer der Fall in einer stark arbeitsteiligen Gesellschaft sein" (Geiger 1992: 46).[10]

Geiger destruiert in seinen Studien auch andere Märchen, zum Beispiel das vom Aufstiegsunwillen ungelernter Arbeiter; dieser werde belegt mit der geringen Aufstiegsquote: man sei zufrieden mit der momentanen Lebenssituation. Geiger

---

8 Erst die Forschungen der 60er und 70er Jahre von Basil Bernstein, Denis Lawton, Regine Reichwein und Ulrich Oevermann erhellen die unterschiedlichen Sprach- und Differenzierungsvermögen der Klassen und Schichten. In unmittelbarer Nachfolge Geigers arbeiten hierzu heute noch Rainer Geißler und Klaus Rodax, die ebenfalls über die Untersuchung der finanziellen Verhältnisse hinaus auf Weisen der Adaption kultureller Muster eingehen, auf den für die Berufswahl wichtigen Faktor des Elternwunsches oder auch auf andere dem Milieudruck entspringende Determinanten.

9 Diese Arbeit entsteht ein Jahr nach Geigers Studie über die Rekrutierungstendenzen der intellektuellen Elite Dänemarks seit der Reformationszeit „Die dänische Intelligenz von der Reformationszeit bis zur Gegenwart. Eine Studie in empirischer Kultursoziologie", die genau solchen Phänomenen auf der Spur ist.

10 Geiger kombiniert auch in früheren erziehungssoziologischen Texten wie in „Erziehung als Gegenstand der Soziologie", „Die gesellschaftliche Bildungsaufgabe der kaufmännischen Schule", „Weltanschauung und Schule", „Über Schulrechtsfragen, Möglichkeiten gesellschaftlicher Bildung durch die Schule" und „Klassenlage, Klassenbewusstsein und öffentliche Schule" Fragen nach den Mobilitätschancen mit denen nach den Ausgangsbedingungen im Elternhaus.

widerspricht hier. Er thematisiert das Phänomen, das von Geißler später „das Gesetz der zunehmenden sozialen Selektivität – oder auch: das Gesetz der zunehmenden Dominanz der oberen Schichten (Geißler 2002: 150) genannt wird.[11] Bedacht wird die Differenz zwischen Ausgangs- und Endstufe: der Schritt von der untersten Stufe zur nächsthöheren koste eine „größere Anspannung“ als der von einer hohen zu einer noch höheren.

> „Je tiefer die Soziallage, desto gewaltiger der absolute und relative Druck ihres Handicaps, desto erheblicher also die zum Aufstieg erforderliche Auftriebsgröße, desto mehr Auftriebshungrige bleiben in der Ausgangslage zurück“ (Geiger 1933/34: 174).

Das Handicap der Unteren wirke als Deckel gegen den Aufstieg und das Privilegium der Oberen als ein Auffangnetz gegen deren Abstieg (vgl. Geiger 1955: 86).

2. Zur Ideologie der Unterschiede-Leugner

Geiger und Neurath bestreiten mit Gustav Ichheiser die Rückführbarkeit der Aufstiegsmöglichkeiten auf die Kategorien von Tugenden, Fleiß und Qualität:[12] „Wer sozial oben ist, will außerdem noch zu diesem Obensein *legitimiert* werden“, heißt es in Neuraths Text „Kritik des Erfolges“, „und die Legitimität des Obenseins wird durch die Soziologie des Erfolges, als Teil der neuen Soziologie, erschüttert“ (Neurath 1981b: 366). Denn eine solche Soziologie des Erfolges zeige, dass nicht Fleiß *allein* den Aufstieg ermögliche. Geiger sieht dies ähnlich. Seiner Ansicht nach verschleiere die „Erfolgsanbetung ... die Genesis des Erfolgs. Der Erfolgreiche selbst glaubt, sich im Urteil seiner Zuschauer spiegelnd, bald nicht mehr, dass andre Momente als ehrliche Leistung zu seinem Erfolg beitrugen“ (Geiger 1930: 486).

So den von Dahrendorf und von Schluchter in den 60er Jahren ausgestalteten Begriff der Leistungsgesellschaft mit all seinen Suggestionen über die Offenheit in

---

11 Je höher man steige im Machtsystem, „umso besser kommen die oberen Schichten zum Zuge und umso stärker werden die unteren Schichten an den Rand gedrängt“ (Geißler 2002: 150f.).

12 Neurath verweist in seiner Rezension des Buches von Ichheiser „Der Erfolg“ aus dem Jahre 1930 auf dessen Versuch, mit Vorurteilen aufzuräumen, „die über das Leben als Prüflaboratorium bestehen. Es ist nicht so, dass sich das ‚Gute' oder das ‚Wahre' durchsetzt, sondern daß Menschen unter bestimmten Umständen in die Lage kommen, mit bestimmten Leistungen verknüpft zu werden, während andere, vielleicht viel befähigtere, durch bestimmte Umstände gehindert werden, solche Leistungen zu vollbringen“ (Neurath 1981b: 364). Statt aufs fleißige Genie solle man sich zukünftig mit Hilfe einer ‚Erfolgstabelle' weniger auf die so genannte Leistungstüchtigkeit und vielmehr auf die nun wichtiger werdende Erfolgstüchtigkeit konzentrieren. Dieser Wandel zeige die „Erfolgslegende: 'Ehrlich währt am längsten'... in ihrer Hohlheit auf“. Ichheiser weist darauf hin, wie der sozial Privilegierte sich am ehesten den ‚Luxus' der Anständigkeit leisten kann. Sie kostet ihm nichts. Anders ist der Benachteiligte dran, der oft durch allerlei Abweichungen von den sozialen Normen sich Erfolg sichern kann“ (Neurath 1981b: 365).

Klassengesellschaften auf den Prüfstand stellend (vgl. Hartmann 2002: 150), widersetzt sich Geiger zuerst 1930 in „Zur Theorie des Klassenbegriffs und der proletarischen Klasse“ und schließlich in dem Text „Natürliche Auslese, soziale Schichtung und das Problem der Generationen“ der Annahme zum Beispiel Max Webers, ein Schichtwechsel sei relativ unproblematisch möglich. Schließlich sei der Start eines Einzelnen, heißt es da, „durch die typischen Chancen der elterlichen Schicht entscheidend bestimmt“ (Geiger 1933/34: 169). Geigers Zentralinteresse an Problemen der intergenerationalen Durchlässigkeit von Schichtgrenzen[13] führt ihn schließlich zu der Frage, warum in den modernen Gesellschaften „mit ihren als durchlässig gedachten Schichtgrenzen, ... die Fluktuation zwischen den verschiedenen Schichtgrenzen stark auf(fällt), ... der Schichtenwechsel ... Ausnahme“ bleibe. Geiger: „Wenn auch die Schichtgrenzen nicht durch institutionelle Schranken gesperrt sind, so bilden sie doch in mehrfacher Hinsicht faktische Hindernisse“ (Geiger 1933/34: 169).[14] In „Soziale Umschichtungen in einer dänischen Mittelstadt“ antizipiert Geiger diesbezüglich das Wort vom „klassenspezifischen Habitus“ – Hartmann spricht vom „Stallgeruch“ (vgl. Geißler 2002: 151; Hartmann 2002: 122ff.; Hartmann 2003: 11): „Die Offenheit der Klassengrenzen dürfte jedenfalls teilweise eine Legende sein, die aus der Zeit des Frühindustrialismus stammt“ (Geiger 1951: 10). Und im Text „Typologie und Mechanik der gesellschaftlichen Fluktuation“ entlarvt Geiger diese Legende als eine Ideologie der begünstigten Schicht – mit so mancher Verwandtschaft zur Ideologie des „reaktionären Sozial-Darwinismus“ (vgl. Geiger 1955a: 114).[15]

So führt Geigers und Neuraths Projekt einer Destruktion des liberalen Mythos vom Lohn des Tüchtigen[16] – angelehnt an Ichheisers „Kritik des Erfolges“ – zu

---

13 Untersucht werden sollen, heißt es da, „die Erscheinungen des Platzwechsels von Personen und Familien innerhalb eines gegebenen Schichtungssystems“ (Geiger 1933/34: 169).

14 „Richtet man ... den Blick auf den von Marx hervorgehobenen Klassenunterschied zwischen Kapital und Lohnarbeit, so stehen dem Statuswechsel zwischen ihnen heute zwar keine institutionellen Schranken im Wege, wohl aber sehr sachliche Hindernisse. Lebhaft ist die Fluktuation zwischen den Teilschichten der Lohnempfänger, zwischen den Teilschichten der Eigentümer, zwischen gewissen Lohnempfängerschichten und jenen Kleineigentümern, die kein Marxist sich je einfallen ließe als Kapitalisten zu bezeichnen. Die ‘Offenheit’ der Klassengrenzen dürfte jedenfalls teilweise eine Legende sein, die aus der Zeit des Frühindustrialismus stammt“ (Geiger 1951: 10).

15 Die Besser-Situierten erklärten sich die Fluktuation nicht „damit, dass ihre Kinder durch Milieuvorteile gegen die volle Härte des Auslesemechanismus (Konkurrenz) geschützt“ seien. Sie unterstellten vielmehr dogmatisch „die volle Wirksamkeit des Auslesemechanismus“ – wonach dann ihre eigenen Kinder „eine natürliche Begabungsauslese darstellen (reaktionärer Sozial-Darwinismus)“ (Geiger 1955a: 114).

16 Noch 1955, in dem posthum herausgegebenen Text „Typologie und Mechanik der gesellschaftlichen Fluktuation“, wettert er gegen die Vorstellung eines Weber, dass „Kasten und Stände durch institutionelle Schranken – wenigstens nach oben hin – gegeneinander abgesperrt (sind), Klassen aber grundsätzlich offen seien“ (Geiger 1955a: 85). Andernorts, in „Soziale Umschichtungen in einer dänischen Mittelstadt“, nennt er Chancengleichheit einen Mythos, die Ideologie moderner Klassengesellschaften. „Die Gegenüberstellung der ‘geschlossenen’ Stände – und der ‘offenen’ Klassengesellschaft geht ... zumindest teilweise auf eine zeitperspektivische Täuschung zurück“, schreibt Geiger. „Daß aber der Satz von der Offenheit der Klassengrenzen als Legende aufrecht er-

einem ähnlichen Befund wie dasjenige Hartmanns; der nämlich meint im Anschluss an ausgiebige empirische Untersuchungen feststellen zu können, von einer „Leistungsgesellschaft“ könne „keine Rede sein“ (Hartmann 2002: 151). Vor allem der klassenspezifische Habitus hindere viele Kinder aus „Normalverhältnissen“ am Aufstieg. Becks[17] und Luhmanns Rede von den Bastel- und Wahlbiografien und von der nachlassenden Evidenz sozialer Schichtungslinien sei deshalb falsch:

> „Mit dem ständigen Verweis auf das Prinzip der ‚Leistungsgerechtigkeit‘ werden nicht nur die entscheidenden Karrierevorteile, die Bürgerkinder aufgrund ihrer Herkunft besitzen, vollkommen ignoriert, sondern es wird zugleich versucht, die daraus resultierenden, immer krasser werdenden Unterschiede in Macht und Einkommen öffentlichkeitswirksam zu legitimieren. Es geht im Kern um nichts anderes als das, was Bottomore die Verteidigung der Interessen der ‚Oberklasse‘ nennt“ (Hartmann 2002: 180).

Hartmann, der die Herkunft Promovierter mit den Chancen zur Erlangung von Spitzenpositionen in Wirtschaft, Justiz und Politik untersucht, schreibt:

> „Obwohl alle in die Untersuchung miteinbezogenen Personen mit der Promotion den höchsten und sozial selektivsten Bildungsabschluss aufweisen, sind ihre Karrierechancen in der Wirtschaft und damit ihre Aussichten auf den Zugang zur deutschen Wirtschaftselite je nach sozialer Herkunft äußerst ungleich verteilt“ (Hartmann 2002: 71).

Man beobachte hier gar statt einer Öffnung „eine weitere soziale Schließung“ (Hartmann 2002: 79).[18] Dies bestätigt Geißlers Befund von der Wirksamkeit eines „leistungsunabhängigen sozialen Filters“ (vgl. hierzu: Geißler 2002: 354; auch Geißler 2002: 150) innerhalb des Bildungssystems. Die Leugnungen dieser Tatsache, so Geißler, kritischer Empirist unserer Tage, entsprächen dabei „den Bedürfnissen der tragenden, privilegierten Gruppen der Dienstleistungsgesellschaft nach Weltdeutung ...; in den höheren Etagen der Schichtungshierarchie lebt (und forscht) es sich angenehmer, wenn man davon ausgeht, das ärgerliche Problem der sozialen Gerechtigkeit sei weitgehend gelöst“ (Geißler 2002: 143).

---

halten wird, entspricht der Ideologie des Wirtschaftsliberalismus, der sich durch die Doktrin rechtfertigt, jedem Tüchtigen freie Bahn zu höchstem Erfolg zu gewähren“ (Geiger 1951: 11).

17 Beck missachte geradezu den Faktor ‚Soziale Herkunft‘ (vgl. hierzu Hartmann 2002: 169).

18 Dies sei nicht so stark im Bereich von Karrieren im öffentlich-rechtlichen Bereich oder in Verbänden, auch nicht in Bezug auf die Hochschulkarrieren.

3. Lebenslagen- und Schichtmodelle in Opposition zur Theorie der Durchschnittsbildung

Gegenpol zur vor allem deutschen Tendenz zur Eliminierung des Faktors „vertikale Ungleichverteilung von Lebenschancen“ sind nach Geißler „Lebenslagenmodelle“, das heißt Versuche zu einer „Erweiterung der traditionellen Schicht- und Klassenanalyse zur mehrdimensionalen Ungleichheitsforschung“ (Geißler 2002: 123). Diesen Gedanken aufgreifend, könnte der von Geißler hier nicht angesprochene Neurath, ein Mitbegründer dieser „Tradition von Lebenslagenkonzepten“ (Hradil 1999: 40), für einen optimalen Mittelweg zwischen Klassenmonismus und einer Nivellierung vertikaler Ungleichheiten stehen. Neuraths Lebenslagentheorie ist dem Realeinkommen von Menschen in Bezug auf ihre Ausstattung mit Wohnraum, Nahrung, Kleidung und Gesundheit und dem Faktor der Lebensstimmung auf der Spur. Dabei destruiert der Mitbegründer des Wiener Kreises alle Chimären über „allgemeinen Wohlstand“. Mit Amartya Sen später teilt er die Abscheu vor dem in Wohlstandsanalysen beliebten Trend zur Durchschnittsbildung. Basis seiner Forschungen, wie zum Beispiel in dem Text „inventories of standard of living“ deutlich wird, ist ein relativer Armuts- und Ressourcenbegriff. Der Fokus ist auf die Erstellung von mehrdimensionalen Lebenslagenkatastern, von Lebenslagenphysiognomien und von Lebenslagenreliefs gerichtet – dabei zeigten vor allem letztere, „wie die Lebenslagen geschichtet sind“ (Neurath 1992: 134). Das heißt, dass Neurath, bei aller Nähe zu Bentham, der Versuchung widersteht, aus einer Gesellschaft, in der „die einen hungern, die anderen in Luxus leben“ (Neurath 1992: 134), eine insgesamt reiche Wirtschaftsordnung zu machen.[19] Eine Verteilungsstruktur wie etwa die hier angeführte – w steht für Wohnraum, k für Kalorien und a für Arbeitszeit – sei jedenfalls allzu leicht entdifferenzierbar:

Tabelle 1: Verteilungsstruktur Wohnraum, Kalorien und Arbeitszeit

Gruppe	Anzahl der Personen	Lebenslage	Zusammen
I	20	1 w + 1 k + 10 a	20w+ 20k+200 a
II	5	16w + 16 k + 0 a	80w + 80k + 0 a

„Die 25 Personen zusammen verfügen über 100w + 100 k + 200a und der Durchschnitt wäre 4w + 4k + 8a, was einer behaglich lebenden Gesellschaft entsprechen würde“ (Neurath 1992: 134). Erst das Lebenslagenrelief aber zeige die Unterschiede

19 Beachtet man hierbei, dass man schließlich auch innerhalb marxistischen Paradigmata immer wieder der Versuchungen, Durchschnittslösungen zu finden, erliegt, lassen sich gar Ähnlichkeiten zwischen bürgerlicher und sozialistischer Sozialstrukturanalyse konstatieren.

in Sachen der Geschichtetheit der Lagen.[20] Deshalb mache es „*immer* einen guten Sinn, (zu schauen) wie das Lebenslagenrelief einer bestimmten Wirtschaftsordnung aussieht“ (Neurath 1992: 134). Eine bloß additive Aneinanderreihung von Lebenslagenindikatoren sei Unsinn; in Übereinstimmung mit diesem Ziel widersetzt er sich, ganz wie in späteren Jahren Nussbaum, dem utilitaristischen Grundsatz, „dass unser Ziel darin bestehen sollte, das Gesamtprodukt oder den Mittelwert zu maximieren, ohne sich allzu sehr darüber aufzuregen, wie jede Person platziert ist“ (Nussbaum 2002: 10).

In Erweiterung der Theorie Benthams versucht Neurath in seiner vergleichenden Universal- oder Lebenslagenstatistik nicht nur den Grenznutzen, sondern auch die Grenzschäden bestimmter Maßnahmen einzufangen. Nur so gelinge es, alle Dimensionen von Ungleichbehandlung in den Blick zu bekommen. Ganz in diesem Sinne balanciert sich auch die Geigersche Schichtungssoziologie durch die Theorieangebote aus ökonomischem Vulgärmarxismus und kulturalistischer Vielfaltsforschung. Und so ähneln beide Ansätze, die Lebenslagentheorie Neuraths und die Geigersche Schichtenanalyse, dem 1979 entwickelten Lebenschancenkonzept Ralf Dahrendorfs (vgl. in Bezug auf Neurath: Amann 1983: 137, in Bezug auf Geiger: Geißler 1995: 293). Auch zur Chancentheorie von Giddens ist eine Brücke zu bauen.[21] Und, nicht zu vergessen, natürlich zu Geißler selbst. Denn dessen Definition von „Lebenschancen“ als von „Chancen auf die Verwirklichung von Lebenszielen, die in einer Gesellschaft als erstrebenswert angesehen werden“ (Geißler 1994: 4) ist Inbegriff eines freiheitszentrierten Blicks auf das Chancengleichheitsthema. Dabei zöge wohl die Konzentration auf die erstrebenswerten Güter *einer* Gesellschaft den Vorwurf auf sich, einem der ethnisch und ethisch heterogenen Gesellschaft nicht genügend Rechnung tragenden Egalitarismus der Dominanzkultur das Wort zu reden. Das Wort vom „Mehrheitsterror“ drängt sich ebenso auf wie Bassam Tibis Begriff der Leitkultur. Genau in dieser Lücke, nämlich zwischen dem Radikalinklusionismus und dem Recht auf das Ausleben von Eigen-Sinn, positioniert sich der demokratische Egalitarismus Sens und Nussbaums.

---

20 Wobei „man z.B. hervorheben könnte“, schreibt Neurath hierzu, „dass die Wirtschaftsordnung I 16 Stufen aufweise, während die Wirtschaftsordnung II nur drei Stufen aufweise. Wirtschaftsordnung I sei gekennzeichnet durch: s1 < s2 < s3 < s4 < s5 < s6 < s7 < s8 < s9 < s10 < s11 < s12 < s13 < s14 < s15 < s16 und die weitere Wirtschaftsordnung durch s4 < s8 < s12. Es gibt ärmere und reichere Schichten, in der Wirtschaftsordnung I (mehr) als in der Wirtschaftsordnung II, es gibt aber vor allem auch weit mehr Zwischenschichten“ (Neurath 1992: 134).

21 Mit Neuraths Konzept lassen sich die prinzipiell atomistisch ausgerichteten Ansätze liberalistischer Provenienz ersetzen durch eine vergleichende, datenkorrelierende Untersuchung von statistischen Kovarianzen – von polydimensionalen Hügeln aus statistischem Material, was für Amann die Verwirklichung der tentativen Prinzipien solider Sozialforschung bedeutet, jener Prinzipien also, die davon ausgehen, dass solide, vieldimensionale soziale Forschung eine „Langfristorientierung erfordern sowie ein systematisierte und theoriebezogene Akkumulation empirischen Wissens“ (Amann 1983: 135). Geißler schreibt, Dahrendorf habe „die von Geiger gezogene Spur“ (Geißler 1995: 293) aufgenommen und erwähnt überdies Ähnlichkeiten des Geigerschen Ansatzes mit dem Chancengleichheitskonzept von Giddens.

4. Der fähigkeitstheoretische Ansatz Sens und Nussbaums

Vor allem Sens und Neuraths Herangehensweisen ähneln sich in vielen Zügen. Sens Überlegungen zu den Modi der Erfassung von Ungleichbehandlung gehen von der Möglichkeit eines weitgehend vollständigen Vergleichs aller sozialer Vektoren aus; dennoch aber treibt sie die Kritik an einem sozialstatistischen Modellplatonismus zu einem oft nur exemplarischen, „ausgezeichnete(n) Vergleich der Verwirklichungschancen“ (Sen 2002: 104). Dabei kommen sie in ihren Untersuchungen von mehrdimensionalen Faktorenbündeln, die die Freiheit der Einzelnen beschneiden, gar zu ähnlichen Untersuchungsschwerpunkten. So bemerkt Sen am Beispiel der Sterblichkeitsrate von Schwarzen und Weißen:

> „Während schwarze Männer in den USA eine 1,8fach höhere Sterblichkeitsrate als weiße Männer aufweisen, beträgt das Verhältnis der Sterblichkeitsrate von schwarzen und weißen Frauen fast das Dreifache. Nach einer Anpassung der Einkommensunterschiede ist die Sterblichkeitsrate für schwarze Männer immer noch um das 1,2fache höher und für schwarze Frauen sogar um das 2,2fache“ (Sen 2002: 122).

Sen, der sich hier bemüht, zu einer „Erweiterung der Informationsbasis vom Einkommen hin auf die grundlegenden Verwirklichungschancen“ (Sen 2002: 122) zu gelangen, gestaltet hier bereits von Neurath aufgeworfene Fragen aus – man denke nur an die in „Auf dem Weg zum modernen Menschen“ auftauchende Analyse Neuraths zum Zusammenhang von Hautfarbe und Mortalitätsrate sowie zu dem von Hautfarbe und Einkommensverhältnissen. Und dennoch ist Sens und Nussbaums Ansatz weiter als der Geigers und Neuraths. Denn zum einen würde man wohl heute die positivistische Utopie der totalen Erfassung aller Lebensverhältnisse als Schritt hin zu einer „totalitären Informationsbeschaffungsbürokratie“ und zum „gläserne(n) Bürger“ (Horster 2001: 169) deuten. Auch das auf einem protokybernetischen Gleichgewichtsparadigma auflagernde Gerechtigkeitskonzept erntete heute wohl nur noch ein müdes Lächeln. Zum anderen aber, wichtiger noch, ist zu konstatieren, dass sich die Theorien Geigers und Neuraths in Übereinstimmung mit vielen anderen „optimistischen Prognosen“ vor allem in der Nachkriegszeit befinden – „Wirtschaftswachstum, Vollbeschäftigung, steigende Reallöhne und die Fortentwicklung der sozialen Sicherungssysteme“ (Hauser/Neumann 1992: 239) suggerieren in dieser Zeit eine Entwicklung hin zu einer künftig weitgehend entschichteten Gesellschaft.[22]

22 Geiger verbindet so das Wort von der „'Demokratisierung' der Gesellschaft“ mit dem der „Vergleichheitlichung“, das bedeute „kollektive Hebung bisher benachteiligter, kollektives Absinken bisher bevorzugter Schichten, indem beide sich von unten und von oben her einer indifferenten Mittellage nähern“ (Geiger 1951: 111).

In Übereinstimmung mit diesem Trend sind weder Neuraths noch Geigers Lebenslagen- beziehungsweise Schichtkonzepte[23] am Ideal einer funktional differenzierten Mittelschichtsgesellschaft orientiert. Es treibt sie die sozialistische Hoffnung auf eine „Demokratisierung der Einkommensskala" (Geiger 1955b: 108) an. Ein Wiedererstehen des Elitismus, für Geiger eine „überholte Standesideologie und tragikomische Rückwärtsutopie" (Geiger 1950: 6),[24] wäre demgemäß kaum denkbar gewesen. Und auch von der möglichen Aufwertung einstiger „Nebenwidersprüche" in Fragen der Diskussion um Lebensqualität haben weder Geiger noch Neurath etwas ahnen können. Man erinnere sich: Nicht zuletzt die ökologische Bewegung verschiebt die klassischen Scheidelinien der Fragen nach dem Wie gesellschaftlichen Wohlstands;[25] und was ist mit der Feyerabendschen und Duerrschen Attacke auf den als „naiv und tyrannisch" (Nussbaum 2002: 1) bezeichneten Universalismus? Auch hiervon bemerken die Empiristen nur erste Anfänge. Die ganze Breitseite des neopartikularistischen Angriffs auf die Grundpfeiler der von Searle „Westlich Rationalistische Tradition" genannten okzidentalen Aufklärung haben sie nicht mehr registriert. Seither jedenfalls haben sich so manche Leitlinien verschoben.

So gilt heute Vielen der Egalitarismus klassischer Manier als individualitätsnegierend. Das neue Grundcredo des linken Antiegalitarismus lautet nun: „Es kommt darauf an, ob Menschen ein gutes Leben führen und nicht, wie deren Leben relativ zu dem Leben anderer steht" (Frankfurt 2000: 41). Und tatsächlich hat gerade der DDR-Egalitarismus die individualitätsentwürdigenden und freiheitsnegierenden Aspekte von vorgeordneten Definitionen eines guten Lebens gezeigt. Weder Geiger noch Neurath hängen einem solchen Modell an. Der platonisch-leninistische Glückssozialismus wäre von ihnen wohl poppergleich als „ästhetischer Imperialismus" mit implizit antiliberalen Komponenten gedeutet worden. Dennoch: Letztlich ist auch ihre Aufklärungsteleologie, das heißt ihr Traum vom Weg hin zu einer sach-

23 Von dem Lebenslagenkonzept Weissers ist Neuraths Ansatz im Übrigen ebenso unterschieden wie der von Geiger in „Klassengesellschaft im Schmelztiegel" fomulierte von Schelskys Nivellierungsthese. Gleichwohl aber beobachtet Geiger Ende der 40er Jahre den Prozess eines wachsenden sozialen „Ansehen(s) bisher gering geachteter Schichten" und „eine(r) Prestigeeinbuße bisheriger Oberschichten", also eine „Einebnung der Rangunterschiede" (Geiger 1955a: 108). Von „oben und unten her" näherten „die Schichten sich einer allmählich rang-indifferenten Mittellage" (Geiger 1955a: 108).

24 In Amerika ist man nach Ansicht Geigers diesbezüglich schon weiter als im kulturbewussten Deutschland. Hier gebe es einen traditionell verankerten 'spirituellen Prestigedrang', vor allem bei Akademikern: „Er", der Wissenschaftler und Lehrende, schreibt Geiger, „kann sich nicht entschließen, auf die Hohepriesterlichkeit des Wissenschaftlers zu verzichten, selbst wenn sie nur fiktiv ist und er in seinem Innersten wohl weiß, dass Wissenschaft und Forschung nicht sein Daseinsinhalt, sondern dass Kenntnis ihrer Ergebnisse die Voraussetzung für sein Wirken als praktischer Fachmann ist" (Geiger 1950: 8).

25 „In den entwickelten Gesellschaften des Westens haben sich in den letzten zwei Jahrzehnten Konflikte entwickelt, die in mehreren Hinsichten vom sozialstaatlichen Muster der institutionalisierten Verteilungskonfliks abweichen" (Habermas 1988II: 576). Ähnlich formuliert dies Beck in seinem Buch Risikogesellschaft.

lich verwalteten Gesellschaft des aufgeklärten Bürgers, Teil des Progressismus der 30er, 40er und 50er Jahre – und von daher partiell korrekturbedürftig.

Der Ansatz Sens und Nussbaums nun schreibt die weiterhin brauchbaren Elemente einer solchen empirisch arbeitenden Soziologie fort. Erweitert wird dieses Setting dabei aber durch Erkenntnisse aus der qualitativen oder biografiezentrierten Sozialforschung. Theoretisches Medium: die Rehabilitierung eines „linksgerichteten Aristotelismus" (Nussbaum 2002: 1).[26] Ziel: die Erzeugung einer neuen Balance zwischen Universalismus und Relativismus. Für die Chancengleichheitstheorie interessant ist, dass man sich hier – noch weitergehender als Neurath – der Durchschnittsideologie der Utilitaristen massiv widersetzt; deren Versuchsanordnungen zur Erzeugung des Glücks der größten Zahl seien, kritisiert Nussbaum, orientiert gewesen an einem Mittelwert: „Und sie hatten im Prinzip keine Einwände gegen Ungleichheiten, solange sie diese Summe oder diesen Mittelwert hervorbrachten" (Nussbaum 2002: 2). Damit ist die Schichtungs- oder Lebenslagenperspektive gewahrt, zugleich aber um andere Ressourcen als zum Beispiel den Geldwert erweitert.

Auch Neurath fordert wie sein Vater Wilhelm Neurath dazu auf, nicht alle wirtschaftlichen Verhältnisse durch die „Geldbrille" (Neurath 1998: 496 Fn.) zu betrachten. Geldeinkommen und Realeinkommen seien ebenso unterschieden wie Preislehre und Reichtumslehre. Und Geiger weiß, dass wichtiger noch als das Einkommen ist, wenn man sich um die Bestimmung der Schichtzugehörigkeit bemüht, also darum, „wer mit wem am Stammtisch sitzt" (Geiger 1987: 100).[27] Sen radikalisiert diese Ansicht noch einmal. So erinnert er zum Beispiel daran, dass die amerikanischen Sklaven „ein verhältnismäßig hohes ‚Einkommen in Form von Geld'" (Sen 2002: 42) gehabt hätten. Dennoch sei ihre Lebensqualität gering gewesen. Deshalb bezieht sich der Neoaristotelismus auf die grundlegenden Fähigkeiten des Menschen, bestimmte Ziele zu verwirklichen. „So kann etwa ein Behinderter über einen größeren Korb von Grundgütern verfügen und dennoch eine geringere Chance haben, ein normales Leben zu führen (oder seine Zwecke zu verfolgen), als ein Nichtbehinderter mit einem kleineren Korb von Grundgütern" (Sen 2002: 95). Die „freiheitszentrierte" Sicht Sens auf „Lebensqualität" (Sen 2002: 37) blickt in Anlehnung an Rawls auf die „wirklichen Chancen ..., die ein Individuum hat, um die von ihm gewählten Zwecke zu verfolgen" (Sen 2002: 94f.). Dabei nennt Sen diese Möglichkeiten und Freiheiten – aristotelisch – Funktionen: „Verwirklichungschancen sind also Ausdrucksformen der Freiheit: nämlich der substantiellen Freiheit,

26 Dieser Neuaristotelismus lehnt sich an Überlegungen der Oxfordgelehrten Green und Barker an.

27 Freilich weiß auch Geiger, der diesbezüglich eigens sein Mentalitätstheorem entwickelt, dass nicht nur das Einkommen die Schicht zur Schicht mache. Schon Marx habe, heißt es in „Typologie und Mechanik der gesellschaftlichen Fluktuation", „ausdrücklich den Gedanken ab(gewiesen), dass die Einkommenshöhe" (Geiger 1955a: 90) und die Klassenlage unmittelbar etwas miteinander zu tun hätten: Die Klassenlage sei „nach Marx zwar die kardinale, keineswegs jedoch einzige Bestimmung der Soziallage" (Geiger 1955a: 90). Wichtig sei, dass diffusen Massen, Merkmalsgruppen, als halbwegs homogene Sinn-Gemeinschaft mit nach außen hin sichtbarem Wert-Konsensus kenntlich gemacht werden, als Klasse oder Schicht für sich.

alternative Kombinationen von Funktionen zu verwirklichen" (Sen 2002: 95). Nussbaum erweitert diesen Ansatz. Für sie korrespondiert „das Wort „,Kompetenzen' (*capabilities*) mit der Aristotelischen Idee der *dunamis* ..., ein Nomen, das vom Verb *dunamai* abgeleitet ist, ,fähig sein'. Eine Kompetenz bedeutet eine Bedingung, zu etwas fähig zu sein" (Nussbaum 2002: 3).

Welche Konsequenzen aber hat diese Konzeption für eine Theorie der gesellschaftlichen Ungleichheit? Immense. Im Unterschied nämlich zum Wettlaufegalitarismus, der den Subjekten zu Beginn ihres Lebens gleiche Chancen bereitstellt und nach deren Scheitern Solidaritätsentzug praktiziert, degradiert der auch „Theorie der demokratischen Gleichheit" (Anderson 2000: 156) genannte Ansatz Sens weder die so genannten Opfer des kalkulierten Pechs – Snowboarder und Bungeejumper ebenso wie Alkoholiker – noch auch die Opfer des reinen Pechs zu Bittstellern. Eine formierte Vollversorger- und Arbeitsgesellschaft müsste Behinderte und Arme mit Mitleids-Gesten behandeln. Anders in der Gesellschaft, die einem reflexiven Egalitarismus verpflichtet wäre. Hier nämlich nähme man auch nicht-ressourcen- und also distributionsspezifische Werte in den Blick; darunter zum Beispiel die Möglichkeit, „öffentlich auftreten zu können, ohne sich schämen zu müssen" (Anderson 2000: 158). Genau die eben erwähnte alte Fixierung vieler Linker auf einen Futtertrog-Sozialismus ist der Ansatzpunkt für die Ende der 90er Jahre entbrennende Egalitarismuskritik. So betont Elisabeth S. Anderson gegen klassische Egalitaristen wie Richard Arneson, Ronald Dworkin, Gerald Cohen, Philippe Van Parijs und Thomas Nagel das nur „scheinbar" (Anderson 2000: 121) Humane des gleichverteilenden Glücks- und Wohlfahrtsegalitarismus. Erst wo statt Ergebnisgleichheit Chancengleichheit im Vordergrund stehe, vergebe man Gratifikationen nicht mehr „nach Mitleidsgesichtspunkten" (Anderson 2000: 142). Und wo man Leben als ein Mehr-als-nur-Ausgestattetsein definiere, gelte es, Gleichheit nun nicht mehr nur rein relational mathematisch zu bestimmen. So spricht Nussbaum im Rückgriff auf Marx vom Spezifischen des Menschseins und von der Möglichkeit zur Schaffung eines Surplusproduktes. Banale Tätigkeiten wie die Nahrungsaufnahme koppele der Mensch an Genuss und an Wert. Allein diese Tatsache und Fähigkeit mache, so Nussbaum, „jede Person zu einem separaten Träger von Wert" (Nussbaum 2002: 3).

Wichtig ist: Dieser Wert existiert nach Ansicht Sens und Nussbaums unabhängig von irgendwelchen externen Anforderungen. Und er impliziert die Orientierung an den Möglichkeiten eines menschlichen Lebens, nicht nur an der bloßen Befriedigung animalischer Grundbedürfnisse. Eine Menschenfütterung zur Überwindung von Hunger und Elend sei also menschenverachtend; demgemäß wäre auch die entdifferenzierende Wohltatenverteilungspraxis von IWF und Weltbank in den 60er und 70er Jahren mehr als kritikwürdig – denn welchen Preis an Lebensqualität zahlt man für die Erbauung großer und ganze Siedlungen verschluckender Staudämme?

Dieser neue Blick auf die Vieldimensionalität möglicher Definitionen vom Guten Leben bedeutet nicht die Verabschiedung von harten Indikatoren zur Bemessung des Lebensstandards. Sen und Nussbaum orientieren sich weiter an den klassischen

Theoretikern der volkswirtschaftlichen Gesamtrechnung, an Lagrange, Petty, Quesnay und Lavoisier; sie zielen auf eine *Erweiterung* und *Ergänzung* von ansonsten hohler Statistophilie. Sen, Berater der Vereinten Nationen, ist kein entwarnender Mittelstandstheoretiker mit Hang zur Erfindung neuer Widersprüche. Armut gilt ihm als der zentrale Indikator für einen „Mangel an fundamentalen Verwirklichungschancen“ (Sen 2002: 32), nämlich der Freiheit zur „Fähigkeit, zu überleben und nicht vorzeitig zu sterben“ (Sen 2002: 36).[28]

Auch Neuraths Rekurs auf Benthams Kategorie des Glücks basiert auf einer praktisch-empirischen Verschränkung von subjektiven Indikatoren des Glücks oder Wohlbefindens mit den sozialen Indikatoren Arbeit, Familie, Gesundheit, Wohnung, Bildung und soziale Sicherheit. Und sein Begriff der Lebensstimmung verweist auf das Wissen um die Bedeutung des Faktors Lebensqualität. Ähnlich tut Geiger in seinen Texten wieder und wieder sein Wissen darüber kund, dass zum Beispiel „Schwankungen des allgemeinen Ansehens und der sozialen Ranggeltung mit solchen der Güterversorgung nicht immer Hand in Hand“ (Geiger 1933/34: 171) gehen. Das heißt: Der Gewinn hohen kulturellen Kapitals vermag durchaus reale Wohlstandseinbußen zu kompensieren. Es gibt also auch hier nicht eine Zauberformel für die *eine* glückerzeugende Grundversorgung.

Weder Neurath noch Geiger sind also „Trog-Sozialisten“. Der fähigkeitstheoretische Ansatz Sens und Nussbaums aber gestaltet diese hier nur immanent vorhandenen qualitätsbezogene Definition des Guten aus. Noch stärker als bei den Positivisten bemisst sich hier Gleichbehandlung an der Freiheit zur Verwirklichung individueller Ziele: „Negativ gesprochen haben Menschen ein Recht auf alle Fähigkeiten, die notwendig sind, um sozialen Unterdrückungsverhältnissen zu entkommen. Positiv gesehen haben sie ein Recht auf die Fähigkeiten, die für ein Leben als gleicher Bürger in einem demokratischen Staat notwendig sind“ (Anderson 2000: 155f.). Vielleicht ist dies der Weg, der Öffnung gegenüber den neuen Qualitäten gesellschaftlicher Ausschließung nicht eine Verabschiedung von egalitaristischen Zielsetzungen folgen zu lassen.

28 So muss also auch der „Run auf zahlenmäßig knappe Positionen“ (Geiger 1933/34: 174) nicht immer wünschenswert sein.

Literatur

Amann, Anton (1983): Lebenslage und Sozialarbeit. Elemente zu einer Soziologie von Hilfe und Kontrolle. Berlin.

Anderson, Elisabeth S. (2000): Warum eigentlich Gleichheit? In: Krebs, Angelika (Hrsg.): Gleichheit oder Gerechtigkeit. Texte der neuen Egalitarismuskritik. Frankfurt a.M.

Arendt, Hannah (2001): Elemente und Ursprünge totaler Herrschaft. Antisemitismus, Imperialismus, totale Herrschaft. München, Zürich (8.Aufl.).

Baumert, Jürgen/Schömer, Gundel (2001): Familiäre Lebensverhältnisse, Bildungsbeteiligung und Kompetenzerwerb. In: Deutsches Pisa-Konsortium (Hrsg.): Pisa 2000. Basiskompetenzen von Schülerinnen und Schülern im internationalen Vergleich. Opladen. S. 923-407.

Brumlik, Micha (2002): Verfestigung von Klassenschranken. In: Erziehung und Wissenschaft 9/2002. S. 2.

Deppe, Frank (1999): Politisches Denken im 20. Jahrhundert. Die Anfänge. Hamburg.

Frankfurt, Harry (2000): Gleichheit und Achtung. In: Krebs, Angelika (Hrsg.): Gleichheit oder Gerechtigkeit. Texte der neuen Egalitarismuskritik. Frankfurt a.M.

Geiger, Theodor (1930): Möglichkeiten gesellschaftlicher Bildung durch Schule. In: Rodax, Klaus: Theodor Geiger - Soziologie der Erziehung. Braunschweiger Schriften 1929-1933. Berlin. S. 473-489.

Geiger, Theodor (1933/34): Natürliche Auslese, soziale Schichtung und das Problem der Generationen. In: Kölner Vierteljahreshefte für Soziologie XII. S. 159-183.

Geiger, Theodor (1947): Demokrati under Debat. In: Nationalokonomisk Tidsskrift LXXXV. S. 132-150, hier nach der Übersetzung von Philipp Micha, Demokratie zur Diskussion, unver. Ms. (Siegener Manuskripte) 1998.

Geiger, Theodor (1950): Fachbezogenes Bildungswissen. Kritik am Gutachten des Studienausschusses für Hochschulreform. In: Deutsche Universitätszeitung 4. S. 6-9.

Geiger, Theodor (1951): Soziale Umschichtungen in einer dänischen Mittelstadt. In: Acta Jutlandica XXIII, København.

Geiger, Theodor (1955a): Typologie und Mechanik der gesellschaftlichen Fluktuation. In: Bernsdorf, Wilhelm/Eisermann, Gottfried (Hrsg.): Die Einheit der Sozialwissenschaft. Stuttgart. S. 84-116.

Geiger, Theodor (1955b): Schichtung. In: Bernsdorf, Wilhelm/Bülow, Fritz (Hrsg.): Wörterbuch der Soziologie. Stuttgart. S. 432-446.

Geiger, Theodor (1987): Die soziale Schichtung des deutschen Volkes. Stuttgart.

Geiger, Theodor (1992): Die soziale Herkunft der dänischen Studenten (Hrsg. von Klaus Rodax), Opladen.

Geißler, Rainer (1994): Einführung. In: Ders. (Hrsg.): Soziale Schichtung und Lebenschancen in Deutschland. Stuttgart. S. 1-5.

Geißler, Rainer (1995): Die Bedeutung Theodor Geigers für die Sozialstruktur der modernen Gesellschaft. In: Bachmann, Siegfried (Hrsg.) (1995): Theodor Geiger, Soziologe in einer Zeit 'zwischen Pathos und Nüchternheit'. Beiträge zu Leben und Werk. Berlin. S. 273-300.

Geißler, Rainer (2002): Die Sozialstruktur Deutschlands. Die gesellschaftliche Entwicklung vor und nach der Vereinigung. Opladen (3. Aufl.).

Habermas, Jürgen (1988): Theorie des kommunikativen Handelns (Bd. 2). Frankfurt a.M.

Hartmann, Michael (2002): Der Mythos von den Leistungseliten. Spitzenkarrieren und soziale Herkunft in Wirtschaft, Politik, Justiz und Wissenschaft. Frankfurt a.M., New York.

Hartmann, Michael (2003): Und immer wieder ‚Stallgeruch'. Von einer sozialen Öffnung der gesellschaftlichen Eliten kann keine Rede sein. In: Frankfurter Rundschau. 28.1.2003. S. 11.

Hradil, Stefan (1999): Soziale Ungleichheit in Deutschland: Opladen (7. Aufl.).

Hauser, Richard/Neumann, Udo (1992): Armut in der Bundesrepublik Deutschland. Die sozialwissenschaftliche Thematisierung nach dem Zweiten Weltkrieg: In: Leibfried, Stephan/Voges, Wolfgang (Hrsg.): Armut im modernen Wohlfahrtsstaat. Sonderheft der Kölner Zeitschrift für Soziologie und Sozialpsychologie. Opladen. S. 237-271.

Horster, Detlef (2002): Rechtsphilosophie. Zur Einführung. Hamburg.

Kallscheuer, Otto (2000): Amartya Sen - Politische Ökonomie als ‚Moralische Wissenschaft'. Nachwort. In: Sen, Amartya. Der Lebensstandard. Hamburg. S. 139-159.
Krugmann, Paul (2002): Der amerikanische Albtraum. In: Die Zeit. 7.11.2002. S. 25-28.
Neurath, Otto (1981a): Lebensgestaltung und Klassenkampf. Berlin. In: Haller, Rudolf (Hrsg.): Otto Neurath. Gesammelte philosophische und methodologische Schriften. S. 227-293.
Neurath, Otto (1981b): Der Erfolg. Rezension zu Gustav Ichheiser. Kritik des Erfolges. Eine soziologische Untersuchung. In: Haller, Rudolf (Hrsg.): Otto Neurath. Gesammelte philosophische und methodologische Schriften I. Wien. S. 263-367.
Neurath, Otto (1981c): Rezension zu F.A. Hayek. The Road to Serfdom. In: Haller, Rudolf (Hrsg.): Otto Neurath. Gesammelte philosophische und methodologische Schriften II. Wien. S. 979-981.
Neurath, Otto (1992): Was bedeutet rationale Wirtschaftsbetrachtung? In: Schulte, Joachim/McGuinness, Brian (Hrsg.): Einheitswissenschaft. Frankfurt a.M. S. 118-165.
Neurath, Otto (1991): Auf dem Wege zum modernen Menschen (Modern Man in the Making). New York. In: Haller, Rudolf/Kinross, Robin (Hrsg.): Gesammelte bildpädagogische Schriften. Wien. S. 449-590.
Neurath, Otto (1994): Die Sozialisierung Sachsens. In: Neurath, Paul/Nemeth, Elisabeth (Hrsg.): 1994, Otto Neurath oder die Einheit von Wissenschaft und Gesellschaft. Wien, Köln, Weimar. S. 193-200.
Neurath, Otto (1998): Nationalökonomie und Wertlehre, eine systematische Untersuchung. In: Haller, Rudolf/Höfer, Ulf (Hrsg.): Otto Neurath. Gesammelte ökonomische, soziologische und sozialpolitische Schriften I. Wien. S. 470-518.
Nussbaum, Martha C. (2002): Eine moderne Interpretation der sozialdemokratischen Idee in Zeiten der Globalisierung. In: Frankfurter Rundschau. 17.2.2002. Hier nach: www.attac-netzwerk.de/stuttgart/dokumente/demokratie/nussbaum01.htm.
Sen, Amartya (2000): Der Lebensstandard. Hamburg.
Sen, Amartya (2002): Ökonomie für den Menschen. Wege zu Gerechtigkeit und Solidarität in der Marktwirtschaft. München.
Strasser, Hermann/Dederichs, Andrea Maria, (2000): Die Restrukturierung der Klassengesellschaft: Elemente einer zeitgenössischen Ungleichheitstheorie. In: Berliner Journal für Soziologie 10, S. 79-98.

Der Autor

Stefan Wilsmann (*1970), Lehrer Sek I/II, Sozialwissenschaften, Kunst an der Königin-Luise-Schule, Gymnasium, Köln/Abtei-Gymnasium Brauweiler/Bertold-Brecht-Gesamtschule Bonn. Schwerpunkt: Theodor Geiger, Soziologiegeschichte/Theoretische Soziologie, Soziologie der sozialen Ungleichheit. Studium der Sozialwissenschaften und Kunst in Siegen, 1994-1998 Studentische Hilfskraft bei Prof. Dr. Rainer Geißler.
Jüngere Publikationen: Das Verhältnis von Theodor Geiger zu Tönnies, in: Tönnies-Forum (9), 18-52; Kritischer Empirismus. Die Soziologien Theodor Geigers und Otto Neuraths im Kontext ihrer Zeit (im Erscheinen); Koautor von: Bellers, Jürgen/Wilsmann, Stefan: 'Das Hegelianische Staatsparadigma in seinen Auswirkungen auf den nach-marxschen Marxismus und die neuere Regulationstheorie', in: Rote Reihe: Diskussionspapiere des Faches Politikwissenschaft der Universität/GH Siegen (4), Meyer, Thomas/Wilsmann, Stefan, 2000, Kritische Empirie – Die Soziologiekonzeption von Theodor Geiger und Otto Neurath, Vorrtragsmanuskript zum 30. Kongress der DGS, Köln 26.-29.9.2000.

Lebenschancen als Schlüsselbegriff sozialwissenschaftlicher Didaktik

Birgit Weber

Fachwissenschaftliche und fachdidaktische Fragestellungen korrespondieren nicht zwangsläufig. Nicht selten kommt vor allem der wissenschaftlichen Fachdidaktik die Aufgabe zu, als Metadisziplin Erkenntnisse und Methoden der Bezugsdisziplinen auf ihre Lernbedeutung für die Entwicklung der Lernenden zu hinterfragen, um einen Beitrag zur Orientierung der Lernenden in der Gesellschaft und ihrer Aufklärung über die Gesellschaft sowie zur Ermöglichung ihrer selbstbestimmten und verantwortlichen Teilhabe und Mitgestaltung der Lebenssituationen zu gewährleisten.

Abbildung 1: Fachdidaktik zwischen Bildung, Wissenschaft und Lebenssituationen

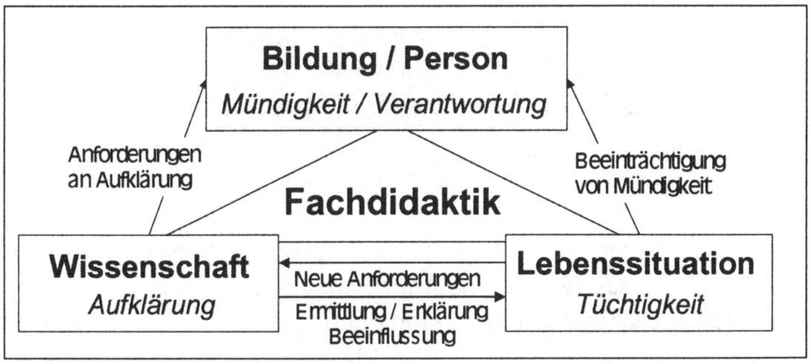

Dass diese Anforderung weder für Fachwissenschaft noch für Fachdidaktik trivial ist, verdeutlicht Hilligen (1985: 41). So läuft der spezialisierte Fachwissenschaftler Gefahr, am Ende „alles über ein Nichts“ zu wissen, während der Didaktiker „nichts über alles“ aussagen möchte. Das Verhältnis von Fachwissenschaft und Fachdidaktik ist auch deshalb nicht unproblematisch, da Schulfächer keine Abbilder derjenigen Disziplinen sind, die ihnen als Referenzdisziplinen dienen. Dies gilt insbesondere für ein Fach Sozialwissenschaften – in manchen Bundesländern auch unter Sozial- oder Gemeinschaftskunde, in anderen Bundesländern als Politik oder politische Bildung firmierend –, das mehrere Bezugsdisziplinen hat, die von Bundesland zu Bundesland und sogar von Schulform zu Schulform andere zu sein scheinen.

So ist es entweder ein glücklicher Zufall oder auch einem verantwortungsbewussten, wissenschaftsethischen Impetus zu verdanken, wenn sich Fachwissenschaftler Fragestellungen widmen, die bedeutsame fachdidaktische Probleme zum Gegenstand haben bzw. zentrale Unterrichtsgegenstände analysieren. Die Problemstellungen, denen sich Rainer Geißler seit Jahren widmet, lassen sich kennzeichnen durch

- die soziale Ungleichheit als Problemdefinition,
- Sozialstrukturanalyse als Aufklärungsmodus und
- die Realisierung von Lebenschancen als angestrebte Zieldimension.

Diese Charakterisierung macht Rainer Geißler zu einem engagiert-parteilichen Wissenschaftler, der ziel- und wertorientiert soziale Ungleichheit als „ärgerliche, soziale Tatsache“ (Geißler 1994: 15) mit wissenschaftlichen Methoden analysiert. Rainer Geißler hat sich als „reiner“ Soziologe und Hochschullehrer gleich in zweifacher Weise einerseits um die sozialwissenschaftliche Didaktik, anderseits um die Lehrerbildung verdient gemacht: Zum einen sind seine Forschungsinteressen und Forschungsergebnisse bedeutsame Inhalte des sozialwissenschaftlichen Unterrichts, zum anderen beziehen sich seine Studien über die Realisierung von Lebenschancen soziokultureller Lerngruppen sowohl auf die Voraussetzungen als auch die Ergebnisse von Bildungsprozessen, worauf nicht zuletzt Pisa nachdrücklich aufmerksam gemacht hat.

In diesem Beitrag wird in einem ersten Schritt die Beziehung zwischen Lebenschancen und sozialer Ungleichheit zu bedeutenden didaktischen Schlüsselfragen an allgemeinen und an fachdidaktischen Konzepten gezeigt. In einem zweiten Schritt wird analysiert, ob und inwiefern diese Inhalte in sozialwissenschaftlichen Curricula verankert sind. Da gerade die Frage der Lebenschancen beeinflussenden sozialen Ungleichheit ein zentrales Schlüsselproblem ist, zu dem unterschiedliche sozialwissenschaftliche Disziplinen beschreibend, erklärend und gestaltend einen Beitrag leisten können und müssen, werden abschließend einige vorläufige Thesen zur sozialwissenschaftlichen Curriculumentwicklung aufgestellt.

1. Soziale Ungleichheit und Lebenschancen als zentrale Themen der Didaktik

Leitfragen der allgemeinen und der sozialwissenschaftlichen Fachdidaktik sind traditionell eng mit dem Konzept der Lebenschancen verknüpft, dem Rainer Geißler sein wissenschaftliches Oeuvre widmet: „Lebenschancen sind Chancen auf die Verwirklichung von Lebenszielen, die in einer Gesellschaft im allgemeinen als erstrebenswert angesehen werden“ (Geißler 1994: 4). Soziale Ungleichheit gilt daneben als bedeutendes Schlüsselproblem.

1.1. Allgemeinbildung: Soziale Ungleichheit als Schlüsselproblem

Als Wolfgang Klafki (1991) seinen Allgemeinbildungskanon vorstellte, wollte er allen Schülerinnen und Schülern die Auseinandersetzung mit Schlüsselproblemen menschlicher und gesellschaftlicher Entwicklung ermöglichen.

> „Allgemeinbildung bedeutet in dieser Hinsicht, ein geschichtlich vermitteltes Bewußtsein von zentralen Problemen der Gegenwart und – soweit voraussehbar – der Zukunft zu gewinnen, Einsicht in die Mitverantwortlichkeit aller angesichts solcher Probleme und Bereitschaft, an ihrer Bewältigung mitzuwirken. Abkürzend kann man von der Konzentration auf *epochaltypische Schlüsselprobleme* unserer Gegenwart und der vermutlichen Zukunft sprechen." (Klafki 1991: 56).

Klafki benennt und differenziert vor allem fünf solcher Schlüsselprobleme, die er für epochaltypisch zwar wandelbar, aber nicht für beliebig hält. Neben der Friedens- und der Umweltfrage benennt er als drittes die soziale Ungleichheit. Dieses Problem scheint für Klafki so offensichtlich zu sein, dass er es nicht weiter begründet, sondern lediglich bestimmt, wo es zu finden ist:

> „Ein drittes, nach wie vor unbewältigtes Zentralproblem stellt die gesellschaftlich produzierte Ungleichheit dar, und zwar zum einen innerhalb unserer und anderer Gesellschaften als Ungleichheit
> - zwischen sozialen Klassen und Schichten,
> - zwischen Männern und Frauen,
> - zwischen behinderten und nicht-behinderten Menschen
> - zwischen Menschen, die einen Arbeitsplatz haben und denen, für die das nicht gilt,
> - zwischen Ausländern in Gastländern und der einheimischen Bevölkerung, aber auch zwischen verschiedenen Volksgruppen einer Nation; positiv formuliert lautet die Aufgabe: multikulturelle Erziehung;
> - zum anderen geht es um die Ungleichheit in internationaler Perspektive; ... das Macht- und Wohlstands-Ungleichgewicht zwischen sogenannten entwickelten und wenig entwickelten Ländern" (Klafki 1991: 59).

1.2. Politische Bildung: Optionen zur Überwindung sozialer Ungleichheit als Schlüsselbegriff für ein menschenwürdiges Leben

Soziale Ungleichheit und Lebenschancen sind elementare Bezugspunkte der Politikdidaktik. Für den Politikdidaktiker Wolfgang Hilligen lautet die didaktische Schlüsselfrage:

> „Welche Einstellungen, Verhaltensweisen („Lernziele") sind zustimmungswürdig (legitimierungsfähig) im Hinblick auf eine menschenwürdige, überlebensfähige Gesellschaft?" (Hilligen 1985: 164)

Ein Schlüsselbegriff für eine solche menschenwürdige Gesellschaft ist für Hilligen der Begriff der „Optionen". Sie verweisen sowohl auf die Gefahren und Chancen eines menschenwürdigen Lebens sowie auf dessen Herausforderungen. Sie sind gleichwohl Antwort auf die didaktische Grundfrage als auch Kriterium für die Auswahl und Gewichtung der Inhalte. Die Überwindung sozialer Ungleichheit gilt dabei als ebenso wichtige Option wie die Wahrung personaler Grundrechte und die Möglichkeit politischer Alternativen (Hilligen 1985: 35f/163ff). Dabei geht er davon aus, dass neben dem Abbau von Hemmnissen für die Menschenwürde, jener für die Entfaltung der Person und der Gewinnung eines mündigen Urteils unzweifelhaft auch „Kritik an Mißständen des kapitalistischen Systems" (169) herausgefordert wird.

1.3. Ökonomische Bildung: Gefährdung der Bedürfnisbefriedigung und Nutzung von Handlungsspielräumen

Für die Wirtschaftsdidaktiker Dietmar Ochs und Bodo Steinmann (1978) war die von Saul B. Robinsohn in den 60er Jahren geforderte Ausrichtung auf die Qualifizierung für Lebenssituationen eine Chance, an die Lernenden nichts heranzutragen, was mit ihrem Leben nichts zu tun hat, so dass damit ein Auswahlkriterium in der Fülle möglicher Lerninhalte gewonnen werden konnte. Sie machten aber darauf aufmerksam, dass diese Orientierung vernachlässigt, dass in Lebenssituationen die Bedürfnisbefriedigung sowohl behindert als auch gefährdet sein könnte. Eine auf Emanzipation und Mündigkeit ausgerichtete Didaktik müsse solche Gefährdungen der Bedürfnisbefriedigung aufspüren und das Individuum in die Lage versetzen, Handlungsspielräume zum Abbau solcher Gefährdungen zu nutzen. Eine lediglich auf Qualifizierung für Lebenssituationen ausgerichtete Kompetenzförderung bedeute demgegenüber lediglich Anpassung an bestehende Verhältnisse.

> „Je mehr eine Situation zur Befriedigung von Existenz- und Entfaltungsbedürfnissen beiträgt, je größer die Chance ist, das Ausmaß ihrer Befriedigung durch entsprechendes Verhalten zu vergrößern und je

> stärker einer Gefährdung entgegengewirkt werden muß – so läßt sich folgern –, desto eher soll sie Gegenstand von Lernprozessen sein" (Steinmann 1997: 3).

Später weist Steinmann (1997: 6ff) darauf hin, dass die Qualifizierung für Lebenssituationen heute zu eng bemessen sei, denn individuelle Entscheidungen in Lebenssituationen, werden, wenn sie massenhaft getroffen werden, zu ökonomisch geprägten Entwicklungen, die wiederum individuelle Lebenssituationen beeinflussen. Auch dürfe der Blick nicht mehr allein auf das Individuum gerichtet werden, sondern gesamtgesellschaftliche Betroffenheit und die Mitwirkung an einer menschenwürdigen und lebenswerten Gesellschaft seien erforderlich[1]. Dabei sei auch die ökonomische Weltsicht viel zu eng, kritisiert der Wirtschaftswissenschaftler und -didaktiker Bodo Steinmann (1997: 16):

> „Das Erkenntnisinteresse traditioneller Ökonomie konzentriert sich naturgemäß auf ökonomische Aspekte gesellschaftlicher Fragestellungen, auf funktionale Rationalität wie Versorgungssicherheit und Wirtschaftlichkeit; es vernachlässigt dabei andere gesellschaftliche Ziele wie individuelle Selbstentfaltung, Chancengleichheit, soziale Rationalität ... und ökologische Rationalität."

Sein Tableau zur Gewinnung ökonomisch geprägter Lebenssituationen und Entwicklungen beinhaltet denn auch neben den klassischen ökonomischen Lebensbereichen und den Entwicklungen zur Wohlstandsgesellschaft, zur ökologischen und zur internationalen Gesellschaft auch die zur „sozialen Gesellschaft". Diese Entwicklung zur „sozialen Gesellschaft" erfordert die Auseinandersetzung mit den Einflüssen und der Gestaltung sowohl der Einkommens- und Vermögensverteilung als auch der Systeme der sozialen Sicherung.

1.4. Ergänzungsbedürftige Diagnoseinstrumente und Gestaltungsaufforderung

Betrachtet man nun die Lebenschancen beeinflussende soziale Ungleichheit in dem oben beschriebenen didaktischen Sinne, so muss sie als lernbedeutsamer Inhalt erster Güte gelten. Sie zählt zu Klafkis bedeutenden Schlüsselproblemen. Sie gilt als Gefährdung eines menschenwürdigen Lebens im Sinne Hilligens und bedarf Optionen zu ihrer Gestaltung. Nach Ochs/Steinmann sind hier Gefährdungen der

---

1 Eine ähnliche Diskussion hat sich in der Didaktik der politischen Bildung vollzogen. Während der Beutelsbacher Konsens 1976 noch forderte, Schüler in die Lage zu versetzen, politische Situationen und die eigene Interessenlage zu analysieren sowie die Lage im Sinne der eigenen Interessen zu beeinflussen, wurde dieser Orientierung zunehmend in Richtung einer „Mitverantwortung für das soziale Zusammenleben und das politische Ganze" erweitert (Dokumentation 1996 nach Reinhardt 2000: 288).

Bedürfnisbefriedigung möglich, die zu lindern sind. Denn, so weisen Rainer Geißler u.a. (1994: 30f.) nach,

> „die Lebenschancen der Menschen (sind) in sechs wichtigen Bereichen ihrer sozialen Existenz – bei der Arbeit, bei der Teilhabe an Herrschaft, bei der Verwirklichung des Rechts auf Bildung, bei Verstößen gegen Rechtsnormen und ihren Bestrafungen, bei Krankheit und Gesundheit sowie beim Leben im Alter – weiterhin in starkem Maße von Unterschieden in den Berufspositionen und Bildungsniveaus abhängig".

Soziologische Erkenntnisse und Methoden können also Instrumente zur Ermittlung problematischer Ausprägungen unserer Gesellschaft liefern. Soll es aber nicht bei der Analyse bleiben, sind Kenntnisse der Sozialstrukturanalyse zur Ermöglichung politischer Urteilskraft erforderlich. Rainer Geißler (1994: 30) macht aber auch deutlich, dass nicht von *der* Soziologie gesprochen werden kann, wenn es darum geht, Maßstäbe für soziale Ungleichheit zu ermitteln, denn: „Kritische Ungleichheitsforschung verwandelt sich in unverbindliche Vielfaltsforschung", wenn sie sich statt der Erforschung vertikaler Ungleichheit einer Bestandsaufnahme der Vielfalt der Lebensformen annimmt. Im Sinne des Überwältigungsverbots und des Kontroversitätsprinzips des Beutelsbacher Konsens muss sozialwissenschaftliche Didaktik beide Ansätze offerieren, um Lernenden ein selbstständiges Urteil zu ermöglichen.

Dies ist im Sinne einer sozialwissenschaftlichen Didaktik aber noch nicht hinreichend. Denn die Nutzung und Gestaltung von Lebenschancen ist nicht nur eine wichtige Gestaltungsaufforderung für das Individuum, ihre Ermöglichung ist eine ebenso wichtige Aufgabe kollektiven Handelns. Gerade dabei wird deutlich, dass die soziologische Perspektive zur gesellschaftsbezogenen Aufklärung und Gestaltung zu ergänzen ist. Berührt sie Einkommensunterschiede und Einkommensverteilung, Armut und Reichtum, so kann sie zwar die gesellschaftlichen Bedingungen analysieren, hinsichtlich der Gestaltung eröffnen sich aber sowohl philosophische als auch politische und ökonomische Erklärungsansätze und Gestaltungsoptionen mit völlig unterschiedlichen Konsequenzen.

Die problematische Ausprägung soziale Ungleichheit wäre also ein soziologisch empirisch zu konstatierendes und theoretisch zu erklärendes Phänomen, die Nutzung von Lebenschancen eine individuelle und kollektive Gestaltungsaufforderung. Die Bewertung der sozialen Ungleichheit, die Gestaltung von Lebenschancen im individuellen und kollektiven Sinne, aber auch die Erklärung der Ursachen sozialer Ungleichheit bedarf der Ergänzung durch andere sozialwissenschaftliche Disziplinen, etwa der Theorie der Sozialpolitik sowie der Sozialökonomie. So verweist zweifellos Armut als Einkommensarmut oder als Teilhabe an öffentlichen Gütern auf ökonomische Probleme, während mangelnde Partizipation oder die Nutzung von Rechten direkt auf politische Phänomene rekurriert. Die Frage nach der Minderung sozialer Ungleichheit führt direkt zu den Möglichkeiten der Umverteilung mit ihren Konsequenzen für Leistungsanreize und Finanzierungsbereitschaft. Wie immer man soziale Ungleichheit als Phänomen behandelt, seine Bewertung als „Ärgernis“ oder als Voraussetzung für „Leistungsstreben, Fortschritt und Wohlstand“ (May 1998: 19) sind damit ebenso wenig festgeschrieben wie Lösungsstrategien zwangsläufig auf der Hand liegen.

2. Soziale Ungleichheit als Gegenstand sozialwissenschaftlicher Curricula

Die Auseinandersetzung mit der sozialen Ungleichheit als potenzieller Behinderung der individuellen Entfaltung bei der Nutzung von Lebenschancen erscheint zweifellos von großer Bedeutung in einer Gesellschaft, die sich zur Handlungsfreiheit des Einzelnen in einem sozialen und demokratischen Rechtsstaat bekennt. Ob es aber eine Gesellschaft für bedeutsam hält, dass sich die nachfolgenden Generationen mit dieser Frage auseinandersetzen, spiegelt sich insbesondere in den Lehrplänen der politischen Bildung wider. Hier kommt gleichzeitig der Kampf gesellschaftlicher Mächte um die Interpretationshoheit über den gesellschaftlichen Wandel zum Ausdruck.

Die Recherche des ob und wie gesellschaftliche Phänomene in den Lehrplänen politischer Bildung verankert sind, war bis vor kurzem mit sehr hohem Aufwand verbunden. In jedem Bundesland liegen im Bereich des allgemeinen Schulwesens je nach Differenziertheit des Schulwesens bis zu fünf unterschiedliche Arten von Lehrplänen mit unterschiedlichsten Fachbezeichnungen vor. So gibt es Rahmenlehrpläne und Richtlinien, Lehrpläne und Bildungspläne der Sozialkunde, Gemeinschaftskunde, Gesellschaftskunde, Politische Bildung, Sozialwissenschaften sowie Politik und Wirtschaft. Seit 2003 erlaubt die Online-Lehrplandatenbank Politische Bildung[2] Curriculumforschung nach vorgegebenen Schlagworten und beliebigen Stichworten[3]. Die Vorgaben zur politischen Bildung in den einzelnen Bundesländern, die Struktur spezifischer Bildungsinhalte und der Erwartungshorizont können systematisch verglichen und analysiert werden. Die Datenbank beinhaltet fast alle Richtlinien und Lehrpläne für die Fächer der politischen Bildung der Klassen 5 bis 13 des allgemeinen Schulwesens der Bundesländer im Volltext. Im Folgenden soll nun analysiert werden,

- welche Bedeutung dem Phänomen „soziale Ungleichheit“ in den Lehrplänen zukommt,
- mit welchen weiteren sozialwissenschaftlichen Aspekten dieses Phänomen verbunden ist,

---

2 http://www.lehrplaene.org.

3 Die Verschlagwortung erfolgte nach typischen Komplexen der politischen Bildung – Gesellschaft, Wirtschaft, Politik etc. – sowie nach fächerübergreifenden Themen und didaktischen Kategorien. Sie wurde erstellt nach einer Konzeption von Reinhold Hedtke und Birgit Weber und entstand unter Mitarbeit von Stephanie Boerger, Ralf Gerbershagen, Maik Jablonski und Lars Weiser (Universität Bielefeld und Siegen).

- welche Orientierungen zur Behandlung mit dem Lerngegenstand gegeben werden.

Aus sozialwissenschaftlich-didaktischer Perspektive ist besonders interessant, inwiefern eher isolierte disziplinär orientierte Herangehensweisen nahe gelegt oder ob integrative gesellschaftswissenschaftliche Orientierungen offeriert werden. Dazu wird in einem ersten Schritt die Stichwortsuche der Datenbank genutzt, während in einem zweiten Schritt die Themenfelder differenzierter untersucht werden.

1.2. Bedeutung der sozialen Ungleichheit in den Lehrplänen der politischen Bildung

Lehrpläne können sich der sozialen Ungleichheit oder auch der Einkommensverteilung widmen, sie können Problembereiche (Ungleichheit oder Finanzierung der sozialen Leistungen) zum Gegenstand haben oder Gestaltungsvorschläge offerieren. Sie können sich aber auch auf die institutionellen Gegebenheiten des Sozialstaats, der Sozialversicherungen und der sozialen Marktwirtschaft beschränken. Eine sozialwissenschaftlich-didaktische Strukturierungsperspektive richtet sich sowohl auf die sozialen Probleme (soziale Ungleichheit, Armut), ihre Beschreibung (Sozialstruktur, Einkommensverteilung), ihre institutionellen Rahmenbedingungen (Sozialstaat, soziale Marktwirtschaft), aber auch die Gestaltungsmöglichkeiten (Sozialpolitik, Sozialversicherung). Auf diese Weise werden sowohl soziologische, als auch politikwissenschaftliche und auch ökonomische Lerngegenstände berücksichtigt. Die Abfragekriterien sind so gewählt, dass sie sich aussagekräftig auf den gesuchten Gegenstand beziehen[4]. Dabei besteht das Problem, dass Elemente übersehen werden, wenn etwa statt Sozialstruktur von gesellschaftlicher Struktur die Rede ist. Dies wird vermutlich dadurch korrigiert, dass die gesuchten Begriffe im Umfeld auftauchen.

Quellenbasis sind 44 auf die politische Bildung bezogene Lehrpläne von der Mittelstufe bis zur gymnasialen Oberstufe. Davon beschränken sich 27 auf die Mittelstufe bis zur Klasse 10, insgesamt 13 beziehen sich allein auf die gymnasiale Oberstufe und vier sind stufenübergreifende Lehrpläne für das Gymnasium. Von diesen Lehrplänen war lediglich in einem kein Komplex Gesellschaft verschlagwortet[5].

Abbildung 2 zeigt, in welchem Ausmaß die gesuchten Stichwörter überhaupt in den Lehrplänen zu finden waren. Dabei wird deutlich, dass die „ärgerliche, soziale

4 So wird man beispielsweise „Ungleichheit“ oder „Armut“ in unterschiedlichen Zusammenhängen finden, die sich weniger mit dem zu analysierenden Gegenstand, sondern mit seinen historischen Ausprägungen oder aber den Disparitäten auf der Welt auseinandersetzt, während Marktwirtschaft oder Finanzierung allein sich allein der Wirtschaftsordnung und ihrer Funktionsweise einerseits oder der Betriebswirtschaftslehre widmen können.

5 Dabei handelte es sich um einen Lehrplan der gymnasialen Oberstufe, der die ökonomischen Elemente des gesellschaftswissenschaftlichen Lernbereichs in einem neuen Fach integrierte.

Tatsache" „soziale Ungleichheit" als potenzielle problematische Ausprägung nur in etwas mehr als einem Viertel der Lehrpläne überhaupt erwähnungsbedürftig erscheint, während die Sozialstruktur in immerhin einem Drittel der Lehrpläne als Lerngegenstand ausgewiesen wird. Das Problem Armut wird in etwas mehr als der Hälfte der Lehrplänen genannt. Institutionelle Gegebenheiten wie die soziale Marktwirtschaft, der Sozialstaat, die Sozialpolitik und Sozialversicherungen erhalten zwar ein fast doppelt so hohes Gewicht wie die soziale Ungleichheit, finden aber erstaunlicherweise ebenfalls nur in der Hälfte der Lehrpläne Berücksichtigung.

Abbildung 2: „Soziale Ungleichheit", Sozialökonomie" und „Sozialpolitik" in den Lehrplänen politischer Bildung

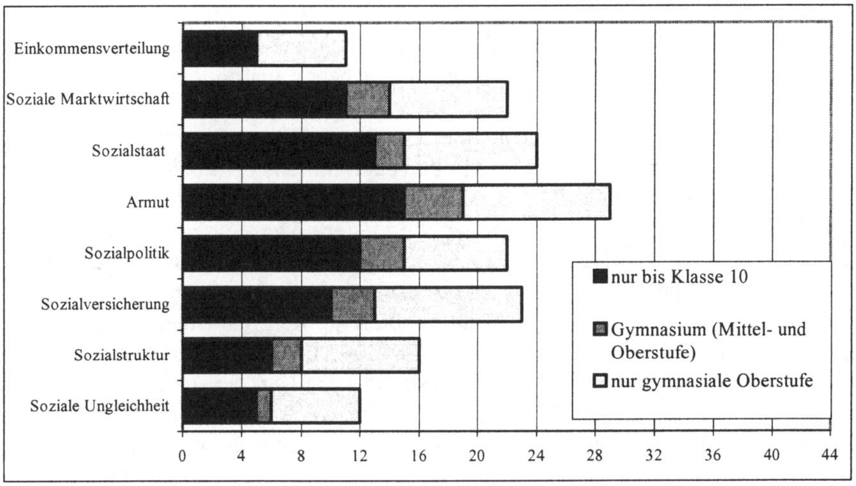

Tabelle 1: Kombination von Elementen zur Beschreibung, Erklärung und Gestaltung sozialer Ungleichheit

		SU	STR	EV	SV	SMW	SP	SS	A
Soziale Ungleichheit	SU	12	10	7	9	10	12	8	10
Sozialstruktur	STR	10	16	9	12	12	9	9	13
Einkommensverteilung	EV	7	9	11	11	10	4	7	9
Sozialversicherung	SV	9	12	11	23	19	11	13	16
Soziale Marktwirtschaft	SMW	10	12	10	19	22	10	14	15
Sozialpolitik	SP	12	9	4	11	10	22	12	15
Sozialstaat	SS	8	9	7	13	14	12	24	17
Armut	A	10	13	9	16	15	15	17	29

Dieses Übergewicht der institutionellen Grundlagen wirft die Frage auf, inwiefern in den einzelnen Lehrplänen mehrere Aspekte zur Auseinandersetzung mit Lebenschancen beeinflussender sozialer Ungleichheit miteinander gekoppelt sind.
Es zeigt sich, dass die eingangs geforderte didaktische Strukturierung nach sozialwissenschaftlichen Gegenstandsbereichen nicht zwangsläufig in den Lehrplänen abgebildet zu sein scheint. So ist die problematische Ausprägung „soziale Ungleichheit" nur in

- einem Drittel der gleichzeitig den Sozialstaat bzw. die Sozialversicherungen
- etwas weniger als der Hälfte der die „Soziale Marktwirtschaft"

behandelnden Lehrpläne explizit genannt. Auf diese Weise werden entweder die zu der institutionellen Ausgestaltung führenden Problemstellungen nicht berücksichtigt oder aber sie erscheinen als gelöst, da ja entsprechende Institutionen dafür vorgesehen sind.

Interessant ist auch, ob in den unterschiedlichen Stufen soziale Ungleichheit bzw. die soziale Gestaltung der Gesellschaft mehrdimensional behandelt wird. Um Aspekte zu finden, die möglicherweise nicht berücksichtigt wurden, wurde zudem nach „Ungleichheit" sowie „Einkommens- und Vermögensverteilung" gefragt. Als Ergebnis ist festzuhalten, dass sich mehr als sieben Kriterien in nur einem Viertel der Lehrpläne finden, während mehr als 40 Prozent der Lehrpläne nur bis zu drei der gesuchten Kriterien beinhalten. In einem Großteil der Lehrpläne der Sekundarstufe I wird die soziale Frage also eher eindimensional behandelt. Dass dies aber auch anders geht, zeigen wenige Lehrpläne der Sekundarstufe I, in denen eine Vielzahl von Aspekten ausgewiesen wird. Kaum nachvollziehbar ist es aber, wenn sozialwissenschaftlich orientierte Lehrpläne der gymnasialen Oberstufe nur wenige Aspekte berücksichtigen.

Tabelle 2: Ausmaß der Berücksichtigung unterschiedlicher Kriterien

	Lehrpläne...		
Menge der Kriterien	nur bis Jahrgangsstufe 10	des Gymnasiums (Mittel- und Oberstufe)	nur gymnasiale Oberstufe
0-3	17	1	1
4-6	6	2	6
7-10	4	1	6

2.2. Lebenschancen beeinflussende soziale Ungleichheit in ausgewiesenen Themenfeldern zu sozialen Fragen

Die Abfrage explizit genannter Kriterien kann allenfalls einen ersten Zugang zur Analyse der Lehrpläne liefern. Angesichts der möglichen Mängel durch alternative Benennungen muss der formalen Analyse über die Stichwortsuche eine qualitativ-inhaltliche Analyse der spezifischen Themenfelder folgen. Dazu wird im folgenden die Betrachtung vorrangig den Themenfeldern der Sekundarstufe I (s. Quellenverzeichnis) gewidmet, da diese allen Schülern eines Jahrgangs angeboten werden, während der Zugang zu den Lerngegenständen der Oberstufe einerseits abhängig vom Kurswahlverhalten ist, während andererseits mögliche Problemorientierungen vor allem wissenschaftspropädeutische Funktionen haben. Die Analyse der Herangehensweise an die Themenfelder in der Mittelstufe soll demonstrieren, welche Zugänge die Bundesländer den Jugendlichen zu sozialen Fragen eröffnen.

In einigen Bundesländern gilt „soziale Ungleichheit" explizit als Schlüsselproblem, das in vielen Themenfeldern zu berücksichtigen ist. So ist sie im nordrhein-westfälischen Fach Geschichte-Politik für die Hauptschule bedeutsam im Rahmen der Französischen Revolution, der sozialen Frage angesichts der Industrialisierung, der Ost-West- bzw. Nord-Süd-Beziehungen sowie der Migration. Soziale Ungleichheit bzw. Disparitäten gelten häufig als Schlüsselproblem in Integrationsfächern für Geschichte, Erdkunde und Sozialkunde, so z.B. im Fach Gesellschaftslehre in den Gesamtschulen von Rheinland-Pfalz und Niedersachsen, im Fach Geschichtlich-soziale Weltkunde der Haupt- und Realschulen Niedersachsens. Dem Schlüsselproblem kommt hier Aufschließungscharakter für unterschiedliche historische und räumliche Fragestellungen zu. Ein anderer Zugang wird in Nordrhein-Westfalens Realschule deutlich. Hier hat die „Beeinträchtigung von Lebenschancen" Erschließungscharakter für die sozialwissenschaftlich-didaktisch konstruierte Themenfelder.
In einigen Bundesländern sind politische Perspektiven bei der Behandlung sozialer Fragen dominant, zum Teil stellen sie eine Ergänzung der Auseinandersetzung mit der Wirtschaftsordnung dar.

- Im Fach Gemeinschaftskunde der Realschule in Baden-Württemberg ist aufgrund des Sozialstaatsgebotes die Bundesrepublik als sozialer Staat, Sozial- und Gesellschaftspolitik zum Umgang mit dem Problemfeld Armut zu behandeln, während das soziale Netz zum Wahlangebot gehört.
- Im Fach Sozialkunde in Berlin sollen sich die Lernenden mit den Möglichkeiten und Grenzen staatlicher Wirtschaftspolitik zur Lösung von Problemen – z.B. auch Armut – auseinandersetzen und dabei wirtschaftliche Abläufe und Wirtschaftsformen kennen lernen.
- Im Fach Politik & Wirtschaft der hessischen Haupt- und Realschule sind „soziale Fragen" als Lerngegenstand vorgesehen. Die Lernenden sollen die Funktionsweise des sozialen Systems verstehen, sich sozialen Fragen wie

z.B. der Armut widmen, dabei Kenntnisse über die staatliche Sozialpolitik, die soziale Sicherung und neue Wege erlangen.

- Das Fach Wirtschafts- und Sozialkunde in der rheinland-pfälzischen Realschule behandelt zwar Fragen einer gerechten Einkommensverteilung, im Vordergrund steht die soziale Marktwirtschaft als Wirtschaftsordnung. Während die Finanzierbarkeit des sozialen Systems problematisiert wird, werden die sozialen Probleme und ihre Ausprägungen selbst nicht berücksichtigt.
- Im Saarland sind im Fach Sozialkunde für die erweiterte Realschule die Behandlung von Sozialversicherungen als Absicherung gegen Risiken, die Erfordernis zur Eigenvorsorge sowie die Sozialgesetzgebung als Ergänzung zur Marktwirtschaft und die Umverteilung zu behandeln.
- Eine ähnliche Herangehensweise findet man im Fach Gemeinschaftskunde – Rechtserziehung – Wirtschaft am sächsischen Gymnasium. Während wirtschaftspolitische Instrumente der sozialen Marktwirtschaft zu unterrichten sind, findet der Sozialstaat lediglich als Ausprägung des politischen Systems Erwähnung. Es bleibt aber unklar, auf welche Probleme sich die Leistungsfähigkeit der sozialen Marktwirtschaft beziehen soll, wenn vorab explizit allein die Lohnnebenkosten problematisiert werden. Dies gilt in ähnlicher Weise für das Fach in den Mittelschulen.
- Im Fach Wirtschaft-Politik der Haupt- und Realschulen in Schleswig-Holstein wird das Spannungsfeld von „Wettbewerbswirtschaft und Sozialstaatlichkeit“ aufgemacht. Dabei stehen vor allem ökonomische Fragen im Vordergrund, verwiesen wird lediglich auf die Ergänzung der Marktwirtschaft um soziale Aspekte.
- Thüringens Regelschulen sollen sich mit dem Sozialsystem und der Sozialpolitik auseinandersetzen. Dabei stehen das soziale Netz unter Berücksichtigung eines speziellen sozialpolitischen Problems und Alternativen dazu im Mittelpunkt. Allerdings gilt die Verwirklichung sozialer Gerechtigkeit angesichts funktionaler sozialer Differenzierung und struktureller sozialer Ungleichheiten als Schlüsselproblem im Sozialkundeunterricht, wovon im Problembereich selbst nicht mehr viel deutlich wird.

Übersicht 1: Beispiele politisch bzw. politisch-ökonomisch orientierter Zugänge

<table>
<tr><td colspan="3">Baden-Württemberg (1994: S. 304): Gemeinschaftskunde – Realschule – 7-10</td></tr>
<tr><td colspan="3">Grundlagen der demokratischen Ordnung der Bundesrepublik Deutschland und Baden-Württembergs Klasse 9 <12 Stunden></td></tr>
<tr><td>Die Bundesrepublik Deutschland als sozialer Staat</td><td colspan="2">Sozialstaatsgebot des Grundgesetzes
Sozial- und Gesellschaftspolitik
Problemfeld Armut</td></tr>
<tr><td>Soziales Netz</td><td colspan="2">Sozialversicherung Hilfe des Staates</td></tr>
<tr><td colspan="3">Schleswig-Holstein (1997: S. 44): Wirtschaft/Politik – Haupt-/Realschule</td></tr>
<tr><td colspan="3">Themenbereich 6: Wie gestalten wir Volks- und Weltwirtschaft?</td></tr>
<tr><td colspan="3">Inhalte zum Thema 1: Wettbewerbswirtschaft und Sozialstaatlichkeit - Spannungsfeld oder Ergänzung?
Arbeitsteilung, Markt und Wettbewerb als Produktivitäts- und Wachstumstriebkräfte (Marktfunktionen), Wirtschaftskreislauf
Wirtschaftssysteme (Marktwirtschaft, zentrale Planwirtschaft), wirtschaftspolitische Konzepte von Parteien und Verbänden
Problematik von wirtschaftlicher Konzentration (Effizienz, Marktmacht), von konjunkturellen und strukturellen Krisen, von Wachstum und Wohlstand
Ergänzung der Marktwirtschaft durch soziale und ökologische Aspekte (soziale Marktwirtschaft, öko-soziale Marktwirtschaft)</td></tr>
<tr><td colspan="3">Thüringen (1999: S. 21): Sozialkunde – Regelschule</td></tr>
<tr><td>Problembereiche</td><td>Inhalte des Unterrichts</td><td>Hinweise zur fächerübergreifenden Kooperation</td></tr>
<tr><td>Sozialsystem und Sozialpolitik der Bundesrepublik Deutschland</td><td>Soziales Netz (am Beispiel eines sozialpolitischen Problems)
Alternativen künftiger Sozialpolitik</td><td>... Soziale Folgen der Industrialisierung</td></tr>
</table>

Politische oder ökonomische Zugänge sind nicht die einzigen vorfindbaren Herangehensweisen in der Sekundarstufe I. In einigen Lehrplänen werden explizit soziologisch orientierte Zugänge zu den sozialen Strukturen herausgestellt:

- Im Fach Gemeinschaftskunde in Baden-Württemberg für das achtjährige Gymnasium ist ein Themenfeld „Gesellschaft und Sozialstaat in Deutschland“ vorgesehen. Hier sollen Dimensionen sozialer Ungleichheit, Ansätze der Überwindung, der Sozialstaat, soziale Grundrechte sowie Herausforderungen – Armut ist hier explizit genannt – behandelt werden.
- Das Fach Politische Bildung in Brandenburgs Sekundarstufe I weist ein Feld „Gesellschaft/Sozialstruktur“ aus. Die Lernenden sollen nicht nur Elemente der Sozialstruktur kennen, sie sollen sie auch analysieren und Ursachen sozialer Ungleichheit erklären und deren Auswirkungen kennen.
- In Niedersachsens Haupt-, Real- und Gesamtschulen sind soziale Disparitäten bzw. Ungleichheit der Lebensverhältnisse Schlüsselprobleme, die

entsprechende Themenspezifizierungen bedingen. So wird für die Gesamtschule das Thema „Neue Armut in der Industriegesellschaft" vorgeschlagen, wobei es um die Chancen des Sozialstaates, das Sozialstaatsgebot, Ursachen und Erscheinung neuer Armut sowie die Entwicklung von sozialen Utopien geht. In den Haupt- und Realschulen erscheint zwar das Thema „Soziale Sicherung – Anspruch und Realität des Sozialstaates" eher institutionell ausgerichtet. Die Lernenden sollen aber den Widerspruch zwischen sozialstaatlichen Zielsetzungen und personellen, institutionellen und finanziellen Vorgaben erkennen und Bereitschaft zum Engagement für soziale Gerechtigkeit entwickeln. Dabei werden weder Sozialstruktur noch Einkommensverteilung, der Sozialstaat und Steuerungsmöglichkeiten ausgeblendet.

- Sozialkunde in Sachsen-Anhalt sieht für Sekundarschulen und Gymnasien den Schwerpunkt „Gesellschaftsstruktur und soziale Ungleichheit" vor. Dabei werden nicht allein die Erscheinungen sozialer Ungleichheit, sondern auch gesellschaftspolitische Instrumente zum Ausgleich von Unterschieden berücksichtigt.

Übersicht 2: Soziologisch orientierte Zugänge in Sachsen-Anhalt

Sachsen – Anhalt (1999, S. 28): Sozialkunde - Sekundarschulen	
Lernfeld Gesellschaft: Schwerpunkt: Gesellschaftsstruktur und soziale Ungleichheit	
mögliche Inhalte und Probleme	Hinweise zum Unterricht
die geschichtete Gesellschaft: Erscheinungen sozialer Ungleichheit; der Generationenvertrag in der heutigen Zeit, Minderheiten und Randgruppen der Gesellschaft Geschlecht und soziale Ungleichheit Gesellschaftspolitik als Versuch des Ausgleichs sozialer Unterschiede (z. B. Steuer-, Vermögens-, Bildungspolitik)	Auswertung von Statistiken, Schaubildern o. ä. Befragung: Vertreterinnen und Vertreter von Randgruppen (z. B. jugendliche Obdachlose) Fallstudie: Lebensläufe von Jugendlichen aus verschiedenen Schichten Expertenbefragung: Gleichstellungsbeauftragte Zukunftswerkstatt: Perspektive der Gleichheit Abstimmung mit Wirtschaft, Sjg. 9/10, Thema „System der sozialen Sicherung" Analyse von Medien Befragung: Die da draußen vor der Tür! Recherche: Wer hat, dem wird gegeben!
Was gehen mich die Alten an? Frauen werden diskriminiert - selbst schuld!? Geschichtete Gesellschaft - bekommt jeder seinen Platz?	

In einigen Lehrplänen der Sekundarstufe I wird eine integrierte Herangehensweise deutlich.

- Im Rahmen des Faches Politik & Wirtschaft an hessischen Gymnasien sollen die Lernenden angesichts des verbindlichen Unterrichtsthemas „Sozialstaatlichkeit" sich sowohl dem Verfassungsgebot, den sozialen Sicherungssystemen, ihren Möglichkeiten und Grenzen, der

Solidargemeinschaft und der individuellen Verantwortung sowie der freien und sozialen Marktwirtschaft widmen. Eine Auseinandersetzung mit der Sozialstruktur hinsichtlich der Einkommensverteilung, der sozialen Schichtung, Armut und Reichtum sowie Alters- und Bildungsstruktur gehört zwar nur, aber immerhin zum fakultativen Bereich.

- Auch das Fach Sozialwissenschaften der nordrhein-westfälische Realschule ist multidimensional ausgerichtet. Ausgehend von Lebenssituationen und beeinflussenden Entwicklungen richtet sich eine dieser Entwicklungen auf die soziale Gesellschaft. Diese ist so strukturiert, dass im ersten Schritt die Einkommens- und Vermögensverteilung analysiert wird, des Weiteren die Systeme der sozialen Sicherung untersucht werden, um abschließend den Blick auf die sozialen Chancen zu richten. Dabei wird sowohl der Konflikt zwischen Eigenvorsorge und erforderlicher Absicherung als auch das Spannungsfeld zwischen Teilhabe am gesellschaftlichen Leben und Grenzen der Finanzierbarkeit aus unterschiedlichen Perspektiven deutlich.

2.3. Konstruktion von Weltbildern: Akzentuierung und Auslassung in Lehrplänen

Wenngleich sowohl politisch, ökonomisch als auch gesellschaftlich orientierte Zugänge zu sozialen Fragen durchaus sinnvoll strukturiert sein können, so werden in den Beispielen der beschriebenen Lernfeldern in ihrer – auch in den Lehrplänen nicht anders vorzufindenden – stichwortartigen Kürze gravierende Ausblendungen deutlich.

So widmet sich der politisch orientierte Zugang insbesondere der institutionellen Dimension des Sozialstaates und den Instrumenten zur Beeinflussung sozialer Ungleichheit. Auch der ökonomisch orientierte Zugang akzentuiert soziale Fragen in spezifischer Weise. In der Regel wird zwar deutlich, dass die Marktwirtschaft trotz hoher Leistungsfähigkeit nicht alle Probleme lösen kann und um soziale Aspekte zu ergänzen ist. Als Problem gerät aber eher die Finanzierbarkeit sozialer Leistungen, kaum aber ihre Notwendigkeit in den Blick. Inwiefern ungleiche Lebenslagen strukturelle Benachteiligungen mit sich bringen, wird nicht behandelt. Eine Auseinandersetzung mit dem Ausmaß sozialer Probleme und die Behinderung oder Gefährdung von Lebenschancen werden in beiden Fällen kaum verlangt.

Ebenso wie eine politische bzw. ökonomische Orientierung die Entstehung und Analyse der sozialen Probleme ausblenden kann, mag eine gesellschaftlich orientierte Perspektive zwar moralische Empörung als Ergebnis von Lernprozessen verursachen. Auf unterschiedliche Sichtweisen der Bewertung sozialer Ungleichheit sowie Möglichkeiten der Linderung durch die institutionellen Rahmenbedingungen wird selten verwiesen. Während die Themenfelder eine Handlungsaufforderung generieren, schließt sich kaum eine Auseinandersetzung mit den unterschiedlichen Gestaltungsmöglichkeiten und ihren Konsequenzen an.

Nur wenige Lehrpläne verfolgen einen ausgesprochen sozialwissenschaftlichen Ansatz, der den eigenen Stellenwert der unterschiedlichen Bezugsdisziplinen durchaus berücksichtigt, aber das gesellschaftliche Problem nicht der Disziplin und ihren Methoden unterwirft, sondern deren Beschreibungen, Theorien und Gestaltungsoptionen zur Auseinandersetzung mit dem Problem heranzieht.

Übersicht 3: Soziologisch orientierte Zugänge in Brandenburg

Brandenburg (2002, S. 40): Politische Bildung - Sekundarstufe I - 9-10		
Themenfeld: Gesellschaft/Sozialstruktur Jahrgangsstufe 9 Schwerpunkt dieses Themenfeldes sind soziologische Fragestellungen und die dazu notwendigen methodischen Verfahren, die an Problemen der Gesellschaft und Sozialstruktur verdeutlicht werden sollen		
Lernziele und Hinweise für die Bildungsgangdifferenzierung	Lerninhalte	Grundbegriffe
Die Schülerinnen und Schüler kennen wesentliche Elemente der Sozialstruktur der Bundesrepublik Deutschland. Sie lernen, gesellschaftliche Strukturen und deren Wandel mittels sozialstatistischer Daten zu beschreiben und zu analysieren.	Erhebung, Darstellung und Interpretation sozialstatistischer Daten	amtliche Statistik, Volkszählung, Sozialstruktur, Strukturwandel
Sie können Besonderheiten der Lebensbedingungen und der Sozialstruktur in ihrem Wohnort (Gemeinde, Landkreis) im Vergleich zu anderen Regionen bezeichnen.	Wandlungen in der Erwerbs- und Haushaltsstruktur der engeren Region, Minderheiten (Sorben), Arbeitslosigkeit, Ab- und Zuwanderung, Ausländer- und Einwanderungspolitik	Agrar-, Industrie- und Dienstleistungsgesellschaft Sorben/Wenden
Sie kennen Ursachen und Formen sozialer Ungleichheit und deren Auswirkungen auf Gesellschaft und Politik Vertiefte allgemeine Bildung: Sie können Ursachen sowie Formen sozialer Ungleichheit und ihre Auswirkungen auf Gesellschaft und Politik erläutern.	Dimensionen sozialer Ungleichheit: Verteilung von Erwerbseinkommen und Vermögen. Bildungs- und Berufschancen, Benachteiligung von Frauen und Frauenbewegung	Klasse und Schicht, soziale Diskriminierung, Gleichheit
Sie wissen, dass sich in den nächsten Jahrzehnten der Altersaufbau der deutschen Bevölkerung rasch ändern wird, und setzen sich mit Folgeproblemen dieses Wandels auseinander.	Prognose der demografischen Entwicklung bis zur Mitte des 21. Jahrhunderts, Erwerbstätigkeit und Altersversorgung, Bevölkerungsschwund und Zuwanderung	Demografie, Alterssicherung
Mögliche Themen: „Von der Landwirtschaft und der Industrie ist wenig geblieben"; „Regionen im Strukturwandel"; „Schlechtere Berufschancen trotz besserer Schulnoten?" „Sind Mädchen und Frauen auf dem Arbeitsmarkt benachteiligt?"; „Bald steht die Alterspyramide auf dem Kopf! Was dann?"		

3. Thesen zur sozialwissenschaftlichen Curriculumentwicklung

Wie die Analyse gezeigt hat, bleiben bei mangelnder didaktischer Strukturierung sowie bei mangelnder Berücksichtigung der erforderlichen Bezugsdisziplinen wichtige Elemente ausgeklammert, die für eine Beschreibung, Erklärung oder Gestaltung sozialer Phänomene sowie für Orientierung, Analyse und Urteilsbildung erforderlich wären. So können völlig unterschiedliche Weltbilder konstruiert werden, beispielsweise wenn

- aufgrund des Sozialstaatsgebots soziale Probleme nicht mehr zu existieren scheinen,
- angesichts der sozialen Ergänzung der Marktwirtschaft eher die Legitimation ungleicher Verteilung und die Finanzierbarkeit sozialer Leistungen im Vordergrund stehen bei Vernachlässigung der Lebensrisiken und Notlagen, die soziale Leistungen bedingen,
- die Erforschung sozialer Ungleichheit zwar Handlungsbereitschaft entstehen lässt, diese aber weder Gestaltungsoptionen noch deren Konsequenzen kennt.

Eine solche disziplinorientierte Herangehensweise isolierter Zugänge lässt die Lernenden alleine mit gesellschaftlichen Problemen ohne Lösungen oder mit Lösungen ohne Problem. Daraus lässt sich aber nicht zwangsläufig ein so genannter ganzheitlicher Ansatz begründen. Der scheinbar ganzheitliche Zugang – z.B. über den didaktischen Fokus der Schlüsselprobleme – hat ebenfalls seine Schwächen. Er kann sowohl resignierte Empörung als auch ermüdete Gleichgültigkeit bedingen, die Entwicklung einer fundierten Urteilsfähigkeit ist nicht zwangsläufig in ihm angelegt. So käme es vielmehr darauf an zu hinterfragen, in welchem Verhältnis die sozialwissenschaftlichen Disziplinen stehen zur Beschreibung, Erklärung und Gestaltung gesellschaftlicher, wirtschaftlicher und politischer Probleme.

3.1. Alle sozialwissenschaftlichen Disziplinen befassen sich mit gesellschaftlichen Phänomenen insbesondere mit der Beschreibung, Erklärung und Beeinflussung des Verhaltens menschlicher Individuen in der Gesellschaft. Angesichts der Realitätsbereiche, auf die sie sich beziehen, existieren vielfältige Schnittmengen.

Die Trennung der Sozialwissenschaften in ihre Disziplinen mag angesichts der wissenschaftlichen Arbeitsteilung zwar verständlich sein. Aus didaktischen Erwägungen erscheint es angesichts der zu erklärenden und gestaltenden gesellschaftlichen Phänomene schwierig, sie zu legitimieren. Grob betrachtet, richten sich die Sozialwissenschaften auf die Beschreibung, Erklärung und Beeinflussung des Verhaltens menschlicher Individuen in der Gesellschaft, auf ihre Präferenzen oder zu Grunde liegenden Werte und Normen sowie auf die beeinflussenden Restriktionen und die zu gestaltenden gesellschaftlichen Probleme. So gilt die Ökonomie als

Theorie rationalen Verhaltens, die Soziologie will das gesellschaftliche Verhalten und Handeln der Menschen erklären, derweil die Politikwissenschaft sich Bereichen und Prozessen des Gesellschaft beeinflussenden Handelns widmet.

Während Klassiker der Soziologie und Ökonomie – wie Adam Smith, Karl Marx, Max Weber – noch als Vertreter einer undifferenzierten Gesellschaftswissenschaft gelten, widmeten sich weitere Klassiker sowohl soziologischen als auch ökonomischen Phänomenen unter einer disziplinär orientierten oder auch grenzüberschreitenden Fragestellung – z.B. Emile Durkheim der Teilung der sozialen Arbeit, Georg Simmel der Philosophie des Geldes, Thorstein Veblen der Theorie der feinen Leute, Josef Schumpeter und Werner Sombart der Entwicklung des Kapitalismus (vgl. Heinemann 1987). Auch bei ökonomischen Studien jüngeren Datums – etwa Mancur Olsons Logik des kollektiven Handelns, Douglas Norths Institutionen und institutionellem Wandel, Robert Axelrods Evolution der Kooperation oder Amartya Sens Ökonomie für den Menschen sind erhebliche Grenzüberschreitungen sichtbar.

> „Die Sozialwissenschaften werden voneinander zu einem guten Teil deshalb nicht entsprechend abgegrenzt, weil für gewöhnlich nicht verstanden wird, daß die grundlegenden Unterschiede zwischen den einzelnen Disziplinen sich nicht aus ihrer Thematik ergeben, sondern vielmehr aus überkommenen Vorurteilen, aus den Methoden, die sie anwenden, und den Schlußfolgerungen, zu denen sie kommen. Um die spezifischen Unterschiede zwischen den einzelnen sozialwissenschaftlichen Disziplinen zu erfassen, müssen wir viel eher die Arbeitsweise der Fachgelehrten der einzelnen Disziplinen betrachten als das Wesen der Erscheinungen, die sie erforschen" (Olson 1991: 160f).

Die Ökonomik hat den engen Gegenstandsbereich des Umgangs mit knappen Gütern verlassen. Mit der Theorie der Eigentumsrechte, der Principal-Agent-Theorie, der Institutionenökonomie sowie der Anwendung der ökonomischen Methode auf die Politik, die Bürokratie, das Recht, die Moral, die Kriminalität und die Ehe wendet sie sich Gegenständen zu, die traditionell in den Forschungsbereich ihrer Nachbardisziplinen fielen. Die Gegenstandsbereiche, denen sich die Soziologie bei der Erklärung menschlichen Verhaltens in sozialen Strukturen widmet, beziehen sich auch auf klassische wirtschaftliche Erfahrungsbereiche – wie Konsum, Arbeit, Haushalt und Betrieb, Markt und Geld. Viele Politikbereiche – wie z.B. die Umweltpolitik, die Sozialpolitik, die Regionalpolitik, die Entwicklungspolitik – sind eng mit ökonomischen Fragen verbunden, während sich sowohl Politik- als auch Wirtschaftswissenschaft sowohl der Arbeitsmarkt- und Beschäftigungspolitik als auch der Wirtschaftspolitik widmen.

3.2. Sozialwissenschaftliche Disziplinen sind bei der Beschreibung, Erklärung und Gestaltung gesellschaftlicher Phänomene oft komplementär. Eine Isolation in abgegrenzten Lernfeldern – gemäß einer wissenschaftlichen Abbilddidaktik – würde den komplexen gesellschaftlichen Problemen nicht gerecht und ließe die Lernenden mit Problemen, Erklärungen oder Gestaltungsmöglichkeiten alleine.

Am Beispiel der Lebenschancen beeinträchtigenden sozialen Ungleichheit wurde das notwendige Zusammenwirken der sozialwissenschaftlichen Disziplinen deutlich. Daneben existieren weitere zentrale Themenfelder, zu denen soziologische Erklärungen und Problemdefinitionen Handlungserfordernisse überhaupt erst legitimieren, während die Berücksichtigung ökonomischer Erkenntnisse Vorsicht gegenüber voreiligen Schlussfolgerungen nahe legt, wobei die beste aller wissenschaftlichen Welten ohne politische Realisierung über ihren Utopiecharakter nicht hinauskommt.

> „In Wirklichkeit gibt es keine 'wirtschaftlichen', 'soziologischen' und 'psychologischen' Probleme, sondern ganz einfach Probleme, und diese sind alle komplex“ (Myrdal 1974: 150).

Sozialwissenschaftliche Theorien, die sich auf individuelles und gesellschaftliches Handeln beziehen, haben nicht in allen Situationsbereichen den gleichen Erklärungswert. Während beispielsweise die ökonomische Verhaltenstheorie oder die Rational-Choice-Theorie auf einer Makroebene Verhalten durchaus erklären kann, sind sie beispielsweise als Hilfe zur Analyse und Gestaltung der eigenen Berufswahl oder dem Konsum wenig hilfreich. Während die Institutionenökonomik erklärt, wie Institutionen effizient und rational zur optimalen Zielrealisierung gestaltet sein müssen, fragt der eher sozialkonstruktivistische Institutionalismus nach der Beeinflussung der Institutionen durch individuelle Ziele, Präferenzen und Gewohnheiten (vgl. Hedtke 2002). Für die reine Ökonomik gehört jene Fragestellung zum nicht hinterfragten Datenkranz. Angesichts einer Isolation der sozialwissenschaftlichen Disziplinen in nebeneinander stehenden Fächern kommt Hedtke (2002: 43f) zu dem Schluss:

> „Es wäre absurd zu erwarten, dass es den Lernenden schon allein gelingen wird, sich eine praktisch brauchbare und wissenschaftlich haltbare Grammatik (der Gesellschaft – BW) zu basteln, wenn der Grammatikunterricht in zwei voneinander isolierten Fächern stattfindet, ohne dass diese in eine übergreifende Gesamtkonzeption von Grammatiklernen eingebunden sind.“

3.3. Die aus den Gesellschaftstheorien der sozialwissenschaftlichen Theorien ableitbaren Gestaltungsoptionen sind zum Teil kontrovers. In solchen Fällen widerspräche ein isolierter Zugang durch eine Disziplin dem Kontroversitätsgebot.

Während einerseits der Ökonomik als Forschungsmethode der Vorwurf des Imperialismus gemacht wird, derweil im Realbereich vor einer Durchdringung der sozialen und politischen Beziehungen durch schleichende Ökonomisierung gewarnt wird, werden andererseits angesichts der politischen Gestaltung oder des Einflusses gesellschaftlicher Strukturen freiheitsbehindernde Restriktionen angenommen. Die sozialwissenschaftlichen Disziplinen unterscheiden sich angesichts der erheblichen Schnittmenge zu erforschenden gesellschaftlicher Phänomene nicht nur darin, welchen Teil des Phänomens sie mit welchen Methoden untersuchen, sie unterscheiden sich auch in ihren Schlussfolgerungen. Behandeln sie aber jeweils unterschiedliche Aspekte gleicher gesellschaftlicher Phänomene und kommen aufgrund ihrer Perspektive und ihren Schlussfolgerungen zu unterschiedlichen Konsequenzen, würde eine Ausblendung der jeweils anderen Erklärung sozioökonomische und soziopolitische Grundlagen der Gesellschaft einseitig behandeln – und entsprechend gegen das Kontroversitätsgebot des Beutelsbacher Konsens verstoßen.

3.4. Gemeinsame Gegenstandsbereiche sowie die Kontroversität, Komplementarität und teilweise Substituierbarkeit der sozialwissenschaftlichen Disziplinen erfordern ihre Integration in einem auf das Ganze der Gesellschaft bezogenen Curriculum durch eine problem- oder situationsorientierte fachdidaktische Fragestellung anstatt der Addition disziplinär orientierter Kategorien in getrennten Lernfeldern.

Die Isolation sozialwissenschaftlicher Disziplinen bei der Beschreibung, Erklärung und Gestaltung gesellschaftlicher Phänomene erscheint für ein allgemeinbildendes Schulfach –insbesondere in der Sekundarstufe I – wenig sinnvoll. Eine bloße Addition der Disziplinen, denen entsprechende Themenfelder zugeordnet werden, reicht nicht aus, um den kontroversen oder auch komplementären Charakter der Sozialwissenschaften zur Erklärung und Gestaltung gesellschaftlicher Phänomene gerecht zu werden. Es komme deshalb darauf an, „unterscheiden zu lernen", in welchen Bereichen welche Erklärungsansätze und Modelle ihre Berechtigung gewinnen, so Reinhold Hedtke, Fachvertreter für Didaktik der Sozialwissenschaften und Wirtschaftssoziologie, und:

> „Vielmehr kann man sowohl ökonomische als auch politische Bildung nur dann sinnvoll konzipieren, wenn man sie *gemeinsam und unterschieden* im Gesamtrahmen des sozialwissenschaftlichen Wissenschafts- und Lernfeldes *und* bezogen auf ein Leitbild einer sozialwissenschaftlich gebildeten Persönlichkeit denkt" (2002: 6).

Ein auf die Gesellschaft als Ganzes bezogenes Curriculums entwickelt durch die Fachdisziplinen unter einer fachdidaktischen Fragestellung fordert auch der Wirtschaftsdidaktiker Bodo Steinmann (1997: 20f):

> „Was statt des willkürlichen Zurückgreifens auf andere Fachdisziplinen vielmehr geleistet werden müßte, ist eine Einbettung der ökonomischen Bildung in ein auf die Gesellschaft als Ganzes bezogenes Curriculum. Bei einer Einbettung handelt es sich um das Einlassen von Fachwissenschaften auf einen von den Beteiligten akzeptierten und von einer didaktischen Perspektive geleiteten Analyseprozeß, der die Möglichkeit bietet, aus den einzelnen Wissenschaften Inhalte und Methoden abzurufen und aufeinander zu beziehen, um grundlegende Befähigungen zur selbstbestimmten und verantwortungsbewußten Gestaltung des Lebens in der Gesellschaft vermitteln zu können. Ein solches Vorgehen entspräche auch den Intentionen Robinsohns, der für Curriculumentwicklungen zwar Methoden und Resultate einzelner Disziplinen, nicht jedoch ihre Fachabgrenzungen und Ziele als relevant ansieht, und der die zentrale Aufgabe, „den Ort zu finden, an dem eine Integration von Gehalten sozialer Wissensgebiete ... geschehen kann“ ..., nicht länger den Lernenden selbst überlassen will“.

3.5. Eine Integration könnte gelingen, wenn als Diagnose- und Auswahlkriterium solche Lebenssituationen erschlossen werden, die für die Bedürfnisbefriedigung bedeutsam sind, in denen Lebenschancen behindert bzw. gefährdet werden. Die sozialwissenschaftlichen Disziplinen wären gefordert, hierzu einen aufklärenden Beitrag zu leisten, der dem lernenden Individuum selbstbestimmtes Urteilsvermögen über Erklärungsansätze und individuelle und kollektive Gestaltungsmöglichkeiten für ein menschenwürdiges Leben erlaubt.

Das Problem ist erkannt: es ist aber ebenso wenig neu wie die Lösungsvorschläge (siehe Steinmann 1997; Hedtke 2002). Ein Desiderat bleibt die Umsetzung – sowohl im Schulfach als auch in der Lehrerausbildung. Die vorliegenden Integrationsansätze sind angesichts mangelnder Kommunikation zwischen den Disziplinen noch wenig entwickelt.

Einen institutionellen Schritt hierzu könnte im Rahmen der Curriculumentwicklung der sozialwissenschaftlichen Schulfächer geleistet werden, wenn sich die Auswahl der Lehrplankommissionen nicht – wie in manchen Bundesländern üblich – auf Vertreter von Schule und Lehrerfortbildung beschränken würde, sondern auch Fachdidaktiker unterschiedlicher sozialwissenschaftlicher Disziplinen bzw. ergänzend Bildungsprozessen zugewandte Fachwissenschaftler hinzugezogen würden.

Daneben kommt aber auch noch so schönen, einer Einheit der Sozialwissenschaften verpflichteten Lehrpläne unter fachdidaktischer Fragestellung lediglich

Alibicharakter zu, wenn – wie z.B. Sozialwissenschaften für die Realschule Nordrhein-Westfalens durch seinen Optionscharakter angesichts der „Lebenschancen" verbreiternden zweiten Fremdsprache durch die Prioritätensetzung der Lernenden einen geringeren Stellenwert erhält. Statt kleinmütiger Kämpfe um eigene Fächer wäre die Absicherung eines adäquaten und sicheren zeitlichen Ankers zum Erwerb einer Grammatik der Gesellschaft für alle Lernenden Gebot der Stunde.

Änderungen wären aber auch in der Lehrerausbildung erforderlich. Die das Studienfach Sozialwissenschaften konstituierenden sozialwissenschaftlichen Disziplinen Soziologie, Politik- und Wirtschaftswissenschaft stellen zwar häufig die vorrangigen Bezugsdisziplinen der entsprechenden Schulfächer Sozialkunde-, Gemeinschaftskunde, Politische Bildung oder Sozialwissenschaften dar: Während sich in den Lehrplänen sowohl ökonomische, politische als auch gesellschaftliche Themenkomplexe finden, ist die Lehrerausbildung in vielen Bundesländern allein bezogen auf die Politikwissenschaft mit optionalen Anteilen von Soziologie und Ökonomie, deren Grundlagenerwerb zum Teil noch nicht mal durch Leistungsnachweise, geschweige denn durch Prüfungen belegt wird (vgl. Weber 2000).

Aber auch dort, wo Politikwissenschaft, Soziologie und Ökonomie einen entsprechenden Anker erlangen, sind disziplinübergreifende und –verbindende oder auch kontrovers miteinander diskutierte Perspektiven und Herangehensweisen eher utopische Wunschvorstellung.

Utopien können allerdings vereinzelt Knospen treiben, die hoffentlich noch lange blühen: Ein Beispiel dafür ist die von Rainer Geißler koordinierte, Sozial- und Geisteswissenschaften verbindende und seit mehreren Semestern realisierte Ringvorlesung zu Ursachen und Folgen der Migration, einem wichtigen Thema für die Lehrerbildung und das Fach Sozialwissenschaften.

Literatur

Geißler, Rainer (Hrsg.) (1994): Soziale Schichtung und Lebenschancen in Deutschland. Stuttgart.
Geißler, Rainer (2002): Die Sozialstruktur Deutschlands. Bonn.
Heinemann, Klaus (1987): Probleme der Konstitutierung einer Wirtschaftssoziologie. In: Heinemann, Klaus: Soziologie wirtschaftlichen Handelns. Opladen. S. 7-39.
Hedtke, Reinhold (2002): Wirtschaft und Politik. Über die fragwürdige Trennung von ökonomischer und politischer Bildung. Schwalbach/Ts.
Hilligen, Wolfgang (1985): Zur Didaktik des politischen Unterrichts. Wissenschaftliche Voraussetzungen. Didaktische Konzeptionen. Unterrichtspraktische Vorschläge. Bonn.
Klafki, Wolfgang (1991): Neue Studien zur Bildungstheorie und Didaktik. Zeitgemäße Allgemeinbildung und kritisch-konstruktive Didaktik. Weinheim und Basel.
May, Hermann (1998): Didaktik der ökonomischen Bildung. München.
Myrdal, Gunnar (1974): Wie wissenschaftlich sind die Sozialwissenschaften? In: Myrdal, Gunnar: Anstelle von Memoiren – Kritische Studien zur Ökonomie. Frankfurt a.M. S. 141-164.
Ochs, Dietmar/Steinmann, Bodo (1978): Beitrag der Ökonomie zu einem sozialwissenschaftlichen Curriculum. In: Forndran, Erhard/Hummel, Hans J./Süßmuth, Hans (Hrsg.): Studiengang Sozialwissenschaften: Zur Definition eines Faches. Düsseldorf. S. 186ff. In verkürzter Form wiederabgedruckt in Kruber, Klaus-Peter (Hrsg.) (1994): Didaktik der ökonomischen Bildung. Hohengehren. S. 36-43.
Olson, Mancur (1991): Umfassende Ökonomie. Tübingen.
Reinhardt, Sibylle (2000): Bildung zur Solidarität. In: Breit, Gotthard/Schiele, Siegfried (Hrsg.): Werte in der politischen Bildung. Bonn. S. 288-302.
Robinsohn, Saul B. (1975): Bildungsreform als Revision des Curriculums. Neuwied/Berlin.
Steinmann, Bodo (1997): Das Konzept Qualifizierung für Lebenssituationen im Rahmen der ökonomischen Bildung heute. In: Kruber, Klaus-Peter (Hrsg.): Konzeptionelle Ansätze ökonomischer Bildung, Bergisch-Gladbach. S. 1-22.
Weber, Birgit (2000): Die Bedeutung der Ökonomie in der Lehrerausbildung. Eine Analyse der ökonomisch relevanten Schulfächer des allgemeinen Schulwesens. Gütersloh.

Quellen: www.lehrplaene.org

Die Autorin

Birgit Weber, Dr. phil, (*1959), Geschäftsführerin des Sekundarstufenzentrums, wissenschaftliche Tätigkeit im Bereich Wirtschaftswissenschaft und Didaktik der Wirtschaftslehre der Universität Siegen seit 1997. 1996-1997 Referentin für Qualität der Lehre. 1989-1996 wissenschaftliche Mitarbeiterin im Bereich Wirtschaftswissenschaften und Didaktik der Wirtschaftslehre. Studium des Lehramts für die Sekundarstufe I/II mit den Fächern Sozialwissenschaften und Kunst.
Jüngere Publikationen: Handlungsorientierte ökonomische Bildung, Nachhaltige Entwicklung und Weltwirtschaftsordnung, Neusäß 1997, Nachhaltige Entwicklung und Weltwirtschaftsordnung: Probleme – Ursachen – Lösungsmöglichkeiten, Opladen 1998, (mit H. J. Schlösser): Wirtschaft in der Schule. Eine umfassende Analyse der Lehrpläne für Gymnasien. Gütersloh 1999, Hrsg.: Eine Kultur der Selbstständigkeit in der Lehrerausbildung, Bergisch Gladbach 2002.

Elite wider Willen – Selbstdeutungen der deutschen Spitzenmanager

Eugen Buß

Die wirtschaftliche Führungselite in Deutschland nimmt eine unangefochtene Schlüsselposition ein. Von ihren Entscheidungen hängt die Entwicklung des ganzen Landes ab. Nicht, als läge die Verantwortung für die wirtschaftliche Zukunft allein bei ihnen, sie teilen sie mit anderen Institutionen. Doch letztlich kommt ihrer Entscheidungsmacht eine strategische Bedeutung zu. Ihre Beschlüsse formieren sich zu Weichenstellungen über die Prosperität der Gesellschaft, über Wachstum und technologischen Fortschritt, über Chancen des Sozialstaates und der Globalisierung.

Sozialwissenschaftliche Erkenntnisse über die Quellen der Identität der wirtschaftlichen Führungselite bilden ein Desiderat, das der vorliegende Beitrag auf der Grundlage einer repräsentativen qualitativen Erhebung in ersten Umrissen ausfüllen möchte.[1] Er beleuchtet die Selbstbilder der deutschen Top-Manager. Aus welchen Elternhäusern kommen sie, welche Leitideen wurden ihnen mit auf dem Weg gegeben? Welches gemeinsame Selbstverständnis zeichnet sie aus? Welcher kulturelle und soziale Referenzrahmen ist zu erkennen?

Persönlicher Exkurs:

Sich mit einem Thema wie Eliten zu befassen, bedeutet gleichzeitig, dem bedeutendsten Repräsentanten der zeitgenössischen Sozialstrukturanalyse zu begegnen. Mit Rainer Geißler hat das verbrauchte wissenschaftliche Zauberwort „Einfach näher dran" eine neue Strahlkraft erhalten. Geisteswissenschaftlich geprägt hat er den Erkenntnisanspruch des Faches auf einer der Erfahrung nahen und zugleich immer verstehbaren Ebene eingelöst. Er hat den soziologischen

---

1 Anlass zu dieser Studie war das Interesse der Identity Foundation in Düsseldorf, mehr über das Selbstbild einer der einflussreichsten Gruppen in Deutschland zu erfahren. Die Identity Foundation hat die Untersuchung nicht nur vollständig finanziert, sie hat vor allem durch ihr ideelles Engagement das Projekt beflügelt, im konstruktiven Dialog begleitet und immer wieder mit neuen gedanklichen Impulsen bereichert. Gemeinsam mit dem Psephos Institut für Wahlforschung und Sozialwissenschaft führte der Lehrstuhl für Soziologie an der Universität Stuttgart-Hohenheim zwischen März und Dezember des Jahres 2000 bis zu zweistündige Gespräche mit 60 Vorständen, Geschäftsführern und Inhabern der größten deutschen Unternehmen (hauptsächlich solcher, die im Börsenindex Dax 30 gelistet sind). Erstmals wurden bei dieser Untersuchung Methoden der Eliteforschung, der Identitätsforschung und der Lebenslaufanalyse integriert und auf die Top-Entscheider angewendet.

Raum der Sozialstrukturanalyse neu erobert und ihn zugleich vermessen und kartographiert: die Welt dessen, was Rainer Geißler „nachholende Modernisierung mit Widersprüchen" nennt und das, über das herkömmliche Sozialstrukturverständnis weit hinausgehend, die „Großbaustelle Deutschland" mit seinen dynamischen Entwicklungen in Ost und West umfasst. „Einfach näher dran" gewinnt für Rainer Geißler seine Daueraktualität auch aus einer anderen Dimension: Mit allem, was ein Wissenschaftler tut und sagt – so sein Credo – sollte eine empirische Nähe zu seinem Forschungsgegenstand verbunden sein. Er hat seine Grundüberzeugung immer wieder eingelöst, sei es, dass er seinen Blick auf ein israelisches Kibbuz richtete oder sei es, dass er sich mit der politischen Sozialisation junger Menschen in Deutschland befasste. „Einfach näher dran" schließt für Rainer Geißler auch sein Verständnis vom Umgang mit Menschen ein. Für Kollegen, Mitarbeiter und Studierende ist er der Repräsentant eine offenen, direkten, statusfreien und immer konstruktiven Kommunikation. Er glaubt – mit Bourdieu – , dass die Sprachkompetenz, die ausreicht, Sätze zu bilden, völlig unzureichend sein kann, um Sätze zu bilden, die gehört werden. Nähe heißt für Rainer Geißler in diesem Sinn vor allem Empathie und sichtbarer Ausdruck einer klaren ethischen Position. Nähe bedeutet nicht zuletzt auch persönliche Nähe. Ich fühle mich Rainer Geißler seit unserer gemeinsamen Studienzeit in Kiel und Basel in besonderer Weise verbunden.

1. Biografische Prägungen des Elternhauses

Die Denk- und Wertkulturen in den großen deutschen Wirtschaftsunternehmen werden gegenwärtig durch die Nachkriegsgeneration bestimmt: zwei Drittel der befragten Entscheider in den wichtigsten Führungspositionen der deutschen Wirtschaft sind im Zeitraum zwischen 1934 und 1945 geboren, haben also ihren beruflichen Einstieg im Wesentlichen in den 60er Jahren gefunden.

Dementsprechend sind die Biografien der deutschen Spitzenmanager in ihren weichenstellenden lebensgeschichtlichen Stationen überwiegend gekennzeichnet durch die Wirren des Zweiten Weltkriegs, die schwierigen Lebensbedingungen nach Kriegsende, die ersten Aufbaujahre und – in der Folge – durch die Erfahrungen des Wirtschaftswunders.[2] Die historisch einschneidenden Ereignisse während der frühen Kindheit haben neben den individuell sehr unterschiedlichen Familieneinflüssen, Lebensläufen und Schicksalen den Prozess der Identitätsbildung geprägt.

Ein wesentliches Merkmal der Familienverhältnisse der heutigen Wirtschaftselite liegt darin, dass sie in einem sehr stark von Frauen – ob Müttern, Großmüttern oder anderen weiblichen Verwandten – dominierten Haushalt herangewachsen sind. Etwa

2 Alle Gesprächsteilnehmer der Studie sind männlich. Frauen sind auf den Führungsetagen der größten deutschen Unternehmen kaum anzutreffen. Das Untersuchungssample besteht zu 30 Prozent aus Vorstandsvorsitzenden, zu 38 Prozent aus Vorstandsmitgliedern sowie zu 32 Prozent aus Inhabern und Geschäftsführern der größten deutschen Unternehmen.

ein Fünftel gab an, als Kinder ohne (leiblichen) Vater aufgewachsen zu sein, weil dieser im Krieg als Soldat gefallen, verschollen oder umgekommen ist. Jeder vierte Spitzenmanager bekundet sogar, ausschließlich von der Mutter erzogen worden zu sein, allerdings mit einer wirksamen symbolischen Präsenz des gefallenen oder verschollenen Vaters. Eine sehr starke Mutterfigur ist demnach kennzeichnend für die biografisch verwurzelten Identitätsumrisse der Spitzenmanager.

Die materiellen Verhältnisse der Familien, in denen die heutige Wirtschaftselite groß geworden ist, charakterisieren sie nicht als Kinder des gehobenen Bürgertums. Dieser Befund frappiert. Fast 60 Prozent der Spitzenmanager Deutschlands bezeichnen die wirtschaftliche Situation in ihrer Jugend als bescheiden oder sogar ärmlich. Sie bekunden, unter extrem angespannten Verhältnissen gelebt zu haben. Nur eine Minderheit von ca. zehn Prozent gibt an, in wohlhabenden Familienverhältnissen aufgewachsen zu sein – dies trifft vor allem auf heutige Topmanager zu, die nach 1945 geboren sind. Zieht man die Angaben zur sozialen Herkunft hinzu, liegt der Schluss nahe, dass die Eltern zwar in der Mehrheit einem durchaus gehobenen Milieu angehörten, die bescheidene finanzielle Ausstattung allerdings vielfach nicht mit ihrem Milieu-Selbstverständnis korrespondierte.

Ein weiteres prägendes Merkmal der biografischen Erfahrung von Spitzenmanagern scheint die soziale Dichte einer Großfamilie gewesen zu sein. Zum einen hatte fast jeder von ihnen Geschwister – und den älteren von ihnen kam entsprechend Erziehungs- und Betreuungsverantwortung zu. Zum anderen rückte man offenbar in Mehr-Generationen-Haushalten zusammen: So wurden viele andere Verwandte, allen voran die Großeltern, zu wichtigen Bezugspersonen. Diese Erziehungskonstellation – insbesondere im Zusammenhang mit den existenziellen Fragen und Problemen der Nachkriegszeit – hat dazu beigetragen, dass der Wert der Familie heute noch unter den Spitzenmanagern einen überragenden Stellenwert genießt und ihr Wohlergehen bei der Bewertung ihres eigenen Lebens ein vorrangiger Maßstab ist, wie symptomatisch ein Vorstandsvorsitzender bekundet:

> „Mein Elternhaus ist aus meiner Sicht vor allem dadurch geprägt, dass es eine intakte Familie war und nach wie vor ist. Das Leitbild einer Familie, einer Gruppe von Menschen, die vernünftig miteinander umgeht und entsprechend miteinander lebt. Das ist sicher das prägendste Element für mich."

Etwa jeder vierte Spitzenmanager entstammt deutschen Familien aus den „ehemaligen Ostgebieten" vom Baltikum über Ostpreußen, Pommern, Schlesien bis Mähren. Sie sind so genannte „Flüchtlingskinder". Ihre Familien hatten sich zu Kriegsende Flüchtlingstrecks angeschlossen oder auf eigene Faust versucht, sich gen Westen durchzuschlagen. Oftmals erfolgte diese Flucht als Odyssee über mehrere Stationen unter zahlreichen Gefahren, die einzelne zwischenzeitlich in Gefangenschaft oder Flüchtlingslager geraten ließen. Auch in diesem Zusammenhang wird von Betroffenen – insbesondere rückblickend – die Leistung ihrer Mütter herausgestellt, die im

Regelfall die Hauptlast der Versorgung und Erziehung zu tragen hatten. Diese Familien flüchteten nicht nur unter Gefahr von Leib und Leben aus ihrer Heimat, sondern haben dort alles aufgegeben und verloren, fühlten sich „entwurzelt". Was sie nicht aufgegeben hatten, war ihre Identität und ihr Habitus – es waren in aller Regel Gutsbesitzer oder Familien mit langer Tradition, die gebildet, angesehen und selbstbewusst waren. Oder es waren Familien, die es über Landbesitz zu Vermögen und Renommee gebracht haben.

Vor allem die vor 1945 geborenen Spitzenmanager schildern die frühen biografischen Etappen ihrer Jugend als große Herausforderung im Überlebenskampf eines entbehrungsreichen Alltags, den ihre Eltern mit großer Opferbereitschaft bewältigten. Aus dieser Grunderfahrung heraus haben die meisten die starke Überzeugung gewonnen, dass sie die Dinge aus eigener Kraft in den Griff bekommen und bewegen können:

> „Die Erfahrung, als Flüchtlingskind außerhalb der Familie in jenen Jahren doch nicht gerade freundlich begleitet zu werden hier im Westen, wir sind damals nach Westfalen geflüchtet, und sich da durchzuboxen. Das hat sicher zu einem erhöhten Ehrgeiz geführt."

Im Ganzen herrschte in der Atmosphäre des Elternhauses der heutigen Führungselite eine Erziehungskonzeption vor, in der Gemeinschaftswerte höher rangierten als individualistische Werte. Es dominierten Werte der Effizienz und Anpassung, ethische Imperative von Pflicht, Fleiß und Selbstkontrolle sowie christliche Tugenden. Amalgamiert war dieser Wertehorizont mit Vorstellungen der eigenen Verantwortungsübernahme und der Forderung, das eigene Schicksal selbstbewusst in die Hand zu nehmen. Trotz materiell schwieriger Lebensumstände hat die Elterngeneration in ihrer Mehrheit der heutigen Wirtschaftselite einen Habitus vermittelt, der als symbolisches Kapital und Distinktionsgewinn den Weg zu Führungspositionen zumindest erleichtert hat (Hartmann 1996: 206).

Damit verfügt Deutschland über eine wirtschaftliche Führungselite, deren Wertorientierungen eine eigentümliche Symbiose bilden: Einerseits durch traditionelle Leitbilder einer Elterngeneration geprägt, die aus der Weimarer Republik stammte, andererseits durch neuere Selbstgestaltungsansprüche beeinflusst, die aus den Erfahrungen einer demokratischen Ordnung und den Bedingungen eines stabilen wirtschaftlichen Wachstums resultierten.

2. Die Kennkarte der deutschen Wirtschaftselite

Fast jeder deutsche Spitzenmanager ist verheiratet (92 Prozent), 85 Prozent von ihnen haben Kinder, davon ein knappes Drittel drei Kinder und mehr. Sie leben in großer Mehrheit in Verhältnissen, die eher dem klassischen Familienideal entsprechen als dem heutigen „sozialstrukturellen Normalfall". Geschieden ist kaum jemand von ihnen, entsprechend ist auch kaum jemand wieder verheiratet. Intakte Familienverhältnisse gelten offenbar in wirtschaftlichen Führungspositionen als eherne Rekrutierungsregel, Scheidungen dagegen explizit als Barriere für den Aufstieg in die wichtigsten Ämter und Funktionen. Wer geschieden ist, darf sich kaum Hoffnungen machen, in der höchsten Positionen der deutschen Wirtschaft aufzusteigen. Diese „Regeln" galten zumindest in der „aktiven Karrierephase" der heutigen Führungskräfte und sie scheinen auch für sie selbst bei der Rekrutierung von Nachwuchs nach wie vor ein unverrückbarer Maßstab zu sein.

Das Durchschnittsalter der deutschen Spitzenmanager beträgt 56,6 Jahre, dies entspricht in etwa dem Durchschnittsalter aller Vorstandsvorsitzenden der im „Dax 30" notierten Aktiengesellschaften (57,5 Jahre). Etwa 60 Prozent der heutigen Wirtschaftselite ist älter als 55 Jahre. Im internationalen Vergleich erreichen deutsche Spitzenmanager damit erst relativ spät ihre Führungspositionen.

Nahezu alle haben ein Studium abgeschlossen (87 Prozent), einige von ihnen auch auf dem zweiten Bildungsweg. Knapp die Hälfte hat promoviert. Der Weg an die Unternehmensspitze führt über unterschiedliche Studienrichtungen: Die Wirtschaftswissenschaften dominieren inzwischen mit 36 Prozent leicht vor den naturwissenschaftlich-technischen Fachrichtungen (33 Prozent). Nur noch 15 Prozent der Wirtschaftselite setzt sich aus Juristen zusammen. Damit ist das traditionelle Juristenmonopol bei der Rekrutierung von Spitzenmanagern durchbrochen. Interessant ist, dass die Juristenquote mit sinkendem Alter korreliert: Je jünger die Spitzenmanager, umso weniger von ihnen haben eine juristische Ausbildung. Demgegenüber erfahren die wirtschaftswissenschaftlichen Studiengänge eine deutliche Aufwertung. In früheren Studien lag der Anteil der Ökonomen bei durchschnittlich 20 Prozent, heute gibt es dagegen kaum noch ein Großunternehmen, in dem nicht wenigstens ein Vorstandsmitglied ein wirtschaftswissenschaftliches Studium vorweisen kann. Neben den Ökonomen scheinen auch Naturwissenschaftler und Techniker auf dem Vormarsch zu sein. Vor allem unter den jüngeren Spitzenmanagern ist der Ingenieursanteil stark steigend. Offenbar machen in Zukunft die Ingenieurs- und Wirtschaftswissenschaften die Besetzung der Top-Positionen in Deutschlands größten Unternehmen unter sich aus.

3. Soziale Herkunft

Diejenigen Topmanager, die nach der Klassifikation der Schichtungssoziologie zur Machtelite gehören (vgl. Geißler 2002: 147ff), werden mehrheitlich schon in einer entsprechenden „Höhenlage" geboren. Etwa jeder zweite deutsche Spitzenmanager ist bereits selbst in der oberen Mittelschicht oder Oberschicht aufgewachsen. Die andere – knappe – Hälfte stieg aus den so genannten mittleren und ausführenden Dienstleistungsberufen auf. Nur eine Minderheit von etwa sieben Prozent wurde in den unteren Milieus der Arbeiter oder einfachen Angestellten geboren. Die unteren Schichten, die knapp die Hälfte der Bevölkerung stellen, sind demnach in den Spitzenfunktionen der deutschen Wirtschaft, worauf schon Helge Pross vor 30 Jahren hinwies (1971), nach wie vor deutlich unterrepräsentiert. In diesem Punkt scheint eine hohe Kontinuität zu herrschen. Insoweit ist Geißlers These vom Gesetz der zunehmenden sozialen Selektivität im politischen Herrschaftsgefüge auch auf die wirtschaftlichen Eliten übertragbar (2002: 150). Je höher die wirtschaftlichen Führungspositionen sind, umso eher kommen die oberen Schichten zum Zuge und umso stärker werden die unteren an den Rand gedrängt.

Abbildung 1: Konfessionszugehörigkeit

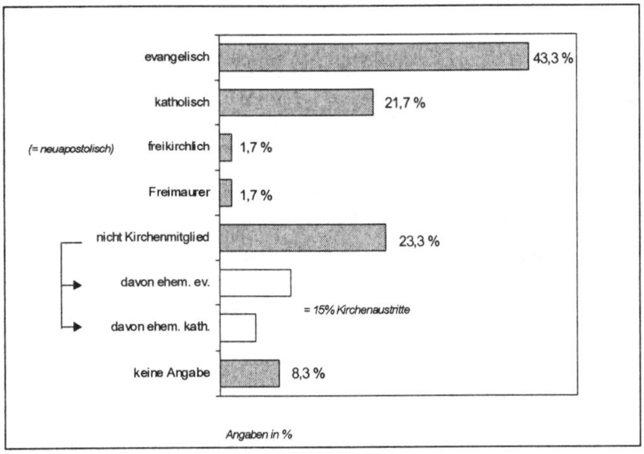

Allerdings zeichnen sich inzwischen auch gewisse Diskontinuitäten ab. Differenziert man die Berufe der Väter der heutigen Unternehmenslenker nach den Soziallagen, ergibt sich ein klareres Bild für die Offenheit der deutschen Sozialstruktur. Wenn man beispielsweise die Berufe von Landwirten, Handwerkern, Beamten im einfachen und gehobenen Dienst sowie einfachen bis mittleren Angestellten zusammenfasst, scheint Deutschland in gewissem Umfang ein Aufstiegsland für das mittlere Bürgertum zu sein. Etwa jeder dritte deutsche Top-Manager stammt aus diesem Milieu.

Generell kann man angesichts dieser Befunde von einer begrenzten Aufstiegsbewegung zwischen dem ausführenden und mittleren Dienstleistungssektor auf der einen Seite und den Spitzenfunktionen in der Wirtschaft auf der anderen Seite sprechen. Gleichwohl ist trotz der Zahlen nicht zu verkennen, dass unter den wichtigsten Unternehmensleitern die Sprösslinge aus dem arrivierten Milieu deutlich überwiegen. Daher kann sich Deutschland nach wie vor nicht rühmen, eine offene Gesellschaft zu sein, soweit es um die Machtpositionen in der Wirtschaft geht.

4. Konfessionszugehörigkeit der Wirtschaftselite

Zu den zentralen sozialen Faktoren der Aufstiegsmobilität in Deutschland gehört offenbar die von den Eltern übernommene Konfession. Schon Pross und Boetticher betonen, dass Söhne aus katholischen Familien entweder seltener in Großunternehmen eintreten oder dort schlechtere Aussichten haben zu reüssieren (1971: 49). Dieser Befund gilt noch heute. Nach wie vor wirkt sich offenbar die Erziehung in einer katholisch geprägten Atmosphäre des Elternhauses gegen Karrierechancen zu Spitzenpositionen in der Wirtschaft aus. Eine Tendenz zur Nivellierung der Konfessionseinflüsse als Bestimmungsfaktor von Top-Managementkarrieren hat sich bis heute nicht durchgesetzt.

Abbildung 2: Bedeutung der Denkweisen des angestammten Berufs

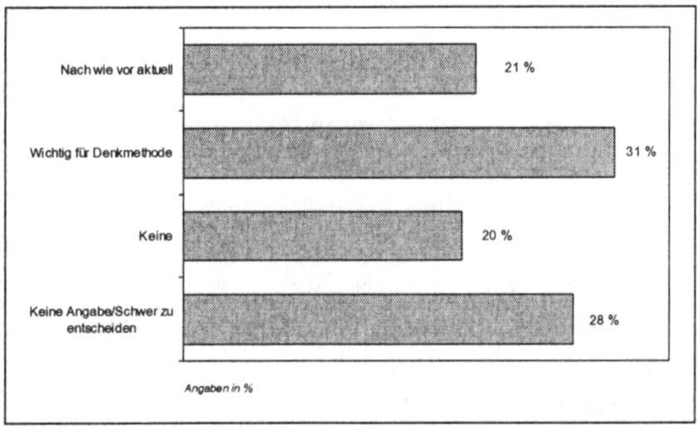

Die Unterschiede in der Konfessionszugehörigkeit sind augenfällig. Wirft man einen Blick auf die frühere Konfessionszugehörigkeit von jenen Topmanagern, die inzwischen aus der Kirche ausgetreten sind, wird diese Disparität noch gravierender: Etwa 60 Prozent der deutschen Wirtschaftselite ist in einer protestantisch geprägten Atmosphäre des Elternhauses aufgewachsen, dagegen nur etwa 28 Prozent in einem katholisch geprägten Milieu.

Deutlich zugenommen hat in den letzten Jahrzehnten der konfessionslose Status. Nicht konfessionell gebunden ist etwa jeder vierte Spitzenmanager; aus der Kirche ausgetreten sind 15 Prozent der heutigen Konzernlenker. Aber selbst der konfessionslose Status darf nicht darüber hinweg täuschen, dass nur eine kleine Minderheit von weniger als zehn Prozent der Führungskräfte überhaupt keinen Bezug zur Religion hat und sich als durchweg atheistisch bezeichnet. Sowohl die religiöse Atmosphäre des Elternhauses als auch das vorbehaltlose Bekenntnis zu christlichen Werten gehören offenbar wie selbstverständlich zum Selbstbild der heutigen Topmanager. Mag der institutionell beheimatete Glaube auch auf dem Rückweg sein, die Verankerung in der christlichen Kultur, bzw. in den Glaubensprämissen des Christentums wirken weiter fort.

Welche Einflüsse im Einzelnen für die signifikante Unterrepräsentierung von Katholiken in wirtschaftlichen Führungsfunktionen verantwortlich sind, wird nicht recht klar. Unser Material zeigt lediglich, dass unter den Spitzenmanagern aus katholischen Elternhäusern kaum Juristen zu finden sind. Offenbar ist der traditionelle Aufstiegskanal des Jurastudiums in die wirtschaftlichen Führungsfunktionen eine Domäne der evangelisch erzogenen Spitzenmanager. Ein anderer Grund für die Unterrepräsentation katholisch geprägter Topmanager könnte darin liegen, dass ihr Aufstieg deutlich dornenreicher ist als für die evangelischen Kollegen. Katholische Spitzenmanager stammen fast nie aus einem arrivierten Sozialmilieu. Im Gegensatz zu ihren evangelischen Kollegen verdanken sie ihren Erfolg nicht einer entsprechenden sozialen Höhenlage, sondern eher individuellen Biografie- und Karrieremustern.

5. Stellenwert des Studiums in den Spitzenfunktionen

Interessant ist der Stellenwert, den die Spitzenmanager ihrem Studium und den dort eingeübten Denkweisen heute noch zumessen. Dahinter steht die Frage, wie sehr die in der eigenen Biografie verwurzelten geistigen Traditionen auf der höchsten Führungsebene von anderen Kulturtechniken und Denkmethodiken überlagert werden. Wirken die Denkweisen des angestammten Berufes noch nach? Oder dominieren die mit einer Führungsposition verbundenen systemimmanenten Denktechniken und Entscheidungsverfahren?

Eine einheitliche Tendenz ist nicht zu erkennen. Gut die Hälfte der Spitzenmanager hält die im Studium erworbenen Qualifikationen nach wie vor für bedeutsam. Entweder schätzen sie das dort erworbene Fachwissen, um bestimmte Probleme besser verstehen zu können (ca. 20 Prozent), oder aber sie schätzen an ihrer Ausbildung die dort vermittelten Methodiken des Denkens und der Problemstrukturierung, von der sie heute noch unverändert profitieren (ca. 30 Prozent). Insbesondere die Manager der Fachrichtungen Naturwissenschaften und Jura betonen den hohen Stellenwert ihres Studiums für ihre heutigen Aufgaben:

> „Sehr stark. Gerade das Physikstudium. Wenn Sie Physik studieren, haben Sie das Gefühl, dass es immer schlimmer wird. Sie glauben, eine Hürde übersprungen zu haben. Sie klettern einen Berg hoch und sagen, mein Gott, da ist ja noch ein Tal. Und es wird noch viel weiter und viel größer. Und damit ist der Naturwissenschaftler sehr stark in mir geprägt“.

> „Alles das, was ich gelernt habe, das Analysieren eines Problems, das folgerichtige, das flow-chart-artige Durchdenken einer Situation, das Systemdenken, das ja in der Elektrotechnik, Nachrichtentechnik, Sys-

temtechnik so deutlich ist, das hat sich bis heute erhalten. Im Gegenteil, das ist, finde ich, ein sehr gutes Werkzeug, mit dem ich sehr gut arbeiten kann.“

Ganz anders reagieren dagegen die Manager, die auf einen wirtschaftswissenschaftlichen Studiengang zurückblicken. Bei ihnen sind die angestammten Kompetenzen und Denkstrukturen weitgehend verblasst. Nach ihrer Auffassung ist die Art des Studiums oder der Berufsausbildung eher zweitrangig, entscheidend ist weniger, ob ein Unternehmen von einem Betriebswirt, Chemiker, Juristen oder Ingenieur geleitet wird, sondern ob jemand an der Spitze steht, der in einem positiven Sinn ein Generalist ist:

„Die Berufsausbildung ist am Ende eigentlich ziemlich unerheblich. Es gibt keine bestimmten Starthilfen und es spielt heute auch keine allzu große Rolle mehr, ob z.B. ein chemisches Unternehmen geleitet wird von einem Chemiker, einem Kaufmann, einem Betriebswirt, Volkswirt, Juristen. Es müssen Leute an der Spitze stehen, die einen klaren Blick haben; aber woher sie kommen, halte ich nicht für wesentlich.“

6. Elitenselbstverständnis

Die grundlegende Frage, ob die Spitzenmanager überhaupt zur Elite zählen, wird kontrovers diskutiert. Bereits der Begriff „Elite“ führt zu positiven wie auch negativen Gefühlsreaktionen. Dabei war von vornherein klar, dass der Begriff der Elite nicht unumstritten sein würde, nicht anders als in der Öffentlichkeit. Die Verfechter des Elitengedankens unter den führenden Managern beklagen vor allem, dass für die Förderung der Eliten zu wenig getan werde. Die Gegner lehnen den Begriff ab, weil sie die Existenz von Eliten nicht mit ihrem demokratischen Selbstverständnis für vereinbar halten – sie denken vor allem an aristokratische Eliten, an eine Auslese von geistig, sittlich oder sozial höherwertigen Menschen. Der Begriff Elite gilt offenbar vielen Top-Managern als „politisch nicht korrekt“ – er scheint vor allem vor dem Hintergrund der nationalsozialistischen Vergangenheit diskreditiert zu sein:

„Eigentlich nicht, nein, nein überhaupt nicht. Da hätte ich große Schwierigkeiten mit meinem Selbstverständnis. Ich weiß zwar, dass Menschen, die entweder demokratisch oder aufgrund ihrer Fähigkeiten oder auch ihrer persönlichen Qualitäten herausragen und bestimmte Verantwortung übernehmen, dass sie als Elite bezeichnet werden. ..., ich habe nur mit dem Begriff als solchem Probleme – für mich ist der Begriff etwas verbrannt.“

Der sozialwissenschaftliche Paradigmenwechsel zu Positionseliten, demzufolge Personen nicht aufgrund persönlicher oder charakterlicher Eigenschaften als Eliten identifiziert werden, sondern weil sie über entsprechende Machtbefugnisse verfügen, wirtschaftlich wichtige Entscheidungen zu treffen, wird von der Mehrheit der deutschen Spitzenmanager nicht geteilt. Positionseliten werden von ihnen nach wie vor in engem Zusammenhang mit Werteliten gesehen.

Hinzu kommt, dass der Elitenbegriff im Selbstverständnis der Spitzenmanager mit politischer oder gesellschaftlicher Macht assoziiert wird. Die deutsche Wirtschaftselite sieht sich aber nicht als Machtelite. Ihr öffentlicher Einfluss ist nach ihrem Verständnis eher gering. Weder verfügen sie über formelle oder informelle Verbindungen zu den politischen Eliten in diesem Land, noch bilden sie eine kohärente Gruppe, noch verfügen sie über gemeinsame Interessen, noch gibt es schließlich einen institutionalisierten Austausch mit den anderen Funktionseliten. Politische Macht und politischer Machtwille sind den deutschen Spitzenmanagern fremd. Auch daher rührt die offenkundige Distanz zum Elitebegriff.

> „Unsere drei, wenn Sie so wollen, „Eliten" in Anführungszeichen – Wirtschaft, der ganze kulturelle Bereich, die Politik – die leben im Grunde mehr oder minder nebeneinander. Man kennt sich vielleicht da oder dort, aber richtig verstehen oder sich viel Zeit nehmen, sich wechselseitig miteinander auseinanderzusetzen, gibt es eigentlich nicht."

Die deutsche Wirtschaftelite ist im Kern relativ ungebunden. Sie hat kein einheitliches Programm, nicht einmal vereinigende Probleme, die sie ins öffentliche Bewusstsein zu heben versucht. Obwohl sie zahlreich sind und Zugang zu den Medien hätten, erheben die Spitzenmanager – wenn überhaupt – nur flüsternd ihre Stimmen. Weder Grundfragen der Gesellschaft noch aktuelle politische Debatten reißen sie aus ihrer politischen Zurückhaltung. Angesichts der routiniert verlaufenden Rituale unternehmensinterner Entscheidungsprozesse nimmt die öffentliche Wortlosigkeit ihren Lauf. Die deutschen Spitzenmanager sind auch nach ihrem Selbstverständnis ein unverbundenes Netzwerk ohne öffentlich Stimme – oder anders formuliert: eine Elite wider Willen.

Auf die Frage „Verstehen Sie sich selbst als Angehöriger einer Elite?" antwortet fast ein Viertel so spontan und kategorisch mit „Nein", dass in der Gesprächssituation zugleich deutlich wurde, hier gebe es nichts weiter zu begründen und zu argumentieren. Etwas mehr als ein gutes Viertel lässt diesen Begriff ebenfalls nicht für sich gelten, gibt aber hierfür Begründungen an:

> „Ein Vorstand ist sicherlich eine besondere Position. Elite bin ich deshalb aber nicht. ... Auch wenn man den Begriff rein funktional sieht, ich weiß nicht, ob das Top-Management eine Elite ist. Sie macht eine Aufgabe."

„Ja, also rein formell ist es so. Aber das ist bei mir nicht etwas Bewusstseinprägendes."

Abbildung 3: Elitenzugehörigkeit

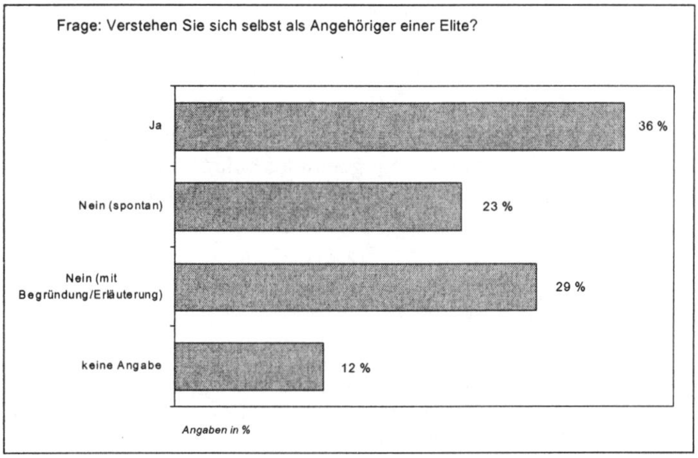

Nur ein gutes Drittel der Spitzenmanager bekennt sich vorbehaltlos zur Wirtschaftselite. Aber auch sie sind um eine Abgrenzung von möglichen negativen Beiklängen des Elitebegriffs bemüht:

> „Im guten Sinne: ja. Ich denke, man muss dazu ja sagen, nicht unbedingt gern, weil das Bekenntnis zur Elite natürlich auch Pflicht bedeutet. Man muss sich bewusst sein, dass spätestens, wenn man zu dieser Elite gehört, der Pflichtenkreis über den Unternehmensrand hinauswächst und man sich eben auch allgemeiner gesellschaftlicher Dinge widmen muss."

> „Ich war in der Politik in einer herausgehobenen Funktion verantwortlich und jetzt in der Wirtschaft, und insofern gehöre ich zu einer Funktionselite. Da habe ich gar keine Scheu, das so zu sagen."

> „Also ich würde sicher proaktiv meinerseits nicht den Begriff der Elite wählen, wenn ich über mich spreche. Auf der anderen Seite, zunächst mal unabhängig von meiner Person, halte ich den Elitebegriff für alles andere als was Negatives. Im Gegenteil, Elite ist die entscheidende Grundvoraussetzung für das erfolgreiche Funktionieren einer Gesell-

> schaft, und ich meine, dass wir daran arbeiten müssen, Eliten zu stützen, zu stärken, zu entwickeln.“

Nach mehrheitlicher Auffassung der Spitzenmanager ist Elite kein Begriff mehr, der auf eine strukturelle Konstante der deutschen Gesellschaft verweist: Zwar ist die Leistungsqualifikation auch für die Spitzenmanager ein fundamentales Bauprinzip der wirtschaftlichen Ordnung, aber als Prinzip verweist es nicht mehr auf den Konfrontationscharakter eines als antagonistisch gedachten Gesellschaftsmodells (Elite versus Gesellschaft), sondern eher im Gegenteil: Die Leistungsqualifikation fungiert aus ihrer Sicht als ein pluralistisches Prinzip der Aufstiegsmobilität, ohne dass es an eine gruppenspezifische Wertqualifikation gebunden wäre. Damit ist die heutige Wirtschaftselite eine tief in der demokratischen Struktur der Bundesrepublik verankerte pluralistische Elite.

7. Ethischer Grundkonsens

Offenbar hat der innere Zusammenhalt der Wirtschaftselite weiter abgenommen. Ein gemeinsamer ethischer Grundkonsens unter den deutschen Spitzenmanagern ist derzeit nicht zu sehen. 40 Prozent von ihnen bestreiten schlechthin die Vorstellung einer kollektiven Verpflichtungsethik. Für die Herausbildung einer Wirtschaftselite als geschlossene Einheit fehlen in Deutschland wohl die Voraussetzungen. Weder gibt es institutionalisierte Stätten der informellen Begegnung, noch wirkt weltanschaulich verbindend das frühere – von Dahrendorf so kritisierte – Juristenmonopol in der Elite. Mit der beruflichen Vielfalt in der wirtschaftlichen Führungsschicht hat auch der ethische Grundkonsens an Bedeutung verloren. Hinzu kommt, dass inzwischen selbst standardisierte Karrierewege aufgeweicht sind. Die Zugänge zu Spitzenpositionen in der Wirtschaft sind durch Branchenwechsler, Quereinsteiger aus der Politik oder den Medien, Sektorwechsler, etc. vielfältiger geworden:

> „Eine Gemeinsamkeit, indem man sagen muss oder sagen könnte, die deutschen Manager sind diesem oder jenem verpflichtet und da stimmen sie alle überein – ich kenne das nicht, und ich halte das auch nicht für sehr wahrscheinlich, dass so was überhaupt passiert.“

So wenig wie es ein gemeinsames Elite-Bewusstsein gibt, so schwer fällt es der Mehrheit der deutschen Spitzenmanager auch, das Spezifische eines gemeinsamen Wertkonsenses zu erläutern. Für sie existiert ein solcher Konsens nicht.

Eine abweichende Auffassung vertritt etwa ein Drittel der Spitzenmanager. Sie unterstellen einen impliziten gemeinsamen Wertekonsens. Allerdings bezieht er sich weniger auf einen allgemeinen Kodex des Unternehmerverhaltens oder eine bestimmte Standesethik, sondern eher auf die Akzeptanz allgemeiner demokratischer, bzw. öffentlicher Tugenden – etwa im Sinne, es gebe Bereiche mit gemeinsamen

Normen und Standards. Gleichzeitig räumen sie ein, ein solcher Konsens sei nichts Kodifiziertes oder auch nur ausdrücklich Kommuniziertes. Die deutschen Spitzenmanager sehen sich weitgehend als Individualisten ohne institutionalisierte Standesethik:

> „Es gibt den mitteleuropäischen Standard dessen, was wir tun – der in manchen Dingen anders ist, als der amerikanische Standard oder der asiatische Standard. Aber es gibt keinen Grundkonsens, wo sie sagen können, die verhalten sich alle gleich. Na gut, es gibt schon manche Bereiche, wo wir eine Art Norm haben. So im Umgang miteinander, im Verhältnis zu den Gewerkschaften, zwischen Arbeitnehmern und Arbeitgebern. Da gibt es schon Verhaltensweisen, die sich einfach durch die Regeln, die da herrschen, angeglichen haben."

> „Ich würde sagen, er baut sich zurzeit auf. Einfach dadurch, dass die Dinge heute sehr viel durchlässiger geworden sind. Man klüngelt nicht mehr. Man kann auch nicht klüngeln. Also ich glaube, dass die Öffentlichkeit erwartet, dass man mit offenen Karten spielt, dass man sauber spielt, dass man eine Aufgabe im Rahmen eines gegebenen sozialen Umfeldes wahrnimmt, dass man sich um seine Mitarbeiter kümmert."

> „Nein, keine geschriebene (Standesethik), eher nicht. Der Umgang untereinander ist natürlich geprägt von dem Wissen, dass man irgendwo eine gemeinsame Grundaufgabe hat, nämlich ein Unternehmen erfolgreich zu führen, Mitarbeiter verantwortungsvoll zu führen und das prägt natürlich die Gespräche, die Gesprächsthemen. Man tauscht sich über solche Dinge aus."

> „Ja nun, es gibt, glaube ich, schon einen gewissen Korpsgeist unter den deutschen Unternehmern. Das ist eigentlich ganz natürlich, dass sich da ein Wir-Gefühl entwickelt, und wenn einer dieser Unternehmer oder Manager ungerechtfertigt angegriffen wird, stehen die anderen schon auf und verteidigen den, egal ob er aus dem gleichen Marktplatz kommt oder ob er einem menschlich-persönlich nahe steht oder gefällt oder nicht."

In der deutschen Wirtschaftselite existiert im Wesentlichen keine übergreifende, über die persönlichen Interessen hinausreichende Grundidee eines gemeinsamen Wertethos. Dennoch gibt es Züge einer Übereinstimmung. Es fehlen zwar übergreifende Wertideen, aber dies bedeutet nicht, dass es nicht einen gewissen praktischen Konsens gäbe. Es ist der Kitt gleichartiger ökonomischer Zielsetzungen und Interessen, der die Spitzenmanager eint.

Abbildung 4: Gemeinsamer ethischer Wertekonsens unter den Führungskräften

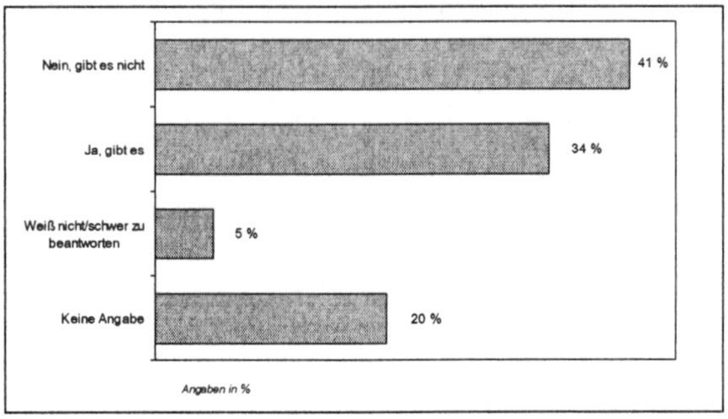

8. Gemeinsames Selbstverständnis

Knapp die Hälfte der Führungskräfte glaubt an gewisse Grundlinien eines gemeinsamen Selbstverständnisses. Es wird durch gemeinsame Ziele und Interessen geprägt, die weniger das spezifische Selbstbild einer klar umgrenzten Elite kennzeichnen als vielmehr Ausdruck eines modernen Unternehmerverständnisses sind: etwa im Blick auf eine kulturelle oder gesellschaftliche Verantwortung, in der Orientierung auf den Erfolg oder auf kongruente Ziele wie shareholder value, Beschäftigungspolitik, in der Haltung zu Gewerkschaften oder zu marktwirtschaftlichen Orientierungen generell.

> „Ich würde schon sagen, das gemeinsame Selbstverständnis ist, sich marktwirtschaftlich zu orientieren und nach den Gesetzen der Marktwirtschaft zu arbeiten."

Ein großer Teil der Topmanager (ca. 40 Prozent) hegt allerdings Zweifel, ob es so etwas wie ein gemeinsames Selbstverständnis auf der höchsten Ebene der deutschen Wirtschaft überhaupt gebe. Ein „Wir-Gefühl" können sie nicht feststellen; Dazu seien „zu viele Individualisten", bzw. von der Konkurrenz getriebene „Einzelkämpfer" am Werk.

> „Das glaube ich nicht. Das ist eine harte Konkurrenz. Jeder kämpft darum, sein Unternehmen möglichst so zu managen, dass es im Vergleich sehr gut dasteht. Da gibt es immer das Benchmark-Denken."

Ein gemeinsamer kultureller und sozialer Referenzrahmen ist derzeit nicht zu erkennen. Weder existiert ein ethischer Grundkonsens noch ein gemeinsames Selbstverständnis. Sogar die nationale Herkunft verliert als identitätsstiftendes

Merkmal an Bedeutung. Die meisten Spitzenmanager definieren sich stärker transnational und sehen sich ihren amerikanischen oder asiatischen Kollegen stärker verbunden als branchenfremden deutschen Spitzenmanagern.

Abbildung 5: Gemeinsames Selbstverständnis der deutschen Topmanager

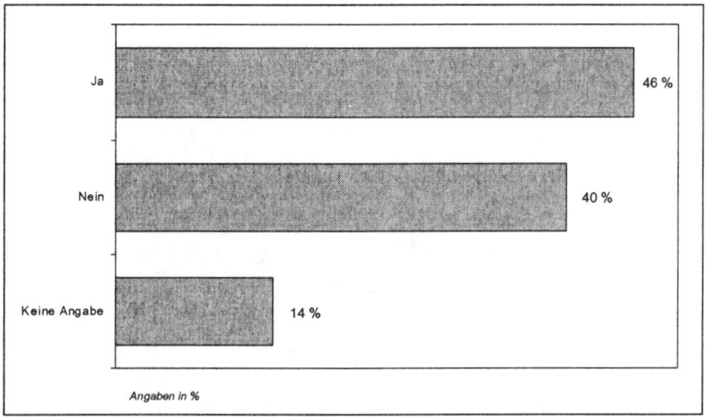

Auch in dieser Hinsicht ist die deutsche Wirtschaftelite eine durch und durch pluralistische Elite (Geißler 2002: 154f). Es fehlt ihr an einer gemeinsamen kollektiven Identität. Dies mag daran liegen, dass in Deutschland eine höhere soziale Durchlässigkeit existiert als in anderen Staaten wie etwa in Frankreich, Großbritannien oder in den USA. Durch den Verzicht auf Elite-Ausbildungswege herrscht eine offenere Rekrutierung, gleichzeitig hat sich ein facettenreicheres und heterogeneres Selbstbild als in anderen Gesellschaften entwickelt.

10. Netzwerke der deutschen Wirtschaftselite

Ob soziale Netzwerke der deutschen Spitzenmanager das Defizit an tiefer liegenden kollektiver Identität kompensieren können, steht dahin. Netzwerke spielen dennoch eine große Rolle. Nur wenige Topmanager geben an, sie hätten keine Bedeutung oder ihre frühere Bedeutung verloren. Etwa 88 Prozent der heutigen Spitzenkräfte verweisen auf unterschiedlichste Netzwerke, betonen aber zugleich, dass das nationale networking eine geringere Rolle spielt als das internationale networking. Im nationalen Bereich finden sich primär fünf Formen von informellen Netzwerken:

1. branchenspezifischen Netzwerke (Spitzenmanager derselben Branche wie z.B. der Finanz- oder Automobilwirtschaft),

2. ausbildungsspezifische Netzwerke (Spitzenmanager derselben Universitäten oder Ausbildungsstätten im Inland und Ausland, Manager aus bestimmten Alumni-Vereinen und schließlich Manager aus denselben studentischen Verbindungen),
3. regionalspezifische Netzwerke (Spitzenmanager aus derselben Region, z.B. Großraum München oder Großraum Frankfurt),
4. der „closed shop“ der durch Aufsichtsratmandate verwobenen Spitzenmanager,
5. durch Verbände institutionalisierte Netzwerke wie z.B. von BDA, BDI, DIHK, ZDH, Wirtschaftsrat oder anderen Verbänden initiierten Veranstaltungen.

Ein einheitliches in sich geschlossenes Netzwerk der deutschen Wirtschaftselite existiert nicht. Vielmehr handelt es sich um einen Pluralismus unterschiedlichster Netzwerke mit unterschiedlichem Charakter. Die jeweiligen Netzwerke stehen relativ unverbunden nebeneinander. Zudem unterscheiden sie sich in ihrem Selbstverständnis und Habitus deutlich voneinander. Dies führt dazu, dass sie zum Teil sogar auf bewusste Distanz zu anderen Netzwerken derselben Region oder Branche gehen. Kennzeichnend ist darüber hinaus, dass sich im Rahmen einiger dieser Netzwerke informelle Freundschaften bilden. Diese Kombination von informeller Interessenverfolgung und persönlichen Beziehungen erlaubt es, die Kennzeichen der informellen Vernetzungen mit dem Begriff der „nutzfreundschaftlichen Netzwerke“ (Luhmann) zu bezeichnen. Trotzdem wäre es verfehlt, von der Gleichrangigkeit von Person und Funktion in den Netzwerken der deutschen Wirtschaftselite zu sprechen. Networking in Deutschland ist primär interessen- und positionsgeprägt. Geht ein Vorstandsvorsitzender in den Ruhestand oder wird er abgelöst, lösen sich meist seine Netzwerkbindungen.

Unabhängig von den eher losen Netzwerken spielen fallweise so genannte closed shops einer kleinen Top-Elite eine nicht zu unterschätzende Rolle. Sie sind „immens effektiv über die wechselseitige Vergabe zentraler Aufsichtsratsmandate verwoben“.

Die verschiedenen Netzwerke werden nicht von allen Spitzenmanagern gleichermaßen positiv wahrgenommen. Zu der einen oder anderen Form des networking herrscht bei etwa 15 Prozent von ihnen eine ausgesprochene Distanz. Ob es sich um die Baden-Badener Gesprächskreise oder bestimmte international agierende Alumni-Vereine handelt: Sobald sie den Charakter von Seilschaften annehmen, werden sie abgelehnt.

> „Es gibt für den absoluten Topgeist ein gewisses Netzwerk. Es gibt ein Netzwerk, wenn es darum geht, Aufsichtsratsmandate zu besetzen, wenn es darum geht, Positionen zu bekommen in den Vorstandsetagen der Wirtschaft. Dazu gehört unser Unternehmen auch, da kommen Sie nicht ohne Netzwerk rein.“

> „Baden-Baden ist ein Netzwerk. Mittlerweile sind über 3000 Top-Manager dort gewesen. Und jeder hat so seine 50 Kollegen, die er dann auch persönlich kennt. Und es wird so gepflegt, dass es permanent Fortsetzungsgespräche gibt. Da gibt es Vier-Tages-Seminare drei Jahre lang. Und dann wird einem selbst überlassen, das weiter zu führen. Und in der Regel wird das getan. Ich bin jetzt im 17. Jahr. Und wir treffen uns ."

> „Gut, die Verbände sind natürlich ein Teil der Netzwerke. Dort finden die Branchen-Netzwerke statt. Ich bin in fast jedem Verband der ... Industrie. Ich in der DGP, der Deutschen Gesellschaft für Personalführung, die ebenfalls ein extrem wichtiges Netzwerk hat. Auf allen Ebenen."

> „Das Netzwerk der deutschen Wirtschaftselite wird sicherlich getragen durch schulische Netzwerke, universitäre Netzwerke, also Alumni-Verbindungen und dann würde ich sagen, die Verbandsverbindungen, also ich meine, der BDI spielt da schon eine große Rolle."

> „Es gibt einen Initiativkreis, wo ungefähr 50 Unternehmensführer aus Familienunternehmen, aber auch Aktiengesellschafts-Vorstandsvorsitzende regelmäßig zweimal im Jahr zusammenkommen. Das gibt es schon."

Einen sehr viel größeren Stellenwert als auf der nationalen Ebene haben Netzwerke auf der internationalen Bühne. Für fast 80 Prozent der deutschen Wirtschaftselite bilden internationale Netzwerke einen inzwischen fast selbstverständlichen Faktor im unternehmerischen Alltag. Ihre Bedeutung kann nicht hoch genug veranschlagt werden. Nur jeder fünfte Spitzenmanager ist aus unterschiedlichen Gründen nicht in internationale Netzwerke integriert oder dementiert zumindest deren Wirksamkeit. Die Bedeutung der internationalen Netzwerke liegt in unterschiedlichen Aspekten:

- Sie ermöglichen unterhalb der politischen Ebene Einigungsprozesse in Europa und damit die Schaffung einer gemeinsamen Interessenfront gegenüber Nationalismen.
- Sie ermöglichen eine konstruktive Kulturauseinandersetzung.
- Sie ermöglichen Konvergenzprozesse von für die Wirtschaft zentralen Werten.
- Sie ermöglichen internationale Akzeptanz- und Reputationsprozesse.
- Sie ermöglichen neue Kontaktnetze in verschiedenen Ländern und damit neue Geschäftsmöglichkeiten.
- Sie fördern einen transnationalisierten Wirtschaftsraum, der über die EU hinausgeht.

- Sie fördern persönliche und informelle Beziehungen.
- Sie ermöglichen jenseits nationaler Identitäten neue Formen der Konsensbildung.

Abbildung 6: Bedeutung internationaler Netzwerke

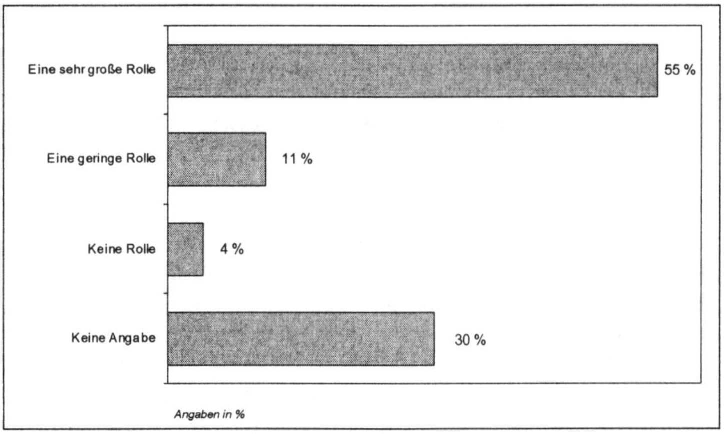

Im Zeichen zunehmender Denationalisierung scheinen internationale Netzwerke weiter an Gewicht zu gewinnen. Die Frage, ob sich in diesem Prozess möglicherweise neue, anders strukturierte kollektive Identitäten herausbilden, muss derzeit offen bleiben; deutlich zeichnet sich jedoch ab, dass internationale Netzwerke zunehmend stark auf das persönliche Selbstverständnis der deutschen Spitzenmanager ausstrahlen, zumindest erheblich nachdrücklicher als nationale Netzwerke:

> „Ich habe zu vielen internationalen Managern einen höheren Wir-Bezug als zu deutschen Managern."

> „Es ist ein Konvergenzprozess, der Unternehmen mit unterschiedlichen Kulturen zusammenbringt. Wer sich nicht mit business culture, nehmen Sie Frankreich, Italien, sehr intensiv auseinandersetzt, kann Fehler machen. Also in dieser Managerklasse ist ein Prozess im Gange, der in den internationalen Netzwerken die Unterschiede immer mehr abschleift, der zu einem Konvergenztrichter führt."

> „Daher sind internationale Netzwerke ganz wichtig in unserem Geschäft, klar."

Die internationale Orientierung der deutschen Wirtschaftselite ist inzwischen so weit fortgeschritten, dass drei von vier Spitzenmanagern der Auffassung sind, andere Kulturmilieus würden Einfluss auf ihre Entscheidungspraktiken nehmen. Am stärksten wirkt sich offensichtlich der angelsächsische Einfluss auf das Selbstbild der Manager aus. Fast 70 Prozent der deutschen Wirtschaftselite fühlen sich von der angelsächsischen, insbesondere der amerikanischen Kultur und ihren Wertideen geprägt. Die Dominanz dieses Kulturraums ist offenbar so voraussetzungslos, dass seine Denk- und Entscheidungsverfahren unmerklich Eingang in das Selbstbild der deutschen Wirtschaftselite genommen haben.

Jeder dritte Spitzenmanager bekundet jedoch, dass der Einfluss von anderen Kulturen vielfältiger und nicht nur auf den angelsächsischen Raum begrenzt ist. Hier hat offenbar eine Art Amalgamierung unterschiedlicher Kultureinflüsse stattgefunden. Neben angelsächsischen Prägungen gilt dies insbesondere für Einflüsse aus dem französischen Kulturkreis sowie dem japanischen oder arabischen Raum. Meistens sind diese Einflüsse nicht direkt im unternehmerischen Alltag sichtbar, sie wirken aber als abgelagertes Sediment im tiefer liegenden Selbstbild der Spitzenmanager, wie folgende Bemerkungen exemplarisch zeigen:

> „Also ich glaube, wir haben sehr viel von den Japanern gelernt. Es wäre wahrscheinlich nicht die deutsche Natur, es so stark konsensorientiert zu machen. Dieser japanische Approach hat für alle, auch für uns, Veränderungen gebracht."

> „Da ist Amerika ein ganz starkes Vorbild. Dass die Leute aus der Wirtschaft für drei oder fünf Jahre auch mal wirklich in einer Clinton-Organisation arbeiten, auch wenn sie aus dem Investment-Banking kommen, wo sie Millionen Dollar verdient haben, und sich da mit 200 Dollar begnügen – das gibt es bei uns leider nicht. Also unsere Systeme sind nicht durchlässig. Und das ist zu unserem Schaden."

> „Also die deutschen Manager nehmen sich weit wichtiger als die Engländer zum Beispiel. Die Engländer sind eher ein bisschen mit Selbstironie und mit einem gehörigen Schuss mehr Humor tätig als die Deutschen. Deswegen sind sie immer noch professionell oder ernsthaft, es ist nicht so, dass es weniger effizient sein muss, nur hat es mit dem Gehabe nicht unmittelbar etwas zu tun."

> „Seit 20 Jahren arbeite ich mit Japan zusammen. Ich hoffe, ich kriege das noch zusammen. Das war ein elementares Erlebnis, als ein Manager gesagt hat, für uns gibt es „Five W": What, Why, When, Where, Who. Also wir gehen diese fünf W's durch und geben darauf Antwort. Also sehr strukturiert gedacht. Das hat mich fasziniert."

„Ja, sehr viel Werte. Zum Beispiel aus Mexiko habe ich sehr viel Liebenswürdigkeit mitgenommen. In Südafrika gibt es stärkere Rambo-Manieren. Die Südafrikaner sind brutal. Australier – eine reine Männergesellschaft, also da habe ich gelernt, wie gefährlich das auch ist. Deswegen forciere ich jetzt auch sehr stark Frauen, weil ich da einen gewissen Ausgleich sehe. Also, Sie nehmen auch sehr viel Politisches mit."

„Von Amerika kann man lernen: Konzentriere dich auf das, was du machst, rede nicht lang, fokussiere dich. Wir in Deutschland haben da epische Diskussionsbreiten. Aus den südamerikanischen Ländern eher so eine gewisse Verschmitztheit, also die kann durchaus positiv sein, alles nicht ganz so ernst nehmen und trotzdem ein bisschen elegant."

12. Fazit: Die pluralistische Elite

Auch wenn sich die deutsche Wirtschaftselite in vielen Zügen von anderen gesellschaftlichen Gruppen unterscheidet, heißt dies noch nicht, sie sei ein einförmiges Kollektiv. Identität einer herausgehobenen Führungsgruppe ist nicht gleichbedeutend mit innerer Einheit. Im Gegenteil: Kennzeichen der deutschen Wirtschaftselite ist ihr breit gefächerter Pluralismus.

Die Auffassungen von den eigenen Aufgaben und Interessen, von den mit ihrer Position verbundenen Rechten und Pflichten sowie den dafür benötigten Fähigkeiten unterscheiden sich merklich. Auch die Vorstellungen von der eigenen Stellung im Gesamtgefüge des Unternehmens und in der Öffentlichkeit gehen auseinander.

Die Spitzenmanager in Deutschland wurden nicht nur als Söhne in einem gehobenen Milieu geboren, sie stammen aus unterschiedlichsten Elternhäusern mit einem je spezifischen atmosphärischen Habitus. Sie haben die unterschiedlichsten Karrierewege hinter sich. Weder eint sie die Denkweise eines ganz bestimmten Ausbildungswegs noch stimmen sie sich in der Regel in gemeinsamen Netzwerken ab.

Zum Gruppenbild der pluralistischen Elite gehört ferner das Fehlen eines gemeinsamen kulturellen und sozialen Referenzrahmens. Ein einheitlicher ethischer Grundkonsens ist ebenso wenig zu erkennen wie ein aus ihrer gesellschaftlichen Position abgeleitetes gemeinsames Selbstverständnis. Der primäre Bezugspunkt des geistig-kulturellen Horizonts verlagert sich. Mit der zunehmenden Transnationalisierung blicken die deutschen Spitzenmanager eher auf ihre Kollegen in den anderen Ländern als auf die innerstaatlichen Elitenetze. Zu den zentralen Aufgaben der Generalisten in den höchsten Positionen der deutschen Wirtschaft gehört es nämlich, in „unwegsamem Gelände voranzugehen". Dieses inzwischen eher transnationale Gelände privilegiert neue Karrieremuster, neue Kompetenzen und neue Kulturtechniken. Zugleich bildet es den Nährboden eines neuen facettenreichen

Selbstbildes und neuer hoch differenzierter Selbstdeutungen der mächtigsten Männern der deutschen Wirtschaft.

Von einer kollektiven Identität der deutschen Wirtschaftselite kann man daher nicht sprechen. Kollektive Identität heißt nicht, dass die Angehörigen der Elite sich mit ihr identifizieren oder dass sie sich und ihre herausragende Stellung alle in gleicher Weise sehen. Sie deckt sich nicht mit den Meinungen über den eigenen Charakter oder einem angenommenen gemeinsamen Habitus. Kollektive Identität ist vielmehr ein „objektives" Phänomen, ein Komplex von Gemeinsamkeiten, die existieren, ob sich der einzelne Manager dessen bewusst ist oder nicht, ob er sie bejaht oder kritisiert. Und genau diese kollektive Identität der deutschen Wirtschaftselite ist – wenn sie denn je in der Vergangenheit bestanden hat – inzwischen erodiert. Die Befunde unserer Studie dokumentieren, dass die Gemeinsamkeiten nicht ausreichen, um von einer kollektiven Identität der deutschen Wirtschaftselite sprechen zu können. Sie ist vielmehr, worauf Geißler zu Recht verweist, eine pluralistische Elite mit Struktur (2002: 155).

Literatur

Bürklin, Wilhelm/Rebenstorf, Hilke (1997): Eliten in Deutschland. Rekrutierung und Integration. Opladen.
Buß, Eugen (1999): Das emotionale Profil der Deutschen. Frankfurt a. M.
Buß, Eugen (2002): Regionale Identitätsbildung. Zwischen globaler Dynamik, fortschreitender Europäisierung und regionaler Gegenbewegung. Münster.
Dahrendorf, Ralf (1972): Gesellschaft und Demokratie in Deutschland. 2. Aufl. München.
Geißler, Rainer (2002): Die Sozialstruktur Deutschlands. Die gesellschaftliche Entwicklung vor und nach der Vereinigung, 3.Aufl. Wiesbaden.
Geißler, Rainer (2000): Rolle der Eliten in der Gesellschaft. Informationen zur politischen Bildung, Nr. 269, S. 15-19
Hartmann, Michael (1996): Topmanager. Die Rekrutierung einer Elite. Frankfurt a. M.
Hartmann, Michael (1995): Deutsche Topmanager: Klassenspezifischer Habitus als Karrierebasis. In: Soziale Welt 46, S. 440-468.
Hartmann, Michael (1995): Auf dem Weg zur transnationalen Bourgeoisie? Die Internationalisierung der Wirtschaft und die Internationalität der Spitzenmanager Deutschlands, Frankreichs, Großbritanniens und der USA, in: Leviathan 27. S. 113-141.
Hoffmann-Lange, Ursula (1992): Eliten, Macht und Konflikt in der Bundesrepublik. Opladen.
Identity Foundation (2000): Quellen der Identität. Das Selbstverständnis deutscher Topmanager in der Wirtschaft. Düsseldorf.
Joly, Herve (1998): Großunternehmer in Deutschland. Soziologie einer industriellen Elite 1933-1989. Leipzig.
Pross, Helge/Boetticher, Karl (1971): Manager des Kapitalismus. Frankfurt a. M.
Scheuch, Erwin/Scheuch, Ute (1995): Bürokraten in den Chefetagen. Deutsche Karrieren: Spitzenmanager und Politiker heute. Reinbek bei Hamburg.
Zapf, Wolfgang (1965): Wandlungen der deutschen Elite. München.

Der Autor

Eugen Buß, Dr. phil. (*1943), Universitätsprofessor für Soziologie und empirische Sozialforschung an der Universität Stuttgart-Hohenheim. Studium der Soziologie und Volkswirtschaft in Kiel, Berlin, Long Beach, Cal. und Basel. 1971-1979 in verschiedenen Funktionen in einem multinationalen Konzern und einer Unternehmensberatung tätig. 1979-1981 wissenschaftlicher Assistent; 1981 Habilitation an der Universität-Gesamthochschule Siegen, 1981-1987 Professuren in Siegen, Gießen und Köln in den Fächern Wirtschaftssoziologie und Methoden der empirischen Sozialforschung, seit 1987 Professor in Hohenheim. Aktuelle Forschungsschwerpunkte: Wirtschafts- und Betriebssoziologie, ferner: Unternehmenskommunikation, Marken- und Reputationsmanagement, Wertwandel in Deutschland und der Europäischen Union, Nachhaltige Unternehmensprozesse, Elitenforschung in Deutschland und der EU.
Jüngere Publikationen: Das emotionale Profil der Deutschen, Frankfurt am Main 1999, Image-Management (mit U. Fink-Heuberger,) Frankfurt am Main 2000, Regionale Identitätsbildung. Zwischen globaler Dynamik, fortschreitender Europäisierung und regionaler Gegenbewegung, Münster 2002.

Geschlecht und Lebenschancen

Irene Woll-Schumacher

Lebenschancen beruhen aus soziologischer Sicht auf zwei Bedingungen: den objektiven Lebensverhältnissen auf der einen Seite und der subjektiven Wahrnehmung sowie Bearbeitung dieser Verhältnisse durch die handelnden Individuen auf der anderen Seite. In westlichen Gesellschaften gilt gemeinhin die Stellung im Arbeitsmarkt, der Zugang zu und die Teilhabe an Erwerbsarbeit als die entscheidende Bestimmungsgröße für die Verteilung von Lebenschancen. Dabei sind Arbeitsmarktverhältnisse Machtverhältnisse, die sich durch eine strukturelle Asymmetrie zwischen Arbeitgebern und Arbeitnehmern ausdrücken. Historisch hat sich dieses Machtgefälle auf Seiten der Arbeitnehmer vertikal wie horizontal ausdifferenziert. Es entstanden sekundäre Machtverhältnisse, weil es Erwerbspersonen gelang, Leistungsqualifikationen zu monopolisieren und dadurch potenzielle Arbeitsmarktkonkurrenten vom Wettbewerb um Erwerbschancen auszuschließen. Eine in vielfacher Weise vertikal wie auch horizontal segmentierte Arbeitsmarktstruktur kennzeichnet nunmehr die Möglichkeiten, Zugang zu erstrebenswerten Gütern und Positionen zu erlangen, von denen ungleiche Macht und Interaktionsmöglichkeiten ausgehen. Dies führte nicht nur zu einer ungleichen Integration der Gesellschaftsmitglieder in den Arbeitsmarkt, sondern davon abgeleitet auch zu einer sozialen Schichtung und Milieubildung, durch die Lebenschancen umfassend begründet werden.

Eine durch Strukturgegebenheiten am Arbeitsmarkt geprägte Gesellschaftsordnung kann man als die Konstante der objektiven Lebensverhältnisse in westlichen Gesellschaften begreifen. Sie bildet wiederum eine wesentliche Grundlage für das subjektive Wahrnehmen und Handeln der Individuen. Diese sind gezwungen, ihre Lebenschancen im Rahmen der gegebenen sozialen und ökonomischen Ressourcen nach Maßgabe ihrer individuellen Möglichkeiten und Fähigkeiten wahrzunehmen und zu gestalten. Dabei sind sie sicherlich mehr als nur Abhängige der Verhältnisse. Ihre Bewertung und Verarbeitung der strukturell vorgegebenen Lebensbedingungen, ihre Bewältigungsstrategien, ihre sozialen Orientierungen und kulturellen Bilder von einem guten und richtigen Leben, ja ihre gesamten Befindlichkeiten und Lebensgefühle müssen als gewichtige Faktoren ihrer jeweiligen Lebensgestaltung berücksichtigt werden. Individuen schaffen ihre Verhältnisse, sie leben ihr Leben aktiv, weshalb sich soziale Strukturen und handelnde Individuen nur analytisch voneinander trennen lassen. In diesem Sinne werden gesellschaftliche Strukturen immer von menschlichen Akteuren produziert und reproduziert. Gleichwohl soll im Folgenden die strukturelle Argumentation fortgeführt und nur bei Gelegenheit sollen die individuellen Bewältigungsstrategien unterschiedlich handelnder Männer und Frauen dargestellt werden.

Im Rahmen einer strukturellen Argumentation können – wie gesagt – wesentliche Kennzeichen der westlichen Gesellschaften, insbesondere auch deren primäre und sekundäre Machtasymmetrien, weitgehend von der Arbeitsmarkt- und Berufsstruktur abgeleitet werden. Die objektiven Lebensverhältnisse der Gesellschaftsmitglieder müssen deshalb vornehmlich mit Blick auf Erwerbspersonen skizziert werden. Im Hinblick auf die Geschlechterdifferenz aber gehört es zu den Binsenweisheiten, dass Männer und Frauen in unterschiedlicher Weise über Arbeitsmarkt und Beruf vergesellschaftet werden. Hierfür ist die Trennung von Familien- und Erwerbsleben im Kapitalismus verantwortlich, eine systematische und nicht zufällige Begleiterscheinung der Funktionserfordernisse seiner marktorientierten, nach bürokratischen Regeln organisierten Unternehmen. Ihr Erfolg beruht auf einem stetigen Einsatz von qualifizierten, mit vielfältigen Arbeitstugenden ausgestatteten Menschen. Die Produktion und Reproduktion dieser Menschen ist aber nicht marktgängig und deshalb für die Unternehmen unprofitabel. Um gleichwohl eine stetige Versorgung mit für diese Wirtschaftsweise sozialisierten Arbeitskräften zu erreichen, trennte man – vor dem Hintergrund der historischen Strukturvorgaben des ganzen Hauses – Produktion und Reproduktion. Männern wurde die Organisation der Produktionsaufgaben außerhalb der Familie, Frauen dagegen die Organisation der Reproduktionsaufgaben innerhalb der Familie zugewiesen. Gleichzeitig gelang es durchzusetzen, dass die Frauen diesen reproduktiven Aufgaben – im Allgemeinen die Führung des privaten Haushalts, die unmittelbare Versorgung der Familienangehörigen und das Großziehen von Kindern – im Rahmen der Familiensolidarität unentgeltlich nachkommen, also ohne einen monetären Lohn oder ein Gehalt dafür zu erhalten. Mit diesem Arrangement schuf man eine Geschlechterordnung, die zur Voraussetzung für den „lebenslangen Berufsmenschen“ (Max Weber) wurde, dessen Leistungsfähigkeit die Arbeitsmärkte und Bürokratien der westlichen Gesellschaften bis zum heutigen Tag charakterisiert.

Der „lebenslange Berufsmensch“ kann freilich nicht geschlechtsneutral gedacht werden, denn er ist ein Produkt der geschlechtsorientierten Teilung der gesellschaftlichen Arbeit, die sich mit Beginn des Industriekapitalismus durchzusetzen begann. Begleitet von differenzierten ideologischen Begründungen, die vor allem auf die Natur der beiden Geschlechter rekurrieren, wurde die Erwerbsarbeit des Mannes und sein Wirken in der Öffentlichkeit von der Haus- und Personenarbeit der Frau und ihrem Wirken im Privaten geschieden. Zur idealen – weil leistungsfähigsten – Arbeitskraft der betriebsmäßig organisierten Berufswelt entwickelte sich der entlohnte, männliche „Nur-Berufsmensch“, der durch eine nicht-erwerbstätige Person, die weibliche „Nur-Hausfrau“, von den Reproduktionsarbeiten entlastet ist.[1] Sicherlich entspricht es nicht den historischen Tatsachen, dass sich dieses Leitbild, das fortan die Geschlechter in der sich entwickelnden bürgerlichen Gesellschaft platzieren

1 Vgl. den Titel des viel gelesenen Buchs von Beck-Gernsheim 1980: „Das halbierte Leben. Männerwelt Beruf, Frauenwelt Familie“.

sollte, in der Praxis in Reinheit durchgesetzt hat. Es war nicht in allen Sozialschichten möglich, dass Männer generell die Erwerbsarbeit, Frauen dagegen die Hausarbeit, die Betreuung der Kinder und die unmittelbare Pflege der Familienmitglieder ausschließlich übernahmen. Es hat immer erwerbstätige Frauen in beträchtlicher Zahl gegeben – vor allem als Arbeiterinnen und Dienstboten. Trotzdem spielte und spielt sich das Alltagsleben der Geschlechter mit unterschiedlicher Gewichtung und ideologischer Begründung im Rahmen der Polarität zwischen privater Haushaltsführung und öffentlicher Erwerbstätigkeit ab. Das Geschlechterverhältnis ist dadurch – neben der arbeitsorientierten Schicht- und Machtstruktur – zum gesellschaftlichen Ordnungsprinzip des marktorientierten Kapitalismus und seiner Bürokratien geworden. Es fungiert als Bindeglied zwischen zwei geschiedenen gesellschaftlichen Sphären – der bezahlen Erwerbsarbeit auf der einen Seite und der unbezahlten Familienarbeit auf der anderen.

Als Folge dieser Geschlechterordnung treten Männer und Frauen als komplementär agierende Tandems auf, deren Lebenschancen in starkem Maß von einer unterschiedlichen, gleichwohl gemeinsam bewältigten Integration sowohl in die öffentliche Berufssphäre als auch in die private Familiensphäre abhängen. Dabei sind beide Geschlechter mit zwei differenzierten Logiken konfrontiert, die einander widersprechende Verhaltensanforderungen stellen: der Logik des Produktionshandelns im Beruf und der Logik des Reproduktionshandelns in der Familie. Man kann in diesem Zusammenhang von einer doppelten Vergesellschaftung (Kreckel 1993) der Menschen in bürokratisch-kapitalistischen Gesellschaften ausgehen, die entsprechend auch eine doppelte Perspektive für Lebenschancen eröffnet. Allerdings unterscheiden sich die Schwerpunkte der Vergesellschaftung und der Lebenschancen durch Beruf und Familie für beide Geschlechter. Beim Mann dominiert der öffentliche, vor allem berufliche Lebensbereich, bei der Frau tendenziell der private, auf Familienversorgung ausgerichtete Lebensbereich. Dies führt nicht nur zu verschiedenen Orientierungen bei der Lebensplanung, sondern auch zu einer alltäglich unterschiedlichen Handlungspraxis, die geschlechtsspezifische Spezialisierungsvorteile bei der Leistungserstellung mit sich bringt. Dementsprechend bilden Frauen und Männer unterschiedliche Interessen, Fähigkeiten und Prioritäten aus. Frauen entwickeln häufiger Eigenschaften wie Emotionalität, Fürsorgebereitschaft, Passivität sowie Personen- und Gemeinschaftsorientierung, Männer hingegen häufiger Sachlichkeit, Instrumentalismus, Aktivität und Konkurrenzgeist. Im Rahmen einer geschlechtsspezifischen Sozialisation werden diese geschlechtstypischen Charaktere und Fähigkeitsmerkmale frühzeitig eingeübt und damit die strukturell verankerte gesellschaftliche Geschlechterordnung bestätigt.

Die Doppelung der Vergesellschaftung lässt sich jedoch nicht nur auf die Tandemsituation der Geschlechter beziehen, sondern betrifft auch Männer und Frauen als Einzelindividuen. Vor allem Frauen wollen oder müssen – wenn auch vielfach nicht gleichgewichtig – sowohl in der familienorientierten Privatheit als auch in der berufsorientierten Öffentlichkeit agieren.[2] Zwar sind Männer in der ein oder anderen Weise in dieses grundlegende Spannungsverhältnis einbezogen und es gehört deshalb auch zur ihrer sozialisierten Grundausstattung, sich in beiden gesellschaftlichen Sphären kompetent bewegen zu können. Trotzdem wird den Geschlechtern ein unterschiedlicher Umgang mit den Ressourcen und Logiken beider Lebensbereiche nahe gelegt. So suchen Männer sich meist von den Ambivalenzen zwischen produktiven und reproduktiven Leistungen zu entlasten, indem sie die lebensweltlichen Aspekte ihrer Existenz, insbesondere die haushalts- und personenbezogenen Arbeiten, den beruflichen und bürokratischen Anforderungen unterordnen. Die Frauen hingegen setzen sich den widersprüchlichen Zumutungen weit eher aus und tragen damit die Kosten der kapitalistischen Zwänge. Diese berühmte Doppelbelastung ist nur dadurch zu erklären, dass für Frauen die Vorteile, die mit der gesellschaftlichen Trennung von Produktion- und Reproduktionssphäre einhergehen, gering sind, wenn man ihre individuellen Lebenschancen betrachtet und nicht von einer – meist ehelichen – Tandemsituation ableiten will.

Betrachtet man die Ressourcenausstattung sowie die Macht- und Interaktionsmöglichkeiten, die dem Individuum aus beiden Gesellschaftsbereichen erwachsen, so ist offensichtlich, dass die Vorzüge für die Wahrnehmung besserer Lebenschancen in der Arbeitswelt wurzeln. Die Ausübung eines Berufs oder die Übernahme bezahlter Arbeit sichern das Primäreinkommen und sind die Grundlage für Ansprüche auf diverse sozialstaatlich begründete Transfereinkommen. Auf den Machtaspekt bezogen bedeutet die Integration in den Arbeitsmarkt die unmittelbare Teilhabe an der gesellschaftlichen Organisation von Einfluss. Darüber hinaus eröffnet das durch Arbeitsbeziehungen erweiterte Kontaktnetz den Erwerbstätigen eine gemeinsame „Konstruktion von Wirklichkeit" (Berger/Luckmann) sowie intersubjektiv abgesicherte Definitionen von Situationen und Lebensverhältnissen. Nicht zuletzt kommt der Erwerbsarbeit auch eine identitätsstiftende Funktion zu. Diese fällt umso positiver aus, je mehr mit gesellschaftlichem Prestige ausgestattete produktive Leistungen in der Arbeitswelt vorhanden sind. Die reproduktiven Leistungen bei Hausarbeit und Versorgung der Familienmitglieder – Kindererziehung bildet eine gewisse Ausnahme – begründen dagegen prekäre Identitäten. Sie sind in der Regel von der Anerkennung durch die Mitglieder der Kleinfamilie abhängig, wobei die Wahrnehmung des Mannes und nicht die der Kinder ausschlaggebend ist.

1. Die geschlechtsspezifische Struktur und Kultur des Arbeitsmarktes

Aus all diesen Gründen dominiert in westlichen Gesellschaften der produktiv-öffentliche Bereich den reproduktiv-privaten und führt entsprechend zu einer strukturellen und kulturellen Überlegenheit des Mannes sowie weiblicher Unterordnung

2 Becker-Schmidt (1987) und Knapp (1990) führten ursprünglich die Bezeichnung „doppelte Vergesellschaftung" mit Blick auf die besonderen Lebensverhältnisse von Frauen ein.

(Beer 1990; Cyba 2000; Gottschall 2000). Die Hauptgefahrenquelle für die gesellschaftsstabilisierende Ordnungswirkung dieses Geschlechterverhältnisses ist ein Boykott der geschlechtsspezifischen Arbeitsteilung durch das benachteiligte Geschlecht. Ein Konkurrenzkampf zwischen Männern und Frauen um die Integration in die Berufs- und Erwerbswelt mit ihren primären und sekundären Machtasymmetrien wäre verbunden mit einem Kampf um Güter und Positionen, um Bewertungen und Definitionen, die das komplementär agierende Tandem scheiden, aber den Individuen vergleichbare Lebenschancen bieten. Zu Beginn des bürokratisch organisierten Industriekapitalismus begegnete man der Gefahr eines solchen Geschlechterkampfes, der die soziale und politische Ordnung massiv gefährdet, mit vielfältigen Maßnahmen sozialer Schließung (Cyba 1995), wodurch es den Frauen unmöglich gemacht wurde, an der Konkurrenz um vorteilhafte Plätze teilzunehmen. Indem man ihnen Staats- und Bürgerrechte vorenthielt, versagte man ihnen die selbständige Teilnahme am öffentlichen Leben und verweigerte ihnen gesellschaftliche oder politische Macht. Insbesondere erklärte man sie lebenslang für nicht oder nur eingeschränkt geschäftsfähig, was die Wahrnehmung von individuellen, nicht aus der Tandemsituation abgeleiteten Lebenschancen verhinderte. Nicht zuletzt verwehrte man den Frauen auch den Zugang zu schulischer und beruflicher Qualifikation und damit den unbeschränkten Eintritt in den Arbeitsmarkt. Frauen gerieten dadurch in eine umfassende Abhängigkeit von Männern und sahen sich – wenn überhaupt – auf die unteren Ränge der Arbeitswelt verwiesen.

Zwar hat sich im Laufe des letzten Jahrhunderts vieles verändert, vor allem sind die Maßnahmen der offenen sozialen Diskriminierung weitgehend verschwunden, die den Frauen ein Reüssieren im öffentlichen Bereich der gesellschaftlichen Arbeit verwehrten. Doch neben die soziale, politische und vor allem rechtliche Gleichstellung mit männlichen Konkurrenten traten Mechanismen, die subtil – von beiden Geschlechtern häufig unbemerkt – weiterhin eine direkte Konkurrenz zwischen Männern und Frauen auf dem Arbeitsmarkt verhindern oder zumindest erheblich erschweren. Die Mehrzahl der Männer und Frauen nehmen nämlich nicht in gleicher Weise am Erwerbsleben teil, sondern sind in so genannten Männer- und Frauenberufen oder in männlich und weiblich geprägten Berufsbranchen, nicht selten auch mit unterschiedlichen Zeitkontingenten, tätig. Dadurch ist ein direkter Leistungsvergleich zwischen beiden Geschlechtern kaum möglich. Man spricht in diesem Zusammenhang von einer geschlechtsspezifischen Segregation des Arbeitsmarktes, wobei eine horizontale von einer vertikalen Segregation unterschieden wird (Gottschall 1995; Heintz et al. 1997). Horizontale Segregation bezeichnet die Existenz von Männer- und Frauenberufen, die Trennung von männlichen und weiblichen Tätigkeitsfeldern und damit die Konzentration von Männern und Frauen in verschiedenen Berufen und Berufsfeldern. So findet man in Deutschland Frauen insbesondere im Dienstleistungsbereich, etwa im Einzelhandel, in Büro-, Verwaltungs- und Pflegeberufen, während technisch ausgerichtete Arbeit und Fertigungsberufe als typische Männerberufe gelten können.

Weil die geschlechtsspezifische Aufteilung der beruflichen Tätigkeitsbereiche meist mit einer unterschiedlichen Bewertung der jeweiligen Erwerbsarbeit einhergeht, bildet sich auch eine vertikale Segregation heraus. Sowohl das gesellschaftliche Prestige als auch die materielle Wertschätzung, wie sie sich in finanzieller Entlohnung äußert, trennen die Erwerbsarbeit von Männern und Frauen. Weibliche Tätigkeiten rangieren, verglichen mit männlichen, durchgängig weiter unten auf dem Statuskontinuum des Arbeitsmarktes. Dies hat zwei Gründe: Zum einen sind weibliche Tätigkeitsfelder in der Berufshierarchie ungünstiger platziert als männliche Felder, die vergleichbare Qualifikationsanforderungen stellen. Dadurch werden weibliche Erwerbspersonen mit geringeren materiellen und immateriellen Ressourcen ausgestattet – vornehmlich mit weniger Einkommen und Macht – als ihre männlichen Konkurrenten. Zum anderen sind die Spitzenpositionen, selbst in den überwiegend weiblichen Tätigkeitsfeldern, häufig mit Männern besetzt, so dass diese unterschiedliche hierarchische Positionierung von Männern und Frauen ebenfalls geringere Entlohnung und geringeres Prestige für die Erwerbsarbeit von Frauen bedeutet. Hinzu kommt, dass die beruflichen Aufstiegsmöglichkeiten in weiblich dominierten Berufspositionen aufgrund kürzerer oder nicht vorhandener Karriereleitern beschränkt sind. Als Folge dieser Segregationsmechanismen ist die Erwerbsarbeit von Männern und Frauen selten als vergleichbare Tätigkeit zu erkennen. Sie können deshalb unterschiedlichen Entlohnungskategorien unterworfen werden, wobei man die Arbeit der Frauen durchschnittlich geringer bezahlt als die der Männer.[3]

Arbeitsmarktsegregation führt zu einem geschlechtsspezifisch strukturierten Arbeitsmarkt, bei dem Männer in den primären, zentralen Sektor, Frauen dagegen in den sekundären, peripheren Sektor mit unattraktiven Beschäftigungsmöglichkeiten geleitet werden.[4] Geringere Bezahlung, geringes Prestige, geringere Möglichkeiten zur Netzwerkbildung und gesellschaftlicher Einflussnahme sind für Frauen die Folge. Zudem ist die Geschlechtertrennung – wenn auch häufig unerkannt – selbst in die Organisationsstrukturen der Unternehmen und Bürokratien eingelassen (Harlow

3 Maruani (1997; 2002) beschreibt einen geradezu skurrilen Fall, bei dem Segregation mittels eines Vorhangs hergestellt wurde. Dieser sollte verhindern, dass die wenig bezahlte Computerarbeit der weiblichen „Schreibkräfte" einer französischen Regionalzeitung mit der besser entlohnten Computerarbeit der männlichen Drucker verglichen werden konnte. Die Frauen verloren den Kampf gegen den Vorhang und damit den Kampf um gleiche Löhne und gleiche Behandlung, denn die männlichen Drucker waren gewerkschaftlich organisiert, für die weiblichen Schreibkräfte aber gab es keine Gewerkschaft. Hier zeigt sich, dass die unterschiedliche Machtverteilung zwischen den Geschlechtern verhindern kann, dass weiblichen Tätigkeitsfelder mit den gleichen Tarifregeln und Kampfmitteln für die formellen wie informellen Auseinandersetzungen um Entlohnung und Arbeitsplatzsicherheit ausgestattet werden (Vgl. auch Nickel et al. 1999).

4 Vor allem in Deutschland korrespondieren damit „Zerstreuungseffekte" bei sozialstaatlichen Leistungen, die – an den diversen Statusgruppen der erwerbstätigen Bevölkerung orientiert – ebenfalls Vergleichbarkeit verhindern und Ungleichheit begründen. Diese Ungleichheiten verbinden sich mit den normativen Rahmenbedingungen, die aus der geschlechtsspezifischen Aufgabenzuweisung und ihrer Bewertung resultieren, so dass die Wirkungen des Sozialstaats – entgegen seinem von der Verfassung vorgegebenen Auftrag der Gleichbehandlung von Männern und Frauen – kaum geschlechtsneutral ausfallen (Pfaff 2000).

and Hearn 1995; Mills and Tancred 1992). Arbeitsorganisationen umfassen nämlich nicht nur Trennungslinien zwischen Männern und Frauen entlang der Dimensionen Berufsfeld, Einkommen, Macht und hierarchische Positionierung, sondern auch Symbole, Metaphern, Vorstellungen und Erwartungen, durch die geschlechtsorientierte Unterschiede gerechtfertigt oder festgeschrieben werden. Idealtypisch lassen sich Organisationen zwar mittels abstrakter Prinzipien der Rationalität und Effizienz kennzeichnen. Auch werden sie nach unpersönlichen und objektiven Regeln konzipiert, die Anforderungen an die Beschäftigten der Unternehmen und Bürokratien geschlechtsneutral umreißen. Gleichwohl wirken sie nicht geschlechtsneutral, denn Interaktion und Kommunikation zwischen Männern und Frauen enthält immer auch die gesamtgesellschaftlich wirksame Trennung der Geschlechter, die den strukturell verfestigten Sinnvorgaben der kapitalistischen Gesellschaftsordnung geschuldet ist. Sie fußen auf Konstruktionen geschlechtstypischer Identitäten und Charaktere, die jeweils für Männer und Frauen – auch in der Arbeitswelt – als angemessen angesehen werden. Dadurch richten sich die Begegnungen von Männern und Frauen in der Erwerbs- und Berufswelt nicht allein an unternehmerischer oder bürokratischer Sachlichkeit aus, sondern enthalten immer auch eine Geschlechterdimension. Insbesondere werden sie mit geschlechtsspezifischen Revieransprüchen durchsetzt, die viel mit männlichem Dominanzstreben und weiblicher Unterordnung zu tun haben.

Es ist nicht zu übersehen, dass die Trennung der beiden Sphären gesellschaftlicher Arbeit in Produktion und Reproduktion die kulturelle Vorstellung von angemessenen Handlungsregeln und Ordnungsprinzipien umfassend prägt. Hinter dem Deckmantel von Rationalität und Neutralität verbergen sich deshalb immer Anforderungen, die unausgesprochen Männer und Frauen hinsichtlich der produktiven und reproduktiven Aufgaben scheiden. Zwar sind die strukturellen Grundlagen dieser Trennung – die verfestigten Sinnvorgaben der kapitalistischen Gesellschaftsordnung – abgelagert in den Schichten des sozialen Vergessens und wirken deshalb oft unerkannt und unbewusst. Doch auch wenn sie sich der Kontrolle der Individuen entziehen, ihre alltägliche Wirkung ist mächtig. Sie liegen den Sinnstrukturen gesellschaftlichen und individuellen Handelns zu Grunde und bestimmen gleichermaßen Ordnung und Organisation des öffentlichen wie privaten Raums. Sie schaffen deshalb Verhältnisse und Realitäten, die in Form von unreflektierten Routinen, Habitualisierungen, Lebensbildern und -entwürfen das Handeln der Geschlechter anleiten. In diesem Sinne wird von einem richtigen Mann immer noch erwartet, dass er als Familienvater voll erwerbstätig ist, von einer richtigen Frau dagegen, dass sie sich für Hausarbeits- und insbesondere Mutteraufgaben verantwortlich fühlt. Durch solche Sinn gebenden und Sinn verstehenden Prozesse, die auf der Kommunikations- und Interaktionsebene in allen gesellschaftlichen Bereichen vorzufinden sind, entsteht eine Dynamik, die Privat- und Erwerbswelt gleichermaßen kennzeichnet.

2. Das Geschlechtsverhältnis unter schicht- und milieuspezifischem Einfluss

Wahrnehmung und Handhabung dieses Verhältnisses durch die Individuen differieren allerdings je deren sozialer Lage, so dass die Handlungsspielräume der beiden Geschlechter auch durch ihre Zugehörigkeit zu unterschiedlichen Sozialschichten beeinflusst werden.[5] Vor allem in Milieus, die durch Volksschul- und Hauptschu l-bildung gekennzeichnet sind, herrscht eine enge Orientierung an Geschlechtsrollen und -charakteren vor, auch wenn diese – insbesondere im Arbeitermilieu – durch den Zwang zu pragmatischer Leistungsorientierung und -erstellung häufig konterkariert wird. Man kann von einem traditionalen Milieu sprechen, das durch patriarchalische Handlungsriten gekennzeichnet ist.[6] In diesem Milieu wird eine Sphärentrennung der Geschlechter und ein Hierarchiegefälle zu Gunsten des Mannes betont. Auch wenn die Frauen erwerbstätig sind, müssen die Männer Hauptverdiener sein. Dabei stellen die Männer ihre körperliche Stärke heraus, die sie beruflich wie privat zu Ausdauer und Gefahrenbereitschaft prädestinieren soll. Es kann daher nicht überraschen, dass Körperkraft als Symbol des sozialen Status im Konkurrenzkampf nicht nur gegenüber Frauen, sondern auch gegenüber Männern ein wichtiges Kriterium bei der Konstruktion von Unter- und Überlegenheit spielt.[7] Frauen wiederum geben sich betont weiblich und sexuell attraktiv, was neben ihrem eigenen auch das Prestige des Mannes, der sie „besitzt", steigert. In diesem Sinne können Männer und Frauen weder als gleichartig noch als gleichwertig gelten, wobei die Unterschiede vielfältig symbolisiert und durch männliche Privilegien abgesichert werden.

Geschlechterdifferenzen können freilich auch Grundlage für eine Arbeitsteilung sein, die der strukturellen Geschlechtertrennung zwar gehorcht, deren Bewertung aber – insbesondere vor dem Hintergrund der Tandemsituation – umkehrt. Vor allem in einem Milieu, das durch mittlere Schulabschlüsse gekennzeichnet ist, lässt sich gelegentlich eine betonte Familienorientierung bei beiden Geschlechtern finden. Ehe und Kinder gelten dort als Zentrum der gemeinsamen Lebensplanung, eine harmonische Familie als das wichtigste Ziel des Zusammenlebens. Deshalb wird die Familie gegenüber der Außenwelt, insbesondere gegenüber der Arbeitswelt, die durch andere Präferenzen und Wertmaßstäbe gekennzeichnet ist, abgeschirmt. Der Mann hat die materielle Ausstattung dieser Familie zu sichern und ist deshalb berufstätig, während die Frau mit der Geburt des ersten Kindes ihren – nicht selten pädagogisch oder sozialarbeiterisch ausgerichteten – Beruf aufgibt. Die Verantwortung der Frau liegt ausschließlich innerhalb der Familie, wobei es weniger um die Hausarbeit ge-

5 Differenzierte Ausführungen zu diesem Sachverhalt, insbesondere der „Mischungsverhältnisse" von Schicht und Geschlecht bieten Frerichs (1997) und Schäfgen (2000).

6 Die im Folgenden präsentierte Kennzeichnung unterschiedlicher Milieus aus der Perspektive der Paarbeziehung folgt der Arbeit von Koppetsch und Burkart (1999), die Relativierung der Geschlechtsrollen im Arbeitermilieu der Untersuchung von Meuser (1998) und Loos (1999).

7 Vgl. Connells (1999) Ausführungen zu „hegemonialen" Mustern von Männlichkeit. Danach suchen Männer in Schichten mit wenig gesellschaftlicher Macht vorteilhafte Lebenschancen gegenüber Frauen – und anderen Männern – auf der „Naturbasis" zu sichern.

hen soll als um die Kindererziehung und das Schaffen eine angenehmen Atmosphäre. Anders als im traditionellen Milieu wird aus dieser Arbeitsteilung keine Geschlechterhierarchie abgeleitet, die den Mann präferiert. Im Gegenteil, der Mann hat sich ganz der Familie, die von der Frau dominiert wird, hinzugeben. Er soll deshalb auf Karriereorientierung und öffentliches Engagement verzichten, zumindest soll sein Beruf, seine Arbeit und sein Verdienst nicht im Vordergrund der Paar- und Familienbeziehung stehen. Zwar können sich die Sichtweisen vom Wert der produktiven und reproduktiven Arbeit bei Mann und Frau auch in diesem familistischen Milieu (Koppetsch und Burkart 1999: 95ff.) unterscheiden. Doch da man es vermeidet, dies zu thematisieren, wird im Ergebnis dem familiären Engagement der Frau eine symbolische Bedeutung zuerkannt, die der gesamtgesellschaftlichen Beurteilung widerspricht.

Bei hohem Bildungs- und Berufsstand wiederum müssen ältere Paare von jüngeren unterschieden werden. Die Lebenswelt eines konservativen Akademikermilieus, bei dem die Familie durch ein großbürgerliches „Gattenpaar" bestimmt wird (Meuser 1998; Böhnisch 1999), kontrastiert mit jüngeren Paarbeziehungen, in denen beide Geschlechter nicht selten eine geschlechtsspezifische Arbeitsteilung in jedweder Form und Bewertung ablehnen. Sicherlich unter Federführung der Frauen geht hier alles Handeln – sowohl in der Öffentlichkeit wie im Privaten – von Vorstellungen einer geschlechtlichen Gleichartigkeit und Gleichwertigkeit aus. Deshalb ist in einem so geprägten Milieu anspruchsvolle Berufstätigkeit der Frau wie auch die Gleichverteilung von Haus- und Erziehungsarbeit – zumindest bei der Lebensplanung – eine Selbstverständlichkeit. Individualität und Selbstverwirklichung, auch die Wahrnehmung individueller Vorteile und Lebenschancen, gewinnen eine große Bedeutung. Ein festes Rollenverständnis wird abgelehnt und als Zwang von überholten gesellschaftlichen Verhältnisse angesehen. Im Beruf wie in der privaten Partnerschaft wollen sich solche Paare nicht als Tandem, sondern als zwei autonome Individuen verstehen, die in Eigenverantwortung ihren Interessen – auch getrennt – nachgehen dürfen. Man kann dieses Leitbild einem individualistischen Milieu (Koppetsch und Burkart 1999: 145ff.) zurechnen, wobei Theorie und Praxis häufig nicht oder nur oberflächlich korrespondieren. Zutiefst unbewusste, habitualisierte und inkorporierte Handlungsroutinen bei beiden Geschlechtern, die dem kapitalistischen Schema der produktiven und reproduktiven Sphärentrennung entsprechen, spielen hierbei eine entscheidende Rolle.

Auch wenn sich die individualistischen, auf geschlechtliche Gleichheit und Gleichwertigkeit ausgerichteten Vorstellungen oder Lebenspläne in der Praxis selten realisieren lassen – man kann mit dem Buchtitel von Koppetsch und Burkart von einer „Illusion der Emanzipation" sprechen –, die jungen Frauen dieses Milieus drängen motiviert und mit Ehrgeiz auf den Arbeitsmarkt. Mit ihrer guten Ausbildung und Qualifikation wollen sie sich nicht wie die Frauen des traditionellen und familistischen Milieus auf die Familie konzentrieren oder in nieder positionierte und gering bezahlte Berufe abdrängen lassen. Die Arbeitswelt und ihre Organisationen zeigen sich jedoch häufig mit einem System von Ideen, Werten und Normorientierungen ausgestattet, die sich der Realisierung solcher Ziele verschließen. Vor dem Hintergrund der traditionellen Geschlechterordnung diskriminieren Arbeitgeber nicht selten die Frauen als Aggregat – unabhängig von deren ausbildungs- und milieuabhängiger Arbeitsorientierung. Sie vermuten, dass Frauen aufgrund ihres reproduktiven Engagements in der Familie als permanente und zuverlässige Arbeitskräfte ausfallen.[8] Tatsächlich sind Erwerbsverläufe weiblicher Arbeitnehmer häufig diskontinuierlicher und kürzer als die von Männern. Das hängt damit zusammen, dass in allen Schichten die Amortisierungschancen für berufsbezogene Qualifikationen – insbesondere Einkommensentwicklung und erreichbarer Berufsstatus – für Frauen im Vergleich zu den Männern geringer sind (Krüger 2001). Dadurch fallen die Alternativkosten zur Erwerbstätigkeit bei Frauen niedriger aus, so dass es je nach Lebensumständen einer überaus rationalen Wahl entsprechen kann, sich aus der Berufswelt ganz oder teilweise zurückzuziehen. Vor diesem Hintergrund – und nicht nur wegen der starken Familienorientierung der mittel bis gering qualifizierten Frauen – ist es auch erklärlich, dass erwerbswillige Frauen in Deutschland zu etwa einem Drittel Teilzeitbeschäftigungen suchen, wogegen Männer diese meiden. In der Konsequenz aber erwarten Arbeitgeber nur von Männern die vollständige und kontinuierliche Berufsorientierung des lebenslangen Berufsmenschen, wie sie unter Kosten- und Produktivitätsgesichtspunkten und damit für den Erfolg eines privaten oder öffentlichen Unternehmens unverzichtbar zu sein scheint.

Selbst in den höheren Rängen der Berufswelt, in die gut ausgebildete und hoch motivierte Frauen eingedrungen sind, lassen sich Organisationskulturen finden, die mittels unbewusster patriarchalischer Grundüberzeugungen, impliziten Codes und interaktionsrelevanten Vorstellungen vom „richtigen Platz der Geschlechter" (Ridgeway 2001), die jeweiligen Verhaltensweisen, Arbeitsnormen, Anspruchsniveaus und auch das Betriebsklima männlich prägen. Hinzu kommt die stets vorhandene männliche Kontroll- und Definitionsmacht. Zusammen geben dies gewichtige Gründe für das als Drehtüreffekt bezeichnetes Phänomen ab (Jakobs 1998), dass Frauen, denen es gelang, in Männerberufe einzutreten, diese vielfach über kurz oder lang wieder verlassen. Frauen finden zwar Eingang in männliche Berufsfelder, fassen dort aber nicht Fuß, weil sie wie mit einer Drehtür wieder hinausgebracht werden oder freiwillig entschwinden. Nicht selten scheinen Frauen auch vor Glaswände zu laufen, vor unsichtbare aber reale Barrieren, die sie vom Einstieg in besser bezahlte Arbeitsbereiche oder vom Aufstieg in höhere Positionen fernhalten. Solche Barrieren entstehen durch männlich konnotierte Symbole, Mythen und organisatorische Praktiken oder auch durch bewusste wie unbewusste Regeln, die Handlungsmög-

8 Vielleicht werden neuerdings Unterschiede gemacht. So reagierte man in einer Bank bei der Besetzung von zwei Stellen flexibel. Eine Stelle im mittleren Angestelltenniveau besetzte man mit einem Mann, „weil Frauen auf diesem Niveau häufig nach ein paar Jahren ausscheiden, um Kinder zu kriegen". Eine andere Stelle, für die ein Akademiker gesucht wurde, reservierte man dagegen für eine Frau, „weil Akademikerinnen das Kinderkriegen um der Karriere willen in den Hintergrund stellen und man auf diese Weise die Frauenquote erhöhen kann" (Private Mitteilung).

lichkeiten von weiblichen Betriebsangehörigen und ihren Wettbewerb um Chancen einschränken.[9] Dabei spielt auch die G eschlechtlichkeit eine Rolle. Thematisierung und Aktualisierung entsprechender Inhalte in beruflichen Interaktionen können die Funktion erfüllen, auch in Organisationen, in denen zumindest formal eine Differenzierung nach Geschlecht nicht vorgesehen ist, an die Geschlechterdifferenz zu erinnern. Solche Arbeit an der Differenz ist nicht nur auf primitiven Sexismus beschränkt, sondern kann auch elaborierte Formen männlicher Courtoisie annehmen.[10] Doch im Ergebnis werden Frauen zuerst als Frauen und nur sekundär als qualifizierte Arbeitskräfte angesehen.

In diesem Zusammenhang ist auch die wenig ausgeglichene geschlechtsnumerische Zusammensetzung der Arbeitsgruppen von Bedeutung (Kanter 1977). Im Hinblick auf beruflichen Erfolg und eine gelungene Integration in die Arbeitswelt birgt die numerische Überlegenheit der Männer in den entsprechenden Positionen Konsequenzen, die sich mit denen von gesamtgesellschaftlichen Mehrheits- und Minderheitsverhältnissen vergleichen lassen. Auch hinsichtlich des Geschlechts führt eine geringe Anzahl zum Außenseitertum. Dieses kann sich allerdings – je nach beruflichem Kontext – in seinen Folgen für Männer und Frauen unterscheiden (vgl. Heintz et al. 1997). Nachteilige Folge ist in jedem Fall erhöhte Sichtbarkeit, was in der Arbeitswelt zu Leistungsdruck, widersprüchlichen Verhaltensanforderungen, manchmal auch zu einer prekären Geschlechtsidentität führen kann. Zudem tendieren die Angehörigen der Mehrheit dazu, die Gemeinsamkeiten innerhalb ihrer Gruppe herausarbeiten. Oft bilden sie geschlechtshomogene Allianzen und informelle Netzwerke, aus denen die Minderheiten ausgeschlossen werden. Dadurch entstehen nicht nur in horizontaler Hinsicht männlich und weiblich geprägte Berufsfelder, die das übliche Prestigegefälle zwischen Männern und Frauen aufweisen. Auch in den höheren Rängen der Arbeitswelt bildet sich Prestigestandards heraus, die männlich geprägt sind, weil die dort in der Mehrzahl befindlichen Männer die eigenen Tätigkeiten und Umgangsformen als objektiv verbindlich, weibliche Ver-

---

9 Vielfach wird von einem freiwilligen überlangen Verbleiben der Männer in den Büros und Betrieben berichtet, eine Form von halber Arbeit und halber Geselligkeit, die der Netzwerkbildung und dem Informationsaustausch dient (vgl. hierzu auch Behnke und Liebold 2001). Frauen sehen sich wegen privater Verpflichtungen in Partnerschaft oder Familie häufig gehindert, an dieser Art von Vergemeinschaftung teilzunehmen. Andere Barrieren ergeben sich aus gemeinsamen Bordellbesuchen der Männer, die ein männliches Arbeitsteam zusammenschweißen (Emrich et al. 1996). Bekannt ist auch männliche Solidarisierung in Assessmentsituationen, die mittels Absprachen, insbesondere über gemeinsame Gehaltsforderungen, auf der Herrentoilette erzielt wird (Private Mitteilung).

10 In Kreisen des Managements gilt die beim Golfspiel übliche Regel, Frauen einen günstigeren Abschlag zu gewähren. Zwar erhalten Kolleginnen dadurch den Vorteil einer kürzeren Strecke, aber auch den Nachteil, dass sie getrennt von ihren Kollegen spielen und an deren Gesprächen nicht teilnehmen können. Ähnlich nachteilig wirken sich auf einer anderen Ebene die formalen Gesetze zu Arbeitsschutz und Arbeitszeit für Frauen aus, die ihrer weiblichen Konstitution zu Gute kommen sollen, in der Regel aber zu einer direkten Diskriminierung von Frauen auf dem Arbeitsmarkt führen.

haltensmuster demgegenüber als abweichend, zumindest als weniger bindend erklären.

Nicht selten sind deshalb Arbeitsorganisationen – wenn auch zunehmend latent – kulturell an traditionellen Geschlechtsstereotypen orientiert, die eine patriarchalisch-hierarchisch ausgerichtete Organisationsstruktur legitimieren. In solchen Organisationen gibt es nicht nur eine geschlechtsspezifisch getrennte und spezialisierte Arbeitsteilung, sondern auch entlang der hierarchischen Strukturen zentralisierte Entscheidungsbefugnisse, die männliche Kontrollmacht in den Vordergrund stellen. Dadurch werden Männern systematisch bessere Karrieremöglichkeiten und höhere berufliche Positionen eröffnet als Frauen. Zudem erfolgt beruflicher Aufstieg nur über den Wechsel in höhere Positionen, wo Frauen – wie gesagt – selten sind und deshalb die atmosphärische Einheit der Männer stören. Wie in einem circulus vitiosus fördert dies wiederum die Geschlechtertrennung und damit tendenziell eine unterschiedliche Art der Leistungserbringung und Belohnung, die trotz eines allgemein gefassten geschlechtsneutralen Leistungsethos Männer und Frauen nicht in direkten Wettbewerb um Chancen treten lässt. Lediglich wenn Wettbewerbsgesichtspunkte die gesamte Arbeitsorganisation betreffen, weil private oder öffentliche Unternehmen sich am Markt gegenüber anderen Konkurrenten behaupten müssen, wenn diese also in globalem Wettbewerb stehen, wird manchmal ein geschlechtsneutraler Zugriff auf Kompetenz zwingend, so dass dann zumindest die Einstiegschancen – manchmal auch die Aufstiegschancen – für Frauen gut sind (Allmendinger und Hinz 1999). Im Großen und Ganzen lässt sich jedoch konstatieren, sobald man Berufschancen mit Lebenschancen gleichsetzt, weil der Beruf in alle Bereiche des individuellen Lebens hineinreicht, haben Frauen grundsätzlich schlechtere Karten als Männer.

3. Die doppelte Vergesellschaftung der Geschlechter

Bisher wurden die Lebenschancen der Geschlechter, wie sie sich in ökonomischen, sozialen und kulturellen Ressourcen zur Lebensgestaltung niederschlagen, von der gesellschaftlichen Produktionssphäre abgeleitet. Die Reproduktionssphäre, insbesondere der Lebenszusammenhang von Familien, wurde dagegen vernachlässigt. Im Hinblick auf die Lebenschancen von Frauen ist jedoch die Integration in den Arbeitsmarkt nicht die einzige Ressource für ihre primären und sekundären Möglichkeiten, ein befriedigendes Leben zu führen. Nimmt man die klassische Teilung der Produktions- und Reproduktionsarbeit in den Blick, könnten die Lebenschancen der Frauen nicht nur aus Erfolg und Dominanz in der Erwerbssphäre herrühren, sondern auch aus Geschick und Einfluss in der Familie. In diesem Sinne lässt sich die Frage nach dem Verhältnis von Lebenschancen und Geschlecht auch umgekehrt stellen. Lassen sich Attribute wie Einkommen, Prestige und Macht nur mittels produktiver Arbeit gewinnen oder ergeben sich Lebenschancen für Frauen auch über die Tandemsituation, über die Qualität der Reproduktionsarbeit in Ehe und Familie? Die Antwort ist schnell gefunden. Es braucht keiner großen empirischen oder analytischen Forschungsarbeit um festzustellen, dass die im Privaten erbrachten Leistungen die Lebenschancen nur insoweit beeinflussen, als sie im Rahmen von Schicht- und Milieuverhältnissen erfolgen, die in westlichen Gesellschaften allein durch Erwerbstätigkeit – flankiert durch Aspekte von Besitz und Bildung – geschaffen werden. Reproduktive Arbeit weist zwar vielfältige Formen auf, trotzdem lässt sie sich nur komplementär erbringen, mehr oder weniger im Rahmen der durch Berufstätigkeit erlangten Lebenschancen. Arbeit in der Familie ist deshalb abgeleitete Arbeit. Sie ermöglicht keinen eigenen Status und keine individuellen, unabhängigen Aufstiegsmöglichkeiten (Woll-Schumacher 1973). Sie bietet sicherlich Lebenschancen, aber nur als Teil der Tandemsituation und damit in Abhängigkeit vom Berufsstatus des erwerbstätigen Mannes. Männliche Erwerbstätigkeit und männliche Berufe bilden deshalb eine Brücke, durch die Ungleichheit in der Arbeitswelt in die Ungleichheit von Familien und damit von verheirateten Frauen und unmündigen Kindern übergeht.

Es lässt sich deshalb nicht umgehen, die Lebenschancen aller Familienmitglieder vor dem Hintergrund des Arbeitsmarktes zu betrachten, weil dieser ihre Lebensverhältnisse – direkt oder indirekt – umfassend bestimmt. Erwerbs- und Berufstätigkeit markieren die zentrale Schnittstelle zwischen den öffentlichen und privaten sowie den sozialstrukturellen und kulturellen Bereichen der Lebensführung. Aus diesem Grunde lassen sich auch die Lebenschancen von Hausfrauen nicht gesondert bestimmen. Deren Leistungen und Qualifikation auf dem Gebiet der Reproduktion können noch so außergewöhnlich sein, ihr Lebenszusammenhang und Lebensstil gehorcht – schichtspezifisch gebrochen – den Verhältnissen auf dem Arbeitsmarkt. Aus diesem Grund wird das bürgerliche Bild der tüchtigen Hausfrau und Mutter von immer weniger Frauen akzeptiert. Dadurch gehen sicherlich die Spezialisierungsvorteile verloren, die aus der gesellschaftlichen Arbeitsteilung der Geschlechter resultieren (Becker 1993). In diesem Zusammenhang entsprach es lange auch individuellen Nutzenkalkülen von Männern und Frauen, wenn Männer sich um die Erwerbsarbeit, die Frauen dagegen – zumindest die verheirateten – um die Familienarbeit kümmerten. Da Frauen aus den oben beschriebenen Gründen selten in der Arbeitswelt mit Männern gleichziehen und ein vergleichbares Einkommen erzielen konnten, war es am vorteilhaftesten, wenn sie den größten Teil ihrer Energie auf Hausarbeit und Kinderbetreuung verwandten, damit der Mann entlastet wurde und sich auf die Erwerbstätigkeit konzentrieren konnte. Doch diese Spezialisierungsvorteile beruhen auf der Tandemsituation und werden prekär, wenn das Tandem zerbricht oder erst gar nicht zu Stande kommt. Zudem handelt es sich um ein recht asymmetrisches Tandem, denn die Ressourcen, die sich Frauen durch ihre Spezialisierung im privaten Familienbereich erarbeiten, bieten ihnen in keiner Weise die gleichen individuellen Lebenschancen, wie sie sich bei Männern durch das Engagement in Öffentlichkeit und Beruf ergeben. Selbst die Leistungen der Mütter, die gesamtgesellschaftlich in bemerkenswertem Ausmaß anerkannt und geschätzt werden, schlagen sich kaum in Lebenschancen nieder. Sie vermitteln den Frauen vielleicht emotionale Vorteile gegenüber Männern, kehren sich aber in gravierende Nachteile um, wenn Frauen das Leben als Alleinerziehende meistern müssen. Es kommt deshalb nicht von ungefähr, dass die meisten Frauen zwar dem prestigeträchtigen Bild einer überaus anspruchsvollen Mutterkonzeption anhängen, doch die an Kindererziehung und Kinderbetreuung gestellten Ansprüche – wenn überhaupt – bei immer weniger Kindern realisieren.

Lebenschancen und Lebensstil gehorchen – so lässt es sich festhalten – eindeutig den Verhältnissen auf dem Arbeitsmarkt und damit der schichtspezifischen Status- und Geschlechterordnung innerhalb der Berufsstruktur. Selbst die geschlechtsspezifische Arbeitsteilung in der Familie entspricht den Arbeitsmodellen in der Produktionssphäre. Allerdings kann auch umgekehrt die familiale Arbeitsteilung die Grundlage für Segregation und Institutionalisierung von Geschlechtsrollen in der Arbeitswelt sein. Zusammen mit der erforderlichen Ausbildung und Bildung spiegelt die Arbeitswelt die Geschlechtersegregation in der Familie wider, wie umgekehrt die Gegebenheiten in der Familie auf die Verhältnisse in den Unternehmen und Bürokratien einwirken. Allerdings führt die Tatsache, dass in ganzen Berufsbranchen spezifische Qualifikationen und sogar Gefühle (vgl. Hochschild 1990) gebraucht werden, die vorrangig Frauen in der Familie herausbilden, nicht zu besonderen Möglichkeiten für Frauen, an guten Verdienstchancen oder sozialer und politischer Macht zu partizipieren. Im Gegenteil, solche Qualifikationen bilden die Grundlage für Segregation und Institutionalisierung von Geschlechtsrollen in der Arbeitswelt, die das Prestige der so genannten weiblichen Leistungen eher herabmindern als steigern. Frauen, die etwa familienorientierte Charaktereigenschaften entwickelt haben und deshalb als emotional, pflegend und auch ausführend beschrieben werden, erlangen keine Führungspositionen.

4. Geschlechtercodes als symbolische Ebene der Lebenschancen

Unabhängig von den strukturellen oder kulturellen Gegebenheiten des gesellschaftlichen Geschlechterverhältnisses entwickeln Männer und Frauen auch immer private oder zumindest milieuspezifische Vorstellungen über das, was Frauen und Männer in Erhscheinung und Tätigkeit unterscheiden oder nicht unterscheiden soll. Vor diesem Hintergrund begreifen sie sich grundsätzlich als eigenständige und selbstbestimmte Individuen. So sehen sich etwa verheiratete Frauen immer weniger als Hausfrauen, deren Leistung vornehmlich den technischen Aspekt der Reproduktion umfasst, sondern konzipieren sich zunehmend als umsichtige Erzieherin der Kinder und Gestalterin einer erholsamen Familienwelt. In diesem Sinne bevorzugen sie dann eine Erwerbsarbeit, bei der sie Familie und Beruf vereinbaren und familienbezogene Kompetenzen und Qualifikationen einsetzen können. Je nach Schichtzugehörigkeit arbeiten sie deshalb „aus familiären Gründen" Teilzeit und nicht Vollzeit. Parallel dazu sehen es die Männer als selbstverständlich an, Vollzeit berufstätig zu sein und Positionen zu bekleiden, die denen der Frau übergeordnet sind. Solche Positionen beanspruchen sie dann allerdings auch häufig in der Familie – entgegen allen Gleichwertigkeitsbekundungen. Im Rahmen solcher Geschlechtervorstellungen übernehmen Männer in der Arbeitswelt wie in der Familie die prestigereicheren – oft technisch oder rationell orientierten – Aufgaben und erarbeiten sich ihrem jeweiligen Berufsrang entsprechend Führungsbefugnisse, wovon sie dann das Recht ableiten, auch im Privaten die großen und letzten Entscheidungen für alle Familienmitglieder zu fällen.

Dieser wechselseitige Einfluss komplementärer, aber nicht gleichrangiger Geschlechterrollen in Beruf und Familie findet sich im traditionalen und patriarchalisch geprägten Milieu am deutlichsten institutionalisiert (Koppetsch und Burkart 1999: 29ff.).[11] Dort lässt sich auch im Privatbereich eine Segregation des Arbeitens feststellen, bei der ein uneingeschränkter Respekt vor der Autonomie des jeweiligen Partners oder der Partnerin bedeutsam ist. Die Männer sind für alle Arbeiten außerhalb des Hauses verantwortlich. Frauen dagegen führen den Haushalt und kümmern sich um die Kinder. Die Männer wirken nach außen – nicht selten eher symbolisch, als Maul-Helden in der Öffentlichkeit der Wirtshäuser. Im Haus walten die Frauen, denen es wichtig ist, dass ihr Haushalt und ihr Äußeres – wie auch das Äußere ihrer Familie – hohen Normen von Sauberkeit und Ordnung entsprechen. Hier offenbart sich ein Prestigestreben der ehemaligen proletarischen Schichten, das sich an bürgerlicher Wohlanständigkeit orientiert. In diesem Milieu sind alle Tätigkeiten von Männern und Frauen einer latenten, aber unterschiedlichen Wertematrix unterworfen, die als selbstverständlich angesehen wird und damit weder problematisch noch legitimationsbedürftig zu sein scheint. Bemerkenswert ist dabei, dass viele dieser Beurteilungen und Werte aus körperlichen Merkmalen abgeleitet werden, die als Symbol für eine quasi naturvermittelte Ungleichheit zwischen Frauen und Männern dienen. Wie erwähnt festigt insbesondere der Mythos von der Bedeutung der größeren Körperkraft und der daraus abgeleiteten höheren Leistungskraft des Mannes in dieser Schicht die männliche Autorität in der Arbeitswelt wie in der Familie. Die Frauen setzen der männlichen Körperkraft zwar ihre sexuelle Attraktivität entgegen, doch rangiert diese in der Rangordnung des Geschlechterprestiges weiter unten.

Beide Körperattribute bilden allerdings eine unentbehrliche Grundlage für das maskuline oder feminine Image, das von Männern wie Frauen in der Arbeiterschicht sorgfältig gepflegt wird. Solche auf den Körper bezogene Bewertungsmaßstäbe sind auch in höheren Schichten vorhanden. Sie werden dort aber weitaus subtiler und versteckter angewandt, umfassen auch die gesamte ästhetische Erscheinung bis hin zu Elementen des jeweiligen Lebensstils. Im Kern lassen sie jedoch alle eine gemeinsame Wurzel erkennen, die der patriarchalischen Geschlechterordnung

11 Dem widerspricht nicht, dass es sich im Arbeitermilieu eher um patriarchalische Rituale handelt, aber verbreitet ein ausgeprägter Anspruch auf Leistungsgerechtigkeit anzutreffen ist, der keine Geschlechtsunterschiede akzeptieren will. Leistungsgerechtigkeit findet jedoch nur mit Einschränkung eine Entsprechung in der Paarbeziehung und so gut wie keine in den Berufsfeldern, in denen die Angehörigen dieses Milieus tätig sind (Vester und Gardemin 2001). Es lässt sich deshalb behaupten, dass die männlichen und weiblichen „Akteure“ gefangen sind im Netz der strukturellen Wechselwirkung von Produktion und Reproduktion, die durch das Geschlechterverhältnis abgesichert ist.

kapitalistischer Gesellschaften entstammt. Der leistungsfähige und kräftige Mann darf – im faktischen wie übertragenen Sinne – mehr Raum außerhalb und innerhalb des Hauses beanspruchen als eine Frau. Er entscheidet über Verwendung und Gestaltung der Familienzeit – auch die seiner Frau – und übernimmt alle Führungsaufgaben – seien diese auch noch so minimal.[12] Je traditionalistischer das Milieu, umso mehr findet eine Frau Anerkennung vor allem über die Liebesbeziehung zu ihrem Mann und über ihre Einbindung in verwandtschaftliche und nachbarschaftliche Beziehungsnetze. Zwar ziehen die Frauen nicht selten im Hintergrund die Fäden und üben im Privaten Macht über ihre Männer aus, doch solange dadurch das bürgerlich-patriarchalische Bild des ehelichen Tandems in der Öffentlichkeit keinen Schaden nimmt, werden kaum Kontrollen und Sanktionen eingesetzt. Im traditionellen und familistischen Milieu beziehen sich Identität und Handeln als Mann oder Frau vornehmlich auf das äußere Bild, das sich aus der Einhaltung der traditionellen Geschlechterordnung ergibt. Rollenvermischung oder gar -tausch kämen einer Verletzung der Ehre – nicht nur des Individuums sondern der ganzen Familie – gleich. Die geschlechtliche Tandemsituation ist in diesen Milieus bindend. Entsprechend fügen sich auch die beiden Segmente des Arbeitsmarktes zusammen. Im traditionellen Milieu entspricht der relativ gut bezahlte männliche Erwerbsbereich des gelernten Arbeiters, Facharbeiters oder Handwerkers dem auf Teilzeitbeschäftigung basierenden Arbeitssegment der weiblichen Büroangestellten, Kassiererinnen, Raumpflegerinnen oder Verkäuferrinnen. Im familistischen Milieu wiederum korrespondiert der männliche Erwerbsbereich der mittleren Beamten und Angestellten mit den Berufen von personenorientierten, helfenden und zuarbeitenden Frauen. Häufig arbeiten diese als Krankenschwestern, Altenpflegerinnen, medizinische Assistentinnen, Arzthelferinnen, Erzieherinnen, Kindergärtnerinnen und nicht zuletzt als Sekretärinnen.

Heirat – und damit die eheliche Tandemsituation – muss somit auch heute noch als Schlüssel für die geschlechtsspezifische Arbeitsteilung in produktiven und reproduktiven Bereich angesehen werden. Durch Heirat soll die Frau Sicherheit und Versorgung bekommen und der Mann sich – durch Familienarbeit entlastet – als Ernährer und Repräsentant der Familie beweisen. Vor allem in Deutschland sind auf dieses Modell viele sozialstaatliche Maßnahmen für die Sicherung familiengebundener Lebenschancen abgestellt (Ostner 1995). Zwar entstammt der Realitätsgehalt solcher Vorstellungen patriarchalischen Gesellschaftsverhältnissen, die im Schwinden begriffen sind, doch versuchen in diesem Rahmen vor allem Frauen, über eine vorteilhafte Heirat ihre Lebensverhältnisse zu verbessern. Dabei setzen sie bevorzugt ihren Körper ein. Er soll als Symbol naturgegebener Möglichkeiten und als eine wichtige Ressource im privaten wie beruflichen Konkurrenzkampf fungieren. Sie hoffen, dass ihre körperliche Attraktivität dazu beiträgt, Aufmerksamkeit auf sich zu ziehen, eine vorteilhafte Bindung einzugehen und Macht zu festigen – Ressourcen, die sich allesamt in Lebenschancen ummünzen lassen. Wie jedoch neuere Untersu-

12 Beim Fernsehen ist er der Herr der Fernbedienung, beim Essen spricht er das Tischgebet oder schneidet das Fleisch an.

chungen zeigen, ist insbesondere Bildung ein weitaus wichtigeres Kriterium bei der Partnerwahl als das äußere Erscheinungsbild (Blossfeld und Timm 1997; Wirth 2000; Teckenberg 2000). Körperliche Mittel scheinen lediglich als Zugabe nutzbringend zu sein, so dass der Heiratsmarkt auf dieser Basis selten zur Drehscheibe für sozialen Aufstieg wird.

Die faktische Bedeutungslosigkeit körperlicher Attribute für Lebenschancen ist verwunderlich und widerspricht so manchen Bekundungen junger Männer und Frauen bei der Partnerwahl.[13] Auch ist erwiesen, dass gutes Aussehen in der Interaktion zwischen den Geschlechtern eine große Rolle spielt (Kaufmann 1996). Eine Erklärung dürfte sein, dass sich die Kriterien für gutes Aussehen schicht- und milieuspezifisch unterscheiden, so dass das, was als schön oder attraktiv gilt, je nach Lebenszusammenhang variiert. So wird etwa die im individualistischen Milieu angestrebte Egalisierung und Androgynisierung der Geschlechter im traditionalen und familistischen Milieu gleichgesetzt mit einer Verweichlichung des Mannes und einer Entweiblichung der Frau – und deshalb abgelehnt. In diesen Milieus wird die Attraktivität von Frauen und Männern auf der Basis primärer körperlicher Unterschiede thematisiert, während in den individualistischen Milieus gutes Aussehen eher eine Frage der Ausstrahlung und des Charmes zu sein scheint. Entsprechend der Regeln in den Arbeitsorganisationen der gehobenen Berufe wird hier auf die gesamte Persönlichkeit Wert gelegt. Attraktivität muss deshalb alle Aspekte der Person umfassen, so dass sie auch Bildung und Ausbildung, Lebensziel und Lebensweg mit einschließt. Selbst Schönheit kennzeichnet im individualistischen Milieu den gesamten Habitus und muss sich deshalb in jeder Geste oder jedem Wort äußern. Dementsprechend werden nur solche Frauen als attraktiv bezeichnet, die Schönheit als Attribut ihrer Persönlichkeit präsentieren können (Koppetsch 2000). Aus diesen Gründen kann auch auf dem Heiratsmarkt weibliche Schönheit nur schichtspezifisch geschieden als Ressource wirken, so dass sie sich für sozialen Aufstieg kaum gewinnbringend einsetzen lässt. Vergleichbar mit dem starken Körper des Mannes, der in der Unterschicht – sowohl in der Öffentlichkeit als auch im Privaten – als Mittel im Kampf um Lebenschancen zur Geltung gebracht, in anderen Schichten aber als legitime Ressource abgelehnt wird, ist auch der schöne Körper einer Frau keine wertneutrale Münze, die auf den gesellschaftlichen Märkten gegen erhöhte Lebenschancen eingetauscht werden kann.

Die in den verschiedenen strukturellen und kulturellen Lebenszusammenhängen verankerten Vorstellungen von attraktiver Weiblichkeit und Männlichkeit, die auch auf den Körpereinsatz beim Wettbewerb um Lebenschancen einwirken, sind Ausfluss eines spezifischen Geschlechtercodes, der Männer wie Frauen in der Geschlechterordnung ihres Milieus gefangen hält. Dies zeigt sich – abgesehen vom Heiratsmarkt – genauso deutlich in der Arbeitswelt und in der Familie. Bemerkens-

---

13 Auf die Frage nach ihrem Wunschpartner nennen in Deutschland junge Männer und Frauen zuerst Körperattribute. Die Männer wollen blonde Frauen mit blauen Augen als Partnerinnen, die Frauen dagegen dunkelhaarige Männer, die mindestens eine Größe von 1.80m erreichen (Blossfeld und Tim 1997: 471).

wert ist in diesem Zusammenhang, dass die Geschlechtervorstellungen in den gehobenen Sozialschichten nicht zu den geschlechtsorientierten Idealen der mittleren und einfachen Schichten passen. Größere Grenzüberschreitungen von Männern und Frauen – wie sie sich in ungewöhnlicher Arbeitsteilung im Berufs- oder Familienleben oder auch in bemerkenswerten Auf- oder Abstiegsprozessen niederschlagen können – sind angesichts dieser Wertedifferenzen eher selten. Dadurch gehen geschlechtsspezifische Lebenschancen auch aus einer milieuspezifischen Charakterisierung von Eigenschaften und Kompetenzen hervor, die man dem Individuum zuschreibt. Sie werden von Vorstellungen über persönliche Attribute und Motive bestimmt, so dass sich schichtspezifisch gebrochene Annahmen über die produktiven und reproduktiven Fähigkeiten oder Interessen von Männern und Frauen nicht nur auf die gesellschaftliche Arbeitsteilung im Allgemeinen sondern auch auf deren Einsatz in Familie und Betrieb auswirken. Befähigung im weitesten Sinne ist dann nicht nur instrumentelle Arbeitsfähigkeit, sondern eine die ganze Person der Männer und Frauen umfassende Kompetenz, so dass soziale Positionen immer auch auf der Basis einer Gesamtbiografie, eines passenden Lebensstils und eines entsprechenden Habitus besetzt werden.

Wenn Eigenschaften und Kompetenzen im Rahmen einer Gesamtpersönlichkeit beurteilt werden – wie es explizit in den durch überdurchschnittliche Ausbildung gekennzeichneten Milieus angestrebt wird –, könnte sich diese Sichtweise emanzipatorisch auswirken. Doch lässt sich feststellen, dass die Personalisierung und Individualisierung von Kompetenzen und Interessen lediglich dazu führt, dass im Beruf wie in der Familie Fähigkeitskriterien relevant werden, die auf Wirkung und Auftreten der ganzen Person abheben. Die ganze Person ist aber immer durch ihr Geschlecht geprägt, mitsamt dem alltäglichen Zwang zum doing gender (West und Zimmerman 1987; Woll-Schumacher 1998). Dadurch dringen geschlechtsspezifisches Verhalten und geschlechtsspezifischer Habitus auch in die Welt der prestigereichen und gut bezahlten Berufe ein, wie sie auch – entsprechend der wechselseitigen Einflussnahme der produktiven und reproduktiven Sphäre – das Privatleben der dort arbeitenden Männer und Frauen prägen. Sicherlich suchen Paare, bei denen eine gehobene Schul- und Berufsbildung vorherrscht, zumindest im Privaten ihre Vorstellungen über die Bedeutsamkeit der individuellen Persönlichkeit zusammen mit der Moral der Geschlechtergleichheit zu realisieren. Insbesondere im Privatleben des individualistischen Milieus tritt deshalb der Bezug auf Geschlechtsrollen deutlich gegenüber den universellen Rechten der Person sowie ihren individuellen Interessen und Fähigkeiten in den Hintergrund. Die Paarbeziehung soll auf einer gleichberechtigten Beziehung zweier Individuen und nicht zweier Geschlechter gegründet sein. Diesem Leitbild zufolge wünscht man sich auch, die Pflichten der Hausarbeit zu teilen oder sich in einem frei gestalteten Rhythmus bei den anfallenden Arbeiten abzuwechseln. Selbst das Großziehen der Kinder – mit seinen schwer planbaren Zeitkosten und personenbezogenen Lasten – soll gleichmäßig zwischen Vater und Mutter aufgeteilt werden, damit Mann und Frau sich gleichermaßen in Öffentlichkeit und Beruf engagieren können.

Allerdings lässt sich nachweisen, dass auch in diesem Milieu selbst im Privatleben Strategien verfolgt werden, mit Hilfe symbolischer Grenzen und unsichtbarer Barrieren Geschlechterdifferenzen zu inszenieren. Besonders im Kampf um die Erledigung von Hausarbeit zeigt sich in individualisierten Paarbeziehungen die Tendenz, die abgelehnte Ungleichheit zwischen den Geschlechtern auf einer symbolischen Ebene wieder herzustellen (Kaufmann 1994). Nun folgt die Erledigungen der anfallenden Hausarbeit – die Arbeit mit Kindern zeigt solche Tendenzen noch viel deutlicher – nicht aufgrund geschlechtsspezifischer, sondern persönlicher und individueller Vorlieben. Sie wird individuellen Ungleichheiten und habituellen Präferenzen zugerechnet. Es ist dann Ausfluss persönlicher Eigenheit und nicht Ergebnis geschlechtlicher Arbeitsteilung, dass die Haushaltsarbeiten zum größten Teil von der Frau erledigt werden. Es ist ihrer Pingeligkeit, ihrem Streben nach Ordnung und Sauberkeit geschuldet, dass sie viel Zeit für entsprechende Arbeit verwendet. Aus diesem Grunde will auch jeweils nur eine individuelle Frau glauben, dass nur bei ihrem individuellen Mann die Toleranz gegenüber Unordnung und Schmutz gegen Unendlich geht, zumindest wenn er solche Arbeit wie Putzen, Waschen und Bügeln übernehmen soll. Um gleichwohl Ungleichheit wenigstens im Privaten zu verhindern und dementsprechend Lebenschancen zu eröffnen, werden nicht selten Arrangements getroffen, die geradezu bizarr anmuten und den einfachsten Effizienzgesichtspunkten Hohn spotten[14]. Meist widerwillig und in ihren Gründen unverstanden wechseln deshalb mit der Zeit auch die dem Gedankengut der Emanzipation verschriebenen Paare zu einer praktikablen und als tolerabel empfunden geschlechtlichen Ungleichheit über, die man mit dem Begriff „egalitäre Differenz" bezeichnen kann.

5. Fazit

Es dürfte deutlich geworden sein, dass das Geschlechterverhältnis in westlichen Gesellschaften die wichtigsten Lebensbereiche der Individuen, insbesondere die Arbeitsverhältnisse und die private Lebensführung, zu einem einheitlichen Muster verbindet. Es prägt die objektiven Lebensbedingungen wie auch die subjektive Interpretation dieser Bedingungen durch die vielfach miteinander verbundenen Männer und Frauen. Dadurch aber bestimmt es das Ausmaß der Lebenschancen von beiden Geschlechtern in umfassender Weise. Die integrative Leistung des Geschlechterverhältnisses variiert zwar schichtspezifisch. Nicht überall strahlt der gleiche Geschlechtercode auf die Klassifikations- und Ordnungsprinzipien der individuellen Lebenspraxis aus. Gleichwohl funktioniert es als ein unerkannter Kern der zunehmend post-kapitalistischen und post-bürgerlichen Gesellschaftsordnung auch bei den

14 Kaufmann (1994: 185ff.) beschreibt, wie in Partnerschaften – im Rahmen strikter Arbeitsteilung und Gleichheit – jeder seine schmutzige Wäsche in einer anderen Zimmerecke sammelt, sie in der kaum gefüllten Waschmaschine alleine wäscht und vor allem nur die eigene Wäsche bügelt, zusammenlegt und eventuelle Näharbeiten vornimmt.

expliziten Gegnern einer geschlechtsorientierten Arbeitsteilung. Dabei lässt sich die Wirksamkeit des Geschlechterverhältnisses nicht nur strukturell ausmachen, weil es die institutionellen Ordnungsmuster von Arbeitsmarkt und die Familie bestimmt. Es wirkt gleichermaßen auch in den Köpfen der Individuen, prägt ihre Vorstellungen von dem, was normal und was üblich ist. Dadurch kennzeichnet es die gesellschaftlichen Bilder und Mythen von zufrieden stellenden Lebensverhältnissen. Vielfach unbewusst, manchmal sogar gegen den expliziten Willen der beteiligten Männer und Frauen, wirken diese Vorstellungen und Bilder im Handeln und Planen der beiden Geschlechter, weil sie tief verankert, habitualisiert und inkorporiert deren alltägliche Routinen bestimmen. Die Logik des Geschlechterverhältnisses führt freilich zu ungleichen Lebensverhältnissen und Lebenschancen für beide Geschlechter. Unabhängig von Schicht- und Milieuzugehörigkeit verhindert sie, dass es Männern und Frauen gelingt, erstrebenswerte Güter und gesellschaftliche Positionen, vorteilhafte Netzwerke und gesellschaftliche Macht gleichgewichtig zu optimieren. Die Prinzipien des Geschlechterverhältnisses, das durch die produktive und reproduktive Arbeit geschlechtsorientiert getrennt und doch gleichzeitig vermittelt wird, bilden den Grund dafür, dass einheitliche Lebenschancen für beide Geschlechter vielleicht ein gesellschaftlicher Wunsch, aber mit Sicherheit keine gesellschaftliche Tatsache sind.

Literatur

Allmendinger, Jutta/Hinz, Thomas (1999): Geschlechtersegregation im Erwerbsbereich. Berufsfelder, Organisationen und Arbeitsgruppen. In: Glatzer, Wolfgang/Ostner, Ilona (Hrsg.): Deutschland im Wandel. Sozialstrukturelle Analysen. Gegenwartskunde. Sonderband 11. Opladen. S. 191-205.

Becker, Gary S. (1993): A Treatise on the Familiy. Cambridge, Mass.

Becker-Schmidt, Regina (1987): Die doppelte Vergesellschaftung – die doppelte Unterdrückung: Besonderheiten der Frauenforschung in den Sozialwissenschaften. In: Unterkircher, Lilo/Wagner, Ina (Hrsg.): Die andere Hälfte der Gesellschaft, Soziologische Befunde zu geschlechstspezifischen Formen der Lebensbewältigung,Wien, S. 10-25.

Beck-Gernsheim, Elisabeth (1980): Das halbierte Leben. Männerwelt Beruf – Frauenwelt Familie. Frankfurt a.M.

Beer, Ursula (1990): Geschlecht, Struktur, Geschichte. Soziale Konstituierung des Geschlechterverhältnisses. Frankfurt a.M./New York.

Behnke, Cornelia/Liebold, Renate (2001): Beruflich erfolgreiche Männer: Belastet von der Arbeit – belästigt von der Familie. In: Döge, Peter/Meuser, Michael (Hrsg.): Männlichkeit und soziale Ordnung. Neuere Beiträge zur Geschlechterforschung. Opladen. S. 141-158.

Blossfeld, Hans Peter/Timm, Andreas (1997): Der Einfluss des Bildungssystems auf den Heiratsmarkt. In: Kölner Zeitschrift für Soziologie und Sozialpsychologie. Jg. 49. S. 440-476.

Böhnisch, Tomke (1999): Gattinnen – Die Frauen der Elite. Münster.

Connell, Robert W. (1999): Der gemachte Mann. Konstruktion und Krise von Männlichkeiten. Opladen.

Cyba, Eva (1995): Grenzen der Theorie sozialer Schließung? Die Erklärung von Ungleichheiten zwischen den Geschlechtern. In: Wetterer, Angelika (Hrsg.): Die soziale Konstruktion von Geschlecht in Professionalisierungsprozessen. Frankfurt a.M./New York. S. 51-70.

Cyba, Eva (2000): Geschlecht und soziale Ungleichheit. Konstellationen der Frauenbenachteiligung. Opladen.

Emrich, Eike/Papathanasiou, Vassilios/Pietsch, Werner (1996): Klettertechnik für Aufsteiger. Seilschaften als soziales Phänomen. In: Kölner Zeitschrift für Soziologie und Sozialpsychologie. Jg. 48. S. 141-155.

Frerichs, Petra (1997): Klasse und Geschlecht 1 – Arbeit. Macht. Anerkennung. Interessen. Opladen.

Gottschall, Karin (1995): Geschlechterverhältnis und Arbeitsmarktsegregation. In: Becker-Schmidt, Regina/Knapp, Gudrun-Axeli (Hrsg.): Das Geschlechterverhältnis als Gegenstand der Sozialwissenschaften. Frankfurt a.M./New York. S. 125-162.

Gottschall, Karin (2000): Soziale Ungleichheit und Geschlecht. Kontinuität und Brüche, Sackgassen und erkenntnispotentiale im deutschen soziologischen Diskurs. Opladen.

Harlow, Elizabeth/Hearn, Jeff (1995): Cultural Constructions: Contrasting Theories of Organizational Culture and Gender Construction. In: Gender, Work and Organization. Jg. 2. S. 180-191.

Heintz, Bettina/Nadai, Eva/Fischer, Regula/Ummel, Hannes (1997): Ungleich unter Gleichen. Studien zur geschlechtsspezifischen Segregation des Arbeitsmarktes. Frankfurt a.M./New York.

Hochschild, Arlie R. (1990): Das gekaufte Herz. Zur Kommerzialisierung der Gefühle. Frankfurt a.M.

Kanther, Rosabeth M. (1977): Men and Women at the Corporation. New York.

Kaufmann, Jean-Claude (1994): Schmutzige Wäsche. Zur ehelichen Konstruktion von Alltag, Konstanz.

Kaufmann, Jean-Claude (1996): Frauenkörper – Männerblicke, Konstanz.

Knapp, Gudrun-Axeli (1990): Zur widersprüchlichen Vergesellschaftung von Frauen. In: Hoff, Ernst-H. (Hrsg.): Die doppelte Sozialisation Erwachsener. Zum Verhältnis von beruflichem und privatem Lebensstrang. Weinheim und München. S. 17-52.

Koppetsch, Cornelia (2000): Die Verkörperung des schönen Selbst. Zur Statusrelevanz von Attraktivität. In: Koppetsch, Cornelia (Hrsg.): Körper und Status. Zur Soziologie der Attraktivität. Konstanz. S. 99-124

Koppetsch, Cornelia/Burkart, Günter (1999): Die Illusion der Emanzipation. Zur Wirksamkeit latenter Geschlechternormen im Milieuvergleich. Konstanz.

Kreckel, Reinhard (1993): Doppelte Vergesellschaftung und geschlechtsspezifische Arbeitsmarktstrukturierung. In: Frerichs, Petra/Steinrücke, Margareta (Hrsg.): Soziale Ungleichheit und Geschlechterverhältnisse. Opladen. S. 51-64.

Krüger, Helga (2001): Ungleichheit und Lebenslauf. Wege aus der Sackgasse empirischer Traditionen. In: Heintz; Bettina (Hrsg.). Geschlechtersoziologie: Kölner Zeitschrift für Soziologie und Sozialpsychologie: Sonderheft 41. S.512-537.

Loos, Peter (1999): Zwischen pragmatischer und moralischer Ordnung. Der männliche Blick auf das Geschlechterverhältnis im Milieuvergleich. Opladen.

Maruani, Margaret (1997): Die gewöhnliche Diskriminierung auf dem Arbeitsmarkt. In: Krais, Beate/Dölling, Irene (Hrsg.): Ein alltägliches Spiel. Geschlechterkonstruktion in der sozialen Praxis. Frankfurt a.M. S.48-72.

Maruani, Margaret (2002): Ein unvollendetes Projekt. Die Gleichheit von Männern und Frauen in der Arbeitswelt. Köln 2002.

Meuser, Michael (1998): Geschlecht und Männlichkeit. Soziologische Theorie und kulturelle Deutungsmuster. Opladen.

Mills, Albert J./Tancred, Peta (1992): Gendering Organizational Analysis. Newbury Park, London, New Delhi.

Nickel, Hildegard/Völker, Susanne/Hüning, Hasko (Hrsg.) (1999): Transformationen – Unternehmensorganisation – Geschlechterforschung. Opladen.

Ostner, Ilona (1995): Sozialstaatsmodelle und die Situation der Frauen. In: Fricke, Werner (Hrsg.): Zukunft des Sozialstaats. Bonn. S. 57-67.

Pfaff, Anita B. (2000): Frauen. In: Allmendinger, Jutta/Ludwig-Mayerhofer, Wolfgang (Hrsg:Soziologie des Sozialstaats. Weinheim und München. S. 269-296.

Ridgeway, Cecilia L. (2001): Interaktion und die Hartnäckigkeit der Geschlechter-Ungleichheit in der Arbeitswelt. In: Bettina Heintz (Hrsg.): Geschlechtersoziologie. Kölner Zeitschrift für Soziologie und Sozialpsychologie. Sonderheft 41. S. 250-275.

Schäfgen, Karin (2000): Die Verdoppelung der Ungleichheit. Sozialstruktur und Geschlechterverhältnisse in der Bundesrepublik und in der DDR. Opladen.

Teckenberg, Wolfgang (2000): Wer heiratet wen? Opladen.

Vester, Michael/Gardemin, Daniel (2001): Milieu, Klasse und Geschlecht. In: Heintz, Bettina (Hrsg.): Geschlechtersoziologie. Kölner Zeitschrift für Soziologie und Sozialpsychologie. Sonderheft 41. S.454-486.

West, Candance/Zimmermann, Don (1987): Doing Gender. In: Gender and Society. Jg. 1. S.125-151.

Wirth, Heike (2000): Bildung, Klassenlage und Partnerwahl. Eine empirische Analyse zum Wandel der bildungs- und klassenspezifischen Heiratsbeziehungen. Opladen.

Woll-Schumacher, Irene (1973): Der Hausfrauenberuf als Enklave in der Leistungsgesellschaft. In: Hamburger Jahrbuch für Wirtschafts- und Gesellschaftspolitik. Jg. 18. S. 342-354.

Woll-Schumacher, Irene (1998): Handeln und Geschlecht. In: Bellers, Jürgen/Schulte, Peter (Hrsg.): Grundlagen menschlichen Handelns. Münster. S. 7-43.

Die Autorin

Irene Woll-Schumacher, Prof. Dr. phil. habil. an der Universität Siegen; (*1943) Fachgebiet Soziologie, Lehrschwerpunkte: Allgemeine Soziologie; soziologische Theorien; Familiensoziologie; Alterssoziologie; Geschlechtersoziologie; Eliten und Prominenz;

Jüngere Publikationen: Soziale Schichtung im Alter. In: Geißler, Rainer (Hrsg.), Soziale Schichtung und Lebenschancen in Deutschland 1994, 220-256; Familie und Intergenerationenbeziehungen älterer Menschen. In: Fooken, Insa (Hrsg.), Altern – Umbruch und Kontinuität, Essen 1994, 13-40; Handeln und Geschlecht. In: Bellers, Jürgen und Schulte, Peter (Hrsg.), Grundlagen menschlichen Handelns, Münster 1998, 7-43.

Die Politik der Stagnation. Die Vertrauenskrise der Volksparteien und die Schieflagen sozialer Gerechtigkeit

Michael Vester

Seit den 1990er Jahren sind die Regierungsmehrheiten in Europa zunehmend unsicher geworden. Die anhaltende Umstrukturierungskrise des Kapitalismus ruft nach neuen Konzepten politischer Regulierung des Wirtschafts- und Sozialsystems. Nachdem in den 1990er Jahren die Wählerinnen und Wähler die Lösung europaweit bei der Sozialdemokratie gesucht hatten, gewinnen nun konservative oder auch konservativ-rechtspopulistische Koalitionen wieder an Boden. Das Schwanken der politischen Mehrheiten kann auf zwei Weisen erklärt werden. Entweder liegt es an den Wählerinnen und Wählern, bei denen sich die traditionellen Parteibindungen aufgelöst haben. Oder es liegt an den Parteien, die Gefangene ihrer konzeptionellen Stagnation sind, weil sie sich von den Gerechtigkeitskonzepten ihrer Klientel entfremdet haben.

1. Auflösung der Wählerbindungen?

Die neueren deutschen Wahlergebnisse scheinen die erste These zu bestätigen. Bei der Bundestagswahl von 1998 hat das Wahlvolk, enttäuscht von der Unbeweglichkeit der CDU/CSU Helmut Kohls, der Koalition von Sozialdemokraten und Grünen einen Zugewinn von fast vier Prozent und eine Mehrheit von 47,6 Prozent verschafft. Anschließend verlor Rot-Grün wieder in fast allen Landtagswahlen deutlich. In Brandenburg verlor die SPD sogar 14,8 Prozent, in Thüringen 11,1 Prozent. Doch diese zweistelligen Verluste schienen zunächst Ausnahmen zu sein. Die Abwanderungen schienen sich bei einem Durchschnitt von etwa drei Prozent zu stabilisieren, wie bei der Landtagswahl in Nordrhein-Westfalen, wo Rot und Grün sich einen gemeinsamen Verlust von etwa sechs Prozent teilen und ihre Mehrheit noch knapp behaupten konnten. Auch bei der Bundestagswahl vom 22. September 2002 verlor die SPD nur moderate 2,4 Prozent, was durch die 1,9 Prozent Gewinne der „Grünen“ knapp ausgeglichen wurde.

An der Oberfläche scheint dieses Hin- und Herschwanken das Markt-Modell des Wahlverhaltens zu bestätigen: Die regierenden Parteien können, als Anbieter von Politik, ihre Versprechen politischer Problemlösungen nicht halten. Daraufhin wechseln die Wählerinnen und Wähler, als Nachfrager von einem rationalen Interessenkalkül geleitet, zur Konkurrenz. Wenn immer mehr Menschen dies tun, dann scheint dies die These zu bestätigen, dass in Zeiten der Individualisierung sich die traditionellen Parteilager auflösen, Zeichen der Bindungslosigkeit des modernen Menschen. Die Ursache dieser Wechselhaftigkeit scheint, nach der Logik dieses Modells, schon ausgemacht. Es ist die Unfähigkeit der Regierenden, die Ursache der seit zwanzig Jahren beklagten „Unregierbarkeit", den so genannten „Reformstau", aufzulösen. Der Reformstau, das ist die gegenseitige Blockierung der Interessengruppen, insbesondere der Unternehmerverbände und der Gewerkschaften, jener Dinosaurier des unbeweglichen Wohlfahrtsstaats, in dem keiner für sich selbst Verantwortung übernehmen kann. Das Problem, gegen das „durchgegriffen" werden muss, ist scheinbar einfach zu benennen: Zu viele Interessengruppen – zu wenig Markt!

Auch die für die SPD fatalen Landtags- und Kommunalwahlen vom Februar und März 2003 scheinen zunächst für diese Sichtweise zu sprechen. Die Schuld wird überwiegend der Bundespolitik bzw. dem SPD-Vorsitzenden und Kanzler Gerhard Schröder gegeben. Dieser hatte es noch im September vermocht, sich durch die Flutkatastrophe an der Elbe und den drohenden Irak-Krieg als Retter vor Krieg und Not darzustellen und dadurch die bereits abwandernden Wähler wieder für sich zu mobilisieren. Mutige Prognostiker hatten aus diesem neuerlichen Wahlsieg von Rot-Grün schon auf eine strukturelle Dauermehrheit für eine nicht-konservative Politik geschlossen (Taschkle 2002). Doch die vermeintlichen Wechselwähler schlugen wieder zu. Am 2. Februar stürzte die SPD in Niedersachsen von 47,9 Prozent auf 33,4 Prozent ab, in Hessen von 39,4 Prozent auf 29,1 Prozent, am 2. März in den Kommunen Schleswig-Holsteins von 42,4 Prozent auf 29,5 Prozent.

Damit hat die Sozialdemokratie seit 1999 nun schon in fünf Bundesländern und erstmals auch in Westdeutschland in zweistelliger Größenordnung – zwischen 10 und 15 Prozent – verloren. Solche Verluste können nicht unbesehen als Ausnahme – und auch nicht als besonders krasser Ausschlag des Pendels der Bindungsverlustes durch Individualisierung gewertet werden. Sie verlangen nach der Ergründung tieferer struktureller Ursachen und vor allem danach, die enttäuschten Wählergruppen und ebenso die Interessenlagen der herrschenden Politik, auch wenn diese das Gemeinwohl zu vertreten meinen, spezifischer sozial zu verorten.

Die bisherigen Wahldiagnosen sind hier, mit wenigen Ausnahmen (z.B. Oberndörfer u.a. 2003), erstaunlich ungenau. Aus ihren Statistiken erfahren wir, dass die Verluste der SPD besonders hoch waren unten den Arbeitern, den Arbeitslosen und den Gewerkschaftsmitgliedern, aber auch bei den Angestellten, den Frauen und den Jüngeren. Dies heißt nichts anderes als dass die Verluste „in sämtlichen Bevölkerungsgruppen zu beobachten sind" (Infratest dimap 2003a) – und sagt uns daher auch noch sehr wenig über Ross und Reiter. Ebenso unspezifisch ist der Hinweis auf die neuen sozialen Einschnitte und die neue Zunahme der Massenarbeitslosigkeit. Das Gleiche gilt für die pauschale Klage, *die* politische Klasse habe versagt oder *die* regierende Generation der Achtundsechziger sei konzeptionslos und ausgebrannt, so dass sich nun eine neue, jüngere Generation, nach einer längeren Zeit der Opposition, auf eine Regeneration einstellen müsse. Unerklärt bleibt auch, ob die CDU nun allein aufgrund des Versagens der Regierung wie ein Phönix der Asche entstiegen scheint oder ob sich in ihr nicht – personifiziert durch Niedersachsens lange unterschätzten neuen Regierungschef Christian Wulff – eine bestimmte neue, zugleich innovationsfähige und, weil dem linken CDU-Flügel verbunden, auch integrationsfähige Fraktion der Konservativen durchzusetzen beginnt.

2. Milieus und soziale Gerechtigkeit

Tatsächlich geht es bei der Frage nach der sozialen Gerechtigkeit nicht um den Interessenausgleich abstrakter, marktmäßig ihre Vorteile kalkulierenden Einzelpersonen, sondern um Arrangements zwischen den großen sozialen Gruppen, in die sich die Gesellschaft gliedert. So definiert es auch die deutsche Sprache. Sie versteht, nach dem Deutschen Wörterbuch der Brüder Grimm, unter *Gerechtigkeit* das „richtige verhältnis" und unter Gerechtsein ein Verhalten, das „jedem das gebührende zuteilt". *Recht*, so heißt es, bezieht sich „auf eine dem allgemeinen bewustsein durchdrungene gegliederte gesellschaftliche ordnung" und zeigt die „feste stellung eines jeden innerhalb solcher gliederung" an. Recht „bezeichnet so zunächst ein geregeltes verhältnis, und die daraus folgende leistung sowohl wie den darauf gegründeten anspruch".

In der Praxis und Sprache des Alltags folgt Gerechtigkeit also nicht einem bestimmten philosophischen oder institutionellen Modell, das die Beziehungen von abstrakten Einzelpersonen regeln will. Gerechtigkeit meint nicht Gleichheit, sondern Kompromiss. Sie geht realistisch davon aus, dass die soziale Welt sich in *ungleiche* Teilgruppen gliedert, die einer Art *Aufgabenteilung* entsprechen. Dieser Teilung entsprechen dann allerdings auch *verschiedene* Vorstellungen von sozialer Gerechtigkeit, d.h. davon, wie und nach welchen Prinzipien die soziale Ordnung gegliedert sein sollte. In einem Konflikt zwischen solchen großen Ordnungskonzepten befinden wir uns wieder seit dem Beginn der kapitalistischen Stagnationskrise in den 1970er Jahren. Die Zeiten eines anhaltenden Wirtschaftswachstums, in dem *alle* sozialen Gruppen Gewinner sein können, sind vorbei. Der Kampf darum, wer die Verlierer sein sollen, stellt das bisherige sozialstrukturelle Ordnungsmodell der Bundesrepublik in Frage. Die so genannte „politische Verdrossenheit", die zunächst die konservativen und jetzt die sozialdemokratischen Parteien traf, ist Ausdruck dieses Kampfes. Der Pegel dieser Unzufriedenheit mit der dominanten Politik lag um 1980 wenig über 10 Prozent, nach 1990 erreichte er ein Niveau von 60 Prozent, seit Anfang des Jahres 2002 ist er auf 70 Prozent, seit Anfang 2003 auf mehr als 80 Prozent gestiegen (Vester u.a. 2001; Infratest dimap 2003b).

Die Motive und Dynamiken dieses sozialen Konfliktes können näher ergründet werden, wenn wir uns den beiden hauptsächlichen Gliederungsstrukturen der Gesellschaft zuwenden, dem *Feld der Alltagspraxis*, das nach „Milieus" gegliedert ist, und dem *Feld der Gesellschaftspolitik*, das sich nach politisch-ideologischen „Lagern" aufteilt. Diese komplexen Handlungs- und Kräftefelder werden hier zur

Veranschaulichung als stark vereinfachte Raumbilder dargestellt (Abb. 1 und 2). Sie beruhen auf differenzierten empirischen Untersuchungen, die in der Bundesrepublik nach dem Konzept des mehrdimensionalen sozialen Raums von Pierre Bourdieu durchgeführt worden sind (Vester u.a. 2001; Bourdieu 1982).

Die beiden Landkarten sind nicht deckungsgleich. Alltag und Politik folgen relativ verschiedenen Logiken oder Spielregeln. Ein Milieu hängt im Alltagsleben zwar durch den gleichen Lebensstil zusammen, aber es teilt sich nach verschiedenen ideologischen Orientierungen auf. Auch die großen Berufskategorien erlauben heute weniger denn je Rückschlüsse darauf, welchem Typus der Lebensführung („Milieu“) oder welcher politischen Ordnungsvorstellung („Lager“) Menschen zuneigen. Beispielsweise verteilt sich die Erwerbsgruppe der „Arbeiter“ über die verschiedenen Grundhaltungen der neun unteren Milieus und der vier unteren Lager. Die Wahlstatistik (mit demografischen Unterscheidungen.) und auch die gängigen sozialen Gliederungskonzepte (Klasse, Stand, Schicht usw.) haben einen begrenzten Erklärungswert, da sie die Mentalitäts-Unterschiede unzureichend berücksichtigen. Die Unterschiede der Mentalität oder des Habitus – sie liegen den *sozialen Milieus* zu Grunde – lassen sich heute jedoch auch direkt erforschen. Im Habitus, der Grundhaltung zur sozialen Welt, ist angelegt, welche Lebensweise die Menschen für die richtige halten und welche Veränderungen dieser Lebensweise sie für zumutbar halten. Über Lebensweise, Lebensstil und Geschmack grenzen die Milieus ihre Identität gegeneinander ab. Die Milieus unterscheiden sich zugleich durch die Grundeinstellungen dazu, wie die Beziehungen zwischen den Geschlechtern, den Altersgruppen, den Ethnien und anderen sozialen Teilgruppen sein sollen. Im Habitus angelegt sind nicht zuletzt die für ein Milieu typischen Lebensziele, d.h. der angestrebte soziale Ort und die dabei zu nutzenden Bildungs- und Berufsstrategien, Chancen und Rechte.

Die im Habitus der Milieus angelegten Maßstäbe der Alltagsgerechtigkeit haben sich durchaus historisch verändert. Insbesondere hat nach 1960 die Erweiterung der sozialen Chancen und Freiräume die jüngeren Generationen ermuntert, ihre Ansprüche auf mehr *Selbst- und Mitbestimmung* im Alltagsleben zu entwickeln. Diese Veränderungen des Habitus lassen sich beispielhaft an den drei Milieus in der Mitte des sozialen Raums (Abb. 1) beobachten, die der Traditionslinie der Facharbeit und der praktischen Intelligenz zuzurechnen sind (Vester u.a. 2001, Kap. 13-14). Für diesen „Milieustammbaum“ ist der Leitwert die *persönliche Autonomie*, gekoppelt an Strategien der guten Facharbeit, des Bildungserwerbs, der gegenseitigen Solidarität und einer planvollen Lebensführung. Die Generation der Großeltern, das traditionelle Arbeitermilieu, hat aus Notzeiten noch den alten Habitus der Bescheidenheit beibehalten. Die mittlere Generation, das Leistungsorientierte Arbeitnehmermilieu, will mehr. Für hohe fachliche Leistung möchte sie auch vermehrt an den Möglichkeiten des Wohlstands und der Sozialstaats teilhaben. Die jüngste Generation, das Moderne Arbeitnehmermilieu, geht noch weiter. Sie will zusätzlich mehr Spielräume der Selbstverwirklichung und Toleranz, der hoch qualifizierten Ausbildung und der Mitbestimmung im Alltag und am Arbeitsplatz nutzen.

Abbildung 1: Die sozialen Milieus in Westdeutschland 2000

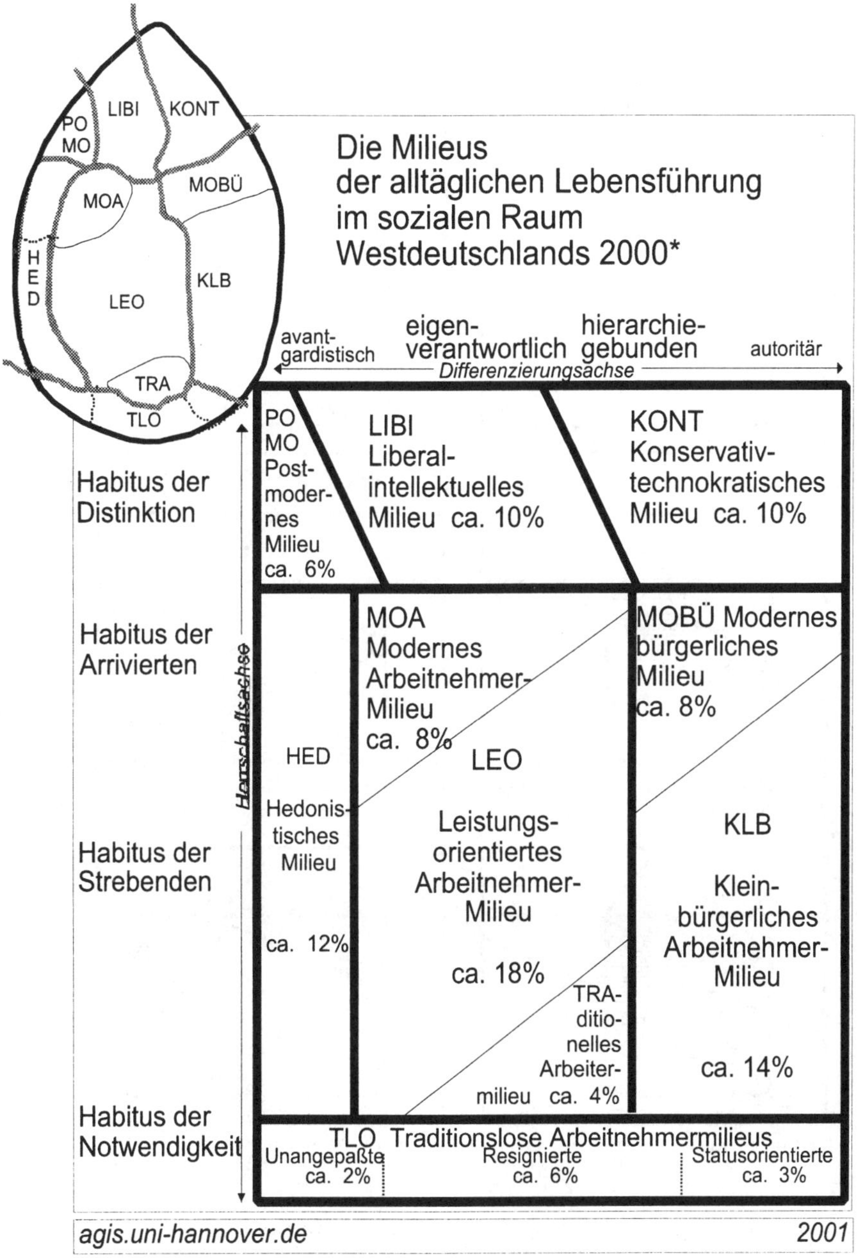

Abbildung 2: Die gesellschaftspolitischen Lager im sozialen Raum

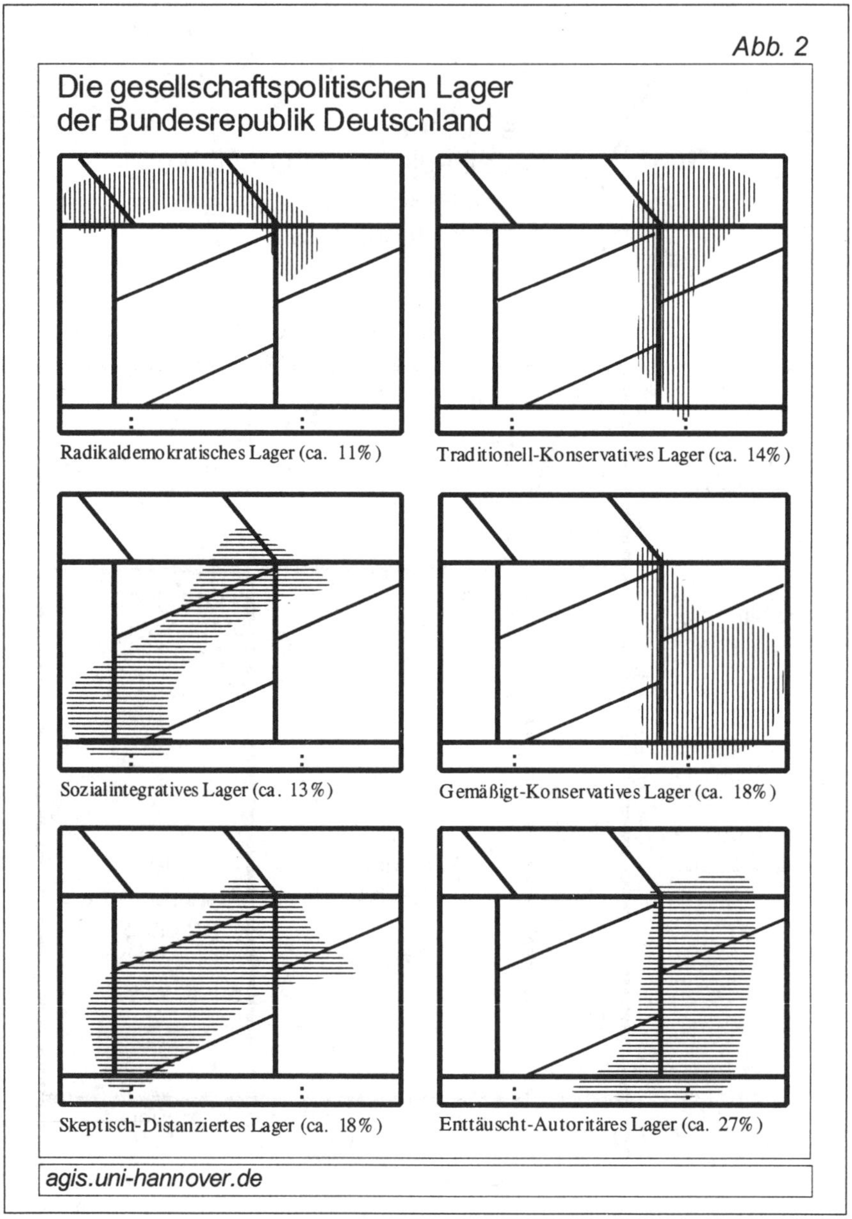

Wie das Beispiel zeigt, liegt der Wandel der Milieus nicht in einem völligen Bruch mit dem Herkunftshabitus, sondern in einer Weiterentwicklung. Über alle drei Generationen ist eine Art „protestantisches Arbeitsethos" gleich verbindlich geblieben, aber die emanzipatorischen Ansprüche haben zugenommen. Es ist daher auch kein Zufall, dass alle drei Milieus – die mit gleich bleibenden 30 Prozent den Kern der „Arbeitsgesellschaft" bilden – den gegenwärtigen Abbau sozialer Sicherheiten und Teilhabechancen besonders ungerecht finden, weil er ihren gemeinsamen Grundsatz „Leistung gegen Teilhabe" verletzt.

Wie solche Unzufriedenheit sich *politisch* umsetzt, hängt von den Vorstellungen der gesellschaftspolitischen Ordnung ab, nach denen sich die *ideologischen Lager* voneinander unterscheiden (Abb. 2 und 3). In den drei beschriebenen Milieus ist durchaus eine mehrheitliche Neigung zu den ihrem Habitus am nächsten stehenden Ordnungskonzepten der *Solidarität auf Gegenseitigkeit* nachweisbar, also zum Sozialintegrativen Lager und zum Skeptisch-Distanzierten Lager. Doch es gibt auch andere Präferenzen, die oft durch das Eigengewicht verschiedener regionaler, weltanschaulicher und konfessioneller Traditionen bedingt sind. Die Milieus der Facharbeit grenzen beispielsweise rechts an die Arbeitnehmermilieus, deren Leitwert nicht die Autonomie, sondern die Einordnung in Hierarchien ist, wie sie ihrer Herkunft aus kleinbürgerlichen Verhältnissen oder auch der katholischen Soziallehre entspricht. An dieser Grenze gibt es typologische Zwischenformen und Milieuvermischungen, die auf Kombinationen des Leistungsdenkens mit dem Hierarchiedenken beruhen und eine Neigung zu einem der *konservativen Lager* begünstigen.

So wie die sozialen Milieus sich durch allmähliche Veränderungen des Alltagslebens wandeln, so verändern sich die ideologischen Lager vor allem in den „heißen" Perioden historischer Kämpfe, in denen um religiöse, weltanschauliche oder soziale Fragen gestritten wird. In der Geschichte der Bundesrepublik waren, wie erwähnt, vor allem zwei Erfahrungen wichtig. Zum einen hat die lange praktische Erfahrung des bisherigen Sozialmodells den Grundsatz „Leistung gegen Teilhabe" weit über die Milieus der Facharbeit hinaus im allgemeinen Bewusstsein verankert. Nach diesem Grundsatz bedarf jeder Abbau sozialer Rechte einer besonderen Legitimation und Gegenleistung. Zum anderen haben seit den 1960er Jahren die emanzipatorischen Bewegungen und die Entstehung einer freieren Alltagskultur in den jüngeren Generationen die Werthaltungen der Selbstbestimmung und Partizipation gestärkt. Vor diesem Hintergrund kann ein Umbau der sozialen Ordnung, der nach undurchschaubaren Sachgesetzen von oben verordnet und nicht mit aktiver Partizipation verbunden wird, die Entfremdung zwischen den politischen Repräsentanten und den jüngeren Milieus nur verstärken.

3. Die drei verprellten Wählermilieus

An ausgewählten Wahlergebnissen lässt sich verdeutlichen, welche sozialen und politischen Dispositionen und Gliederungslinien in den gegenwärtigen politischen

Vertrauenskrisen eine Rolle spielen. Dazu müssen, mehr als bei den gängigen Wahlanalysen, auch die „Partei der Nichtwähler" und die „soziale Verortung" der Milieus berücksichtigt werden.

Bis zur Bundestagswahl 2002 beruhten die großen Verluste der SPD vorwiegend auf Demobilisierungen. Aus enttäuschten Stammwählern wurden Nichtwähler. (Ähnliches galt für die vorangehenden Verluste der konservativen Volksparteien in Europa.) Dass Wählerinnen und Wähler sich enthielten statt zu den „anderen" wechseln, bestätigte, dass die Bindung an die „eigene Gruppe" noch groß war.

Demgegenüber deutet die Höhe und Richtung der neuen Verluste auf eine andere, möglicherweise nicht mehr umkehrbare Tendenz. Die vergleichsweise geringen Verluste bei der Bundestagswahl von 2002, ausgelöst durch die Solidaritätsrhetorik des Kanzlers, signalisierten noch ein Mal die Gelegenheit, die Abwanderungen umzukehren. Umso mehr enttäuschte, dass sich dieses Versprechen nach der Wahl als ungedeckter Scheck erwies. Die Regierung verzichtete auf eine öffentliche, identitätsbildende Auseinandersetzung um ein solidarisches, wenn auch modernisiertes Sozialmodell und kehrte zurück zum unentschlossenen Stil des Moderierens und der Kommissionen, die die Lösung der Probleme in ökonomischen Sachentscheidungen suchen sollen, aber es dennoch nicht vermeiden können, unkoordinierte Signale über die möglichen Verlierer und Gewinner auszusenden (Oberndörfer u.a. 2003).

In den regionalen Wahlen vom Februar und März 2003 beschränkte sich der Enttäuschungseffekt nicht mehr nur auf eine gemäßigte Demobilisierung der Stammwählerschaft der SPD. Am Beispiel der niedersächsischen Wahlen vom 2.Februar wurde dies besonders deutlich. Neu war zum einen die Rekordhöhe der Enthaltungen von Stammwählern. Die SPD verlor dadurch fast alle ihre Hochburgen an der Küste und im Süden, in denen sie lange Zeit bayerische Mehrheiten über 50 Prozent oder 60 Prozent besessen hatte. Insgesamt hatte sich die Wahlenthaltung um 6,8 Prozent auf 33 Prozent erhöht. Die Verluste der SPD an die Nichtwähler waren wahrscheinlich noch größer, da die CDU ihrerseits einige Prozentpunkte aus ihrem Teil des Reservoirs der Nichtwähler geschöpft hatte. Neu waren zum anderen aber auch die direkte Wanderungen zur CDU in zwei anderen Milieuzonen. Aber auch dieses Wechselwählen hatte, anders als das Marktmodell annimmt, mit Bindungen zu tun. – Diese verschiedenen Bewegungen im sozialen Raum lassen sich exemplarisch an der Landeshauptstadt Hannover darstellen (vgl. Geiling 2003; agis 2003):

- Nichtwählen in der Mitte des sozialen Raums: In ihren Hochburgen verlor – die SPD durchschnittlich 15,7 Prozent. Hier, in den Stadtteilen der *qualifizierten Arbeiter-, Facharbeiter- und Angestelltenmilieus*, wechselten viele einstige Stammwähler zu den Nichtwählern. Sie reagierten nicht zuletzt auf die neuen Zumutungen bei Rente, Gesundheit, Bildung und Arbeitsrecht. Ein Überwechseln ins bürgerliche Lager war diesen Milieus (vor allem dem Traditionellen, dem Leistungsorientierten und dem Modernen Arbeitnehmermilieu) aufgrund ihrer betont arbeitnehmerischen Identität, in der es um die

Wahrung der Autonomie gegenüber den Mächtigen geht, kaum möglich. Das Milieu ist beruflich gut qualifiziert, aber besonders dadurch verunsichert, dass die Arbeitnehmereinkommen seit den 1980er Jahren stagnieren, obwohl, im Zuge der wirtschaftlichen Umstrukturierungen, die Anforderungen an Leistung, Weiterbildung, Arbeitsplatzwechsel und zusätzlichen Belastungen zunehmen.

- Neue Wanderungen am unteren Rand des sozialen Raums: In den *Milieus der Unterprivilegierten* gingen dagegen die Abwanderungen erstmals weniger zu den Nichtwählern als zur CDU. Durch die neuen Abstriche bei Kündigungen und Arbeitslosigkeit gründlich desillusioniert, entdeckten sie die CDU als „Schutzmacht" neu. Dies entspricht dem Schema von Klientel und Patron, das fest zur Identität vor allem des Traditionslosen Arbeitnehmermilieus gehört, d.h. dem Grundsatz der Anlehnung der Machtlosen an Stärkere, solange diese ihre Fürsorgepflicht erfüllen. Das Milieu ist stärker denn je darauf angewiesen, da es aufgrund seiner geringen Ausbildungsstandards besonders von Dauerarbeitslosigkeit betroffen und auf prekäre oder unsichere Arbeitsverhältnisse verwiesen ist.
- Rückwanderungen in der rechten oberen Mitte: In den *konservativen Hochburgen*, den Stadtvierteln der gut situierten und privilegierten Milieus, lag der Rückgang der Wahlbeteiligung deutlich unter dem Landesdurchschnitt, in drei Stadtteilen sogar unter drei Prozent. Hier wanderten insbesondere die gut situierten konservativen Arbeitnehmer, die 1998 aus Protest gegen die erstarrte CDU Helmut Kohls zu Schröder übergewechselt waren, wieder zu den nun moderner wirkenden bürgerlichen Parteien zurück. Dies entspricht einer Variante klientelistischer Mentalität im Modernen Kleinbürgerlichen Arbeitnehmermilieu, das in sozialen Fragen zwar eher hierarchisch denkt, in politischer Hinsicht aber doch offener geworden ist für (begrenzt) mehr Rechte der Frauen und der Ausländer, für mehr Bürgerrechte sowie Friedens- und Umweltpolitik.
- Die drei beschriebenen Tendenzen steigerten sich noch im Verhalten der *jungen Wählerinnen und Wähler* im Alter von 18 bis 24 Jahren. Von ihnen wählten in Hannover insgesamt nur noch 44 Prozent, d.h. 15,1 Prozent weniger als 1998 (und 22 Prozent weniger als 1994). Mit der Wahlabstinenz dieser Altersgruppe verbunden war ein Rückgang der SPD-Stimmen von 49,7 Prozent auf 28,6 Prozent, während die CDU bei dieser Gruppe auf 37,5 Prozent anstieg. Die CDU profitierte ohnehin schon von der seit längerem höheren Wahlbeteiligung in den bürgerlich-konservativen Vierteln, die sich durch einen guten sozialen Zusammenhalt und privilegierte Lebensperspektiven auszeichnen und in denen die Kinder einen Sinn darin sehen, mit ihren Eltern zur Wahl „ihrer" Partei zu gehen.
- Auch das vielleicht „rationalste" Wahlverhalten, das Stimmensplitting, blieb weitgehend an die großen Lager gebunden. Es äußerte sich in „Leihstimmen" von CDU-Wählern an die FDP (vor allem in den Stadtteilen der konservati-

ven oberen Milieus) und von SPD-Wählern an die Grünen (vor allem in den Stadteilen der moderneren Bildungsmilieus).

Die Logik des Wahlverhaltens folgt also in der Regel immer noch den politischen Verhaltens- und Beziehungsmustern, die den gesellschaftlichen Ordnungsvorstellungen der Milieus und Lager entsprechen. Es sind längerfristige, historisch gewordene Beziehungen und Bindungen, die mehr umfassen als kurzfristige ökonomische Vorteile.

Die programmatische Rede, mit der der Bundeskanzler am 14. Februar 2003 auf die Wahlniederlagen reagierte, verrät ein anderes Realitätsverständnis. Schröder wandte sich nicht den betroffenen sozialen Gruppen und ihren Fragen an die soziale Ordnung zu. Vielmehr begründete er aus vorgeblichen wirtschaftspolitischen Sachgesetzlichkeiten, aber in solidarische Rhetorik verpackt, einen weiteren graduellen Abbau sozialer Sicherheiten für Arbeitnehmer, Arbeitslose und Kranke und den Verzicht auf eine aktive Politik des Wirtschaftswachstums. Damit blieb er der Logik der neoliberalen Maastricht-Kriterien verhaftet, die die Finanzierung eines effektiven Konjunkturprogramms verhindern. Es ist nicht schwer, die Folgen vorauszusagen. Sie dürften in einer weiteren Verfestigung der SPD-Verluste in den drei erwähnten Wählergruppen (und vor allem deren jüngeren Segmenten) und gleichzeitig in der Verschiebung sozialer Konflikte in den vorparlamentarischen Bereich, nicht zuletzt in die Betriebe, liegen.

4. Das Sozialmodell der BRD: Leistung gegen Teilhabe

Wenn auch die Vorstellungen von Gerechtigkeit nicht im intellektuellen Code eines Modells ausgearbeitet sind, so finden wir sie doch formuliert in den Codes der Gewohnheiten, Erfahrungen und Bewertungen, die sich im alltäglichen Umgang mit den sozialen Rechten, Institutionen und kulturellen Mustern herausgebildet haben. Umfragen bestätigen in der Tat, dass das soziale Aushandlungs- und Regulierungsmodell der Bundesrepublik, trotz aller Mängel, immer noch eine hohe Akzeptanz bei mehr als 80 Prozent der Menschen hat, die zwar seine Verbesserung, nicht aber seine Abschaffung wollen.

Diese Sichtweise kontrastiert mit dem Bild, das die konservativ-liberalen und sozialdemokratisch-liberalen Fraktionen der politischen Eliten im Kampf für eine Revision des Sozialmodells zeichnen. Nicht die Boulevardpresse, sondern die Presse der klugen Köpfe beschwört immer wieder gezielt das alte Gespenst eines parasitären Wohlfahrtsstaates (u.a. von Altenbockum 2003), der durch extreme Besteuerung, mächtige Gewerkschaften und wasserkopfartige Staatsbürokratien die Wirtschaftsdynamik lähmt und durch tyrannische Reglementierung und einen übertriebenen Protektionismus die Individuen verwöhnt, bevormundet und an der Initiative zur Selbsthilfe hindert.

Vernachlässigt wird in solchen Kampfkonzepten, welche Ursache die hohe Empfindlichkeit gegenüber dem Abbau sozialer Sicherheiten hat. Sie beruht überwiegend nicht auf Verwöhnung, sondern auf der im Alltags-Bewusstsein gespeicherten historischen Erfahrung existenzieller Unsicherheit, aus der das Sozialmodell einmal entstanden ist. Die Integrationskraft der Ordnungskonzepte der Volksparteien nach 1945 hing besonders davon ab, dass sie die einschneidenden sozialen Verwerfungen, die durch den Krieg wie durch die Modernisierung aller Wirtschaftsbranchen bedingt waren, regulierend flankieren konnten. Die ökonomische Modernisierung lag, damals wie heute, wesentlich in der horizontalen Dynamik zunehmender Arbeitsteilung, Spezialisierung und Technisierung der Produktivkräfte, die durch die internationale Konkurrenz beschleunigt wurden. Ein Wirtschaftszweig nach dem anderen erwarb eine höhere Arbeitsproduktivität, die Arbeitskräfte überflüssig machte und Millionen von Menschen nötigte, sich auf alternative Lebensgrundlagen umzustellen – in der Erwartung, dass dieses nicht mit Deklassierungen verbunden war.

Diese Gefahr bestand damals wie heute real. Ökonomisch gesehen, hat der Nachkriegskapitalismus überhaupt erst eine in moderne Erwerbsklassen geteilte Gesellschaft entstehen lassen. Noch 1950 gehörten 25 Prozent der Bevölkerung zu den alten ständisch-familienwirtschaftlichen Zwischenschichten mit seiner vorkapitalistischen und oft autoritären Mentalität. In nur zwei Jahrzehnten verwandelte sich das Gros dieser Gruppe in Arbeiter und Angestellte. Heute umfasst der Agrarsektor, mit modernen kapitalintensiven Betrieben, nur noch 2,5 Prozent der Erwerbspersonen. Entsprechend wuchs der Anteil der Arbeitnehmer um 21 Prozent auf 89 Prozent.

Dass diese enormen Umstellungen keine schweren Konflikte entstehen ließen, lag nicht allein am Wirtschaftswachstum, das durch Export und Wirtschaftspolitik gefördert wurde. Es lag daran, dass die Härte der Umstellungen durch wachsende Teilhabe an diesem Wachstum abgepuffert und flankiert wurde. Bis zu den 1960er Jahren erkämpften sich die Arbeitnehmer die Teilhabe am Wirtschaftswunder durch Arbeitszeitverkürzungen sowie höhere Lohn-, Konsum-, Sozial- und Bildungsstandards. Die meisten Arbeiter verloren ihre „Proletarität", das Stigma der existenziellen Unsicherheit und Not. Die Angestellten verloren viel von ihrem alten, ständischen Dünkel. Ähnliches gilt für die ehemaligen Kleinbesitzenden. Alle drei Gruppen der „kleinen Leute" näherten sich einander an. Es entstand eine gemeinsame, wenn auch in sich differenzierte Lage und Mentalität von Arbeitnehmern.

Diese tendenzielle (durch verschiedene konservative und patriarchalische Strukturen des CDU-Modells der sozialen Marktwirtschaft aber noch begrenzte) Konvergenz der Volksmilieus war auch ein Ergebnis bewusster politischer Gestaltung. Die Annäherung der sozialen Rechts- und Verhandlungspositionen ließ gemeinsame Erfahrungen und Maßstäbe wachsen, ein Art Arbeitnehmer-Bewusstsein, mit klaren Definitionen der eigenen Interessen gegenüber Unternehmern und Staat. Dies wurde möglich, weil die nicht unerheblichen Konflikte zwischen Kapital und Arbeit zunehmend in friedlicher Form ausgetragen werden konnten. Hierzu verhalf das Aushandlungsmodell des „institutionalisierten Klassenkampfs“ (Geiger 1949; Dahrendorf 1957) mit den Instrumenten des Tarifkampfrechts, der Verrechtlichung der sozialen Konflikte durch Mitbestimmung und Mitsprache im Betrieb, des Arbeitsrechts und des Kündigungsschutzes, der Lohnfortzahlung für Kranke sowie des Ausbaus der Sozialstaatlichkeit und des Bildungssystems.

Entgegen der neoliberalen Behauptung handelte es sich nicht um ein protektionistisches Modell, das die Faulen vor Leistungsanforderungen schützt, sondern um einen entwicklungsfähigen, auf dem Prinzip der Gegenseitigkeit aufbauenden historischen Kompromiss. So konnten in der Geschichte der Bundesrepublik konservative und sozialdemokratische Regulierungsmodelle, die stufenförmig aufeinander aufbauten, einander ablösen. Es wurde ein Konflikt- und Aushandlungsmodell erkämpft und erprobt, das in dem Grundsatz „Leistung gegen Teilhabe“ zum Ausdruck kommt. Für die Bereitschaft zu hoher Arbeitsleistung wurde eine umfassende Teilhabe an den sozialen Chancen verlangt. An diesem Maßstab werden auch die heutigen sozialen Abstriche gemessen.

Gleichwohl ist dieses Modell, nicht nur für Neoliberale, revisionsbedürftig. Die Stärke des verbandlichen oder „korporatistischen“ Aushandlungsmodells ist seine Unabhängigkeit von direkter staatlicher Intervention. Seine Schwäche liegt in seinen oligarchischen und bürokratischen Erstarrungstendenzen, im Mangel an Beweglichkeit, Partizipation und Elitewechsel. Trotz dieser Grenzen war das Sozialmodell doch modernisierungs- und konfliktfähiger als das staatsbürokratische Modell, das nach 1945 mit Hilfe der Sowjetunion in Ostdeutschland installiert worden war. Nachdem jenes aber 1989 zusammengebrochen war, blieb das westdeutsche Modell nur noch mit seinen eigenen Mängeln konfrontiert.

Heute steht das Modell von zwei Seiten unter Druck. Zum einen fordern kleine, aber in Politik und Medien Einflussreiche neoliberale Eliten seinen Abbau. Umgekehrt fordern die großen sozialen Gruppen, die auf Verbandsvertretung angewiesen sind, eine Modernisierung des Modells: mehr Mitwirkungsrechte und einen weniger bevormundenden Politik- und Organisationsstil. Zu ihnen gehören sowohl die wachsenden Milieus der modernen, besonders gut qualifizierten Arbeitnehmer wie auch die klassischen benachteiligten Gruppen der Frauen, Ausländer, gering Qualifizierten, Jugendlichen und Rentner.

Die Ungerechtigkeit wird nicht zuletzt als Entwertung der Arbeitsqualifikation erfahren. Die im Arbeitsprozess verlangte Qualifikation nimmt seit vielen Jahrzehnten flächendeckend zu, aber sie wurde auf verschiedene Weise entwertet, durch Diskriminierung der Frauen und der Zuwanderer, durch das allgemeine Zurückbleiben des Einkommenswachstums hinter dem Wirtschaftswachstum, durch einen die work-life-balance destabilisierenden Zeitstress, durch unsichere Arbeits- und Einkommensverhältnisse und oft auch durch Arbeitslosigkeit. Wie verschieden auch diese Abwertungen zustande kommen, erfahren werden sie als Verletzung des Grundkonsenses der Leistungsgerechtigkeit.

Welcher Entwicklungstendenz folgen die sozialen Schieflagen? – Auf den ersten Blick scheint es, dass die materiellen Standards zunehmend und linear sinken. So waren z.B. 1984 bis 1989 durchschnittlich nur 2,7 Prozent einkommensarm (Berger 1996). Für die frühen 1990er Jahre verzeichnet die Studie der Caritas (Hübinger 1996) bereits zehn Prozent Armut und weitere 50 Prozent in knappen oder prekären Lebenslagen. Aus den Caritas-Daten ergab sich folgende Stufung sozialer Lagen:

- Etwa 40 Prozent lebten in *sicheren* Verhältnissen.
- Etwa 20 bis 25 Prozent waren durch eine Lebensweise der *Knappheit* verunsichert.
- Weitere 25 bis 30 Prozent waren Menschen in *prekären Lagen* nahe der Sozialhilfegrenze.
- Zehn Prozent lebten in dauerhafter Armut, d.h. in *Exklusion* vom Wohlstand.

Diese Stufung darf nicht als schiefe Ebene verstanden werden, die der Tendenz einer neuen „Proletarisierung" und „Verelendung" nachgibt. Eine genaue Analyse führt eher zu dem Bild eines Eisbergs mit mehreren, qualitativ durchaus verschiedenen Stufen, die nicht automatisch ineinander gleiten. Die sichtbare Spitze der Benachteiligung bilden diejenigen, die relativ umfassend und dauerhaft sozial ausgeschlossen sind. Der unsichtbare Sockel aber besteht zunehmend aus Gruppen der gut ausgebildeten soziale Mitte, die von der Abwertung der Arbeitskraft betroffen sind. Die Betroffenen lassen sich in fünf spezifische Konstellationen sortieren: Diskriminierung nach Geschlecht, Ethnie oder Milieu; Entwertung qualifizierter Arbeitnehmer durch strukturelle Umstellungen; Prekarität bei bestimmten Risikogruppen; Exklusion durch Dauerarbeitslosigkeit bzw. Armut; ungleiche Bildungschancen durch eine ständische Bildungspolitik.

5. Lager: Kein Ende der Ideologien

Welche der Volksparteien aus der Konkurrenz um das Vertrauen als Siegerin hervorgeht, hängt nicht nur von dem Image der Spitzenpolitiker ab. Was diese symbolisieren, muss auch durch ihre Praxis gedeckt sein. Dabei kommt es vor allem darauf an, auf die sozialen Ordnungsmodelle der gesellschaftlichen Lager einzugehen und sie in einer gemeinsamen Formel – wie dies die soziale Marktwirtschaft oder der Wohlfahrtsstaat waren – zusammenzuführen.

Die Klientel der deutschen Parteien verteilen sich über sechs verschiedene Lager, über deren Zusammensetzung nach Milieus, Berufen usw. sehr detaillierte Befunde vorliegen (Vester u.a. 2002). Sie entsprechen sechs gesellschaftlichen Ordnungsmodellen. Die Einordnung in den Raum der Milieus (Abb. 2) zeigt, dass jedes Lager sich über mehrere Milieus, also Typen der alltäglichen Lebensführung, erstreckt. Die Lager sind nicht groß genug, um eigene Mehrheiten begründen zu können. Die Volksparteien müssen daher Klientelgruppen aus mehreren Lagern in ihrer Politik repräsentieren und mobilisieren. Alle Parteien schöpfen aus allen Lagern, aber mit gewissen Schwerpunkten. So hat im rechten Teil des sozialen Raums die CDU/CSU ein Übergewicht, aber dort hat auch der rechte SPD-Flügel seine Klientel. Im linken Teil überwiegt spiegelbildlich die SPD.

Das Feld ist nicht nur durch die manifesten cleavages zwischen den Lagern gegliedert. Innerhalb der Lager verlaufen auch latente Konfliktlinien, die durch die Veränderung der Lebensweisen entstehen. Sie können sich durch politisch-ideologische Konflikte in manifeste Konfliktlinien verwandeln und gegebenenfalls auch das Feld der Lager umstrukturieren. Solche latenten Konfliktlinien lassen sich vor allem in den vier unteren Lagern aufspüren. Bei dreien von ihnen ist die Verdrossenheit über Schieflagen sozialer Gerechtigkeit wirksam. Dabei äußert sich der Verdruss in zwei Lagern eher demokratisch, und zwar bei den Sozialintegrativen und bei den Skeptisch-Distanzierten. Im Lager der Enttäuscht-Autoritären aber aktiviert die Verdrossenheit das Potenzial eines intoleranten und ausländerfeindlichen Populismus. In dem vierten unteren Lager, bei den Gemäßigt-Konservativen, entsteht eine neue Konfliktlinie aus anderen Motiven. Es gibt eine Untergruppe von moderneren konservativen Arbeitnehmern, von der sich etwa ein Drittel offener für universalistische Ziele, d.h. mehr Frauen-, Ausländer- und Bürgerrechte und Umwelt- und Friedenspolitik, einsetzt.

Solche universalistischen Werte, die nicht direkt aus bestimmten Klassen- oder Milieuinteressen ableitbar sind, gewannen nachweislich auch in anderen Milieus und Lagern an Boden. Aber die daran geknüpfte Prophezeiung eines neuen Politikmodells jenseits von rechts und links hat sich empirisch als Fehlprognose entpuppt. Diese Prognose war von den Soziologen Ulrich Beck und Anthony Giddens (1997, 1999) mit einer allgemeinen Tendenz der Individualisierung, verstanden als Auflösung traditioneller Bindungen, begründet worden. Durch diese Tendenz, so hieß es, würden sich die alten politischen Lager der Industriegesellschaft, die sich nach den Interessengegensätzen zwischen Arbeitnehmern und Unternehmern richteten, auflösen. An seiner Stelle werde sich ein neues Politikmodell der post-industriellen Gesellschaft durchsetzen, da die Menschen im wachsenden Dienstleistungssektor sich nun postmateriellen, universalistischen Werten zuwendeten.

Diese Annahme einer eindimensionalen Tendenz hat sich empirisch nicht bestätigt. Für die meisten Menschen sind universalistische Werte keine Frage des Ja oder Nein, sondern eine Frage des Sowohl als auch. Die universalistischen Werte haben zugenommen, aber fast immer in *Kombination* mit anderen, dann doch mit dem sozialen Ort der Menschen zusammenhängenden Wert- und Ordnungsvorstellungen. (Und dieser Wandel hängt nicht mit der Zunahme der Dienstleistungen, sondern mit dem Generationenwechsel zusammen.) Dies zeigt sich an der gesamten Lager-Landschaft.

Besonders deutlich wird sie an demjenigen Lager, das die eigentliche Hochburg des vermeintlich klassenlosen Universalismus sein sollte. Die rot-grünen Führungsgruppen haben vor allem Teile dieses Lagers zu „Leitmilieus", zu Trendsettern für die übrigen Milieus stilisiert. Doch empirisch erreichte das *Radikaldemokratische Lager* nur elf Prozent und kaum Anhänger in den mittleren und unteren Milieus (s.

Abb. 2). Dies hat offensichtlich mit einer sozialen Einäugigkeit zu tun. Der radikale Universalismus dieses Lagers bezieht sich auf die politischen Rechte. Sozialpolitisch überwiegt ein moralistisch begründetes Elitedenken und eine entsprechende Nähe zu neoliberalen Ideen. Wer – wie man selbst – oben ist, hat dies einem puritanischen Leistungsstreben zu verdanken. Wer – wie die „Masse“ – weiter unten ist, hat dies aufgrund seiner materialistischen Neigungen zu Konsum und Bequemlichkeit auch verdient.

Entgegen der These der Individualisierung sind auch die beiden *konservativen Kernlager*, die vor allem in überschaubaren hierarchischen Gemeinden überwiegen, noch relativ gut in sich integriert. Sie waren auch die Hochburgen der CDU-Siege Anfang 2003. Beide Lager befürworten eine Gesellschaftsordnung mit gestuften Rechten, in denen die unteren Gruppen zwar einen minderen Status, aber doch ihre Sicherheiten haben. Dabei vertritt das *Traditionell-Konservative Lager (TKO)*, mit ca. 14 Prozent, die Perspektive des „Patrons“, der gegenüber seinen „Klienten“ klare Vorrechte hat, aber auch zur Fürsorge verpflichtet ist. Das Lager der *Gemäßigt-Konservativen (GKO)* bindet, mit etwa 18 Prozent, noch große Teile des konservativen Randes der Arbeitnehmermilieus. Es vertritt das hierarchische Sozialmodell aus der Perspektive des „Klienten“. Sie sind dem Patron zur Treue verpflichtet, aber auch zum Protest berechtigt, wenn dieser seine Fürsorge für die Arbeitnehmer und kleinen Leute vernachlässigt. Eine nicht kleine Minderheit des Lagers ist daher auch den rechten Flügeln der Gewerkschaften und der SPD verbunden. Sie überschneidet sich mit einer anderen Minderheitsfraktion, den erwähnten moderneren konservativen Arbeitnehmern, die eine Öffnung der Politik zu toleranteren und weniger autoritären Formen erwarten. Bei ihnen hat sich 1998 der Anteil der SPD-Wähler erhöht. Heute ist dieser Trend wieder rückläufig.

Einen ähnlich großen Zusammenhang bilden die beiden Lager der *solidarischen Sozialmodelle*. Sie sind mit mehr als 30 Prozent gut in den großen moderneren Arbeitnehmermilieus der Facharbeit und der praktischen Intelligenz verankert, aber dadurch auch besonders von den Schieflagen wirtschaftlicher Umstellungen betroffen, Sie sind vom Abbau sozialer Sicherungen und vom Regierungskurs tief enttäuscht. Das *Sozialintegrative Lager (SOZ)* vertritt ein progressiv-solidarisches Sozialmodell, d.h. es kombiniert die Werte des Universalismus und der Partizipation mit dem Anspruch der sozialen Integration und Gleichstellung sämtlicher benachteiligter Gruppen. Das Lager bindet, mit ca. 13 Prozent, überwiegend Teile der gesellschaftskritischen modernen Mitte, die überdurchschnittlich der SPD und den Grünen zuneigen. Von der großen Politik zunehmend enttäuscht, engagieren sie sich vor allem in Basispolitik. Ihnen benachbart ist das Lager der *Skeptisch-Distanzierten (SKED)*, mit ca. 18 Prozent. Ihm gehören große Teile der Milieus der moderneren Arbeitnehmermitte an. Sie sehen das Sozialmodell auf Gegenseitigkeit, das hohe Leistung durch soziale Teilhabe an Wohlstand und Sicherheit belohnt, durch die Wirtschaftskrise und die Politik der wirtschaftlich und politisch Mächtigen gefährdet. Auch ihre überdurchschnittliche Neigung zur SPD ist nachhaltig enttäuscht. Ihre

Desillusionierung verarbeiten sie mehrheitlich mit skeptischer, aber nicht undemokratischer Distanz gegenüber der Parteipolitik.

Für mehr als ein Viertel der Westdeutschen besteht die Bindekraft der großen Parteien allerdings nur noch äußerlich. Aber dies hat gerade nicht in Richtung universalistischer Werte geführt. Das Lager der *Enttäuscht-Autoritären (EA)*, mit ca. 27 Prozent, sammelt sich aus Milieus mit geringen und unmodernen Ausbildungen und schwachen sozialen Netzen. Es sind meist Ältere, aber auch Jugendliche ohne Perspektiven. Sie sehen sich als Modernisierungsverlierer, die von der übrigen Gesellschaft zunehmend aufgegeben werden. Sie verarbeiten dies mit Ressentiments gegen Ausländer, alles Moderne und die Politiker, die ihre Schutzpflicht verletzen. Obwohl sie mehrheitlich noch die großen Volksparteien wählen, sympathisieren sie mit einem autoritären Populismus.

6. Ausblick: anhaltende Stagnation oder partizipatorischer Wohlfahrtsstaat?

Die Spannungen im Feld der Lager drücken den Spagat aus, den die politischen Parteien bewältigen müssen, wenn sie ihre Klientel aus den verschiedenen Milieus und Lagern mobilisieren und repräsentieren wollen. Die zentrifugalen Tendenzen beruhen auf der Seite der Volksmilieus in einer sich verfestigenden Skepsis gegenüber der Fähigkeit der Eliten, den gesellschaftspolitischen Umbau als eine Kombination von marktgerechter Flexibilität und sozial gerechter Risikosicherung zielsicher anzupacken. Ihnen fehlen überzeugende Perspektiven, die neoliberale Sparpolitik von Maastricht zu beenden und die verschiedenen Ansprüche und Sozialmodelle der sechs Lager zu integrieren.

Möglich wäre dies durchaus. Die Befragungen zeigen nicht nur, dass die sozialen Milieus das sozialstaatliche Modell der Bundesrepublik immer noch zu mehr als vier Fünfteln gutheißen. Sie zeigen auch, dass die Ordnungskonzepte der Lager (Abb. 3) durchaus einen gemeinsamen Nenner haben. Die Solidaritätsmodelle überwiegen mit 49 Prozent. Es sind solche Modelle, für die *Solidarität und Eigenverantwortung zusammengehören* und nicht – wie in neoliberalen oder protektionistischen Sozialmodellen – gegeneinander ausgespielt werden dürfen. Beide Elemente – Solidarität und Eigenverantwortung – könnten entweder unter konservativem oder unter sozialdemokratischem Vorzeichen in dem Integrationskonzept eines *„partizipatorischen Wohlfahrtsstaats"* zusammengefasst werden (Vester 2001: 172-180). Die große Minderheitsgruppe der Modernisierungsverlierer von 27 Prozent, die ein protektionistisches Modell gutheißt, könnte durch eine Politik sozialer Mindestgarantien ins Boot geholt und dem Rechtspopulismus abspenstig gemacht werden. Die kleine Minderheitsgruppe der Radikaldemokraten (11 Prozent) ist sozial so gut gestellt, dass ihr keine exzessiven Konzessionen gemacht werden müssen, zumal sie eine partizipatorische Gestaltung des Wohlfahrtsstaates attraktiv finden würde.

Stattdessen üben die Regierenden weiterhin Druck auf das korporative Aushandlungssystem und die Parlamente aus, um ihre beiden seit 1999 verfolgten Hauptprojekte Schritt für Schritt voranzubringen: Die Institutionalisierung eines prekären Sektors am unteren Rand des Arbeitsmarktes, die die Arbeitslosen und Arbeitsunwilligen mobilisieren soll, und Reformen des Bildungssystems, von denen immer noch nicht klar ist, ob sie auf eine selektive Förderung der bisher bevorzugten Bildungsschichten oder auf eine breite Förderung der benötigten Bildungsreserven, wie sie die meisten anderen Länder betreiben, hinauslaufen soll.

Abbildung 3: Gesellschaftspolitische Lager und soziale Ordnungsmodelle in der Bundesrepublik

Elitemodelle (ca. 25 Prozent)	
(1) Radikaldemokratisches Lager (RAD): progressiv-liberales Elitemodell	ca. 11 Prozent
(2) Traditionell-konservatives Lager (TKO): konservatives Fürsorgemodell	ca. 14 Prozent
Solidaritätsmodelle (ca. 49 Prozent)	
(3) Gemäßigt-konservatives Lager (GKO): konservatives Solidaritätsmodell	ca. 18 Prozent
(4) Sozialintegratives Lager (SOZ): progressiv-solidarisches Modell	ca. 13 Prozent
(5) Skeptisch-Distanziertes Lager (SKED): Modell der Gegenseitigkeit	ca. 18 Prozent
Protektionistische Modelle (ca. 27 Prozent)	
(6) Enttäuscht-Autoritäres Lager (EA): populistisches Anspruchsmodell	ca. 27 Prozent
Repräsentativbefragung „Gesellschaftlich-politische Milieus in Westdeutschland“ 1991: n = 2.684; deutschsprachige Wohnbevölkerung ab 14 Jahren in Privathaushalten; Cluster- und Faktorenanalyse (M. Vester u.a., Soziale Milieus im gesellschaftlichen Strukturwandel, Frankfurt a.M. 2001, Kap. 12)	

Diese Doppeldeutigkeit entspricht dem Spagat zwischen den Teilen der Elitemilieus, die neoliberalen Projekten der Risikoverlagerung nach unten zuneigen, und den großen Volksmilieus, für die Eigenverantwortung und Solidarität zusammengehören. Diese Elitemilieus können die Volksmilieus weder hinreichend politisch repräsentieren noch hinreichend zur Wahl mobilisieren, wenn sie nicht die Möglichkeit eines neuen historischen Kompromisses nutzen.

Wenn sie diese Möglichkeit verfehlen, dann verprellen sie auf Dauer nicht nur die auf Protektion angewiesenen Unterprivilegierten, sondern auch die moderne Arbeitnehmermehrheit, die gerade auf das Prinzip „Leistung gegen Teilhabe“ setzt, aber ihre Arbeitsleistung wie auch ihre immer besseren Bildungsabschlüsse abgewertet sieht. Die neuen Konservativen mobilisieren Loyalität in den konservativeren Arbeitnehmermilieus nach dem Grundsatz: Besser untergeordnet und anerkannt als frei, aber ungesichert. Die moderneren Arbeitnehmermilieus dagegen sind ohne eine ihnen entsprechende politische Repräsentation. Entsprechend verlagert sich ihre Unzufriedenheit schon jetzt immer mehr auf die wenig sichtbaren, aber doch überall schwelenden Konflikte des Alltags, die teils von Gewerkschaften und teils von Bürgerinitiativen mitgetragen werden.

Im Kontext der jetzigen Entwicklung der Produktivität, die immer mehr Arbeit überflüssig macht, ist langfristig nicht damit zu rechnen, dass ein neuer säkulärer Aufschwung die Probleme gleichsam automatisch wieder durch Vollbeschäftigung und Ausbau des Sozialstaats lösen wird. Dies wäre nur durch mehr Politik und nicht durch weniger Politik möglich. Der durch die Produktivitätssteigerungen mögliche Reichtum könnte durch eine andere, internationalisierte Wohlfahrtspolitik in den lange schon erforderlichen Ausbau der öffentlichen Sozial-, Umwelt- und Bildungsstrukturen gelenkt werden. Der Sockel der Massenarbeitslosigkeit müsste nicht weiterhin im Rhythmus der Konjunkturwellen stufenweise anwachsen, sondern könnte durch eine entschiedene Politik der Arbeitszeitverkürzung abgebaut werden. Diese neue Politik kann aber nur gelingen, wenn die staatliche und verbandliche Politik von der breiten demokratischen Partizipationsbereitschaft in den gewandelten sozialen Milieus Gebrauch macht.

Literatur

agis (Hrsg.) (2003): Landtagswahl 2003 in der Region Hannover. Hannover.
Altenbockum, Jasper von (2003): Nach Norden. In: Frankfurter Allgemeine Zeitung. 15.2.2003. S. 1.
Berger, Peter A. (1996): Individualisierung. Statusunsicherheit und Erfahrungsvielfalt. Opladen.
Bourdieu, Pietrre (1982): Die feinen Unterschiede. Frankfurt a.M.
Dahrendorf, Ralf (1957): Soziale Klassen und Klassenkonflikt in der industriellen Gesellschaft. Stuttgart.
Geiger, Theodor (1949): Die Klassengesellschaft im Schmelztiegel. Köln, Hagen.
Geiling, Heiko (2003): Anmerkungen zur Landtagswahl 2003. Hannover. Manuskript.
Giddens, Anthony (1997): Jenseits von Links und Rechts. Die Zukunft radikaler Demokratie. Frankfurt a.M.
Giddens, Anthony (1999): Der dritte Weg. Die Erneuerung der sozialen Demokratie. Frankfurt a.M.
Hübinger, Werner (1996): Prekärer Wohlstand. Freiburg i.Br.
Infratest dimap (2003a): Die SPD gerät nach der Bundestagswahl in einen Abwärtssog. In: Frankfurter Rundschau. 4.2.2003. S. 5.
Infratest dimap (2003b): Zustimmung für die Außenpolitik, Kritik an der Wirtschaftskomptenz. Der Deutschlandtrend. In: Frankfurter Rundschau. 8. 3. 2003. S. 7.
Korte, Karl-Rudolf/Weidenfeld, Werner (Hrsg.) (2001): Deutschland-TrendBuch. Opladen.
Oberndörfer, Dieter/Mielke, Gerd/Eith, Ulrich (2003): Niemand zieht für die Hartz-Kommission in den Wahlkampf. Über die Folgen der jüngsten Landtagswahlen. In: Frankfurter Rundschau. 7.2.2003. S.7.
Raschke, Joachim (2002) Strukturen für die Zufallsmehrheit. In: die tageszeitung. 4.11.2002. S.4.
Vester, Michael/Oertzen, Peter von/Geiling, Heiko/Hermann, Thomas/Müller, Dagmar (2001 (1993)), Soziale Milieus im gesellschaftlichen Strukturwandel, 2. Aufl. Frankfurt a.M.
Vester, Michael (2001): Milieus und soziale Gerechtigkeit. In: Korte/Weidenfeld, a.a.O. S. 160-171.
Zinn, Karl Georg (1998): Wie Reichtum Armut schafft. Köln.

Der Autor

Michael Vester, Dr. phil., Dipl.-Soziologe (*1939), Professor am Institut für Politische Wissenschaft der Universität Hannover, mit dem Schwerpunkt Politische Soziologie sozialer Strukturen, Mentalitäten, Milieus und Bewegungen. 1959-1965 Studium der Sozialwissenschaften in Hamburg, Frankfurt a.M. und den USA; 1965-1971 wiss. Mitarbeiter, ab 1971 Professor am o.g. Institut.
Jüngere Publikationen: Hg. (m. P.A. Berger): Alte Ungleichheiten – neue Spaltungen, Opladen 1998; (mit P. v. Oertzen, H. Geiling u.a.): Soziale Milieus im gesellschaftlichen Strukturwandel, Frankfurt/M. 2001; (m. W. Vögele u. H. Bremer), Soziale Milieus und Kirche, Würzburg 2002.

(Kein) Ende der „Arbeiterklasse“? Ein Beitrag zur Diskussion um Fortbestand oder Auflösung von Klassen und Schichten

Sonja Weber-Menges

Vor allem seit den 80er Jahren wird ein zunehmendes Unbehagen am „vertikalen Paradigma“ der etablierten Schicht- oder Klassensoziologie als Schlüsselparadigma der Sozialstrukturanalyse sichtbar. Die bis dahin dominanten Klassen- und Schichtmodelle kamen mehr und mehr in Verruf. Das Mehr an Geld, Bildung, Freizeit und Mobilität, gepaart mit den Sicherheiten des modernen Wohlfahrts- und Sozialstaates, sowie neue Werthaltungen und Erfahrungshorizonte hätten, so die Argumentation ihrer Kritiker, die Geltung traditioneller Klassen- und Schichtmodelle derart in Frage gestellt, dass man sie am besten ganz verabschieden und auf den „Müllhaufen der Geschichte“ werfen sollte. Es stellt sich also die Frage, ob Klassen- und Schichtmodelle noch ein geeignetes und zeitgemäßes Instrumentarium darstellen, um die Sozialstruktur und die Formen sozialer Ungleichheit in hoch modernisierten Gesellschaften wie der unseren ausreichend und angemessen erfassen, beschreiben oder bestimmen zu können, da wir es heute nicht nur mit einer anderen Art von Gesellschaft, sondern auch mit einer ganz anderen Art von sozialer Ungleichheit zu tun haben, als sie beispielsweise Karl Marx oder Theodor Geiger, die Klassiker der Klassen- bzw. Schichtanalyse, noch vor Augen hatten. Damit wird der angestammte Rang des Vertikal-Paradigmas in Frage gestellt.

Haben sich also Klassen und Schichten aufgelöst? Hat sich die Verbindung zwischen objektiver Soziallage und daraus resultierenden ungleichen Lebenschancen bzw. Lebensrisiken, sowie inneren (psychischen) Dispositionen (Werten, Habitus), Interessen, Präferenzen, Verhaltensweisen oder Lebensstilen im Zuge von Entkoppelungs- und Entstrukturierungsprozessen, Individualisierung und Pluralisierung gelockert oder sogar gänzlich entkoppelt? Ist also die Prägekraft vertikaler Strukturen geschwunden und sind Klassen- und Schichtlagen nicht mehr der Bereich, in dem sich soziale Ungleichheit hauptsächlich strukturiert? Die Diskussion hierüber dauert an; die heutige Sozialstrukturforschung gibt dabei auf diese Fragen recht unterschiedliche und zum Teil kontroverse Antworten.

Entgegen dem die Sozialstrukturforschung heute dominierenden „modernen Mainstream“ unterschiedlicher Konzepte der „differenziert-pluralen Nachklassengesellschaft“ in Form von Individualisierungskonzepten (z.B. Beck 1986) und Konzeptionen der Milieu- oder Lebensstilforschung[1], für die statt Klassen und

1 Zu nennen sind hier beispielhaft die prägnanten Konzeptionen von „Sinus“, Spellerberg (1994; 1995; 1997), Georg (1998) oder auch der Ansatz Schulze (1993).

Schichten eher Lebensstile und Milieus, sowie vieldimensionale Ungleichheiten im Mittelpunkt stehen, bleibt Rainer Geißler weiterhin dem vertikalen Paradigma verhaftet[2], weshalb er betont, dass es für ihn auch in der heutigen Zeit „keinen Abschied von Klasse und Schicht" gibt (vgl. Geißler 1996: 362,364; Geißler 2001: 128). Seine Grundthese lautet in diesem Zusammenhang:

> „Die Schichtstruktur verändert sich, aber sie löst sich keinesfalls auf; die moderne Gesellschaft hat sich nicht von den Klassen und Schichten verabschiedet, sondern eine dynamische, pluralisierte Schichtstruktur herausgebildet" (Zit. Geißler 1994: 31).

Anhand einer dem Prinzip der Triangulation verpflichteten, multimethodisch und multitheoretisch angelegten Primärerhebung unter Industriearbeitern und Industrieangestellten (Weber-Menges 2002), die der Frage nachging, ob die „Arbeiterklasse" in der heutigen Zeit zusammen mit Angestellten in der Masse der Arbeitnehmer aufgegangen ist, und die damit einen mit der Diskussion um Auflösung oder Fortbestand von Klassen und Schichten eng verknüpften, jedoch spezifischen Beitrag zur Sozialstrukturforschung und der Ungleichheitsforschung im Besonderen darstellt und damit entgegen der gesamtgesellschaftlichen Makroperspektive diese Thematik in Verkleinerung des Maßstabes eher aus einer selektiven „Mikroperspektive" sozialer Realität aufgreift, konnte die These Geißlers bestätigt werden. Darüber hinaus wurde seine eher „sozialkritische" Sichtweise von der Prägekraft vertikaler Strukturen auf Lebenschancen und -risiken nicht nur bestätigt, sondern im Sinne eines „Brückenschlages" zwischen traditionellen Ansätzen des vertikalen Paradigmas und modernen Milieu- und Lebensstilansätzen um die kultursoziologische Perspektive dahingehend erweitert, präzisiert und ergänzt, dass die Zusammenhänge zwischen Strukturebene und Einstellungs- bzw. Verhaltensebene in vielen Einzelheiten belegt und gedeutet wurden.

1. Anlage und Methodik der Untersuchung

Die Thematik wurde anhand einer vergleichenden Untersuchung von Arbeitern und Angestellten in der Industrie bearbeitet, da vor allem der Industriearbeiter seit jeher als „Arbeiter par excellence" gilt und seit der Industrialisierung mit dem Begriff des „Arbeiters" aufs engste verknüpft ist. Die Ausgangsfragestellung dieser exemplarischen Untersuchung lautete:

> „Ist es heute noch angemessen, von einer Arbeiterklasse oder -schicht zu sprechen, oder ist es angebrachter, nur noch von Arbeitnehmern allgemein zu reden, da sich die Unterschiede zu anderen, ebenfalls

2 Geißler (1996: 78) stellt in diesem Zusammenhang die „These von der Dominanz der vertikalen Dimensionen der sozialen Ungleichheit" auf.

lohnabhängigen Berufsgruppen, und hier vor allem zur Vergleichsgruppe der Angestellten, in der heutigen Zeit verwischt haben?"

Inwiefern begrenzen die klassischen vertikalen Ungleichheitsdimensionen Beruf, Bildung oder Einkommen auch in unserer Gesellschaft Lebenschancen der Arbeiterschaft im Vergleich zu Angestellten und vermehren Lebensrisiken? Sind Einstellungen, Handlungen, Lebensstile oder Lebensduktus von allen Bevölkerungsgruppen, und hier vor allem von Arbeitern heute wirklich absolut frei wählbar, oder werden diese Wahlfreiheiten auch heute noch in vielen Bereichen durch vertikale Ungleichheiten begrenzt? Vor allem im Blick auf die Arbeiterschaft erscheinen die Thesen von Schwinden der Prägekraft vertikaler Strukturen in diesem Zusammenhang als besonders zweifelhaft.[3]

Die empirische Untersuchung wurde als Stichprobenerhebung in Form eines qualitativ/quantitativen Methodenmix im Zeitraum 2000 bis 2001 durchgeführt. In diesem Zusammenhang war die empirische Untersuchung als Kombination einer quantitativen Voruntersuchung in Form von Beobachtungen in Industriebetrieben sowie insgesamt 64 qualitativen Leitfrageninterviews und einer quantitativen Hauptuntersuchung in Form einer Fragebogenerhebung in einem Stichprobenumfang von 1868 auswertbaren Fällen angelegt[4]. Die Untersuchung fand in Industriebetrieben eher ländlicher und (groß-)städtischer Regionen der Bundesländer Rheinland-Pfalz, Nordrhein-Westfalen und Hessen statt. Untersucht wurden Arbeiter und Angestellte im Alter von 20 bis 65 Jahren.

2. Typische Soziallagen

Anhand vergleichender empirischer Analysen zur sozialen Lage der befragten Arbeiter und Angestellten sowie anhand von Ergebnissen einer Korrespondenzanalyse zu den Kernstrukturen ihrer sozialen Lage konnte nachgewiesen werden, dass die Berufsposition jeweils mit einem typischen Bildungsniveau und einem typischen Einkommen verknüpft war. Diesbezügliche Statusinkonsistenzen, die von Anhängern der Entstrukturierungsthese vielfach als Indikatoren für eine Auflösung von Klassen und Schichten ins Feld geführt werden, waren in diesem Zusammenhang

3 Vor allem eigene, zwar zeitlich begrenzte, aber durchaus wichtige und zudem „hautnahe" Erfahrungen als „Angehörige der Arbeiterklasse" warfen nämlich die Frage auf, ob nicht vor allem der, welcher ein Fortbestehen der „Arbeiterklasse" in der modernen Gesellschaft radikal verneint, die Augen vor der Wirklichkeit verschließt, oder auf einer abstrakten Ebene aus einer Art „Vogelperspektive" für die Betroffenen durchaus wichtige, oftmals belastende und prägende Sachverhalte übersieht.

4 Die qualitative Voruntersuchung diente dazu, relevante Untersuchungsbereiche für die quantitative Hauptuntersuchung herauszufiltern und anhand der Ergebnisse auch akteursnähere Fragestellungen auszuarbeiten. Die Ergebnisse der qualitativen Untersuchung, und hier vor allem die Ergebnisse der Leitfrageninterviews wurden jedoch auch bei der Ergebnisauswertung der empirischen Untersuchung zur Ergänzung, Verfeinerung und Interpretation in einzelnen Bereichen herangezogen.

geringer als vielfach vermutet und traten hauptsächlich bei Un- und Angelernten auf, die trotz abgeschlossener Berufsausbildung aus unterschiedlichen Gründen nicht ausbildungsadäquat beschäftigt waren. Man kann in diesem Zusammenhang durchaus noch vom Fortbestand einer Klassen- bzw. Schichtdimension sprechen. Jedoch nicht nur zwischen Arbeitern und Angestellten, sondern auch innerhalb einzelner Berufspositionen der Arbeiter und Angestellten zeigten sich Unterschiede in der objektiven Soziallage im Sinne einer inneren Differenzierung, die in diesem Zusammenhang auch mit Ungleichheiten im Bereich der Lebenschancen verbunden waren. Die einzelnen Berufspositionen der Arbeiterschaft sind dabei auch durch unterschiedliche Arbeits- und Berufsqualifikationsniveaus charakterisiert, während sich hinsichtlich des typischerweise niedrigen Schulabschlusses auf Volks- /Hauptschulniveau kaum Unterschiede zeigen. Die Arbeiterschaft lässt sich vertikal in drei Gruppen gliedern:

Die Gruppe der *Un- und Angelernten*, bei denen schichttypischen Unterschiede in der sozialen Lage, den Arbeitsbedingungen und Lebenschancen zur übrigen Arbeiterschaft so stark ausgeprägt sind, dass es berechtigt ist, sie als eine besondere Schicht zu unterscheiden, die der besonderen Gefahr sozialer Ausgrenzung unterliegt und die im Zuge der allgemeinen Höherqualifizierung der Erwerbstätigen zahlenmäßig immer mehr schrumpft. Un- und Angelernte erzielten von allen Arbeitern die niedrigsten Einkommen und verfügten typischerweise über eine niedrige oder gar defizitäre Bildung auf Sonderschulniveau. Frauen in Arbeiterberufen waren zum überwiegenden Teil als Un- und Angelernte beschäftigt. Nicht alle als Un- und Angelernte Tätigen waren auch tatsächlich ohne abgeschlossene Berufsausbildung. Un- und Angelerntenberufe sind in diesem Zusammenhang „Sammelbecken" sowohl für Berufsabsteiger, als auch für Personen, die im Bildungssystem gescheitert sind. Fast die Hälfte der Un- und Angelernten hatte eine fachfremde Lehre absolviert, war aber im Ausbildungsberuf nicht mehr tätig, wobei die Gründe hauptsächlich in einer vorangegangenen Arbeitslosigkeit, Krankheit, Schwierigkeiten, nach der Familienpause in den Beruf zurückzukehren, zum Teil jedoch auch in der freiwilligen Entscheidung bestanden, wegen besserer Verdienstchancen oder geregelterer Arbeitszeiten statt einer Gelerntentätigkeit im Handwerk eine Un- und Angelerntentätigkeit in der Industrie vorzuziehen. Oft wird die Un- und Angelerntentätigkeit von den „Gelernten" nur als Notbehelf oder als Übergangsstation angesehen, die man schnell wieder verlassen will. Vor allem Un- und Angelernte ohne Berufsausbildung waren in den meisten Lebensbereichen besonders deutlich benachteiligt.

Facharbeiter und Vorarbeiter, die sich im Gegensatz zu den Un- und Angelernten durch eine gewerbliche Lehre mit abgeschlossener Gesellenprüfung auszeichnen. Frauen waren unter Facharbeitern und Vorarbeitern eher eine Seltenheit; meist lediglich in frauengeprägten Branchen wie beispielsweise der Textilindustrie stellten Frauen in Facharbeiter- oder Vorarbeiterpositionen keine „Exoten" dar. Facharbeiter in der Industrie wurden vielfach im Handwerk ausgebildet. Sie wechselten oft wegen besserer Berufs- und Verdienstmöglichkeiten in die Industrie. Außerdem bildet das Handwerk meist über Bedarf aus, was zur Folge hat, dass viele Gesellen nach Abschluss der Lehre in die mit höheren Aufnahmekapazitäten ausgestattete Industrie wechseln.

Die Arbeiterelite: Eine gängige Vorgehensweise, Vorarbeiter und Meister zusammen als Arbeiterelite zu bezeichnen, stellte sich als problematisch dar. Obwohl ihre Arbeitsbedingungen etwas besser, ihre Anweisungsbefugnis und ihre Selbstgestaltungsmöglichkeiten etwas höher sind, kann man Vorarbeiter eher mit Facharbeitern vergleichen. Ein Aufstieg zum Vorarbeiter ist meist auch ohne Fort- und Weiterbildung allein durch Loyalität, Arbeitseinsatz, lange Betriebszugehörigkeit etc. sogar aus Un- und Angelerntenpositionen heraus möglich, nicht jedoch der Aufstieg zum Meister. Während es unter den Älteren auch noch so genannte „ernannte Meister“ gab, führte der Weg zum Meister für die Jüngeren nahezu ausschließlich über eine erfolgreich abgeschlossene Meisterprüfung. Die Arbeiterelite, die größtenteils aus Männern bestand, hob sich durch ihre bessere Qualifikation vom Durchschnitt der Facharbeiter und Vorarbeiter ab; sie verdiente daher etwas mehr Geld und ihre Arbeitsplätze waren sicherer. Zudem waren Meister größtenteils im Angestelltenverhältnis beschäftigt und bezogen Festgehälter, während Vorarbeiter wie die übrige Arbeiterschaft Löhne bezogen und im Arbeiterstatus beschäftigt waren. Auch hinsichtlich ihrer Arbeitsbedingungen waren Meister den Angestellten näher als den Arbeitern. In den Betrieben symbolisierte der blaugraue Meisterkittel ihren Status als Vorgesetzte und Respektspersonen.

Die Einkommen der Arbeiter erhöhten sich nach Berufsposition. Unterschiede zwischen Löhnen der Facharbeiter und Vorarbeiter waren dabei geringer als Einkommensunterschiede zwischen Vorarbeitern und Meistern, wobei letztere eher Ähnlichkeiten zu mittleren Angestellten zeigten. Bei Un- und Angelernten, die insgesamt die niedrigsten Löhne erzielten, zeigten sich zudem zwischen Frauen und Männern besonders häufig Formen der indirekten, teilweise sogar der direkten Lohndiskriminierung aus fadenscheinigen Gründen.

Auch im industriellen Dienstleistungsbereich zeigte sich eine innere Differenzierung in Form einer besonders großen Vielfalt der Funktionen, Qualifikationen und Arbeitssituationen. Hier müssen die Berufspositionen der einfachen (ausführenden), mittleren und höheren/leitenden Angestellten voneinander unterschieden werden, die sich jeweils noch stärker als die Arbeiter unterschiedlicher Berufspositionen hinsichtlich ihres Einkommens und ihres Bildungsniveaus voneinander unterschieden. Darüber hinaus zeigten sich vor allem im beruflichen Bereich auch Unterschiede hinsichtlich ihrer Funktion als technische, kaufmännische oder Büro- und Verwaltungsangestellte.

Einfache (ausführende) Angestellte stellten den statusmäßig unteren Teil der industriellen Dienstleistungsberufe dar, verfügten typischerweise über ein niedriges Einkommen sowie eine niedrige Schulbildung auf Volkschul-/Hauptschulniveau und ähnelten nicht nur hinsichtlich der Bildung und des Einkommens, sondern auch hinsichtlich der größeren Weisungsgebundenheit ihrer Tätigkeit eher den Facharbeitern oder Un- und Angelernten. In diesem Zusammenhang muss auch zwischen *gelernten Ausführenden*, für deren Berufstätigkeit eine gezielte Berufsausbildung in Form einer Lehre notwendig war und *ungelernten Ausführenden* unterschieden werden, für deren berufliche Tätigkeit keine spezifische Berufsausbildung benötigt wurde. Im industriellen Bereich wurde darüber hinaus deutlich, dass nahezu die Hälfte von ihnen aus einer ehemaligen (Fach-) Arbeiterposition ins Angestelltenverhältnis gewechselt war, wobei es sich hier vor allem um technische, seltener um Büro- und Verwaltungsangestellte und äußerst selten um kaufmännische Angestellte handelte.

Mittlere Angestellte zeichneten sich im Vergleich zu Arbeitern und einfachen Angestellten durch eine privilegiertere Soziallage und höhere Einkommen aus. Hinsichtlich ihrer Bildung hatte die Mehrzahl von ihnen einen mittleren Bildungsabschluss, ein Teil von ihnen jedoch auch lediglich einen Volks-/Hauptschulabschluss vorzuweisen. 22 Prozent von ihnen kamen ursprünglich aus einer Facharbeiterposition. Es war dabei auffallend, dass sich wiederum vor allem die technischen Angestellten zu 41 Prozent aus ehemaligen Facharbeitern rekrutierten. Sie waren hauptsächlich als Techniker beschäftigt. Unter den Büro- und Verwaltungsangestellten lag der Anteil ehemaliger Facharbeiter nur bei zehn Prozent, unter den kaufmännischen Angestellten lediglich bei einem Prozent. Unter Berücksichtigung der Altersgruppe zeigte sich, dass die Aufstiegswege der jüngeren Kohorte der 20-40-Jährigen, die aus einer Arbeiterposition aufgestiegen waren, nahezu ausschließlich über eine außerbetriebliche Fort- oder Weiterbildung (Meister- oder Technikerschule) führten, während derartige Aufstiege noch in den älteren Kohorten der 40-65-Jährigen zum Teil auch im Rahmen innerbetrieblicher Beförderung erreicht werden konnten.

Höhere/leitende Angestellte zeichneten sich meist durch eine höhere Bildung in Form der Hochschulreife oder Fachhochschulreife, sehr oft auch durch ein abgeschlossenes Studium aus und erzielten im Vergleich zu den übrigen Berufspositionen die höchsten Einkommen. Nur knapp 15 Prozent von ihnen hatten ihre berufliche Laufbahn als Arbeiter begonnen, wobei es sich wiederum hauptsächlich um technische, seltener um kaufmännische Angestellte handelte. Bei höheren/leitenden Angestellten wurden diese Aufstiege ausschließlich über Fort- und Weiterbildung bzw. Studium erreicht.

Bezüglich der sozialen Herkunft zeigte es sich, dass vor allem die Selbstrekrutierungsquote der Arbeiterschaft sehr hoch war, denn die überwiegende Mehrzahl der Arbeiter kam auch aus einer Arbeiterfamilie. Viele Un- und Angelernte kamen aus Familien, wo bereits der Vater Hilfsarbeiter war, weshalb sich hier Benachteiligungen zum Teil von Generation zu Generation weitervererbten. Auch ein großer Teil der einfachen bzw. mittleren Angestellten kam aus Arbeiterfamilien, während die Mehrzahl der Väter höherer/leitender Angestellter ebenfalls Angestellte und nur selten Arbeiter war.

Die Mehrzahl der Befragten war der Meinung, dass es auch in der heutigen Zeit noch Klassen und Schichten gebe. Es herrschten hierbei überwiegend Vorstellungen des klassischen Oben-Mitte-Unten-Schemas vor. Während sich die Mehrzahl der

Angestellten aller Berufspositionen der Mittelschicht, höhere/leitende Angestellte teilweise sogar der Oberschicht oder oberen Mittelschicht zurechnete, zeigte es sich, dass die These von der Selbstzurechnung der Arbeiterschaft zur Mittelschicht eher auf die Angehörigen der Arbeiterelite, seltener hingegen auf die große Mehrzahl der übrigen Arbeiterschaft zutraf. Aus der Vorstellungswelt der Un- und Angelernten, Facharbeiter und Vorarbeiter war die Arbeiterschicht durchaus nicht verschwunden, denn ihre überwiegende Mehrheit rechnete sich ihr nach wie vor zu.

3. Durch die objektive Soziallage geprägte Ungleichheiten im Bereich der Lebenschancen und Fortdauer schichttypischer Besonderheiten

Trotz der Entproletarisierung ihrer Soziallage und Subkultur haben sich schichttypische Eigenheiten der Arbeiterschaft nicht aufgelöst und auch arbeitertypische Begrenzungen der Lebenschancen existieren im Vergleich zu Angestellten in wichtigen Bereichen größtenteils fort, wenn es auch zunehmend Überlappungen, vor allem zu den einfachen Angestellten, gibt.

Sowohl bei den Angestellten als auch besonders bei den Arbeitern zeigten sich größtenteils schichthomogene Partnerschafts- und Heiratskreise (Endogamie), jedoch auch Verbindungen von Arbeitern mit ausführenden Dienstleistenden kamen durchaus vor. Das gleiche galt für Freundes- und Gesellungskreise. Hier bestätigte sich die These Schulzes (1993) in dem Sinne, dass man sich meist mit Leuten umgibt, die „die Art von Spielen bevorzugen, die man selber gerne spielt“.

Hinsichtlich der materiellen Lebensbedingungen zeigte sich trotz der Teilhabe von Arbeitern an mittelständischen Privilegien, dass durch das insgesamt niedrigere Einkommen auch die zur Verfügung stehenden finanziellen Ressourcen aller Arbeitergruppen deutlich niedriger lagen als die der mittleren und höheren/leitenden Angestellten, jedoch durchaus denen von einfachen Angestellten ähnelten. Entsprechend niedriger lag vor allem bei Arbeitern, jedoch auch bei einfachen Angestellten im Vergleich zu mittleren und höheren/leitenden Angestellten auch das Niveau ihres Lebensstandards (seltener Hausbesitz, bescheidenere Wohnverhältnisse, ältere oder kleinere Autos, seltener teure Elektronik, PC, ISDN-Anschluss u.ä.). Besonders benachteiligt waren Un- und Angelernte, während der Lebensstandard der Meister insgesamt etwas höher lag.

Besonders deutliche Ungleichheiten zwischen Arbeitern und Angestellten zeigten sich jedoch im beruflichen Bereich. Nicht nur die Lebensbedingungen, sondern vor allem auch die Arbeitsbedingungen der Un- und Angelernten waren dabei noch am deutlichsten den Merkmalen von „Proletarität“ verhaftet.

Selbst wenn man die Arbeiter nicht mit der Gesamtheit aller Angestellten, sondern lediglich mit den benachbarten mittleren Angestellten vergleicht, zeigen sich recht markante Differenzen zwischen blue collar- und white collar-Arbeitsplätzen. Während geistige Tätigkeit das berufliche Hauptmerkmal aller Angestellten darstellte, waren Arbeiterberufe durch größtenteils körperlich-manuelle Tätigkeiten gekennzeichnet. Die Mehrzahl der Facharbeiter arbeitete an Maschinen oder mit Werkzeugen, in innovativen Branchen auch an Produktionslinien, in Boxenfertigung oder Gruppenarbeit, beaufsichtigte Maschinen oder richtete diese ein. Während vor allem Un- und Angelernte häufig Fließbandarbeit oder andere mit geistiger Unterforderung und Monotonie verbundene Routinetätigkeiten ausführten, zeigte sich bei Meistern im Gegensatz zur übrigen Arbeiterschaft eher eine Gleichzeitigkeit von körperlicher und geistiger Arbeit. Die Arbeitsbelastungen von Arbeitern waren insgesamt höher als die von Angestellten. Sie hatten in diesem Zusammenhang häufiger körperlich schwere Arbeit zu verrichten, arbeiten unter belastenden Umwelteinflüssen und waren zum Teil sogar größeren gesundheitlichen Risiken ausgesetzt: Selbst im Vergleich zu den „nicht-manuell ausführenden Angestellten" unterlagen Arbeiter häufiger einer strengen Kontrolle am Arbeitsplatz und hatten seltener die Möglichkeit zur Selbstgestaltung, Mitentscheidung oder gar zum Dazulernen. Un- und Angelernte waren besonders benachteiligt; hohe Arbeitsbelastungen, oft sogar Unfall- oder Verletzungsgefahr und Arbeit mit gesundheitsgefährdenden Stoffen kennzeichneten vielfach ihre berufliche Tätigkeit. In etwas geringerem Umfang, aber dennoch vorhanden waren derartige Belastungen bei Facharbeitern. Neue Techniken und Formen innovativer Arbeitsorganisation wie beispielsweise die Gruppenarbeit brachten zwar mehr Selbstgestaltungsmöglichkeiten für Arbeiter, aber vielfach auch geistige Überforderung oder mehr Konkurrenz- und Leistungsdruck mit sich. Belastungen durch Akkordarbeit, Schichtarbeit etc. waren sowohl bei Un- und Angelernten, als auch bei Facharbeitern/Vorarbeitern besonders hoch. Meister arbeiteten hingegen seltener in Nachtschicht, da sie die Aufsicht in der Nachtzeit meist erfolgreich an Vorarbeiter delegieren konnten.

Überstunden waren bei Arbeitern seltener als erwartet, weil man in der Industrie immer mehr dazu übergeht, Mehrarbeitsstunden nicht finanziell, sondern in Form von Freizeit auszugleichen, die aber wiederum meist nicht frei verfügbar ausgenutzt werden kann und daher weniger attraktiv ist. Facharbeiter/Vorarbeiter sowie Un- und Angelernte arbeiteten daher meist weniger lange als Angestellte, von denen ein überdurchschnittlicher Arbeitseinsatz oft erwartet wird, wozu auch eine gewisse Zahl von Überstunden gehört. Auch Meister machten in diesem Zusammenhang öfter Überstunden als die übrige Arbeiterschaft.

Vor allem bei Un- und Angelernten, jedoch auch bei Facharbeitern zeigte sich eine größere Betroffenheit von Arbeitslosigkeit im bisherigen Arbeitsleben als bei Meistern und Angestellten. Vor allem Un- und Angelernte hatten auch größere Sorgen um die Sicherheit ihres Arbeitsplatzes, nicht zuletzt weil viele von ihnen nur zeitlich befristete Arbeitsverträge hatten, die leichter kündbar sind und oft auch nicht verlängert werden. Es ist in diesem Zusammenhang eine gängige Praxis vieler Firmen, vor allem Un- und Angelernte in Zeitverträgen einzustellen, um die Belegschaftsstärke bei konjunkturellen Engpässen leichter anpassen zu können. Da ihnen weiterhin das proletarische Merkmal der Austauschbarkeit anhaftet, müssen Un- und Angelernte auch ansonsten besonders häufig ihre Stelle wechseln und sind stärker von Arbeitslosigkeit bedroht als andere.

Der Krankenstand war bei Arbeitern insgesamt höher als bei Angestellten. Vor allem Un- und Angelernte, jedoch auch Facharbeiter, Vorarbeiter und sogar Meister klagten häufiger über einen instabilen Gesundheitszustand und körperlichen Verschleiß. Sie neigten auch häufiger zu psychischen Problemen.

In allen Lebensbereichen häuften sich Benachteiligungen vor allem für Un- und Angelernte. Ihre niedrigen Einkommen setzen sie besonders hohen Armutsrisiken aus. Vor allem Un- und Angelernte zeigten auch in allen Lebensbereichen (Arbeitszufriedenheit, allgemeine Lebenszufriedenheit, Zufriedenheit mit dem Lebensstandard etc.) die geringste Zufriedenheit. Angestellte und sogar Meister waren in diesem Zusammenhang jedoch deutlich zufriedener als die übrige Arbeiterschaft. Vor allem Un- und Angelernte, aber auch Facharbeiter bzw. Vorarbeiter fühlten sich finanziell und sozial meist schlechter abgesichert.

Aufstiegschancen für Arbeiter waren zwar durchaus vorhanden, führten jedoch immer häufiger ausschließlich über eine Fort- und Weiterbildung mit Ausbildungszertifikat. Viele begannen ihre berufliche Laufbahn auch bewusst als Facharbeiter, wobei sie diese Position lediglich als erste Stufe auf dem Weg zu ihrem endgültigen Berufsziel ansahen. Für die meisten Arbeiter war ihr Beruf als Arbeiter jedoch nicht der ursprüngliche Berufswunsch. Ihre diesbezügliche Wahlfreiheit wurde dabei meist strukturell eingeschränkt und begrenzt.

Die Kinder der befragten Arbeiter waren im Bildungssystem im Vergleich zu den Kindern der Angestellten deutlich benachteiligt. So besuchten die Kinder der befragten Arbeiter im Gegensatz zu den Kindern der höheren/leitenden, der mittleren und selbst der einfachen Angestellten häufiger die Hauptschule und seltener das Gymnasium. Von der Erweiterung der Bildungschancen hatten die Kinder von Un- und Angelernten in diesem Zusammenhang noch weniger profitiert als Facharbeiterkinder. Dies lag zum Teil auch an den Einstellungen ihrer Eltern zur Bildung. Vor allem Arbeiter hatten diesbezüglich den Sinn für das Mögliche nicht zuletzt auch zu ihrem Sinn für das Notwendige gemacht, denn vielen von ihnen reichte der Hauptschulabschluss für ihre Kinder aus. Es zeigte sich hier vielfach auch eine gewisse Skepsis gegenüber höherer Bildung. Dabei war die Distanz Un- und Angelernter zu den höheren Bildungseinrichtungen, wo ihre Kinder auf größere Vorurteile stoßen als andere, besonders stark ausgeprägt. Vor allem für Arbeiter stellte Bildung häufig auch lediglich einen instrumentellen Wert (mehr Geld verdienen), jedoch keinen Eigenwert dar. Viele konnten sich höhere Bildung für ihre auch Kinder nicht leisten (z.B. teure Nachhilfe). Sie wollten darüber hinaus auch oft, dass ihre Kinder schnellstens eigenes Geld verdienten und ihnen nicht mehr „auf der Tasche lagen". Viele der bereits berufstätigen Arbeiterkinder waren wieder Arbeiter geworden. Vor allem bei Un- und Angelernten vererben sich damit Benachteiligungen oft über mehrere Generationen hinweg. Nicht so bei den Meisterkindern, die mehrheitlich nicht in der Schicht ihrer Eltern geblieben, sondern in den Dienstleistungsbereich aufgestiegen waren. Angestelltenkinder konnten in diesem Zusammenhang den beruflichen Status ihrer Eltern halten oder sogar verbessern.

Schließlich waren Arbeiter auch seltener als Angestellte Mitglieder politischer Parteien, seltener in Stadtrat, Gemeinderat etc. und auch seltener im Vorstandsamt eines Freizeitvereins. Dies lag einerseits an besonders hoher politischer Passivität der Arbeiter, aber auch daran, dass sie wegen geringerer Beziehungen und finanzieller Ressourcen seltener in solche Ämter wählt oder diesbezüglich ausgegrenzt werden. Besonders benachteiligt waren hier wiederum Un- und Angelernte, denn sie waren noch seltener als Facharbeiter in der Lage, politische Teilnahmerechte wahrzunehmen, die über die Minimalformen wie Wahlbeteiligung und Mitgliedschaft in den Gewerkschaften hinausgingen. In der aktiven Gewerkschaftsarbeit oder im Betriebsrat waren sie seltener aktiv als Facharbeiter.

4. Größtenteils Fortbestand arbeitertypischer Einstellungen und Mentalitäten; Lebensstildifferenzen zwischen Arbeitern und Angestellten in Form „feiner Unterschiede“

Während die dem Strukturansatz verpflichteten Konzeptionen (z.B. Geißler) auch für die heutige Zeit eine sehr starke Prägekraft vertikal gegliederter sozialer Ungleichheitsstrukturen nicht nur hinsichtlich der Lebenschancen, sondern damit verbunden auch hinsichtlich der Einstellungen, Mentalitäten und der Lebensführung annehmen, verliert für Konzepte der Milieu- und Lebensstilforschung vor allem der in Klassen- und Schichtmodellen unterstellte typische Zusammenhang von objektiven Lebensbedingungen und subjektiven Dimensionen wie Einstellungen, Orientierungen und Verhalten seine Gültigkeit. Schichtspezifische Subkulturen haben sich demnach nicht zuletzt durch die zunehmende Vereinheitlichung der Lebensbedingungen und eine zunehmende Individualisierung aufgelöst. Dies hat nach Meinung der Milieu- und Lebensstilforschung zu einer Vielfalt sozialer Milieus und Lebensstile geführt, die nicht mehr unbedingt mit der vertikalen Gliederung der Gesellschaft zu tun haben.

In diesen Modellen wird der Annahme einer gestiegenen Bedeutung von Kultur und wachsenden Wahlmöglichkeiten in dem Sinne Rechnung getragen, dass subjektive Dimensionen wie Verhaltensweisen, Einstellungen und Präferenzen nicht mehr als Folge von Klassen- und Schichtzugehörigkeit angesehen werden, sondern die Funktion einer unabhängigen Variable in dem Sinne eingenommen haben, dass sie zur Definition neuer gesellschaftlicher Großgruppen in Form von Lebensstilgruppen oder Milieus herangezogen werden. Diese Großgruppen werden also nicht auf der Basis von objektiven Sozialstrukturmerkmalen gebildet und unterschieden, sondern unter Berücksichtigung individueller Verhaltensweisen, des ästhetischen Geschmacks, der Einstellungen und Orientierungen. Die Spannbreite liegt hierbei zwischen vollkommener Entkoppelung von objektiver Soziallage und Lebensstilen oder Milieus bis hin zu einer angenommenen Prägekraft einzelner Dimensionen der sozialen Lage. Das kollektive Mehr an Geld, Bildung und auch Freizeit hat im Sinne der Argumentation der Milieu- und Lebensstiltheoretiker die Handlungsspielräume also derart geweitet, dass Lebensstile in wachsender Unabhängigkeit von strukturellen Rahmenbedingungen im Sinne von Wahlfreiheiten in der Lebensführung immer mehr in die Beliebigkeit individualisierter Individuen gestellt werden.

Eher klassisch orientierte Klassen- und Schichtkonzeptionen betonen hingegen, dass aus einer typischen Soziallage durch ähnliche Erfahrungen nach wie vor auch typische Einstellungen, Mentalitäten und Lebensstile entstehen und in diesem Zusammenhang Individualisierungs- und Pluralisierungstendenzen zwar bestehen, ihre Reichweite aber geringer ist als vielfach vermutet wird. Auch für Geißler weisen beispielsweise Lebensstile der Arbeiterschaft trotz Pluralisierung und Individualisierung weiterhin schichtspezifische Charakteristika auf; sie sind daher für ihn auch weiterhin typischerweise durch die objektive soziale Lage, also durch Beruf, Bildung oder Einkommen geprägt und in ihrer Wahlfreiheit eingeschränkt. Geißlers Konzeption lässt jedoch sowohl eine genaue Untersuchung von subjektiven Einstellungen, Mentalitäten oder einzelnen Lebensstilaspekten (wie Wohnen, Kleidung und kultureller Geschmack), als auch eine detailliertere Erhellung der Zusammenhänge zwischen den Dimensionen der objektiven sozialen Lage und diesem Bereich der kultursoziologischen Lebensstilforschung vermissen.[5]

An dieser Stelle muss eine Ergänzung seiner Schichtkonzeption durch Lebensstil- und Milieukonzeptionen einsetzen, die Geißler selbst auch oft angeregte, und die im Rahmen der vergleichenden empirischen Untersuchung von Arbeitern und Angestellten in Industriebetrieben anhand des bereits angesprochenen „Brückenschlages" dahingehend unternommen wurde, dass der sozio-kulturelle Bereich im Sinne der Untersuchung von Zusammenhängen zwischen Strukturebene und einzelnen Bereichen der Einstellungs- und Verhaltensebene analysiert wurde. Um einen „vertikalen Tunnelblick" zu vermeiden, wurde dabei im Rahmen des multitheoretischen Ansatzes der Untersuchung neben dem Einfluss vertikaler Faktoren auch der Einfluss horizontaler Faktoren berücksichtigt und beleuchtet.

Die Teilhabe an „mittelständischen Privilegien" hat sich durchaus auch auf das Selbstverständnis und Selbstbewusstsein von Arbeitern ausgewirkt und die erlebte soziale Distanz zur Mitte der Gesellschaft verringert. Im Zuge der Entproletarisierung sind Respektabilität und Selbstwertgefühl vor allem bei den Facharbeitern angestiegen; „proletarische Minderwertigkeitsgefühle" (Mooser 1984: 227) wurden abgebaut. Angesichts der Häufung von Chancendefiziten und Merkmalen einer prekären Soziallage hatten sich proletarische Underdog-Gefühle in diesem Zusammenhang noch am ehesten bei Teilen der un- und angelernten Arbeiterschaft erhalten.

Trotz des gestiegenen Selbstwertgefühls in der Arbeiterschaft hatten arbeitertypische Arbeits- und Lebensbedingungen mit typischen Begrenzungen der

5 Der kultursoziologische Bereich wird in Geißlers Konzeption wohl auch daher unterbelichtet, weil er gerade die Fokussierung der Konzeptionen des „modernen Mainstreams" auf die Untersuchung von vielfältigen Lebensstilen und -formen kritisiert und sich für ihn soziale Ungleichheiten deutlicher und auch sinnvoller anhand des Bereiches unterschiedlicher Lebenschancen aufzeigen lassen, den er wiederum sehr stark betont.

Lebenschancen jedoch immer noch typische Auswirkungen auf den Habitus. Die Besonderheiten der konkreten Soziallage hatten in diesem Zusammenhang zur Folge, dass die immer wieder betonten Individualisierungsprozesse und die „Pluralisierung" der subjektiven Einstellungen, der Werthaltungen und Lebensstile weiterhin größtenteils arbeiterspezifische Charakteristika aufwiesen.

Besonders deutlich zeigte sich dies im Bereich der Arbeits- und Berufseinstellungen, die sehr stark durch die jeweilige Arbeitssituation geprägt waren. Während Facharbeiter und Vorarbeiter häufig Stolz auf ihre gute Facharbeit zeigten, war es vor allem für Un- und Angelernte meist lediglich wichtig, sich bei der Arbeit nichts zu Schulden kommen zu lassen.

Vor allem unter Un- und Angelernten dominierte auch häufiger ein „Jobbewusstsein" (Arbeit lediglich als Mittel zum Geldverdienen), das vor allem bei ihnen häufig mit Arbeitsunlust oder gar „Hass auf den Job" verbunden war. Im Angestelltenbereich wurde ein solches „Jobbewusstsein" lediglich bei Teilen der ungelernten Ausführenden sichtbar. Arbeit diente bei Arbeitern (mit Ausnahme der Meister) auch seltener zur Selbstverwirklichung. Vor allem Arbeiterinnen gingen seltener als Angestellte arbeiten, um sich selbst zu verwirklichen. Der Grund für ihre Berufstätigkeit lag häufiger darin, dass sie den Gehalt des Ehemannes aufbessern wollten, um sich etwas leisten zu können, oder durch die finanzielle Lage sogar dazu gezwungen wurden mitzuarbeiten. War es in früheren Zeiten für Arbeiter utopisch, Anforderungen an die Arbeit zu stellen, so stellten die Arbeiter diesbezüglich durchaus gewisse Ansprüche, die sich jedoch im Gegensatz zu denen der Angestellten größtenteils auf arbeitertypische Arbeitsanforderungen, also hauptsächlich auf einen sicheren Arbeitsplatz, gute Verdienstmöglichkeiten oder Zusammenhalt unter Kollegen, etwas seltener auf abwechslungsreiche Tätigkeit und fast nie auf mehr Mitbestimmung, hohe Verantwortung, gesellschaftliche Anerkennung etc. bezogen.

Überdurchschnittlichen Arbeitseinsatz gab es bei Un- und Angelernten oder auch Facharbeitern nur selten, während Vorarbeiter und vor allem Meister sich weitaus häufiger über ihre Pflicht hinausgehend bei der Arbeit einsetzten. Vor allem bei mittleren und höheren/leitenden Angestellten zeigte sich hingegen meist ein überdurchschnittlicher Arbeitseinsatz und eine besonders starke Identifikation mit den Arbeitsinhalten und Unternehmenszielen. Sie fühlten sich für den Erfolg „ihres" Unternehmens mitverantwortlich, der Firmenleitung verpflichtet und sahen sich selbst dabei als „verlängerten Arm des Chefs" an. Bei den „arbeiternahen" Technikern hatte sich das Angestelltenbewusstsein noch am stärksten mit Elementen eines „allgemeinen Arbeitnehmerbewusstseins" vermischt, wobei das Gefühl für die Sonderstellung als Angestellte bei ihnen jedoch nicht verschwunden war. Selbst diejenigen von ihnen, die aus Arbeiterpositionen aufgestiegen waren sowie ausführende Angestellte hatten durchaus ein Bewusstsein für ihre Sonderstellung als Angestellte entwickelt. Besonders stark machte sich dieses Bewusstsein gepaart mit Abgrenzungsbestrebungen gegenüber den Arbeitern bei höheren/leitenden Angestellten und bei Angestellten aus dem „arbeiterfernen" kaufmännischen Bereich bemerkbar, wo das Bewusstsein von der Besonderheit ihrer Stellung, ihrer Leistung und dem besonderen Wert geistiger Tätigkeit besonders stark ausgeprägt war. Meister befanden sich in diesem Zusammenhang in einer belastenden Zwischenstellung zwischen ihren ehemaligen Kollegen (Meister sind meist aus einer Facharbeiterposition aufgestiegen) und der Firmenleitung, denen sie beiden gerecht werden mussten. Einige Meister hatten zwar ihre Arbeitermentalität beibehalten, die Mehrzahl zeigte jedoch eher eine Angestelltenmentalität. Gegenüber Un- und Angelernten zeigten vor allem sie, jedoch auch selbst Facharbeiter oft Überlegenheitsgefühle, um sich damit nicht zuletzt auch nach unten abzugrenzen.

Solidarität unter Kollegen wurde unter Arbeitern im Vergleich zu den Angestellten immer noch größer geschrieben, jedoch durch neue Formen der Arbeitsorganisation – wie beispielsweise unvollständig durchgesetzte Formen der Gruppenarbeit – immer mehr in Richtung Konkurrenzdruck verdrängt.

Die Mehrzahl der Industriearbeiter war immer noch gewerkschaftlich organisiert und darüber hinaus auch bereit zu streiken, um berufliche Rechte zu erkämpfen. Die stärkere Mittelschichtorientierung der Meister hingegen zeigte sich nicht nur in überdurchschnittlichem Arbeitseinsatz, sondern auch in einer stärkeren Distanz zu den Gewerkschaften; auch ihre Streikbereitschaft war aus Loyalität zur Firmenleitung nicht sehr hoch. Vor allem bei den Angestellten waren in diesem Zusammenhang der gewerkschaftliche Organisationsgrad und auch die Streikbereitschaft besonders gering. Sie verließen sich bei Problemen lieber auf individuelle Verhandlungen als auf kollektive Aktionen.

Die Kluft zwischen Arbeitern und Angestellten zeigte sich nicht nur in den Arbeitsbedingungen und in einer zum Teil auch räumlich-zeitlichen Trennung im Betrieb (Angestelltenparkplätze und -toiletten, unterschiedliche Arbeitsanfangszeiten, teilweise unterschiedliche Pausenzeiten und Pausenräume, unterschiedliche Gebäude), sondern auch im Bewusstsein der Arbeiter und Angestellten. In den Pausen blieb man unter sich. Arbeiter, die in den Pausen bei den Angestellten saßen, wurden als „Kriecher" oder „Schleimer" bezeichnet. Selbst zwischen Meistern und der übrigen Arbeiterschaft wurde eine deutliche Kluft sichtbar, wobei der blaugraue Meisterkittel als Symbol für die Sonderstellung des Meisters als Vorgesetzter oder Respektsperson galt. Berufshierarchische Unterschiede wurden in diesem Zusammenhang von Angestellten unterschiedlicher Berufspositionen weniger stark wahrgenommen. So waren Interaktionen zwischen mittleren und höheren/leitenden Angestellten beispielsweise in den Pausen durchaus keine Seltenheit.

Insgesamt zeigten die Ergebnisse der empirischen Untersuchung, dass es zu einer Verschmelzung von Arbeiter- und Angestelltenmentalität nicht bzw. höchstens bei einem Teil der Meister gekommen ist. Der größtenteils arbeitertypische Habitus fand nicht zuletzt darin Ausdruck, dass der sozio-kulturelle Bereich der Einstellungen und Werthaltungen, der Lebensführung und des Geschmacks im Sinne Bourdieus auch weiterhin arbeitertypische Züge trug. Auffällige, zum Teil jedoch auch nur „feine Unterschiede" zeigten sich hier vor allem zwischen Arbeitern und mittleren bzw. höheren/leitenden Angestellten. Meister ähnelten in einigen Bereichen durchaus eher den Angestellten, einfache Angestellte zum Teil auch eher den Arbeitern.

Im Wertebereich beispielsweise zeigte sich, dass Pflicht- und Akzeptanzwerte wie Fleiß, Pflichterfüllung, Sparsamkeit, Bescheidenheit, Anstand und Gehorsam bei Arbeitern (vor allem bei Älteren) immer noch höher besetzt waren als bei den Angestellten. Ebenso Familie/Kinder, körperliche Kraft und Stärke sowie handwerkliches Geschick. Ehrgeiz, Selbstverwirklichung, Unabhängigkeit, hohes Wissen oder kulturelle Kompetenz hingegen waren hauptsächlich für mittlere und höhere/leitende Angestellte, seltener für Arbeiter von Bedeutung.

Im politisch-gesellschaftlichen Bereich zeigten Arbeiter meist nur ein geringes Interesse und vor allem im Vergleich zu mittleren und höheren/leitenden Angestellten nur ein geringes Engagement; obwohl sie deutlich seltener mit dem politischen System oder der gesellschaftlichen Situation zufrieden waren, führte diese Unzufriedenheit bei Arbeitern nur selten zu dementsprechender Aktivität. Ihre Politikferne war nicht zuletzt dadurch begründet, dass ihnen politische Ziele und Inhalte oftmals zu abstrakt erschienen, und äußerte sich nicht zuletzt in der resignierten Einstellung, dass der „kleine Mann“ sowieso nichts ändern könne. Insgesamt herrschten in der Arbeiterschaft auch weiterhin größtenteils SPD-Orientierungen vor; FDP- Orientierungen gab es so gut wie nie.

Die Konsumeinstellungen waren vor allem bei Arbeitern nicht zuletzt durch ihre geringeren materiellen Ressourcen geprägt. Moderne, an Genuss orientierte Konsumeinstellungen waren hier wesentlich schwächer ausgeprägt bzw. trugen arbeitertypische Züge. Meist herrschte hier eine Orientierung am Notwendigen im Sinne Bourdieus (1996) vor. Luxusausgaben wurden von Arbeitern seltener als von Angestellten getätigt bzw. erschienen in diesem Zusammenhang größtenteils als unverzeihliche Verschwendung oder Unvernunft, die einer besonderen Legitimation bedurfte.

Hinsichtlich des alltagsästhetischen Geschmacks zeigte sich vor allem im Bereich des Wohn- und Kleidungsstils, dass die diesbezüglichen Präferenzen der Arbeiter größtenteils an den Prinzipien „funktionell, strapazierfähig, schlicht und einfach“ orientiert und nicht zuletzt von den begrenzten finanziellen Ressourcen im Sinne des Notwendigkeitsgeschmacks mitbestimmt wurden. Vor allem bei den Jüngeren waren hier qualitative Unterschiede (furnierte Möbel oder Kunststoffmöbel, Billigkleidung) oft noch deutlicher als Stilunterschiede. Auf Kleidung wurde von Arbeitern im Alltag meist weniger Wert gelegt, während gute Kleidung für Angestellte und zum Teil sogar für Meister auch bei der Arbeit deutlich wichtiger und zum Teil sogar unverzichtbar war. Da der blaue Arbeitsanzug immer mehr im Rückzug begriffen ist und viele Arbeiter ihre Arbeit in Straßenkleidung verrichten, wird beim Kleiderkauf größerer Wert auf Funktionalität und Strapazierfähigkeit im Hinblick darauf gelegt, diese Kleidung, wenn sie älter ist, noch bei der Arbeit tragen zu können. Nicht nur auf gute Kleidung im Alltag, sondern auch auf hohe Qualität oder Markenkleidung legten Arbeiter meist weniger Wert als die Angestellten.

Vor allem in der Arbeiterschaft zeigte sich eine besonders starke Freizeitorientierung; hier wurde das eigentliche Leben gesucht. Der Typus des Workaholic, der Arbeit über die Freizeit stellt, war im Gegensatz zu einem Teil der mittleren und besonders der höheren/leitenden Angestellten in der Arbeiterschaft kaum zu finden. Freizeitinteressen waren in diesem Zusammenhang einerseits bildungs-, andererseits auch einkommensbedingt. Da eine bestimmte Berufsposition jedoch größtenteils mit dem Einkommen und dem Bildungsniveau korreliert, kann man trotz zunehmender Wahlfreiheiten durchaus noch von (berufs-)schichtspezifischen Freizeitstilen sprechen, die sich in der Arbeiterschaft größtenteils in Form weniger anspruchsvoller Freizeitaktivitäten zeigten. Darüber hinaus spielte jedoch auch das Alter eine nicht zu unterschätzende Rolle, wie nicht zuletzt anhand des Verfahrens der Korrespondenzanalyse nachgewiesen werden konnte. In der Arbeiterschaft wurde insgesamt weniger gelesen; Interesse an Theater, Konzerten, politischen Diskussionen etc. gab es kaum. Do-it-yourself im Haushalt war hier besonders verbreitet, jedoch weniger durch Interesse, als vielmehr dadurch geprägt, dass man den Handwerker sparen wollte. Der Fernsehkonsum war besonders hoch. Die Freizeitinteressen folgen bei jüngeren Arbeitern meist dem Spannungsschema, bei älteren dem Trivialschema Schulzes (1993).

Nicht zuletzt weil die körperliche Arbeit sie sehr auslaugt, trieben vor allem ältere Arbeiter seltener Sport als Angestellte. Falls Sport betrieben wurde, waren es hier eher Breitensportarten (Fußball, Radfahren etc.), seltener aufwändige und kostspielige Sportarten oder moderne Trendsportarten. In Freizeitvereinen (Kegelclub, Schützenverein, Gesangverein etc.) sowie in der Freiwilligen Feuerwehr waren Arbeiter häufiger vertreten als Angestellte. Hier suchen sie vor allem die Anerkennung, die ihnen im Berufsleben größtenteils versagt blieb und das gesellige Beisammensein mit Gleichgesinnten. In Sportvereinen hingegen waren sie im Vergleich zu Angestellten etwas seltener aktiv. Zudem waren die von ihnen bevorzugten Sportvereine oft von anderer Qualität (eher Fußballverein oder Breitensportverein, seltener spezielle Vereine wie Reitverein, Tennisverein etc.). Die Urlaubsinteressen von Arbeitern bezogen sich meist auf Sonne, Strand, Meer und Feiern, seltener oder nie auf Kultur, das Kennen lernen von Land und Leuten, Aktivurlaub, Bildungsreisen oder Kreuzfahrten. Meist griffen sie auf Billigangebote oder Billigreisen zurück, fuhren insgesamt seltener in den Urlaub und unternahmen auch seltener Fernreisen.

Die alltagskulturellen Interessen waren insgesamt stärker durch Bildung und Alter als durch die Berufsposition geprägt, weshalb es zwischen Arbeitern, Meistern, einfachen und mittleren Angestellten mit Hauptschulabschluss wenig Unterschiede hinsichtlich der Leseinteressen, Fernsehinteressen oder des Musikgeschmacks gab. Insgesamt herrschte diesbezüglich in der niedrigen Bildungsgruppe bei den Älteren das Trivialschema (Schlager, Groschenromane, alpenländische Musik, Regenbogenpresse) bei den Jüngeren das Spannungsschema (Pop-Musik, Actionfilme, Soaps, Regenbogenpresse etc.) vor. Hochkulturelle Interessen (Jazz, Klassik, anspruchsvolle Literatur, Politik und Wirtschaft, Spiegel, FAZ etc.) spielten hingegen vor allem in der höheren Bildungsgruppe eine Rolle.

Nicht bei allen Merkmalen des sozio-kulturellen Bereichs der Einstellungen, der Präferenzen und des Geschmacks von Arbeitern und Angestellten unterschiedlicher Berufsschichten zeigten sich jedoch derartige schichtspezifische Besonderheiten. Dieser Befund bestätigt die Staffelungshypothese Geißlers (1996: 333ff), die besagt, dass nicht alle Ressourcen, Habitusstrukturen und Lebenschancen klassen- und schichtspezifisch verteilt sind, da die Sozialstruktur im Hinblick auf ihre Prägung durch die Schichtkriterien Berufsstatus und Qualifikation abgestuft bzw. gestaffelt ist. Ein Kern von stark schichtspezifischen Segmenten ist demnach umgeben von Zonen mittlerer und schwach schichtspezifischer Segmente, und diese schließlich von einem Ring schichtneutraler Segmente[6] (Geißler 1996a: 333ff).

Als eindrucksvolles Beispiel für die Staffelungshypothese Geißlers kann in diesem Zusammenhang angeführt werden, dass der Kauf von Kleidung im Jeansshop bei Arbeitern und Angestellten aller Berufsschichten nahezu gleichermaßen beliebt war, der Kauf von Kleidung in exklusiven Boutiquen vor allem aufgrund der größeren materiellen Ressourcen jedoch nahezu ausschließlich mittleren und vor allem höheren/leitenden Angestellten vorbehalten blieb.

5. Soziologische Schlussfolgerungen, kritische Anmerkungen und Ausblick

Dahrendorf (1965: 111) wendet sich bereits in den 60er Jahren ausdrücklich gegen die spätestens seit der Nivellierungsthese Schelskys häufig vertretene These vom Ende der „Arbeiterklasse“.

> „Die Verflüchtigung der Arbeiterschicht im Bewusstsein der anderen ist auch ein Zeugnis für die deutsche Ideologie sozialer Harmonie, die es erlaubt, denjenigen, der von Arbeiterproblemen spricht, als hoffnungslos antiquiert zu belächeln oder als kommunistisch infiziert zu verketzern.“

Begriffe wie „Kragenlinie“ oder „Trennlinie“ zwischen blue collar- und white-collar-Beschäftigten suggerieren scharf gezogene Grenzen, die es in dieser Form sicherlich nie gab und in der heutigen Zeit noch weniger gibt (Geißler 1996: 170). Die Ergebnisse der vorliegenden Untersuchung zeigen allerdings deutlich, dass sich die Arbeits- und Lebensbedingungen der Arbeiter – und in diesem Zusammenhang auch ihr Bewusstsein und ihr Habitus – im Zuge ihres kollektiven Aufstiegs zwar verändert und entproletarisiert haben, dass von einem Verschmelzen von Arbeitern und Angestellten in einer diffusen Mitte der Gesellschaft oder gar zur Masse der

---

6 Mit dem Staffelungsmodell konzentrischer Kreise lässt sich auch die Tendenz der häufig als Lockerung der Klassen- und Schichtstrukturen bezeichneten Entwicklung präziser bestimmen. Das Modell ist von zentrifugalen Tendenzen durchzogen: Segmente wandern nach außen in Zonen schwächerer Prägung oder in den schichtneutralen äußeren Ring; die zentrifugalen Kräfte haben aber den harten Kern schichtspezifischer Prägungen und Chancen nicht zerstört.

Arbeitnehmer jedoch durchaus nicht die Rede sein kann. In diesem Zusammenhang konnten zum Teil recht augenfällige Unterschiede zwischen Arbeitern und Angestellten hinsichtlich ihrer objektiven Soziallage nachgewiesen werden, die sich hier nicht zuletzt auch in Form differenzieller Lebenschancen in unterschiedlichen Bereichen auswirken. Trotz der viel besagten „Entproletarisierung“ ihrer Soziallage, die nicht zuletzt auch zu einer Entproletarisierung wichtiger Bereiche des Lebensstils und der Arbeiterkultur geführt hat, zeigten die Ergebnisse der empirischen Untersuchung darüber hinaus, dass auch Einstellungen, Mentalitäten, Werthaltungen, Präferenzen und Formen der Lebensgestaltung weiterhin größtenteils arbeitertypische Züge tragen, die sich zum Teil anhand recht augenfälliger Unterschiede zu den Angestellten, teilweise jedoch auch nur in Form „feiner Unterschiede“ manifestieren.

Insgesamt konnte anhand der empirischen Analysen zur objektiven Soziallage die Fortexistenz einer Klassen- bzw. Schichtdimension nachgewiesen werden. Aufgrund dieser Ergebnisse ist es auch in der heutigen Zeit noch gerechtfertigt, von einem Fortbestand der „Arbeiterklasse“ – oder besser – der „Arbeiterschicht“ zu sprechen. Der flexiblere Schichtbegriff ist nämlich in diesem Zusammenhang besser geeignet als der rein ökonomisch geprägte Marx'sche Klassenbegriff.

Es zeigten sich jedoch nicht nur zwischen Arbeitern und Angestellten, sondern auch innerhalb der einzelnen Berufspositionen von Arbeitern und Angestellten zum Teil deutliche Ungleichheiten hinsichtlich der objektiven Soziallage, die vor allem auch mit Ungleichheiten im Bereich der Lebenschancen verknüpft waren. Aus diesem Grunde erscheint es in Übereinstimmung mit Geißler (1996) als durchaus gerechtfertigt und angemessen, statt von *der* Arbeiterschicht besser von pluralisierten und differenzierten Arbeiterschichten zu reden. Die Arbeiterschaft ist demnach nicht die sozial homogene Klasse, die nach den Prognosen von Karl Marx entstehen sollte, sondern eine in sich vielfältig differenzierte Gruppe, die hauptsächlich durch Unterschiede im Einkommen, den Arbeits- und Lebensbedingungen gekennzeichnet ist. Daten der allgemeinen Statistiken, wie sie der Öffentlichkeit beispielsweise in Statistischen Jahrbüchern zugänglich sind, werden in diesem Zusammenhang meist lediglich anhand der Grobkategorien „Arbeiter“ und „Angestellte“ publiziert. Derartige Daten verschleiern jedoch soziale Ungleichheit oft mehr als sie diese erhellen.

Als Schlussfolgerung aus den Ergebnissen der vergleichenden empirischen Untersuchung zu sozialer Lage, Lebenschancen und Lebensstilen von Industriearbeitern und -angestellten kann die Antwort auf die Ausgangsfrage „Arbeiterklasse oder Arbeitnehmer?“ nur folgendermaßen lauten:

> „Kein Zusammenschmelzen zur Masse der Arbeitnehmer, sondern Fortbestand einer pluralisierten und differenzierten Arbeiterschicht bei größtenteils weiter existierenden schichtspezifischen Ungleichheiten zwischen Arbeitern und Angestellten unterschiedlicher Berufsschichten hinsichtlich der objektiven Soziallage, der Lebenschancen und Lebensstile .“

Wir leben in Deutschland in keiner Arbeiter-Gesellschaft mehr. Muss die soziologische Forschung sich da überhaupt noch mit der Vergangenheit, Gegenwart und Zukunft des Industriearbeiters auseinandersetzen? Ich meine ja!

Obwohl die Zahl der Un- und Angelernten kontinuierlich schrumpft, ist vor allem der Facharbeiter auch in der industriellen Dienstleistungsgesellschaft heutiger Zeit jedoch durchaus kein „Auslaufmodell". Facharbeiterliches „Expertentum" bleibt vielmehr auch weiterhin als tragende Säule der manuellen Produktion unverzichtbar, denn intelligentes Regulieren und Intervenieren wird sich auch langfristig durch Industrieroboter nicht gänzlich ersetzen lassen. Angesichts fortbestehender Benachteiligungen der Arbeiterschaft im Vergleich zu anderen gesellschaftlichen Gruppen, die sich in eingeschränkten Lebenschancen in unterschiedlichen Bereichen und hier vor allem auch im Arbeitsbereich immer noch äußern, ist nicht nur die Industriesoziologie, sondern auch die Soziologie im Allgemeinen herausgefordert, die in den letzten Jahrzehnten in der Forschung unberechtigterweise vernachlässigte sozialstrukturelle Gruppe der Arbeiter bzw. der Industriearbeiter – obwohl sie heutzutage keine politischen Akteure mehr darstellt, die als Hoffnungsträger oder als Angstgegner für Systemwandel gelten kann – dennoch wieder stärker in den Mittelpunkt des Erkenntnisinteresses und ins Blickfeld der Forschung zu rücken bzw. deren Untersuchung auf der Tagesordnung zu behalten, um nicht zuletzt auch im Rahmen einer kritischen Industriesoziologie verschleiernde gesellschaftliche Wahrnehmung von Arbeit aufzudecken, über fortbestehendes Arbeitsleid aufzuklären, sowie Gestaltungsmöglichkeiten hinsichtlich einer Humanisierung weiterhin größtenteils fremdbestimmter und entfremdeter Arbeit anzudenken (vgl. auch Schumann 2001).

Einen adäquaten Problemzugriff kann hierbei nur eine Forschung erbringen, die nicht allein aus der soziologischen „Vogelperspektive" des Forschers heraus agiert, sondern, wie anhand der dargestellten empirischen Untersuchung versucht wurde, auch die „Froschperspektive" der Betroffenen selbst ein Stück weit einnimmt. Dabei bleibt es, vor allem wenn man sich längere Zeit mit der Thematik auseinander setzt, nicht aus, dass sich eine gewisse Empathie oder gar eine Form distanzierter Liebe entwickelt. Ohne damit die Objektivität der Forschung allgemein in Frage zu stellen, bleibt es in diesem Zusammenhang zu fragen und zu bedenken, ob solche Gefühlsbindungen zum Forschungsgegenstand nicht auch in scheinbar nur sachliche, kompetentest begründete inhaltliche Positionen eingehen und auch wissenschaftliche Kontroversen ein Stück weit erklären.[7]

Da die dargestellte empirische Untersuchung sich nicht zuletzt auch als Beitrag zu der recht kontrovers diskutierten Thematik begreift, ob man in der heutigen Zeit noch in soziologisch gehaltvoller Weise von Klassen und Schichten sprechen kann, innerhalb derer sich soziale Ungleichheit wesentlich strukturiert, kann anhand der Ergebnisse zu einem exemplarischen Teilbereich der Sozialstruktur in Übereinstimmung mit Geißler auch die allgemeine Schlussfolgerung gezogen werden, dass die

7 In Anlehnung an einen Seminarvortrag von Michael Schumann an der Universität Göttingen.

Begriffe „Klasse“ und „Schicht“ für die Analyse einer modernen Sozialstruktur auch heute noch unverzichtbar sind, denn die Wichtigkeit der in konventionellen Schichtungsanalysen ermittelten Korrelationen zwischen Soziallagen, Einstellungen und Verhaltensweisen ist vor allem hinsichtlich der zum Teil immer noch eklatanten Ungleichheiten der Lebenschancen nicht zu leugnen. Auch hinsichtlich des subjektiven Bereichs der Einstellungen, Werthaltungen und Lebensstile haben die klassischen sozio-ökonomischen, sowie auch sozio-demografische Faktoren weiterhin eine hohe Erklärungskraft. Diesbezügliche Entvertikalisierungs- und Entstrukturierungsthesen treffen, wenn überhaupt, höchstens auf die privilegierten Schichten der Gesellschaft zu. Obwohl in der heutigen Zeit eine Zunahme an Handlungsspielräumen und -optionen im Sinne einer zunehmenden Individualisierung nicht zu leugnen ist und Lebensstile damit natürlich auch als das Produkt sinnhaft und intentional handelnder Akteure aufzufassen sind, so wird doch alles Handeln innerhalb sozialer Strukturen hervorgebracht. Dies bedeutet nicht zuletzt, dass soziale Ungleichheitsstrukturen und größtenteils bildungsabhängige kulturelle Deutungsmuster Handlungsmöglichkeiten eröffnen oder auch verschließen können. Strukturelle Gegebenheiten stellen die Bedingungen dar, welche die Grenzen der viel gepriesenen neuen Wahlfreiheiten hinsichtlich der Lebensgestaltung vorgeben. Wie nicht zuletzt auch anhand der diesbezüglichen vergleichenden Untersuchung von Arbeitern und Angestellten hervorging, müssen daher auch Lebensstile und das Ausmaß diesbezüglicher Wahlfreiheiten als differenzielle Lebenschance begriffen werden.

Als Bilanz kann festgehalten werden, dass ein Vorteil des stärker an Lebenschancen ausgerichteten Vertikalansatzes in der Sozialstrukturanalyse in seinem (sozial-)kritischen Impetus liegt. Ein Vorteil moderner Milieu- und Lebensstilansätze ist es hingegen, dass durch sie das Bild über unsere Gesellschaft dahingehend ergänzt und verfeinert wurde, dass sie die zunehmend lebensfern agierende Sozialstrukturanalyse wieder an die Fragen der alltäglichen Lebensgestaltung herangeführt und ihren Blick auf den in modernen Wohlstandsgesellschaften besonders wichtigen symbolischen Bereich sozialer Ungleichheit gerichtet haben, wobei den Akteuren und ihren Deutungsschemata erheblich mehr Aufmerksamkeit geschenkt wird als dies im Rahmen der eher makroskopischen Zugriffsweise klassischer Sozialstrukturforschung geschieht (vgl. Meyer 2001: 257f). Milieu- und Lebensstilansätze sind jedoch auch mit schwerwiegenden Mängeln behaftet, die sich dergestalt darstellen, dass sie den Zusammenhang zwischen den einzelnen Lebensstilen bzw. Milieus und objektiven Faktoren zwar nicht gänzlich leugnen und zum Teil sogar explizit (meist jedoch rückbezüglich) ansprechen, es aber durchgängig offen oder zumindest schwammig bleibt, wie sich der Zusammenhang zwischen den einzelnen Faktoren der objektiven Lage und den unterschiedlichen Lebensstilaspekten genau darstellt. Betont werden vielmehr die im Zuge einer zunehmenden Entkoppelung von Struktur und Lebensstilen gewonnenen Gestaltungsfreiheiten. Diese Perspektive, die Geißler (1996: 78) als eher unkritische „Vielfaltsforschung“ bezeichnet, trägt – ob nun gewollt oder nicht – dazu bei, diesbezügliche Ungleichheiten, die anhand der vergleichenden empirischen Untersuchung von Arbeitern und Angestellten durchaus nachgewiesen werden konnten, zu verschleiern. Zudem wird im Rahmen der modernen Milieu- und Lebensstilkonzeptionen die Vielfalt der Lebensstile bzw. Einstellungen, Mentalitäten und Präferenzen in durchaus unterschiedlichen Bereichen meist in Milieu- bzw. Lebensstiltypologien gebündelt, und anhand von Clusteranalysen sozusagen „am Schreibtisch konstruiert“. Angesichts der Ergebnisse der empirischen Untersuchung, die bei einer getrennten Betrachtung einzelner Bereiche der Einstellungen und Werthaltung, der Lebensführung und des Geschmacks zum Teil eine jeweils unterschiedliche Prägekraft einzelner objektiver Faktoren nachweisen konnte, erscheinen derartige Milieu- und Lebensstiltypologien eher als rechentechnische Kunstprodukte. Die dargestellten Befunde machen deutlich, dass Milieu- und Lebensstilkonzepte nicht als moderner Ersatz klassischer Strukturtheorien angesehen werden können.

Soziale Ungleichheit lässt sich heutzutage in ihren vielfältigen Erscheinungsformen nur dann theoretisch adäquat fassen, wenn Strukturtheorien und Milieu- bzw. Lebensstilforschung nicht mehr als sich gegenseitig ausschließende Konzepte verstanden werden, sondern sich im Sinne eines „Brückenschlages“ gegenseitig ergänzen. Richtungsweisend für diese durchaus notwendige und erfolgversprechende Neuorientierung in der Sozialstrukturanalyse kann es daher nur sein, wenn Sozialstrukturforschung und Kultursoziologie in Ähnlichkeit zur Konzeption Bourdieus dergestalt in eine fruchtbare Synthese treten, dass unter Beibehaltung des sozialkritischen Impetus das Hauptaugenmerk der Forschung nicht mehr ausschließlich auf differenzielle Lebenschancen, sondern im Rahmen einer Einbettung in den Strukturkontext sozialer Ungleichheit auch stärker auf den sozio-kulturellen Bereich gerichtet ist, wobei Lebensstile im Sinne „feiner Unterschiede“ durchaus als Lebenschance zu begreifen sind (ähnlich Meyer 2001: 267). Nicht zuletzt auch der methodische Weg einer Kombination von qualitativen und quantitativen Verfahren ist dabei gut dazu geeignet, einen befriedigenden und vor allem auch akteursnahen Problemzugriff zu erleichtern.

Literatur

Beck, Ulrich (1986): Risikogesellschaft. Auf dem Weg in eine andere Moderne. Frankfurt a.M.

Bourdieu, Pierre (1996 [[1]1982]): Die feinen Unterschiede. Kritik der gesellschaftlichen Urteilskraft. Frankfurt a.M. (zuerst in französischer Sprache: La Distinction. Paris 1979)

Dahrendorf, Ralf (1965): Gesellschaft und Demokratie in Deutschland. München.

Geißler, Rainer (1990): Schichten in der Post-industriellen Gesellschaft. Die Bedeutung des Schichtbegriffs für die Analyse unserer Gesellschaft. In: Berger, Peter A./Hradil, Stefan (Hrsg.): Lebenslagen – Lebensläufe – Lebensstile. Göttingen. S.81-102.

Geißler, Rainer (1993): Kein Abgesang auf Schicht und Klasse. In: Aus Politik und Zeitgeschichte. 13.8.1993. S.19ff

Geißler, Rainer (1994): Die pluralisierte Schichtstruktur der modernen Gesellschaft: zur aktuellen Bedeutung des Schichtbegriffs. In: Geißler, Rainer (Hrsg.): Soziale Schichtung und Lebenschancen in Deutschland. 2. völlig neu bearbeitete und aktualisierte Auflage. Stuttgart. S.6-36.

Geißler, Rainer (1996): Die Sozialstruktur Deutschlands. Zur gesellschaftlichen Entwicklung mit einer Zwischenbilanz zur Vereinigung. 2. neubearbeitete und erweiterte Auflage. Opladen.

Geißler, Rainer (1996a): Kein Abschied von Klasse und Schicht. Ideologische Gefahren der deutschen Sozialstrukturanalyse. In: KZfSS. Jg 48. Heft 2/1996. S.319-338.

Geißler, Rainer (1998): Das mehrfache Ende der Klassengesellschaft. Diagnosen sozialstrukturellen Wandels. In: Friedrichs, Jürgen./Lepsius, Rainer M./Mayer, Karl Ulrich (Hrsg.): Die Diagnosefähigkeit der Soziologie. Opladen/Wiesbaden. S.207-233.

Geißler, Rainer (2001): Sozialstruktur und gesellschaftlicher Wandel. In: Korte, Karl-Rudolf/Weidenfeld, Werner (Hrsg.): Deutschland-Trendbuch. Fakten und Orientierungen. Opladen. S. 97-35.

Georg, Werner (1998): Soziale Lage und Lebensstil. Eine Typologie. Opladen.

Meyer, Thomas (2001): Das Konzept der Lebensstile in der Sozialstrukturforschung – eine kritische Bilanz. In: Soziale Welt. H 3/2001. S. 255-271.

Mooser, Josef (1984): Arbeiterleben in Deutschland 1900-1970. Klassenlagen, Kultur und Politik. Frankfurt a.M.

Reichenwallner, Martina (2000): Lebensstile zwischen Struktur und Entkoppelung. Beziehungen zwischen Lebensweisen und sozialen Lagen. Wiesbaden.

Schelsky, Helmut von (1979): Auf der Suche nach Wirklichkeit. Gesammelte Aufsätze. München.

Schulze, Gerhard (1993): Die Erlebnisgesellschaft. Kultursoziologie der Gegenwart. Studienausgabe. Frankfurt a.M./New York.

Schumann, Michael (2001): Kritische Industriesoziologie. Theoretische Anknüpfungspunkte, exemplarische Befunde, neue Aufgaben. In: Claussen, Detlev/Negt Oskar/Werz Michael (Hrsg.): Philosophie und Empirie. Hannoversche Schriften Bd. 4. Frankfurt a.M. S. 95-117.

SINUS Institut o.J.: SINUS-Lebensweltforschung. Ein kreatives Konzept. Heidelberg.

SINUS Sociovision 2000: Kurzinformation zu den SINUS-Milieus 2000. Heidelberg.

Spellerberg, Annette (1994): Lebensstile in Ost- und Westdeutschland. Verteilung und Differenzierung nach sozialstrukturellen Merkmalen. (Wissenschaftszentrum Berlin für Sozialforschung). WZB-Papier. S. 94-105.

Spellerberg, Annette (1995): Lebensstile in Ost- und Westdeutschland. In: Glatzer, Wolfgang/Noll, Heinz-Herbert: Getrennt vereint. Lebensverhältnisse in Westdeutschland seit der Wiedervereinigung. Soziale Indikatoren XVIII. Konzepte und Forschungsansätze. Sektion Soziale Indikatoren in der Deutschen Gesellschaft für Soziologie. Frankfurt a.M./New York. S.229-261.

Spellerberg, Annette(1997): Lebensstil, soziale Schicht und Lebensqualität in West- und Ostdeutschland. In: APuZ. B 13/97. S. 25-37

Weber-Menges, Sonja (2002): Arbeiterklasse oder Arbeitnehmer? Vergleichende empirische Untersuchung zu Soziallage, Lebenschancen und Lebensstilen von Arbeitern und Angestellten in Industriebetrieben. Diss. Siegen.

Die Autorin

Sonja Weber-Menges, Dr. phil. (*1961), 1998-2002 Wissenschaftliche Hilfskraft an der Universität Siegen im Fach Soziologie (Prof. Dr. Rainer Geißler). Seit 2002 wissenschaftliche Mitarbeiterin im DFG-Forschungsprojekt „Medienumbrüche" (FK 615) an der Universität Siegen (Teilprojekt A2: Mediale Integration ethnischer Minderheiten). Studium der Soziologie, ev. Theologie und Kunst an der Universität Siegen.
Jüngere Publikationen: Arbeiterklasse oder Arbeitnehmer? Vergleichende empirische Untersuchung zu Soziallage, Lebenschancen und Lebensstilen von Arbeitern und Angestellten in Industriebetrieben. Diss. Siegen 2002. Erscheint demnächst im Westdeutschen Verlag. Arbeitsschwerpunkte: Migration und soziale Ungleichheit.

Eine Planschuld: Soziale Herkunft und Hochschulstudium in den (noch) beiden Teilen Deutschlands

Gustav-Wilhelm Bathke

Noch gut erinnere ich mich an die schnelllebige Jahresspanne vor dem Tag der Deutschen Einheit 1990, z. B. an den Beginn der Leipziger Montagsdemonstrationen, an die erste deutsch-deutsche Konferenz von Jugendforschern in der DDR am „Tag der Entscheidung" (vgl. Kuhn 1992), an die Fahrt im Dezember 1990 mit dem Trabant in den Westen der geteilten Stadt zum ersten Vortrag vor den Soziologen der Freien Universität, an die vielen folgenden Kontakte zu Wissenschaftlern vor der „Haustür", alles früher unwirklich, unvorstellbar, aber nun wahr.

Hier ordnet sich auch eine Einladung von Rainer Geißler an die Universität Siegen zum Vortrag „Soziale Herkunft und Reproduktion von Hochschulstudenten in der DDR" ein. Das Thema stand im unmittelbaren Zusammenhang zu Forschungen von Rainer Geißler, der sich mit seiner veröffentlichten Antrittsvorlesung „Bildungschancen und Statusvererbung in der DDR" an der Universität-Gesamthochschule Siegen bereits im Dezember 1982 als profunder Kenner ausgewiesen hatte (vgl. Geißler 1983, S.755ff.). Neben der wissenschaftlichen Diskussion zum Vortrag am Lehrstuhl kann ich mich noch gut an das abendliche Gespräch in einer Siegener Wirtschaft erinnern, an die geografische „Entdeckung", dass Gießen bereits zu Nordrhein-Westfalen gehört, denn am nächsten Tag, dem symbolischen 1. Mai 1990, saß ich dank der „gesponserten" Vortragsmittel im Zug nach Düsseldorf, meinem Geburtsort, den ich nach 35 Jahren erstmals neu entdecken konnte.

Diese ersten persönlichen Kontakte zu Rainer Geißler, der über Vorwendekontakte mit dem Direktor des Zentralinstituts für Jugendforschung (ZIJ) – Walter Friedrich – bereits empirische Ergebnisse zur sozialen Reproduktion der Hochschulstudenten in der DDR erhalten hatte, fallen in die Zeit der ersten deutsch-deutschen Studentenuntersuchung im Frühjahr 1990.

Das Projekt „Student 1990" knüpft einerseits an die großen Querschnittsuntersuchungen der Abteilung Studentenforschung des Zentralinstituts für Jugendforschung „Student 1969", „1979" und „1989" an, die jeweils repräsentativ mehrere Tausend Studierende im Hochschulstudium der DDR einbezogen und sich in ihren thematischen Zielstellungen deren Lebensbedingungen und Lebenseinstellungen unter sich verändernden gesellschaftlichen Existenzbedingungen zuwandten (vgl. Starke 1979; Bathke/Starke 1999: 225ff.).

„Student 89" war von Januar bis April 1989 an 13 Universitäten und Hochschulen der DDR im Feld. Es beteiligten sich 3918 Studierende, fast ausschließlich des zweiten Studienjahres. Die nachgeschobene Querschnittsuntersuchung „Student 90" wurde durch die radikalen gesellschaftlichen Veränderungen in der DDR veranlasst.

In enger Kooperation zwischen dem ZIJ in Leipzig und der Marburger Philipps-Universität – hier ist vom ZIJ vor allem Ulrich Heublein und von Marburg der DDR-Forscher Rainer Brämer zu nennen – wurde in kurzer Zeit diese einmalige Studie konzipiert und umgesetzt.

In der DDR-Stichprobe antworteten 1635 Studierenden aus 10 Universitäten und Hochschulen, in der Mehrzahl aus dem zweiten Studienjahr. Die Fachrichtungsauswahl folgte der von „Student 89". Die Vergleichsgruppe in der Bundesrepublik war ein Pilotprojekt, das keine Repräsentativität für die damalige Bundesrepublik beanspruchen kann, aber den Fachrichtungsvergleich zur ostdeutschen Population anvisierte. Den Fragebogen beantworteten 562 Studierende der Philipps-Universität Marburg und der Universität-Gesamthochschule Siegen. Das Generalthema „Veränderungen und Entwicklungen der DDR-Studentenschaft im Kontext des gesellschaftlichen Wandels. Ein Vergleich ihrer Lebensbedingungen und Lebenseinstellungen mit denen von bundesdeutschen Studenten" bedurfte einer hohen methodischen Übereinstimmung mit den bisherigen Studentenbefragungen des ZIJ. So waren ca. 50 Prozent der Indikatoren mit „Student 89" identisch und fast alle Items der westdeutschen mit der ostdeutschen Variante von „Student 90" bzw. mit „Student 89" kompatibel. Dieses Bemühen gilt weitgehend auch für die Indikatoren zur sozialen Herkunft der Studierenden. Es wurde der höchste berufliche Abschluss sowohl der Eltern (Vater und Mutter) als auch der Großväter väterlicher- und mütterlicherseits, der Arbeitsbereich von Vater und Mutter sowie das Wissenschaftsgebiet hoch qualifizierter Väter und Mütter abgefragt.

In der Auswertungsetappe bildeten sich „Ost-West-Paare". Zunächst stand der Vergleich der Lebenseinstellungen im doppelten Sinne im Mittelpunkt: Zwischen ost- und westdeutschen Studierenden und zwischen Studierenden der DDR 1989 und der „Noch"-DDR 1990. Vor allem die Vergleiche zwischen den DDR-Populationen verweisen sowohl auf ein beachtliches Beharrungsvermögen als auch auf explosionsartige Veränderungen bestimmter Einstellungen in historisch kurzer Zeit (vgl. Brämer/Heublein 1990; Heublein/Brämer 1990). Im Rahmen der Analyse von Studienbedingungen wurde das Verhältnis zwischen Lehrkräften und Studierenden genauer betrachtet (vgl. Bathke 1991b).

Rainer Geißler und ich bildeten ein „Gespann", und wir entwickelten eine Konzeption unter dem Arbeitstitel „Soziale Herkunft und Studium in den beiden Teilen Deutschlands". Exkursionen von Rainer Geißler mit Studierenden nach Leipzig wurden zur Präzisierung der Problemstellungen und der notwendigen statistischen Auswertungen am ZIJ genutzt. Erste, von Rainer Geißler vorgelegte stichwortartige Interpretationen, wurden diskutiert. Hier liegt auch meine Planschuld: Es kam nicht zur Fertigstellung eines gemeinsamen Berichts bzw. einer Veröffentlichung.

Entlastend kann ich nur vermerken, dass für alle unerwartet in den Tagen der deutschen Einheit bzw. endgültig Ende 1990 das Zentralinstitut für Jugendforschung geschlossen wurde. Alle Proteste und Versuche namhafter Wissenschaftler aus der alten Bundesrepublik, diese wissenschaftlich anerkannte Forschungseinrichtung der DDR zu retten, halfen nicht (vgl. Friedrich 2000: 58ff.). Die ungewisse Zukunft vor

Augen rückte zunächst das Bemühen um die weitere berufliche Beschäftigung in den Vordergrund. Sie fand sich bereits Anfang 1991 durch die Gründung einer Außenstelle der Hochschul-Informations-System (HIS) GmbH Hannover an der Universität Leipzig. Das bedeutete viel Neues, eröffnete mir aber auch über die repräsentativen Studienanfängeruntersuchungen von HIS wieder den Zugang zu meinem „alten“ Thema, der sozialen Herkunft der Studierenden (vgl. Bathke 1985, 1988, 1990, 1993, 2002; Bathke/Schreiber 1997; Bathke/Schreiber/Sommer 2000). Vielleicht gelingt es mir, durch den folgenden Beitrag meine seinerzeitige Zusage einzulösen.

Nachfolgend möchte ich anhand von „Student 90“ und „Student 89“ gemäß unserer damaligen Konzeption hinterfragen, welche Unterschiede und Gemeinsamkeiten sich kurz vor der deutschen Einheit in der sozialen Herkunft der Studierenden in Ost und West abzeichnen, welche Zusammenhänge zwischen der Herkunft und anderen objektiven, aber auch subjektiven Merkmalen der Studierenden bestehen. Das betrifft z.B. das Geschlechterverhältnis, die Fachrichtungswahl, die Leistungspositionen und berufliche Werte und Ziele.

1. Soziale Herkunft und Hochschulstudium in den beiden Teilen Deutschlands

Die Hauptfragen lauteten: Aus welchen sozialen Gruppen rekrutieren sich die Studierenden an den Hochschulen in beiden deutschen Staaten? Welche Gemeinsamkeiten und Unterschiede bestehen im sozialen Herkunftsprofil der Studierenden beider deutschen Staaten? In welchem Maß ist im Bildungsbereich Hochschule Chancengleichheit verwirklicht.

1.1. Soziale Herkunft

Beim Vergleich der Rekrutierungstendenzen sind unterschiedliche sozialstrukturelle Bedingungen und das daraus ableitbare andersartige inhaltliche Profil wesentlicher sozialer Gruppen bzw. Bildungsgruppen unbedingt zu berücksichtigen. Obwohl der Qualifikationsstatus der Eltern mit ähnlichen Indikatoren erkundet wurde[1], können

---

1 Student 90 BRD: *Welche Qualifikation haben Ihre Eltern? bzw. hatten Ihre Großeltern?*
1 keine beruflichen Abschluss
2 Lehre oder gleichwertige Berufsausb.
3 Meisterprüfung/Technikerschule oder andere Fachschule
4 Fachhochschule, Ingenieurschule, Lehrerseminar, Pädagog. Akademie
5 wissenschaftliche Hochschule
6 Promotion

Student 90 DDR: *Welchen beruflichen Abschluss haben Ihre Eltern*
1 ohne erlernten Beruf
2 Teilfacharbeiter
3 Facharbeiter
4 Meister
5 Fachschule
6 Hochschulabschluss
7 Promotion

die Qualifikationskategorien nur unter Beachtung der Differenzen in den Bildungskategorien und der Sozialstruktur verglichen werden. Das betrifft sowohl „untere“, „mittlere“ aber auch „höhere“ Qualifikationsschichten. So setzte in der DDR eine Lehre mit Facharbeiterabschluss in der Regel den Abschluss der zehnten Klasse voraus und die „mittlere“ Bildungsschicht war dominant durch einen Fachschulabschluss charakterisiert. Einige Fachschulen wurden in der DDR bereits in den 70er Jahren zu Ingenieurhochschulen erhoben bzw. in Technische Universitäten eingegliedert. Die Pädagogischen Hochschulen unterschieden sich in den Zugangsbedingungen und im Ausbildungsniveau nicht von den Universitäten. Im Unterschied zur BRD gab es in der DDR keine Fachhochschulen. Insgesamt sind jedoch die Stufen der beruflichen Abschlüsse einander (noch) so ähnlich gewesen, dass der Vergleich gerechtfertigt und möglich ist.

1.1.1. Qualifikationsherkunft (Vater bzw. Mutter)

Für die Qualifikationsherkunft lassen sich auf der Grundlage von „Student 90“ folgende Ergebnisse hervorheben (vgl. Tab. 1): Von den Studierenden der beiden Hochschulen in der Bundesrepublik (Marburg, Siegen) haben 24 Prozent der Väter einen Universitätsabschluss und weitere 14 Prozent einen Fachhochschulabschluss.[2] Bei den Studierenden aus der DDR liegt der Anteil der Akademiker mit 47 Prozent deutlich darüber, auch dann noch, wenn in der westdeutschen Population Fachhochschul- und Universitätsabschluss zusammengefasst werden (vgl. Tab. 1).

Tabelle 1: Berufliche Qualifikation der Väter und Mütter von Hochschulstudenten in der DDR und in der BRD 1989/90 (in Prozent)

<table>
<tr><th></th><th>ohne Berufsabschluss</th><th>Facharbeiter/Lehre</th><th>Meister</th><th>Fachschulabschluss</th><th>Fachhochschulabschluss</th><th>Universitätsabschluss</th></tr>
<tr><td colspan="7">Väter</td></tr>
<tr><td>STU 1989 DDR</td><td>1</td><td>19</td><td>11</td><td>21</td><td></td><td>48</td></tr>
<tr><td>STU 1990 DDR</td><td>1</td><td>19</td><td>12</td><td>21</td><td></td><td>47</td></tr>
<tr><td>STU 1990 BRD</td><td>5</td><td>38</td><td colspan="2">20</td><td>14</td><td>24</td></tr>
<tr><td colspan="7">Mütter</td></tr>
<tr><td>STU 1989 DDR</td><td>3</td><td>38</td><td>3</td><td>34</td><td></td><td>22</td></tr>
<tr><td>STU 1990 DDR</td><td>4</td><td>38</td><td>2</td><td>33</td><td></td><td>23</td></tr>
<tr><td>STU 1990 BRD</td><td>19</td><td>59</td><td colspan="2">5</td><td>6</td><td>11</td></tr>
</table>

ZIJ Bathke Student 1989/1990

2 Die repräsentativen Studienanfängerbefragungen von HIS kommen fast auf den Prozentpunkt zu dem gleichen Ergebnis (vgl. Bathke/Schreiber/Sommer 2000).

Die methodischen und inhaltlichen Probleme des Vergleichs der Bildungsabschlüsse heben die Tatsache nicht auf, dass Anfang 1990 DDR-Studenten deutlich seltener als ihre Kommilitonen in der BRD Väter haben, die keine berufliche Ausbildung (1 Prozent vs. 5 Prozent) oder eine grundständige Lehre abgeschlossen haben (19 Prozent vs. 38 Prozent). Werden die „mittleren" Bildungsgruppen „Meister" und „Fachschulabschluss..." addiert (vgl. Fußnote 1), so ergibt sich auch hier ein Qualifikationsvorteil der Väter von Studierenden in der DDR von 13 Prozentpunkten (33 Prozent vs. 20 Prozent; vgl. Tab. 1).

Die Qualifikationsgruppen „Meister" und „Fachschule" mussten zusammengefasst werden, weil die Studierenden der westdeutschen Hochschulen mit den Kategorien des Mikrozensus befragt wurden. In der DDR wurde der Meisterabschluss wohlweislich vom Fachschulabschluss getrennt, weil die Meister in der Industrie und in der Landwirtschaft der DDR – ausgenommen die Handwerksmeister – als Vorarbeiter zu charakterisieren sind. Ihren Tätigkeitsmerkmalen nach sind sie deshalb eher der Arbeiterschicht zuzurechnen. Das soziale Profil der Meister ist ein Beispiel für die unterschiedliche sozialstrukturelle Position formal gleicher Qualifikationsgruppen in beiden deutschen Staaten.

Zurück zum Vergleich: Noch gravierender sind die Qualifizierungsunterschiede der Mütter in beiden Populationen. Während von den Studierenden in der BRD gut ein Fünftel der Mütter (22 Prozent) auf Qualifikationen oberhalb einer abgeschlossenen Lehre verweisen kann, trifft dies auf knapp drei Fünftel in der DDR zu (vgl. Tab. 1). Also: Mütter der BRD-Studenten haben fast fünfmal häufiger als jene von DDR-Studenten keinen beruflichen Abschluss (19 Prozent vs. 4 Prozent). Dagegen bestehen relativ geringe Unterschiede in einer abgeschlossenen Hochschulausbildung, wenn bei den Müttern der Studierenden in der BRD beide Abschlussarten zusammengefasst werden (17 Prozent vs. 23 Prozent, vgl. Tab. 1). Die Promotion wurde dem Hochschulabschluss zugerechnet. Die westdeutschen Studenten haben für 9,4 Prozent der Väter und für 1,7 Prozent der Mütter diese akademische Qualifikation angegeben, bei den ostdeutschen sind es 11,9 Prozent bzw. 4,3 Prozent.

1.1.2. Das Qualifikationsprofil der Eltern

Zwischen den Vätern und Müttern beider Studierendenpopulationen bestehen deutliche Qualifikationsvorteile zu Gunsten der Väter, obwohl die Korrelationskoeffizienten auf einen Zusammenhang verweisen (vgl. Tab. 2).

Tabelle 2: Qualifikationsprofil der Väter und Mütter

	gleiches Qualifikations-profil	Vater höher als Mutter	Mutter höher als Vater	Korrelations-koeffizient
STU 1990 DDR	34	52	14	0,44
STU 1990 BRD	37	57	6	0,54

ZIJ Bathke Student 1990

Aufgrund des hohen Qualifikationsprofils der DDR-Mütter bestehen geringere Unterschiede zwischen DDR-Vätern und DDR-Müttern als zwischen beiden Elternteilen der Studierenden in der BRD. Das deutet sich schon anhand der etwas geringeren Korrelation an (vgl. Tab. 2). In beiden Populationen bestimmen dominant die Väter das Qualifikationsprofil der Familie. Während bei den westdeutschen Studierenden in ca. jeder siebzehnten Herkunftsfamilie die Mutter eine höhere Qualifikation als der Vater hat, bestimmt bei den DDR-Studenten in jeder siebten eine höher qualifizierte Mutter das soziale Qualifikationsprofil der Familie (vgl. Tab. 2). Die höher qualifizierte Mutter war der DDR eine beachtliche soziale Tatsache. Dies ist übrigens der Grund, weswegen wir uns am ZIJ von der „offiziellen" Herkunftsbestimmung, von einer vaterzentrierten und *nur* statusbezogenen Bestimmung[3] getrennt haben.

Die beschriebenen Unterschiede in der Qualifikationsherkunft von west- und ostdeutschen Studierenden bleiben verständlicherweise erhalten, wenn von der höchsten Qualifikation eines Elternteils ausgegangen wird (vgl. Tab. 3).

Insgesamt ist unübersehbar, dass Studierende aus der DDR in weit stärkerem Maße als diejenigen aus der Bundesrepublik aus hoch gebildeten Herkunftsfamilien kommen und damit deutlich häufiger auf Qualifikationsressourcen ihrer Eltern – im Sinne von Bildungskapital – zurückgreifen können. Die befragten westdeutschen Studenten sind bezogen auf die Qualifikationszertifikate ihrer Eltern weitaus häufiger „Bildungsaufsteiger" als ostdeutsche Studierende (vgl. Tab. 1 und 2).

3 Vgl. zu den politischen Praktiken der Herkunftsbestimmung in der DDR Bathke (1990; 2002: 121) Auch Pisa hat diese vater- und statuszentrierte Herkunftsbestimmung (Dienstklassenmodell) vorgenommen und ich bezweifele geringere soziale Differenzierungstendenzen in den neuen Ländern (vgl. Baumert u.a. 2002: 181). Bei Vergleich von Staaten mit unterschiedlicher Sozialstruktur kommt es m. E. über „Dienstklassen-Modelle" zu Fehldeutungen, wenn in Abhängigkeit von solchen vaterzentrierten Statusmerkmalen z. B. Leistungsprofile der Kinder analysiert werden. In den neuen Bundesländern haben z. B. alle Statusgruppen ein gravierend höheres Qualifikationsprofil als in den alten Ländern (vgl. Bathke/Schreiber/Sommer 2000: 29f.). Da aber gerade vom Bildungskapital der Familie maßgebliche Anregungen ausgehen, nivellieren Statusvergleiche über vaterzentrierte Dienstklassenmodelle bestehende Unterschiede.

Tabelle 3: Höchste Qualifikation der Eltern von Hochschulstudenten in der DDR und in der BRD 1989/90 (in Prozent)

	bis Fach-arbeiter	mind. ein Elternteil Meister	mind. ein Elternteil Fachschul-abschluss	mind. ein Elternteil Fachhochschul-abschluss	mind. ein Elternteil Hochschul-abschluss
STU 1989 DDR	14	8	26		52
STU 1990 DDR	13	8	28		51
STU 1990 BRD	40	20		14	26

ZIJ Bathke Student 1990

Unter dem Stichwort „Interpretation" ist im 1990er Manuskript von Rainer Geißler vermerkt: „In der BRD ist die Chancengleichheit erheblich besser verwirklicht als in DDR" (vgl. auch 1992: 228f.; 2000: 24; 2002: 353). M. E. ist diese Aussage zur Chancengleichheit in beiden deutschen Staaten allein anhand der Herkunftscharakteristik der Eltern nicht zu belegen. Gleichheit von Bildungschancen besteht nach Hradil dann, wenn Herkunft, Geschlecht, Wohnort, ethnische Zugehörigkeit etc. keinen messbaren Einfluss auf Bildungsergebnisse haben und aus den Gruppen der Männer und Frauen, der Arbeiter, Angestellten, Beamten und Selbständigen, der Stadt- und Landbewohner, der In- und Ausländer jeweils ein ebenso großer Anteil z.B. das Abitur oder einen Hochschulabschluss erlangt, wie es ihrem Bevölkerungsanteil entspricht. Umgekehrt liegen ungleiche Bildungschancen vor, wenn prozentual weniger oder mehr z. B. Angestellten- oder Beamtenkinder zum Abitur gelangen, als in der Bevölkerung vertreten sind (vgl. Hradil 1999: 149). Diese Position lässt sich auch auf das soziale Qualifikationsprofil beziehen. Es ist jedoch kein leichtes Unterfangen, vergleichbare Daten sowohl aus der amtlichen Statistik der DDR bzw. der Bundesrepublik zu erhalten, d. h. eine Differenzierung der Qualifikationsschichten nach Alter und Geschlecht[4].

Allgemein ist unbestritten, dass die in der DDR ausgebildeten Männer und Frauen deutlich höher gebildet und qualifiziert sind als in der BRD. Hier kommen die beiden von Rainer Geißler herausgearbeitete Modernisierungsvorsprünge der ostdeutschen Sozialstruktur zum Tragen (vgl. Geißler 1992: 15; 2000: 24). Aber:

4 Ich bin mir der Probleme des nachfolgenden Vergleichs durchaus bewusst. Da die amtlichen statistischen Daten vor der Wende nur schwer vergleichbar sind, stütze ich mich auf die Ergebnisse des Mikrozensus zu „Bevölkerung und Ausbildung" vom April 1995. Die Daten vom April 1991 – vor allem die nach „früheres Bundesgebiet" und „neue Ländern und Berlin-Ost" – scheinen noch mit vielfältigen Problemen behaftet. Da das Alter der Eltern der Studierenden 1990 modal betrachtet in der Spanne von 45 bis 50 Jahren liegen dürfte, wird zum Vergleich aus den Daten des Mikrozensus von 1995 die Altersgruppe 50 bis 55 ausgewählt, die sich in etwa auf die 45 bis 50-jährigen Männer und Frauen 1990 beziehen lassen. Ein Problem ist auch, dass den Daten *nur* Erwerbstätige zu Grunde liegen. Damit könnte eine „Positivierung" der Proporzvergleiche verbunden sein, denn unter den Nichterwerbstätigen ist der Anteil mit einer geringeren Qualifikation traditionell höher. Außerdem kann man nur im „Blindflug" diejenigen, die keine Angaben zu einem der berufsbildenden bzw. zum Hochschulabschluss gemacht haben, in die Kategorie „ohne beruflichen Abschluss" einordnen.

Obwohl die Studierenden aus den ostdeutschen Hochschulen seltener als die aus den westdeutschen „Qualifikationsaufsteiger“ sind, lenkt der Proporzvergleich, der die Qualifikationsprofile der Väter und Mütter der Studierenden in Beziehung zum Anteil in der altersgleichen Gesamtbevölkerung setzt (vgl. jedoch Fußnote 4), auf bemerkenswert ähnliche Rekrutierungstendenzen (vgl. Tab. 4).

Tabelle 4: Vergleich der beruflichen Qualifikation der Väter und Mütter von Studierenden in beiden deutschen Staaten und dem Qualifikationsprofil der gleichaltrigen Männer und Frauen in beiden deutschen Staaten (in Prozent und Proporz)

	ohne Berufsabschluss	Facharbeiter/ Lehre	Meister	Fachschulabschluss	Fachhochschulabschluss	Universitätsabschluss
Männer						
Väter: STU 1990 DDR	1	19	12	21		47
45- bis 50-jährige Männer DDR	5	53	22			21
Proporzfaktor	0,2	0,4	1,5			2,2
STU 1990 BRD	5	38	20		14	24
45- bis 50-jährige Männer BRD[5]	16	54	13		7	11
Proporzfaktor	0,3	0,7	1,5		2,1	
Frauen						
Mütter: STU 1990 DDR	4	38	35			23
45- bis 50-jährige Frauen DDR	8	57	23			12
Proporzfaktor	0,5	0,7	1,5			1,9
Mütter: STU 1990 BRD	19	59	5		6	11
45- bis 50-jährige Frauen BRD	28	58	4		2	7
Proporzfaktor	0,7	1,0	1,3		2,4	

ZIJ Bathke Student 1990

Unter Berücksichtigung der unterschiedlichen Qualifikationsstruktur im Osten und Westen Deutschlands wird anhand von Proporzfaktoren erkennbar, dass sich die Studierenden beider deutschen Staaten ähnlich aus den verschiedenen Qualifikationsgruppen reproduzieren, das heißt überproportionale Chancen von Studierenden aus hohen und mittleren Qualifikationsschichten und unterproportionale aus unteren bzw. besonders aus Familien ohne beruflichen Abschluss. Studierende aus hochschulgebildeten Schichten haben ca. zweimal häufiger die Chance, ein Hochschulstudium aufzunehmen, als es ihrer Schichtgröße entspricht.

5 berechnet nach Ergebnissen des Mikrozensus vom April 1995 (vgl. Fußnote 4).

Diese Reproduktionstendenzen von Studierenden im Hochschulstudium in beiden deutschen Staaten machen kenntlich, welche gewaltigen Anregungen von Bildung und Qualifikation der Eltern unabhängig von den gesellschaftlichen Rahmenbedingungen und dem Bildungswesen zur Reproduktion ihres Bildungs- und Qualifikationskapital ausgehen. Vor diesem generellen Zusammenhang zeichnet sich anhand von „Student 90“ ab, dass ostdeutsche Studierende aus unteren Qualifikationsschichten noch unterrepräsentierter sind als das bei den Studierenden der westdeutschen Hochschulen der Fall ist. Anderseits lässt sich bei Hochschulqualifikation der Mutter in der westdeutschen Population ein besonders hoher Proporzfaktor feststellen (vgl. Tab. 4).

Die Ergebnisse verweisen auf eine unterschiedliche Bildungsgeschichte der Elterngeneration der Studierenden in der DDR und in der BRD, aber auf ähnliche Reproduktionstendenzen. Im Kern bestätigen sich Reproduktionstendenzen, wie wir sie anhand von repräsentativen Untersuchungen der Studienanfänger in den 90er Jahren nach Bildungsschichten und Statusgruppen ermittelt haben (vgl. Bathke/Schreiber/Sommer 2000: 24).

Der Diskussionspunkt zwischen Rainer Geißler und mir bleibt seine These, dass in der DDR die Chancen von Arbeiterkindern gravierend kleiner waren als in der BRD. Anhand eigener Untersuchungen vor der Wende (vgl. Bathke 1990) aber auch nach der Wende von 1989 (vgl. Bathke/Schreiber/Sommer 2000) konnte ein etwas höherer Arbeiteranteil in der DDR als in Bundesrepublik ermittelt werden. Die Vorwende-Ergebnisse hat Rainer Geißler als ein methodisches Kunstprodukt bewertet, das die Wirklichkeit nicht richtig widerspiegelte. Er argumentiert: Die Zugehörigkeit zur Arbeiterschicht beruht in diesen Studien auf der Selbstzuordnung der Befragten, und in der Ex-DDR ordnen sich nachweislich andere und erheblich mehr Menschen der Arbeiterschaft zu als im Westen – eine Nachwirkung der sozialistischen Arbeiterideologie (vgl. Geißler 1990: 274). Tatsache ist jedoch, dass wir unseren Analysen die Qualifikation der Eltern zu Grunde gelegt haben und in den Plausibilisierungen den angegebenen Status mit dem Tätigkeitsbereich abgeglichen haben. Viele Autoren beziehen sich auf Rainer Geißler und verweisen auf meine Ergebnisse vor der Wende. Auch Lenhardt und Stock meinen, dass Ende der 80er Jahre in der DDR nur noch zehn Prozent der Hochschulstudenten aus Kreisen der Arbeiterschaft, dagegen 78 Prozent mindestens einen Elternteil mit Hoch- oder Fachschulabschluss hatten (vgl. Lenhardt/Stock 1997: 159ff.). Daneben sind die Tabellen abgebildet, die ich 1990 veröffentlicht habe (vgl. Bathke 1990: 120f.). Hier ist jedoch zu erkennen, dass 14 Prozent der Eltern höchstens Facharbeiter und weitere acht Prozent Meister waren. Diese Meister müssen meines Erachtens von ihren Tätigkeitsmerkmalen her zur Arbeiterschaft gerechnet werden. Hier besteht wieder die Schwierigkeit, sozialstrukturelle Differenzierungen in Ost und West unmittelbar zu vergleichen. Aus der Sicht von Statusgruppen war die Sozialstruktur der DDR in der Tendenz bipolar, es fehlte die „moderne“ Mitte.

Aber ich halte den Disput in Anbetracht der aktuellen Reproduktionsergebnisse für wenig sinnvoll. Unbestritten bleibt: Arbeiterkinder waren auch in der DDR – wie in der Bundesrepublik – beim Zugang zur Hochschulbildung benachteiligt, ohne zu übersehen, dass durch die Bildungsexpansion und die deutlich höheren Zugangsquoten in die Abiturstufe der alten Bundesrepublik auch mehr Arbeiterkinder zur Hochschulreife gelangten, aber von Chancengleichheit kann deshalb noch lange nicht gesprochen werden.

1.1.3. Das soziale Qualifikationsprofil der Generationen (Großväter/Eltern)

Die Siegener und Marburger Studenten wurden nach der Qualifikation ihrer Großväter väterlicher und mütterlicherseits gefragt. Die Antwortmodelle lehnen sich an „Student 89“ an und da bei allen sozialstrukturellen Angaben keine Unterschiede zwischen den DDR-Populationen von „Student 89“ und „Student 90“ bestehen, ist der Vergleich der westdeutschen Population von „Student 90“ mit der Vorwendeuntersuchung „Student 89“ in der DDR legitim.
Die Großväter der Studierenden aus beiden Teilen Deutschlands sind erwartungsgemäß deutlich geringer qualifiziert als die Eltern. Im Vergleich zu den Großvätern ist die Qualifikation der Elterngeneration der Studierenden als grundlegender Strukturwandel zu markieren. Trotzdem dürfte das Qualifikationsprofil dieser ca. zwischen 1915 und 1930 geborenen Großväter deutlich über dem der „Qualifikationsschicht“ ihrer Alterskohorte liegen, vor allem die relativ hohen Akademikeranteile lassen das erkennen.

Gleichzeitig sind Unterschiede im Qualifikationsprofil zwischen den Großvätern der west- und ostdeutschen Studierenden erkennbar. Im Vergleich zu den Großvätern der ostdeutschen Studierenden fällt bei den Großvätern der westdeutschen eine noch stärkere Polarisierung auf, das heißt für westdeutsche Großväter kann etwas häufiger eine Qualifikation „bis abgeschlossene Lehre bzw. Facharbeiter“ ermittelt werden als bei den ostdeutschen und gleichzeitig auf eine häufigere akademische Qualifikation. Kombiniert man die Großväter väterlicher- und mütterlicherseits und legt den höher qualifizierten zu Grunde, dann können die westdeutschen Studierende häufiger auf akademische Ressourcen zurückgreifen als die ostdeutschen (vgl. Tab. 5).

Die Korrelationen der Qualifikationsprofile der Großväter väterlicher- und mütterlicherseits verweisen auf traditionelle herkunftsbedingte Bindungstendenzen der Eltern der Studierenden. Für die Eltern der ostdeutschen Studierenden zeichnet sich jedoch aus der Sicht ihrer Väter eine deutlich größere Aufstiegsmobilität ab als bei den Eltern der westdeutschen Population.

Tabelle 5: Berufliche Qualifikation der Großväter von Hochschulstudenten in der DDR und in der BRD 1989/90 (in Prozent)

	ohne Berufs-abschluss	Fach-arbeiter/ Lehre	Meister/ Fachschul-abschluss	FHS/ Universitäts-abschluss
Großvater (väterlicherseits)				
STU 1989 DDR	11,0	47,1	30,6	11,3
STU 1990 BRD	12,4	51,2	17,8	18,6
Großvater (mütterlicherseits)				
STU 1989 DDR	11,5	46,7	30,5	11,3
STU 1990 BRD	15,4	51,2	17,6	16,8
Großväter (Kombination)[6]				
STU 1989 DDR (CC = 0,40)	5,5	37,2	38,8	18,5
STU 1990 BRD (CC = 0,47)	8,2	42,5	23,0	26,2

ZIJ Bathke Student 1989/1990

Die Zusammenhänge zwischen dem Qualifikationsprofil der Großväter und Eltern sind in der westdeutschen Population deutlich stärker als in der ostdeutschen (vgl. Korrelationskoeffizienten in Tab. 6) und belegen eine geringere Mobilität. Während bei knapp zwei Drittel der Väter und bei über zwei Fünftel der Mütter der DDR-Studenten ein sozialer Qualifikationsaufstieg erkennbar ist, liegen die entsprechenden Anteile bei den Vätern und Müttern der BRD-Studenten bei 39 Prozent bzw. 16 Prozent. Bei den Eltern der westdeutschen Studierenden wird hingegen über die Väter und Mütter weit häufiger die Qualifikationstradition der Großväter fortgesetzt (vgl. Tab. 6). Das gilt besonders auch für akademische Traditionen.

Die Analyse einer Hochschulqualifikation der Väter und Mütter der Studierenden in Abhängigkeit von der Qualifikation der Väter (Großväter der Studierenden) belegt:

1. Die stärkeren Aufstiegsmöglichkeiten der Eltern von Studierenden aus der DDR aus unteren Qualifikationsschichten im Vergleich zu denen aus der BRD.
2. Die deutlich eingeschränktere Mobilität von Müttern der westdeutschen Studierenden, wenn deren Vater keine Hochschulbildung hatte.
3. Die gewaltigen – in beiden Populationen nahezu identischen – „Qualifikationsvererbungstendenzen" wenn die Großväter Hochschulbildung haben (vgl. Tab. 7).

6 höchste Qualifikation zu Grunde gelegt.

Für beide Populationen zeichnet sich in Abhängigkeit von den Qualifikationsprofilen der Großväter ab, dass für die Mütter andere Mobilitätsverläufe charakteristisch sind als für die Väter (vgl. Tab. 7). Die Mütter der Studierenden sind seltener Qualifikationsaufsteiger als die Väter. Häufiger konnten sie nicht an die Qualifikation ihrer Väter anknüpfen (Qualifikationsabstieg).

Tabelle 6: Intergenerationsmobilität[7] (fein) zwischen der Qualifikation Großväter und Eltern von Hochschulstudenten in der DDR und in der BRD 1989/90 (in Prozent)

				von gleicher Qualifikation haben/sind:			
	Auf-stieg	Ab-stieg	gleiche Qualifi-kation	keinen Ab-schluss	Fach-arbeiter	Meister/ Fach-schule	Hoch-schule
Großvater (väterlicherseits) vs. Vater							
STU 1989 DDR (CC = 0,30)	63	5	32	(1)	(11)	(11)	(9)
STU 1990 BRD (CC = 0,53)	39	7	54	(3)	(27)	(8)	(16)
Großvater (mütterlicherseits) vs. Mutter							
STU 1989 DDR (CC = 0,28)	43	17	40	(1)	(21)	(13)	(5)
STU 1990 BRD (CC = 0,52)	16	29	55	(8)	(35)	(2)	(10)

ZIJ Bathke Student 1989/1990

Tabelle 7: Anteil der Eltern mit Hochschulabschluss in Abhängigkeit von der Qualifikation des Großvaters (väterlicher bzw. mütterlicherseits) – in Prozent

	Väter:		Mütter:	
	DDR	BRD	DDR	BRD
Qualifikation des Großvaters:				
ohne beruflichen Abschluss	33	13	12	0
Facharbeiter/Lehre...	41	26	19	9
Meister/Fachschule...	56	39	26	13
Hochschule	82	88	47	58
(Promotion – wieder Promotion)	(67)	(54)	(34)	(5)

ZIJ Bathke Student 1989/1990

7 anhand der Kreuztabellierung der zusammengefassten Qualifikationsschichten:
1 keinen beruflichen Abschluss bzw. ohne erlernten Beruf
2 Lehre oder gleichwertige Berufsausbildung bzw. Facharbeiter
3 Meisterprüfung/Technikerschule oder andere Fachschule bzw. Meister/Fachschule
4 Fachhochschule, wissenschaftliche Hochschule (Universität/TH)

Diese Aussage relativiert sich, wenn nur zwischen akademischen und nichtakademischen Mobilitätsverläufen über die Generationen unterschieden wird. Die unterschiedlichen Mobilitätsverläufe der Eltern von west- und ostdeutschen Studierenden bleiben zwar erhalten, aber vor allem „Qualifikationsabstiege“ reduzieren sich bei den Müttern stark. (vgl. Tab. 8).

Tabelle 8: Intergenerationsmobilität (grob) zwischen Großvätern und Eltern von Hochschulstudenten in der DDR und in der BRD 1989/90 (in Prozent)

	beide ohne Hochschulabschluss	Aufstieg[8]	Abstieg[9]	beide mit Hochschulabschluss
Großvater (väterlicherseits) vs. Vater				
STU 1989 DDR	49	40	2	9
STU 1990 BRD	60	22	2	16
Großvater (mütterlicherseits) vs. Mutter				
STU 1989 DDR	71	18	6	5
STU 1990 BRD	76	7	7	10

ZIJ Bathke Student 1989/1990

Die Reproduktionsanalyse offenbart auch für die DDR eine Inter-Generationen-Mobilität, die den massenhaften Abstieg von Akademikern in die Arbeiterklasse, wie ihn Solga herausstellt, als Legende widerlegt (vgl. 1995: 207ff.; weitere Argumente Bathke 2002: 125f.).

Resümierend ist über Reproduktionscharakteristika in Ost und West festzustellen: Studierende aus beiden Teilen Deutschland reproduzieren sich 1990 disproportional aus den gegebenen Qualifikationsschichten der altersbezogenen Elterngeneration. Höhere und z. T. mittlere Qualifikationsschichten bringen ihre Kinder überproportional und untere Qualifikationsschichten unterproportional zum Hochschulstudium. Obwohl Studierende aus der DDR deutlich seltener als Studierende aus der BRD Bildungsaufsteiger sind, deckt der Proporzvergleich relativ geringe Unterschiede in der Chancenverwertung auf, das bedeutet, dass die Reproduktionstendenzen trotz unterschiedlicher sozialökonomischer und damit auch sozialstruktureller Verhältnisse erstaunlich gleichartig sind. Bei den Eltern der Studierenden zeichnen sich unterschiedliche Verläufe der Qualifikationsmobilität in beiden deutschen Staaten ab. Eltern der Studierenden in der DDR haben nachhaltig von den bildungspolitischen Maßnahmen in den 60er und 70er Jahren profitiert. Ähnliches gilt auch für die Bundesrepublik, ohne zu übersehen, dass mit der Bildungsexpansion die akademischen Traditionen uneingeschränkt fortwirkten. Für die

8 Großvater ohne Hochschulabschluss – Elternteil mit Hochschulabschluss.

9 Großvater mit Hochschulabschluss – Elternteil ohne Hochschulabschluss.

DDR zeichneten sich besonders starke Selbstreproduktionstendenzen der so genannten „neuen sozialistischen Intelligenz" ab.

1.2. Zum Einfluss der sozialen Qualifikationsherkunft auf objektive und subjektive Merkmale der Studierenden

Bei der nachfolgenden Analyse zum Einfluss von sozialen Qualifikationsprofilen der Herkunftsfamilie auf den Frauenanteil im Hochschulstudium, die Fachrichtungswahl und die Leistungspositionen der Studierenden werden im Sinne von unabhängigen Modellvariablen die bisher beschriebenen sozialstrukturelle Qualifikationskonstellationen[10] genutzt bzw. es wird eine dichotome Analyse in Abhängigkeit von zwei elterlichen Qualifikationskonstellationen vorgenommen, das heißt es werden Herkunftsfamilien verglichen, in denen mindestens ein Elternteil eine abgeschlossene Lehre bzw. einen Facharbeiterabschluss *und* in denen mindestens ein Elternteil eine Hochschule (Fachhochschule, Universität) absolviert hat.

1.2.1. Qualifikationsherkunft und Frauenanteil im Hochschulstudium

Wie dargestellt, konnte für die Mütter der Studierenden im Allgemeinen – besonders jedoch für die westdeutschen – herausgefunden werden, dass für sie im Vergleich zu den Vätern eine eingeschränktere Mobilität im Sinne eines „Qualifikationsaufstieges" charakteristisch ist. Die Aufstiegsmobilität der Mütter war an besonders günstige sozialen Herkunftskonstellationen gebunden, die sich am Bildungs- und Qualifikationskapital des Vaters (Großvater der Studierenden) festmachen lassen (vgl. Abschnitt 1.1.3).

Mit Blick auf die Studierenden ist zu fragen, welche Zusammenhänge bestehen 1989/1990 zwischen der sozialen Qualifikationsherkunft und dem Frauenanteil. Die offiziellen Daten belegen, dass sich im Hochschuldirektstudium der DDR der Frauenanteil bereits 1972 zu Gunsten der Frauen verschoben hatte (vgl. MHF 1989: 29). Von geringfügigen Schwankungen abgesehen, waren mehr als 50 Prozent der eingeschriebenen Studierenden weiblich. Demgegenüber lag der Frauenanteil an den westdeutschen Universitäten 1990 mit 41 Prozent – trotz eines beachtlichen Anstiegs[11] – deutlich darunter. Während die Untersuchungen „Student 89" und „Student 90" für die DDR-Populationen diesen repräsentativen Anteil von Frauen im Hochschulstudium der DDR ausweisen, liegt ihr Anteil in der westdeutschen

10 Qualifikation des Vaters bzw. der Mutter; Qualifikation des Großvaters mütterlicher bzw. väterlicherseits; höchste Qualifikation der Eltern; Elterntypen: beide Facharbeiter, beide Akademiker; höchste Qualifikation der Großväter; höchste Qualifikation der Eltern und Großväter; Generationsmobilität: Nichtakademiker, Aufsteiger, Absteiger, beide Akademiker.

11 Universitäten: 1960 = 27,9 Prozent und 1990 41,0 Prozent; Fachhochschulen: 1972 = 17,7 Prozent und 1990 = 29,1 Prozent; vgl. Grund- und Strukturdaten 1991/92, S. 145.

Population von „Student 90" mit 34 Prozent deutlich unter dem der offiziellen Statistik der BRD (vgl. Abb. 1). Das eingeschränkte Fächerspektrum der beiden westdeutschen Hochschulen und die nach wie vor geschlechtstypische Fachrichtungswahl bieten hierfür eine Erklärung an.

In Abhängigkeit von den beschriebenen Herkunftskonstellationen (vgl. Fußnote 10) lässt sich für die Studentinnen in der DDR im Gegensatz zu denen aus der BRD keine sichern, die das Geschlechterverhältnis gravierend differenziert. Das ist in Anlehnung an Geißler als „moderner Sozialisationseffekt" zu charakterisieren (vgl. Geißler 2002: 369).

In der westdeutschen Population hingegen erhöht sich der Anteil von Frauen fast kontinuierlich mit dem Zuwachs an Bildungs- bzw. Qualifikationskapital in der Herkunftsfamilie. Dabei sind Generationsbeziehungen unübersehbar. Der höchste Anteil an Studentinnen ergibt sich bei akademischer Bildung mindestens eines Großvaters (48 Prozent). Die 53 Prozent in Abhängigkeit von einem Qualifikationsabstieg können aufgrund der geringen Fallzahl[12] nicht interpretiert werden. Hochqualifizierte Eltern sichern die Weitergabe ihrer Bildungsressourcen zunehmend auch über Mädchen. Dabei hat die beispielgebende, hoch gebildete und akademisch-qualifizierte Mutter einen besonderen Einfluss, d. h. der Anteil an Studentinnen ist dann besonders niedrig, wenn die Mutter keine berufliche Qualifikation hat bzw. besonders hoch, wenn die Mutter eine Hochschulausbildung absolviert hat (vgl. Abb. 1). Diese Reproduktionstendenzen konnten Ende der 70er Jahre anhand der Untersuchung „Student 79" auch noch für die DDR belegt werden (vgl. Bathke 1985).

1.2.2. Qualifikationsherkunft und Fachrichtungswahl

Die Fachrichtungsstruktur der Marburger und Siegener Studierenden und die Populationsgröße ermöglicht nur einen eingeschränkten Vergleich mit den Studierenden 1989 in der DDR. Die erfragten Fachrichtungen[13] wurden zu sechs vergleichbaren

---

12 Einige Merkmalskombinationen der Qualifikationsherkunft sind vor allem in BRD-Population von Student 90 nur gering besetzt, deshalb ist zur Relativierung in der Abb. 1 die Anzahl der Bezugsprobanden angegeben.

13 Student 90 BRD: Student 89 DDR

Was studieren Sie im Hauptfach? Fachrichtungen

Student 90 BRD	Student 89 DDR
1 Mathematik	1 Naturwissenschaften
2 Physik	2 Pädagogik
3 Chemie	3 Wirtschaftswissenschaften
4 Elektrotechnik	4 Gesellschaftswissenschaften
5 Maschinenbau	5 Medizin
6 Medizin	6 Veterinärwesen
7 Germanistik	7 Technik
8 Fremdsprachen	8 Sport
9 Jura	
10 Wirtschaftswissenschaften	

Fächergruppen zusammengefasst (vgl. Tab. 9). Eindeutig kompatibel sind die Fächergruppen Natur-, Wirtschafts- und Rechtwissenschaften sowie Medizin und Technik.

Bereits die fachrichtungsspezifische Analyse der qualifikationsbezogenen Herkunftsprofile lenkt auf beachtliche Gemeinsamkeiten, aber auch auf Unterschiede zwischen den Studierenden aus der DDR und der BRD. Je nach Fachrichtung setzen von den westdeutschen Studierende zwischen 28 Prozent und 55 Prozent und von den ostdeutschen zwischen 39 Prozent und 67 Prozent eine Hochschulausbildung von Vater und/oder Mutter fort (vgl. Tab. 9).

In beiden Populationen kommen Medizinstudenten dominant überproportional aus Herkunftsfamilien mit Hochschulbildung (DDR: 67 Prozent bzw. BRD: 55 Prozent). Diese überproportionale Weitergabe von Qualifikationskapital gilt in der westdeutschen Population tendenziell auch für die in den Wirtschafts- und Rechtswissenschaften eingeschriebenen Studierenden, in der ostdeutschen Population heben sich dagegen noch die Naturwissenschaftler heraus.
Deutlich Unterschiede in den Reproduktionsverläufen zwischen beiden Populationen werden bei Studierenden der Wirtschaftswissenschaften und der Technik sichtbar. Die Ergebnisse lenken auf charakteristische „Aufstiegsfachrichtungen“, auf die Theodor Geiger schon vor über 50 Jahren anhand seiner Untersuchungen zur sozialen Herkunft von dänischen Studenten aufmerksam gemacht hat. Während sich jedoch in der westdeutschen Population die Ingenieurwissenschaften als eine solche Aufstiegsfachrichtung präsentieren, sind es in der ostdeutschen Population die Wirtschaftswissenschaften (vgl. Tab. 9).

Tabelle 9: Höchste Qualifikation der Eltern von Hochschulstudenten in der DDR und in der BRD 1989/90 nach Fächergruppen (in Prozent)

	höchste Qualifikation der Eltern (vgl. Tab. 3)					
	bis Facharbeiter/ Lehre		bis Meister/ Fachschulabschluss		Hochschulabschluss (FHS & Uni)	
	DDR	BRD	DDR	BRD	DDR	BRD
Student 1989 DDR gesamt	14		34		52	
Student 1990 BRD gesamt		40		20		40
Fächergruppen:						
Naturwissenschaften	10	38	30	23	61	39
Pädagogik/Politologie/Philologie/Sport	18	46	36	18	47	36
Wirtschaftswissenschaften	19	43	42	15	39	43
Jura	17	36	32	23	51	41
Medizin	9	24	24	22	67	55
Technik	14	50	38	22	49	28

ZIJ Bathke Student 1989/1990

Das herkunftsspezifische Qualifikationspotenzial der Fachrichtungen ist im Generationskontext historisch unterschiedlich gewachsen. Medizinstudenten konnten häufiger auf das Qualifikationskapital ihrer Großväter zurückgreifen (vgl. Tab. 10). Das gilt auch für die westdeutschen Juristen. Gleichzeitig ist feststellbar, dass die Studierenden aller Fachrichtungen in der BRD – mit Ausnahme der Technik – häufiger als in der DDR aus einem traditionellen akademischen Milieu stammen (vgl. Tab. 10).

Tabelle 10: Höchste Qualifikation der Großväter von Hochschulstudenten in der DDR und in der BRD 1989/90 nach Fächergruppen (in Prozent)

	höchste Qualifikation der Großväter (vgl. Tab. 5)							
	ohne beruflichen Abschluss		bis Facharbeiter/ Lehre		bis Meister/ Fachschulabschluss		Hochschulabschluss (FHS & Uni)	
	DDR	BRD	DDR	BRD	DDR	BRD	DDR	BRD
Student 1989 DDR gesamt	6		37		39		18	
Student 1990 BRD gesamt		8		43		23		26
Fächergruppen:								
Naturwissenschaften	5	10	37	41	37	24	22	24
Pädagogik/Politologie/Philologie/Sport	7	9	41	49	38	16	14	27
Wirtschaftswissenschaften	9	4	47	44	34	29	10	23
Jura	7	10	41	29	38	24	14	37
Medizin	3	5	29	29	40	23	27	43
Technik	5	10	37	56	42	24	17	10

ZIJ Bathke Student 1989/1990

Die logische Analyse der Fachrichtungswahl in Abhängigkeit von den Qualifikationsprofilen der Herkunftsfamilie (unabhängige vs. abhängige Variablen) bestätigt die beschriebenen Zusammenhänge (vgl. Tab. 11). Zur besseren Kennzeichnung von überproportionalen bzw. unterproportionalen Fachrichtungsentscheidungen wurden die in Abhängigkeit vom Qualifikationsprofil ermittelten prozentualen Fachrichtungsverteilungen indexiert, d. h. der Prozentanteil der Fachrichtung wurde in Beziehung zur unterschiedlichen Gesamtverteilung der jeweiligen Fächergruppe in der west- bzw. ostdeutschen Population gesetzt.

In beiden Populationen erhöht sich kontinuierlich mit dem Qualifikationsprofil der Eltern die Entscheidung für ein Medizinstudium. Für die DDR-Studenten gilt diese traditionelle Studienfachwahl auch für naturwissenschaftliche Fachrichtungen. In beiden Populationen ist die grob zusammengefasste Fächergruppe Pädagogik, Politologie und Philologie als „Aufstiegsfachrichtung“ zu charakterisieren, d. h. sie werden von Studierenden aus Familien ohne Hochschulbildung überproportional häufig gewählt.

Abbildung 1: Frauenanteil nach sozialen Qualifikationsprofilen (in Prozent)

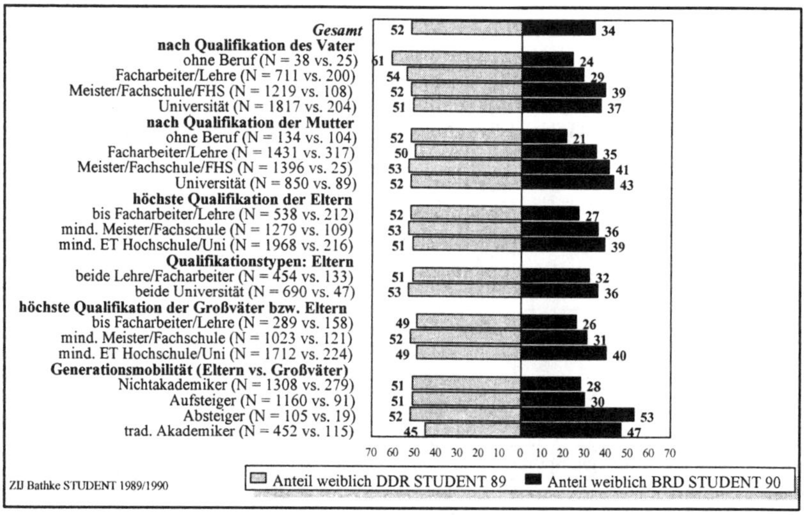

Unterschiedlich sind hingegen die Zusammenhänge zwischen dem Qualifikationsprofil der Eltern und der Entscheidung für ein Studium der Rechts-, Wirtschafts- und technischen Wissenschaften. Ein Studium der Rechts- und Wirtschaftswissenschaften ist in der BRD stärker mit traditionellen Qualifikationsressourcen verknüpft als in der DDR. Beide Studienrichtungen sind in der DDR eher mit einem Bildungsaufstieg verbunden. In der bundesdeutschen Population sind hingegen die technischen Studienrichtungen charakteristisch für einen Qualifikationsaufstieg der Studierenden.

In Abhängigkeit von den zwei homogenen Qualifikationsprofilen der Eltern – Vater und Mutter grundständige berufliche Grundausbildung vs. beide Hochschulausbildung – zeichnen sich sehr ähnliche Muster der Studienfachentscheidung in Abhängigkeit von der Qualifikation der Eltern in beiden Populationen ab. Der Generationszusammenhang der Fächerwahl wird auch in Abhängigkeit vom Qualifikationsprofil der Großväter belegt und verdichtet die Abhängigkeit von den generationsbezogen Qualifikationsprofilen bzw. der Generationsmobilität (vgl. Tab. 11).

Fazit: Vor dem Hintergrund, dass sich die Studierenden in Ost und West aus der Sicht der Qualifikationsressourcen ihrer Eltern und Großväter bereits als Auswahlpopulation kennzeichnen lassen, beeinflusst das Qualifikationsprofil der

Herkunftsfamilie nachhaltig die Fachrichtungsentscheidung der Studierenden. Neben den traditionell akademisch untersetzten Fachrichtungsprioritäten in Medizin, Jura, Naturwissenschaften, gelingt es Studierenden aus Familien mit grundständiger beruflicher Ausbildung häufiger über so genannte Aufstiegsfachrichtungen ins Hochschulstudium zu gelangen. Dabei haben sich in Ost und West einerseits gleiche Reproduktionsmuster fortgesetzt und anderseits wegen der unterschiedlichen gesellschaftlichen Rahmenbedingungen neue etabliert.
Da sich die Studierenden der west- und ostdeutschen Population unterschiedlich auf das zusammengefasste Fächerspektrum verteilen (vgl. Tab. 11, Zeile 1 und 2), wurden die Fachrichtungsverteilungen in Abhängigkeit von den ausgewählten Qualifikationsprofilen in relative Häufigkeiten (Indizes) umgerechnet, d.h. ein Wert unter 100 bedeutet, dass Studierende mit dieser Qualifikationsherkunft diese Fächergruppe unterdurchschnittlich bzw. über 100 überdurchschnittlich belegt haben.

1.2.1. Qualifikationsherkunft und Leistungspositionen

Die Studierenden wurden nach ihren Abschlusszeugnissen gefragt, die sie zur Aufnahme des Studiums berechtigten. Während von den Studierenden in der DDR die Abiturprädikate[14] ermittelt wurden, liegen für die Studierenden in der BRD gruppierte Durchschnittnoten vor[15]. In Abhängigkeit von den qualifikationsbezogenen sozialen Herkunftsprofilen der Studierenden wird in beiden Population deutlich: Das Bildungskapital der Herkunftsfamilie steht im Zusammenhang mit der Bewältigung der zur Hochschulreife führenden Bildungswege (vgl. Abb. 2[16]).

---

14 In das Abiturprädikat gingen in der DDR die Noten in allen Fächern ein. Es ist jedoch keine Durchschnittsnote. Nach einem genauen Schlüssel anhand der Anzahl der Fächernoten mit „sehr gut", „gut" usw. wurde von der Abiturprüfungskommission der Schule das Prädikat festgelegt. Mit der Note „vier" in einem Hauptfach (Deutsch, Mathematik) konnte nur noch das Prädikat „bestanden" vergeben werden.

15 Student 90 BRD: Welche Durchschnittsnote hatten Sie in dem Abschlusszeugnis, das Sie zur Aufnahme eines Studiums berechtigte? (männl./weibl.)

1	1,0 – 1,4 =	10,6 Prozent	(9/13)
2	1,5 – 1,9 =	22,7 Prozent	(21/27)
3	2,0 – 2,4 =	26,0 Prozent	(26/25)
4	2,5 – 2,9 =	23,6 Prozent	(25/22)
5	3,0 – 3,4 =	15,8 Prozent	(18/12)
6	über 3,4 =	1,3 Prozent	(1/2)

Student 89 DDR: Mit welchem Abschlussprädikat haben Sie ihre Abiturausbildung/Hochschulreife abgeschlossen? (männl./weibl.)

1	m. Auszeichnung=	22,9 Prozent	(21/29)
2	sehr gut =	31,0 Prozent	(25/31)
3	gut =	43,3 Prozent	(51/37)
4	befriedigend =	2,8 Prozent	(3/3)
5	bestanden =	0,1 Prozent	

16 Einige Qualifikationsmerkmale sind vor allem in BRD-Population von Student 90 nur gering besetzt, deshalb ist wieder zur Relativierung in der Abb. 2 die Anzahl der Bezugsprobanden angegeben.

Tabelle 11: Fächergruppen nach sozialen Qualifikationsprofilen von Hochschulstudenten in der DDR und in der BRD 1989/90 (in Prozent bzw. Index)

	Natur-wissen-schaften		Pädagogik/ Politologie/ Philologie/ Sport		Wirtschafts-wissen-schaften		Jura		Medizin		Technik	
Student 1989 DDR in Prozent	7,8		29,3		10,4		5,6		22,8		24,1	
Student 1990 BRD in Prozent	21,2		22,8		13,5		7,8		17,1		17,6	
	DDR	BRD	DDR	BRD	DDR	BRD	DDR	BRD	DDR	BRD	DDR	BRD
Höchste Qualifikation der Eltern												
bis Facharbeiter/Lehre	67	96	124	115	133	107	118	91	65	59	96	125
mind. ein ET Meister, Fachschule	88	112	107	88	126	72	97	112	71	106	113	111
mind. ein ET Uni/FHS	116	98	89	92	74	107	97	103	128	138	93	69
Typen: beide Eltern gleiche Qualifikation												
Beide Facharbeiter	53	93	122	114	143	127	143	108	65	47	99	117
Beide Akademiker	139	141	92	88	58	92	58	105	150	161	73	12
Höchste Qualifikation der Großväter												
Beide ohne Berufsabschluss	83	124	121	105	143	53	139	122	65	70	86	122
mind. ein GV Facharbeiter/Lehre	97	100	107	107	115	106	112	71	82	70	101	128
mind. ein GV Meister, Fachschule.	93	110	96	64	80	127	99	110	107	106	109	103
mind. ein Großvater Uni/FHS	118	94	76	94	49	88	77	142	157	169	96	38
Höchste Qualifikation der Großväter und Eltern												
bis Facharbeiter/Lehre	59	91	126	125	143	100	119	93	60	93	100	56
mind. einer Meister, Fachschule	88	123	107	87	136	83	108	111	66	111	114	82
mind. einer Uni/FHS	114	94	92	87	72	110	92	100	127	100	92	142
Typen: Generationsmobilität Eltern vs. Großväter												
Nichtakademiker	82	105	110	110	137	110	111	92	64	101	111	67
Aufsteiger	111	96	98	73	81	73	100	144	116	41	90	111
Absteiger	83	46	115	94	112	94	75	145	103	-	86	196
Akademiker	127	100	70	102	40	102	75	76	162	162	96	156

ZIJ Bathke Student 1989/1990

Abbildung 2: Leistungsstarkes Abitur nach sozialen Qualifikationsprofilen (in Prozent)

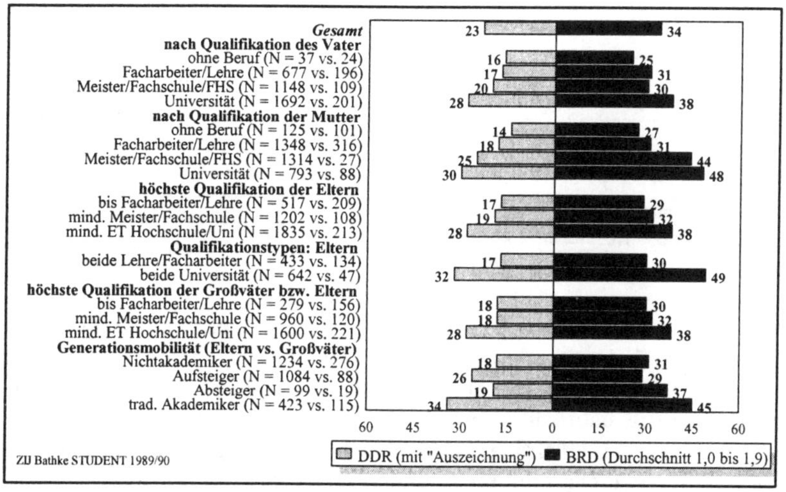

Studierende, deren Eltern eine Hochschulausbildung absolviert haben, die über die Großväter vermitteltes Bildungskapital nutzen konnten, bewältigen die Bildungswege zum Abitur mit besseren Prädikaten bzw. Notendurchschnitten. Die Differenzierungstendenzen sind in beiden makrosoziologisch unterschiedlich sozialisierten Populationen (Gesamtgesellschaft, Bildungssystem usw.) nahezu identisch (vgl. Abb. 2). Die Ergebnisse weisen den fördernden Charakter der familiären Bildungsressourcen für die Leistungsbilanz der Kinder im Abitur nach und zwar sowohl in einem gegliederten als auch einem relativ einheitlichen Bildungssystem.

Studentinnen aus Ost und West kommen mit besseren Abiturleistungen zum Studium (vgl. Fußnote 16). Dieser Unterschied zugunsten der Studentinnen lässt sich für diejenigen aus Herkunftsfamilien „bis Facharbeiter" nicht sichern. Er wird entscheidend von Studentinnen aus Familien mit mittleren und vor allen mit hoher Qualifikation getragen.

Während im Durchschnitt 29 Prozent der Studentinnen und 21 Prozent der Studenten das Abitur mit dem Prädikat Auszeichnung abgelegt haben, sind es von denen aus Facharbeiter Familien 18 Prozent bzw. 15 Prozent und aus Familien, in denen mindestens ein Elternteil Hochschulbildung hat 32 Prozent bzw. 24 Prozent. Von den Studierenden (n = 57), die für Vater *und* Mutter sowie für *beide* Großväter eine Hochschulausbildung angeben, erreichen 50 Prozent der Studentinnen und 52 Prozent der Studenten dieses Abiturprädikat. Von den Studierenden aus den beiden westdeutschen Hochschulen geben ein Drittel einen Notendurchschnitt unter 2,0 an,

30 Prozent der Männer und 39 Prozent der Frauen. In Abhängigkeit von den drei elterlichen Qualifikationsprofilen ergeben sich folgende Unterschiedstendenzen:[17]:

Tabelle 12: Notendurchschnitt im Abitur nach elterlichen Qualifikationsprofilen

	männlich		weiblich	
	bis 1,9	über 2,5	bis 1,9	über 2,5
bis Facharbeiter/Lehre	27	42	38	43
mind. ein Elternteil bis Meister/Fachschule	27	52	41	23
mind. ein Elternteil Hochschule/Universität	36	42	42	32

Anhand der DDR-Untersuchung „Student 89“ lassen sich auch Leistungsunterschiede *im* Studium nach der sozialen Qualifikationsherkunft nachweisen[18](vgl. Abb. 3). Im Studium bestehen jedoch Leistungsunterschiede zugunsten der Männer. In Abhängigkeit von den Qualifikationsprofilen der Eltern gilt auch für die Leistungen im Studium: Je höher das Qualifikationskapital der Eltern bzw. der Großväter, desto besser der Zensurendurchschnitt im Studium (vgl. Abb. 3).

Die Selbsteinschätzungen der Leistungsposition im Studium[19] bestätigen in der ostdeutschen Population die Herkunftsunterschiede der objektivierten Leistungen, auch die charakteristischen Geschlechtsunterschiede. Dagegen lassen sich für die westdeutschen Studierenden keine nennenswerten Differenzierungen in der selbst eingeschätzten Leistungsposition im Studium in Abhängigkeit vom sozialen Qualifikationsprofil der Herkunftsfamilie empirisch sichern (vgl. Tab. 13). Inwieweit dieses Ergebnis mit entsprechenden objektivierten Leistungsergebnissen zusammenhängt, kann anhand der vorhandenen Daten nicht geprüft werden. Zu berücksichtigen ist, dass bei der individualisierten Anlage des Studiums eine eindeutige Bezugsgruppe für die eigene Leistungsposition fehlt. In der DDR hatten die Studierenden während des gesamten Studiums eine feste Bezugsgröße, die Seminargruppe. Charakteristisch waren gemeinsame Vorlesungen und Seminaren, politische

17 Tendenzen deshalb, weil sie hier die Geschlechtsunterschiede nicht durchgängig statistisch sichern lassen.

18 In der BRD-Untersuchung Student 90 wurde leider nicht nach den erreichten Notendurchschnitten im Studium gefragt. DDR Student 90: Welchen Zensurendurchschnitt erreichten Sie im vergangenen Studienjahr?

1	1,0	=	1,4 Prozent
2	1,1 bis 1,6	=	11,8 Prozent
3	1,7 bis 2,2	=	32,1 Prozent
4	2,3 bis 2,9	=	37,4 Prozent
5	3,0 und darüber	=	17,2 Prozent

19 Fragestellungen:
Student 90 DDR: Zu welchem Drittel Ihrer Seminargruppe gehören Sie hinsichtlich der Studienleistungen?
Student 90 BRD: Schätzen Sie bitte einmal Ihre Studienleistungen im Vergleich zu Ihren KommilitonInnen ein: In welches Leistungsdrittel würden Sie sich einordnen?

Diskussionen und kulturelle Aktivitäten in dieser Gruppe und auch die gemeinsame Unterbringung im Wohnheim sowie die fachliche Kommunikation in der Wohngemeinschaft.

Abbildung 3: Zensurendurchschnitte von Studierenden in der DDR nach sozialen Qualifikationsprofilen und Geschlecht (in Prozent)

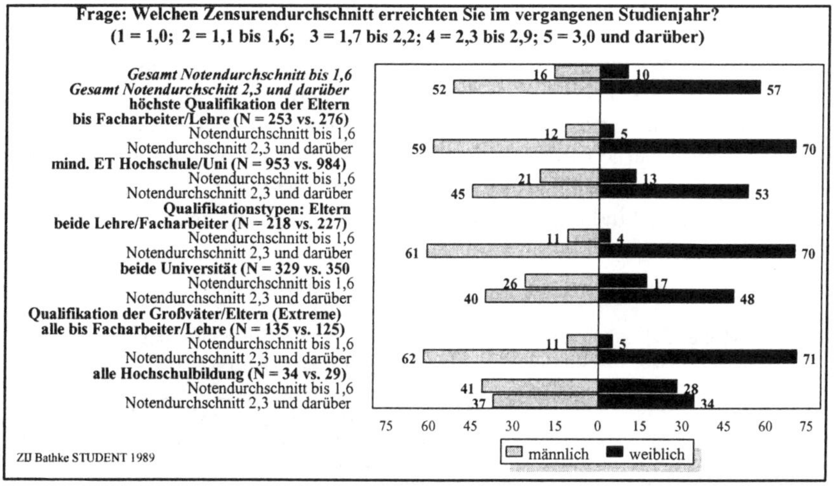

1.2.3. Qualifikationsherkunft und Fachverbundenheit

Die Verbundenheit mit Studium und Fach als auch die Studienerfolgssicherheit erwiesen sich in der Studentenforschung der DDR – vor allem in den Studentenintervallstudien (vgl. Bathke 1999, S. 225ff.) – als valide Indikatoren für den realen Studienerfolg und die Bewährung in der beruflichen Praxis.

Der Vergleich zwischen West und Ost zeigt: Die Studierenden der westdeutschen Hochschulen äußern eine deutlich stärkere Studien- und Fachverbundenheit als Studierende der DDR und sind sich deutlich häufiger sicher, dass sie ihr Studium erfolgreich abschließen werden.

Die Ursachen für diese enormen Unterschiede in der Studien- und Fachverbundenheit zu den Studierenden in der DDR können hier nicht erörtert werden (vgl. Bathke 1991a, S. 79ff.). Sie waren vornehmlich fachspezifisch begründet, so gaben 1989 z.B. von den Medizinstudenten 73 Prozent (Pos. 1+2) an, wieder das gleiche Fach studieren zu wollen, während von den Studierenden in den Wirtschaftswissenschaften nur 22 Prozent ebenso überzeugt antworteten. Die entsprechenden Anteile in der westdeutschen Population von „Student 90“ betragen 85 Prozent bzw. 63

Prozent. Im Wendejahr 1990 reduzierte sich die Fachverbundenheit der DDR-Studenten in einigen Fachrichtungen noch weiter, vor allem bei Studierenden in wirtschaftswissenschaftlichen, gesellschaftswissenschaftlichen und pädagogischen Studien-gängen.

Die sozialstrukturelle Analyse deckt auf: In Abhängigkeit von den beiden elterlichen Qualifikationsprofilen lassen sich für die westdeutschen Studierenden keine Unterschiede sichern. Bei den DDR-Studenten hingegen sind – wie bei den Selbsteinschätzungen der Leistungsposition – deutliche Unterschiede zu erkennen. Studierende, deren Eltern (Vater und/oder Mutter) eine Hochschulausbildung absolviert haben, bekunden eine größere Verbundenheit mit ihrer Studienentscheidung im Allgemeinen und ihrer Fachentscheidung im Besonderen als Studierende, die nicht auf akademische Bildungstraditionen der Eltern zurückgreifen können. Analog wird die Studienerfolgssicherheit differenziert. Beachtenswert ist die geringere Fachverbundenheit von Studierenden aus Arbeiterfamilien in der DDR, deren Verunsicherung in Verbindung mit charakteristischen Fachentscheidungen im Frühjahr 1990 besonders offensichtlich wird (vgl. Tab. 13).

Tabelle 13: Studienverbundenheit/-sicherheit der Studierenden 1989/90 nach Ost/West und Qualifikation der Eltern (Gruppenvergleich)

	mind. ein Elternteil abgeschl. berufl. Ausbildung (Facharbeiter/Lehre)			mind. ein Elternteil Fach- hoch- bzw. Universitätsabschluss		
	STU 89 DDR	STU 90 DDR	STU 90 BRD	STU 89 DDR	STU 90 DDR	STU 90 BRD
„wieder Hochschulstudium aufnehmen...“						
ja, unbedingt (Pos. 1)	33		67	54		65
eher nein (Pos. 5 + 6)	9		2	2		3
„wieder gleiches Fach...“						
eher ja (Pos. 1 + 2)	46	36	70	56	49	70
eher nein (Pos. 5 + 6)	24	36	6	15	16	8
„mit Studienfach festverbunden...“						
zustimmend (Pos. 1 + 2)		43	55		54	55
kaum (Pos. 5 + 6)		19	10		11	8
„sicher, Studium erfolgreich abzuschließen“						
eher ja (Pos. 1 + 2)	41	30	68	50	44	68
eher nein (Pos. 5 + 6)	13	21	6	8	12	4

ZIJ Bathke Student 1989/1990

1.2.5. Qualifikationsherkunft und ausgewählte Leistungsziele im Studium und Beruf

Zunächst lassen sich Unterschiede in den ausgewählten Leistungszielen zwischen DDR- und BRD-Studenten sichern, aber auch zwischen den beiden DDR-Untersuchungen 1989 und 1990. Einige Mittelwertunterschiede sind mit 0,2 von geringer praktischer Relevanz. Das gilt für das Bemühen, das Leistungsvermögen im Studium voll auszuschöpfen und auch für das Bestreben, sich mit fachlichen Problemen über das obligatorische Pensum hinaus zu beschäftigen. Demgegenüber heben die westdeutschen Studierenden stärker als die ostdeutschen hervor, dass sie im Studium in fachlicher Hinsicht Überdurchschnittliches leisten[1] und im zukünftigen Beruf eine leitende Funktion übernehmen wollen[2].

Anderseits geben die Studierenden in der DDR häufiger an, dass sie im künftigen Beruf danach streben wollen, ihr Leistungsvermögen auszuschöpfen[3]. Mit der Wende scheint sich bei DDR-Studenten das Streben nach überdurchschnittlichen Leistungen im Studium zu verstärken[4].

In Abhängigkeit von den beiden elterlichen Qualifikationsprofilen fallen zunächst die unbedeutenden Unterschiede im Leistungsstreben bei den westdeutschen Studierenden auf. In der DDR tendieren Studierende aus hoch qualifizierten Familien etwas häufiger als diejenigen aus Familien mit grundständiger beruflicher Qualifikation dazu, die vorgegebenen Leistungsziele zu bejahen. Das gilt vor allem für berufliches Leistungsstreben. Das steht im Gegensatz zur Absicht, eine leitende Funktion zu übernehmen (vgl. Tab. 14).

Insgesamt werden jedoch die subjektiven leistungsbezogenen Ziele aus Sicht der realen Unterschiede nicht so stark von der Qualifikationsherkunft tangiert, wie die objektivierten Leistungspositionen.

---

1 *Student 90* Pos. 1+2: BRD 38 Prozent vs. DDR 26 Prozent.

2 *Student 90* Pos. 1+2: BRD 52 Prozent vs. DDR 41 Prozent.

3 *Student 90* Pos. 1: BRD 25 Prozent vs. DDR 45 Prozent bzw. Pos. 1+2: BRD 72 Prozent vs. DDR 89 Prozent.

4 *Student 89* Pos. 1+2: 23 Prozent vs. *Student 90* 38 Prozent.

Tabelle 14: Ausgewählte Leistungsziele der Studierenden 1989/90 nach Ost/West und Qualifikation der Eltern (Gruppenvergleich)

		mind. ein Elternteil abgeschl. berufl. Ausbildung (Facharbeiter/Lehre)			mind. ein Elternteil Fachhoch- bzw. Universitätsabschluss		
		STU 89 DDR	STU 90 DDR	STU 90 BRD	STU 89 DDR	STU 90 DDR	STU 90 BRD
Leistungsziele Studium & Beruf							
„Leistungsvermögen im Studium ausschöpfen..."							
stark	(Pos. 1 + 2)	74	62	71	75	71	63
kaum	(Pos. 4 bis 6)	6	9	11	7	9	14
„Überdurchschnittliches im Studium leisten..."							
stark	(Pos. 1+2)	23	22	37	25	28	39
kaum	(Pos. 5+6)	27	26	15	27	23	22
„im Studium fachlich mehr tun als nötig..."							
stark	(Pos. 1+2)	41	46	51	51	54	45
kaum	(Pos. 5+6)	17	15	13	12	9	10
„Leistungsvermögen im Beruf ausschöpfen..."							
sehr stark	(Pos. 1)		37	26		49	25
kaum	(Pos. 3 bis 5)		12	24		11	32
Berufsziel: „leitende Funktion übernehmen"							
stark	(Pos. 1+2)		47	49		38	56
kaum	(Pos. 4+5)		27	21		28	20

ZIJ Bathke Student 1989/1990

1.2.6. Qualifikationsherkunft und berufliche Zuversicht

Die Analyse der beruflichen und materiell-finanziellen Zuversicht der Studierenden mit dem Zeithorizont auf die nächsten zehn Jahre belegt, wie wichtig für den Vergleich die Untersuchungen „Student 89" und „90" sind. „Student 90" spiegelt schon nicht mehr allein die charakteristischen Werte und Ziele in der DDR-Gesellschaft wider. Die im Frühjahr 1989 befragten Studierenden in der DDR waren im Vergleich zu ihren Kommilitonen in der BRD noch zuversichtlicher bezüglich ihrer beruflichen Perspektive in den kommenden zehn Jahren und ähnlich optimistisch – wenn auch auf anderem Anspruchs- und Erwartungsniveau – in materiell-finanzieller Hinsicht. Eine Bedrohung durch Arbeitslosigkeit stand außer Frage. Das verändert sich bereits im Frühjahr 1990 gravierend.

In Abhängigkeit von den beiden Qualifikationsprofilen der Eltern ergeben sich sowohl für Studierenden 1989 in der DDR und 1990 in der Bundesrepublik keine Unterschiede in der beruflichen Zuversicht und in der Bedrohung durch Arbeitslosigkeit. Für die Studierende 1990 in der DDR hingegen ist aufschlussreich: Die reduzierte Zuversicht bei Studierenden aus hoch qualifizierten Familien ist signifikant geringer als bei Studierenden aus Familien mit grundständiger beruflicher

Ausbildung. Etwa zwei Fünftel der Akademikerkinder [5] sind auch unter den veränderten gesellschaftlichen Rahmenbedingungen zuversichtlich bezüglich ihrer beruflichen Entwicklungschancen und der materiell-finanziellen Erwartungen. Sie thematisieren seltener die Verunsicherung arbeitslos zu werden als Studierende, die ohne akademischen Hintergrund sind.

Tabelle 15: Berufliche Zuversicht der Studierenden 1989/90 nach Ost/West und Qualifikation der Eltern (Gruppenvergleich)

		mindestens ein Elternteil hat eine abgeschlossene berufliche Ausbildung (Facharbeiter/Lehre)			mindestens ein Elternteil hat einen Fachhoch- bzw. Universitätsabschluss		
		STU 89 DDR	STU 90 DDR	STU 90 BRD	STU 89 DDR	STU 90 DDR	STU 90 BRD
Zuversicht: berufliche Entwicklung							
stark	(Pos. 1+2)	73	25	63	73	40	66
kaum	(Pos. 4+5)	5	36	9	4	22	5
Zuversicht: in materieller Hinsicht							
stark	(Pos. 1+2)	55	20	60	56	35	56
kaum	(Pos. 4+5)	8	31	11	13	22	9
Bedrohung durch Arbeitslosigkeit							
stark	(Pos. 1+2)	3	55	24	3	45	20
keine	(Pos. 5)	84	8	18	81	7	19

ZIJ Bathke Student 1989/1990

2. Schlussbemerkung

Die Analyse des Einflusses der sozialen Qualifikationsherkunft auf objektive und subjektive Merkmale der Studierenden in Ost und West knüpft an eine Forschungsintention am ZIJ an, Sozialstruktur- und Persönlichkeitsforschung zu verbinden. Hier sehe ich viele Parallelen zu Konzepten, die auf makrosoziologischer Ebene angesiedelte Ungleichheitsstrukturen mit Lebensstilmilieus bzw. mit der eher mikrosoziologischen Betrachtung des individuellen Verhaltens verbindet (vgl. z.B. Hurrelmann, Bourdieu, Vester). Nachdrücklich zeigt sich, dass in beiden deutschen Staaten sozialstrukturelle Gegebenheiten und Prozesse ihre Wertigkeit für die Sozialisation der Studierenden unter den jeweiligen gesellschaftlichen Rahmenbedingungen haben.

Die charakteristischen Herkunftsprofile der Studierenden der (noch) DDR und der (noch) alten Bundesrepublik lassen den Schluss zu, dass bei einer in wesentli-

5 Zur knappen Kennzeichnung der beiden ausgewählten elterlichen Qualifikationsgruppen werden im Sinne von Abkürzungen z. T. die Begriffe „Arbeiter- bzw. Akademikerkinder" benutzt.

chen Merkmalen unterschiedlichen Sozialstruktur die tradierten Vermittlungsmechanismen sozialer Reproduktion für ein akademisches Studium fortbestehen und auch markant bei der Fachrichtungswahl wirksam werden. Das traditionelle „Weiterwirken" der Herkunftsunterschiede äußert sich auch in Lebenswerten und Lebenszielen und steuert so die sozialen Ungleichheiten in der Partizipation an hoher Bildung und ihrer Verwertung für den Einzelnen. Am Beispiel der Studierenden kurz vor der deutschen Vereinigung zeigt sich deutlich der ungebrochene Einfluss der sozialen Herkunft auf die Bildungslaufbahn der nachkommenden Generation. Ungeachtet aller enorm erweiterten Bildungschancen in Ost und West bleiben tradierte soziale Auswahlmechanismen bestehen (vgl. Bourdieu/Passeron 1971; Geißler 1999, 2002: 345ff.; Hradil 1999; Rodax 1995; Köhler 1992).

Rainer Geißler kommt der Verdienst zu, nicht nur in Konjunkturzeiten – also weit vor Pisa – immer wieder auf die Widersprüche von Bildungschancen und Chancengleichheit in unserem Lande, ganz im Sinne des Grundgesetzes aufmerksam gemacht zu haben.

Literatur

Autorenkollektiv (1988): Sozialstruktur der DDR. Berlin.

Bathke, Gustav-Wilhelm (1985): Sozialstrukturelle Herkunftsbedingungen und Persönlichkeitsentwicklung von Hochschulstudenten – Theoretisch-empirische Studie. Dissertation B. Akademie für Gesellschaftswissenschaften, Institut für Soziologie. Berlin/Leipzig.

Bathke, Gustav-Wilhelm (1988): Sozialstruktur – soziale Herkunft – Persönlichkeitsentwicklung. In: Timmermann, Heiner (Hrsg.): Sozialstruktur und sozialer Wandel in der DDR. (Forum: Politik 4 bzw. Dokumente und Schriften der Europäischen Akademie Otzenhausen Band Nr. 56). Saarbrücken. S. 55-76.

Bathke, Gustav-Wilhelm (1990): Soziale Reproduktion und Sozialisation von Hochschulstudenten in der DDR. In: Burkart, Günter (Hrsg.): Sozialisation im Sozialismus. Lebensbedingungen in der DDR im Umbruch. Zeitschrift für Sozialisationsforschung und Erziehungssoziologie (ZSE). 1. Beiheft 1990. Weinheim. S. 114-128.

Bathke, Gustav-Wilhelm (1991a): Jugend in der Hochschule. In: Friedrich, Walter/Griese, Hartmut (Hrsg.): Jugend und Jugendforschung in der DDR. Jugend und Jugendforschung in der DDR. Letzte Arbeitsergebnisse des ZIJ. Opladen. S. 75-89.

Bathke, Gustav-Wilhelm (1991b): Zu Aspekten des Verhältnisses zwischen Lehrkräften und Studierenden im Osten und Westen Deutschlands. In: Webler, Wolff-Dietrich/Otto, Hans-Uwe (Hrsg.): Der Ort der Lehre in der Hochschule. Lehrleistungen, Prestige und Hochschulwettbewerb. Weinheim. S. 199-222.

Bathke, Gustav-Wilhelm (1993): Soziale Herkunft von deutschen Studienanfängern aus den alten und neuen Ländern an den Hochschulen im Wintersemester 1992/93. Hannover (HIS-Kurzinformation A 11/93).

Bathke, Gustav-Wilhelm (2002): Der Apfel fällt nicht weit vom Stamm? Zur sozialen Reproduktion der Studierenden in der DDR und im vereinten Deutschland. In: Friedrich, Walter/Meyer, Hansgünter: Soziologie und Gesellschaft – ein widerspruchsvolles Verhältnis. Rosa-Luxemburg-Stiftung Sachsen. S. 117-139.

Bathke, Gustav-Wilhelm/Schreiber, Jochen (1997): Soziale Herkunft von deutschen Studienanfängern. Hannover (HIS-Kurzinformation A 11/1997).

Bathke, Gustav-Wilhelm/Schreiber, Jochen/Sommer, Dieter (2000): Soziale Herkunft von deutschen Studienanfängern – Entwicklungstrends der 90er Jahre. Hannover (HIS-Kurzinformation A 9/2000).

Bathke, Gustav-Wilhelm/Starke, Kurt (1999): Studentenforschung. In: Friedrich, Walter/Förster, Peter/Starke, Kurt (Hrsg.): Das Zentralinstitut für Jugendforschung. a.a.O, S. 225-268.

Bourdieu, Pierre (1983): Ökologisches Kapitel, kulturelles Kapital, soziales Kapital. In: Kreckel, Reinhard (Hrsg.): Soziale Ungleichheiten. Göttingen. S. 183-198.

Bourdieu, Pierre/Passeron, Jean.-Claude (1971): Die Illusion der Chancengleichheit. Stuttgart.

Brämer, Rainer/Heublein, Ulrich (1990): Studenten in der Wende? In: Aus Politik und Zeitgeschichte. B 44/1990.

Deutsches Pisa-Konsortium (Hrsg.) (2002): Pisa 2000 – die Länder der Bundesrepublik Deutschland im Vergleich. Opladen.

Friedrich, Walter (1999): Geschichte des Zentralinstituts für Jugendforschung. In: Friedrich, Walter/Förster, Peter/Starke, Kurt (Hrsg.): a.a.O., S. 13-69.

Friedrich, Walter/Förster, Peter/Starke, Kurt (Hrsg.) (1999): Das Zentralinstitut für Jugendforschung Leipzig 1966-1990. Geschichte, Methoden, Erkenntnisse. Berlin.

Geiger, Theodor (1992): Die soziale Herkunft der dänischen Studenten. Hrsg. von Klaus Rodax, Passauer Beiträge zur Sozialwissenschaft 2. Opladen.

Geißler, Rainer (1983): Bildungschancen und Statusvererbung in der DDR. In: KZSS, 4/1983, S. 755-770.

Geißler, Rainer (1991): Soziale Ungleichheit zwischen Frauen und Männern im geteilten und im vereinten Deutschland. In: Aus Politik und Zeitgeschichte. B 14-15/1991. S. 13-24.

Geißler, Rainer (1992): Die ostdeutsche Sozialstruktur unter Modernisierungsdruck. In: Aus Politik und Zeitgeschichte. B 29-30/1992. S. 15-28.

Geißler, Rainer (1992): Die Sozialstruktur Deutschlands. Opladen.

Geißler, Rainer (1999): Mehr Bildungschancen, aber wenig Bildungsgerechtigkeit ein Paradox der Bildungsexpansion. In: Stephan Betke u.a. (Hrsg.): Emanzipative Bildungspolitik. Münster. S. 83-94.
Geißler, Rainer (2000): Nachholende Modernisierung mit Widersprüchen. In: Aus Politik und Zeitgeschichte. B 40/2000. S. 22-29.
Geißler, Rainer (2002): Die Sozialstruktur Deutschlands. Opladen.
Heublein Ulrich/Brämer, Rainer (1990): Studierende im Abseits der Vereinigung? Erste Befunde zur politischen Identität von Studierenden im deutsch-deutschen Vergleich. In: Deutschland Archiv, 23 (1990) 9, S. 1307-1310.
Hradil, Stefan (1999): Soziale Ungleichheit in Deutschland. Opladen.
Köhler, Helmut (1992): Bildungsbeteiligung und Sozialstruktur in der Bundesrepublik. Zu Stabilität und Wandel der Ungleichheit von Bildungschancen. In: Studien und Berichte aus dem Max-Planck-Institut für Bildungsforschung. Nr. 53. Berlin.
Kuhn, Ekkehard (1992): Der Tag der Entscheidung. Leipzig. 9. Oktober 1989. Frankfurt a.M.
Lenhardt, Gero/Stock, Manfred (1997): Bildung, Bürger, Arbeitskraft. Frankfurt a.M.
MHF (Hrsg.) (1989): Hochschulen 1989. Berlin.
Rodax, Klaus (1995): Soziale Ungleichheit und Mobilität durch Bildung in der Bundesrepublik Deutschland. In: Österreichische Zeitschrift für Soziologie (ÖZS) 20. S. 3-27.
Solga, Heike (1995): Auf dem Weg in eine klassenlose Gesellschaft? Klassenlagen und Mobilität zwischen Generationen in der DDR. Berlin.
Starke, Kurt (1979): Jugend im Studium. Zur Persönlichkeitsentwicklung von Hochschulstudenten. Berlin.
Vester, Michael (1993): Das Janusgesicht sozialer Modernisierung. Sozialstrukturwandel und soziale Desintegration in Ost- und Westdeutschland. In: Aus Politik und Zeitgeschichte. B 26-27/93. Bonn. S. 3-19.

Der Autor

Gustav-Wilhelm Bathke, Dr. phil. habil. et. Dr. paed. (*1945); nach Abitur und Lehre von 1964 bis 1968 Lehrerstudium an der Friedrich-Schiller-Universität Jena, von 1968 bis 1978 Aspirant, Assistent und Oberassistent im Wissenschaftsbereich Hochschulpädagogik der Sektion Erziehungswissenschaft. 1976 Promotion A (Dr. paed.) Fachgebiet Hochschulpädagogik, wissenschaftliche Schwerpunkte: Einstellungsforschung bei Studenten, Gruppenanalysen, Seminargruppe – Gruppenberater; von 1978 bis Ende 1990 Zentralinstitut für Jugendforschung in Leipzig (ZIJ), Abteilung Studentenforschung, 1985 Promotion B (Dr. sc. phil.) Fachgebiet: Soziologie, wissenschaftliche Schwerpunkte: soziale Reproduktion der Intelligenz in der DDR, Zusammenhänge zwischen sozialer Herkunft und Persönlichkeitsentwicklung von Studenten, Lehrkräfte-Studenten-Verhältnis, Lehrerstudenten; ab 1988 Honorardozent für Hochschulpädagogik an der Karl-Marx-Universität Leipzig; 1991, nach Schließung des ZIJ, Tätigkeit für die Hochschul-Informations-System GmbH Hannover (HIS), Leiter der HIS-Außenstelle an der Universität Leipzig, wissenschaftliche Schwerpunkte: soziale Herkunft von Studienanfängern sowie berufliche Integration von Hochschulabsolventen verschiedener Fachrichtungen in den *alten* und *neuen* Ländern; seit 1995 an der Martin-Luther-Universität Halle-Wittenberg am Institut für Pädagogik im Fachbereich Erziehungswissenschaften, Funktionsstelle für Methoden der empirischen Sozialforschung; wissenschaftliche Schwerpunkte: Empirische Untersuchungen zur Schulsozialarbeit in Sachsen-Anhalt, Evaluationsforschung an Hochschulen.

Soziale Ungleichheit und kulturelles Kapital

Werner Georg[1]

In der konzeptuellen Debatte über sozialstrukturelle Differenzierungsgrößen seit Beginn der 80er Jahre wurde häufig ein Widerspruch zwischen sozio-ökonomischen (Klassen und Schichten) und sozio-kulturellen Modellen sozialer Ungleichheit (Milieus und Lebensstile) konstruiert (exemplarisch: Beck 1983, 1986; Hradil 1987). Die „Multi-Optionsgesellschaft" (Gross 1994) war nach Ansicht einiger Autoren stärker durch die Qual der Wahl gekennzeichnet als durch die Qual der Armut. Zutreffend war an dieser Analyse die Tatsache, dass sich viele frühere Indikatoren sozialer Ungleichheit demokratisiert hatten, etwa der Besitz bestimmter Konsumgüter (Fernsehen, PKW, Telefon), die Exklusivität spezifischer Freizeitaktivitäten (Fernurlaub, Tennis) oder ein zeitgeistiges Outfit. Soziale Ungleichheit verkam zu Ungleichheit der kulturellen Stilisierungskompetenz und Lebensstile wurden als sozial nicht mehr positionierte, frei flottierende Kategorie behandelt.

Nur seltsam, dass etwa in der Pisa-Studie (Deutsches Pisa-Konsortium 2000) nach 30 Jahren Bildungsexpansion eine ungebrochen scharfe soziale Ungleichheit im Bildungssystem ausgemacht wurde. Der Scoreunterschied des Leistungstests bei der Lesekompetenz zwischen dem untersten und obersten Viertel der Sozialstruktur (gemessen über den von Ganzeboom u.a. 1992 entwickelten International Socio-Economic Index) betrug in Deutschland insgesamt 111 Skaleneinheiten und war damit der größte von allen 32 untersuchten Ländern. Zum Vergleich: in Japan, dem Land mit den geringsten Unterschieden betrug diese Differenz gerade noch 27 Einheiten und in Finnland, dem egalitärsten europäischen Land nur 53 Scorepunkte (Deutsches Pisa-Konsortium 2000: 384f). Hinsichtlich der oben angesprochenen Funktionalität dieser Ungleichheit für die Leistungsfähigkeit des Bildungssystems kommt die Pisa-Untersuchung zu folgendem Ergebnis: „Dass gerade die Länder mit guten und ausgezeichneten Ergebnissen bei der Sicherung der Basiskompetenz Lesen zugleich auch geringe soziale Disparitäten im Bildungserfolg aufweisen können, ist ein besonders bemerkenswerter Befund" (Deutsches Pisa-Konsortium 2000: 383).

Stellt man komplexere Berechnungen für die Erfolgschancen der Mitglieder unterschiedlicher sozialer Schichten in Deutschland an, so relativiert sich dieses

---

1 Die folgende Veröffentlichung beruht auf Daten aus dem Projekt „Lebensverläufe ins frühe Erwachsenenalter (LIFE). Die Bedeutung von Erziehungserfahrung und Adoleszenzentwicklung für die Lebensbewältigung – Follow-Up zur Konstanzer Jugendlängsschnittsuntersuchung, Entwicklung im Jugendalter" (Autoren: Fend/Georg/Berger/Grob/Lauterbach). Das Projekt wurde aus Mitteln der DFG und des Schweizer Nationalfonds gefördert.

Ergebnis keineswegs: So lag die Chance für ein Kind aus der oberen Dienstklasse (gebildet nach dem Klassenschema von Erikson u.a. (1979) mit freien akademischen Berufen, führenden Angestellten, höheren Beamten, Selbständigen mit mehr als zehn Beschäftigten sowie allen Hochschul- und Gymnasiallehrern) ein Gymnasium zu besuchen 4.3 mal so hoch, wie für das Kind eines Facharbeiters. Bei der Kontrolle von kognitiven Grundfähigkeiten und Lesekompetenz reduzierte sich dieser Faktor lediglich auf 3.0, d.h. selbst wenn relevante Fähigkeiten konstant gehalten werden, hat ein Kind aus der oberen Dienstklasse immer noch eine dreimal so hohe Chance zum Besuch eines Gymnasiums (Deutsches Pisa-Konsortium 2000: 357). In anderen neuen Veröffentlichungen wird die soziale Auslese der Schule und der Universitäten in ähnlicher Weise dargestellt (vgl. etwa Allmendinger & Aisenbrey 2002).

1. Befundlage und theoretische Ansätze

Leider ist die hier berichtete Befundlage so alt, wie die Theorien, die zu ihrer Erklärung herangezogen werden. Von Bedeutung ist in diesem Zusammenhang das Bourdieusche Konzept des kulturellen Kapitals (Bourdieu & Passeron 1971, Bourdieu 1982, 1983). Bourdieu verwendet den Kapitalbegriff auch im Bereich kultureller und sozialer Ressourcen, weil nach seiner Auffassung unbewusstes strategisches Verhalten alle Lebensbereiche durchdringt und nicht auf die ökonomische Sphäre begrenzt bleibt. Wie ökonomisches Kapital kann auch kulturelles Kapital zur Erzielung von „Gewinn" investiert und umgetauscht werden (etwa bei der Erreichung von Berufspositionen, die einen spezifischen Bildungsabschluss voraussetzen). Beim Besitz von Kapital stellt sich jedoch auch die Frage, wie es an die nächste Generation weitergegeben werden kann. Im ökonomischen Bereich ist diese Weitergabe in Form von institutionalisierten Regeln (Testament, Erbrecht, Erbsteuer) formalisiert und relativ unproblematisch. Anders ist dies mit kulturellem Kapital, da es über spezifische Schwundrisiken verfügt (Titelinflation, veraltetes Wissen) und im Bildungssystem unter den Bedingungen formaler Gleichheit und des Leistungswettbewerbs übertragen werden muss. Wie beim Hürdenlauf fangen alle Schüler an der gleichen Linie an und auf dem Weg zum Ziel scheiden einzelne frühzeitig aus. Diese formale Gleichheit ist, so Bourdieu, ein geschicktes Mittel, um die latent ablaufende soziale Vererbung von Statuspositionen zu verschleiern und dadurch noch viel wirksamer zu machen, als dies etwa bei der Erbfolge des Gottesgnadentums im Mittelalter der Fall war.

Wie verläuft nun diese heimliche Weitergabe des Status der Eltern im Bildungssystem? Bourdieu unterscheidet drei Arten kulturellen Kapitals: inkorporiertes, institutionalisiertes und objektiviertes Kulturkapital. Das inkorporierte Kulturkapital braucht eine lange Zeitdauer um verinnerlicht zu werden und wird im Schoße des Elternhauses alltäglich und unbewusst angeeignet. Das leise Bewegen auf dicken Teppichen, die ausgewählten Antikmöbel, die Originale an der Wand des Wohnzimmers und die Bibliothek, die wöchentlichen Klavierstunden und der gemeinsame Besuch eines Theaterstücks, all dies sind Alltagselemente kulturellen Kapitals die natürlich und selbstverständlich gelernt werden. Im Gegensatz hierzu beinhaltet institutionalisiertes Kulturkapital das rationale und bewusste Lernen von Wissenselementen, die für einzelne Jahrgangsstufen und Lernschritte in Curricula unterteilt werden und die in nachprüfbarer, didaktisch definierter Weise vermittelt werden. Die Institutionen des Bildungssystems haben dabei die Definitionsmacht hinsichtlich der relevanten Wissensbestände und monopolisieren die Vergabe von Abschlüssen, Patenten und Zertifikaten, die den Zugang zu spezifischen Berufszweigen ermöglichen. In krassem Gegensatz hierzu steht das partiell und unsystematisch erworbene Wissen des Autodidakten, dem der Anlagesinn für die Investition in Wissensaneignung fehlt und der deshalb auch die entsprechenden „Returns“ in Hinblick auf soziales Kapital und Prestige nicht erzielen kann. Objektiviertes Kulturkapital schließlich umfasst nach Bourdieu kulturelle Artefakte, wie etwa Bilder, Bücher, Kunstwerke etc., die sich in Abhängigkeit von ökonomischem Kapital erwerben lassen.

Die kritische Verknüpfung in Hinblick auf die soziale Auslese durch die Schule ist nun im Verhältnis von inkorporiertem und institutionalisierten Kulturkapital zu sehen. Bourdieu unterstellt, dass die differenzielle Verfügung über inkorporiertes Kulturkapital von der Schule positiv bzw. negativ sanktioniert wird und die Vermittlung institutionalisierten Kulturkapitals ein gewisses Niveau an Inkorporiertem voraussetzt. Aufgabe einer rationalen Pädagogik wäre es in diesem Rahmen, die Dekodierungsbedingungen für das Verstehen des Unterrichts mitzuliefern, hingegen bleiben diese oft genug implizit und schließen somit Schüler aus unteren Schichten systematisch aus bzw. erschweren deren Verständnis und Ausdrucksfähigkeit. Nach diesem Modell ist Bildungserfolg abhängig von einer habituellen Passung zwischen Herkunftshabitus und Schülerhabitus; von dieser Passung kann jedoch keinesfalls durchgängig ausgegangen werden, vielmehr hängt sie ab von der Vertrautheit der Schüler mit legitimer Kultur und diese ist nur in den oberen Segmenten der Sozialstruktur gegeben. Empirisch liegt es nach dieser Annahme also nahe, hochkulturelle Praktiken im Elternhaus zu erfassen und den Einfluss dieser Dimension auf den Schulerfolg unter Kontrolle des Bildungsniveaus der Eltern zu untersuchen.

2. Empirische Ergebnisse und Probleme bei der Erfassung kulturellen Kapitals

In den Bourdieuschen Analysen (insbesondere Bourdieu & Passeron 1971; Bourdieu 1982) werden zumeist bivariate Zusammenhänge zwischen der Zugehörigkeit zu spezifischen sozialstrukturellen Kategorien (Berufs- und Bildungsgruppen) und der Nähe zu legitimer, hegemonialer Hochkultur (Kenntnis von Komponisten und Musikstücken, Besuch kultureller Veranstaltungen etc.) untersucht und hieraus wird auf den Bildungserfolg geschlossen. Es ist evident, dass diesem Vorgehen zwar eine kongeniale Interpretationsleistung zu Grunde liegt, jedoch ist die unterstellte Kausalkette hiermit nur sehr unvollkommen abgebildet. Empirisch wäre es wünschenswert folgende Zusammenhänge zu untersuchen:

1. wäre eine theoriegeleitete Erfassung und Operationalisierung der Dimensionen erforderlich, die unterschiedliche Ausprägungen kulturellen Kapitals erfassen sollen.
2. müsste die Transmission des so erfassten Kulturkapitals zwischen den Generationen nachgewiesen werden.
3. sollten dann Wirkungen dieses inkorporierten Kapitals auf Fähigkeits- und Motivationsparameter im schulischen Rahmen untersucht werden, die dann
4. Auswirkungen auf Maße des Schulerfolgs wie Noten und das Niveau des Abschlusses haben müssten.

Zudem sollte die Schätzung der Parameter dieses Prozesses in einem simultanen Modell und nicht sukzessive erfolgen, da ansonsten die Koeffizienten verzerrt sein könnten. Um es kurz zu machen: eine solch modellplatonisch saubere Lösung existiert, wie zu erwarten war, nicht. Aus der bisherigen Literatur werde ich versuchen, systematische Anmerkungen zu den obigen Punkten zu machen.

Zu 1: Nach der Bourdieuschen Theorie müssten unterschiedliche Maße zur Erfassung hochkultureller Partizipation bzw. von kulturellen Kenntnissen im Mittelpunkt der Analyse stehen. Die bisherige Forschung zu diesem Bereich konvergiert aber zu einer Aufteilung kulturellen Kapitals in zwei Subdimensionen nämlich a) Kulturkonsum und b) Leseverhalten (vgl. DeGraaf 1986; DeGraaf u.a. 2000; Sullivan 2001). In den empirischen Analysen war der Kulturkonsum zwar abhängig von der Positionierung im Schichtungssystem, hatte aber keine oder nur randständige Effekte auf die Schulleistung der Befragten. Die Begründung hierfür ist, dass das jesuitisch beeinflusste französische Bildungssystem zwar noch stark an traditionellen Kulturelementen orientiert war (besonders in der 50er und 60er Jahren des letzten Jahrhunderts), dies jedoch nicht mehr für modernisierte Bildungssysteme wie etwa das niederländische in den 80er und 90er Jahren des 20. Jahrhunderts zutraf. Hier hatte, im Gegensatz zur Bourdieuschen Theorie, das Leseverhalten einen deutlichen Einfluss auf die schulischen Leistungen. Die Autoren interpretieren dies dahingehend, dass heute Hochkultur eher als distinktives Zeichen für eine hohe Statuskultur fungiert, währenddessen das Leseverhalten allgemeine kognitive und linguistischen Kompetenzen für die Schule bereitstellt.

Zu 2: Die Transmissionseffekte zwischen den Generationen sind bisher nur in wenigen Studien und unvollständig untersucht worden. Sullivan (2001) misst das kulturelle Kapital der Eltern mit Angaben der Kinder und kann nachweisen, dass bei einer Prädiktion deren kulturellen Kapitals durch relevante sozio-demografische Variablen und das elterliche Kulturkapital sämtliche Schichtungs- und Bildungseffekte irrelevant werden, wenn das kulturelle Kapital der Eltern in das Modell aufgenommen wird. Zinnecker und Georg (1996) untersuchen mit Hilfe von Strukturgleichungsmodellen Transmissionseffekte zwischen den Generationen in einzelnen Bereichen und konnte substanzielle und zum Teil hohe Effekte in folgenden Feldern nachweisen: musikalisches Interesse (Korrelation zwischen gemeinsamen Aktivitäten und dem Interesse des Kindes .45 in Westdeutschland und .70 in Ostdeutschland), Sportinteresse (nur gleichgeschlechtliche Transmission: Mutter-Tochter beta=37; Vater-Sohn beta=.44), meritokratische Statuserwerbsphilosophie (Westdeutschland: beta .64; Ostdeutschland: beta .54) sowie religiöse Überzeugungen (.77 für Jungen und .89 für Mädchen).

Zu 3. Sullivan (2001) konnte belegen, dass das Leseverhalten und die Rezeption anspruchsvoller Fernsehsendungen eine Varianzerklärung zwischen zwei und vier Prozent bezüglich eines linguistischen Tests und eines kulturellen Kenntnistests hatte. Sowohl der Konsum von Hochkultur als auch die musikalische Praxis übten jedoch keinen Einfluss auf beide Testscores aus. DiMaggio (1982) nahm einen Sprachtest neben der Bildung des Vaters und verschiedenen Maßen zur Erfassung kulturellen Kapitals in ein Regressionsmodell auf, in dessen Rahmen die Schulnoten in verschiedenen Fächern erklärt werden sollten. Im Ergebnis hatte nur dieser Fähigkeitstest und der Umfang kulturellen Kapitals einen Einfluss auf die Schulnote; jedoch wendete Sullivan (2001) gegen dieses Vorgehen ein, dass die Testergebnisse bereits Resultat differenziellen kulturellen Kapitals seien und ihre Verwendung im Modell somit den wirklichen Einfluss des Kulturkapitals unterschätze. Dieses Argument ist generell ernst zu nehmen, jedoch können die Koeffizienten des kulturellen Kapitals bei hierarchisch geschachtelten Modellen verglichen werden, wenn Fähigkeitsparameter hinzugefügt werden.

Zu 4. In der bisher referierten Literatur wurde vor allem der Einfluss des kulturellen Kapitals auf den Schulabschluss und unterschiedliche Schulnoten untersucht. Diese Platzierungseffekte sind zwar interessant, jedoch müssten, um die Bourdieusche Theorie genauer umzusetzen, auch Langzeiteffekte auf die Berufslaufbahn analysiert werden. In einer statistischen Analyse konnte Bourdieu (1982) zeigen, dass Angestellte aus der „herrschenden Klasse“ bei gleichem Schulabschluss nach einigen Jahren erheblich mehr verdienten, als ihre Kollegen, die aufgestiegen waren. Eine solche lebenslaufbezogene Untersuchung des Einflusses kulturellen Kapitals steht bisher aus. Den bisherigen Forschungsstand kann man dahingehend zusammenfassen, dass zwar messtheoretische Fortschritte erzielt wurden, man jedoch noch weit von einer simultanen und längsschnittlichen Modellierung der oben skizzierten Kausalkette entfernt ist. Diese Forschungslücke kann auch im vorliegenden Beitrag nicht geschlossen werden, jedoch soll an einem Datensatz, der einen Zeitabschnitt von 19 Jahren erfasst, überprüft werden, welchen Einfluss unterschiedliche Maße zur Erfassung kulturellen Kapitals, neben dem Bildungsstand der Eltern, auf den Schulabschluss des Kindes ausüben.

3. Daten und Maße

Die folgenden Analysen basieren auf der Nachbefragung einer Schülerpopulation, die von Fend u.a. zwischen 1979 und 1983 als Panelstudie im Jahresabstand befragt wurde. Die Stichprobe umfasste als Vollerhebung ganze Jahrgänge Frankfurter Stadtbezirke (Bockenheim, Westend, Nordweststadt) sowie des ländlich geprägten Odenwaldkreises. Neben einem Hauptstrang wurden zur Untersuchung von Testungs- und Alterskohrteneffekten zusätzliche Teilstichproben aufgenommen. In den Jahren 1980 und 1982 wurde zudem eine Elternstichprobe erfasst, die 1979, 1980 und 1982 durch eine Lehrerbefragung ergänzt wurde. Durch Abwesenheit, Nicht-Versetzung sowie Schulwechsel wurden jährlich ca. 14 Prozent der Klassenpopulationen ausgetauscht. Aus Abbildung 1 kann das Design der Panel-Studie entnommen werden.

Abbildung 1: Design der Schülerstudie 1979 – 1983

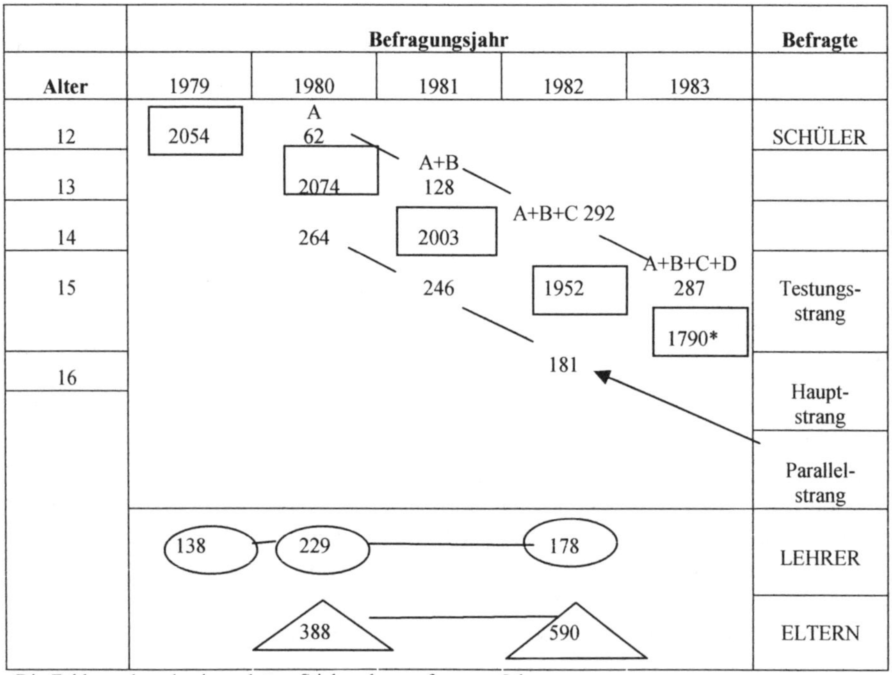

Die Zahlen geben den kompletten Stichprobenumfang pro Jahr an.
* davon: 128 Schulabgänger/Berufsanfänger (in der Regel Lehrlinge)
112 Abgänger in Schulen (in der Regel Berufsfachschulen)
1550 Real-, Gymnasial- und Gesamtschüler

(Grafik gestaltet nach Fend 1998: 54)

Im Rahmen einer Adressrecherche konnten von den 2897 Personen, die mindestens einmal an der Schülerbefragung teilgenommen hatten, insgesamt 2021 Befragte ermittelt werden. In 154 Fällen wurde die angeschriebene Adresse als falsch zurückgemeldet, so dass insgesamt 1867 Befragte in die
Nettostichprobe eingingen, von denen 1527 Befragte (81,8 Prozent) an der Untersuchung teilnahmen. Die Erhebung erfolgte im Frühjahr/Sommer 2002 als postalische Befragung unter Anwendung der Total Design Method nach Dillman (1978) d.h. neben der Versendung eines Incentive in Höhe von zehn Euro wurde ein Erinnerungsschreiben versendet und anschließend eine telefonische Nachfassaktion durchgeführt. Beide Maßnahmen erhöhten den Rücklauf um 15.7 Prozent bzw 22.2 Prozent. Die Nachbefragung umfasste eine Vielzahl von „subjektiven" und „objektiven" Indikatoren aus den Bereichen Schule und Beruf, Herkunftsfamilie, Partnerschaft, eigene Familie, soziales Netzwerk, Politik und Weltanschauung, Freizeit und Lebensstil sowie psychische und physische Gesundheit. In die Analyse gingen folgende Indikatoren aus der Schülerstudie bzw. Folgestudie ein:

1. Aus dem Bereich der Messung kulturellen Kapitals:
Elternangaben:
- Regelmäßiges Lesen von „Spiegel" oder „Zeit"
- Besuch von Freizeitkursen
- Anzahl der Bücher im Haushalt
- Mit dem Kind über politische Themen reden
- Mit dem Kind über soziale Themen reden
- Mit dem Kind Konzerte, Theatervorstellungen, Kunstausstellungen besuchen oder über kulturelle Ereignisse reden
- Mit dem Kind gemeinsam Ausstellungen und Vorträge besuchen

Kinderangaben:
- Reden mit Freunden über Fragen des Glaubens, der Weltanschauung und der Religion
- Reden mit Freunden über Bücher, Theater, Filme, Kunst
- Freizeitaktivität: malen
- Freizeitaktivität: Bücher lesen
- Freizeitaktivität: klassische Musik hören

2. Aus dem Bereich sozialstruktureller Variablen:
Ein Summenscore aus dem Schulabschluss der Eltern
(1: Hauptschule; 2: Realschule; 3: Abitur)
Der Schulabschluss des Befragten

4. Ergebnisse

Vor dem Hintergrund der oben dargestellten theoretisch-empirischen Vorannahmen und der erfassten Indikatoren sollte zunächst festgestellt werden, welche skalenbezogene Dimensionalität sich aus den Indikatoren ergab. Zu diesem Zweck wurde eine Hauptkomponentenanalyse (Eigenwerte > 1.0; orthogonale Rotation) berechnet, die folgende Faktorenstruktur erbrachte:

Tabelle 1: Hauptkomponentenanalyse für die Indikatoren des kulturellen Kapitals: (Faktorladungen > .40)

Item	Faktor 1	Faktor 2	Faktor 3	Faktor 4
Lesen „Spiegel" oder „Zeit"				.82
Freizeit: Kurse Besuchen			.76	
Anzahl der Bücher			.56	.41
Politische Gespräche mit Kind	.81			
Gespräche: soziale Themen mit Kind	.87			
Mit Kind: Konzert, Theater, Kunst	.55			
Mit Kind: Ausstellungen, Vorträge	.61			
Mit Freunden über Religion reden		.63		
Mit Freunden über Bücher, Theater reden		.59		
Freizeit: Malen		.55		
Freizeit: Bücher lesen		.64		
Freizeit: Klassische Musik hören		.53	.42	

Diese Hauptkomponentenanalyse erklärt 55,3 Prozent der Gesamtvarianz, wobei auf die erste Komponente 17,8, die zweite 15,1, die dritte 12,4 und die vierte 10,1 Prozent entfallen. Die Dimensionalitätsstruktur verweist auf einen ersten Faktor (Alpha:.73), der sich auf Gespräche über Kultur und Politik zwischen Eltern und Kinder bezieht. Der zweite Faktor (Alpha: .55) umfasst die kulturelle Praxis des Kindes (Gespräche über Weltanschauung, Bücher, Theater sowie malen, lesen und Musik hören in der Freizeit). Faktor drei (Alpha:.45) wird durch den elterlichen Besuch von Kursen, die Anzahl der Bücher im Haushalt sowie das Hören klassischer Musik durch das Kind charakterisiert und verweist allgemein auf eine „Bildungsorientierung" des Elternhauses. Der vierte Faktor schließlich (Alpha:.41) bezieht sich auf das regelmäßige Lesen von „Spiegel" oder „Zeit" und die Anzahl der Bücher im Haushalt und kann als die „Lesekultur" in der Familie aufgefasst werden.

Vergleicht man diese Dimensionalität mit den oben referierten Studien, so wird deutlich, dass sich auch hier eine Unterscheidung in Partizipation an Hochkultur (Faktor 1 und 2) sowie Leseverhalten (Faktor 4) feststellen lässt. Der Unterschied ist jedoch, dass der Konsum von Hochkultur sich in gemeinsame Praxis zwischen Eltern und Kind (Gespräche über politisch-soziale Themen, gemeinsamer Besuch von kulturellen Veranstaltungen und Vorträgen) sowie die kulturelle Praxis des Kindes selbst (Reden mit Freunden über Weltanschauung, Bücher, Theater sowie malen, lesen und klassische Musik hören in der Freizeit) unterteilt. Der Vorteil im Vergleich zu den bisherigen Studien ist darin zusehen, dass im vorliegenden Fall unabhängige Angaben von Eltern und Kindern zum kulturellen Kapital vorliegen.

Für die weitere Analyse ist jedoch relevant, welchen differenziellen Einfluss diese Maße kulturellen Kapitals auf den Schulabschluss ausüben. Aus der bisherigen Forschung war deutlich geworden, dass in den Niederlanden zwar das Leseverhalten für die Höhe des Schulabschlusses bedeutsam war, nicht jedoch die Teilnahme an hochkulturellen Aktivitäten. Zur Untersuchung dieser Fragestellung wurde ein Regressionsmodell geschätzt, in das neben den vier oben dargestellten Faktoren zur Messung kulturellen Kapitals (genauer gesagt deren Summenscores) ein Index aus der Schulbildung beider Eltern (1=Hauptschule, 2=Realschule, 3=Abitur) eingeführt wurde; als abhängige Variable diente der Schulabschluss des Befragten.

Tabelle 2: Standardisierte Regressionskoeffizienten und Signifikanzniveaus für die Prädiktion des Schulabschlusses des Befragten (n=378)

Prädiktor	standardisierte Regressionskoeffizient	Signifikanz
Bildungsorientierung Elternhaus	.05	.54
Kulturelle Praxis Kind	.11	.12
Lesekultur der Familie	.22	.01
Gespräche über Kultur Eltern-Kind	-.02	.77
Schulbildung Eltern	.20	.01

Das Gesamtmodell war signifikant ($p < .001$) und erklärte 18 Prozent der Varianz des Schulabschlusses des Befragten. In Übereinstimmung mit den oben referierten Untersuchungen ist ein Effekt der Lesekultur der Familie festzustellen, der sogar den des elterlichen Bildungsstatus übertrifft. Während die Korrelation zwischen dem Schulabschluss der Eltern und dem des Kindes noch .38 beträgt, reduziert sich dieser Effekt im vorliegenden Modell fast um die Hälfte, was darauf hindeutet, dass ein großer Teil der Bildungstransmission auf Kosten der Lesekultur in der Familie geht. Weder die kulturelle Praxis des Kindes noch gemeinsame hochkulturelle Aktivitäten zwischen Eltern und Kindern und die Gespräche über sie üben einen bedeutsamen Einfluss auf den Schulabschluss des Kindes aus.

5. Diskussion

Ausgangspunkt dieses Beitrags war der Versuch einer soziologischen Erklärung für die ungebrochene soziale Selektivität des deutschen Bildungssystems. Ausgehend von der Bourdieuschen Theorie über kulturelles Kapital und seine differenzielle Verteilung in der Sozialstruktur wurden bisherige empirische Befunde aus diesem Bereich dargestellt und einige Forschungsdesiderata aufgezeigt. Übereinstimmend zeigte sich, dass im Gegensatz zu Bourdieus Annahmen, nicht die Teilnahme an hochkulturellen Aktivitäten einen Einfluss auf den Schulerfolg ausübt, sondern, zumindest in modernisierten Bildungssystemen, vor allem das Leseverhalten. Hochkulturelle Praxis, so die Annahme, dient vielmehr als Indikator und Distinktionsmerkmal für Oberschichtmilieus, als dass es unmittelbar auf die Schulleistung einwirkt. Auf der Basis einer Follow-Up-Studie konnten die bisherigen Ergebnisse teilweise für Deutschland repliziert werden. Weder die gemeinsame kulturelle Praxis zwischen Eltern und Kindern, noch die der Kinder allein wirkte sich auf den Schulerfolg aus. Vielmehr war es, noch vor dem Bildungsstand der Eltern, die Lesekultur der Familie, die einen positiven Effekt für die Schullaufbahn hatte. Dieses Ergebnis unterstreicht die bisherigen internationalen Befunde auf diesem Gebiet. Es bleibt jedoch weiterhin zu klären, ob nicht andere kulturelle Aktivitäten, neben den bisher erfassten, den Bildungserfolg strukturieren.

Das Bourdieusche Kulturkonzept ist sicherlich etwas traditionell und trägt einer modernisierten Kulturentwicklung mit mehreren hegemonialen Zentren nur unzureichend Rechnung. Der Befund Sullivans, dass die Rezeption anspruchsvoller Fernsehprogramme die Ergebnisse des verwendeten linguistischen Tests stärker beeinflusste als das Leseverhalten, geht in die hier angesprochene Richtung. Kritisch muss festgehalten werden, dass die in dem obigen Modell erzielte Varianzerklärung bei weitem nicht ausreicht, die Schärfe der sozialen Selektion des deutschen Bildungssystems vollständig zu erklären. Viel versprechend auf diesem Wege wäre die Einbeziehung von Maßen für soziales Kapital, ein Konzept, das von Coleman (1995) aber auch von Bourdieu, wenn auch in unterschiedlicher Zielrichtung, bereits ausgearbeitet wurde, denn Bildungsentscheidungen sind auch interaktive Prozesse zwischen Individuen und Institutionen in einer „asymetrischen Gesellschaft“ (Coleman) und die Verfügung über soziales Kapital erleichtert die Durchsetzung individueller Interessen in diesem Prozess.

Literatur

Allmendinger, Jutta/Aisenbrey, Silke (2002): Soziologische Bildungsforschung. In: Tippelt, Rudolf (Hrsg.): Handbuch der Bildungsforschung. Opladen. S.41-60
Beck, Ulrich (1983): Jenseits von Klasse und Stand? In: Kreckel, Reinhard (Hrsg.): Soziale Ungleichheiten. Soziale Welt. Sonderband 2. Göttingen. S.35-74
Beck, Ulrich (1986): Risikogesellschaft. Auf dem Weg in eine andere Moderne. Frankfurt a.M.
Bourdieu, Pierre (1982): Die feinen Unterschiede. Zur Kritik der gesellschaftlichen Urteilkraft. Frankfurt a.M.
Bourdieu, Pierre (1983): Ökonomisches Kapital, kulturelles Kapital und soziales Kapital. In: Kreckel, Reinhard (Hrsg.): Soziale Ungleichheiten. Soziale Welt. Sonderbd. 2. Göttingen. S.183-198.
De Graaf, Paul (1986): The impact of financial and cultural resources on educational attainment in the Netherlands. In: Sociology of Education. 59. 4. S.237-246
Coleman, James S. (1995): Grundlagen der Sozialtheorie. Bd.1: Handlungen und Handlungssysteme. München, Wien.
De Graaf Nan Dirk/de Graaf, Paul M. & Kraaykamp, Gerbert (2000) : Parental cultural capital and educational attainment in the Netherlands: A refinement of the cultural capital perspective. Sociology of Education 73. S.92-111.
Dillman, Don A. (1978): Mail and telephone surveys. The total design method. New York.
Di Maggio, Paul. (1982): Cultural capital and school success: the impact of status culture partizipation the grades in US high schools. American Sociological Review, 47. S. 189-201.
Bourdieu, Pierre/Passeron, Jean-Claude (1971): Die Illusion der Chancengleichheit. Stuttgart.
Deutsches Pisa-Konsortium (Hrsg.) (2001): Pisa 2000. Baisikompetenzen von Schülerinnen und Schülern im internationalen Vergleich. Opladen.
Erikson, Robert/Goldthorpe, John H./Portocarero, Lucienne. (1979): International class mobility in three Western European Societies: England, France and Sweden. British Journal of Sociology. 30. S.341-415.
Ganzeboom, Harry B.G./de Graaf, Paul M./Treiman, Donald J./de Leeuw, Jan (1992): A standard international socio-economic index of occupational status. Social Science Research. 21. S.1-56.
Gross, Peter (1994): Die Multioptionsgesellschaft. Frankfurt a.M.
Hradil, Stefan (1987): Sozialstrukturanalyse in einer fortgeschrittenen Gesellschaft. Opladen.
Sullivan, Arthur (2001): Cultural capital and educational attainment. Sociology. 35. 4. S.893-912
Zinnecker, Jürgen & Georg, Werner (1996): Soziale Interaktion in der Familie und ihre Wirkung auf Schuleinstellung und Schulerfolg der Kinder. In: Zinnecker, Jürgen & Silbereisen, Rainer K. (Hrsg.): Kindheit in Deutschland. Weinheim und München. S.303-314.

Der Autor

Werner Georg, Dr. phil (*1953); seit 1996 Professor für Empirische Sozialforschung an der Universität Konstanz. 1974-1986 Studium der Politikwissenschaft und Europäischen Ethnologie an der Universität Marburg, 1989-1995 wissenschaftlicher Mitarbeiter an der Universität-Gesamthochschule Siegen (Schwerpunkt Methodenausbildung und Jugendforschung), 1995-1996 Vertretungsprofessur an der Universität Marburg. Publikationen in den Bereichen Sozialstrukturanalyse, Kindheits- und Jugendsoziologie, Bildungssoziologie, Medizinsoziologie und Methoden der Empirischen Sozialforschung.

Das gesellschaftliche Bild sozialer Ungleichheit

Ute Volkmann

> Akzeptiert man jedoch, daß die symbolischen Systeme gesellschaftliche Produkte sind, die die Welt produzieren und sich nicht darauf beschränken, die gesellschaftlichen Verhältnisse widerzuspiegeln, sondern sie mitbedingen, dann muß man auch akzeptieren, daß in gewissen Grenzen die Welt verändert werden kann, indem man ihre Darstellung verändert. (Loïc J.D. Wacquant in Bourdieu/Wacquant 1992: 114)

Ungleichheitsforscher zu sein, ist für Rainer Geißler untrennbar verbunden mit einem gesellschaftspolitischen Anliegen. Für ihn ist die Analyse ungleicher Lebenschancen immer auch mit Aspekten sozialer Gerechtigkeit verbunden (Geißler 1994a: 2). Geißler betreibt kritische Sozialstrukturanalyse und sieht sich somit der traditionellen – das heißt in diesem Fall: der klassentheoretischen – Ungleichheitsforschung verhaftet. Von Interesse sind für ihn die zum Teil problematischen Folgen sozialer Ungleichheit, wobei er mit seinem Konzept der Lebenschancen den Fokus darauf richtet, welche Auswirkungen soziale Ungleichheit auf die Handlungsmöglichkeiten der Individuen hat. Anders als Pierre Bourdieu (1979) oder Reinhard Kreckel (1982), denen es mit ihren klassentheoretischen Konzepten letztlich darum geht, ausgehend von der ungleichen Ressourcenausstattung gesellschaftlicher Akteure makrostrukturelle Dynamiken aufzudecken, bewegen sich Geißlers Analysen bezüglich der Folgen sozialer Ungleichheit ausschließlich auf der Mikroebene. In der Ursachedimension hingegen werden auch von ihm die ungleich verteilten knappen Güter – und damit die strukturellen Lebensbedingungen – in den Blick genommen. Ungleiche Lebenschancen sowie unterschiedliche Lebensformen und Lebensstile sind für Geißler maßgeblich mit der sozialen Schichtung der Gesellschaft verknüpft. Lebenschancen sind somit schichttypisch und im Wesentlichen abhängig von den vertikalen Zuweisungskriterien Einkommen, Beruf und Bildung. Und genau dieser aus seiner Sicht nach wie vor bestehende strukturelle Zusammenhang von sozialer Schichtung und ungleichen Lebenschancen ist es, auf den Geißler mit seiner Forschung aufmerksam machen will – gerade auch vor dem Hintergrund des Paradigmenwechsels in der deutschen Ungleichheitsforschung von einer primär mit Klassen- und Schichtmodellen operierenden Sozialstrukturanalyse hin zu einer auf Milieu- und Lebensstilkonzepten basierenden Forschung (Geißler 1994b; 1996).

Die Abkehr vieler Forscherinnen und Forscher vom „Minimalkonsens" (Müller 1992: 11) des vertikalen Paradigmas im Verlauf der letzten 20 Jahre resultierte aus der Erkenntnis, dass vor allem die Steigerung des materiellen Wohlstands, die Bildungsexpansion und der Ausbau des Sozialstaats zu einer zunehmenden Entkopplung der subjektiven Lebensführung von der objektiven sozialen Lage geführt haben. Der „Fahrstuhl-Effekt", so Ulrich Beck (1986: 122), habe einen „Prozeß der Individualisierung und Diversifizierung von Lebenslagen und Lebensstilen in Gang gesetzt, der das Hierarchiemodell sozialer Klassen und Schichten unterläuft und in seinem Wirklichkeitsgehalt in Frage stellt." Für Geißler (1994b:15) – so seine Kritik – wandelt sich damit die Ungleichheitsforschung „unter der Hand in eine gesellschaftspolitisch mehr oder weniger *unverbindliche Vielfaltsforschung*". Denn mit der Fokussierung auf lebensweltliche Vergemeinschaftungsformen geraten problematische Ungleichheiten und ihre strukturellen Ursachen aus dem Blick der Ungleichheitsforscher – und der Gesellschaftsmitglieder. Genau dies ist die Sorge, die Geißler letztlich hat und weswegen er es für dringend geboten hält, Aufklärung zu betreiben. Was er befürchtet, ist ein Wegdefinieren ungleicher Lebenschancen: „Gefahr droht allerdings dann, wenn fortbestehende vertikale Ungleichheiten und Schichten wegdifferenziert, wegpluralisiert, wegindividualisiert und wegdynamisiert werden." (Geißler 1994b: 16)

Sein Argument ist somit der Argumentation der Vertreter des neuen Paradigmas diametral entgegengesetzt, denn für sie stellt ja gerade der Verlust der alltagsweltlichen Bedeutung von Verteilungsungleichheiten den Ausgangspunkt ihrer Kritik an der traditionellen Ungleichheitsforschung dar. Geißler (1992: 77) konstatiert zwar ebenfalls, dass „schichttypische Unterschiede an der lebensweltlichen Oberfläche schwerer wahrnehmbar geworden" sind und sich mehr in die gesellschaftliche „Tiefenstruktur" verlagert haben. Aber gerade aufgrund der zunehmend latenter werdenden ungleichen Verteilungsstrukturen kommt es Geißler umso mehr darauf an, diese und die damit verknüpften Chancen und Risiken den gesellschaftlichen Entscheidungsträgern ins Bewusstsein zu rücken. Dies ist der generelle gesellschaftliche Strukturzusammenhang, auf den Geißler mit seiner Ungleichheitsforschung aufmerksam machen will. Darüber hinaus hat er jedoch noch ein spezielleres Anliegen: Es geht ihm gerade im Hinblick auf ethnische Minderheiten darum, dem gesellschaftlich weit verbreiteten Bild vom kriminellen Ausländer die differenzierte soziologische Perspektive entgegenzusetzen und so über Vorurteile und ihr Zustandekommen aufzuklären (Geißler 1995; 1999).

Diesen Bildern von sozialer Ungleichheit – man kann auch sagen: diesen ungleichheitsrelevanten „symbolischen Systemen" (Bourdieu/Wacquant 1992: 32) – will ich im Folgenden näher auf den Grund gehen. Indem man sich klar macht, wie symbolische Repräsentationen wirken, wie sie zustande kommen und woran es liegt, dass sie sich als legitim durchsetzen und somit zur Herausbildung des Common Sense über soziale Ungleichheit beitragen können, lässt sich auch die potenzielle gesellschaftliche Reichweite von soziologischer Aufklärung einschätzen.

1. Die gesellschaftliche Konstruktion sozialer Ungleichheit

Ausgangspunkt meiner Überlegungen ist die wissenssoziologische Annahme, dass die Gesellschaftsmitglieder über einen „gemeinsamen Stamm von grundlegenden Wahrnehmungsmustern“ verfügen (Bourdieu 1982: 730). Über diese allgemein verfügbaren kognitiven Schemata strukturieren die Akteure eine gemeinsame soziale Wirklichkeit. Schemata lassen sich generell als „Sinnkombinationen“ (Luhmann 1997: 111) definieren, die der Reduktion gesellschaftlicher Komplexität dienen und dadurch zu einer Strukturierung des Wissens um soziale Zusammenhänge beitragen. Ein Schema ist somit ein „vereinfachtes und organisiertes Muster des Wissens“ (Esser 2000: 201), das die Welt verstehbar macht. Als „Akteurfiktionen“ (Schimank 1988), als intersubjektiv gültige Sinnzusammenhänge, die in den Köpfen beziehungsweise im Bewusstsein der Akteure verankert sind, bilden generalisierte kognitive, evaluative und normative Schemata die Grundvoraussetzung für soziales Handeln. Damit sind sie gleichermaßen ein zentraler Mechanismus der gesellschaftlichen Integration.

Einen besonders großen Stellenwert haben Deutungsschemata im Hinblick auf gesellschaftliche Makrostrukturen, denn diese entziehen sich gänzlich der unmittelbar evidenten Alltagswahrnehmung (Berger 1988: 506). Im Hinblick auf Ungleichheitsstrukturen gilt dies für Vorstellungen über die Differenzierung der Gesellschaft in große soziale Gruppen wie Klassen, Schichten, Milieus oder auch Berufsgruppen ebenso wie für Vorstellungen über ungleiche Verteilungen von Chancen und Lasten. Es bedarf sozusagen einer „symbolischen Repräsentation“ – oder anders gesagt: der Definition eines Gesellschaftsbildes –, um soziale Strukturen auf der Makroebene überhaupt erst wahrnehmen zu können.

Bilder über Ungleichheitsstrukturen prägen also die Sicht der Gesellschaftsmitglieder auf soziale Ungleichheiten. Wie einschlägige Studien zeigen, wird in Deutschland Gesellschaft überwiegend als hierarchisch strukturiertes Gebilde wahrgenommen (Hradil 1999: 402ff.). Das Höher und Tiefer von sozialen Positionen und das damit verknüpfte Besser und Schlechter von Lebenschancen sowie das Viel und Wenig von sozialem Prestige scheint somit fest in den generalisierten Deutungs- und Bewertungsmustern verankert zu sein. Dadurch, dass „Ungleichheitssemantiken“ (Berger 1989) als Gliederungsschemata hinsichtlich der gesellschaftlichen Ungleichheitsstruktur fungieren, ermöglichen sie es den Akteuren auch, sowohl sich selbst als auch andere in der Sozialstruktur zu verorten.[1]

Nun weisen Strukturen sozialer Ungleichheit im Unterschied zu anderen gesellschaftlichen Strukturen, wie beispielsweise Strukturen funktionaler Differenzierung, eine Besonderheit auf: Sie sind in dem Sinne legitimierungsbedürftig, dass sie als

1 Peter A. Berger (1989: 49) definiert Ungleichheitssemantiken in Anlehnung an Luhmann als „höherstufig generalisierte, relativ situationsunabhängig verfügbare, aber doch historisch variable Regeln der Sinnverarbeitung und Wirklichkeitsdeutung, die Ungleichheit zum Thema haben“. Ich verwende diesen Begriff im Folgenden, wenn es um symbolische Repräsentationen von Ungleichheitsstrukturen geht, also um kognitive Schemata.

„gerecht“ im Sinne von „gerechtfertigt“ gelten müssen. Um Konflikte zu vermeiden, die die gesellschaftliche Ordnung gefährden, bedarf es hinsichtlich ungleicher Lebenschancen plausibler Rechtfertigungen. In vormodernen Gesellschaften wurden soziale Ungleichheiten religiös legitimiert. Die Religion definierte das geltende Weltbild, und die Besser- und Schlechterstellungen in der gesellschaftlichen Hierarchie galten als gottgewollte Ordnung, die man fraglos akzeptierte und der man sich nicht widersetzte. In modernen Gesellschaften hat zum einen die Religion im Zuge von Säkularisierungsprozessen ihre Dominanz im Hinblick auf die Definition der legitimen Sicht sozialer Wirklichkeit eingebüßt. Es existiert nunmehr eine Vielzahl von Gesellschaftsbildern, um deren Durchsetzung und soziale Akzeptanz gesellschaftliche Akteure in symbolischen Kämpfen konkurrieren, mit dem Ziel, die objektiven gesellschaftlichen Strukturen entsprechend den eigenen Interessen zu verändern oder zu bewahren (Bourdieu 1985: 18f.). Zum anderen ist sozialen Ungleichheiten in der modernen Gesellschaft ein ungleich höheres Konfliktpotenzial inhärent, denn das Gleichheitspostulat hat sich als normative Leitidee institutionalisiert (Parsons 1977). Vor dem Hintergrund des kulturell verankerten Gleichheitsprinzips und des Bewusstseins, dass gesellschaftliche Strukturen als prinzipiell veränderbar wahrgenommen werden, muss dem Aspekt der Ungleichheitslegitimierung in modernen Gesellschaften somit eine viel größere Aufmerksamkeit beigemessen werden als in den durch die Religion geprägten vormodernen Gesellschaften.

In Grenzen werden solche ungleichheitslegitimierenden Wirkungen durch die Ungleichheitssemantiken selbst mitproduziert. Sie konstituieren nicht nur die Wahrnehmung im Hinblick auf die Ungleichheitsstruktur der Gesellschaft, sondern implizieren darüber hinaus „Zuschreibungen sozialer Attribute und Funktionen, aber auch Rechtfertigungen für spezielle Zuwendungen, den Entzug von Anrechten, die Übertragung von Pflichten und Ansprüchen etc.“ (Barlösius 2001: 190) Indem soziale Gruppen klassifiziert werden, werden ihnen immer auch bestimmte Merkmale zugeschrieben, entlang derer sie sich voneinander unterscheiden. Neben objektiven – im Sinne von überprüfbaren – Merkmalen wie Einkommen und Bildungstitel, die vor allem mit bestimmten Berufsgruppen verknüpft sind, können es auch sichtbare Merkmale sein, wie Lebensstile, oder unsichtbare, wie das Prestige, das einer sozialen Gruppe aufgrund ihrer Position im Ungleichheitsgefüge zuteil wird. Klassifikationen enthalten darüber hinaus „Annahmen und Vermutungen über Zugehörigkeiten und Mitgliedschaften“. (Berger 1989: 49) Und hier kommt ihre ungleichheitslegitimierende Wirkung zum Tragen. Denn Zugehörigkeiten entscheiden darüber, welche Ansprüche auf Teilhabe an Gesellschaft ein Akteur legitimer Weise stellen darf – oder anders gesagt: über welche „Anrechte“ (Dahrendorf 1992) er zum Beispiel in Bezug auf Einkommen, Bildung, politische Partizipation, medizinische Versorgung oder auch wohlfahrtsstaatliche Leistungen verfügt.[2] Auf diese

2 Peter A. Berger (1989: 49) verweist im Zusammenhang mit der Definition von Zugehörigkeiten auch auf die Bedeutung, die Ungleichheitssemantiken im Hinblick auf die Konstitution kollektiver Akteure haben, indem sie Identität nach Innen und Abgrenzung nach Außen ermöglichen.

Weise transportieren Ungleichheitssemantiken immer auch Rechtfertigungen für ungleiche Lebenschancen.

Ungleichheitssemantiken sind jedoch nicht die einzigen symbolischen Systeme, die hinsichtlich der Sicht auf soziale Ungleichheit relevant sind. Wie im Zusammenhang mit dem Gleichheitsprinzip bereits angedeutet, existieren im Hinblick auf ungleiche Lebenschancen nicht nur generalisierte Deutungsmuster, sondern auch „primäre Ideologien" (Wegener 1999), nach denen soziale Ungleichheiten als gerecht oder ungerecht bewertet werden. Und anders als die Klassifikationen, die lediglich implizit Legitimierungswirkungen im Hinblick auf ungleiche Lebenschancen erzeugen, konstituieren solche Gerechtigkeitssemantiken explizit „gerechte" und damit sozial akzeptierte Ungleichheiten.[3] Im Hinblick auf die Legitimation von Verteilungsentscheidungen – und damit im Hinblick auf die Rechtfertigung der „objektiven" Herstellung gesellschaftlicher Wirklichkeit – kommt diesen symbolischen Systemen somit ein besonderer Stellenwert zu.

Festzuhalten ist somit, dass die Akteure mittels der Ungleichheits- und Gerechtigkeitssemantiken die soziale Wirklichkeit konstruieren. Sie wissen um die Ungleichheitsstrukturen und um deren Legitimität, sie wissen daher auch, wo sie selber im Ungleichheitsgefüge stehen, welche Ansprüche auf Teilhabe an Gesellschaft sie legitimer Weise stellen dürfen und mit welchen Aufstiegschancen und Abstiegsrisiken sie leben müssen. Die symbolischen Systeme tragen daher dazu bei, wie Akteure ihre Chancen in Verteilungskonflikten einschätzen, und wirken sich somit auch auf die Wahl der Handlungsziele aus.

Allein die Tatsache, dass die symbolischen Systeme die Wahrnehmung und Bewertung der sozialen Wirklichkeit strukturieren, sagt jedoch noch nichts darüber aus, in welchem Verhältnis sie zur objektiven gesellschaftlichen Realität stehen. Folgt man Luhmann (1997: 289, 539), so lässt sich das Verhältnis zwischen Semantiken und gesellschaftlichen Strukturen unter Rückgriff auf die Zeit-Dimension in drei Fälle differenzieren:

1. In Bezug auf gesellschaftliche Strukturen können Semantiken synchron sein. In diesem Fall stimmen die Vorstellungen, die sich die Menschen über die Gesellschaft machen, mit der Realität überein. Ungleichheitssemantiken spiegeln dann die gesellschaftliche Ungleichheitsstruktur sozusagen eins zu eins wider.
2. Die Semantiken können den Strukturen aber auch zeitlich hinterherhinken. Das ist immer dann der Fall, wenn sich die realen Strukturen schneller wandeln als ihre Beschreibungen. Die Semantiken weisen in diesem Fall einen Beharrungs-Effekt auf. Die Forderung nach dem Paradigmenwechsel in der

3 Ich verwende im Folgenden den Terminus Gerechtigkeitssemantik, wenn es um Rechtfertigungen sozialer Ungleichheiten geht. Es geht also nicht um Gerechtigkeit im engeren Sinne des Wortes, sondern um Gerechtigkeit bezogen auf gesellschaftlich akzeptierte Ungleichheiten. Gerechtigkeitssemantiken sind im Unterschied zu Ungleichheitssemantiken keine kognitiven, sondern evaluative oder normative Schemata.

Ungleichheitsforschung ist hierfür ein gutes Beispiel, schließlich resultierte sie aus der Erkenntnis, dass die „alten“ Beschreibungen nicht mehr zu den sich gewandelten Strukturen passen.[4]

3. Semantiken können aber auch den Strukturen zeitlich voraus sein. Im Fall solcher „Ideenevolutionen“ (Luhmann 1997: 536) können Gesellschaftsbilder ihrerseits Wirkungen auf der Ebene gesellschaftlicher Strukturen erzeugen. So wird beispielsweise der Erfolg des Neoliberalismus von einigen sozialwissenschaftlichen Autoren auf eine „Schlacht der Worte“ (Dixon 2000: 100) und die kontinuierliche „symbolische Berieselung“ (Bourdieu 1998: 40) der Gesellschaftsmitglieder zurückgeführt.

Auch wenn Luhmann hinsichtlich der strukturellen Ebene nicht gesellschaftliche Ungleichheitsstrukturen, sondern Differenzierungsstrukturen vor Augen hat, so lässt sich die Typologie problemlos auf den hier interessierenden Sachverhalt von sozialer Ungleichheit und ihrer symbolischen Repräsentation anwenden. Doch wie verhält es sich diesbezüglich mit den Gerechtigkeitssemantiken? Im Unterschied zu den Ungleichheitssemantiken besitzen sie kein strukturelles Pendant. Gerechtigkeit ist im Gegensatz zu sozialer Ungleichheit „rein symbolische Realität, existiert nur in Diskursform“. (Schmidt 2000: 22) Anders als Ungleichheitssemantiken, die als kognitive Schemata die Wahrnehmung der sozialen Wirklichkeit strukturieren, fungieren Gerechtigkeitssemantiken nicht als Deutungs-, sondern als Bewertungsschemata im Hinblick auf die Legitimität beziehungsweise Illegitimität sozialer Ungleichheiten. Es geht hier nicht um die Repräsentation, sondern um die Rechtfertigung von Verteilungsstrukturen. So gesehen könnte man auch von Legitimationssemantiken sprechen.

Sowohl Veränderungen von gesellschaftlichen Strukturen, so sie sich auf die Distribution von oder den Zugang zu Ressourcen auswirken, als auch Ideenevolutionen wie der Neoliberalismus, die derartige Strukturveränderungen gewissermaßen vorwegnehmen, bedingen in der Regel neue Legitimationsstrategien im Hinblick auf gerechte Ungleichheiten. Gerechtigkeitssemantiken stehen somit in einem doppelten Verhältnis zur Gesellschaft, denn sie legitimieren sowohl objektive Ungleichheitsstrukturen als auch symbolische Gesellschaftsbilder – und verhelfen diesen so gleichermaßen zur Durchsetzung. Sollen Konflikte um Lebenschancen im gesellschaftlich erträglichen Rahmen gehalten werden, müssen den antizipativ wahrgenommenen Verteilungsstrukturen legitime Vorstellungen über gerechte Ungleichheiten entsprechen. Passen diese Bewertungsschemata nicht – unabhängig davon, ob sie den Strukturen voraus oder hinterher sind –, drohen Verteilungskonflikte, da die soziale Ordnung von den Schlechtergestellten dann nicht mehr akzeptiert wird.

4 In Anlehnung an Bourdieu (1998b: 29) formuliert, konkurrieren die Akteure im wissenschaftlichen Feld um die Durchsetzung der Repräsentation von objektiver Realität. Es geht also immer darum, Semantiken und Strukturen zu synchronisieren.

Wenn Ungleichheits- und Gerechtigkeitssemantiken mit den Ungleichheitsstrukturen sowie den Verteilungspraktiken zwar übereinstimmen können, dies aber augenscheinlich oftmals nicht tun, bedeutet das auch, dass der Wandel gesellschaftlicher Strukturen und der Wandel der symbolischen Repräsentationen dieser Strukturen jeweils eigendynamischen Prozessen unterliegen. Symbolische Systeme unterliegen mithin ihren „eigenen Konjunkturen" (Berger 1988: 501). Die Eigendynamik symbolischer Systeme führt unmittelbar zu der Frage, wovon deren gesellschaftliche Plausibilität abhängig ist. Welche Bedingungen müssen erfüllt sein, damit sich Deutungs- und Bewertungsmuster als legitime Sicht von sozialer Ungleichheit durchsetzen können? Woran liegt es, dass Ungleichheits- und Gerechtigkeitssemantiken zu gesellschaftlichen Leitbildern avancieren und Bestandteil des Common Sense werden, an dem sich Akteure in ihrem Handeln orientieren?

Wie Eva Barlösius (2001: 196) herausstellt, resultiert die Durchsetzungsfähigkeit von Repräsentationen, also von Ungleichheitssemantiken, „wesentlich aus formalen Eigenschaften wie der Art der Präsentation und den Verfahren ihrer Generierung". Neben amtlichen und nicht-amtlichen Berichten verfügen besonders Statistiken und Grafiken, aber auch sozialwissenschaftlich erzeugte Kategorien und Klassifikationen, mit denen staatliche Akteure operieren, über ein hohes Maß an Legitimität im Hinblick auf die Durchsetzung von Ungleichheitssemantiken.[5] Daran wird ersichtlich, dass die Soziologie allein dadurch, dass sie Deutungs- und Erklärungsmuster in Form von sozialstrukturellen Beschreibungen und Ungleichheitstheorien bereitstellt, sowohl an der symbolischen als auch an der objektiven Herstellung ungleicher gesellschaftlicher Verhältnisse implizit beteiligt ist. Akteure außerhalb der Wissenschaft benutzen die wissenschaftlichen Ungleichheitssemantiken als „intellektuelle Strategien" (Strasser 1987: 55). Sie instrumentalisieren diese in ihrem eigenen Interesse, und zwar sowohl, um ihre Weltsicht durchzusetzen, als auch, um Zugehörigkeiten, das heißt legitime Ansprüche, zu definieren und darüber Verteilungsentscheidungen zu legitimieren.

Hinsichtlich der Durchsetzungsfähigkeit von Gerechtigkeitssemantiken ist zu vermuten, dass formale Eigenschaften hier weniger eine Rolle spielen als inhaltliche Kriterien. Volker H. Schmidt (2000: 137) verweist im Zusammenhang mit der Rechtfertigung von Verteilungsentscheidungen auf zwei gängige Legitimierungstypen: Rechtfertigungen sozialer Ungleichheit können zum einen technischer, zum anderen ethisch-moralischer Art sein. Gerechtigkeitssemantiken hätten somit dann eine Chance, überindividuelle Gültigkeit zu erlangen und Bestandteil des Common Sense zu werden, wenn sie diese inhaltlichen Eigenschaften aufweisen und sich entweder auf rationale Sachargumente oder auf kulturelle Normen stützen. Im ersten Fall handelt es sich dann um ein evaluatives, im zweiten um ein normatives Bewertungsschema. Im Hinblick auf Letzteres unterscheidet Schmidt (2000: 149f.) dann

5 Peter A. Berger (1989: 51) verweist zudem darauf, dass Ungleichheitssemantiken, die sich auf askriptive Merkmale stützen, eine größere Chance auf Durchsetzung haben.

zwischen drei verschiedenen Bezugsnormen: soziale beziehungsweise Verteilungsgerechtigkeit, Effizienz und Tugendhaftigkeit.[6]

Im Unterschied zu den Ungleichheitssemantiken kann sich die Legitimität der Gerechtigkeitssemantiken nicht nur über die Zeit verändern. Darüber hinaus variiert sie hinsichtlich der Ressourcen. Die ungleiche Verteilung des Einkommens wird beispielsweise anders legitimiert als die Verteilung wohlfahrtsstaatlicher Transferleistungen. Hinzu kommt, dass auch bezüglich der Rechtfertigung legitimer Ansprüche – auf den Zugang zu Bildung, zu Arbeitsplätzen, zu gesundheitlicher Versorgung etc. – teilweise unterschiedliche Gerechtigkeitssemantiken sozial anerkannt sind. Eine besondere Schwierigkeit besteht im Hinblick auf die durch das Wirtschaftssystem erzeugten sozialen Ungleichheiten – zum Beispiel den Verlust des Arbeitsplatzes. Solche Ungleichheiten lassen sich nur sehr schwer rechtfertigen. Es ist gewissermaßen der Wohlfahrtsstaat als Ganzes, der diese Legitimierungsfunktion im Hinblick auf die kapitalistische Wirtschaft übernimmt, indem er im Bedarfsfall mit materiellen Ausgleichszahlungen einspringt.

Generell sind es stets Kombinationen von normativen und evaluativen Gerechtigkeitssemantiken, die sich zu einem Zeitpunkt X als legitim durchsetzen – ein Aspekt, der im Übrigen bereits in der strukturfunktionalistischen Schichtungstheorie dezidiert herausgearbeitet wird (Parsons 1973a; 1973b). Allerdings können sich die anerkannten Rechtfertigungsmuster hinsichtlich ihres Grades an Legitimität voneinander unterscheiden. So ist in den neunziger Jahren im Zuge der „neoliberalen Invasion" (Bourdieu 1998) die funktionalistische Gerechtigkeit als Legitimationsfigur im Rahmen wirtschaftspolitischer Entscheidungen in den Vordergrund gerückt und hat das Prinzip der Leistungs- und das der Bedarfsgerechtigkeit in den Hintergrund treten lassen. Funktionalistische Gerechtigkeit ist nun im Unterschied zur Leistungs- oder Bedarfsgerechtigkeit keine Form sozialer Verteilungsgerechtigkeit, sondern bezieht sich „auf die Erhöhung des Verteilungsvolumens im Zeitverlauf". (Leisering 1999: 11) Lohnkürzungen und die Rücknahme wohlfahrtsstaatlicher Leistungen lassen sich dann mit Verweis auf zukünftige Wohlstandsvermehrung rational begründen. Aber allein schon aufgrund dessen, dass Arbeitsplätze in der neoliberalen Marktgesellschaft mehr und mehr zu einem knappen Gut werden, kann das Leistungsprinzip immer weniger zur Legitimation der ungleichen Verteilung von Ressourcen herangezogen werden (Neckel 2001: 254).[7]

---

6 Schmidt (2000: 149f.) bezieht den Effizienzbegriff einerseits auf „Output-Maximierung" und andererseits auf die „Vermeidung von Verschwendung". Obwohl er sich damit explizit an den Utilitarismus anlehnt und sich von einem technischen Effizienzbegriff abgrenzt, wird nicht deutlich, wo hier genau der Unterschied zum evaluativen, auf rationalen Sachargumenten basierenden Legitimationsprinzip liegt.

7 Neckel (2001: 255ff.) verweist im Zusammenhang mit der Delegitimierung des Leistungsprinzips auch noch auf einen weiteren Faktor: Materielle Gewinne – vor allem in der *new economy* – basieren zum einen darauf, dass man über ausreichende Ressourcen verfügt, die man als Kapitaleinsatz ins Spiel bringen kann. Zum anderen sind die Erfolgschancen nicht durch eigene Leistung zu beeinflussen, sondern eher vom Zufall beziehungsweise vom Glück abhängig.

Der wesentliche Faktor jedoch, der darüber entscheidet, ob Ungleichheits- und Gerechtigkeitssemantiken Bestandteil des Common Sense werden oder auch bleiben, ist – so meine These – ihre öffentliche „Sichtbarkeit" in den Massenmedien, das heißt, wenn sie Eingang in die massenmediale Kommunikation finden.[8]

2. Massenmedien als soziales Gedächtnis

In modernen, hochgradig differenzierten Gesellschaften ist das Wissen um einen Großteil sozialer Phänomene nicht mehr Bestandteil von Primärerfahrungen, sondern massenmedial vermitteltes Sekundärwissen. Die Massenmedien im Allgemeinen und der Journalismus im Besonderen – er hat sowohl von seinem Selbstverständnis her, als auch in der Wahrnehmung der Bevölkerung die Funktion, objektiv über gesellschaftliche Ereignisse zu berichten – haben somit einen erheblichen Einfluss darauf, welche Vorstellungen über Gesellschaft und ihre Strukturen in der Bevölkerung existieren. Luhmann (1996: 9) geht sogar noch einen Schritt weiter, indem er konstatiert: „Was wir über unsere Gesellschaft, ja über die Welt, in der wir leben, wissen, wissen wir durch die Massenmedien." Massenmedien sind das Teilsystem, das die moderne Gesellschaft als ganze repräsentiert. Die Realitätskonstrukte beziehungsweise Repräsentationen der gesellschaftlichen Wirklichkeit, die die Massenmedien erzeugen, stellen nicht nur sicher, dass es einen „gemeinsamen Horizont von Gleichzeitigkeit" (Blöbaum 1994: 261) gibt, sich also alle zu einem Zeitpunkt X in ein und derselben Realität wiederfinden. Allein durch die Tatsache, dass Massenmedien nahezu jede und jeden erreichen, konstituieren sie eine gemeinsame gesellschaftliche Wirklichkeit. Und durch die Bereitstellung kognitiver, normativer und evaluativer Schemata sind es letztlich auch die Massenmedien, die den Akteuren jenes generalisierte, allgemein verfügbare Wissen über die gesellschaftlichen Strukturzusammenhänge liefern. Die Funktion, die in vormodernen Gesellschaften die Religion im Hinblick auf das Orientierungswissen erfüllte, wird heute quasi von den Massenmedien übernommen. Massenmedien bilden somit das „soziale Gedächtnis" (Luhmann: S. 75). Ob eine semantische Folie Bestandteil des Common Sense wird, entscheidet sich somit im Wesentlichen danach, ob sie massenmedial kommuniziert wird.

Massenmedien erzeugen nun jedoch keineswegs eine Abbildung der objektiven gesellschaftlichen Wirklichkeit, sondern sie konstruieren ein Bild von Gesellschaft. Im Fall von Fernsehserien oder Kinofilmen liegt das auf der Hand. Sie sind auch im Bewusstsein des Publikums Fiktionen. Das schließt jedoch nicht aus, dass sie Wirkungen hervorrufen, denn auch sie transportieren Deutungs- und Bewertungsmuster – wenn zum Beispiel Soap Operas vermitteln, dass Reichtum oft auf dubiosen Ma-

8 Auf den Stellenwert von Öffentlichkeit im Zusammenhang mit Repräsentationen weisen auch Eva Barlösius und Barbara Maria Köhler (1999) hin. Allerdings bezieht sich Öffentlichkeit hier weniger auf Medienöffentlichkeit, als vielmehr auf staatlich verfasste „offizielle" Berichte – und somit auf den Aspekt der Veröffentlichung im Allgemeinen.

chenschaften oder Glück anstatt auf harter Arbeit beruht, und damit eine Rechtfertigung sozialer Ungleichheit durch Leistung unterminiert wird. Wie bereits angesprochen, besitzen journalistisch erzeugte Wirklichkeitsdeutungen allerdings ein höheres Maß an Legitimität. Journalisten informieren über tatsächliche gesellschaftliche Vorgänge, jedoch tun sie dies höchst selektiv: „Die Journalisten tragen eine spezielle ‚Brille', mit der sie bestimmte Dinge sehen, andere nicht, und mit der sie die Dinge, die sie sehen, auf bestimmte Weise sehen." (Bourdieu 1998a: 25) Sowohl die Auswahl der Ereignisse, über die berichtet wird, als auch die Art und Weise der Berichterstattung hängen von bestimmten Nachrichtenfaktoren ab.[9] Die selektive Logik des journalistischen „Ereignismanagements" (Kepplinger 1992) ändert jedoch nichts daran, dass die massenmediale Deutung der gesellschaftlichen Wirklichkeit faktisch zur gesellschaftlichen Realität wird: „Es hat deshalb wenig Sinn, zu fragen, ob und wie die Massenmedien eine vorhandene Realität *verzerrt* wiedergeben; sie *erzeugen* eine Beschreibung der Realität, eine Weltkonstruktion, und das *ist* die Realität, an der die Gesellschaft sich orientiert." (Luhmann 1997: 1102)

Wie viele Studien zur Medienwirkungsforschung zeigen, werden die medial vermittelten Deutungs- und Bewertungsmuster zwar keineswegs eins zu eins in die Köpfe der Rezipienten übertragen, sondern von den Akteuren vor dem Hintergrund ihrer je individuellen Alltagserfahrungen, ihres spezifischen Wissens und ihrer Wertvorstellungen interpretiert (Früh 1994; Schenk/Rössler 1994). Offen bleibt dabei jedoch die Frage, wie sich dieses subjektive Alltagswissen konstituiert, in das die Individuen die aktuellen massenmedialen Sinnangebote einbinden. Da die übergroße Mehrzahl der Menschen ihr Leben lang als Rezipienten in das Mediensystem inkludiert ist, wirken die Massenmedien, um es mit Luhmann auszudrücken, an jeder gesellschaftlichen Kommunikation mit. Die Menschen kennen somit „gar keine andere Realität als die massenmedial präsentierte, insofern ihre Weltsicht und ihre Meinungen vor jeder Einzeluntersuchung schon massenmedial geformt sind, ob sie sich nun im einzelnen Fall in die eine oder auch in die andere Richtung bewegen".[10] All das ändert nichts daran, dass Mediendiskurse in modernen Gesellschaften Rückschlüsse auf die allgemein verbreiteten Sichtweisen auf gesellschaftliche Realität zulassen – und somit auch auf soziale Ungleichheit, wie Rainer Geißler (1999) am Beispiel der Ausländerkriminalität verdeutlicht. Wie seine Studie zeigt, entsprechen die Einstellungen der Mehrzahl der Bevölkerung in sehr viel stärkerem Maße dem „verzerrten" Bild der Massenmedien als ihrer subjektiven Alltagserfahrung. Es sind die von den Massenmedien bereitgestellten Ungleichheits-

---

9 Siehe zu den verschiedenen Selektionsmechanismen beispielsweise ausführlich Luhmann (1996: 53-81) oder den Überblick bei Jäckel (1999: 187).

10 Münch (1995: 85) setzt fort: „zumal die Berichterstattung in einer offenen Gesellschaft nicht nur in eine Richtung geht." Zu fragen wäre somit, inwieweit sich die durch ein differenziertes Medienangebot (Qualitätszeitungen versus Boulevardpresse, privater/s versus öffentlich-rechtlicher/s Rundfunk und Fernsehen sowie interne Differenzierungen) erzeugten Teilöffentlichkeiten hinsichtlich der kommunizierten Ungleichheits- und Gerechtigkeitssemantiken unterscheiden.

semantiken, die das Bild vom Ausländer als Kriminellen im Bewusstsein der Gesellschaftsmitglieder entstehen lassen.[11]

Bezogen auf die Frage, welche Bedingungen erfüllt sein müssen, damit Ungleichheits- und Gerechtigkeitssemantiken in den Common Sense eingehen, scheint somit die massenmediale Kommunikation in der Tat die zentrale Rolle zu spielen. Und dass Journalisten diesbezüglich über eine „außergewöhnliche Macht" (Bourdieu 1985: 19) verfügen, liegt auf der Hand. Zu fragen ist nun, welche Akteure neben den Journalisten über symbolische Macht verfügen, also letztlich (mit)bestimmen, welches Bild sozialer Ungleichheit das Denken und Handeln in der Gesellschaft orientieren.

Wie Eva Barlösius (2001: 198f.) im Hinblick auf das Erfordernis betont, sich der legitimen Repräsentationsformen zu bedienen, um einer bestimmte Sichtweise zur allgemeinen Anerkennung zu verhelfen, gelingt dies ausschließlich etablierten korporativen Akteuren. Dazu gehören vor allem Arbeitgeberverbände, Gewerkschaften, Parteien und staatliche Institutionen, aber auch spezialisierte Interessenorganisationen wie Wohlfahrtsverbände oder Ärztekammern. Durch die Bündelung materieller und kultureller Ressourcen haben sie sowohl die Möglichkeit, anerkannte Repräsentationen – das heißt in der Regel: wissenschaftlich generierte – in Auftrag zu geben, als auch die Fähigkeit, diese Dinge nach außen entsprechend zu vertreten. Sie verfügen damit über das erforderliche Maß an Konfliktfähigkeit, um überhaupt an den symbolischen Auseinandersetzungen teilnehmen zu können und stehen im Zentrum des „ungleichheitsbegründenden Kräftefeldes" (Kreckel 1992). Diese korporativen Akteure sind zudem auch diejenigen, die in der Gesellschaft über Verteilungsfragen und damit über Lebenschancen entscheiden. Und aufgrund der Legitimierungsbedürftigkeit von Verteilungsentscheidungen haben sie somit nicht nur Einfluss auf die Repräsentation sozialer Ungleichheit, sondern auch auf die Definition der allgemein anerkannten Gerechtigkeitssemantiken.[12]

Wie die empirische Gerechtigkeitsforschung zeigt, sind „Individuen in ihren Urteilen über soziale Angemessenheit, Billigkeit und Gerechtigkeit nicht unabhängig, sondern stark auf das normative Repertoire bezogen, das ihnen durch die Institutionen vorgegeben ist." (Mau 2002: 351) Und wie man bei der Zeitungslektüre oder

11 Wie die Medienwirkungsforschung herausstellt, spielt in Bezug auf das Zurückdrängen unmittelbarer Erfahrungen zugunsten mediatisierter Erfahrungen das Fernsehen eine noch bedeutendere Rolle als die Printmedien, die Geißler in seiner Studie primär im Blick hat. Es sind vor allem so genannte „Vielseher", die dem Gesendeten eine höhere Glaubwürdigkeit beimessen als dem, was sie im eigenen Umfeld erfahren (Jäckel 1999: 211f.)

12 Auf das asymmetrische Machtverhältnis zwischen korporativen und individuellen Akteuren hat vor allem James Coleman (1986: 34f.) aufmerksam gemacht. Korporative Akteure verfügen zum einen über mehr Ressourcen als Individuen, und zum anderen befinden sich die Individuen in einem einseitigen Abhängigkeitsverhältnis gegenüber den formalen Organisationen, da sie meist keine großen Wahlmöglichkeiten hinsichtlich ihrer korporativen Interaktionspartner haben. Zwar verweist Coleman darauf, dass der korporative Akteur infolge seiner Machtposition die Rahmenbedingungen der Sozialbeziehung festgelegt, aber der hier thematisierte Aspekt der asymmetrischen Verteilung symbolischer Macht im Hinblick auf die Definition des gesellschaftlichen Orientierungswissen wird von ihm nicht angesprochen.

beim Anschauen der Fernsehnachrichten leicht feststellen kann, sind es auch genau jene gesellschaftlichen Akteure, die Zugang zur massenmedial hergestellten Öffentlichkeit haben und in den Massenmedien neben den Journalisten auch selber zu Wort kommen. Begünstigend wirkt hier zudem, dass Verteilungsprozesse und Anrechtsfragen allein schon aufgrund ihrer Konflikthaftigkeit, ihrer ethisch-moralischen Komponente und der Möglichkeit, zu personalisieren und Entscheidungen individuell zuzurechnen, in das Aufmerksamkeitsraster der Journalisten passen und so relativ leicht den Status eines Medienthemas erlangen.

3. Fazit

Nach diesem Überblick über die Wirkungsweisen von Ungleichheits- und Gerechtigkeitssemantiken, ihre Genese und ihre Erfolgschancen will ich abschließend auf die eingangs aufgestellte Frage zurückkommen, über welches Potenzial an symbolischer Macht engagierte Ungleichheitssoziologen wie Geißler verfügen. Grundsätzlich kann zwischen einer impliziten und einer expliziten symbolischen Macht unterschieden werden. Implizit verfügen Soziologen allein durch das Bereitstellen von theoretischen Konzepten und empirischen Daten über symbolische Macht, da die gesellschaftlichen Entscheidungsträger ihre Argumentationen sehr oft auf den sozialwissenschaftlichen Wirklichkeitsrepräsentationen aufbauen. Die Wissenschaftler haben jedoch keinen Einfluss darauf, ob ihre Sichtweise Eingang in die symbolischen Kämpfe findet oder nicht. Und sie haben keinerlei Kontrolle darüber, in welchen spezifischen Kontexten ihre wissenschaftlichen Deutungsangebote zur Anwendung kommen. Von daher bleibt ihre symbolische Macht in diesen Fällen implizit. Von „soziologischer Aufklärung" im engeren Sinn des Wortes kann hier folglich nicht die Rede sein. Diese zu betreiben, also explizit symbolische Macht auszuüben, erfordert die aktive Beeinflussung der an den gesellschaftlichen Definitionskämpfen um die „Sicht- und Teilungsprinzipien" (Bourdieu 2001: 55) der sozialen Welt beteiligten Akteure.

Diese Beeinflussung kann auf zweierlei Weise erfolgen. Zum einen können die Ungleichheitsforscher beratend tätig werden – beispielsweise als Mitglieder in Kommissionen oder indem sie im Auftrag Gutachten erstellen – und so versuchen, gezielt auf die Konstitution der Wirklichkeitsbilder politischer, wirtschaftlicher und anderer korporativer Akteure einzuwirken. Zum anderen können sie sich aber auch qua ihres Standes direkt an den massenmedialen Ungleichheitsdiskursen beteiligen und ihr objektives Wirklichkeitsbild dort zur Geltung bringen. Anders als im Rahmen beratender Tätigkeiten ist dies zwar kein direkter Weg der Einflussnahme, aber es ist ein indirekter. Denn auch die gesellschaftlichen Entscheidungsträger beziehen ein Großteil ihres Orientierungswissens aus den Massenmedien – aus den Nachrichtensendungen der öffentlich-rechtlichen Fernsehsender sowie aus der so genannten Qualitätspresse.

Mehr als zu versuchen, gezielt Einfluss auf die Wirklichkeitsdeutungen der symbolisch Mächtigen zu nehmen, können Ungleichheitsforscher jedoch nicht. An den eigentlichen Entscheidungsprozessen darüber, welche der Semantiken in den Definitionskämpfen zur Anwendung gebracht wird, sind sie schlussendlich nicht beteiligt. Mit anderen Worten: Das gesellschaftliche Bild sozialer Ungleichheit, jene Realität, die die Massenmedien verbreiten, ist zwar eine sozialwissenschaftlich konzipierte, aber eine von den etablierten Organisationen definierte Realität.

Geißler hat im Rahmen seines politischen Engagements für gerechte Lebenschancen beide Formen der Einflussnahme genutzt. Er beteiligt sich nicht nur an den symbolischen Auseinandersetzungen innerhalb der soziologischen Scientific Community, so wie es alle Sozialwissenschaftler tun, sondern darüber hinaus auch an den Definitionskämpfen auf gesellschaftlicher Ebene. Er verfolgt somit nicht nur ein politisches Anliegen mit seiner kritischen Empirie, sondern ist auch politischer Akteur, der sich außerhalb der wissenschaftlichen Sphäre dafür einsetzt, die gesellschaftliche Realität in den Köpfen zu ändern.

Literatur

Barlösius, Eva (2001): Die Macht der Repräsentation. In: Barlösius, Eva/Müller, Hans-Peter/Sigmund, Steffen (Hrsg.): Gesellschaftsbilder im Umbruch. Soziologische Perspektiven in Deutschland. Opladen. S. 179-202.
Barlösius, Eva/Köhler, Barbara Maria (1999): Öffentlich Bericht erstatten – Repräsentationen gesellschaftlich umkämpfter Sachverhalte. In: Berliner Journal für Soziologie 9. S. 549-565.
Beck, Ulrich (1986): Risikogesellschaft. Auf dem Weg in eine andere Moderne. Frankfurt a.M.
Berger, Peter A. (1988): Die Herstellung sozialer Klassifikationen: Methodische Probleme der Ungleichheitsforschung. In: Leviathan 15. S. 501-520.
Berger, Peter A. (1989): Ungleichheitssemantiken. Graduelle Unterschiede und kategoriale Exklusivitäten. In: Archives Européennes de Sociologie 30. S. 48-60.
Blöbaum, Bernd (1994): Journalismus als soziales System. Geschichte, Ausdifferenzierung und Verselbständigung. Opladen.
Bourdieu, Pierre (1982): Die feinen Unterschiede. Kritik der gesellschaftlichen Urteilskraft, Frankfurt a.M.
Bourdieu, Pierre (1985): Sozialer Raum und Klassen. In: Bourdieu, Pierre: Sozialer Raum und Klassen. Leçon sur la Leçon. 2 Vorlesungen. Frankfurt a.M. S. 7-46.
Bourdieu, Pierre (1998a): Über das Fernsehen. Frankfurt a.M.
Bourdieu, Pierre (1998b): Gegenfeuer. Wortmeldungen im Dienste des Widerstands gegen die neoliberale Invasion. Konstanz.
Bourdieu, Pierre (2001): Das politische Feld. Zur Kritik der politischen Vernunft. Konstanz.
Coleman, James S. (1986): Die asymmetrische Gesellschaft. Vom Aufwachsen mit unpersönlichen Systemen. Mit einem Vorwort von Andreas Flitner. Weinheim.
Dahrendorf, Ralf (1992): Der moderne soziale Konflikt. Essay zur Politik der Freiheit. Stuttgart.
Dixon, Keith (2000): Die Evangelisten des Marktes. Die britischen Intellektuellen und der Thatcherismus, Konstanz: UVK.
Esser, Hartmut (2000): Soziologie. Spezielle Grundlagen. Band 5: Institutionen. Frankfurt a.M.
Früh, Werner (1994): Realitätsvermittlung durch Massenmedien. Die permanente Transformation der Wirklichkeit. Opladen.
Geißler, Rainer (1992): Die Sozialstruktur Deutschlands. Ein Studienbuch zur gesellschaftlichen Entwicklung im geteilten und vereinten Deutschland. Opladen.
Geißler, Rainer (1994a): Einleitung. In: Geißler, Rainer (Hrsg.): Soziale Schichtung und Lebenschancen in Deutschland. 2., völlig neu bearbeitete und aktualisierte Auflage. Stuttgart. S. 1-5.
Geißler, Rainer (1994b): Die pluralisierte Schichtstruktur der modernen Gesellschaft: Zur aktuellen Bedeutung des Schichtbegriffs. In: Rainer Geißler (Hrsg.): Soziale Schichtung und Lebenschancen in Deutschland. 2., völlig neu bearbeitete und aktualisierte Auflage. Stuttgart. S. 6-36.
Geißler, Rainer (1995): Das gefährliche Gerücht um die hohe Ausländerkriminalität. In: Aus Politik und Zeitgeschichte. B 35. S. 30-39.
Geißler, Rainer (1999): Der bedrohliche Ausländer. Zum Zerrbild ethnischer Minderheiten in Medien und Öffentlichkeit. In: Otterbach, Markus/Trautmann, Sebastian K. (Hrsg.): Integration durch soziale Kontrolle? Zu Kriminalität und Kriminalisierung allochthoner Jugendlicher. Köln. S. 23-37.
Hradil, Stefan (1999): Soziale Ungleichheit in Deutschland. 7. Auflage. Opladen.
Jäckel, Michael (1999): Medienwirkungen. Ein Studienbuch zur Einführung. Opladen.
Kepplinger, Hans Mathias (1992): Ereignismanagement. Wirklichkeit und Massenmedien. Zürich.
Kreckel, Reinhard (1992): Politische Soziologie der sozialen Ungleichheit. Frankfurt a.M.
Leisering, Lutz (1999): Eine Frage der Gerechtigkeit. Armut und Reichtum in Deutschland. In: Aus Politik und Zeitgeschichte. B18/99. S. 10-17.
Luhmann, Niklas (1996): Die Realität der Massenmedien. 2. erweiterte Auflage. Opladen.
Luhmann, Niklas (1997): Die Gesellschaft der Gesellschaft. Frankfurt a.M.
Mau, Steffen (2002): Wohlfahrtsregimes als Reziprozitätsarrangements. Versuch einer Typologisierung. In: Berliner Journal für Soziologie. 13. S. 345-364.
Müller, Hans-Peter (1992): Sozialstruktur und Lebensstile. Der neuere theoretische Diskurs über soziale Ungleichheit. Frankfurt a.M.

Münch, Richard (1995): Dynamik der Kommunikationsgesellschaft. Frankfurt a.M.

Neckel, Sighard (2001): „Leistung" und „Erfolg". Die symbolische Ordnung der Marktgesellschaft. In: Barlösius, Eva/Müller, Hans-Peter/Sigmund, Steffen (Hrsg.): Gesellschaftsbilder im Umbruch. Soziologische Perspektiven in Deutschland. Opladen. S. 245-265.

Parsons, Talcott (1973a): Ansatz zu einer analytischen Theorie der sozialen Schichtung. In: Parsons, Talcott: Beiträge zur soziologischen Theorie. Darmstadt/Neuwied. S. 180-205.

Parsons, Talcott (1973b): Soziale Klassen und Klassenkampf im Lichte der neueren soziologischen Theorie. In: Parsons, Talcott: Beiträge zur soziologischen Theorie. Darmstadt/Neuwied. S. 206-222.

Parsons, Talcott (1977): Equality and Inequality in Modern Society, or Social Stratification Revisited. In: Parsons, Talcott: Social Systems and the Evolution of Action Theory. London. S. 321-380.

Schenk, Michael/Rössler, Patrick (1994): Das unterschätzte Publikum. Wie Themenbewußtsein und politische Meinungsbildung im Alltag von Massenmedien und interpersonaler Kommunikation beeinflußt werden. In: Neidhardt, Friedhelm (Hrsg.): Öffentlichkeit, öffentliche Meinung, soziale Bewegungen. Sonderheft 34 der Kölner Zeitschrift für Soziologie und Sozialpsychologie. Opladen. S. 261-295.

Schimank, Uwe (1988): Gesellschaftliche Teilsysteme als Akteurfiktionen. In: Kölner Zeitschrift für Soziologie und Sozialpsychologie. 40. S. 619-639.

Schmidt, Volker H. (2000): Bedingte Gerechtigkeit. Soziologische Analysen und philosophische Theorien. Frankfurt a.M.

Strasser, Hermann (1987): Diesseits von Stand und Klasse: Prinzipien einer Theorie der sozialen Ungleichheit. In: Giesen, Bernhard/Haferkamp, Hans (Hrsg.): Soziologie der sozialen Ungleichheit. Opladen. S. 50-92.

Wegener, Bernd (1999): Belohnungs- und Prinzipiengerechtigkeit: Die zwei Welten der empirischen Gerechtigkeitsforschung. In: Druwe, Ulrich/Kunz, Volker (Hrsg.): Politische Gerechtigkeit, Opladen. S. 167-214.

Die Autorin

Ute Volkmann, M.A., (*1963), wissenschaftliche Mitarbeiterin im Lehrgebiet Soziologie II an der FernUniversität in Hagen. Gegenwärtige Forschungsinteressen: Soziologische Gesellschaftstheorien und Zeitdiagnosen, Theorien sozialer Ungleichheit und Soziologie der Massenmedien.

Kapitel 2

Lebenschancen und sozialer Wandel

Arbeit – Lebenschance oder Entfremdungsgrund? Bemerkungen zu Karl Marx' Theorie der gesellschaftlichen Transformation nach dem Scheitern des sozialistischen Experiments

Horst Pöttker

Muster menschlichen Handelns (Weber 1972: 1-12), die es für andere erwartbar sein lassen und so Gebahrenskoordination bedingen (Popitz 1980: S.2f; Geiger 1964: 46ff.), unterliegen einer positionellen, einer kulturellen und einer temporellen Differenzierung (Pöttker 1997: 59-72). Die positionelle Differenzierung wird relevant, wenn man nach der ungleichen Verteilung von Lebenschancen[1] innerhalb einer Gesellschaft fragt: eine wichtige Komponente der Sozialstrukturanalyse, wie sie Rainer Geißler betreibt.[2] Fragt man dagegen, wie Lebenschancen durch Sozialstrukturen insgesamt geprägt werden und wie sie zwischen Gesellschaften ungleich verteilt sind, kommt die *kulturelle* Differenzierung in den Blick. Die Menschen in der DDR z. B. hatten in quantitativer wie in qualitativer Hinsicht andere Lebenschancen als die Menschen in der Bundesrepublik Deutschland vor der Wiedervereinigung. Wenn die Mitglieder einer Gesellschaft finden, dass sie ihnen – möglicherweise im Vergleich mit anderen Gesellschaften – zu wenig oder falsche Lebenschancen bietet, dann kann es zu evolutionären oder revolutionären Umwälzungen der Sozialstruktur kommen. Verändern sich dabei die Lebenschancen, dann tritt deren *temporelle* Differenzierung hervor. Das war in den Gesellschaften Osteuropas inklusive der DDR nach dem Zusammenbruch der sozialistischen Herrschaft der Fall. Fragen, die durch diesen Vorgang aufgeworfen werden, wendet sich die folgende Analyse zu, indem sie Karl Marx' Gesellschaftstheorie als eine Theorie betrachtet, die sich nicht nur auf die positionelle, sondern auch auf die kulturelle und vor allem auf die *temporelle* Differenzierung derjenigen Lebenschancen richtet, die mit der gesellschaftlichen Organisation der *Arbeit* verbunden sind. Diese Betrachtungsweise hebt Komponenten der Marxschen Theorie hervor, die Begriffe, Phänomene und Probleme der gesellschaftlichen *Transformation* betreffen.

---

1 Ich folge dem offenen Begriff, den Rainer Geißler formuliert hat. Vgl. in diesem Band Meyer, S. 25f.

2 Die etwa 40 Titel, die er dazu in der dritten und völlig neu bearbeiteten Auflage seiner „Sozialstruktur" nennt, spiegeln nur einen Ausschnitt der Fülle von Ergebnissen, die dieses Forschungsinteresse zu Tage gefördert hat. Vgl. Geißler (2002: 470-472).

1. Die Marxsche Theorie nach dem Ende der sozialistischen Systeme

Nach dem Zusammenbruch des sowjetischen Herrschaftssystems scheint es noch schwerer geworden zu sein, unbefangen über die von Karl Marx entworfene Theorie der gesellschaftlichen Transformation nachzudenken, weil das Etikett „marxistisch“ jede Annäherung an das Marxsche Modell zu diskreditieren droht.[3] Es könnte sich aber auch herausstellen, dass mit der Erleichterung vom machtpolitischen Ballast günstigere Bedingungen für eine neue Rekonstruktion und Evaluation dieser Theorie eingetreten sind, so dass es auf längere Sicht sogar zu einer lebhafteren Debatte darüber kommt.[4] Die folgenden Überlegungen sind erste Schritte in diese Richtung.

Schon vor dem Zusammenbruch des „real existierenden Sozialismus“ hat es in der Soziologie Gelehrte gegeben, die sich mit Marx weder identifizierten noch ihn diffamierten (vgl. z.B. Geiger 1949 und dazu Geißler 1985). Es ist ein Zeichen solcher Souveränität, dass Hans Paul Bahrdt Marx als jenen Klassiker der Sozialwissenschaft charakterisiert, von dem besonders viel über Prozesse der gesellschaftlichen Veränderung zu lernen ist (vgl. Bahrdt 1984: 194). Bahrdt, der Marx‘ Theorie als Kontrast zum nordamerikanischen Funktionalismus vorstellt, bedient sich dabei selbst der Marxschen Methode, die Seinsverbundenheit des theoretischen „Bewusstseins“ zu analysieren, indem er annimmt, „daß die großen Schulen der Soziologie entstanden sind, wenn bestimmte gesellschaftliche Situationen den Wissenschaftlern bestimmte Probleme vor die Füße warfen“ (Bahrdt 1984: 193). Welche Probleme wirft uns die nachsozialistische Gegenwart vor die Füße, die zu verstehen die Marxsche Theorie noch etwas beitragen könnte? Mir stellen sich 15 Jahre nach Honecker folgende Fragen:

- Was leistet die Marxsche Theorie zur Erklärung des Zusammenbruchs jener Gesellschaften, deren Herrschende sich auf den Urheber dieser Theorie selbst beriefen?
- Was vermag eine zwar auf Marx gegründete, mittlerweile aber durch diese historische Erfahrung hindurchgegangene Theorie noch zur Bildung von Hypothesen über die künftige Entwicklung des Kapitalismus beizutragen, der um seine real existierende Alternative ärmer geworden ist?

---

3 Dass die Universität Leipzig sich bald nach der Wende des Namens von Karl Marx entledigte, ist insofern Ausdruck dieses Problems, als der Name eines bedeutenden Philosophen und Ökonomen, der Marx sicher war, sich zweifellos besser für eine Stätte der Wissenschaft eignet als die Namen der absolutistischen Gründerfürsten, mit denen sich viele Universitäten nach wie vor schmücken. Eine produktivere Deutung im Sinne der hier formulierten These wäre, in der Umbenennung einen Akt der Befreiung des Marxschen Erbes aus dem Gefängnis seiner machtpolitischen Instrumentalisierung zu sehen.

4 Dass die PDS seit 1990 nicht verschwunden ist, wir ihr damals vielfach prophezeit wurde, sondern nach wie vor Mitglieder und Wähler findet, wird in der Regel als Ausdruck von DDR-Nostalgie gedeutet. Eine andere Interpretation könnte darin den Keim einer neuen internen Kapitalismuskritik erkennen.

– Schließlich die Kardinalfrage der Theorie-Beurteilung: Hat der Zusammenbruch des sozialistischen Wirtschafts- und Herrschaftssystems die Marxschen Prämissen über den historischen Transformationsprozess widerlegt, oder war der Sozialismus sowjetischer Prägung nur eine frühe Episode in dem von Marx vorhergesagten Transformationsprozess vom Feudalismus über den Kapitalismus zum Kommunismus, der global betrachtet nur viel komplexer und langsamer vor sich geht, als die Marxisten geglaubt haben?

Natürlich sind noch keine endgültigen Antworten auf diese Fragen möglich, sondern nur Anregungen zum Weiterdenken, bestenfalls Annäherungen an Hypothesen. Bevor ich mich den drei Fragen zuwende, gebe ich einige Beobachtungen wieder, die ich bei der erneuten Durchsicht derjenigen Schriften gemacht habe, die mir für die ursprüngliche Formulierung dieser Theorie durch Marx besonders signifikant erscheinen. Das sind die Pariser „Ökonomisch-philosophischen Manuskripte“ aus dem Jahre 1844, das gemeinsam mit Friedrich Engels verfasste „Manifest der kommunistischen Partei“ von 1848 sowie die „Randglossen zum Programm der deutschen Arbeiterpartei“ (Kritik des Gothaer Programms) aus dem Jahre 1875.

Marx‘ Begriffe werden im Folgenden als heuristische Instrumente, als „Idealtypen“ benutzt, an welchen „die Wirklichkeit zur Verdeutlichung bestimmter bedeutsamer Bestandteile ihres empirischen Gehaltes *gemessen*“ (Weber 1982: 194), mit denen die soziale Realität – auch auf gravierende Abweichungen hin – *verglichen* wird. Diese von Max Weber favorisierte Methode entspricht nicht den essentialistischen Ansprüchen jener dem deutschen Idealismus entstammenden Tradition, der Marx Zeit seines Lebens verhaftet gewesen ist. Aus den Schrecknissen des 20. Jahrhunderts einschließlich der im Namen des Sozialismus begangenen Verbrechen ist zu lernen, dass Theorien, die von sich behaupten, „die historische Wirklichkeit oder gar die ‚eigentliche‘ Wirklichkeit“ zu sein oder „als Schema zu dienen, in welches die Wirklichkeit als Exemplar eingeordnet werden sollte“ (Weber 1982: 194), allzu leicht als Legitimationen eines Terrors missbraucht werden, den Menschen, die sich eine solche Theorie zu eigen machen, über andere Menschen ausüben, die ihr keinen Glauben schenken oder nicht so handeln, wie von ihr vorgesehen. Ebenfalls verzichtet wird im Folgenden auf die Marxsche Methode, eine Theorie als „Bewusstsein“ ihres Urhebers aus dessen „Sein“ zu erklären.[5]

2. Revolution, Lohnarbeit, Entfremdung: Marx revisited

Dem marxistischen wie dem antimarxistischen Klischee zufolge ist Marx ein Theoretiker der *Revolution,* in der eine tief greifende Strukturveränderung der Gesellschaft sich in einem einzigen historischen Augenblick vollzieht. Tatsächlich ist diese Vorstellung von Transformation dominierend in den „Pariser Manuskrip-

5 Diese Methode hat z.B. Arnold Künzli in seiner Psychographie der Persönlichkeit von Karl Marx angewandt. Vgl. Künzli (1966).

ten". Es ist keine Neuentdeckung, hätte aber in der bisherigen Rezeption stärker beachtet werden können, dass Marx in den späteren Schriften auch einen anderen, *allmählich* sich vollziehenden Typ von gesellschaftlicher Veränderung kennt. Im „Kommunistischen Manifest" beschreiben die beiden Klassiker solche sukzessiven Prozesse innerhalb der kapitalistischen Gesellschaft. In der „Kritik des Gothaer Programms" bezieht Marx das sukzessive Transformationsmodell auf die sozialistische Gesellschaft, indem er deren Dynamik und die Politik des dereinst in ihr herrschenden Proletariats zu antizipieren versucht. Daneben findet sich in beiden Texten natürlich auch das Modell der abrupten Transformation. Im „Kommunistischen Manifest" bezieht es sich sowohl auf den Übergang vom Feudalismus zum Kapitalismus in Form der bürgerlich-demokratischen als auch auf den Übergang vom Kapitalismus zum Sozialismus in Form der proletarischen Revolution. In der „Kritik des Gothaer Programms" manifestiert es sich nur als proletarische Revolution, da Marx sich den Übergang vom Sozialismus zum Kommunismus nicht mehr als abrupte Entmachtung der im Sozialismus herrschenden Klasse des Proletariats, sondern als *allmählich* sich einstellendes Resultat von dessen eigener gesellschaftsverändernder Politik vorstellt.

Die für den sanften Übergang zum klassenlosen Kommunismus notwendige Prämisse, eine herrschende Klasse könne freiwillig auf ihre Privilegien verzichten, ist alles andere als selbstverständlich, selbst wenn man mit Marx annimmt, dass unter der dann erfüllten Bedingung optimal entwickelter Produktivkräfte kein materieller Mangel mehr herrscht. Hier stellt sich eine elementare Frage an die Sozialanthropologie (vgl. z.B. Trappe 1968): Ist der Kampf um die Verteilung knapper materieller Lebensgüter der einzige, zumindest aber der entscheidende Grund dafür, dass Menschen ungleiche Lebenschancen haben, oder beruhen Verhältnisse der vertikalen Ungleichheit noch auf anderen Ursachen, die selbst bei einer umfassenden Beseitigung des materiellen Mangels nicht verschwinden müssen? Können nicht auch aus immateriellen Gegebenheiten der Kommunikation und der Wissensverteilung besonders vorteilhafte Lebenschancen erwachsen, für deren Erhaltung und Ausbau von ihren Inhabern Machtstrukturen herausgebildet und verteidigt werden? Kann es realistisch sein zu erwarten, dass die Politik des herrschenden Proletariats im Sozialismus effektiv auf den Abbau der ungleichen Verteilung solcher immateriellen Lebenschancen, also auf gleichen Zutritt aller zu den Kommunikationsmitteln und gesellschaftlichen Informationsvorräten hinarbeitet? Die sozialistische Fixierung auf materiellen Mangel und Produktivkraftentwicklung scheint entsprechende Illusionen zu nähren.

Auf etwas Zweites, das mir bei der erneuten Marx-Lektüre aufgefallen ist, haben marxistische Philosophen wie Adam Schaff (1965) gelegentlich auch in den sozialistischen Ländern hingewiesen: Marx war nicht nur ein Systemtheoretiker, der gesellschaftliche Transformationen „kalt" aus den funktionalen Erfordernissen des Strukturerhalts oder aus den dysfunktionalen Konflikten von Strukturwidersprüchen erklärte, er war auch ein Handlungstheoretiker, der sich wärmstens für die Motive und deren kommunikative Transformationen interessierte, aus denen heraus Menschen die Verhältnisse verändern, in denen sie miteinander oder gegeneinander leben. Da als Träger des subjektiven Sinns solcher Handlungen letztlich nur das Individuum in Frage kommt, hat die individuelle Würde im Marxschen Denken mehr Bedeutung, als die kollektivistische Rethorik der gescheiterten Realsozialisten in der Regel erkennen ließ.

Wenden wir uns jedoch zunächst dem „Kälteaspekt" zu, aus dem Gesellschaft als „Realität sui generis" erscheint, wie es Talcott Parsons in Anlehnung an Emile Durkheim ein Jahrhundert später formuliert hat (Parsons 1976). Es erscheint wie eine Idee der modernen Systemtheorie, dass Marx die Entwicklung der Produktivkräfte, die zunehmende Befriedigung des „technischen Erkenntnisinteresses" an Erleichterung und Rationalisierung der gesellschaftlich notwendigen Arbeit[6] als „objektive" Antriebskraft des sozialen Wandels und aller sozialen Umbrüche identifiziert. Denn die Produktivkraftentwicklung kann als eine auf Dauer gestellte Antwort betrachtet werden, die das soziale System Gesellschaft auf die Herausforderungen eines wichtigen Teils seiner Umwelt, nämlich der im unbeherrschten Zustand für die Existenzsicherung unzureichenden Natur, im Interesse seiner Selbsterhaltung gibt. Für die sukzessive Form der Transformation ist die Produktivkraftentwicklung unmittelbar konstitutiv: Technologische und organisatorische Innovationen, beispielsweise die Erfindung, Entwicklung und zunehmende wirtschaftliche Nutzung der Dampfmaschine oder des Computers, ziehen weiteren sozialen Wandel nach sich, beispielsweise das Verschwinden überflüssig gewordener Berufe, die Expansion von Unternehmen oder die Intensivierung der räumlichen Mobilität, was dann noch weitere Veränderungen bei Werten und Normen, im Recht, bei den Eigentumsverhältnissen, in den Kommunikationstrukturen, kurz: im Bereich der „Produktionsverhältnisse" erforderlich macht (vgl. Landes 1983). Aus der funktionalistischen Perspektive, die bei Marx keineswegs fehlt, ergibt sich, dass eine Gesellschaft, die nicht flexibel genug ist, um diese Anpassung an die Produktivkraftentwicklung zuwege zu bringen, nicht lebensfähig ist, besonders dann nicht, wenn erstarrte Produktionsverhältnisse auch noch zu Fesseln werden, die die Produktivkraftentwicklung hemmen.

Hieraus erklärt sich der Zusammenhang, den Marx zwischen der Produktivkraftentwicklung und der *abrupten* Form gesellschaftlicher Transformation erkennt. Statt seine dialektische Methode in Kontrast zum Funktionalismus zu stellen, scheint es mir richtiger, auf den systemtheoretischen Hintergrund der Idee hinzuweisen, dass Gesellschaften, deren Produktivkraftentwicklung blockiert ist, nur durch eine ruckartig-gewaltsame Veränderung der Produktionsverhältnisse, ein revolutionäres Erdbeben wieder fähig werden, sich zu behaupten. Die notwendige Systemanpassung an die Umwelt erfolgt in dieser Variante nur nicht allmählich, sondern plötzlich und von eruptiven Erschütterungen begleitet.

Mit der System-Perspektive nicht notwendig verbunden ist indes die Einbettung dieses Gedankens in eine Geschichtsmetaphysik, die eine *zwangsläufige* Abfolge

6 Terminologie in Anlehnung an Habermas (1969).

von Produktionsweisen und Gesellschaftsformationen vorsieht, in der jede höhere Stufe zunächst durch eine Revolution erklommen werden *muss*. Denn dies schließt die Möglichkeit aus, dass Gesellschaften flexibel genug sind, um z. B. vermittels öffentlicher Kommunikation ihrer Probleme so früh inne zu werden und die Produktionsverhältnisse so tief greifend zu verändern, dass von einem allmählichen Übergang zu einer neuen „Produktionsweise" gesprochen werden kann. Ist es für eine *qualitative* Transformation beispielsweise erforderlich, dass eine herrschende Klasse entmachtet wird? Herrschende Klassen können Ziele und Methoden ihrer Herrschaft verändern, wenn sie sich rechtzeitig der Gefahr bewusst werden, ihre herausgehobenen Lebenschancen (Privilegien) infolge mangelnder Umweltanpassung des Systems zu verlieren. Es dürfte kein Zufall sein, dass in England die frühe Errungenschaft der Pressefreiheit und die Verwandlung bedeutender Teile des Adels in eine nicht mehr feudalistisch, sondern kapitalistisch handelnde Unternehmerklasse zusammenfielen. Nur der Übergang in die klassenlose Gesellschaft des Kommunismus wäre auf jeden Fall mit der Entmachtung einer privilegierten Klasse, nämlich des im Sozialismus herrschenden Proletariats verbunden, aber ausgerechnet hier ist im Marxschen Stufenmodell der Geschichte kein revolutionärer Bruch mehr vorgesehen.

Was den Kapitalismus betrifft, bestimmt Marx bekanntlich das Privateigentum an den Produktionsmitteln als das entscheidende Produktionsverhältnis, das mit der bürgerlichen Revolution durchgesetzt wird und die Produktivkraftentwicklung dann zunächst befreit und vorantreibt, um schließlich zu ihrer Fessel zu werden, die mit der sozialistischen Revolution gesprengt werden muss. Wenig Beachtung hat bisher gefunden, dass Marx das Privateigentum als Produktionsverhältnis mit der *Lohnarbeit* gleichsetzt, weil die eigentumslosen Arbeiter gezwungen sind, ihre Arbeit für den zur Wiederherstellung der Arbeitskraft erforderlichen Lohn an die Eigentümer der Produktionsmittel zu verkaufen, und weil gleichzeitig der den Kapitalisten zufließende „Mehrwert" der von ihnen mit dem Lohn gekauften Arbeit ihr Privateigentum hervorbringt. Überraschend bei der Retrolektüre der drei Texte war für mich, wie Marx in allen Entwicklungsphasen seiner Theorie nicht müde wird zu betonen, dass Privateigentum und Lohnarbeit *identisch* seien.[7] Er hält also auch die Lohnarbeit für ein den Kapitalismus konstituierendes *Produktionsverhältnis*, das die Produktivkraftentwicklung zunächst fördert und später hemmt und das der Sozialismus überwinden muss. Eine sozialistische Gesellschaft, die diese Aufgabe nicht erfolgreich anpackt, ist in der Konsequenz der Marxschen Theorie nicht lebensfähig.

Mit der Lohnarbeit kommt auch die *handlungstheoretische* Dimension dieser Theorie in den Blick, ist sie den „Pariser Manuskripten" zufolge doch die wichtigste Ursache der Entfremdung des Arbeiters nicht nur von seiner Arbeit und deren Produkten, sondern auch von anderen Menschen und von sich selbst sowie sogar der

7 „Wir sehn ... ein, daß *Arbeitslohn* und *Privateigentum* identisch sind: denn der Arbeitslohn, wie das Produkt, der Gegenstand der Arbeit, die Arbeit selbst besoldet, ist nur eine notwendige Konsequenz von der Entfremdung der Arbeit, wie denn im Arbeitslohn auch die Arbeit nicht als Selbstzweck, sondern als der Diener des Lohns erscheint." (Marx 1966a: 85, und viele andere Belege).

Entfremdung des Kapitalisten. Und ist doch die Entfremdung wiederum nach Marx der Erfahrungshorizont des Menschen im Kapitalismus, der stets zu berücksichtigen ist, wenn die Motive seines Handelns verstanden und erklärt werden sollen.

Was die *Subjekte* der gesellschaftlichen Transformation betrifft, führt Marx die sukzessive Form auf die Angehörigen der jeweils herrschenden Klasse zurück, während das revolutionäre Auf-den-Kopf-stellen der bestehenden Verhältnisse nur von den Benachteiligten und Unterdrückten ausgehen kann, sofern sie nicht, wie das „Lumpenproletariat“[8], demoralisiert und entkräftet sind. Die Bourgeoisie beispielsweise kommt im Kommunistischen Manifest einerseits als Subjekt eines antifeudalen, demokratischen Umbruchs vor, andererseits als Trägerin eines kontinuierlichen technologischen und ökonomisch-organisatorischen Fortschritts im Kapitalismus[9], die nicht zuletzt aufgrund ihrer innovativen Dynamik einen ungeheuren Reichtum auf sich konzentriert.

An diesem Beispiel werden auch die unterschiedlichen, ja gegensätzlichen *Motive* des gesellschaftsverändernden Handelns deutlich: Während die Subjekte des evolutiven Transformationstyps – einschließlich des die sozialistische Entwicklung diktierenden Proletariats – die Absicht verfolgen, Effektivität und Produktivität im Wirtschaftskreislauf zu optimieren, um bestehende Strukturen zu erhalten, verfolgen die Subjekte der revolutionären Transformation das radikale Ziel, eine bestehende Struktur umzustülpen, um aus dem Zustand des Ausgebeutet-werdens und der Entfremdung herauszukommen.

Um für dieses Ziel nicht nur als einzelne, sondern auch mit anderen und schließlich im Verbund einer revolutionären Klasse tätig zu werden, genügt es nach Marx nicht, unter den bestehenden Verhältnissen zu leiden. Vielmehr bedarf es dazu einer konkreten und umfassenden Vorstellung, wie eine bessere Gesellschaft aussehen und zu erlangen sein könnte. Angesichts der in den „Pariser Manuskripten“ formulierten Anthropologie, nach der der Mensch nur durch „freie bewußte Tätigkeit“ seine Natur erfüllen kann, besteht kein Zweifel, dass zu solcher konkreten Utopie nicht nur die Wunschvorstellung von gesicherter materieller Versorgung mit Nahrung, Kleidung und Wohnung gehört, sondern darüber hinaus die nicht weniger dringliche Sehnsucht, ohne Bevormundung Erfahrungen zu sammeln, Fähigkeiten zu entfalten, die eigenen Handlungen selbst zu bestimmen, um sich in deren Ergeb-

8 Der Begriff „Lumpenproletariat“ hat bei Marx eine Doppelbedeutung: Menschen, die Lumpen tragen, aber auch Menschen, die Lumpen sind. Das wird deutlich, wenn im „Kommunistischen Manifest“ das Lumpenproletariat die „passive Verfaulung der untersten Schichten der alten Gesellschaft“ genannt wird (Marx/Engels 1966: 68).

9 „Die Bourgeoisie hat in ihrer kaum hundertjährigen Klassenherrschaft massenhaftere und kolossalere Produktionskräfte geschaffen als alle vergangenen Generationen zusammen. Unterjochung der Naturkräfte, Maschinerie, Anwendung der Chemie auf Industrie und Ackerbau, Dampfschiffahrt, Eisenbahnen, elektrische Telegraphen, Urbarmachung ganzer Weltteile, Schiffbarmachung der Flüsse, ganze aus dem Boden hervorstampfende Bevölkerungen – welch früheres Jahrhundert ahnte, daß solche Produktionskräfte im Schoß der gesellschaftlichen Arbeit schlummerten.“ (Marx/Engels 1966: 63).

nissen wieder zu erkennen und frei mit anderen über Gegenstände eigener Wahl zu kommunizieren.

Was die evolutive, eine bestehende Struktur allmählich optimierende Form der Transformation betrifft, erübrigt sich Utopie als Motivationszusammenhalt, weil die konkrete Erfahrung der Behebbarkeit von Unzulänglichkeit (Pragmatik) genügt, um innovative Handlungen in Gang zu setzen und zu rechtfertigen.

3. Was trägt Marx zur Erklärung des Zusammenbruchs der sozialistischen Systeme in Osteuropa bei?

Dass es sich bei dem auslösenden Impuls für die Umformung der sozialistischen Plangesellschaften Osteuropas in kapitalistische Marktformationen um abrupte Umbrüche, also *Revolutionen* handelte, ist mittlerweile weithin akzeptiert. Im Folgenden beziehe ich mich nur auf diese erste, in den verschiedenen Ländern ziemlich ähnlich verlaufene Phase.

Gelegentlich wird versucht, die Wende in Osteuropa mit Theorien zu erklären, die der Frage nachgehen, warum und wie Neues sich durchsetzt.[10] Wichtiger erscheint in diesem Fall aber die Frage, warum bestehendes Altes nicht lebensfähig ist und zusammenbricht. Nimmt man das Beispiel der DDR, werden in der politischen wie in der wissenschaftlichen Diskussion immer wieder zwei Antworten auf diese Fragen gegeben:

Der eine Grund war am Anfang der Erhebung gegen das SED-Regime dominant und manifestierte sich in dieser Phase in der von Zehntausenden mutiger Protestierender skandierten Parole: „Wir sind das Volk!“ (vgl. Neues Forum Leipzig 1989). Wenn etwas zum Ausdruck bringt, dass das Ende der sozialistischen Herrschaft nicht zuletzt auf das Verlangen vieler Menschen zurückging, Entfremdung und Fremdbestimmung zu überwinden, um so das von Marx in den „Pariser Manuskripten“ beschriebene humane Gattungswesen zu verwirklichen, dann sind es diese vier Worte. Es ging zuerst um die Zurückgewinnung von Lebenschancen, die mit Selbstbestimmung und „freier bewusster Tätigkeit“ (Marx 1966a: 81) verbunden sind.

Der zweite Beweggrund, der erst später wirksam wurde und dann bald den ersten überdeckte[11], manifestierte sich im Kaufrausch der Ostdeutschen, die sofort nach ihrer Befreiung aus dem Gefängnisstaat am 9. November 1989 – nun zu Hunderttausenden und Millionen – die Warenhäuser Westberlins und grenznaher Städte Westdeutschlands stürmten, um sich mit dem „Begrüßungsgeld“ und umgetauschten Ersparnissen die ersten der lange aufgestauten Konsumwünsche zu erfüllen. Die

10 Bernd Okun hat auf einer Tagung in der Akademie für Politische Bildung Tutzing im Februar 1993 die Wende in der DDR mit Thomas S. Kuhns Konzept des Paradigmenwechsels in der Wissenschaft zu erklären versucht (vgl. Kuhn 1997).

11 Zur These, dass sich das zentrale Motiv für die „friedliche Revolution“ zwischen Oktober 1989 und Frühjahr 1990 vom Verlangen nach Selbstbestimmung zum Verlangen nach Konsummöglichkeiten gewandelt hat, vgl. Hennig/Pöttker 1994.

Arroganz, mit der die dabei zu Tage tretende Unerfahrenheit von westlicher Seite kommentiert wurde, erscheint heute als Ausdruck eines kulturellen Kontrastes, der die urwüchsige Kraft dieser Motivation nur noch deutlicher hervortreten lässt. Jedenfalls zeigen diese Vorgänge, dass nicht nur die Überwindung von Fremdbestimmung, sondern auch die Überwindung eines – gemessen am Möglichen – relativen Mangels an materiellen Lebensgütern (einschließlich eines eklatanten Mangels an Umweltschutz) ein entscheidendes Motiv der Erhebung gegen das SED-Regime war. Wer vor allem an die gerechte *Verteilung* von Lebensgütern denkt, unterschätzt leicht die Bedeutung, die auch die *Produktivität eines ganzen Wirtschaftssystems* für die Lebenschancen seiner einzelnen Mitglieder hat. Das fehlgeschlagene sozialistische Experiment hat gezeigt, dass die gesellschaftliche Problemverarbeitungs- und Innovationskapazität, die für eine befriedigende Produktivitätsentwicklung erforderlich ist, ohne Konkurrenz auf freien Märkten und ohne kritische Öffentlichkeit auf der Basis garantierter Medienfreiheit nicht erreicht werden kann. Die zu Beginn des 21. Jahrhunderts aufgebrochene Debatte über die Reform des Sozialstaats wird zudem durch die neoliberale Frage grundiert, ob nicht auch die zur Herstellung von Verteilungsgerechtigkeit innerhalb der freien Marktgesellschaft notwendigen institutionellen Regulierungen die Produktivitätsentwicklung derart bremsen, dass sich in der sozialen Bilanz ein Defizit an Lebenschancen ergibt.

Der Aufstand gegen die sozialistische Herrschaft in Osteuropa war – zumindest in materieller Hinsicht – jedenfalls kaum vom Protest gegen innergesellschaftliche Privilegierungen angetrieben. Dazu wirkte beispielsweise der in der Waldsiedlung Wandlitz versteckte Luxus der DDR-Prominenz wohl auch zu schäbig (vgl. Broder 2003). Das Hauptmotiv dieses Aufstands war vielmehr der Protest dagegen, dass das sozialistische System allen seinen Mitgliedern im Vergleich zum kapitalistischen Westen eklatant weniger Lebenschancen bot. Dass eine teils scheinbar (vgl. Haug 1971), zum großen Teil wirklich bessere Gesellschaft zum Greifen nahe und gleichzeitig unerreichbar war, dürfte die von Marx als Antriebsmoment einer Revolution für notwendig gehaltene Utopiebildung erleichtert haben, denn die alltägliche Anschauung, und sei sie nur auf dem Bildschirm, kann für die Phantasietätigkeit sowohl anregend als auch entlastend sein.

Beide Motive des Aufstands weisen auf Versäumnisse bei der sukzessiven Transformation der sozialistischen Gesellschaften hin. Setzt man mit Marx voraus, dass nach der Auflösung der feudalen Abhängigkeiten die Lohnarbeit zur Hauptursache von Entfremdung und Fremdbestimmung geworden war, dann lässt die Virulenz der Selbstbestimmungs-Utopie in der „friedlichen Revolution" auf das Fortbestehen dieses kapitalistischen Produktionsverhältnisses als „Muttermal der alten Gesellschaft" im realexistierenden Sozialismus schließen.[12] Augenschein und Statistik lehren, dass es die Lohnarbeit hier nicht nur als ein noch notwendiges, aber schon allmählich schwindendes Übel gegeben hat, was der „Kritik des Gothaer Programms" zufolge mit dem Selbstverständnis einer sozialistischen

12 Der Begriff „Muttermale der alten Gesellschaft" stammt aus der „Kritik des Gothaer Programms" (vgl. Marx 1966b: 178).

Übergangsgesellschaft auf dem Weg zum Kommunismus durchaus vereinbar gewesen wäre, sondern dass sie als Produktionsverhältnis sogar noch *akzentuiert* und *ausgeweitet* wurde.[13] Nimmt man die These der „Pariser Manuskripte" ernst, die Lohnarbeit sei die Hauptursache dafür, dass die von ihm selbst hervorgebrachte Welt dem Menschen fremd und feindlich gegenübertritt, dann musste die Totalisierung der Lohnarbeit zum einzigen gesellschaftlichen Organisationsprinzip der menschlichen Tätigkeit zur Verschärfung der Entfremdungsproblematik im Sozialismus führen.

Tatsächlich dürfte die Überschwemmung der Gesellschaft mit Orden und Auszeichnungen, die als zusätzlicher Anreiz der Arbeit offenbar notwendig war, die intrinsische Motivation und die kreative Eigenständigkeit nicht gefördert haben. „Echte" Lebenschancen werden durch solche äußerlichen, symbolischen Belohnungen bestenfalls für diejenigen gewährt, die fest vom Sinn der Symbolik überzeugt sind. Und war die totale Einbeziehung der Frauen in die entlohnte Berufsarbeit wirklich nur ein Emanzipationsfortschritt?[14] Bedeutete sie nicht auch, ähnlich wie das fast völlige Abschmelzen der beruflichen Selbstständigkeit, ein weiteres Vordringen instrumenteller Rationalität und bürokratischer Eigendynamik in Bereiche wie die frühkindliche Sozialisation oder das handwerkliche, intellektuelle und künstlerische Schaffen, in denen es vor allem auf Spontaneität und Emotionalität oder auf substanzielle Rationalität ankommt?

Nun zu dem zweiten Beweggrund der „Wende". Es wäre linkes Wunschdenken, die enorme Bedeutung des Konsummotivs für das Ende des Sozialismus ausschließlich in einem gestiegenen subjektiven Anspruchsniveau aufgrund des Rückstands gegenüber der kapitalistischen Wirtschaft zu suchen und nicht auch in einem strukturellen Produktivitätsdefizit der sozialistischen Wirtschaft. Dies wiederum ist vornehmlich aus einer sträflichen Vernachlässigung der Produktivkraftentwicklung zu erklären. Dass in der DDR sogar ein Produktivkraft*zerfall* stattgefunden hat, lag 1990 selbst für ökonomische Laien angesichts des maroden technischen Zustands vieler ostdeutscher Betriebe offen zu Tage.

Vor dem Hintergrund der Marxschen Idee, dass die Produktivkraftentwicklung eine wichtige Aufgabe ist, die herrschende Klassen um der Existenzfähigkeit ihrer Gesellschaften willen zu lösen haben, stellt sich diese Vernachlässigung als *Versagen der Elite* dar, die beanspruchte, die sozialistische Gesellschaft im Interesse der Arbeiterklasse zu transformieren. Wenn man annimmt, dass dieses Versagen nicht nur auf Trägheit, Kurzsichtigkeit und andere subjektive Unzulänglichkeiten der sozialistischen Machthaber, sondern auch auf strukturelle gesellschaftliche Gründe

13 1955 waren noch 19,3 Prozent der Erwerbstätigen in der DDR selbstständig, 1960 waren es nur noch 5,3 Prozent und 1983 nur noch 2 Prozent. Im gleichen Zeitraum stieg der Anteil der Arbeiter und Angestellten von 78,4 Prozent über 81 Prozent auf 89,3 Prozent (vgl. Rytlewski 1987: 67).

14 In der DDR gingen 1990 92 Prozent der Frauen im arbeitsfähigen Alter einer bezahlten Berufstätigkeit nach, in der Bundesrepublik Deutschland lag die hier ebenfalls steigende Quote im Jahre 2000 erst bei 62 Prozent (vgl. Geißler 2002: 372f). In Rainer Geißlers „Sozialstruktur" finden sich nicht nur übersichtliche Daten zur Entwicklung der kapitalistischen und sozialistischen deutschen Gesellschaft im Vergleich, sondern auch anregende Interpretationen.

zurückging, dann wird man von liberalen Wirtschafts- und Politiktheoretikern zunächst auf das Fehlen bzw. die Schwäche der Selbstregulierungsmechanismen *Markt* und *Öffentlichkeit* – letzterer im Sinne eines Optimums an Transparenz, an Unbeschränktheit der gesellschaftlichen Kommunikation – in den sozialistischen Systemen hingewiesen.

Zieht man außerdem Marx zu Rate, wird man bald wieder zur *Lohnarbeit* geführt. Denn in seiner Theorie erscheint sie ja als Produktionsverhältnis, das zur Fessel der Produktivkraftentwicklung werden kann. Warum und wie das geschieht, geht aus der auf Marx gegründeten Analyse der Lohnarbeit als Ursache *motivationshemmender Entfremdung* hervor. Um den Produktivitätsvorsprung des Kapitalismus aufzuholen, war es für die sozialistische Elite nach der von ihr selbst propagierten Theorie verkehrt, dieses hemmende Produktionsverhältnis noch weiter auszudehnen, wobei allerdings die von Marx aufgestellte Gleichung: Privateigentum gleich Lohnarbeit, also Beseitigung des Privateigentums gleich Beseitigung der Lohnarbeit, zum Desinteresse gegenüber diesem Problem beigetragen haben mag.

Im Großen und Ganzen erweist sich der Umbruch in Osteuropa aber durchaus als historisches Beispiel für den in der Marxschen Transformationstheorie zentralen Mechanismus, dass bei defizitärer Produktivkraftentwicklung die restriktiven Produktions- und Herrschaftsverhältnisse irgendwann *gewaltsam gesprengt* werden müssen. Zwar ist in den ehemals sozialistischen Ländern die Lohnarbeit seit dem Umbruch nicht verschwunden, aber ihr Umfang und ihre Bedeutung gehen auf das in kapitalistischen Gesellschaften übliche Maß zurück (Zunahme von Selbstständigkeit und Arbeitslosigkeit, Abnahme der Berufstätigkeit bei Frauen, „schwarze" Selbstständigkeit, Reduktion des symbolischen Belohnungswesens usw.).

Fazit: Die Marxsche Theorie ist durch den Zusammenbruch jener plangesteuerten Wirtschafts- und Gesellschaftssysteme, deren planende Protagonisten sich auf Marx beriefen, mehr gestützt als widerlegt worden.

4. Was kann Marx noch zur Erklärung des Kapitalismus beitragen?

Gilt das auch, wenn man Marx' Theorie auf den Wandel bezieht, den die kapitalistischen Gesellschaften durchgemacht haben und noch durchmachen? Der Kapitalismus hat sich anders entwickelt, als nach der Marxschen Lehre vorherzusehen war. Vor allem hat die Prämisse, Produktionsverhältnisse seien wegen der konservativen Interessenlage herrschender Klassen relativ starre Strukturgebilde, zur Unterschätzung der existenzerhaltenden Flexibilität und Reformfähigkeit der bürgerlichen Gesellschaft geführt.

So eindringlich im „Kommunistischen Manifest" die Leistungen der Bourgeoise für die *Produktivkraftentwicklung* gerühmt werden: Die Argumentation der beiden Begründer des „wissenschaftlichen Sozialismus" hat über ein Jahrhundert lang die Einsicht verstellt, dass das Bürgertum als herrschende Klasse weitsichtig, reformfreudig und ideenreich genug gewesen ist, um durch politische Maßnahmen antagonistische Strukturwidersprüche zu entschärfen und die kapitalistische Gesellschaft durch eine sukzessive Transformation auch der *Produktionsverhältnisse* am Leben zu erhalten. Dabei sind ihm die sozio-politischen Errungenschaften, die es selbst gegen die feudale und absolutistische Herrschaft durchgesetzt hat – Marktsteuerung, Pressefreiheit, kritische Öffentlichkeit, Demokratie – entscheidend entgegengekommen. Dabei hat ihm aber auch die Arbeiterbewegung geholfen, indem sie mit ihren Forderungen nach sozialer Gerechtigkeit und Sicherheit, nach noch besseren Lebenschancen für die Masse der Bevölkerung die Gesellschaftsstruktur sstruktur erhaltende Reformen vorbereitete und legitimierte.

Dass seit den Bismarckschen Sozialreformen eine wachsende Zahl derjenigen, die auf Lohn oder Gehalt angewiesen sind, gegen die finanziellen Folgen der Risiken Krankheit, Arbeitslosigkeit und Alter versichert wurden (vgl. Neumann/Schaper 1982: 11ff.), bedeutete eine tief greifende, von Marx nicht vorhergesehene Modifikation des Produktionsverhältnisses Lohnarbeit und der mit ihm verbundenen Lebenschancen. Einerseits verlor die Lohnarbeit dadurch den zur Kritik und zur Utopie treibenden Schrecken des unmittelbaren Zwangs zum tagtäglichen Verkauf der Arbeit, um überhaupt existieren zu können. Andererseits ist ihr instrumenteller Charakter mit seinen demotivierenden, das Prinzip Verantwortung unterhöhlenden und innovationshemmenden Auswirkungen durch die zusätzlichen Bürokratien der Sozialversicherung keineswegs beseitigt, sondern sogar noch verstärkt worden.

Berücksichtigt man, dass nicht nur die innovative Bourgeoisie, sondern auch der reformerische und vielleicht sogar der radikale Flügel der Arbeiterbewegung am sozialpolitischen Wandel des Kapitalismus ihren Anteil gehabt haben, dann wird ein Defizit nicht nur der Marxschen Geschichtsphilosophie deutlich, sondern prognostischer Theorien generell: In der Regel sind sie nicht in der Lage, ihre eigenen Folgen für das prognostizierte Geschehen realistisch zu veranschlagen.

Noch weniger als Marx hat der herrschende Marxismus die Bourgeoisie für fähig gehalten, die Produktionsverhältnisse des Kapitalismus zu verändern. Dabei hat die Flexibilität der Bourgeoisie sogar dazu geführt, dass planwirtschaftliche Elemente wie die von Keynes empfohlenen antizyklischen Maßnahmen des Staats (vgl. Keynes 1936) in das marktwirtschaftliche System integriert wurden, was notwendig war, um die von Marx als letztlich systemsprengend eingeschätzten Konjunkturkrisen so zu dämpfen, dass sie nicht in abrupte Transformationen (Revolutionen) mündeten.

Gegen Ende des 20. Jahrhunderts hat sich allerdings herausgestellt, dass ein Strukturproblem des Kapitalismus, nämlich die *Massenarbeitslosigkeit,* nicht durch Krisendämpfung und Konjunkturbelebung allein zu lösen ist. Trotz statistischer Glättungen lässt sich nicht übersehen, dass es in den westlichen Industrieländern jenseits konjunkturbedingter Schwankungen, die nach wie vor zu beobachten sind, einen beträchtlichen, möglicherweise stetig steigenden Sockel an Arbeitslosen gibt.[15] Die aktuellen Budgetprobleme dieser Länder, allen voran Deutschlands, das

15 Dieser Sockel an Arbeitslosigkeit jenseits von Konjunkturzyklen ist in allen westlichen Industriegesellschaften zu beobachten, auf niedrigerem Niveau selbst in den USA und der Schweiz. Eine

auch noch den Anschluss der zusammengebrochenen DDR zu finanzieren hat, gehen großenteils auf soziale Ausgaben zurück, die von den Regierungen offenbar für notwendig gehalten werden, damit die Lebenschancen nicht zu ungleich werden und damit die hohe Arbeitslosigkeit nicht, wie in der großen Depression der 20er und 30er Jahre, in subjektive Apathie (vgl. Jahoda u.a. 1975) oder in eine erneute Attraktivität extremer Ideologien mündet. In dieser Situation erscheint die Behauptung nicht übertrieben, dass das Überleben des Kapitalismus heute nicht zuletzt von der Fähigkeit seiner politischen und ökonomischen Eliten abhängt, das Problem der strukturellen Arbeitslosigkeit zu lösen. Um mit Marx zu reden: Der Bourgeoisie unserer Tage stellt sich die Aufgabe, eine sukzessive Transformation der kapitalistischen Gesellschaft zu bewerkstelligen, bei der die bedrohlichen Folgen der Arbeitslosigkeit nicht mehr nur auf Kosten von Gemeinschaftsaufgaben gedämpft und kaschiert werden, sondern die zu einer systemstabilisierenden Auflösung dieses Widerspruchs führt. Traut man – anders als Marx – der Bourgeoisie auch hinsichtlich der Veränderung von Produktionsverhältnissen einiges zu, dann erscheint es nicht ausgeschlossen, dass sie diese Aufgabe bewältigen wird.

Während nämlich nach einem gängigen zivilisationskritischen Alltagsverständnis die strukturelle Arbeitslosigkeit eine Begleiterscheinung neuer Technologien ist, also eine Folge der schon von Marx beschriebenen rasanten Produktivkraftentwicklung, auf die der Kapitalismus – auch wegen nur noch technologisch rückgängig zu machender Umweltschädigungen – nicht mehr verzichten kann, lässt sich die gesellschaftlich erzwungene Untätigkeit vieler arbeitsfähiger Menschen durchaus auch mit den vorherrschenden *Produktionsverhältnissen* in Zusammenhang bringen, insbesondere mit der Lohnarbeit. Dafür ist gegenwärtig Ostdeutschland ein besonders eindrucksvolles Beispiel. Auf der einen Seite ist beispielsweise evident, dass die Erneuerung der in 40 Jahren sozialistischer Stagnation verkommenen Bausubstanz immer noch enorm viel Arbeit erfordert, auf der anderen Seite ist die Arbeitslosigkeit ausgerechnet in diesem wieder aufzubauenden Teil Deutschlands besonders hoch.[16]

Das Beispiel Ostdeutschland zeigt: Was wir heute „Arbeitslosigkeit" nennen, entspringt nicht einem mangelnden Bedarf an sinnvoller und nützlicher menschlicher Tätigkeit, sondern einem Mangel an Nachfrage nach der Ware Arbeitskraft, der nur dort denkbar ist, wo die menschliche Tätigkeit als Lohnarbeit organisiert wird. Wenn aber die gesellschaftliche Organisation der menschlichen Tätigkeit als Lohnarbeit dazu führt, dass vorhandene Arbeitskraft trotz dringender Arbeitsaufgaben brach liegt und überdies nicht durch Praxiserfahrung qualifiziert werden kann, dann ist der von Marx vorgesehene Fall eingetreten, dass das Produktionsverhältnis Lohnarbeit zur Fessel der Produktivkräfte und der Produktivitätsentwicklung ge-

---

globale Arbeitslosenstatistik wird regelmäßig vom Internationalen Arbeitsamt in Genf vorgelegt (vgl. ILO 2001).

16 Auch 13 Jahre nach der Wiedervereinigung ist der Arbeitslosenanteil in Ostdeutschland mit etwas über 20 Prozent mehr als doppelt so groß wie in der alten Bundesrepublik mit weniger als zehn Prozent.

worden ist. Über besonders deutliche materielle Beispiele wie Ostdeutschland hinaus gilt dies im Gegenwartskapitalismus besonders für „immaterielle" Tätigkeitsbereiche wie Sozialisation und Erziehung, soziale Betreuung und medizinische Pflege, Kultur und Bildung oder Information und Kommunikation. Besonders in diesen Bereichen wird deutlich: Die überwiegende Organisation der Tätigkeit als Lohnarbeit ist – ähnlich wie früher im Sozialismus – nun auch im Kapitalismus zur Barriere für die weitere kulturelle Erhöhung von Lebenschancen geworden.

Es spricht vieles dafür, dass die sukzessive Transformation der kapitalistischen Gesellschaften an einen Punkt gelangt ist, wo die ökonomische und kulturelle Dominanz des Produktionsverhältnisses Lohnarbeit aus zwei Gründen kontraproduktiv geworden ist: Erstens, weil – auch infolge der Gleichsetzung von Tätigkeit und bezahlter Arbeit im gesellschaftlichen Diskurs – auf diese Weise viele Menschen davon abgehalten werden, sich sinnvollen Tätigkeiten zuzuwenden, die aus diversen Gründen nicht als Lohnarbeit zu organisieren sind; und zweitens, weil die bürokratischen Erfordernisse der betrieblichen Arbeitsorganisation und der sozialen Sicherungssysteme Arbeitsmotivation, Verantwortungsbewusstsein und Innovationsbereitschaft unterhöhlen (vgl. Pöttker 1997: 192-227).

Wenn das Produktionsverhältnis Lohnarbeit zur Fessel der Produktivkraftentwicklung wird, hat das wie gesagt in der Systematik der Marxschen Theorie seinen Platz. Keinen Platz findet dort der Gedanke, dass eine *herrschende Klasse* in der Lage sein könnte, dauerhafte Lösungen für dieses Problem zu finden. Marx glaubte nicht, dass solche Lösungen in einer sukzessiven Reform der Gesellschaft liegen könnten. Er sah diese Möglichkeit nur in einem abrupten, von Utopien beflügelten Umsturz der bestehenden Ordnung durch eine revolutionäre Klasse. Die Dynamik am Ende der sozialistischen Gesellschaften illustriert diese Prämisse.

Was den *Gegenwartskapitalismus* betrifft, gibt es hingegen Anzeichen, dass eine nicht nur von kurzfristiger Profitsucht, sondern auch von weit blickenden Sorgen um die Lebensfähigkeit ihrer Gesellschaft motivierte Bourgeoisie die kontraproduktive Seite der Lohnarbeit *erkannt* hat und ihr (mit der Initiierung von sozialem Wandel) durch sozialpolitische Reformen begegnen will. Auch wenn Rezepte für Lösungen (noch) nicht gefunden sind, ist doch bemerkenswert, dass zu den Forderungen und Konzepten der „Arbeitgeberseite" und ihrer politischen Sympathisanten nicht nur die Senkung der Lohnnebenkosten durch Abbau von Steuern und Sozialabgaben gehört, sondern beispielsweise auch die Bekämpfung der Arbeitslosigkeit durch Job-Sharing und Abbau von Überstunden[17] oder die Anerkennung von Zeiten nicht entlohnter, aber gesellschaftlich notwendiger Tätigkeit (z.B. Erziehungsjahr) für die Rentenversicherung.

---

17 Diese Maßnahmen wurden z.B. in den 90er Jahren im VW-Konzern ergriffen, um einen Beitrag zur Bekämpfung der Arbeitslosigkeit zu leisten. Die Management-Elite, die darüber nachdenken muss, wie Großunternehmen auch noch in einigen Jahrzehnten gewinnbringend bleiben, ist häufig weitblickender als die politische Elite, die von einem parlamentarischen System dazu verführt wird, nur bis zur nächsten Wahl zu denken.

Von den Gewerkschaften und der Sozialdemokratie dagegen werden Abweichungen vom Prinzip der gesetzlich und bürokratisch reglementierten Lohnarbeit – in gewisser Parallelität zur gescheiterten Politik der sozialistischen Eliten – tendenziell bekämpft, wenn man von den wenigen Vertretern der „Arbeitnehmerseite" absieht, die nicht allein die Lebenschancen der im Lohnverhältnis stehenden Menschen im Auge haben, sondern auch an die Flexibilität und Produktivität des sozioökonomischen Systems als Ganzem und damit an die Lebenschancen aller seiner Teilnehmer denken.

Im Großen und Ganzen zeigt sich also, dass die Marxsche Theorie paradoxerweise in Bezug auf die Dynamik des Kapitalismus weniger Erklärungskraft hat als in Bezug auf den Zusammenbruch des Sozialismus. Möglicherweise erklärt sich diese Paradoxie vor allem daraus, dass der Materialist Marx die konstitutive und produktive Bedeutung der Kommunikationsverhältnisse, besonders der Medienfreiheit und der daraus erwachsenden kritischen Öffentlichkeit im Kapitalismus, unterschätzt hat, indem er sie als „Ideologie" abtat.

Gleichwohl führen Marx' Schlüsselbegriffe auch für den Kapitalismus zu anregenden Thesen, insbesondere da, wo es um das Produktionsverhältnis der Lohnarbeit und dessen Veränderungsbedürftigkeit geht.

5. Der Wert der Marxschen Theorie heute

Hat das abrupte Ende des Sozialismus Karl Marx' Geschichtsphilosophie widerlegt, oder war der „real existierende Sozialismus" nur eine frühe Episode in dem von Marx skizzierten historischen Transformationsprozess, der allerdings viel langsamer vor sich geht, als Marxisten und Antimarxisten bisher angenommen haben?

Blickt man auf das Ende der sozialistischen Systeme zurück, scheint letzteres der Fall zu sein. Besonders das Grundmodell der notwendigen Sprengung von Produktionsverhältnissen, die im Zuge der gesellschaftlichen Evolution zum Hemmnis der Produktivkraftentwicklung geworden sind, findet ausgerechnet in der zurückliegenden Radikaltransformation jener Gesellschaften ein eindrucksvolles Beispiel, deren Eliten sich auf Marx und seine Theorie beriefen.

Blickt man allerdings auf die gegenwärtige Entwicklung des Kapitalismus, erscheint die Frage offen: Ob die Bourgeoisie nach den Leistungen, die Marx ihr eigentlich nicht zugetraut hatte, auch noch die Kraft finden wird, das Problem des kontraproduktiv gewordenen „Systems der Lohnarbeit" (Marx) zu lösen und dieses Produktionsverhältnis, von dem sie selbst so lange profitiert hat, in produktivere Strukturen neuer Qualität zu transformieren, erscheint nicht gewiss, aber eben auch nicht ausgeschlossen. Sowohl der Zusammenbruch des Sozialismus als auch die gegenwärtige Entwicklung des Kapitalismus deuten darauf hin, dass Marx eine späte Bestätigung erfahren könnte, wenn dies Problem in der vorläufig siegreichen Marktwirtschaft nicht im Zuge einer sukzessiven Transformation zugunsten der weiteren kulturellen Entfaltung der Lebenschancen gelöst wird; denn dann könnte irgendwann die Produktivität dieser Gesellschaftsformen beispielsweise im Verhältnis zu den immer noch wachsenden ökologischen Aufgaben zu gering werden, als dass der Kapitalismus ohne radikale und abrupte Transformationen überlebensfähig wäre.

Von den Utopien, die auch für eine solche Revolution nach Marx notwendig wären, zeichnet sich heute allerdings noch nichts ab. Und ob diese Revolution schließlich zum klassenlosen Kommunismus führen würde, wovon der Gesellschaftsoptimist Marx überzeugt gewesen wäre, werden nach allen historischen Erfahrungen, die wir mittlerweile mit Revolutionen und ihrer Eigendynamik haben, nicht nur eingefleischte Skeptiker bezweifeln.

Literatur

Bahrdt, Hans Paul (1984): Schlüsselbegriffe der Soziologie. Eine Einführung mit Lehrbeispielen. München.

Broder, Henryk M. (2003): Honecker-Doku im MDR. Der Bigamist, der gerne Klopse aß. In: Spiegel Online. 14.5.03. www.spiegel.de/kultur/gesellschaft-7.6.03

Geiger, Theodor (1949): Klassengesellschaft im Schmelztiegel. Köln/Hagen.

Geiger, Theodor (1964): Vorstudien zur einer Soziologie des Rechts. Neuwied/Berlin.

Geißler, Rainer (1985): Die Schichtungssoziologie von Theodor Geiger. Zur Aktualität eines fast vergessenen Klassikers. In: KZfSS. 37. Jg. S. 387-410.

Geißler, Rainer (Hrsg.) (1987): Soziale Schichtung und Lebenschancen in der Bundesrepublik Deutschland. Stuttgart.

Geißler, Rainer (2002): Die Sozialstruktur Deutschlands. Die gesellschaftliche Entwicklung vor und nach der Vereinigung. Mit einem Beitrag von Thomas Meyer. 3. grdlg. überarb. Aufl. Wiesbaden.

Habermas, Jürgen (1969): Erkenntnis und Interesse. In: Ders.: Technik und Wissenschaft als „Ideologie". Frankfurt a. M. S. 146-168.

Haug, Wolfgang Fritz (1971): Kritik der Warenästhetik. Frankfurt a.M.

Hennig, Jana/Pöttker, Horst (1994): Vom Freiheitsdrang zum Wohlstandswunsch. Debatten um eine Mainzer Studie zur westdeutschen Sicht auf die DDR-Opposition. In: transparent. Mitteilungen aus dem Institut für Kommunikations- und Medienwissenschaft der Universität Leipzig. Jg. 1. Nr. 1. S. 29f.

ILO (Hrsg.) (2001): Yearbook of Labour Statistics. 60. Aufl. Genf.

Jahoda, Marie/Lazarsfeld, Paul F./Zeisel, Hans (1975): Die Arbeitslosen von Marienthal. Ein soziographischer Versuch über die Wirkungen lang andauernder Arbeitslosigkeit. Frankfurt a.M.

Keynes, John M. (1936): Allgemeine Theorie der Beschäftigung, des Zinses und des Geldes, München.

Kuhn, Thomas S. (1997): Die Struktur wissenschaftlicher Revolutionen. Frankfurt a. M.

Künzli, Arnold (1966): Karl Marx. Eine Psychographie. Wien/Frankfurt a. M./Zürich.

Landes, David S. (1983): Der entfesselte Prometheus. Technologischer Wandel und industrielle Entwicklung in Westeuropa von 1750 bis zur Gegenwart, München.

Marx, Karl (1966a): Ökonomisch-philosophische Manuskripte (1844), in: Fetscher, Iring (Hrsg.): Karl Marx/Friedrich Engels. Studienausgabe in 4 Bänden. Bd. II. Politische Ökonomie. Frankfurt a. M. S. 38-129.

Marx , Karl/Engels, Friedrich (1966): Manifest der Kommunistischen Partei (1848). In: Fetscher, Iring (Hrsg.): Karl Marx/Friedrich Engels. Studienausgabe in 4 Bänden. Bd. III. Geschichte und Politik 1. Frankfurt a. M. S. 59-87.

Marx, Karl (1966b): Randglossen zum Programm der deutschen Arbeiterpartei (1875). In: Fetscher, Iring (Hrsg.): Karl Marx/Friedrich Engels. Studienausgaben in 4 Bänden. Bd. III. Geschichte und Politik 1. Frankfurt a. M. S. 174-190.

Neues Forum Leipzig (Hrsg.) (1989): Jetzt oder nie – Demokratie. Leipziger Herbst '89. Zeugnisse, Gespräche, Dokumente. Mit einem Vorwort von Rolf Henrich, Leipzig.

Neumann, Lothar/Schaper, Klaus (1982): Die Sozialordnung der Bundesrepublik Deutschland. Frankfurt a. M.

Parsons, Talcott (1976): Zur Theorie sozialer Systeme. Opladen.

Popitz, Heinrich (1980): Die normative Konstruktion von Gesellschaft. Tübingen.

Pöttker, Horst (1997): Entfremdung und Illusion. Soziales Handeln in der Moderne. Tübingen.

Rytlewski, Ralf/Opp de Hipt, Manfred (1987): Die Deutsche Demokratische Republik in Zahlen 1945/49 – 1980. Ein sozialgeschichtliches Arbeitsbuch. München.

Schaff, Adam (1965): Marxismus und das menschliche Individuum. Wien/Frankfurt a. M./Zürich.

Trappe, Paul (1968): Sozialer Wandel in Afrika südlich der Sahara. Erster Teil, unter Mitarbeit von Klaus-Dieter Osswald und Bernd Baldus. Hannover.

Weber, Max (1972): Wirtschaft und Gesellschaft. Studienausgabe. Tübingen.

Weber, Max (1982): Die „Objektivität" sozialwissenschaftlicher und sozialpolitischer Erkenntnis, 1904, in: Ders.: Gesammelte Aufsätze zur Wissenschaftslehre, hrsgg. v. Johannes Winckelmann. Tübingen. S 146-214.

Der Autor

Horst Pöttker, Prof. Dr. phil.-hist. habil. (*1944); seit 1996 Professor für Journalistik (Schwerpunkt: Theorie und Praxis des Journalismus) an der Universität Dortmund. 1964-72 Studium der Soziologie, deutschen Philologie, Pilosophie und Geschichte an den Universitäten Hamburg, Zürich, Kiel und Basel. 1972-1982 Zeitschriftenredakteur in Freiburg i. Br. 1982-1985 wissenschaftlicher Mitarbeiter an der Universität-Gesamthochschule Siegen. 1985-1996 verantwortlicher Redakteur der Fachzeitschrift "medium" in Frankfurt a.M. 1992-1995 Gastprofessur für Kommunikationswissenschaft (Schwerpunkt: Ethik des journalistischen Handelns) an der Universität Leipzig.

Publikationen u.a.: Zum demokratischen Niveau des Inhalts überregionaler westdeutscher Tageszeitungen. Wissenschaftstheorie und Methodologie – Normative Demokratietheorie – Quantitative Inhaltsanalyse. Hannover 1980; (Hrsg., mit Rainer Geißler) Theodor Geiger: Kritik der Reklame. Siegen 1986; Entfremdung und Illusion. Soziales Handeln in der Moderne. Tübingen 1997; (Hrsg., mit Arnulf Kutsch) Kommunikationswissenschaft – autobiographisch. Zur Entwicklung einer Wissenschaft in Deutschland. Opladen 1997. (Hrsg.) Öffentlichkeit als gesellschaftlicher Auftrag. Klassiker der Sozialwissenschaft über Journalismus und Medien. Konstanz 2001.

Strukturelle Gewalt und Gewaltstrukturen Funktionale Analyse eines sozialen Grundverhältnisses[1]

Karlheinz Messelken

Gewalt, deren Ausübung Schmerz erzeugt, unseren Leib versehrt und unser Leben gefährdet, wenn sie es denn nicht gleich ganz vernichtet, fürchten wir als eines der größten Übel, das uns treffen kann. Auf der Rangskala der Besorgnisse, die sie uns bereitet, kommen ihr nur noch der Unfall und die heimtückische Krankheit gleich: Auch sie fügen uns Schmerz zu, können zu dauerhafter Minderung unserer Gesundheit führen und den Tod bewirken.

1. Zum therapeutischen Gewaltverständnis des Zeitgeistes

Weitere gleichwertige Beeinträchtigungen seines physischen Wohlbefindens braucht der Mensch der modernen Zivilisation nicht mehr zu fürchten. Angst vor auszehrender Hungersnot etwa – ein Gefahrenarchetypus, von dem die Märchen erzählen und die Chroniken berichten – nistet kaum noch in seiner Seele. Um so mehr beunruhigt ihn, wovor er sich so sicher nicht schützen kann, und zwar aus zwei Gründen: Zum einen, weil seine Aufmerksamkeit nun viel weniger durch andere existenzielle Sor-

1 Der Jubilar, den die Festschrift feiert, wird den folgenden Beitrag mit manchen Vorbehalten gegen die in ihm entwickelten Gedanken lesen. Wie der Untertitel bekundet, sind es in methodologischer Hinsicht funktionalistische Gedanken. Im politisch-ideellen Sinn des Wortes sind es rechte Gedanken. Durch nichts dürfte „rechts" substanzieller erfasst werden können als durch das ihm eigene Gewaltverständnis. Worin es besteht, wird in diesem Aufsatz in einigen Punkten ausgeführt. Um seine zentrale Position mit einer negativen These zu verdeutlichen: Aller Abolitionismus der Gewalt gegenüber ist eitel. Der Jubilar, der die Welt für verbesserlich hält – verbessernswert und verbesserbar – und den der Verfasser eben darum eher „links" verortet –, wird den Beitrag trotz gegenteiliger Auffassung im Grundsätzlichen mit Interesse lesen und ihn bedenkenswert finden. Dass er das als durchaus politischer Mensch vermag, als Mensch von politischer Urteilskraft und politischem Urteilswillen, scheint dem Verfasser nach den Erfahrungen, auf die er im späten Lebensalter zurückblickt, eine seltene und bemerkenswerte Gabe zu sein. Der Verfasser schreibt sie sich ebenfalls zu, kann sie sich als Funktionalist, dem schon der Begriff der politischen Korrektheit fehlt und folglich die entsprechende Korrekturleidenschaft abgeht, freilich nicht auch als Verdienst gutschreiben. Beide hat jedenfalls die Gabe bei der Vertretung der soziologischen Fachinteressen an der Universität der Bundeswehr Hamburg, wo sie nach deren Errichtung seit 1974 acht Jahre gemeinsam lehrten, zu stets respektvoller Zusammenarbeit befähigt. Mit einem Stilbruch von der dritten zur ersten Person und vom Sachlich-Feststellenden zum Bekenntnishaft-Wertenden darf ich sagen: Unser anfängliches Verhältnis der freundlichen Kollegialität bildete sich dabei allmählich in ein kollegiales Freundesverhältnis um, dem auch die durch die Wegberufung Rainer Geißlers nach Siegen eingetretene und seitdem über 20 Jahre bestehende räumliche Distanz zwischen uns und die seither eher geringe Frequenz unserer Begegnungen nichts anhaben konnten.

gen festgelegt ist, zum anderen, weil er sein irdisches Leben als sein einziges ansieht. Übrigens fließt beides, die unverkennbare Risikoverringerung für das am Ende allerdings weiterhin sterbliche Dasein und die Jenseitsausblendung aus dessen Horizont, aus ein- und derselben Quelle: dem seit der Renaissance über den Geist der ehrfürchtigen Kontemplation dominant gewordenen instrumentell-rationalen Aktivismus unserer Weltzuwendung. Jedenfalls hält homo contemporaneus den Verlust seiner hiesigen Existenz für permanent, glaubt an keine Wiedergutmachung für erduldetes Leid und an keine Entschädigung für entgangene Lust.

Kein Wunder daher, dass ihm die lebensgefährliche, leidensbereitende und lusttötende Gewalt als etwas ausschließlich Negatives erscheint: Nichts als ein Übel, das es auszurotten gilt, und zwar so bald und so vollständig wie eben möglich. Der moderne Geist und überwiegend auch seine Wissenschaft halten Gewalt inzwischen durchweg für Krankheit und nehmen sie fast nur noch unter therapeutischem Gesichtspunkt wahr. Wo und wie immer sie sich regt, der medizinische Reflex bleibt nicht aus und behandelt sie als etwas Pathologisches, das es zu bekämpfen gilt.[2] Jeder Sieg, der dabei anfällt, wird als Gewinn für die Humanität und die Zivilisation gefeiert. Da sich das Humanum seiner Konstitution nach frei dünkt – aufgerufen, aus freier Einsicht vernünftige Entschlüsse zu fassen und handelnd zu verwirklichen –, wie soll es da den Zwang, auf den Gewalt jedes Mal dann gerichtet ist, wenn sie nicht überhaupt auf Vernichtung zielt, anders empfinden denn als Beleidigung seines innersten Wesens? Und da die moderne Zivilisation unter die Segnungen, die sie der Menschheit bringt, zuoberst die Schmerzlosigkeit unserer Lebensvollzüge rechnet, wie soll sie da die absichtlich und nicht selten ausgeklügelt schmerzbereitende Gewalt anders bewerten als ein schlechthin vorzivilisatorisches Residuum?

2. Neuere Gewaltdiskriminierungstendenzen in der Rechtsprechung und im Strafrecht

Aus den Erfolgen der aktivistischen Weltbemächtigung der modernen Zivilisation hat sich eine rege und reagible Empfindsamkeit gegen Gewalt entwickelt. Sie äußert sich nicht nur in unablässiger volkspädagogischer Anstrengung, Gewalt ganz allgemein ins moralische Abseits zu rücken, sondern auch in einer Reihe tief greifender Strafvollzugs- und Strafrechtsreformen und bisweilen in spektakulären Richtersprüchen, die den Geisteszustand der Gegenwart im Schlaglicht reflektieren.

2 Die Literatur dazu ist uferlos. Darum sei nur ein Beispiel aus letzter Zeit erwähnt: Ostendorf u.a. (2002).

2.1 Höchstrichterliche Privilegiengewährung an Pazifisten

Sicher kennen alle Zeiten der Menschheitsgeschichte die aus der kollektiven Erschöpfung durch Krieg entstehende gesellschaftliche Sehnsucht nach dauerndem Frieden, in dem unabdingbare, notfalls auch mit Blut zu sichernde Interessen keinen Platz mehr haben und alles Militärische, das ja ein institutionelles Bekenntnis der Gewaltbereitschaft darstellt, zum Gräuel wird.[3] Die vordemokratischen politischen Ordnungen der Vergangenheit trafen zumeist sowohl normative als auch justizielle Vorkehrungen, um derart gesellschaftlich untergründige pazifistische Strömungen von den Staatsgeschäften und ihren realpolitischen Orientierungen fernzuhalten. In den pluralistischen Demokratien hingegen – besonders in unserer deutschen – ist der Pazifismus nicht nur als eine Einstellung unter anderen gesellschaftsfähig geworden, er begründet zudem Sonderrechte für seine Bekenner, vor allem das Privileg, unter Hinweis auf die Gewissenslage den Waffendienst zu verweigern. Aber über dieses Abstinenzrecht hinaus erfreut sich der pazifistische Abscheu vor Gewalt auch der von der Verfassung gedeckten Freiheit zu kollektiver Ehrabschneiderei. Denn wenn er aus diesem Motiv Soldaten öffentlich zu Mördern erklärt, um den Berufsstand moralisch zu erschüttern und damit das Militär als politisches Gewaltwerkzeug des Staates unbrauchbar zu machen, trifft er bei uns auf höchstrichterliches Verständnis für den plakativen Ausdruck der sie leitenden Gesinnungsethik.[4] Wes das Herz voll ist, des muss in einer freien Gesellschaft der Mund übergehen dürfen, lautet der Tenor der Urteilsbegründung. Hier mit Verbotsgewalt die Meinungsfreiheit einzuschränken, sei eine unerträgliche Verletzung der Persönlichkeitsrechte, deren Respektierung aller Staatsräson die Grenzen weise.

2.2 Herkömmliches Gewaltverbrechen und Intimgewalt – ein Bewertungskontrast

Besorgnis vor Gewalt, wie sie in diesem Beispielfall die pazifistische Gesinnungskundgabe und ihre gerichtliche Würdigung leitete, bestimmt bei uns inzwischen auch mancherlei Strafvollzugs- und Strafrechtsreformen. Auffällig ist dabei ein Kontrast zwischen nachlassendem und zunehmendem Verfolgungseifer, je nachdem wo die Täter agieren.

Auf der einen Seite geht eine Entwicklung weiter, die mit der Aufklärung begonnen hat. Mit immer subtileren psychologischen und soziologischen Argumenten denkt sich die Justiz in den traditionellen Gewaltverbrecher hinein. Dessen Taten werden dabei als eigene Handlungen weitgehend aufgelöst und erscheinen am Ende von Umständen verursacht. Sie sind ihm deshalb kaum noch zurechenbar und des-

3 Die deutsche Barocklyrik nach dem Dreißigjährigen Krieg gibt davon ein eindringliches Zeugnis.

4 Vgl. BVerfGE 93, 266 – „Soldaten sind Mörder" –, Beschluss des Erstens Senats vom 10. Oktober 1995.

halb an ihm, wenn überhaupt noch, dann allenfalls mit abgeschwächter Strafgewalt zu ahnden. Nicht nur, dass die Todesstrafe in Mordprozessen abgeschafft ist[5], auch die lebenslange Haftstrafe gibt es so gut wie nur noch nominell. Da die rechtsphilosophische Begründung der Haftstrafe statt auf Sühne auf Resozialisierung hinausläuft, verlangt der Haftvollzug zudem mancherlei temporäre Freilassungen. Von dem breiten untergründigen Unmut über diese Tendenz, der besonders nach spektakulären Wiederholungstaten von einschlägig Vorbestraften zu lauter Missbilligung zu führen pflegt, zeigt sich der öffentlich tonangebende Reformidealismus zwar bisweilen geniert, im Grunde aber hält er die gelegentlichen Forderungen nach Rückkehr zum Grundsatz des Talion bei der Verbrechensbekämpfung, dem Abschreckungsprinzip der Vergeltung mit Gleichem, für barbarisch und setzt darum seinen kriminalpolitischen Kurs unbeirrt fort.[6]

Auf der anderen Seite kriminalisieren einige seit etwa einem halben Jahrhundert zu beobachtende und sich in letzter Zeit beschleunigende Entwicklungen im Strafrecht und in der Praxis der Strafverfolgung Lehrer und Eltern, die ihre Zöglinge oder Sprösslinge durch körperliche Züchtigung maßregeln, und Ehegatten, die voneinander den Beischlaf erzwingen. Sie drohen also mit der Strafgewalt des Staates in einem Bereich, in dem er sich früher zurückhielt. Mögen auch alle älteren Kulturen der biblischen Weisheit gefolgt sein, die in den Sprüchen Salomonis (13,24) aufgeschrieben ist: „Wer seine Rute schont, der hasst seinen Sohn; wer ihn aber lieb hat, der züchtigt ihn bald", seit gut einem halben Jahrhundert folgt der fortgeschrittene Geist vermeintlich menschenfreundlicherer Erkenntnis und argwöhnt in jeder von Vater oder Mutter verübten körperlichen Gewalt an ihren Kindern – vom spontanen Backenstreich mit der offenen Hand bis zu prozeduralisierten Stockschlägen – einen brutalen Exzess, der dem noch unausgereiften, wehrlosen und darum gerade unseres besonderen Schutzes bedürftigen Nachwuchs dauerhafte Schäden an Leib und Seele zufüge. Hier fällt die Öffentlichkeit den – wie es dem neuen Geist scheint: verantwortungslosen – Eltern in den Arm und hindert sie, wenn es sein muss durch Entzug des Sorgerechts, d.h. durch Trennung des leiblich wie seelisch intimsten, von der Natur selber geknüpften sozialen Bandes. Auch die Vergewaltigung des Ehegatten bekümmert das moderne Empfinden tief. Mögen nahezu alle Kulturen bislang davon

5 Die Überzeugung, mit ihrer Abschaffung einen fraglos positiven Entwicklungsschritt hin zu mehr Respekt vor der Menschenwürde gegangen zu sein, ist ein Quell hochmütiger europäischer Überlegenheitsgefühle gegenüber den USA, die wir in dieser Angelegenheit für rückständig halten. Bedenkt man aber, dass Immanuel Kant, der der ganzen Welt als der Vertreter eines freiheitlich-personalen Gesellschaftsbewusstseins gilt, noch vor gut 200 Jahren gerade um der Menschenwürde willen die unbedingte Vollstreckung von Todesurteilen verlangt hat (Vgl. Kant 1798, den Abschnitt „Vom Straf- und Begnadigungsrecht"), lässt sich ermessen, wie tief der Bruch geht, den die Abschaffung der Todesstrafe bedeutet, und wie kurz die historische Erfahrung mit dieser Neuerung ist.

6 In diesen Tagen – Ende Februar 2003 – gibt der in den Gazetten breit diskutierte Fall Daschner (Folterandrohung gegen den Kindesentführer Gäfgen zum Zwecke der Rettung des Opfers von Metzler) Stoff zum Nachdenken, in welche moralische Ausweglosigkeit der bedingungslose Verzicht auf Folter die Justiz führen kann.

ausgegangen sein, dass Ehe einen Vertrag von „zwei Personen verschiedenen Geschlechts“ zu – wie Kant trocken sagt[7] – „lebenswierigem wechselseitigen Besitz ihrer Geschlechtsqualitäten“ darstelle, wir lösen den Besitztitel auf, erklären jede einzelne Inanspruchnahme des Rechts für zustimmungsbedürftig und bedrohen jede erzwungene mit Strafe, deren Exekution sogar das Zwangsopfer selber nicht mehr soll aufhalten dürfen. Das bewährte strafgesetzliche Verbot von Körperverletzung und Nötigung reicht uns dazu nicht mehr aus. Spezifischere Normen erscheinen uns dringlich.

2.3 Zur Verarbeitung des Bewertungskontrasts im Zeitbewusstsein

Der erstaunliche Kontrast, der heute zwischen Duldsamkeit gegenüber der verbrecherischen Gewalt außerhalb und Verfolgungseifer gegenüber Gewalthandlungen innerhalb der Familie besteht, beunruhigt das moderne humanitaristische Bewusstsein nicht im Geringsten. Ja es merkt nicht einmal den Selbstwiderspruch, wenn es dieselbe Strafgewalt in dem einen Fall als therapeutisch indiziert und in dem anderen Fall als therapeutisch kontraindiziert versteht.

Was die fortbestehende kriminelle Gewalt betrifft, so gilt sie dem modernen Bewusstsein als Folge eines allgemeinen gesellschaftlichen Versagens: der Familie und der Schule, der Parteien und der Kirchen, der Wirtschaft und der Massenmedien. Wo sie in Erscheinung tritt, vermutet es dahinter kranke gesellschaftliche Zustände. Folglich könne dem einzelnen die Gewalttat, die er begeht, nur als milliardenster Bruchteil angelastet werden. Das gesellschaftliche Übel, das sie bildet, mit der Gewalt der Justiz zu belegen, heiße das Opfer allgemeiner Zustände ein zweites Mal opfern. Darüber hinaus vermehrten Gewaltreaktionen der Justiz die Gewaltsumme nur weiter. Die justizielle Gewalt schlage sogar gleich doppelt zu Buche, weil sich in ihr eine doppelte Kontraproduktivität erfülle. Generalpräventiv wirke ihr Vollzug nämlich leicht wie ein Beweis für die Hinfälligkeit des Gewaltlosigkeitsideals überhaupt, das eine allenthalben rührige Pädagogik mit unablässiger Mühe in unser Gemüt einzupflanzen sucht, und durch ihr bloßes Beispiel drohe sie die natürliche Hemmschwelle vor dem Gewaltgebrauch zu erniedrigen, die in die menschliche Psyche eingebaut ist. So trage sie selber zu der Verrohung bei, die sie einzuschränken beabsichtige. Und spezialpräventiv bleibe nicht nur der Abschreckungserfolg der justiziellen Gewalt aus, sondern müsse sie sich sogar sagen lassen, der kriminellen Gewalt den Entschuldigungsgrund nachzuliefern: dass etwa der Geiselmord oder der Polizistenmord als bloße vorbeugende Gegenwehr geübt worden sei.

Während sich die moderne Strafjustiz darum vor der gesetzwidrigen Gewalt, die sie früher unerbittlich verfolgte, mehr und mehr zurücknimmt, vertraut sie in den zunächst und zutiefst durch Liebe konstituierten Privatbeziehungen, die früher öf-

7 „Metaphysik der Sitten“, in: Weischedel (1965).

fentlich irrelevant waren, umso stärker auf Strafverfolgung. Der Zeitgeist, der dem Sühnegedanken sonst durchweg abhold ist, scheint hier sehr wohl Gefallen an ihm zu finden. Auch seine Meinung über die Abschreckung verkehrt sich: Schätzt er deren Wirkung – z.B. in der Diskussion um Todesstrafe für Mörder – gering ein, verspricht er sich von einer Verschärfung der Sanktionen gegen Eltern und Erzieher, die zum Mittel der Körperstrafe greifen, offenbar durchaus Erfolg. Statt doppelter Kontraproduktivität verdächtig zu sein, soll die justizielle Gewalt hier gleich auf doppelte Weise Vorbeugung leisten. Zum einen soll sie auf direktem Weg durch Einschüchterung der Täter erfolgen, sowohl der abgeurteilten, deren Rückfallneigung durch die verschärften Sanktionen zu bremsen sei, als auch der potenziellen, deren Tatneigung von vornherein durch sie zu mindern wäre. Zum anderen soll Vorbeugung auf dem indirekten Weg über die von der Strafjustiz vor Intimgewalt Beschützten stattfinden. Zur Begründung dient hier eine sozusagen negative Lerntheorie. Sie erwartet, dass der Zugriff auf Gewalt im Erwachsenenalter ausbleibe, wenn er im Kindes- und Jugendalter kein Handlungsmodell gewesen sei.

Doch sind es nicht allein diese vermeintlichen Besserungsaussichten, die die Ausdehnung der Strafpolitik auf das Lehrer-Schüler-Verhältnis und den Intimitätsraum der Familie inspirieren. Hinter ihnen steht auch die Empfindung, dass Zwangsgewalt als solche und in jeder Gestalt zur Liebe, die ihrem Wesen nach ungezwungen Zuwendung gewährt und ungezwungene Zuwendung begehrt, in schärfstem Gegensatz stehe, und darum ruft sie Empörung über die in ihr liegende scheinbar unerträgliche Verhöhnung der vertrauten und vertrauenden Angehörigkeit hervor. Dem Zeitalter, das sich zugute hält, mittels tiefenpsychologischer Analytik bis auf die wilden Urgründe des Seelenlebens durchzuschauen, kommt kaum noch in den Sinn, dass die reinliche Säuberung der Liebe von jeglicher Gewalt, die gefügig machen will, die Emotionalität überhaupt sterilisieren könnte, aus der die Gewalt wie die Liebe stammen. Es will auch nicht wahrhaben, dass alle Kultur auf Ehrfurcht der in sie hineinwachsenden Generationen vor der Leistung der vergangenen Generationen beruht, Ehrfurcht, in der – wie das Wort sagt – Furcht mitschwingt und Ehrbezeugung begründet. Nicht weit hergeholt dürfte die Vermutung sein, dass sowohl der pädagogische Eros als auch Gattenliebe als auch elterliche Kindesliebe, die sich ständig auf strikte Gewaltabstinenz kontrollieren, klinische Züge annehmen und ihre Sanftheit mit Untertemperiertheit erkaufen. Immerhin verbreitet sich die Klage, dass Lehrer heute ihren Beruf häufig lust- und lieblos ausübten. Offenkundig aber ist, dass der Gesellschaft, die schon der Begriff der elterlichen Gewalt so in Verlegenheit bringt, dass sie ihn am liebsten ganz aus ihrem Vokabular streichen und durch Sorge ersetzen möchte, der Nachwuchs mehr und mehr ausbleibt. Und ebenso unverkennbar ist, dass da, wo die öffentliche Moral zu strafrechtlichen Mitteln greift, um die eheliche Liebe zu pazifisieren, diese selber in die Krise gerät und an Bindungskraft rasch und nachhaltig einbüßt.

Was sich dem gegenwärtigen gesellschaftlichen Bewusstsein und weithin auch seiner sich im Detail verlierenden Wissenschaft verbirgt: In diesen zunächst zeitlichen Relationen zwischen radikaler Gewaltentwertung und zunehmender Anomie stößt die soziologische Analyse auch auf funktionale Zusammenhänge. Sie treten hervor, wenn man den ideologischen Schleier abstreift, mit dem das herrschende therapeutisch-humanitäre Gewaltverständnis verdeckt, dass Gewalt zuerst und vor allem ein natürliches Basisverhältnis bildet. Ohne diesen Schleier wird der Blick frei für strukturelle Gewalt. In ihr erscheint das Potenzial spontaner Gewalt zu einem großen Teil eingefangen, gebunden und zu Gewaltstrukturen kristallisiert, die alle komplexe Zivilisation zu sicherheitsspendenden Gewaltarchitekturen ausbaut.

3. Zur Definition von Gewalt

Es gibt gute Gründe, Gewalt zu fürchten, und genau darum ist es wichtig, sie furchtlos zu ergründen. Nicht nur wo der hoffnungsstarke Wunsch zum Vater des Gedankens, sondern auch wo die ängstliche Sorge zu seiner Mutter wird, droht der Theorie ein Verlust an realistischem Einschätzungsvermögen, bis sie in jeder Art von Gewaltbeziehung Exzess vermutet. Der Soziologie, die sich als Wissenschaft von den functional prerequisites der sozialen Ordnung und auf dieser Grundlage als Wissenschaft der möglichen Ordnungsvarianten versteht, fehlt es nicht an Denkmitteln, eine wirklichkeitsgesättigte Lehre der Gewalt zu entwickeln.[8] Freilich muss sie auch wagen, sich ihrer Denkmittel zu bedienen. Zur Urteilskraft gehört immer auch Urteilsmut. Kant hat diese Voraussetzung der Aufklärung auf die imperative Formel sapere aude! gebracht. Bis auf den Grund zu denken, verlangt stets, sich den Idolen des Theaters und des Forums[9] zu versagen, und bei dem hier zur Debatte stehenden Thema verlangt es konkret, Abstand zu nehmen von der entrüsteten Negierung der Gewaltelemente des sozialen Lebens, die heute das moralisch überdüngte allgemeine Bewusstsein erfüllt.

Die geringste Beobachtung, die zu verstehen sucht, bevor sie nach gut und böse unterscheidet, führt unabweisbar zu der Erkenntnis, dass da, wo Leben vorkommt, seine Träger gelegentlich Gewalt einsetzen, um sich zu behaupten. Das Gewaltverhältnis präsentiert sich einer unbefangenen Empirie zunächst als ein elementares Naturverhältnis. Kein Begriff der Gewalt, der seiner Sache gerecht werden will, kommt an dieser Ursprünglichkeit vorbei. Deshalb muss seine Definition in ihn etwas aufnehmen, das häufig ausgelassen bleibt, aber unbedingt einbezogen gehört, weil sie sonst überscharf würde und wesentliche Zusammenhänge zerschnitte: Gewalt als animalisches Vermögen. Zugleich muss die Definition etwas ausschließen,

8 Um es ausdrücklich zu sagen: Die Denkmittel sind vor allem von der funktionalistischen Systemtheorie zur Verfügung gestellt.

9 So drückte es vor 400 Jahren Francis Bacon in seinem Novum Organon aus (vgl. Krohn 1990).

das heute gern einbezogen wird, ihr aber durch Überdehnung an Unterscheidungsschärfe nimmt und den Durchblick auf die Tiefe des Gewaltverhältnisses verstellt: die so genannte Gewalt gegen Sachen.

Dies berücksichtigt, erscheint Gewalt als ein Aufeinandereinhandeln von individuellen oder kollektiven, tierischen oder menschlichen Subjekten, als ein Gegenhandeln zwischen ihnen[10], das in Gang kommt, wenn eins von ihnen danach trachtet, das andere von seinem dem eigenen Willen folgenden Verhalten abzubringen, sei es dadurch dass es getötet, dass es durch absichtlich beigebrachten Schmerz genötigt oder – eine im Wesentlichen erst der Kultur verdankte und insofern ausschließlich menschliche Form der Vergewaltigung – dass es räumlich fixiert, also gefesselt, angekettet oder eingesperrt wird (Vgl. Foucault 1976), letzteres seit Anfang des 20. Jahrhunderts und seitdem vermehrt auch im kollektiven Fall in Lagern. In der so ausgelösten Interaktion trachtet das jeweils andere Subjekt, die versuchte Bestandsminderung seines Daseins abzuwehren, indem es seinerseits tut, was ihm angedroht ist, oder, wenn ihm dazu die nach seiner Einschätzung erforderlichen Mittel fehlen, sich durch Flucht oder Versteck wenigstens zu entziehen. Die Gewaltbeziehung vollzieht sich also als ein Vorgang zwischen Subjekten, den sie als Herren der Situation ebenso generieren und kontrollieren, wie er sich an ihnen übermächtig ereignet, und zwar in getrennter, aber nicht selten rasch hin und her wechselnder Täter- und Opferrolle. Eine konstant einseitige Rollenverteilung kommt häufig dann zustande, wenn der Gewaltangriff aus dem Hinterhalt geführt wird oder die Gewaltmittel einer Seite denen der anderen vielfach überlegen sind.[11]

Diese Definition, die die Intersubjektivität aller Gewaltbeziehung anerkennt, schließt jegliche Rede von einer Gewalt gegen Sachen aus, wie sie seit dem Terrorismus der siebziger und achtziger Jahre des letzten Jahrhunderts in Umlauf kam. Vor allem die Sympathisantenszene unterschied damals zwischen Gewalt gegen Sachen und Gewalt gegen Menschen, erklärte die erste zu einem legitimen Kampfmittel und hielt die zweite für verwerflich. Mit solcher Semantik wollte sie teils die Aktivisten zum Verzicht auf blutige Attacken gegen Personen mahnen, teils die Öffentlichkeit beschwichtigen. Doch die ganze Unterscheidung verstößt gegen den Sinn des Gewaltbegriffs. Weder handelt eine Sache, noch leidet sie. Sowenig wie der Dachziegel, der, vom Sturm gelockert, uns den Kopf einschlägt, Gewalt übt – er will den Erfolg nicht, er weiß nichts von ihm, er braucht ihn zu nichts –, sowenig erleidet Gewalt der Stuhl, den wir zersägen und verfeuern – es ist ihm egal, was wir mit ihm tun. Sogar die Verletzung oder selbst die Tötung eines Individuums durch ein anderes nennen wir nicht Gewalt, wenn sie dem einen von dem anderen unwil-

10 Zur Logik dieses von der Soziologie kaum wahrgenommenen, nichtsdestoweniger kategorial unentbehrlichen Handlungstyps (vgl. Vollrath 1987).

11 Dass es auch anders geht, davon zeugen im alten Heiligen Land David in seinem Kampf mit Goliath und im modernen Israel die Selbstmordattentäter im Kampf gegen eine Armee in technischer Höchstrüstung.

lentlich zugefügt wurde. Obwohl hier immerhin mindestens die eine Seite leidet, empfinden wir das Verhältnis anders und bezeichnen es anders, nämlich als Unfall.

Logisch bildet Gewalt gegen Sachen eine reine contradictio in adiecto. Was allein möglich wäre und die falsche Formel auch meint, ist, dass ein Subjekt mittels Sachbeschädigung trachtet, ein anderes, das darin eine Interessenverletzung sieht, dazu zu bewegen, ihm zu willfahren. Freilich kann zu diesem Ziel auch die bloße Wegnahme von Sachen ohne jegliche Beschädigung dienen. Die Opfer eines derart ausgeübten mittelbaren Zwangs sind jedenfalls so oder so nicht Sachen, sondern stets und allein Subjekte.

Ganz anders aber steht es mit Tieren; sie gehören nicht in den Kreis der Sachen.[12] Insoweit sie – nach Maßgabe der Komplexität ihres Nervensystems – leidens- und handelnsfähig sind, können sie ebenso Gewalt antun, wie sie ihnen angetan werden kann. Auf ihrer Gewaltfähigkeit im handelnden und leidenden Sinn zu bestehen, bedeutet nicht eine beliebige definitorische Entscheidung, sondern damit werden die Weichen gestellt, über die überhaupt erst zu einem angemessenen Verständnis der Antriebsdynamik und Lebensfunktion der Gewaltdisposition zu gelangen ist. Tiere können Täter und Opfer von Gewalthandlungen sein wie Menschen. Tiere können sowohl zu Opfern menschlicher als auch tierischer Gewalt der eigenen oder fremder Arten werden; ebenso können Menschen sowohl zu Opfern tierischer Gewalt als auch menschlicher Gewalt werden. In der zwischenartlichen Aggression offenbart sich Gewalt motivational so ursprünglich und funktional so unentbehrlich wie in der innerartlichen. Gewalt kann die Grenzen zwischen diesen beiden Verkehrskreisen überspringen, und zwar nicht bloß exzeptionell, sondern konstitutionell. Dabei verändern sich zwar die Gewaltmotive und Gewaltfunktionen wenigstens der Gewichtung nach – z.B. spielt innerartlich das Motiv und die Funktion der Einverleibung des Gewaltopfers, die zwischenartlich ganz obenan steht, zumeist keine oder nur eine untergeordnete Rolle –, die zum Einsatz gelangenden Gewaltmittel variieren indessen kaum. Es bildet eben die mit Gewalt gemeinte Beziehung eine so elementare Verhaltenszuordnung unter den höheren Organismen, dass ihr Begriff nicht von vornherein ausblenden darf, was über die Gewaltbeziehungen zwischen miteinander vergesellschafteten Lebewesen hinausreicht. Davon unbeschadet bleibt richtig, dass die Humansoziologie auch bei dem Gewaltthema ihren hauptsächlichen Untersuchungsgegenstand in den Beziehungen der Menschen

12 Dieses apodiktische Urteil kann sich auf die breite Revision stützen, die die Biologie, die Anthropologie, die Ethologie und in ihrem Gefolge überwiegend auch die Philosophie des 20. Jahrhunderts an der von Descartes vollzogenen, idealistisch begründeten und bis Schopenhauer so gut wie unbestrittenen Ausgrenzung der Tiere aus dem Kreis der beseelten Wesen vollzogen. Dass uns mit ihnen die *anima* verbindet, wie es im romanischen und angelsächsischen Sprachkreis im Namen der Tiere zum Ausdruck kommt, ist inzwischen breit anerkannt und äußert sich in der wissenschaftlichen Terminologie im Begriff des Organismus, mit dem unterschiedslos das individuierte Leben sowohl aller tierischen Spezien als auch der menschlichen Spezies bezeichnet wird.

untereinander findet. Auch in dieser Abhandlung steht er mit dem Begriff der strukturellen Gewalt und der Gewaltstrukturen im Zentrum des Interesses.

4. Zur Biofunktionalität von Gewalt

Die geringste Beobachtung zeigt – davon war ausgegangen –, dass da, wo Leben vorkommt, seine Träger in Streit geraten können, bei dem Gewalt eingesetzt wird. Die alltäglichen Streitigkeiten mit Gewalteinsatz sind dabei von sehr unterschiedlichem Status. Es kann sich beispielsweise um solche handeln, wo artverschiedene Fressfeinde einander durch Sieg im Streit zur Beute machen; hier wäre also der eine für den anderen Lebensmittel. Es kann sich um innerartliche Verdrängungskämpfe zwischen sozialen Verbänden handeln, bei denen es um den Besitz oder Ausschluss von Futterplätzen geht. Es kann sich um interindividuelle Rivalitäten handeln, bei denen Fortpflanzungschancen ausgefochten werden, also gewöhnlich brünstige Männchen Konkurrenten aus dem Felde zu schlagen versuchen, um sich den exklusiven Zugang zu paarungsbereiten Weibchen zu sichern. Es kann sich um innerverbandliche Rangkämpfe handeln, bei denen es um soziale Platzierung geht, also um Respekt und Einfluss, womit sich vielerlei Privilegien und Kompetenzen verbinden.

Wenn man die Fülle der Gewaltprozesse, die sich allenthalben abspielen, zur Kenntnis nimmt und sich fragt, ob man sich das Leben ohne die Regulierungsfunktion vorstellen kann, die sie für es haben, ist eine andere als negative Antwort einfach undenkbar. Offenbar ist die Gewaltdisposition so tief in alle Biodynamik eingelassen, dass man sie nur um den Preis beseitigen könnte, das Leben gleich mitzubeseitigen. Aber nicht nur ist der Antrieb zur Gewalt vom Lebenstrieb nicht zu trennen: Was so elementar zur Triebausstattung gehört und damit zugleich jederzeit aktualisierbare Verhaltenspotenz bildet, erfüllt auch funktional nicht ersetzbare Erfordernisse der Lebensordnung. Das hat die alte ontologische Weisheit immer schon gewusst: Was ist, ist vernünftig – was sich immer wieder einstellt, kann nicht bloß zufällig sein – was besteht, wird zum Bestand des Seins gebraucht.

Als Folge und Funktion des zwischenartlichen Gewalteinsatzes wird, wer der akuten Gewalt keine gleichstarke entgegenzusetzen hat, zum Nahrungsmittel des Überlegenen. Als Folge und Funktion des innerartlichen Gewalteinsatzes wird der Unterlegene von knappen Ressourcen ferngehalten. So sichert das Leben, dass seine starken Exemplare günstige Versorgungsbedingungen finden, und fügt den Schwächeren zu dem vitalen Schaden, den der Schwächezustand an sich darstellt, auch noch den Nachteil zu, mit Resten abgespeist zu werden, freilich nur soweit solche übrig bleiben. Mit diesen Worten lässt sich das eherne Selektionsgesetz des „survival of the fittest“ übersetzen, das der fortgesetzten Ausbreitung, Differenzierung und

Komplexierung des Lebens zu Grunde liegt. Dass es für die ganze nichtmenschliche Natur Geltung hat, wird eigentlich von niemandem mehr ernsthaft bestritten.

Die moderne Erkenntnis hat den Gedanken, dass das menschliche Leben einem prinzipiell anderen Schöpfungsplan folge als alle übrige Kreatur, von verschiedenen Seiten her ausgehöhlt. Trotzdem weigern wir uns im Fall der Gewalt geradezu obstinat, die Konsequenz zu ziehen. Nichtsdestoweniger ist unverkennbar: Auch die Gattung Mensch ist gewaltfähig, gewaltbereit und gewaltabhängig, um individuell und kollektiv zu subsistieren, und zwar sowohl in Bezug auf fremde Arten wie auf die eigene.

Wir sind die Fressfeinde vieler Mitgeschöpfe, die wir ungerührt von der Daseinsfreude, die aus ihren Augen blickt, oder von der Todesangst, die sie ausdrücken, abschlachten und verzehren. Mit den uns durch unsere Intelligenz zugewachsenenen Möglichkeiten haben wir die gewaltsame Inanspruchnahme des fremden Lebens für unsere eigenen Zwecke über das rudimentäre Fressverhältnis hinaus weiter gesteigert. Bei der sportlichen Jagd töten wir es aus reiner Aggressionslust. Und die Wissenschaft treibt – wie es schon Francis Bacon als ihren Triumph ankündigte[13] – mitleidslos Vivisektion an den Mitgeschöpfen, um die Prozessgesetze des Lebens methodisch zu studieren und in der Folge zu unseren Gunsten die Zielgenauigkeit chirurgischer Schnitte oder die Wirkung pharmazeutischer Präparate zu erhöhen oder auch nur um unsere Kosmetik aufzubessern.

Gewaltbeziehungen in Form kollektiver Verdrängungskämpfe um Ressourcen gibt es innerhalb unserer Art nicht weniger als unter anderen Arten, und ungehemmt steigern wir dabei unser Gewaltvermögen mittels der Techniken, die uns die wachsende Zivilisation zur Verfügung stellt: vom frühkulturellen Faustkeil oder Giftpfeil bis zu den heutigen ABC-Waffen. Sexuelle Rivalitäten, bei denen die Konkurrenten einander Gewalt androhen, gibt es zuhauf. Zwar kommen hoch ritualisierte Duelle, wie wir sie in der Tierwelt beobachten und wie sie unter Einsatz scharfer Waffen bis zur Jahrhundertwende auch unter Männern ausgefochten wurden, manchmal mit tödlichem Verlauf, heute nur noch selten vor, weil inzwischen die übermächtige Staatsgewalt von ihnen mit peinlichen Strafen abschreckt, aber das Verbrechen aus Leidenschaft beschäftigt nicht nur unsere Phantasie in hohem Maße, sondern ebenso die Kriminalgerichte. Eher selten sind auch Gewaltübergriffe bei Platzierungswettbewerben. Trotzdem bleibt die gewaltsame Schädigung von Konkurrenten ein Delikt, das nicht nur unter Eisläufern verübt wird oder nur Tennisspieler betrifft.[14] Dass es nicht so häufig geschieht, wie die Fiktionsliteratur glauben machen könnte, ist wohl nur zum geringeren Teil Wirkung der Justiz. Bereits unter Tieren werden die Rangkämpfe zumeist mit gebremster Gewalt ausgetragen und großenteils durch bloße Drohdemonstrationen entschieden. Diese reichen normalerweise aus, weil die

13 Vgl. Nova Atlantis 1997.

14 Man erinnere sich an den Fall Tonya Harding versus Nancy Kerrigan im Januar 1994 und das Attentat auf Monica Seles 1993 in Hamburg.

visualierte Überlegenheit des Platzhalters von weiteren Verbandsgenossen anerkannt und damit verstärkt wird, so dass der Herausforderer nicht nur den individuellen Gegner zu fürchten hat, sondern zusätzlich die anderen bei seiner Chancenabschätzung in Anschlag bringen muss. Im Übrigen riskiert der Herausforderer, der unterliegt, die Geborgenheit inmitten des Verbandes, die ihm als Mitglied bisher zukam. Um sie nicht zu verspielen, empfiehlt sich für ihn, nicht zu überziehen und Gesten der Entschlossenheit, mit denen die alte Dominanz auf ihrem Platz beharrt, zu respektieren und rechtzeitig mit Demutsgesten zu beschwichtigen.

Wenn wir dies alles bedenken, wird der Schluss unabweisbar: Die Tier-Mensch-Differenz der Gewalttätigkeit besteht nicht als eine prinzipielle, besteht nicht als eine Differenz der Motivation und Funktionalität der Gewaltprozesse, zwischen ungehemmter Bereitschaft und unbarmherzigem Vollzug auf der einen Seite und pflichtbewusster Vermeidung aus Gewissensgründen oder mitfühlender Abschwächung auf der anderen Seite. Vielmehr ist die Differenz gradueller Natur und liegt in der Dimension, in der sich der Mensch vom Tier ohnehin graduell unterscheidet. Der Mensch denkt bewusster, d.h. antizipiert klarer, welche Unannehmlichkeiten ihm fremde Gewalt bereitet, und sorgt sich daher nachhaltiger, dass er ihr nicht unterliege[15], und – als Kehrseite – stellt sich die Abwehrmöglichkeiten gegen die Eigengewalt deutlicher vor Augen, um seine Strategie zu optimieren und seine Gewaltmittel über die Abwehrmöglichkeiten hinaus zu steigern.[16] Mit anderen Worten: Die Gewalthaftigkeit des Menschen besteht nicht nur trotz des Prozesses seiner fortschreitenden Selbstkultivierung ungebrochen weiter, sondern hat sich vermöge dieses Prozesses fortwährend gesteigert. Sie drückt sich in der Rüstungsspirale aus, die die Kulturgeschichte durchzieht: nicht nur sie selbstverständlich, aber überall und stets sie auch. Nicht moralisch geleisteter, also von Individuen handelnd geübter Gewaltverzicht, weil ohne ihn die Freiheit des anderen geschändet würde, war die menschliche Antwort auf die kulturell wachsenden Gewaltgefahren, sondern forcierter Ausbau der Gewaltpotenz und kunstvoller Einbau in die Ordnungen des Zusammenlebens, also vervollkommnete Technik und vervollkommnete Organisation.[17] Der unglaubliche Ausbreitungserfolg des Menschengeschlechts, zustande gekommen in einer langen Kette von geglückten Operationen, die uns heute ähnlich schaudern lässt wie der Ring des Polykrates dessen Gast – *Kann das noch lange gut gehen?* –, und im Verein damit im Inneren der Verbände eine weitgehende Gewaltverminderung des gesellschaftlichen Verkehrs durch seine Unterwerfung unter den gewaltmonopolisierenden Staat, verdankt sich nicht einer Verfeinerung unseres

15 Dafür stand früher die Entwicklung der Neutronenwaffe als Mittel gegen Panzerverbände und steht gegenwärtig der amerikanische Versuch zur Entwicklung des so genannten Raketenschildes.

16 Etwa durch Entwicklung von Marschflugkörpern zum Unterfliegen von Radarschirmen.

17 Dem steht der gelegentliche Erfolg gewaltfreier politischer Bewegungen und Aktionen, z.B. dem unter den Stichworten Gandhi oder der Leipziger Montagsdemonstrationen ins öffentliche Bewusstsein eingegangenen, nicht entgegen. Er kann eintreten, wenn in ganz bestimmten Situationen eine Herrschaftsmacht zu der Einsicht kommt, mit ihrem Latein am Ende zu sein.

Gewissens, sondern der Steigerung unserer Wirkungsmacht. Der Mensch hat vermöge seiner Intelligenz im Zuge der Ausbildung seiner Kultur die natürliche Gelegenheitsgewalt in strukturelle Gewalt aufgelöst und als Material für höchst imposante Gewaltstrukturen genutzt.

5. Zur Phänomenologie von Gewalt

Bei der Entfaltung des Begriffs der strukturellen Gewalt empfiehlt es sich, zunächst phänomenologisch vorzugehen und das Erscheinungsbild der Gewalt zu beobachten, wie es uns immer wieder unter die Augen kommt. Nur bedarf auch die phänomenologische Analyse der Orientierung, um das Wesentliche vom Nebensächlichen zu unterscheiden. Was an den Erscheinungen können wir als bloß Akzidentielles einklammern und was müssen wir als Vorschein des Wesentlichen festhalten? In dieser Frage helfen häufig Analogien, und eine solche führt auch bei unserem Thema weiter. Führen wir dazu einen Vergleich, einen gewagten Vergleich, den Vergleich der Gewalt mit ihrem Gegenteil, den Vergleich zwischen Gewalt und Liebe. Es wird sich zeigen, wie er uns dazu befähigt, zu verstehen, was es mit der strukturellen Gewalt auf sich hat.

Da wo die Liebe – auch sie nur als intersubjektives Verhältnis zu denken – sich akut manifestiert, im Wortsinn also zugespitzt-scharf in Erscheinung tritt, spielt sie sich als eine Interaktion ab, die nur von wechselseitigem Begehren und sonst von nichts bestimmt ist. Wo sie also in diesem Sinne als actus purus verläuft, da imponiert sie als ein kurzes, heftiges Gerangel, ein Aufeinandereinwirken in enger Verschlingung. Es setzt infolge unwillkürlich aufkommender Dranggefühle ein, die bei der Begegnung zwischen zwei Individuen von Besonderheiten in der wechselseitigen Wahrnehmung ausgelöst werden, nämlich einer spezifischen Attraktion, und sich rasch steigern, die Aufmerksamkeiten für anderes weitgehend ausschalten, rauschhaft-ekstatische Bewusstseinszustände hervorrufen und so abrupt enden, wie sie begannen. Ganz ähnlich manifestiert sich akute Gewalt. Auch sie stellt sich als ein heftiges Gerangel dar, auch sie findet – mindestens unter naturnahen Bedingungen – für gewöhnlich als ein Aufeinandereinwirken in enger Verschlingung statt. Auch bei ihr baut sich die Bereitschaft dazu unwillkürlich in der Begegnung von Subjekten auf, wird von Erregungspotenzialen ausgelöst, die sich der Wahrnehmung präsentieren, verstärkt sich, wenn eine Seite der anderen durch besondere Qualität, nämlich Opferqualität ins Auge sticht, und ruft Abfuhraktionen hervor, die die Aufmerksamkeit für sonstige Erscheinungen im Wahrnehmungshorizont weitgehend ausschalten und sich bis zum Blutrausch steigern können.

Um den Vergleich nicht zu überziehen, dürfen die Verschiedenheiten nicht verschwiegen werden, die jeweils in der Natur der Sache begründet liegen. Der akute

Liebesakt, eigentlich die akute Liebesinteraktion,[18] findet kaum anders als paarweise statt,[19] der akute Gewaltakt kann sich hingegen ebenso gut interindividuell wie interkollektiv zutragen und bevorzugt geradezu die Form der mehreren gegen die wenigeren oder gar nur den einzelnen, weil die Unterzahl gute Opferqualität signalisiert. Außerdem bildet die Liebesbeziehung normalerweise ein innerartliches Verhältnis, während die Gewalt diese Grenze prinzipiell nicht zieht. Nicht nur die Ähnlichkeiten, sondern auch die Unterschiede, die der phänomenologische Vergleich offen legt, sind indessen mit dem biofunktionalen Sinn der jeweiligen Prozesse innigst verbunden und erleichtern den Zugang zu dem, was unter struktureller Gewalt zu verstehen ist und woraus Gewaltstrukturen entstehen.

Der späte Freud hat bekanntlich beide, Liebe und Gewalt, als gleichermaßen ursprünglich in unserer Psychodynamik angelegt vermutet. Eros und Thanatos, Libido und Aggression galten ihm als zwei Lebensäußerungen, die einander bedingen und einander bedürfen: die eine auf die Erhaltung des organischen Daseins gerichtet, die andere auf seine Auflösung. Er hat damit in seiner Sprache ausgedrückt, was der klassische Goethe poetisch das Stirb und Werde nannte, durch das sich alles Leben regelt. Schon Empedokles von Agrigent hatte Liebe und Hass als Urkräfte verstanden, die die Welt in Bewegung halten, in Form von Attraktion und Repulsion bereits in der materiellen Welt vorhanden und jedenfalls so tief in die Vitalität eingelassen sind, dass es heuristisch ergiebig erscheint, in ihnen einen funktionalen Sinn am Werke zu sehen, der sich nicht erschließt, wenn die Einstellung von vornherein moralisch ausgerichtet ist: gut oder böse, anerkennenswert oder verwerflich.

Im Falle der Liebe ist der funktionale Sinn offensichtlich: Die libidonöse Lust wirkt als List der Natur, individuelle Organismen zu einer Vereinigung zu bewegen, aus der der sie ersetzende Nachwuchs hervorgeht. Im Falle der Gewalt liegt der funktionale Sinn, soweit sie kein zwischenartliches Verhältnis bildet, so offen nicht zutage. Nicht umsonst herrschen sogar unter den Freudianern, einer sonst ja recht orthodoxen Glaubensgemeinschaft, tiefe Zweifel an Freuds Thanatos oder Destruktionstrieb. Eine psychische Repräsentation wie im Liebesfall mit deutlich und auf beiden Seiten gleich empfundenen Dranggefühlen geht dem Gewalthandeln im Allgemeinen nicht voran und begleitet es im Allgemeinen nicht. Das begünstigt seine Deutung als dysfunktional, seine Pathologisierung und den therapeutischen Reflex auf es. Dennoch müssen auch dem Gewalthandeln, das energetischen Aufwand fordert, der den des Normalverhaltens beträchtlich übertrifft, starke motivationale Kräfte zu Grunde liegen. Allerdings ist die Motivlage hier schon deshalb schwieriger als bei der Liebe, weil anders als in deren Fall, in dem beide Interakteure von gleichartigen Gefühlen erfüllt sind, die beide positiv erleben, die verhaltensbeglei-

18 Interessant, dass unsere Sprache hier das Doppelhandeln von zwei Individuen zu einer einzigen Tat erklärt.

19 Die Orgie, die die Zweisamkeit des Aktes durchbricht, wirkt luststeigernd wohl durch ihr Spiel mit dem Schamgefühl, das uns beim Vollzug angesichts der ihn begleitenden Persönlichkeitsregression befällt.

tenden Gefühle im Gewaltfall eher gegensätzlicher Natur sind, ferner im Gewaltvollzug leicht umschlagen und die Seite wechseln können. Man kann die Motivlage bei der Gewalt als eine Mischung aus Furcht und Mut beschreiben, wobei die erste Komponente eher fluchtauslösend oder selbstverkleinernd wirkt und bei demjenigen überwiegt, der sich in der Begegnung der Gewaltpartner auf Grund der Abschätzung der relativen Stärken als präsumptives Opfer empfindet, während die zweite Komponente vor allem den antreibt, der sich in der Rolle des voraussichtlichen Siegers dünkt.

6. Strukturelle Gewalt

Der funktionale Sinn von Gewalthandeln liegt auf der Hand, soweit es sich gegen das artfremde Lebewesen richtet. Wo es sich gegen Artgleiches wendet, ist der funktionale Sinn weniger offensichtlich. Aber gerade auch hier hilft der Vergleich mit der Liebe weiter. Die Liebe erschöpft sich nicht im so genannten Liebesakt, in dem sie phänomenal aufdringlich hervortritt. Sie hat neben dieser manifesten Gestalt auch eine latente, in der sie nicht der unmittelbaren Wahrnehmung erscheint, sondern rational erschlossen werden muss. Diese latente Gestalt der Liebe ist eher ruhig und leise und insofern ganz unspektakulär. Ohne aufgeregt zu wogen, besteht sie als ein anhaltender, untergründiger Prozess von hoher Intensität. Er stiftet freundliche Anteilnahme, Hilfsbereitschaft, Verzichtsbereitschaft, Opferbereitschaft – ganz undramatisch und unheroisch: im treuen wechselseitigen Beistand eines Gattenpaares oder in der elterlichen Fürsorge für die Kinder – aber auch dramatisch und heroisch: in der spontanen Rettungsaktion für einen Verunglückten oder im patriotischen Opfergang auf dem Schlachtfeld, wo sich die Liebe endlich mit der Gewalt berührt und selber zu ihrem Motiv wird. Erst in der Latenz, in der allenfalls ein milder Abglanz des Paarungsrausches vor- oder nachglimmt, erfüllt die Liebe ihren funktionalen Sinn vollends; den natürlichen Egoismus der Individuen einzuschränken und die eigene Daseinsstärke auf Pflege auch anderer umzupolen, insbesondere natürlich auf Pflege der zu eigener Selbsterhaltung noch unfähigen Kinder sowie – unter Kulturbedingungen – kranker oder sonst invalider Sozialgenossen.

Auch die Gewalt verbirgt hinter ihren manifesten Zügen eine latente Wirklichkeit, die sich der direkten Beobachtung entzieht und erst durch rationale Ergründung sichtbar wird. Fast ohne sich zu regen, ist diese latente Gewalt doch dauerhaft wirksam und steuert das Verhalten der ihr Ausgesetzten nachhaltig. Derart gesteuert, läuft es wie bei manifestem Gewaltzwang unter Verzicht auf eigentlich andere Handlungsneigungen ab, und zwar gewöhnlich so zuverlässig, als ob es diese anderen Neigungen gar nicht gäbe. Sie schlafen dann gewissermaßen. Keineswegs aber sind sie tot; denn unter bestimmten Umständen wachen sie auf, und durch Agitation können sie auch gezielt geweckt werden. Diese als-ob-Wirkung gewinnt die latente

Gewalt auf dem Wege der Imagination: der Imagination derer, auf die sie zielt, und der Imagination dessen, wozu sie fähig ist. In den meisten Fällen wirkt sie darum, ohne aktiv zu werden.

Als latente ist Gewalt zugleich strukturell. Sie so zu bezeichnen, gibt es zwei Gründe: Zum einen besteht sie als Vorrat von im Allgemeinen weit überlegenen Zwangsmitteln. Wenn sie gelegentlich eingesetzt werden, erfolgt dies nicht spontan, sondern läuft in vorweg definierten Situationen nach zuvor festgelegten Kriterien in arbeitsteiligen Operationen in wiederum vorausgeplanten Eskalations- und Deeskalationsschritten ab. Insofern weist die latente Gewalt selbst Struktur auf. Ein gutes Stück ihrer Überlegenheit besitzt Gewalt als strukturelle nicht durch ihr primär eigene, sozusagen natürliche Mittelausstattung, sondern gewinnt sie sekundär dadurch, dass sie sich nicht vom Augenblick reizen lässt, spontan zuzuschlagen. Vielmehr verwendet sie sich ökonomisch und schont sich, wo es geht. In den meisten Fällen genügt es ihr, ihre Instrumente zu zeigen, damit ein widersetzlicher Wille sich besinnt und einlenkt.[20] Also bleibt der Verbrauch der Gewaltmittel niedrig, und ebenso bleiben die Kosten für Ersatz niedrig. Wo aber für gewöhnlich die Drohung genügt, um den Zweck zu erreichen, Gewalt also gar nicht durch Ausübung sichtbar hervortritt, da ist sie eben latent am Werke, zwar nicht versteckt, aber dennoch verborgen.

Zum anderen stützt sie in ihrer latenten Wirkungsweise Strukturen, die sonst ebenso rasch zerfielen, wie sie sich bildeten. Nur unter dem Einfluss überlegener Gewalt, die sich selbst in der Gewalt hat, können komplexe, unter dem Gesichtspunkt von Freiheit und Gerechtigkeit höchst fragwürdige soziale Beziehungen die festen Formen ausbilden, die durch Dauerbestand Gewöhnung an sie ermöglichen und durch Gewöhnung erträglich werden. Deshalb wohnt der strukturellen Gewalt eine konservatives Schwerkraft inne: nicht nur bewahrt sie mit großer Umsicht sich selbst, sondern sie bewahrt auch künstliche, kultürliche, die unmittelbaren Impulse unterdrückende und darum unwahrscheinliche soziale Ordnungen vor ungekünstelter, kunstlos-natürlicher, nahe liegender und darum erwartbarer Negation im Namen von Freiheit und Gerechtigkeit.

Der Begriff der strukturellen Gewalt fand im Zuge der 68er Studentenbewegung Eingang in das gesellschaftliche Bewusstsein. Anders als ihre widersinnige Begriffsschöpfung der Gewalt gegen Sachen hat ihr von Herbert Marcuse inspiriertes Konzept der strukturellen Gewalt[21] durchaus analytische Kraft und gehört zum theoretischen Ertrag der Bewegung. Es betont wie gesagt, dass die imaginierten Folgen latenter Gewalt Verhältnisse abzusichern vermögen, die sonst schwerlich hingenommen würden, und vermutet, dass eine Reihe etablierter Ordnungen nur deshalb fortbestehen. In diesem Sinne erkannte die Studentenbewegung durchaus richtig die

20 Nach Darstellung Bertolt Brechts versagte Papst Urban VIII der Inquisition im Verfahren gegen Galilei zwar die Folter, gestattete ihr aber die Demonstration der Instrumente, was der Kardinal Inquisitor befriedigt zur Kenntnis nahm, weil er überzeugt war, dass dies bei einem klugen Menschen genüge.

21 Des Begriffs bediente sich literarisch aber wohl erst Galtung (1975).

bürgerlichen Eigentumsverhältnisse als ein strukturelles Gewaltverhältnis.[22] Ohne die im Strafrecht angedrohten Gewaltmaßnahmen gegen Räuber, Diebe und Betrüger könnten die bürgerlichen Eigentumsverhältnisse kaum bestehen und die sozialregulativen Konsequenzen erlangen, die sich in fast unübersehbarer Vielfalt bis in die letzten Winkel der sozialen Beziehungen hinein auswirken. Ebenso wie die Eigentumsverhältnisse bilden auch alle Formen der organisierten Subordination wie etwa Erziehungsverhältnisse z.B. in der Familie und in Schulen oder Gefolgschaftsverhältnisse z.B. im Militär strukturelle Gewaltverhältnisse in dem definierten Sinn. Natürlich beruhen auch die politische Herrschaft und der Staat als ihr Anstaltsbetrieb auf struktureller Gewalt. Fundamentale Opposition braucht sich nur zu Wort zu melden, um sie aus der Latenz herauszulocken. Erst recht natürlich, wo sich Opposition empört und den Umsturz versucht, tritt die verdeckte Staatsgewalt offen hervor. Der Rechtsstaat unterscheidet sich hier von anderen Staatstypen im Wesentlichen nur dadurch, dass er diesen Fall als möglichen bedenkt und – dem Wesen seiner legal-rationalen Legitimation entsprechend – in Notstandsgesetzen regelt, in denen er sich ausdrücklich zu massiver Gewalt ermächtigt, von der er sonst einen eher zurückhaltenden Gebrauch zu machen strebt.

Soweit die Studentenbewegung diese Zusammenhänge ins Licht rückte, trug sie zu der Erkenntnis bei, dass scheinbar ganz von freiwilliger Anerkennung und Teilnahme bestimmte gesellschaftliche Verkehrswege in Wahrheit einer für sie unentbehrlichen Zwangsregelung folgen. Welcher Schatz der soziologischen Einsicht da gehoben war, hat die Studentenbewegung im Grunde allerdings gar nicht wirklich begriffen. Denn nie ging ihr auf, welche Bedeutung strukturelle Gewalt für den Zivilisierungsprozess des Menschen hat. Um stetige Arbeit, ruhige Geschäfte, ungestörte Vermehrung der Habe und ungetrübten Genuss des Erworbenen zu gewährleisten, musste zuvor der Kommunikations- und Interaktionstyp der organisierten Subordination erfunden sein, auf den alle weiter gefasste, übergreifende Ordnung angewiesen ist.[23] Wenn sie Einfügung nicht nur nach Laune, sondern regelmäßig verlangt, ist bei vielen der von ihr Verpflichteten untergründig ein anarchischer Widerwillen zu gewärtigen, der sich zu entziehen oder gar zu widersetzen trachtet. Pikanterweise hat das revolutionäre Menschenbild der Studentenbewegung die destruktiven Potenzen dieses Willens, den sie von sich selbst her bestens kannte, gering geschätzt. Sie gedachte sowohl den gesellschaftlichen Reichtum gleicher und damit – wie sie es sah – gerechter zu verteilen, als auch die evolutionäre Erfindung

22 Natürlich war dies nicht ihre erste Erfindung, sondern Eigentum war bereits von Rousseau als strukturelles Gewaltverhältnis vorgedacht und taucht in Ansätzen schon bei den Sophisten so auf, besonders bei Kallikles und Thrasymachos (vgl. Capelle 1961).

23 In dieser These sind das Menschenbild und die Lehre von der Staatsfunktion, die Thomas Hobbes in seinem „Leviathan" entwickelte, leicht wiederzuerkennen.

der organisierten Fremdbestimmung[24] außer Kraft zu setzen, ohne die sich der Reichtum nicht hervorbringen lässt.

In die biosozialen Tiefen der menschlichen Sozialordnung vermochte die vermeintlich kritische Soziologie des Studentenbewusstseins nicht einzutauchen, weil sie sich von vornherein auf einen im Grunde gerade soziologiefernen Freiheitsbegriff fixiert hatte, der unter Freiheit vor allem individuelle Selbstbestimmung fasst. So versagte es denn mit frühaufklärerischem Enthüllungsbewusstsein und Entlarvungsgestus dem richtig Erkannten die Anerkennung und sann gleich wieder auf Abschaffung: mittels revolutionärer Gewalt. Wer die gegebenen strukturgewaltlich fundierten Verhältnisse unerträglich findet, weil sie Gewaltverhältnisse sind, hat, um sie zu beseitigen, in der Tat nur diese Wahl. Revolutionäre Gewalt kann sich indessen weder auf die Macht der Gewohnheit stützen noch auf stille, widerstandslose Fügsamkeit rechnen. Da sie mit dem Hergebrachten aufräumen will, muss sie aus der Latenz heraustreten, sich manifestieren und ihr Potenzial aufs Schärfste aktualisieren. Sie wirkt durch Terror und tritt entsprechend brutal auf. Ihr den Vorzug zu geben, war in der Studentenbewegung eine ernsthaft diskutierte Position.

Soziologisch bieten sich dafür zwei einander verstärkende Erklärungen an. Insofern die Studentenbewegung Jugendbewegung war, dominierte bei ihr über bedächtige Lebenserfahrung ein ungestümer, von adoleszenten Potenzphantasien geleiteter Machtwille, dem martialische Züge keineswegs fremd waren. Zugleich aber war sie nachwachsende Geisteselite, die gern von der Höhe eines idealistischen Utopie her über die niedere Realität urteilt. Die Entscheidung zwischen einer um ihres Erfolges willen eher auf Mäßigung bedachten, langfristig rechnenden und daher berechenbaren Gewalt und einer eher wilden, entfesselten, rohen Gewalt traf die Studentenbewegung standesgemäß. Sie beruhigte ihr Gewissen, indem sie die revolutionäre Gewalt als Geburtshilfe verklärte, und zwar nicht der Geburt neuer Gewaltstrukturen mit nur neuem Personal in den Herrenrollen – was realistisch gewesen wäre –, sondern zur Geburt einer herrschaftsfreien Gesellschaft, in der dann gar keine, insbesondere keine strukturelle Gewalt mehr erforderlich sei. Dabei ließ sie sich auch nicht vom Beispiel der Sowjetunion beirren, wo sich die revolutionäre Gewalt längst in strukturelle Gewalt zurückzubinden begonnen hatte, freilich in eine ihrer selbst noch unsichere, daher besonders misstrauische, den gesellschaftlichen Spielraum für kreative Regungen stark einengende Gewalt.

Die heutige, von Niklas Luhmann entworfene soziologische Aufklärung hat diesen Weltverbesserungsoptimismus der alten Aufklärung, den die Studentenbewegung übernahm, ganz abgelegt. Sie sinnt nicht mehr – wie es in den ersten Jahrzehnten nach dem Zweiten Weltkrieg zwar schon dialektisch gebrochen, aber doch noch hoffnungsstark die Frankfurter Schule tat – auf einen Zustand der Emanzipation von Zwängen, in dem der Mensch, von einer ihm und nur ihm eige-

24 Das Konzept der evolutionären Universalien, verstanden als kulturelle Erfindungen, über die der Weg zu höheren Zivilisationsniveaus führt, hat Parsons (1964) ausgearbeitet.

nen Vernunft geleitet, in herrschaftsfreier Kommunikation die brüderliche Gemeinschaft mit seinesgleichen anstrebt, sondern sie spürt dem objektiven Geist der Gesetze nach, die wir handelnd erfüllen, ohne dass wir sie uns selbst gegeben hätten und häufig ohne von ihnen überhaupt zu wissen. So entdeckt sie wie bei der Liebe auch bei der Gewalt in der Latenz, in der sie kaum merklich ist, eine höchste soziale Sinnhaftigkeit. Mittels der bloßen Vorstellungskraft, die hochgradig denkfähigen, d.h. übernormal erinnerungs- und antizipationsfähigen Wesen zukommt, wirkt die latente Gewalt kalmierend und gewährleistet, ohne sich durch Anwendung zu verbrauchen, die Geltung von Verhältnissen, die im einzelnen jeweils mit guten Gründen bestreitbar sind.

Solche Verhältnisse bilden vor allem Ordnungen mit intergenerationell übertragenen Statusdifferenzen, die eine unterschiedliche Allokation von Rechten und Pflichten mit sich bringen, d.h. mit sozialer Schichtung. Auf ihrer Voraussetzung erst kann Organisation die Reichweite und Tiefenwirkung erlangen, die weitaus mehr Menschen miteinander vergesellschaftet, als die frühkulturellen lokalen Primärgruppen es taten. Dauerhafte arbeitsteilige Kooperation größerer Populationen aber bildet die Grundlage aller entwickelteren Zivilisation – von den ersten Stadtgesellschaften bis zu den heutigen spätindustriellen Massengesellschaften.[25] Jede soziale Schichtung hat indessen für die unten Angesiedelten etwas Empörendes. Die natürliche Gleichheit gegen die gesellschaftliche Ungleichheit zu wenden, ist ein zündendes Agitationsmuster, das nahe liegt. Mindestens im Untergrund der scheinbar unbestritten anerkannten, klaglos hingenommenen und ideologisch bekräftigten Schichtungsverhältnisse lebt darum die Versuchung, sie aufzukündigen.[26] Dem wirkt die strukturelle Gewalt entgegen.

7. Gewaltstrukturen

Strukturelle Gewalt trägt ihren Namen also nicht nur, weil sie mit ihr nicht identische, aber ohne sie auch nicht bestandsfähige soziale Strukturen stützt, sondern auch weil sie selbst Struktur ist. Anders gesprochen: Strukturelle Gewalt ist stets zugleich Gewaltstruktur. Mit dieser bloßen Gleichsetzung soll es hier aber nicht sein Bewenden haben. Innerhalb dessen, was Gewaltstruktur heißt, sind zwei sehr verschiedene Muster zu unterscheiden, die man nicht verwechseln darf und die genauere Bestim-

---

25 Diese stratifikationstheoretische Erkenntnis stützt sich auf ihre prägnante und doch materialreiche Darlegung durch Parsons (1966).

26 In der Geschichte der christlichen Ketzerbewegung wird die sozialrevolutionäre Agitation gern religiös eingekleidet, so z.B. von den Anhängern John Wiclifs („Als Adam grub und Eva spann, wo war denn da der Edelmann?“) oder Thomas Müntzers. Tatsächlich widerstreitet ja jeglicher Standesunterschied der Idee des gleichen Abstandes aller Menschen von Gott. Aber die Agitation findet sich auch in rein politischer Begründung. Eindrucksvoll hierzu die Rede eines aufständischen Proletariers an seine Genossen, über die Machiavelli in seiner „Geschichte von Florenz“ berichtet.

mung brauchen. Das erste Muster ist seinem Wesen nach asymmetrisch. Es kommt ausschließlich intrasozietär vor, d.h. es setzt Enkulturation voraus, Einbettung der Mitgliedschaft in Heimatgesellschaft, die eine bei den ihr Angehörenden gleichlaufende Unterscheidung zwischen Wir-Gruppe und Fremdgruppen erzeugt. Das zweite Muster ist seinem Wesen nach symmetrischen Charakters. Es begegnet uns vor allem, – aber, wie zu zeigen sein wird, nicht ausschließlich – in intersozietären Beziehungen, wo die Gewaltpartner gegeneinander souveräne, in diesem Sinne voneinander unabhängige Subjekte bilden.

7.1 Asymmetrische Gewaltstrukturen – intrasozietär

Der erste Typ tritt uns als der soziale Verband in seiner politischen Verfassung entgegen, also als hierarchisch organisiertes Machtgefüge mit der Funktion, verbindliche Entscheidungen für alle im Verband organisierten Untereinheiten zu treffen[27], so dass er bei Bedarf geschlossen handeln kann, quasi mit einem Willen – der Rousseauschen volonté générale. Unter den Bedingungen der modernen Zivilisation präsentiert sich dieser Typ vor allem als der Gewaltmonopolist Staat.[28]

7.1.1 Der Staat als Gewaltstruktur

Im Raum heutiger politischer Gesellschaften besitzt der Staat eine derart überlegene Gewaltpotenz, dass Widerstand gegen ihn für nahezu jeden sofort als Unterfangen erkennbar wird, das von vornherein zum Scheitern verurteilt ist. Nur noch Dumme und Desperados trotzen seinem Verbot, privat Waffen zu tragen. Im Gegenzug zu seinem Abrüstungsgebot an alle gesellschaftlichen Konfliktparteien ermöglicht der Staat die Justizialisierung fast aller binnengesellschaftlichen Konflikte. Sie können und sollen vor seine neutralen Gerichte getragen werden, wo sie nach allgemein bekannten, systematisch entwickelten Grundsätzen öffentlich und nachprüfbar entschieden werden. Freilich müssen seine letztinstanzlichen Urteile hingenommen werden, ob sie subjektiv gebilligt werden oder nicht.[29] Auch die Vollstreckung, soweit sie Gewalt erfordert, behält sich der Staat vor. Damit wird jegliche Eigengewalt

27 Diese Bestimmung hat im Anschluss an Talcott Parsons Luhmann (1970) geklärt.

28 Da er sich mit den äußeren Grenzen des Verbands deckt, fügt er sich logisch nicht ganz in die Subsumtion unter die intrasozietären Gewaltstrukturen. Doch an dieser Stelle der Untersuchung interessiert er nur in seiner Wirkung nach innen.

29 Die Unterwerfung unter die Urteilssprüche erleichtert der pluralistisch verfasste, in diesem Sinne bekenntnisfreie Staat durch Verzicht auf Ideologie bei ihrer Legitimation. Es reicht ihm, wie Luhmann (1969) dargelegt hat, die „Legitimation durch Verfahren“. Rechtsgeschichtlich bedeutet dies den völligen Sieg des Positivismus über das Naturrecht.

bei der Austragung von Konflikten, von der noch die mittelalterliche Gesellschaft voll war, in den kriminellen Untergrund gedrängt.

Die unendliche Dominanz des Staates über die Bürger und ihre gesellschaftlichen Assoziationen geht von der latenten Gewalt aus, die ihm zur Verfügung steht. Sie ist so umsichtig angelegt und so berechnet disloziert, wird so sorgsam gepflegt und so penibel verwaltet, dass ihre Herausforderung so gut wie in jedem Fall mit einem Fiasko für den endet, der sie gewagt hat. Dennoch bewirkt nicht nur Furcht vor der Staatsgewalt, dass die staatliche Friedenspflicht weitgehend erfüllt wird, sondern durchaus auch ein von Erfahrung belehrter Nutzenkalkül. Wenn der Staat die Schlichtung der gesellschaftlichen Konflikte betreibt, bereiten sie dem überwiegenden Teil der Bürger viel weniger Aufwand und Gefahr, als wenn sie selbst einen Ausweg aus ihm finden müssen. Die Einengung ihrer Freiheit durch die staatliche Zwangsregie bei der Konfliktregelung können die weitaus meisten daher als Gewinn an Sicherheit und Wohlstand verbuchen. Auch werden Dritte viel weniger in Mitleidenschaft gezogen, als es bei eigenmächtiger Konfliktbewältigung der Fall wäre, und so haben diese jeweiligen Dritten nicht nur keine Einwände gegen die Justizialisierung der gesellschaftlichen Konflikte, sondern begrüßen sie sogar durchweg. Im Ergebnis führt diese Entwicklung zu einer weitgehenden Pazifisierung des gesellschaftlichen Verkehrs, der nun im Wesentlichen gewaltfrei verläuft. Insoweit kann sich auch die Strafgewalt des Staates mehr und mehr zurückhalten, sowohl hinsichtlich des Ausmaßes ihrer Grausamkeit als auch hinsichtlich der Zahl ihrer Interventionen. Zumeist genügt ihre gesellschaftlich imaginierte Potenz, um partikulare Gewalt zu unterbinden.

Wieso beklagen wir dann aber heute zunehmende Delinquenz, darunter nicht zuletzt illegale Gewaltakte sogar gegen die Staatsmacht?[30] Der Grund ist einfach. Wenn wir eine Zeit lang ein bewährtes Medikament einnehmen, tun wir es in der Erwartung, damit eine Störung zu überwinden, die unseren Organismus befallen hat. Wenn sich die Erwartung erfüllt und wir es daraufhin immer noch weiter und sogar in höherer Dosierung einnehmen, werden wir nicht selten erfahren, dass unser Gesundheitszustand sich nun nicht stets weiter verbessert, bis der letzte Rest der Störung verschwunden ist, sondern sich unter der Wirkung des Medikaments gerade verschlechtert. Auch der Organismus Gesellschaft reagiert auf einen Faktor, der zunächst allseits für erfreulich gehaltene Folgen zeitigt, durch fortgesetzte Wirkung dieses Faktors nicht notwendigerweise mit fortgesetzt erfreulicheren Ergebnissen. Die anhaltende und noch wachsende Selbstbeschränkung der Staatsmacht beim ohnehin nur noch spärlichen Einsatz ihrer Gewalt, weil sie ihr auch in kleinsten Portionen auszureichen scheint, um den bürgerlichen Rechtsfrieden zu sichern, hat

30 Nach einer ddp-Meldung vom 29. Januar 2003 verlautbarte die Gewerkschaft der Polizei, die Zahl der so genannten Widerstände gegen die Staatsgewalt sei zwischen 1995 und 2001 um 23 Prozent von rund 17300 Fällen auf 21300 gestiegen, wobei in 1043 Fällen mit einer Schusswaffe gedroht und in 165 auch geschossen worden sei (vgl. Frankfurter Allgemeine Zeitung 30. Januar 2003: 1).

auf der gesellschaftlichen Seite nicht notwendigerweise eine ebenso wachsende Mäßigung der Akteure bei der Durchsetzung ihrer partikularen Interessen zur Folge. Vielmehr ist zu erwarten, dass diese Kurve nach einer Periode des Anstiegs irgendwann abknickt: Nämlich genau dann, wenn der Zweifel überhand nimmt, ob der Staat hinter den umständlichen und langwierigen Verfahren, denen er sich unterwirft, bevor er seine Gewalt loslässt, nicht altersweise Unentschlossenheit oder altersmüde Antriebslosigkeit oder gar altersschwache Unfähigkeit versteckt – bloß noch Papiertiger, von bedrohlichem Aussehen zwar und zunächst von täuschender Ähnlichkeit mit einem echten, aber in Wirklichkeit doch ohne Appetit und ohne Biss. Wo diese Vermutung keimt, wächst die Neigung, durch Normenverstöße, darunter auch die Anwendung von verbotener Eigenmacht, Vorteile zu erlangen. So steigt die Anomie und macht deutlich, dass sich im Prozess der Zivilisation keineswegs die menschliche Natur verändert hat. Vielmehr lebt der alte Adam im heutigen Menschen fort und ist so wenig paradiesfähig wie von Anfang an. Den Prozess der Zivilisation als Prozess der moralischen Vervollkommnung zu verstehen heißt ihn missverstehen. Er war und ist allein ein Prozess der Effektivierung von gesellschaftlicher Organisation. Allerdings zu glauben, er hätte den Menschen böser werden lassen, wie es bei Rousseau anklingt und wozu manch andere Kulturkritik neigt, ist ein ebenso großes Missverständnis.

7.1.2 Das Militär als Gewaltstruktur

Was für die Gewaltstruktur Staat gilt, lässt sich auf die anderen Strukturen übertragen, die Stabilität durch hoch überlegene Gewaltfähigkeit gewinnen und mit ihr verlässliche Subordination sicherstellen. Auf das Militär als Gefolgschaftsverhältnis, das auf struktureller Gewalt beruht, ist schon hingewiesen worden. Wie beim Staat begründet sich auch hier Fügsamkeit nicht allein durch die Furcht vor der Übermacht, die das System als kalter Apparat im Verweigerungsfall in Gang setzen kann. Vielmehr wird compliance sehr wohl auch moralisch durch value commitment [31] generiert, durch Appelle an Ehre, an Kameradschaft oder an Patriotismus. Trotzdem tritt beim Militär die Gewaltstruktur besonders deutlich in Erscheinung. Die Gewaltfunktion nach außen spiegelt sich in der Gewaltorganisation im Inneren. Sie wiederum äußert sich in der Sondersprache von Befehl und Gehorsam, in der die formellen Kommunikationsprozesse der Institution erfolgen. Mit ihrem Stil der knappen Anweisung und der knappen Rückmeldung, der außerhalb des Systems seltsam und befremdlich wirkt, weil er alles Erwägen, alles Zweifeln, alles Einwenden abschneidet, soll nicht nur die Gefahr der Sinnverfehlung bei der Handlungsübertragung verringert werden; außerdem soll mit dem spezifischen Stil

31 Wie man daran erkennt, spielt dieses von Parsons (1969) primär dem Kulturbereich zugeordnete generalisierte symbolische Interaktionsmedium auch anderswo eine wichtige Rolle.

der Anspruch auf bedingungslosen pünktlichen Vollzug der Aufträge unterstrichen werden. Auf die Missachtung des Anspruchs sind empfindliche Strafen gesetzt, und besonders im Ernstfall, für den das Militär geschaffen ist, im Krieg, werden die Strafen in einem kurzen Prozess verhängt und ausgeführt.

Von dieser Eigenart sind die Streitkräfte demokratisch verfasster Gesellschaften, die dem persönlichen Selbstbestimmungsrecht sonst hohen Rang einräumen, keineswegs ausgenommen. Auch bei ihnen fordert ihr Betrieb eine Disziplin, die ohne gelegentlichen Rückgriff auf kurz entschlossene, demonstrativ agierende Strafgewalt schwerlich aufrechtzuerhalten wäre. In Situationen, in denen die im Befehl erteilte Verhaltensanweisung den Einsatz des Lebens verlangt und damit gegen die im Allgemeinen von vitaler Bedrohung ausgelösten Fluchtinstinkte gerichtet ist, lässt sich Furcht als Verhaltensmotiv wohl nur durch noch größere Furcht vor noch gewisserem Unheil bändigen.

7.1.3 Die Schule als Gewaltstruktur

Auch der pünktliche Betrieb von Schule, die in begrenzter Zeit durch methodische Vermittlung gut definierte Erziehungs- und Bildungserfolge anstrebt, die nicht – wie der Erwerb der Muttersprache – im Selbstlauf einer gesunden Entwicklung erreicht werden, verlangt eine Disziplin, die den natürlichen Verhaltensbedürfnissen der Schüler nicht immer Raum lassen kann. Gewiss basiert alle Schule zunächst auf der Wissbegier und der Einordnungsbereitschaft ihrer Besucher. Doch da solche Eigenschaften individuell unterschiedlich ausgeprägt sind, zu unterschiedlichen Lernerfolgen führen und ebenso Lust- wie Unlustgefühle wecken, sind Disziplinverstöße unausbleiblich. Gegen sie Strafvorkehrung zu treffen (etwa in Form von Arrest oder freizeitverzehrenden Sonderaufgaben), ist darum eine unerlässliche Systemobliegenheit.

Verstöße gegen die Disziplin zu ahnden, ist dennoch nicht so unabdingbar wie im Falle des Militärs. Bei ihm können sie leicht zu irreparablen Schäden führen und den Systemzweck in sehr direkter Weise gefährden.[32] In der Schule verlaufen einzelne Disziplinverstöße kaum je so dramatisch. Soweit ihre Folgen am Lernerfolg derjenigen in Erscheinung treten, die den Betriebsanweisungen nicht gefolgt sind – sei es, weil sie nicht wollten, sei es, weil sie nicht konnten –, straft sie im Übrigen ganz informell und außeranstaltlich das Leben, insofern sie sich später im gesellschaftlichen Statusgefüge mit wenig bequemen Plätzen abfinden müssen.[33]

---

32 Wie dies geschehen mag, zeigen die Schauspielbühnen überall auf der Welt, wenn sie Kleists „Prinz Friedrich von Homburg" aufführen.

33 Dass in gewisser Weise die abgestuften Schulzertifikate geradezu den Zweck haben, Personal schichtspezifisch vorzusortieren, hat schon Schelsky (1965) gezeigt.

Doch natürlich drohen auch in der Schule ungeahndete einzelne Disziplinverstöße ein Klima der allgemeinen Disziplinlosigkeit zu erzeugen, die dem Systemerfolg abträglich ist. Einer solchen Entwicklung vorzubeugen, bedarf es institutionalisierter, also katalogisierter, im Voraus angedrohter, in Art und Umfang auf bestimmte Vergehen bezogener Zwangsmaßnahmen. Schon um die allgemeine Schulpflicht durchzusetzen, die die moderne Gesellschaft etabliert, um ein für sie unerlässliches Maß an Wissen sowie an Lese-, Schreib- und Rechenfertigkeiten zu gewährleisten, ist ein elementarer physischer Gewaltakt abrufbar: die Zwangsvorführung unentschuldigter Unterrichtsverweigerer. Dass sich die Schule heute bei uns schwer tut und vielfach gehindert ist, Disziplinargewalt einzusetzen, mindert ihre Qualität beträchtlich.[34] Diese Entwicklung, die nicht zuletzt eine auf die Möglichkeit des Gewaltexzesses fixierte Pädagogik zu vertreten hat, liefert freilich ein eindringliches argumentum e contrario für die Schule als Gewaltstruktur: Je mehr diese aufgeweicht wird, desto mehr verfehlt die Institution ihre Funktion.

7.1.4 Die Familie als Gewaltstruktur

Als letztes Beispiel für asymmetrische intrasozietäre Gewaltstrukturen sei hier noch einmal auf die Familie eingegangen. Funktionsspezifisch weniger abgegrenzt als Militär und Schule, bildet sie geradezu den Gegentyp zu deren rational-formaler Organisation, nämlich unmittelbarer im Natürlichen wurzelnde Lebensgemeinschaft[35] mit auffällig spontan verlaufenden, kaum von rechenhaften Kalkülen geleiteten Interaktionen. Primär sind die Interaktionen in der Familie auf wechselseitige Gefühlsbefriedigung der Mitglieder gerichtet und verständigen sich in einer Semantik der Liebe. Von daher liegt die Einordnung der Familie in die Kategorie der Gewaltstrukturen keineswegs nahe. Auch die gleichwohl und durchaus nicht selten in den Familienbeziehungen vorkommenden Gewaltakte bieten noch keinen Grund, die Familie als Gewaltstruktur zu klassifizieren, weil sie ebenfalls zumeist spontan ausgelöst sind und sich im bloßen Vollzug erschöpfen.

Dennoch ist die Klassifikation berechtigt und sinnvoll. Erkennbar wird das erst unter einem anderen Aspekt. Die eifrige Fürsorge der Eltern für die Kinder ist für deren Gedeihen unerlässlich. Motivational speist sie sich von dem Anblick der Hilf-

34 Die Pisa-Studie wird zwar so kaum gelesen, bietet aber dennoch einen deutlichen Hinweis darauf.

35 Hier sei erinnert an Hegels wichtige Unterscheidung in den „Grundlinien der Philosophie des Rechts“ zwischen einerseits der bürgerlichen Gesellschaft mit ihren durch individuelle Willensentscheidung zustande kommenden, vertragsbegründeten und in der Regel kündbaren sozialen Partnerschaften und andererseits der Familie und der politischen Gemeinschaft, in die der Mensch durch Geburt gestellt und auf die er so geprägt ist, dass er sie nur schwer verlassen kann.

losigkeit des Nachwuchses[36], dem die Erwachsenen in allen Belangen ähnlich überlegen sind wie der Staat dem einzelnen Bürger. In der Perspektive der Kinder offenbart sich ihre vitale Abhängigkeit in dem imponierenden Größen-, Kraft- und Wissensunterschied zwischen ihnen und den Eltern. Nicht einmal deren Herausforderung ließe dieser Unterschied zu, weil die Übermacht einfach unanfechtbar wäre. Doch wenn sich deshalb vorpubertäre Kinder im Allgemeinen folgsam zeigen, so gewiss nicht, weil sie das zwischen den Generationen bestehende Stärkeverhältnis rational einschätzten; vielmehr erwächst ihre Folgsamkeit aus einer prärationalen Bereitschaft, der klügelnde Erwägung gänzlich fremd ist. Die zunächst in allen Lebensvollzügen vital Abhängigen empfinden in der riesenhaften Dominanz derjenigen, denen sie anheim gegeben sind, einerseits die Kraft, die sie schützt, und andererseits eine verborgene Gewalt, der sie nicht gewachsen sind. Sie zügeln sie, indem sie ihr gleichzeitig vertrauen und sie fürchten.[37] Auf diesem Weg erleichtern sie die Fürsorgeleistung, die umso üppiger ausfallen kann und umso wirkungsvoller ihrem Aufwuchs dient. Auch in der Intimität der Familie mit ihrer institutionalisierten Liebe findet sich also eine Gewaltstruktur von fundamentaler funktionaler Relevanz.

Wiederum gilt auch für die Familie, dass eine Aufweichung ihrer Gewaltstruktur durch deren moralische Problematisierung die Funktionserfüllung der Institution erschwert. Was dann zunächst wie eine Humanisierung der Interaktionen erscheinen mag, führt über kurz oder lang unvermeidlich zu überspannten Erwartungen im Familienverkehr mit gesteigerten Reizbarkeiten auf allen Seiten, zu unerträglichen Verhaltensbelastungen der durch die Verunsicherung der Gewaltstruktur nur scheinbar emanzipierten Individuen und am Ende zu schweren gesellschaftlichen Störungen durch Beeinträchtigung der biologischen Reproduktion mit einer Fülle von Folgeproblemen. Diese Dysfunktionalität mit ihren anomischen Konsequenzen vor Augen zu führen, liegt in der Kompetenz der soziologischen Analyse und begründet eine spezifische professionelle Verantwortung. Sie sollte sie davor bewahren, an dramatisierenden Szenarien von Autoren mitzuschreiben, die, eingeengt auf psychologische Betroffenheitsperspektiven, funktionale Aspekte nicht zu sehen vermögen.[38]

36 Wie das funktioniert wissen wir seit 1950, als Konrad Lorenz uns erstmals über seine Forschungen zum Kindchenschema als Fall eines allgemeinen Auslösemechanismus für sozialdienliches Verhalten unterrichtete.

37 Den Zusammenhang hat schon der frühe Horkheimer (1936) genau beschrieben, allerdings wie die Studentenbewegung bezüglich der strukturellen Gewalt mit dem Ziel seiner Aufhebung. Der späte Horkheimer war da weiser geworden.

38 Vor allem sollte sie sich nicht durch Exzessfälle in ihrer Urteilskraft beeinträchtigen lassen. Gegen sie hält das Strafrecht längst einschlägige Bestimmungen vor.

7.2 Symmetrische Gewaltstrukturen – intersozietär

Neben der ganz asymmetrischen Gewaltstruktur, als die uns vor allem der Leviathan Staat erscheint, der in riesenhafter Überlegenheit über eine Masse von Zwergen herrscht, so dass sie ihm alle gefügig sind und pünktlich seinem Willen folgen, gibt es Gewaltstrukturen, die gerade umgekehrt von Symmetrie bestimmt sind und durch Symmetrie Dauer gewinnen. Hier bleibt das Gewaltpotenzial nicht deshalb in Reserve, weil angesichts der Überlegenheit einer Seite deren Drohung genügt, um die andere zu bewegen, der Unabhängigkeit zu entsagen und die letzten Reste ihr noch verbliebener Fähigkeit zur Eigengewalt abzurüsten, die die Dominanz stören und ärgern könnte; hier bleibt das Gewaltpotenzial gerade umgekehrt deshalb in Reserve, weil freie und in der wechselseitigen Einschätzung gleichermaßen gewaltfähige Subjekte sich wechselseitigen Gewaltverzicht zusichern und starke, auch der jeweiligen Gegenseite bekannte und sie überzeugende Motive haben, die Zusicherung einzuhalten. In der modernen Welt, in der die Staaten nach innen jeweils ein fast vollständiges Monopol auf legale Gewalt haben, kommt dieses Verhältnis fast nur noch als intersozietäres vor – anders als unter vormodernen Bedingungen, wo miteinander vergesellschaftete Sippen um Frieden bemüht waren, weil im Streitfall die für alle Seiten teure Blutrache drohte oder wo der ritterliche Adel seine Händel in Fehden auszufechten hatte, wenn er sich nicht gütlich einigte.

7.2.1 Die europäische Friedensordnung zwischen 1871 und 1914 als Gewaltstruktur

Ein bekanntes historisches Beispiel für eine Gewaltstruktur in diesem Sinne bildete das Arrangement der europäischen Staaten zwischen 1871 und 1914. Die damalige Epoche des Friedens unter ihnen verdankte sich einem System von Verträgen, in denen vielerlei Rücksichtnahmen auf die Interessen der Partner zugesagt waren, um Störungen der einen durch die anderen zu minimieren. Ferner gaben die Verträge verschiedenartige Beistandsversprechen in komplizierten Konfigurationen ab, die durch Rückversicherungsverträge weitere Komplizierung erfuhren. Das Vertrauen, das so unter den Vertragspartnern erzielt wurde, basierte darauf, dass isoliert zu werden drohte, wer es an Zurückhaltung bei der Verfolgung der eigenen Interessen und an der Respektierung der Interessen der anderen fehlen ließ.

Das Gebäude dieser Abmachungen war aus vielen Gründen äußerst labil, hauptsächlich natürlich deshalb, weil sich die beteiligten Mächte in unterschiedlicher Dynamik entwickelten und sich die Kräfteverhältnisse zwischen ihnen im Laufe der Jahrzehnte beträchtlich verschoben.[39] Dennoch hat es fast ein halbes Jahrhundert

39 Lenin (1960) hat sich unter Hinweis auf solche niemals abzustellenden Verschiebungen über die Ultraimperialisten lustig gemacht, die über die Möglichkeit einer dauerhaften Aufteilung der Welt durch das international verflochtene Finanzkapital nachsannen.

gehalten und einen Frieden in Europa zustande gebracht, der nach wie vor vielen wie ein goldenes Zeitalter erscheint. Nach ihm – so sieht es ihre Nostalgie – gab es für den Kontinent und die ihm vorgelagerte große Insel, auf der man sich bis heute nicht einig ist, ob sie zu ihm gehöre, nur noch Abstieg und Verfall.

7.2.2 Der kalte Krieg als Gewaltstruktur

Ein anderes historisches Beispiel für eine intersozietäre symmetrische Gewaltstruktur ist gerade erst zu einem solchen geworden: der Ost-West-Gegensatz, der als kalter Krieg und kalter Frieden in einem bestand. Er ist als Modell für eine symmetrische Gewaltstruktur viel einfacher als das Beispiel vorher, weil er – wie sein Name sagt – nur zwei handlungsmächtige Subjekte aneinander band. Wie die asymmetrische Gewaltstruktur beruht auch die symmetrische auf Imagination der in sie Einbezogenen. Sie stellen sich den Schaden vor, den sie sich mittels ihrer Gewaltpotenziale wechselseitig zufügen könnten, und suchen danach einander zu bewegen, auf Ausübung von Gewalt jetzt und in Zukunft zu verzichten. Das Gleichgewicht des imaginierten Schreckens, der beide Kontrahenten mit einem größeren Inferno bedrohte, als Kriege es je verursacht hatten, war der alleinige Grund, der beide einander glaubwürdig erscheinen ließ, wenn sie sich trotz schroffster Kontraste in nahezu allen Streitfragen, die von den Weltverhältnissen aufgeworfen wurden, den Verzicht auf Anwendung von Waffengewalt schwuren – wenigstens in direkter Konfrontation.

Freilich brauchte ihre hochgerüstete, misstrauische Koexistenz eine eigene Art der Rückversicherung, um zu bleiben, was sie war, und sich nicht doch noch in einen heißen Krieg zu verwandeln. Wie leicht hätte der andauernd schwelende politische Antagonismus das Gefahrenbewusstsein einer Seite weit genug absenken können, um angesichts einer ihr günstig scheinenden Gelegenheit den vielleicht unwiederbringlichen Vorteil zu nutzen und ihre Armeen in Gang zu setzen! Die Rückversicherung, die dies ausschloss, bestand nicht wie zu Bismarcks Zeiten in wiederum nur Verträgen mit dem einen oder anderen geheimen Zusatzprotokoll, die – wie wir seit Machiavelli wissen – nur so viel taugen, wie die Treue zu ihnen in der Machtkonkurrenz Vorteile bringt; die Rückversicherung, die die Gewaltabstinenz im Ost-West-Konflikt gewährleistete, bestand in einer Chance, die die modernste Waffentechnik bot: der Zweitschlagskapazität. Sie überzeugte, dass eine überraschende Aggression mit den verheerendsten Vernichtungswaffen nicht genug vernichten konnte, um einen Gegenschlag zu unterbinden, der seinerseits in seiner Zerstörungskraft dem Erstschlag nicht nachstand. Die Überzeugungskraft dieses Umstandes geht aber nicht allein aus der Vorhandenheit der technischen Mittel dazu hervor, sondern verlangt ebenso die unbezweifelbare Entschlossenheit, sie wirklich einzusetzen und den Zweitschlag tatsächlich zu führen, d.h. verlangt moralische Stärke im Sinne von

Clausewitz, die der Gegner einrechnen kann und muss. Was aber den materiellen Aspekt betrifft, so fand die Latenz der strukturellen Gewalt im Ost-West-Gegensatz einen wahrhaft symbolischen Ausdruck in den in Silos verbunkerten atomaren Interkontinentalraketen oder den Mittelstreckenraketen, die von getauchten Unterseebooten abzufeuern waren.

7.3 Symmetrische Gewaltstrukturen – intrasozietär

Symmetrische Gewaltstrukturen fordern – wie gesagt – konfliktsouveräne Subjekte, wie sie sich in der Gegenwart fast nur noch in intersozietären Beziehungen finden. Das Wort „fast" in dem Satz ist wohlüberlegt gesetzt. Dass es auch anders sein kann, und zwar in durchaus wichtigen Bereichen des politischen und gesellschaftlichen Verkehrs, davon zeugen in den demokratischen Staaten von heute vor allem zwei Muster: zum einen die von Montesquieu theoretisch entworfene und seither in viele Verfassungen eingegangene intrastaatliche Gewaltenteilung zwischen Exekutive, Legislative und Judikative, und zum anderen die Beziehungen der Sozialpartner auf dem Arbeitsmarkt. Da gut bekannt ist, wie die erste die Gewichte setzt und ausbalanciert, und zwar zumeist ohne den Staatsprozess zu blockieren, soll hier nur die zweite etwas näher beleuchtet werden.

Wie es die hochmittelalterliche Monarchie mangels anderer Möglichkeiten dem Ritterstand überließ, seine Rivalitäten eigenmächtig zur Entscheidung zu bringen, so überlässt es der moderne Rechts- und Sozialstaat den Tarifparteien, ihre Interessengegensätze auszufechten. Dazu brauchen sie Gewaltmittel, über deren Einsatz sie frei bestimmen können. Auf der Seite der Arbeitnehmerschaft bestehen sie vor allem in organisierter Streikfähigkeit, auf der Seite der Arbeitgeberschaft in Verfahren zur Aussperrung.

Gewiss unterliegt die prinzipiell erlaubte Eigengewalt im Arbeitskampf einer Reihe von staatlichen Eskalationsverboten, so dass sie kaum noch blutige Steigerungen erfährt. Dennoch kann kein Zweifel sein, dass es sich bei Streik und Aussperrung wirklich um Gewaltakte handelt.[40] Sie manifestieren sich da am schärfsten, wo Streikbrecher von den streikenden Kollegen von ihrem Arbeitsplatz ferngehalten oder entfernt werden, und da, wo arbeitswillige Beschäftigte, auch gewerkschaftlich gar nicht organisierte, aus dem Betrieb ausgesperrt werden und sie und die Familien, die von ihrem Einkommen mitexistieren, schmerzliche Einschnitte in ihre Budgets spüren. Auch ist nicht zu übersehen, dass bei Arbeitskämpfen jedes

40 Benjamin (1965) hat auf die tiefe Verwandtschaft von Streikrecht und Kriegsrecht hingewiesen: Die Möglichkeit eines Kriegsrechts beruht auf genau denselben sachlichen Widersprüchen in der Rechtslage wie die eines Streikrechts, nämlich darauf, dass Rechtssubjekte Gewalten sanktionieren, „deren Zwecke für den Sanktionierenden Naturzwecke bleiben und daher mit ihren eigenen Rechts- oder Naturzwecken im Ernstfall in Konflikt geraten können." (38).

Mal Dritte betroffen sind, die den Konflikt missbilligen und nach staatlicher Zwangsschlichtung rufen.

Dennoch zieht der Staat es vor, untätig zu bleiben, und damit ist er gut beraten. Die Wirtschaftsgesellschaft, die sich durch Produktion und Distribution von Waren und Diensten definiert, von denen alles weitere entscheidend abhängt, besitzt keinen rein ökonomisch messenden Maßstab, um Tauschgerechtigkeit sicher zu stellen. Angebot und Nachfrage in ihrem Wechselspiel auf dem Markt werden zwar häufig so missverstanden und von interessierter Seite so ausgegeben. Aber sie taugen dazu schon deshalb nicht, weil ihr Verhältnis durch eine Vielzahl externer Faktoren, auf die die Tauschpartner keinen Einfluss nehmen können, mitbestimmt ist. Beispielsweise werden nicht selten in der Vergangenheit erbrachte Vorleistungen, etwa in langwierigen und teuren Lernprozessen erworbene Spezialisierungen, durch unvorhersehbare Entwicklungen völlig entwertet. Darum kann es für die Verteilung des Sozialprodukts keinen objektiven Zumessungsschlüssel geben. Sie wird immer umkämpft sein. Wer wie viel erhält, hängt nicht zuletzt davon ab, wer wie viel bargaining power besitzt, und in dieser power hat das beiderseitige Gewaltpotenzial natürlich große Bedeutung.

Würde der Staat, um Arbeitskämpfe mit ihrer oft beträchtlichen Zerstörung von gesellschaftlicher Produktivkraft zu unterbinden, nach seinem Dafürhalten verteilen, würde er bald alle verteilungsbegründete Unzufriedenheiten auf sich ziehen, die natürlich auch sein Schlüssel nicht verhindern könnte, und müsste darüber einen Autoritätsverlust befürchten, der ihn für seine eigentlichen Aufgaben unbrauchbar machte. Deshalb muss der Staat darauf verzichten, den Verteilungskonflikt seiner eigenen Regelung zu unterwerfen. Er kann indessen auch darauf verzichten, wenn er darüber wacht, dass zwischen den Kontrahenten Waffengleichheit gewahrt bleibt. Dazu muss er Gesetz und Rechtsprechung an die zunehmende Verflechtung der Volkswirtschaft anpassen und beispielsweise verhindern, dass Gewerkschaften durch Schwerpunktstreiks, die sie wenig kosten, die ganze Volkswirtschaft lahm legen, während Aussperrung nur den bestreikten Unternehmen gestattet bleibt. Solange die Waffengleichheit an der Tariffront aber gewahrt ist, spricht die Imagination der Gegner für die Entwicklung einer symmetrischen Gewaltstruktur, die sich selbst davor bewahrt, sich ihrer Potenziale ungehemmt zu bedienen. Arbeitskämpfe in Form großer Streiks, zu schweigen von Generalstreiks und von Massenaussperrungen kommen in den modernen Gesellschaften in der Tat nur noch selten vor, und wenn, dann in der erklärten Absicht, sie bald wieder einzustellen und nicht ins Totale eskalieren zu lassen. Beide Seiten können leicht erkennen, dass sie dabei am Ende beide als Verlierer dastünden: die Gewerkschaften, weil ihre Kassen leer wären und ihnen ihre Mitglieder flüchtig würden, die Unternehmer, weil ihre Betriebe ruiniert wären.

Wie die intersozietären Gewaltsymmetrien ihre Epochen haben, so sieht es heute auch mit der intrasozietären Gewaltsymmetrie in den industrial relations[41] aus. Es droht dieser Symmetrie gegenwärtig durch tief gehenden Wandel ihrer Rahmenbedingungen massive Störung. Einige im Begriff der Globalisierung angesprochene technologische, organisatorische und ideologische Veränderungen erschweren es der staatlichen Politik zusehends, die Kapitalströme bei der Überschreitung nationaler Grenzen im früheren Umfang zu kontrollieren. Die gesteigerte Beweglichkeit des Kapitals bringt Ungleichgewicht in die vormalige Gewaltbalance der Tarifparteien. Es kann jetzt seine Flüchtigkeit nutzen, um sich unliebsamen Forderungen der Lohn- und Gehaltsbeschäftigten zu entziehen. Deren Streikgewalt stieße dann ins Leere, was sich bei ihnen schon bald in Verlust von Einkommen und sozialen Rechten auszuwirken vermöchte. Das von Marx an die Wand gemalte Menetekel der Verelendung breiter Volksschichten würde sich dann doch noch bewahrheiten. Die absehbare Folge dieser Verhältnisse wäre aber kaum ein neuer sozialer Friede auf der Grundlage von mehr Wettbewerb und erhöhter Leistung, wie die Gewinnerseite glaubt und glauben machen will, sondern eher die Rückkehr zu unübersichtlichen Fronten im Arbeitskampf. Der geregelte Konflikt würde sich in einen regellosen verwandeln und spontane Streiks, die aus aktueller Wut entstehen und entsprechend wenig Bedacht auf das Ende nehmen, würden nicht nur zu beträchtlichen Kapitalvernichtungen führen, sondern auch die Sozialmoral beschädigen. Ebenso wenig wie das Ende des Kalten Krieges die neue Weltordnung des Friedens und der Gerechtigkeit heraufführte, wie sie der Sieger und nunmehrige Hegemon alsbald prahlerisch verkündete, sondern vermehrten Hass erzeugte und Gewalt aus dem Untergrund von erheblicher zerstörerischer Kraft anstachelte, die sich nur schwerlich wieder einbinden lässt, ebenso wenig wird auch das Ende des institutionalisierten Klassenkampfes eine gewaltlos zu findende, allen einsichtige Tauschgerechtigkeit bringen, die sich in einer stetigen Friedensordnung realisierte. Der Einsturz der Gewaltstruktur, zu der sich Kapital und Arbeit in der sozialen Marktwirtschaft verbunden hatten, droht vielmehr eine Hassvergiftung des gesellschaftlichen Klimas zu bewirken, die den Arbeitskampf in den permanenten Kleinkrieg treibt.

8. Gewaltarchitektur als Gewaltkontrolle

Aus welcher Perspektive man das Gewaltphänomen auch betrachtet, es spottet in seiner ursprünglichen Kraft aller moralisch inspirierter Abolitionsversuche.[42] Den-

41 Dieser amerikanische Ausdruck hat sich durchgesetzt, obwohl er zur Bezeichnung für die mit ihm begriffenen Verhältnisse ungenau, nämlich zu weit ist.

42 Der Bombenkrieg der Nato gegen Serbien bot kürzlich ein lehrreiches Beispiel dafür. Irritiert von Gewalttätigkeiten im Bürgerkrieg dort, ermächtigte sich die Nato zur Verletzung eindeutiger und zentraler Artikel des Völkerrechts (Verbot von Angriffskriegen, Kriegführung ohne Mandat der Vereinten Nationen) und rechtfertigte dies unter Berufung auf die sittliche Qualität ihrer Motive, die

noch ist die menschliche Zivilisation im Umgang mit ihm nicht völlig erfolglos geblieben. Durch Anerkennung – auch mit dem Erkenntnisanteil in der Wortbedeutung – statt durch Verfemung gelang es, Prozesse der Selbstzähmung in dem sozialen Naturverhältnis Gewalt in Gang zu setzen. Der Erfolg kann und will zwar nicht ausschließen, dass sich die Gewaltpotenz von Zeit zu Zeit aktualisiert und im Kleinen und im Großen Verwüstungen anrichtet, doch lässt er auf insgesamt größere Berechenbarkeit hoffen, sowohl hinsichtlich ihrer Frequenz als auch hinsichtlich ihres Ausmaßes, und auf diese Weise auf Schadensbegrenzung.

Der hier gebrauchte Zähmungsbegriff könnte das Missverständnis hervorrufen, der Zivilisationsprozess der Gewalt bediene sich dressurähnlicher Techniken. Die Techniken, die seinen Erfolg begründen, verweisen jedoch eher in das Reich der Architektur. Sie nutzen das Prinzip von Gewicht und Gegengewicht, die nebeneinander aufgetürmt sind, sich aneinander messen und sich in der Spitze aneinander anlehnen und halten. Um die Kräfte der Gewalt zu beherrschen, verwendet die Gewaltarchitektur Konterkräfte, die ihrerseits gewaltfähig sind. Dabei unterscheidet sie nicht zwischen böser und guter Gewalt in einem Verhältnis, in dem die eine die andere legitimiert, sondern zwischen größerer und kleinerer Gewalt, die sich leichter oder schwerer ausgleichen, so dass das Gebäude sicherere oder unsicherere Verwendung fürs Zusammenleben ermöglicht.[43]

Gänzlich fern liegt der Gewaltarchitektur die Pathologisierung des Gewaltphänomens. Natürlich schließt sie individualpathologische Befunde nicht aus. Sich wiederholender Jähzorn etwa, der aus geringfügigem Anlass körperliche Aggressionen mit Verletzungsfolgen für das Opfer verschuldet, verlangt nach Korrektur. Ebenso gilt dies bei einer Gewaltneigung aus sadistischer Lust an der Grausamkeit.[44]

---

sich aus einem bislang noch nicht statuierten höheren Völkerrecht als dem positiven speisten. Heraus kam neben schweren Zerstörungen der Lebensgrundlagen des serbischen Volkes und der Auslösung einer riesigen Flüchtlingswelle, dass im Kosovo, um den es ging, nicht mehr Serben Albaner drangsalieren, vertreiben und morden, sondern nun Albaner Serben. Nebenbei wurde aus dem Kosovo noch ein Flugzeugträger der Vereinigten Staaten.

43 Bezogen auf den Irak-Konflikt des Frühjahrs 2003 gibt ein solches Gewaltverständnis die Dämonisierung Saddam Husseins ebenso als reine Propaganda ohne substanzielle Wahrheit zu erkennen wie umgekehrt die Ridikülisierung George Bushs. Unbeteiligt an der psychologischen Kriegführung, richtet es seinen Blick auf die Frage, zu wessen Nutzen die an der Stelle der bestehenden Gewaltenordnung zu errichtende neue geht und wie stabil sie sein kann. Die weltweite Kritik an der Kriegspolitik der Vereinigten Staaten gegenüber dem Irak hat ihren tieferen Grund wohl in dem verbreiteten Gefühl, dass hier die jeder einzelnen Staatsmacht hoch überlegene Supermacht allein um eigener Vorteile willen und insofern verantwortungslos – also anders als bei ähnlicher Machtrelation normalerweise Eltern im Umgang mit ihren Kindern oder der Staat im Umgang mit seinen Bürgern Gewalt anwendet – auf eine das Völkerrecht missachtenden Weise Gewalt angedroht und angewendet hat. Die längerfristige Folge dieser Politik dürfte eine neue Bündnisarchitektur sein, die das gegenwärtige Übergewicht der USA ausgleicht. Auf diese Weise würde sich dann in neuen Konstellationen das Friedenssystem des Kalten Kriegs rekonstituieren, das bei der partikularen Interessenwahrnehmung Umsicht und Rücksicht erzwingt.

44 Es sei denn, sie erwiese sich als inkurabel, z.B. weil ihr eine noch nicht erfolgreich behandelbare defekte Genstruktur zu Grunde läge. Bei der gerichtlichen Bewertung ergäbe ein solcher Befund

Darüber hinaus aber dürfte alle Gewalttherapie entweder folgenlos bleiben oder gerade kontraproduktiv wirken. Wo sie gelingt, beraubt sie den Therapierten der moralischen Kraft, die er braucht, um Gegenwehr glaubhaft in Aussicht stellen zu können. Sie ginge zu Lasten seiner Vitalität und verstärkte seine Opferqualität, von der sich die Gewalt der anderen gerade herausgefordert fühlt. Das hier negativ geführte Argument lässt sich indessen auch positiv wenden. Gewaltfähigkeit ist Bedingung der Freiheit. Wem sie genommen wird – wegsozialisiert oder wegtherapiert –, dem bleibt nichts übrig, als sich zu verkriechen, wenn andere drohen, falls sie ihm diese Selbstverkleinerung überhaupt noch gestatten.

Mit Recht wäre hier einzuwenden: All dies gilt nur unter der Voraussetzung der unvollständigen Gewaltreduktion, die nicht alle Seiten und alle Subjekte gleichermaßen erfasst. Ein solcher Einwand freilich offenbarte zugleich die utopische Vermessenheit des Geistes, der ihn äußerte. Er müsste, um ans Ziel zu kommen, Gewaltfähigkeit überall und gleichzeitig beschneiden. Dazu müsste ihm selber absolute Gewalt beschieden sein. Da sie ihm fehlt, ermutigt er zur Beschneidung, wo es gerade geht, um Beispiele zu setzen, woran sich alle orientieren sollen. Dass er dies nicht garantieren kann, stört ihn nicht. Sein Moralismus fürchtet auch nicht, inzwischen bestehende Gewaltbalancen, die akute Gewalttätigkeit eingrenzen, damit außer Kraft zu setzen. Ein solcher Geist steht, wie die Geschichte lehrt, in Gefahr, seinerseits auf brutalste Weise gewalttätig zu werden, wenn er sich mit den Folgen seiner frommen Denkungsart konfrontiert sieht.

Hier schließt sich der Kreis der Analyse, die das Gewaltphänomen jenseits moralischer Bewertung biofunktionalistisch und soziofunktionalistisch ergründet. Eine von ihr belehrte Theorie glaubt nicht, dass Gewalt aus dem gesellschaftlichen Leben auszuschließen wäre. Versuche in diese Richtung, fürchtet sie, befördern nicht den Frieden auf Erden, sondern in einer nicht zu kontrollierenden Dialektik die Gewalteskalation. Dennoch vertraut sie umgekehrt nicht darauf, dass uns die Gewaltstrukturen mit ihren checks and balances vor jedem destruktiven Gewaltausbruch bewahren könnten. Ja sie erkennt und anerkennt sogar, dass gelegentliche Ausbrüche erforderlich sind, um die latenten Drohpotenziale glaubhaft erscheinen zu lassen, die alle strukturelle Gewalt in sich trägt. Nicht zu vergeblichen Versuchen, ihre Arsenale zu leeren, rät die funktionalistische Theorie der Gewalt, sondern einzusehen, dass ihre gelegentliche schmerzhafte Einwirkung auf Leib und Gemüt die Friedfertigkeit herbeiführt, in der wir einige Zeit freundlich kooperieren, bis diese Stimmung abgeklungen ist und die aggressive Lust zurückkehrt.

Am Anfang war aus dem Alten Testament zitiert worden, um diesen im Kollektivbewusstsein der Völker tief angelegten Gedanken literarisch zu stützen. Am

dann sicher einen uneingeschränkten Schuldausschlussgrund. Wenn die abnormale Neigung aber Gefahr für Leben und Gesundheit Dritter begründete, wäre dauerhaftes Gewahrsam trotzdem unumgänglich. Der Glaube an eine wirksame Therapie entlastet in solchen Fällen das Gewissen derer, die das Gewahrsam anordnen und verwalten. Sie werden deswegen zu solchem Glauben neigen.

Schluss soll er mit einem Zitat aus dem Neuen Testament abgerundet werden. Im Hebräerbrief (Kapitel 11, Vers 12) heißt es: „Alle Züchtigung aber, wenn sie da ist, dünkt uns nicht Freude, sondern Traurigkeit zu sein; aber danach wird sie geben eine friedsame Frucht der Gerechtigkeit denen, die dadurch geübt sind." Züchtigung, so besagt diese Weisheit und denkt dabei an Erziehungsverhältnisse, stellt als solche einen Gewaltakt dar, der weh tut und zunächst auch so und nur so empfunden wird. Deswegen aber ist sie nicht per se unwürdige Zwangsmaßnahme gegen das heilige Individuum, wie es das herrschende Zeitbewusstsein unterstellt, sondern kann auch sein und ist häufig: unerlässliche Voraussetzung dafür, dass die friedsame Frucht der Gerechtigkeit gedeiht und – in soziologischer Diktion – die aus überzogenem Individualismus resultierende Anomie in die Ordnung zurückgeführt wird.

Literatur

Benjamin, Walter (1965): Zur Kritik der Gewalt und andere Aufsätze. Frankfurt.
Capelle, Wilhelm (Hrsg.) (1961): Die Vorsokratiker. Berlin.
Foucault, Michel (1976): Überwachen und Strafen. Frankfurt a.M.
Galtung, Johan (1975): Strukturelle Gewalt. Beiträge zur Friedens- und Konfliktforschung. Reinbek.
Horkheimer, Max (1936): Studien über Autorität und Familie. Paris.
Kant, Immanuel (1798): Die Metaphysik der Sitten. 2 Bde. Königsberg.
Krohn, Wolfgang (Hrsg) (1990): Francis Bacon. Novum Organum. Bd.1. Hamburg.
Lenin, Vladimir I. (1946): Der Imperialismus als höchstes Stadium des Kapitalismus. Moskau.
Luhmann, Niklas (1969): Legitimation durch Verfahren. Neuwied.
Luhmann, Niklas (1970): Soziologische Aufklärung. Aufsätze zur Theorie der sozialen Systeme. Köln/Opladen.
Ostendorf, Heribert (2002): Aggression und Gewalt. Frankfurt a.M.
Parsons, Talcott (1964): Evolutionary Universals in Society. In: American Sociological Review. Jg.29. S.339-357.
Parsons, Talcott (1966): Societies. Evolutionary and Comperative Perspectives. Englewood Cliffs.
Parsons, Talcott (1969): Politics and Social Structure. New York.
Schelsky, Helmut (1965): Auf der Suche nach Wirklichkeit. Soziologische Bemerkung zur Rolle der Schule in unserer Gesellschaftsverfassung. Düsseldorf.
Vollrath, Ernst (1987): Grundlegung einer philosophischen Theorie des Politischen. Würzburg.
Weischedel, Wilhelm (1965): Immanuel Kant. Werke in sechs Bänden. Band IV. Darmstadt.

Der Autor

Karlheinz Messelken, Prof. em. (1933); Studium der Soziologie und Philosophie in Frankfurt am Main, Paris, Ostberlin – Studienunterbrechung durch drei Jahre Zuchthaushaft in der DDR wegen staatsgefährdender Hetze und Propaganda – und wieder Frankfurt am Main (Dipl.-Soz. 1964). 1964 Mitarbeiter in der Abteilung Bildungsarbeit der IG Metall, 1964-1968 Forschungsassistent an der Sozialforschungsstelle der Universität Münster in Dortmund, 1967 Promotion zum Dr. phil. in Münster, 1968-1974 Dozent an der Hochschule für Wirtschaft und Politik in Hamburg, 1973 Habilitation für Soziologie an der Universität Bielefeld, 1974 bis zur Entpflichtung 1998 Professor für Soziologie an der Universität der Bundeswehr Hamburg. Schwerpunkte: Allgemeine Soziologie, Politische Soziologie, Kultursoziologie
Jüngere Publikationen: Denkweisen und Denkfiguren des 18., 19. und 20. Jahrhunderts in Clausewitz' Gesellschaftstheorie. In: Gerhard Vowinckel (Hrsg.), Theorie des Krieges als Sozialwissenschaft, Berlin 1993; Die Verhaltenstheorie. In: Günter Endruweit (Hrsg.): Moderne Theorien der Soziologie, Stuttgart 1993 (in japanischer Übersetzung Tokio 2000); Der Reiz des Schönen. In: Helmut Klages/Helmut Qua-

ritsch (Hrsg.), Zur geisteswissenschaftlichen Bedeutung Arnold Gehlens, Berlin 1994; Verspätungen im Prozeß der Nationenbildung. In: Bálint Balla/Wolfgang Geier (Hrsg.), Zu einer Soziologie des Postkommunismus, Münster 1994; Tüchtigkeit und Tugenden. In: Uwe Hartmann/Christian Walther, Der Soldat in einer Welt im Wandel. Ein Handbuch für Theorie und Praxis, München 1995; Strukturähnlichkeiten zwischen Archaik und Moderne. In: Bálint Balla/Anton Sterbling (Hrsg.), Soziologie und Geschichte. Geschichte der Soziologie, Hamburg 1995; Archaik und Moderne im Kommunismus und im Postkommunismus. Zur Realdialektik von revolutionären Transformationen. In: Bálint Balla/Anton Sterbling (Hrsg.), Zusammenbruch des Sowjetsystems. Herausforderung für die Soziologie, Hamburg 1996; Systemdenken und Wirklichkeitsverständnis. Soziologie für ein praxisorientiertes Studium von Offizieren und Polizisten. In: Anton Sterbling (Hrsg.), Studium im Spannungsfeld zwischen Hochschule und Beruf, Rothenburg 1999; Arbeit als Lebensführungsmodell: Entstehung, Vorherrschaft und Niedergang. In: Manuel Schulz u.a. (Hrsg.), Wege zur Ganzheit. Profilbildung einer Pädagogik für das 21. Jahrhundert, Weinheim 1998; Modernisierung und Wohlfahrt. Die Perspektiven Südosteuropas. In: Anneli Ute Gabanyi/Anton Sterbling (Hrsg.), Sozialstruktureller Wandel, soziale Probleme und soziale Sicherung in Südosteuropa" München 2000.

Soziologie und Strategisches Management – Überlegungen zum praktischen Nutzen wirtschaftssoziologischer Fragestellungen

Peter Abplanalp

Die Analyse der Beziehungen zwischen wirtschaftlichen und gesellschaftlichen Vorgängen ist eines der grundlegenden Themen der Soziologie. Besonders die Klassiker der europäischen Soziologie haben sich in der einen oder anderen Form einer Analyse dieser Belange gewidmet. So versuchte etwa Marx mit seinen Studien zu den sozialen und wirtschaftlichen Verhältnissen der Industriegesellschaft (darunter besonders die Werke „Zur Kritik der politischen Oekonomi" und „Das Kapital") den unabwendbaren Zusammenbruch des Kapitalismus zu begründen. Durkheim („De la division du travail social") wies auf die Bedrohung der gesellschaftlichen Solidarität als Folge der zunehmenden Dichte und Zahl der Gesellschaftsmitglieder und einem daraus folgenden Wettbewerb um Lebenschancen hin und folgerte, dass dieser Bedrohung nur durch eine zunehmende Arbeitsteilung begegnet werden könne. Max Weber („Wirtschaft und Gesellschaft") rückte die Zusammenhänge von religiösen Wertideen (z.B. die protestantisch-puritanische Ethik) und gesellschaftlichen Ordnungssystemen ins Zentrum seiner Analyse. Historische Prozesse wie Industrialisierung, Rationalisierung, Bürokratisierung und Verwissenschaftlichung seien als Trend zur „Entzauberung der Welt" zu begreifen, eine Entzauberung, die zwar den Menschen von bisherigen Zwängen befreie, ihn aber zugleich in ein „Gehäuse neuer Hörigkeit" einbinde. Simmel dagegen („Über sociale Differenzierung und Philosophie des Geldes") sprach statt vom „Gehäuse neuer Hörigkeit" von den zunehmenden Chancen, die sich dem Menschen in der arbeitsteiligen Gesellschaft böten. Die moderne Gesellschaft eröffne die Möglichkeit, im Schnittpunkt verschiedener „sozialer Kreise" zu leben, wodurch sich sowohl seine Lebenschancen als auch seine Aussichten auf individuelle Entfaltung erhöhten. Ferdinand Tönnies („Gemeinschaft und Gesellschaft") wiederum sah in der qualitativen Veränderung von ehemals „gemeinschaftlichen" hin zu „gesellschaftlichen" Grundmustern der Sozialstruktur eine wachsende Krisenanfälligkeit moderner von Pluralismus und Interessengegensätzen gekennzeichneten Sozialbeziehungen.

Diese Hinweise mögen ausreichend belegen, dass wirtschaftliche Vorgänge für die Entstehung und für die Prägung sozialer Zusammenhänge von entscheidender Bedeutung sind. Soziale Sachverhalte zu analysieren, ohne dabei wirtschaftliche Faktoren zu berücksichtigen, scheint ebenso unsinnig, wie wirtschaftliche Phänomene erklären zu wollen, ohne ihre soziale Dimension in die Untersuchung mit einzubeziehen. Ein erster Aspekt ist dabei die Frage nach der Struktur wirtschaftlichen Sozialverhaltens, die in der Regel in einer Kritik am Verhaltensmodell des *homo oeconomicus* mündet, ein zweiter das Problem der Situationsgebundenheit wirtschaftlichen Handelns, die grundsätzlich eine Analyse einflussreicher Bezugsgruppen erfordert, da jedes Individuum seine Wirtschaftsentscheidungen im Rahmen institutionalisierter Sozialbeziehungen (Haushalte, Unternehmen usw.) trifft und daher die Erfassung des Individualverhaltens nicht ausreicht, um Wirtschaftshandeln zu erklären. Gerade weil dies ziemlich selbstverständlich erscheint, erstaunt uns, dass weite Bereiche wirtschaftlicher Analyse diesen Zusammenhängen nach wie vor wenig Aufmerksamkeit schenken.

Ein schlüssiges Beispiel für die Entkoppelung von wirtschaftlichen und sozialen Prozessen stellt das heute weit verbreitete Konzept des Strategischen Managements dar, das sich in der Unternehmenswelt schon seit bald fünf Jahrzehnten großer Popularität erfreut. Strategisches Management beschäftigt sich mit den langfristigen Entscheidungen eines Unternehmens und dient als Gerüst für die Auswahl der Art und der Ausrichtung der geschäftlichen Tätigkeit. Die ersten Ansätze des Konzeptes entstanden in den 50er Jahren in enger Anlehnung an das neoklassische ökonomische Paradigma im Rahmen von business policy courses an der Harvard Business School. In den folgenden Jahren erfuhren die Ideen besonders durch Beiträge von Chandler (1962), Ansoff (1965) und Kenneth Andrews (1971) eine breitere Beachtung. Zugleich bemächtigte sich die Wirtschaftspraxis (insbesondere Großunternehmen) der Erkenntnisse und Prinzipien des neuen Forschungszweiges, wobei Unternehmensberatungsfirmen wie Mc Kinsey und die Boston Consulting Group (BCG) für eine rasche Verbreitung des Ansatzes sorgten. Dank einem heute noch grundlegenden Werk von Porter (1980) gewann das Strategische Management anfangs der achtziger Jahre schließlich auch bei kleinen und mittleren Unternehmen an Popularität.

Porter steht bis heute für die prinzipielle Überzeugung ein, dass sich Leistungsunterschiede von Unternehmen im Rahmen des so genannten SCP-Ansatzes (structure-conduct-performance) im Wesentlichen auf Unterschiede in der Branchenstruktur zurückführen lassen. Branchentypische „Kräfte“ beeinflussen – und zwar weitgehend unabhängig von der Unternehmensgröße – die Wettbewerbssituation und die Unternehmensentscheidungen. Grundlegende Eigenschaften der Branche (z.B. die Produktionstechnologie) bestimmen die Wettbewerbsstruktur (z.B. die Zahl der Konkurrenten, die Kostenstruktur, die Möglichkeiten für einen Markteintritt), diese wiederum das Verhalten (conduct) der Konkurrenten (Preisgestaltung, Produktstrategie, Werbung, Forschung, Investitionen) und in der Folge auch die Leistung (peformance) des Unternehmens (Effizienz, technischer Fortschritt).

Diesem Ansatz zufolge besteht ein erfolgreiches strategisches Verhalten in erster Linie darin, allfälligen neuen Konkurrenten durch geeignete Maßnahmen den Marktzutritt zu erschweren oder gar zu verunmöglichen. Eine wichtige Ergänzung brachten Penrose (1959) und später Hamel/Prahalad (1990) in die Debatte ein, indem sie darauf verwiesen, dass nicht nur Branchenkräfte sondern auch die in einem Unternehmen vorhandenen Ressourcen und Kompetenzen wesentlich zur Wettbewerbsfähigkeit eines Unternehmens beitragen, so dass heute dem „5-Kräfte-Ansatz“ (Porter) ein „Ansatz der Kernkompetenzen“ gegenübersteht.[1]

Übers Ganze gesehen, versuchten die Baumeister des Strategischen Managements adäquate theoretische Erklärungen für erfolgreiches unternehmerisches Handeln zu liefern. Zum einen trachteten sie danach, Antworten zu geben auf die Frage, warum bestimmte Strategien optimal oder zumindest erfolgreich sind, und zum andern verfolgten die Forscher immer auch das Ziel, Handlungsanleitungen für Manager zu entwickeln und zu begründen. In vielen Fällen bildeten Daten aus besonders erfolgreichen Unternehmen die Grundlage solcher Einsichten (indem man versuchte herauszufinden, welche Faktoren in der Vergangenheit für deren Erfolg verantwortlich waren). Bei all diesen Ansätzen stehen bis heute Marktfaktoren im Zentrum, d.h. sie gehen von der Annahme aus, dass hauptsächlich die Wettbewerbskräfte und der Zwang zur Effizienz das Verhalten von Unternehmen bestimmen.

In jüngster Zeit haben einige spektakuläre, wirtschaftliche Misserfolge ehemals etablierter Unternehmen für Aufsehen gesorgt und Fragen zur Tauglichkeit oder zumindest zur Erklärungskraft der bisherigen Modelle des Strategischen Managements aufgeworfen. In einigen dieser Fälle ist deutlich geworden, dass ein Erklärungsmodell, das lediglich Marktfaktoren berücksichtigt und rationales Effizienzstreben unterstellt, für eine Erklärung des realen Geschehens nicht mehr ausreicht. Zur Erklärung der Variabilität von unternehmerischem Verhalten wären daher künftig auch historische, politische und soziale Variablen in das Modell einzubeziehen. Diese Feststellung ist soviel wie eine Aufforderung an die zeitgenössische deutschsprachige Soziologie, sich wieder vermehrt wirtschaftssoziologischen Analysen zuzuwenden und damit an die Tradition der Gründer der Disziplin anzuknüpfen.

Anregungen und Anknüpfungspunkte dazu liefern uns beispielsweise Joel A.C. Baum und Jane E. Dutton, die mit Bezug auf Granovetters leidenschaftliches Plädoyer für eine konsequentere Beachtung der engen Beziehung zwischen Wirtschaft und Sozialstruktur (1985: 481-510) den Band 13 der Advances in Strategic Management dem Thema Embeddedness of Strategy gewidmet haben und dabei der Überzeugung Ausdruck geben, „that we can learn much about how strategic processes work by taking context more seriously (Baum/Dutton 1996: 1). Das Konzept der embeddedness drückt dabei die Erkenntnis aus, dass alles wirtschaftliche Handeln eingebettet ist in soziale Netzwerke und von diesen beeinflusst wird. Diese Einbettung geht einher mit der Forderung nach einem „more contextualized concept of strategy“ (Baum/Dutton 1996: 3), welches das Forschungsinteresse insbesondere auf folgende Punkte auszurichten hätte (vgl. zum folgenden Baum/Dutton 1996: 3 ff.):

- Kognitive und soziale Eingebundenheit der Führungskräfte, die über strategische Fragen entscheiden;

1 Von einer gewissen Bedeutung ist ferner der spieltheoretische Ansatz (vgl. Dixit/Nalebuff 1997).

- Die Einbettung von Unternehmensstrategien in „kognitive Gemeinschaften";
- Die strukturelle Einbettung von Unternehmensstrategien in interpersonelle und interorganisationale sowie in Statusnetzwerke;
- Netzwerkeigenschaften von Unternehmensstrategien.

Obwohl zu diesen Themen bereits eine Reihe von Forschungen vorliegen (für eine Übersicht siehe Baum/Dutton 1996: 3) fehlt bis heute eine eigentliche Integration der Erkenntnisse ins Konzept des strategischen Managements, was sich auch daran zeigt, dass im Strategic Management Journal, der wohl führenden Zeitschrift des Fachgebietes, bisher nur wenige Artikel erschienen sind, die sich mit kultureller, politischer oder struktureller Einbettung von Strategien befasst haben.

Mit der Anerkennung der Rolle von Netzwerken und anderen sozialen und institutionalen Strukturen geht auch die Einsicht einher, dass strategisches Verhalten den Einflüssen verschiedener Handlungsebenen ausgesetzt ist, was zusätzlich etwa die folgenden Forschungsfragen nahe legt:

- Wie beeinflussen Strategien das individuelle Verhalten und wie wirkt sich individuelles Verhalten auf die Strategie aus?
- Wie beeinflussen Netzwerke politischer, sozialer oder wirtschaftlicher Institutionen die Kommerzialisierung von Innovationen?

Antworten auf solche Fragen sind ohne die Überschreitung der traditionellen Fachgrenzen kaum zu finden. Der embeddedness approach ist damit auch eine Aufforderung, die traditionellen Grenzen zwischen Ökonomie, Soziologie und Psychologie zu überwinden und hybride Konzepte und Theorien zu entwickeln, welche die Realität strategischen Verhaltens besser abzubilden vermögen als die bisher bekannten Ansätze des strategischen Managements.

Während dieser Ansatz der embeddedness auf eine Vielzahl von möglichen – insbesondere interdisziplinären – Forschungsfragen hinweist, lassen sich mit einer etwas eingeschränkteren Sicht auf spezifisch soziologische Konzepte eine Reihe weiterer interessanter Fragestellungen formulieren (vgl. dazu auch Baum/Dobbin 2000: 11ff.).

Aus der Tradition des amerikanischen Institutionalismus, der auf Webers Konzept der verstehenden Soziologie zurückgeht (Swedberg 1998), lässt sich die Folgerung ableiten, dass strategische Entscheidungen im Unternehmen in einem institutionellen Kontext stattfinden, der definiert, was „strategisch" ist und was nicht, und der im Sinne von Max Webers „Gehäuse der Hörigkeit" dem Verhalten des Managements strukturelle und kognitive Beschränkungen auferlegt. Dieser Ansatz könnte etwa wegleitend sein für eine Analyse der Vorgänge um den Untergang der Swissair, zumal sich herkömmliche Konzepte des strategischen Managements dafür als wenig ergiebig erweisen dürften. Der Institutionalismus-Ansatz legt auch nahe, dass Imitation, Ideologien und Normen einen wesentlichen Einfluss auf unternehmerisches Verhalten ausüben (Mizruchi/Kim 1999), und dass sich daher strategische Entscheidungen wie die Diversifikation in andere Geschäftsbereiche oder der Zusammenschluss von Unternehmen mit den Konzepten des strategischen Managements (die ökonomische Rationalität der Entscheidungen unterstellen) kaum befriedigend erklären lassen.

Nebst dem Institutionalismus dürfte sich insbesondere auch die strukturelle Machttheorie (vgl. Mills 1956 und Lukes 1974) als ergiebiges Analysekonzept erweisen. Roy (1997) hat nachgewiesen, dass Fusionen und der Kauf von Unternehmen sich nicht durch Effizienzgewinne begründen lassen, sondern als Folge von Machtstrukturen gesehen werden müssen, in denen kleine Firmen „Opfer" von finanziell mächtigeren Konkurrenten geworden sind. Insgesamt legt der Ansatz der strukturellen Machttheorie nahe, dass ökonomische Praktiken – Verhaltensmuster, wie die Wahl von Preisstrategien oder Firmenstrukturen – das Ergebnis sind von sozialen Konstruktionen in Netzwerken, die sich dann als Handlungsanweisungen für die Zielerreichung manifestieren. Mächtige Akteure bestimmen auf diese Weise die Regeln des Spiels, die schließlich in Form einer öffentlichen Politik ihren institutionellen Niederschlag finden. Ökonomische Praktiken und damit auch strategische Entscheidungen sind somit nicht allein das Ergebnis ökonomischen Kalküls, sondern das Resultat sozialer Prozesse, in denen die Macht der Akteure eine zentrale Rolle spielt.

Wenn wir auch zeigen konnten, dass soziologische Konzepte in den letzten Jahren vermehrt zur Analyse strategischer Verhaltensweisen herbeigezogen worden sind, verbleibt uns doch die Feststellung, dass wirtschaftssoziologische Ansätze bis heute noch keineswegs die Basis einer radikalen und dringend erforderlichen Überarbeitung des theoretischen Rahmens des strategischen Managements bildet. Das Konzept des strategischen Managements ist nach wie vor im Griff klassischer ökonomischer Denkansätze und den ihnen inhärenten Annahmen rationalen Verhaltens. Zweifellos hat die Tatsache, dass es bisher erst in Anfängen gelungen ist, die theoretischen Grundlagen des strategischen Managements durch soziologische Kategorien zu erweitern, wesentlich zur Perpetuierung des Rationalitätsmythos im strategischen Management beigetragen. Damit bleiben aber fundamentale Fragen über die Entstehung und Durchsetzung von Strategien bis heute in wesentlichen Punkten ungeklärt. Dies ist besonders bedauerlich angesichts der weit reichenden (auch volkswirtschaftlichen) Wirkungen, die von strategischen Entscheidungen ausgehen. In einer Welt, in der Tausende von Arbeitsplätzen und damit auch die Lebenschancen der betroffenen Menschen von den strategischen Entscheidungen einer Manager-Kaste abhängig sind, die ihre Handlungen über ein Rationalitäts-Theorem legitimieren, ist die Soziologie aufgefordert, an die Tradition ihrer klassischen Vertreter anzuknüpfen und zur kritischen Analyse der Theorie des strategischen Managements den ihr gebührenden Beitrag zu leisten.

Literatur

Andrews, Kenneth R. (1971): The Concept of Corporate Strategy. Homewood, Ill.
Ansoff, Harry I. (1965): Corporate Strategy: An Analytical Approach to Business Policy for Growth and Expansion. New York
Baum, Joel A.C./Dutton, Jane E. (Hrsg.) (1996): The Embeddedness of Strategy, Advances in Strategic Management. Vol. 13. Stamford, Conn., hier zitiert nach:
http://www.mgmt.utoronto.ca/~baum/asmintro.html
Baum, Joel A.C., Dobbin, Frank (Hrsg.) (2000): Economics Meets Sociology in Strategic Management, Advances in Strategic Management. Vol. 17. Stamford, Conn.
Chandler, Alfred D., Jr. (1962): Strategy and Structure: Chapters in the History of the Industrial Enterprise. Cambridge, Mass.
Dixit, Avinash K./Nalebuff, Barry J. (1997): Spieltheorie für Einsteiger. Strategisches Know-how für Gewinner. Stuttgart.
Granovetter, Mark S. (1985): Economic Action and Social Structure: The Problem of Embeddedness. In: American Journal of Sociology. Vol. 91 (3). S. 481-510
Hamel, Gary/Prahalad, Coimbatore K. (1990): The Core Competence of the Corporation. In: Harvard Business Review. Vol. 68 (3). S. 79-91,
Lukes, Steven (1974): Power: A Radical View. London.
Mills, Charles W. (1956): The Power Elite. New York
Mizruchi, Mark S/ Fein, Lisa C. (1999): The Social Construction of Organizational Knowledge: A Study of the Uses of Coercive, Mimetic, and Normative Isomorphism. In: Administrative Science Quarterly. Vol. 44. S. 653-683.
Parsons, Talcott/Smelser, Neil J. (1956): Economy and Society. A study in the integration of economic and social theory. London.
Penrose, Edith T. (1959): The Theory of the Growth of the Firm. New York.
Porter, Michael E. (1980): Competitive Strategy: Techniques for Analyzing Industries and Competitors. New York
Stoney, Christopher (2002): Lifting the Lid on Strategic Management: A Sociological Narrative.
In: http://www.mngt.waikato.ac.nz/depts/sml/journal/special/stoney.htm
Swedberg, Richard (1998): Max Weber and the idea of economic sociology. Princeton, N.J.

Der Autor

Peter Abplanalp, Dr. rer. pol. (*1943); Vorsitzender der Direktion der Fachhochschule Solothurn Nordwestschweiz. Schwerpunkt: Strategisches Management. Sechs Jahre Betriebsbeamter der Schweizerischen Bundesbahnen. Vier Jahre Redaktions- und Werbeassisten. Danach Studium der Soziologie und Betriebswirtschaft in Basel; 1976 bis 1978 Visiting Scholar an der New York State School for Industrial and Labor Relations, Cornell University, Ithaca N.Y.; 1978 bis 1983 Leiter Ausbildung und Management Development in einem Industrie- und Dienstleistungsunternehmen; 1983 bis 1998 Rektor der Höheren Wirtschafts- und Verwaltungsschule Olten. Seit 1998 Vorsitzender der Direktion der Fachhochschule Nordwestschweiz, Solothurn in Olten.
Jüngere Publikationen: Roman Lombriser, Peter A. Abplanalp: Strategisches Management. Visionen entwickeln, Strategien umsetzen, Erfolgspotentiale aufbauen. 2., durchgesehene und ergänzte Auflage, Zürich 1998; Peter A. Abplanalp, Roman Lombriser: Unternehmensstrategie als kreativer Prozess, München 2000.

Chancen für persönliche Autonomie – Ideengeschichtliche Überlegungen zu Max Webers Begriff der innerweltlichen Askese

Gerwulf Singer

Wer Max Webers Studien zur historischen Religionssoziologie aufmerksam verfolgt, gewinnt den Eindruck, die operativen Strukturen der mittelalterlichen Kirche (im Besonderen deren Amts- und Anstaltsbegriff sowie das kanonische Recht) seien wesentliche Voraussetzungen der Moderne gewesen, doch habe die Semantik der „Sakramentsversittlichung" (Ernst Troeltsch) die gesinnungsethische Systematisierung des individuellen Verhältnisses zwischen einem überweltlichen Schöpfergott und dem Menschen und damit die Idee der persönlichen Autonomie eher verhindert. Erst die Reformation habe den im Christentum angelegten absoluten Individualismus zur Geltung gebracht — eine Auffassung, die auch der Theologe Troeltsch vertritt (1994: 622ff.), dessen Studie über die Soziallehren der christlichen Kirchen und Gruppen von Weber teilweise beeinflusst ist, ihn aber wiederum nicht unerheblich geprägt hat (Schluchter 1998: 317). Wolfgang Schluchters modalanalytische Deutung des Weberschen Entwicklungsbegriffs legt nahe, Weber begreife das okzidentale Weltbild nur als Möglichkeitshorizont, der — mit Blick auf die Autonomie-Idee — erst in der Reformation ausgeschöpft worden sei. Indes trifft dies nur insoweit zu, als die operative Nutzung von Chancen gemeint ist; die Autonomie-Semantik jedoch verfügt über eine sehr viel längere Entwicklungsgeschichte. Webers innerweltliche Askese als Ausdruck reformatorischer und moderner Individualität stellt in diesem Kontext keinen Neuanfang dar. Vielmehr steht sie in enger Beziehung zur mittelalterlichen Ideengenese, welche durch komplexe Umbesetzungen von Ideen-Chancen bestimmt ist; die Moderne erscheint keineswegs als bloßes Säkularisat theologischer Topoi, sondern als eine neue Antwort auf eine Frage, so Hans Blumenberg, die bereits das Mittelalter gestellt hat (1996: 59).

Im ersten Abschnitt wird die strukturelle bzw. semantische Verankerung von Ideen-Chancen bei Max Weber im Kontext der Popperschen Propensitätstheorie der Wahrscheinlichkeit diskutiert. Hierauf wird Webers Entwicklungsbegriff erläutert und gezeigt, weshalb eine mehrfachcodierte Semantik Voraussetzung für dynamische Ideenevolution ist.

1. Chancen, Mehrfachcodierung und Ideenevolution

An über hundert Stellen taucht der Ausdruck „Chance" im ersten Band „Wirtschaft und Gesellschaft" auf; gleichwohl, so Ralf Dahrendorf, sei der Terminus kaum beachtet worden, vielleicht deshalb, weil ihn Weber selbst unreflektiert und selbstverständlich verwendet habe; doch liefere er einen Schlüssel zur Substanz seines Denkens (1979: 93). Empirische Gesetze, aber auch Recht bezeichnen nach Weber typische Chancen, die durch Beobachtung eines regelmäßigen Ablaufs von sozialem Handeln erhärtet worden sind. Zweifelsohne meint er, wie Dahrendorf bemerkt, mit Chancen „strukturell begründete Wahrscheinlichkeiten des Eintretens von bestimmten Ereignissen“ (98). Aber was ist das Spezifikum solcher Wahrscheinlichkeiten, welche Dahrendorf als „objektiv gegeben“ bezeichnet, ohne zu erklären, was dies bedeuten könnte? Zunächst: Wahrscheinlichkeiten sind gewichtete Möglichkeiten, und zwar im Falle der Weberschen Weltbild-Analyse Gewichtungen, die zu den strukturellen Eigenschaften einer kulturellen Semantik gehören. Nicht gemeint ist demnach ein statistisches Merkmal einer Folge von Ereignissen, sondern eine objektive, in der Struktur eines Ideensystems angelegte Tendenz, bestimmte Wirkungen (bei Akteuren) zu fördern oder zu obstruieren. Karl Popper, auf dessen Propensitätstheorie der Wahrscheinlichkeit ich zurückgreife, demonstriert das Problem an einem homogenen Würfel sowie an einem gewichteten Würfel, dessen Seite “6“ in ungefähr 1/g der Würfe nach oben zu liegen kommt, wobei g ≠ G. Die statistische (relative) Häufigkeit einer langen Folge von Würfen wird jedoch nicht berührt,

> „wenn wir zwischen den Würfen, die wir mit einem gewichteten Würfel machen, ein oder zweimal mit einem regulären Würfel werfen. Was die regulären Würfe anbelangt, müssen wir ihnen, so seltsam es klingt, die Wahrscheinlichkeit 1/g zuschreiben, wenn wir sie so betrachten, dass sie einfach zu dieser Folge gehören, obwohl es sich um Würfe mit einem regulären Würfel handelt“ (1993: 187).

In der Tat bezeichnet die Wahrscheinlichkeit 1/6 des regulären Würfels jedoch die Struktur des Würfels sowie bestimmte situative Bedingungen, nicht aber ein statistisches Häufigkeitsmerkmal. Vergleichbar dem Popperschen Würfel erweisen sich Webers Chancen als objektive Eigenschaften eines kulturellen Codes.

Die Chancen-Thematik lenkt den Blick auf die kontrovers diskutierte Frage, ob Weber in seiner Kultursoziologie strukturellen Größen eigengesetzliche Wirkungen zugeordnet hat (Tenbruck 1978; Winkelmann 1980; Riesebrodt 1980). Eigengesetzlichkeit bzw. die Fähigkeit eines semantischen Systems sich selbst zu organisieren, liegt immer dann vor, wenn das Propensitätsfeld von der Gleichverteilung der Chancen zu Gunsten einer gewichteten Verwirklichungstendenz abweicht. Dahrendorfs Rekonstruktion des Chancen-Begriffs scheint Friedrich H. Tenbruck Recht zu geben, Weber habe mit seiner Analyse der okzidentalen Rationalisierung eine durch Weltbilder gesteuerte endogene Entwicklung gemeint. Stützung erfährt diese Sicht nicht nur durch Webers Bemerkungen zur Weichenstellerfunktion kultureller Semantiken – Weltbilder haben ihm zufolge die Bahnen bestimmt, „in denen die Dynamik der Interessen das Handeln fortbewegte“ (1988a: 252) – sondern im Besonderen durch die Gesamtanlage seiner Universalgeschichte des Okzidents, welche

Reformation, Aufklärung, wissenschaftlichen Rationalismus, rationalen Kapitalismus etc. auf endogen gebildete Verwirklichungstendenzen zurückführt; denn nur auf dem Boden des Okzidents bewirkte eine „Verkettung von Umständen eine Kulturerscheinungen, die „in einer Entwicklungsrichtung von universeller Bedeutung und Gültigkeit lagen“ (1988a: 1).

Um zu erklären, wie Chancen im Umfeld semantischer Codes entstehen, ist es notwendig, die allgemeine Struktur der letzteren näher zu bestimmen. Für Talcott Parsons sind kulturelle Codes symbolische Systeme, deren Komponenten (Bedeutungen) so relationiert sind, dass sie den Kriterien logischer und semantischer Konsistenz gehorchen (1951: 173). Sowohl Webers Weltbilder als auch Parsons‘ symbolische Systeme müssen relativ zu den Äußerungen der Akteure als emergente Entitäten begriffen werden, und zwar im Sinne der Drei-Welten-Ontologie Poppers, der Ideen bzw. semantische Codes (dritte Welt) den mentalen Zuständen und Handlungen der Subjekte (zweite Welt) sowie den ideellen und materiellen Erzeugnissen der Menschen (operative Codes etc.) in der ersten Welt gegenüberstellt. Zwar entdeckte Platon das Konzept der dritten Welt, auch erkannte er ihre Rückwirkung auf die Welt zwei, doch bilden Ideen bei Popper nicht wie bei Platon eine ewige vollkommene und ungeschaffene Sphäre. Ebenso wie Platon betont Popper zwar die Selbstständigkeit der Ideen, indes sind sie ihm Erzeugnisse des menschlichen Geistes, obwohl sie im Augenblick ihrer Entstehung bereits das Denken der Subjekte transzendieren und sich eine autonome, von den Akteuren stets nur partiell erkannte und rezipierte Semantik schaffen, welche durch logische Beziehungen (Folgerung, Widerspruch. Äquivalenz etc.) bestimmt ist. Weil semantische Codes einen logischen Gehalt besitzen, ist es nicht inkonsistent, sie einerseits als emergent bzw. objektiv und andererseits als subjektiv konstruiert zu bezeichnen. Jede Ideenschöpfung schafft neue, unbeabsichtigte logische Konsequenzen, erzeugt unerwartete Probleme mit neuen Lösungsmöglichkeiten, die die Akteure nicht beabsichtigt haben (Popper 1979: 135f.). Sachverhalte, denen logische Prädikate zugesprochen werden können, gehören zur Welt drei, sie sind logisch, jedoch nicht empirisch emergent; denn Elemente semantischer Codes können nur in logischen, nicht in kausalen Beziehungen stehen. Logische Relationen existieren unabhängig davon, ob sie wahrgenommen werden oder nicht; das ist die objektive, strukturelle Seite der Ideen- und Chancendynamik, wie jetzt zu zeigen sein wird.

Es gelten folgende Beziehungen: Kulturelle Codes, deren Konsistenz und Kohärenz hoch ist (Parsons‘ Homogenitätsmodell) besitzen einen geringen logischen Spielraum für innovative Ideen, weil die Wahrscheinlichkeit für bedeutungsuniforme, homotype Folgerungen zunimmt. Umgekehrt steigern inkonsistente und inkohärente Semantiken (Webers Modell weltbildimmanenter Spannungen) die Wahrscheinlichkeit für heterotype Folgerungen: Es entstehen Zonen semantischer Unbestimmtheit und Untercodiertheit, so dass das intellektuelle Verlangen der Akteure nach logisch und teleologisch konsequenter Weltdeutung zunimmt (Weber 1988a: 537), während im Falle struktureller Kohärenz, der Versuch heterotype Folgerungen zu harmonisieren, nicht entstehen kann; Ideendynamik ist sowohl an semantische Heterogenität als auch an Akteure gebunden, die bereit sind, den logischen Spielraum auszuschöpfen. Wir unterscheiden zwischen inter- und intraparadigmatischer Heterogenität; erstere liegt vor, wenn durch reziproke Akkulturation inkohärente und mitunter auch inkonsistente kulturelle Paradigmen eine Allianz eingehen (Mehrfachcodierung), letztere ist gegeben, wenn im Rahmen eines Paradigmas (Einfachcodierung) inkohärente Symbolgruppen auftreten. In beiden Fällen werden Akteure durch Interferenz heterogener Schemata mit inkompatiblen Sinnzuschreibungen versorgt, was die Chance für Niklas Luhmanns Ideenevolution erhöht, d.h. für eine durch Ideen vermittelte anschlussfähige und dennoch nicht durch exogene Faktoren bewirkte Dynamik (1997: 536ff.). Wir begreifen endogenen Wandel als Selbstorganisation eines Systems, in welchem strukturell verankerte Ideen kausale Wirksamkeit erlangen, indem sie durch ihre Nutzung im lebensweltlichen Diskurs (Welt 2) in Institutionen operativ umgesetzt und verfestigt werden (Welt 1). Aus allgemeinen Überlegungen folgt überdies, dass die Neigung des Systems, durch Transformation und Phasenwechsel neue kulturelle Semantiken zu generieren, umso größer (geringer) sein wird, je geringer (größer) die Koextensivität von semantischem (Welt 3) und operativem Code (Welt 1) ist. Demnach begünstigen semantische Homogentität und Koextensivität gleichgewichtsnahe Selbstorganisation, während gleichgewichtsferne dynamische (Ilya Prigogines' dissipative) Selbstorganisation Heterogenität und Nicht-Koextensivität voraussetzt. Luhmans Diktum, Selbstorganisation als „rekursive Ermöglichung eigener Operationen durch Resultate eigener Operationen" (1997: 94) verlange semantisch geschlossene Systeme, und zwar auch im Falle intensiven kulturellen Wandels, wird nun verständlich: Mehrfach codierte, heterogene Semantiken schaffen Spielräume für strukturelle Instabilitäten und in der Folge für Innovationen, ohne dass fremdkulturelle Elemente am autopoietischen Prozess beteiligt werden müssen. Ein solches Modell endogenen Wandels scheint Weber zu unterstellen, wenn er dem okzidentalen Weltbild die Fähigkeit zuspricht, eigengesetzlich Kulturerscheinungen von universeller Bedeutung hervorzubringen (1988a: 237ff.). Aber wie steht es mit der empirischen Überprüfbarkeit seiner Hypothese?

Nach Popper beschreiben Aussagen über sozio-kulturellen Wandel singuläre, irreversible Vorgänge, welche sich der intersubjektiven Überprüfung entziehen, weil wir nicht hoffen können, diese wie universelle Hypothesen zu testen, „wenn wir dauernd auf die Beobachtung eines einzigartigen Prozesses beschränkt sind" (1979: 86). Da Weber jedoch seine Eigenlogik-These im Kontext eines Kulturvergleichs formuliert, entsteht eine Art experimentum crucis, das die Notwendigkeit des okzidentalen Weltbildes P (Gottesbegriff, Kosmologie etc.) für die okzidenttypischen Kulturerscheinungen Q (rationale Wissenschaft, rationaler Kapitalismus etc.) nachweist, indem durch Analyse anderer Kulturen P variiert wird und nun beobachtet werden kann, ob sich Q oder non Q einstellt. Da Q nur im Abendland der Fall ist, spricht sehr viel dafür, Q dem okzidentalen Weltbild auch kausal zuzuschreiben. Aber es gibt noch eine weitere Schwierigkeit: Nach Popper verfügen historisch-genetische Prozesse nicht über eine unabänderliche Ordnung, ihre Randbedingungen sind instabil. Während das Singularitäts-Argument die methodisch kontrollierte Erfassbarkeit von Evolutionshypothesen in Zweifel zieht, liefert die Instabilitäts-These hierfür eine ontologische Begründung. Entwicklungen sind kontingent, eine vorhersagbare Richtung existiert nicht. Doch auch zu diesem Problem enthält Webers Analyse eine überzeugende Lösung: Im Falle endogenen Wandels bieten komplexe Weltbilder einerseits genügend Stabilität, um Beliebigkeit auszuschließen, andererseits erhöhen sie durch strukturelle Instabilitäten die Chancen für Innovationen; diese resultieren jedoch aus semantischen Schwankungen innerhalb eines Korridors. Ilya Prigogines Modell dissipativer Selbstorganisation stellt für diese Argumentation die theoretischen Instrumente zur Verfügung (1983: 139ff.).

In der Folge soll der entwickelte theoretische Rahmen auf die semantischen Konzepte der Willensfreiheit und persönlichen Autonomie bezogen werden. Obwohl Weber diese Termini nicht ausdrücklich verwendet, setzt er doch die reflexive Struktur des Willens als geistiges Vermögen der selbstbestimmten Orientierung an Geboten und Werten voraus, wenn er erklärt, weshalb im antiken Judentum eine Semantik entstand, die einerseits die Freiheit der Orientierung an göttlichen Geboten betonte und andererseits ein Denken zurückwies, das, wie der Intellektualismus der antiken Griechen, die Vernunft und die Übereinstimmung derselben mit der Natur zum Richter erhob. Seine Chance erhielt der ethische Rationalismus erst dann, als die Hebräer einen semantischen Code etablierten, welcher die Idee eines überweltlichen Schöpfergottes und das damit assoziierte dualistische Weltbild (Gott/Welt) zum Inhalt hatte. Für die Entwicklung einer religiösen Ethik macht Weber im Besonderen die intraparadigmatische Heterogenität des theozentrischen Codes verantwortlich. Wir werden jedoch sehen, dass die weitere Profilierung des Willens- und Ethik-Begriffs erst dann möglich wurde, als es in der formativen Phase des Okzidents zur reziproken Akkulturation von jüdisch-christlichem Konstruktivismus und griechisch-römischem Ordinalismus und – nun auf der Basis eines mehrfachcodierten Weltbildes — zum Aufbau interparadigmatischer Heterogenitäten kam (spätantike und mittelalterliche Synthese). Damit wurde ein semantischer Schwellenwert erreicht, der dynamische Prozesse der Ideenevolution auslöste.

Zunächst werde ich die am Akkulturationsprozess beteiligten kulturellen Paradigmen identifizieren, hierauf wird erläutert, wie es im Kontext der mehrfachcodierten okzidentalen Semantik zum Diskurs über die Willensthematik kam, der dann schließlich Webers Ethik des asketischen Protestantismus vorbereitete.

2. Kulturelle Paradigmen: Ordinalismus und Konstruktivismus

Vor allem Soziologen, die ihre Schulung an Max Webers makroskopischer Analyse religiöser Weltbilder erfahren haben, betonen die Bedeutung des Reflexivwerdens einer Kultur für deren Wandlungsfähigkeit. Zum ersten Mal kann dieses Phänomen im letzten vorchristlichen Jahrtausend beobachtet werden, als ,,im Bereich der Ideen und ihrer institutionellen Basis“, so Shmuel N. Eisenstadt, eine Revolution stattfand. „die auf einige mächtige Kulturen und auf die Menschheitsgeschichte insgesamt unauslöschliche Auswirkungen hatte“ (1987: 10). Karl Jaspers bezeichnet diesen Vorgang als Achsenzeit, in der ein Nachdenken über das im operativen Code inkorporierte Wissen einsetzt (1963: 19ff). Relativ zu den operativen Strukturen entstehen Luhmanns Reflexionstheorien, Semantiken zweiter Ordnung (Welt 3), welche eine Beschreibung der institutionalisierten Kultur intendieren und letztere kognitiven und normativen Geltungskriterien unterwerfen. Der operative Code findet nicht mehr in sich sondern am reflexiven Code seinen Maßstab, Kultur ist von nun an doppelt codiert; das Ende des vorachsenzeitlichen Mythos ist gekommen.

Vor allem sind es neue Typen ontologischer Visionen, im Besonderen die (intraparadigmatischen) Spannungen zwischen extramundaner und weltlicher Ordnung, die zur Reflexion drängen, „im antiken Israel, später im Judentum des Zweiten Reiches und im Christentum, im antiken Griechenland“ (Eisenstadt 1998: 9). Die Konsequenzen dieses Vorgangs sind enorm: Sozio-kultureller Wandel ist nun nicht mehr auf exogene Schocks angewiesen, sondern ereignet sich endogen und selbst organisiert durch Ideenevolution. Angesichts einer in den semantischen Code eingebauten moralischen Ordnung eröffnet sich nicht nur die Möglichkeit der Kritik am politischen Zentrum, sondern zur Eigenlogik achsenzeitlicher Systeme gehört auch die Änderung der Codes an sich, immer mit Blick auf die durch eine vollkommene Ordnung gesetzten Kriterien; denn die im Lichte eines solchen Konzepts erfolgte Selbstbeschreibung lässt die Interessen in den Bann transzendenter Visionen geraten und erzwingt eine kriterienbezogene Weltdeutung. Auch entsteht eine Welt zwei die sich grundsätzlich von der der Vorachsenzeit unterscheidet: Nicht nur die politische Klasse sieht sich verpflichtet, das Modell der idealen Ordnung zu beachten, sondern vollends neuartig sind auch konkurrierende sekundäre Eliten (Propheten, Philosophen etc.), die das Geschäft der Reflexion zur existenziellen Form ihres Denkens erheben.

Webers religiöser Dualismus ist jedoch nur eine Möglichkeit, die Frage nach der Richtigkeit unseres Wissens aufzuwerfen. Anders nämlich als im ethisch orientierten Theozentrismus des antiken Judentums bringt der Übergang vom Mythos zum Logos im antiken Hellas einen Durchbruch zum kognitiven Rationalismus. Zwar kennen auch die Griechen ein Weltbildwissen mit dualistischer Signatur; doch nun handelt es sich um eine Semantik, die den Dualismus als innerweltliche Spannung fixiert, welche grundsätzlich auflösbar erscheint, wie die Herstellung eines idealen Staates bei Platon zeigt. Zudem liegt kognitives Wissen vor, das sekundär mit ethischen Standards assoziiert wird, was Hans Reichenbach veranlasst, von einem kognitiv-ethischen Parallelismus zu sprechen (1968: 63ff.). Es kann gezeigt werden, dass dem griechischen und israelitischen Denken distinkte metastabile Paradigmen zu Grunde liegen, die differente Vorstellungen vom Willen involvieren. Zunächst folgt eine kurzes Wort zur Taxonomie metastabiler Paradigmen, hierauf analysieren wir den griechischen Ordinalismus sowie den hebräischen Konstruktivismus.

2.1. Taxonomie matestabiler Paradigmen

In unserem Modell kultursemiotischer Schichten bilden Paradigmen nicht nur den oberen Rand des Systems, sondern erfüllen als stabile Metacodes in etwa die Funktion der semi-formalen Strukturen bei Claude Levi-Strauss (1967: 299), welche die Syntax semantischer und operativer Codes und damit den Spielraum fixieren, dem Transformationen genügen müssen, wenn Entwicklung als selbst organisiert bezeichnet werden soll. Akteure und ihre Interessen begrenzen das System nach unten. Wir sind der Ansicht, dass es nur eine bestimmte Zahl paradigmatischer Strukturen gibt, die im Aufbau der Codeschichten und Interessen als Ordner wirken. Je nachdem, ob Paradigmen zentrale kulturelle Entitäten (Gott/Mensch/Kosmos/Gesellschaft/Geschichte) als kontingent oder determiniert erscheinen lassen bzw. deren Bedeutungen so bestimmen, dass die Abfolge der Weltzustände als reversibel oder irreversibel aufgefasst werden muss, ergeben sich die im folgenden Schema aufgeführten Typen.

Tabelle 1

zeitlich sachlich	reversibel	irreversibel
kontingent	Konstruktivismus	
determiniert	Ordinalismus	Historizismus

Nur das konstruktivistische Paradigma ist auf der zeitlichen Dimension nicht eindeutig lokalisierbar; es bezeichnet eine Wissensordnung, derzufolge Welt als kontingentes Resultat göttlicher oder menschlicher Willensäußerungen und Handlungen erscheint, die sich einem restringierenden Zeitschema nicht fügen. Ordinalistisch ist ein Code, wenn er kulturelle Einheiten als Komponenten einer ganzheitlich, gleichgewichtig und zyklisch organisierten Ordnung begreift, deren Kernstrukturen als ewig, unveränderlich und nezessitaristisch definiert sind. Das Sein, nicht das Werden ist Bezugspunkt; es gibt keinen freien Willen, der aus der umfassenden Ordnung ausbrechen könnte. Im Gegensatz dazu behauptet der Historizismus eine nezessitaristisch festgelegte Richtung des Werdens; seine ideengeschichtlichen Wurzeln liegen im Fortschrittsglauben der französischen und schottischen Aufklärung des 18. Jahrhunderts, der nicht zum Zeithorizont unserer Betrachtung gehört. Während die griechisch-römische Antike dem ordinalistischen, die israelitische dem konstruktivistischen Paradigma zum Durchbruch verhilft, erweist sich der mittelalterliche Okzident als komplexes, interparadigmatisches System. Wir wenden uns zunächst dem griechischen Paradigma zu.

2.2. Der griechische Ordinalismus

Als Weber die universalhistorische Wirkung des antiken Israel als einen „Angelpunkt der ganzen Kulturentwicklung des Okzidents" (1988b: 7) bezeichnete, vergaß er nicht, auf die gleichrangige Bedeutung der „hellenischen Geisteskultur" aufmerksam zu machen. Gemeint war freilich der kognitive Rationalismus der Hellenen, nicht deren Ethik; denn den für Webers Typen der Ethik so wichtigen freien Willen schließt der griechische Code geradezu aus, und zwar deshalb, weil dieser Kosmos Polis und Mensch in eine wohlbestimmte Ordnung einfügt (Nezessitarismus), Tugenden als Tatsachen kategorisiert (kognitiv-ethischer Parallelismus) und den Zugang der Menschen zur Welt intellektualistisch auf Erkenntnis reduziert (kognitiver Rationalismus). Hannah Arendt spricht treffend von einem „blinden Fleck" und bezieht sich auf den Umstand, dass weder Platon noch Aristoteles das Problem der Willensfreiheit erwähnen (1978: 19). Dennoch werden wir sehen, wie das griechische Paradigma im mittelalterlichen Verbund mit dem konstruktivistischen Denken zur Profilierung der Willensthematik führt. Nachdem Parmenides (gest. ca. 470 v. Chr.) Ordnung und Wandel für unvereinbar erklärt und die Möglichkeit eines dynamischen Weltbildes verneint hatte, erreichte die ordinalistische Semantik in Platons Zwei-Welten-Lehre ihren Höhepunkt: Eine ewige und wahre Welt der Ideen (Sein und Werte), die nur dem Intellekt zugänglich ist, hebt sich von der unvollkommenen Welt der Sinnesdinge ab.

Epistemologische Überlegungen haben Platon – so Aristoteles (Metaphysik 1, 6,987a) – zu seiner Ideenlehre geführt: Da wandelbare Fakten sich durch allgemeine Definitionen nicht fassen lassen, kann objektives Wissen nur Ideen-Wissen sein. Auch ethische Kategorien wie das „Gute" oder „Gerechte" besitzen Ideenstatus, und da Ideenschau auf apriorischem Wissen einer präexistenten Seele beruht, welche sich, angeregt durch Sinneswahrnehmung, an die idealen Urbilder erinnert, erweist sich ethisches Handeln als wissensbestimmter Rationalismus. Das heißt: Tugendwissen wird durch intellektuelle Anstrengung erlangt (Dihle 1985: 67). Nicht Willensfreiheit sondern Intellektualismus beherrscht nach Platon die Ethik (Politeia 436 a ff.); denn solange das erkennende Subjekt durch triebhaften Drang in seinem geistigen Vermögen nicht eingeschränkt ist, erfasst es die wahre Ordnung und handelt in Übereinstimmung mit dieser (intellektualistischer Willensbegriff). Es erhellt, dass ein so konzipierter Dualismus von Ideen und Fakten, welcher nur triebhaften Drang und intellektuelle Aktivitäten als Quellen ethischen Handelns anerkennt, andere Folgen induziert als Webers theozentrischer Dualismus, der zur Annahme oder Zurückweisung der Gebote eines überweltlichen Schöpfergottes veranlasst und damit dem Voluntarismus den Weg bereitet (voluntaristischer Willensbegriff).

Nicht nur erweist sich im griechischen Code Ethik als erkenntnistheoretische Frage, sondern die Vorstellung des freien Willens kann er auch deshalb nicht generieren, weil seine Kosmos-Semantik sowohl auf einem durchgängigen Nezessitarismus als auch auf einer zyklischen Ordnung basiert (Kosmozentrismus). Setzt nämlich das Werden seine vorausliegende Potenzialität in der Gestalt der Ideen voraus, dann kann es „Zukunft als authentische Zeitform" (Arendt 1978: 18) nicht geben und damit auch keinen freien Willen, der ein kontingentes Futurum verlangt. Selbst Gott — im mittelalterlichen Diskurs eine für die Willensthematik steuernde Größe — ist nezessitaristisch fixiert; denn Platons immanenter Demiurg (Timaios 28c2 – 3Ocl) schafft die Welt nicht nach dem jüdisch-christlichen Modus der creatio ex nihilo, sondern überführt die vorhandene Materie in einen geordneten Zustand, indem er – ganz analog zu den Philosophen des idealen Staates – die zeitlosen „Sätze vor Gott" (Hirschberger 1991: 42), nämlich die von seinem Handeln unabhängigen Ideen (essentiae), als Muster verwendet; seine Konstruktionen sind essentialistisch gebunden. Vollends zur Ursache gerät er bei Aristoteles, wenn er als letzter Beweger in der ordo essentialis causarum schon fast mit der Idee der idealen Kreisbewegung des Fixsternhimmels zusammenfällt (Craemer-Ruegenberg 1980: 133).

2.3. Der hebräische Konstruktivismus

Ein distinkter Willensbegriff erscheint im ordinalistischen Denken unwahrscheinlich, weil die Maßstäbe richtigen Handelns aus einer kognitiv erfassbaren Ordnung resultieren, nicht aus unabhängigen Willensleistungen eines Gottes oder der Menschen. Webers Frage nach den evolutionären Voraussetzungen ethischen Handelns, im Besonderen nach der Bewährungsthematik im asketischen Protestantismus, lenkt den Blick auf ein anderes Paradigma; denn die Antike des mediterranen Raumes kennt auf den Mythos eine weitere, für die okzidentale Kultur entscheidende Antwort: Die rationale Sittlichkeit der Israeliten, welche sich, so Weber, nie um den idealen Staat, um die Frage der Hellenen kümmerte, wie man ein guter Bürger werden könnte oder um den tieferen Sinn des Kosmos (1988b: 102) sowie um ein essentialistisches, vorgöttliches Naturrecht Platonischer Provenienz. In seinen Studien zum alttestamentarischen Monotheismus beschreibt er, wie ein ursprünglich fremder Gott von Moses rezipiert wird (127) und als „Wahlgott" vom „Bundesvolk ebenso erwählt wird, wie er selbst auf freiem Entschluss sein Volk erwählt" (140). Aber nicht nur die Bundes- und Vertragsvorstellung, sondern auch die creatio ex nihilo-Semantik der Genesis erweisen den hebräischen Theozentrismus als Modell konstruktivistischen Denkens: Es gibt keine präexistente Ordnung; Kosmos und Gesellschaft sind Konstruktionen.

Im Kontext einer solchen semantischen Konfiguration erhält der Mensch die Gelegenheit, aus Freiheit göttliche Gebote zu beachten. Doch schöpft, wie Weber konstatiert, das Judentum diese Option nicht aus. Während die vorexilische, kultfeindliche Sendungsprophetie die sinnhafte Gesamtbeziehung der Lebensführung auf das religiöse Heilsziel gegen gesetzesethische, auf die Erfüllung von Einzelnormen gerichtete Bestrebungen verteidigt, kommt es im nachexilischen Israel zur schriftlichen Fixierung sowohl der Kulturordnung wie der rituellen Gesetze der Lebensführung mit der Folge eines Drucks, eben gerade diese Elemente zu Lasten der gesinnungsethischen Systematisierung des Handelns zu betonen (Weber 1988: 365, Schluchter 1981: 47). Theonomes Recht sowie die gewachsene Bedeutung des Kultpriestertums in der Zeit des Zweiten Tempels stärken die schon von Josephus Flavius im ersten Jahrhundert n. Chr. beschriebene theokratische Struktur, so dass der semantische Spielraum, den das konstruktivistische Denken an sich bietet, nur noch eingeschränkt genutzt wird. Die Transformation der universalistischen prophetischen Ethik in das legalistische Rabbinat wird unvermeidlich (Eisenstadt 1981: 138, 142).

So erweist sich zwar der Voluntarismus als Konsequenz konstruktivistischen Denkens, doch dessen ethische Struktur ist damit noch nicht bestimmt. Nach Weber hängt diese vom Modus der Erlösungsreligiosität ab; je systematischer und gesinnungsethisch verinnerlichter letztere geartet ist, desto tiefer die Spannung gegenüber den Realitäten der Welt (1964: 447). Dominiert die Gesetzesethik, „tritt diese Spannung in weniger prinzipieller Art hervor. Sie wirkt in dieser Form ebenso wie die magische Ethik“ (447) mit ihren auf das Diesseits gerichteten Zwangsvorstellungen und natürlich ebenso wie der Intellektualismus der Griechen. Webers These hat Folgen: Je stärker einerseits die Idee der göttlichen Allmacht und je weniger ausgeprägt andererseits der Gesetzesglaube (normativer Intellektualismus), desto intensiver und spannungsreicher die intraparadigmatische Heterogenität des konstruktivistischen Codes und desto wahrscheinlicher eine Semantik, welche die Willensfreiheit im Kontext eines prinzipiengesteuerten Handelns akzentuiert. „Die prinzipielle Systematisierung des religiös Gesollten zur Gesinnungsethik“ sprengt nicht nur „die Stereotypierung der Einzelnormen zu Gunsten der sinnhaften Gesamtbeziehung der Lebensführung auf das religiöse Heilsziel“ (448), sondern trägt bereits ein Veränderungspotenzial in sich, das, bei geeigneten Parametern, in Richtung auf eine säkulare Verantwortungsethik ausgelöst werden kann, die neben der Gesinnung auch die Folgen berücksichtigt (Schluchter 1991a: 252).

3. Mehrfachcodierung und mittelalterliche Synthese

Als Max Weber in seiner Protestantismusstudie den Heilsweg der innerweltlichen Askese als Variante der gesinnungsethischen Rationalisierung eines Lebensstils identifizierte, galt sein Interesse vornehmlich der Nähe dieses Phänomens zur methodisch aufgefassten Berufspflicht im rationalen Kapitalismus. Um die ideengeschichtlichen Voraussetzungen brauchte er sich in diesem Kontext nicht zu kümmern. Da er aber den Heilsweg des Sakramentalismus und Gnadenuniversalismus der katholischen Kirche als Gegentypus konstruierte, entstand der Eindruck, innerweltlicher Asketismus und die diesen Habitus bewirkende Theodizee der Prädestination markierten eine Konfiguration vollends neuer Art, die erst mit der Reformation an der Epochenschwelle zur Neuzeit ihre Chance erhielt. Doch die Wirkungsgeschichte der okzidentalen Semantik vermittelt ein anderes Bild; denn die so genannte spätantike und mittelalterliche Synthese des griechischen und jüdisch-christlichen Codes führte zu einer beispiellosen Konstellation semantischer Heterogenitäten, die fortwährend innovative Verschiebungen und Neubesetzungen von Stellen im semantischen Feld zu erzeugen vermochte und damit erst die Profilierung der Willensthematik erreichte, die dann so entscheidend für Webers innerweltliche Askese werden sollte. Jürgen Habermas stellt das Problem in den Zusammenhang interparadigmatischer Mehrfachcodierung, wenn er feststellt:

> „Bemerkenswerterweise treffen nun diese beiden Weltbilder (mit dem strukturell größten Rationalisierungspotential) innerhalb derselben europäischen Tradition aufeinander. Dadurch entsteht ein produktives Spannungsverhältnis, das die Geistesgeschichte des europäischen Mittelalters charakterisiert. Der Zusammenstoß führt zu einer Polarisierung, d.h. zu einer radikalen Herausarbeitung der jeweiligen Grundbegriffe einer religiösen Gesinnungsethik einerseits, einer theoretisch begründeten Kosmologie anderseits.“ (1981: 295f).

Habermas‘ „produktives Spannungsverhältnis“ zielt auf die Labilität der mittelalterlichen Synthese, die deutlich wird, wenn man die Heterogenität der beteiligten Paradigmen beachtet, die Aloys Grillmeier auf folgende Begriffe bringt: Im Vergleich zum statisch-harmonisch, räumlich-substantivisch, ahistorisch-kosmisch sowie rational-intellektualistisch ausgerichteten Weltbild der Griechen stellt sich das des Judentums als dynamisch-konfliktär, zeitbezogen-personalistisch, akosmisch-historisch und voluntaristisch-aktivisch dar (1958: 555). Wir haben diese mehrdimensionale Typologie zu der einfachen Dichotomie „Ordinalismus versus Konstruktivismus“ zusammengezogen, eine Gegenüberstellung übrigens, die der Antike wohlbekannt war, wie die Streitschrift „Alethes Logos“ (Wahre Lehre) des Mittelplatonikers Celsus zeigt, in der dieser das Leben nach dem ewigen griechischen Nomos gegen die vernunftwidrige Lehre der Offenbarung und der creatio ex nihilo der Juden und Christen verteidigt (Andresen 1955).

Für Ideenevolutionen sind die Phänomene der Mehrfachcodierung und Nicht-Koextensivität von Semantik und Operation entscheidend. Auf niedriger (archaischer) Stufe sozio-kultureller Evolution sind semantischer und operativer Code koextensiv. Jedoch bereits Griechenland, Israel und das Imperium Romanum zeichnen sich nach Talcott Parsons durch ein komplexes Verhältnis von Kultur und Gesellschaft aus, d.h. durch die Fähigkeit, kulturelle Komponenten auch unabhängig von sozialstrukturellen zu variieren. In der griechischen Kosmologie und im hebräischen Monotheismus sieht er Semantiken realisiert, welche die konkrete politische Gemeinschaft, d.h. die operativen Strukturen überschreiten. Weder in der einen noch in der anderen Gesellschaft konnte ein König oder eine Versammlung aristokratisch oder demokratisch organisierter Bürger eine „Souveränität der Art beanspruchen, wie in Ägypten oder sogar in Mesopotamien, nämlich in dem Sinne, dass *diese* politische Verfassung mit der letzten Quelle der universellen Ordnung identisch sein könnte.“ (Parsons 1975: 161f.). Während die Hebräer sich auf die durch Jahwe gesetzte Ordnung beriefen, sahen die Hellenen in der kosmischen Ordnung ihr Orientierungssystem. Damit etablierte sich ein Modus der funktionalen Differenzierung, der von Soziologen erst der Moderne zugeschrieben wird: Die Dissoziation kultureller Legitimationsgründe von den operativen Systemen (Politik, Ökonomie). Die genannte Unabhängigkeit und vor allem die durch Mehrfachcodierung gewonnenen Spielräume erzeugten die komplexe okzidentale Ideendynamik. Das galt im hohem Maße schon für das Imperium Romanum, auf dessen Boden sich die reziproke Akkulturation der beiden für das Abendland als „Saatbeete" (Parsons) fungierenden Paradigmen ereignete und das den ordinalistischen Code schon rezipiert und mit der seit der Pax Augusta aufgekommenen Idee eines „imperium sine fine" (Vergil, Aeneis 1, 278/9) in Übereinstimmung gebracht hatte, als der theozentrische Code auf diese Semantik stieß. Auch der Gnadenuniversalismus und das dogmatische System der mittelalterlichen Kirche folgte eher dem Schema einer ewigen Ordnung als dem Aktivismus und Personalismus konstruktivistischen Denkens. Dennoch blieb dieses Paradigma ein wesentliches Korrektiv, das im Kontext der okzidentalen Mehrfachcodierung an der Epochenschwelle zur Neuzeit die kognitive und ethische Rationalisierung auslöste, die Hans Blumenberg (für die Ideen) und Max Weber (für die operativen Strukturen) so eindringlich beschreiben.

Mehrfachcodierte Weltbilder sind schon per definitionem nicht-koextensiv. Denn heterotype Folgerungen lassen sich nicht gleichzeitig institutionalisieren. Weder präfiguriert die Semantik den operativen Code eindeutig noch ist das Umgekehrte möglich. Aber im Entwicklungsprozess kann der weite semantische Spielraum ausgeschöpft werden. Ehe wir auf die mittelalterliche Ideendynamik eingehen, muss ein Wort zu den spätantiken Brückenstrukturen gesagt werden, die erst Mehrfachcodierung ermöglichten. Hierauf zeigen wir an zwei Beispielen, wie Mehrfachcodierung zu Divergenzen führt und zur Profilierung der Willensthematik beiträgt, zunächst im heterodoxen Aristotelismus durch die Differenzierung von fides und ratio und dann im spätmittelalterlichen Nominalismus durch die Idee des theologischen Absolutismus und die Entsakralisierung der Welt.

3.1. Spätantike Brückenstrukturen

Webers Behauptung, nur im Okzident seien die kulturellen Voraussetzungen für das System moderner Rationalität vorhanden gewesen, lässt sich mit Bezug auf den Prozess der Mehrfachcodierung, den sein Zeitgenosse Adolf v. Harnack als Hellenisierung des Christentums bezeichnet, rekonstruieren und begründen. An der spätantiken Kontroverse zur Gottesprädikation, im Besonderen zum Trinitätsproblem, kann das Phänomen in nuce vorgeführt werden. Ohne Zweifel, der vielfach (auch von Weber) als Polytheismus gescholtene Trinitarismus gehört zu den herausragenden Einfallstoren für den griechischen Code. Schon die Auseinandersetzung der frühchristlichen Apologeten mit Vertretern des paganen kaiserzeitlichen Platonismus brachte eine beispiellose Verbreiterung der symbolischen Basis, die auch nicht annähernd von den beiden anderen großen Monotheismen (Judentum und Islam) erreicht wurde. Es ging um folgendes Problem: Auf der von Konstantin d.Gr. nach Nicaea (325 n. Chr.) einberufenen Kirchenversammlung sollte die arianische Krise gelöst bzw. die Häresie des Areios zurückgewiesen werden; dieser hatte Gott-Vater und den inkarnierten Sohn nicht als wesensgleich (homousios, unius substantiae) angesehen; letzterer war nur ein Geschöpf Gottes – eine Vorstellung, die auf der Übernahme des kosmologischen Codes des Mittelplatonismus basierte, der Webers Dualismus von Transzendenz und Immanenz als Seinsverhältnis begriff, indem er die Mannigfaltigkeit der Welt ewig aus dem transzendenten Einen hervorgehen ließ. Es lag nahe, den johanneischen Logos-Sohn dem Zwischenbereich zuzurechnen, womit jedoch eine Stufung des Göttlichen als kosmologische Seinsbeziehung entstand, hinter welcher der für den ethischen Rationalismus so wichtige Personalismus des Offenbarungs- und Konstruktionsgedankens verschwinden musste (Ricken 1969: 325ff.). Zwar war die Homousie von Nicaea der Versuch, den Sohn wieder auf die Seinstufe des transzendenten Gottes zu stellen, doch benötigte man auch hier den Wesensbegriff des griechischen Seinsdenkens als nähere Identifikation der untercodierten christlichen Botschaft (Pannenberg 1985:148f.). So scheint auch v. Harnack zu argumentieren, wenn er sagt, die christliche Religion habe an den Evangelien zwar ihre Gewissheit, nicht jedoch ihren Inhalt. Ihre Dogmen seien ein Werk des griechischen Geistes, der die neutestamentliche Botschaft in die Erkenntnis der Welt und des Weltgrundes eingliedere, ohne Rücksicht auf die Evangelien (1990: 19f.).

Weder der hebräische noch der islamische Theozentrismus kennen vergleichbare Brückenstrukturen, aber keineswegs nur deshalb nicht, weil sie über das trinitarische Dogma nicht verfügten, sondern vor allem weil ihre formativen Phasen durch die Ausbildung strikter Gesetzesethiken bereits abgeschlossen waren, als sie dem griechischen Code begegneten. Ihr theonomes Recht fungierte als Seins- und Kosmos-Ersatz – Martin Hengels „Thora-Ontologie" –, so dass das konstruktivistische Denken stets als vollständig codiert erschien und es überflüssig war, den okzidentalen Diskurs zu führen, ob Gott ein ordinalistischer Seins-Gott sei oder freier schöpferischer Wille. Das Gesetz definierte lückenlos die Beziehung zwischen Gott, Mensch und Kosmos. Mehrfachcodierung als Folge kultureller Diffusion kann demnach als Lösung solcher Probleme angesehen werden, die aus Untercodierungen resultieren; diese entstehen, wenn ein etablierter Code zentrale kulturelle Entitäten nur unvollständig erfasst. Zwar bieten heterogene Codes Ansatzpunkte, um Brücken aufzubauen — die Ergänzung der konstruktivistischen Inkarnations-Theologie durch die ordinalistische Metaphysik ist ein Beispiel – , doch in anderer Hinsicht überdauern Differenzen und Kontradiktionen, wie die Präexistenzvorstellungen (Ideen, Seele etc.) des griechischen Denkens zeigen, die durchweg unvereinbar sind mit dem theozentrischen Personalismus (freier Wille etc.). Nur bestimmte Inhalte des mehrfachcodierten Feldes sind verschränkt, im Übrigen existieren Elemente, die zugleich oppositionellen Semantiken angehören. Damit aber wächst der semantische Spielraum eines Weltbildes und die Wahrscheinlichkeit für heterotype Folgerungen.

Vorerst verdeckte aber noch die platonisch-augustinische Synthese der Frühscholastik die semantischen Konflikte, indem sie Platons Ideen in den Intellekt Gottes verlagerte, womit dessen freier Wille an ewige Urbilder gebunden wurde. Augustinus hatte für dieses Argument nicht nur die Vorlage geliefert, sondern auch für eine Positivierung des Kosmos gesorgt (gegen den Manichäismus), ganz in Übereinstimmung mit der griechischen Ideen-Metaphysik; denn nun bedeutete der Willensakt Gottes bei der Schöpfung nur deren Anfang, aber „nie, dass der eidetische Bestand der geschaffenen Welt dem göttlichen Willen verfügbar gewesen wäre“ (Blumenberg 1961: 105). Die Konsequenz, die Augustinus aus dem essentialisch gebundenen Konstruktivismus zieht, ist zwingend: In seiner Schrift „De libero arbitrio“ (um 394 n.Chr.) entlastet er Gott von den Übeln der Welt und schiebt diese dem freien Willen der Menschen zu — ein schönes Beispiel, wie der griechische Ideen-Kosmos im Zusammenwirken mit dem theozentrischen Code dazu führt, die reflexive Struktur des Willens zu akzentuieren, übrigens die erste Analyse des Voluntarismus in der Ideengeschichte überhaupt. Aber bereits bei Augustinus wird die im Theozentrismus angelegte Divergenz virulent, wenn er einerseits, um die Dignität Gottes und den essentialistisch gesicherten Kosmos zu wahren, das Böse dem freien Willen attribuiert, aber andererseits in einer Antwort an den Mailänder Bischof Simplician nur wenige Jahre später dennoch die Prädestination dieses Willens betont (Augustinus 1990). Schon zeigt die Spekulation zum liberum arbitrium den Spielraum des biblischen Konstruktivismus, nämlich die Konkurrenz von göttlichem und menschlichem Willen. Zwar wird mit der „Autonomisierung des Willens“ dessen antike Dependenz vom Wissen beseitigt, so dass er als das „unhintergehbare und unzerstörbare Selbst des Menschen“ (Peetz 1997: 84) auftreten kann; indes erscheint die Handlungsfreiheit (nicht die Willensfreiheit) Augustinus nun eingeschränkt, weil der Wille nicht alles erreicht, was er will, und Gottes Gnade benötigt, um Gutes zu tun. Der Gnadenuniversalismus der katholischen Kirche konnte die „Logik des Schrecken“ (Kurt Flasch) einer radikalen Prädestination nicht zulassen; doch der reformatorische bzw. calvinische Heilsabsolutismus Gottes, den Weber als konsequente Lösung des Theodizeeproblems bezeichnet (1988a: 571ff.), hat hier seine Wurzel.

Damit sind schon die möglichen Bruchstellen der mehrfachcodierten mittelalterlichen Semantik benannt: Einmal lässt sich der Realitätsgehalt von Platons Ideen steigern, indem sie mit Aristoteles in die Dinge verlegt werden (universalia in rebus), was die Trennung von fides und ratio begünstigt, weil die zwar immer noch essentialistisch verfasste Natur nun losgelöst von fideistischen Konnotationen erfassbar erscheint. Zum anderen lässt sich die Realität der Ideen überhaupt bezweifeln, womit ein schon von Augustinus ins Auge gefasster theologischer, von kosmischen Rücksichten freier Willens-Absolutismus möglich wird. Den zuerst genannten Weg beschreitet der heterodoxe Aristotelismus des 13. Jahrhunderts, der Nominalismus des 14. Jahrhunderts ergreift die zweite Alternative.

3.2. Differenzierung von fides und ratio im heterodoxen Aristotelismus

Erst die zeitgenössische Forschung hat bewusst gemacht, wie deutlich bereits im 13. Jahrhundert die paradigmatische Differenz zwischen dem voluntaristisch geprägten und auf Gott ausgerichteten Konstruktivismus und dem nezessitaristischen Ordinalismus gesehen worden ist. Noch ging es freilich nicht um die societas christiana und schon gar nicht um die Trennung der christlichen Kultur von den operativen Strukturen (Staat). Als aber 1277 der Pariser Bischof Tempier 219 Sätze als mit dem christlichen Glauben unvereinbar verurteilte, verwendete er im Prolog zu seinem Syllabus unmissverständlich die Formel von der „doppelten Wahrheit" (duae contrariae veritates), die nicht nur die Bedrohung der bis dahin unterstellten Einheit theologisch-philosophischen Denkens zum Ausdruck brachte, sondern unübersehbar die Konkurrenz semantischer Codes akzentuierte; denn der konjunktive Modus der Mehrfachcodierung ließ sich nur so lange halten, als tragfähige Brückenstrukturen existierten. Diese waren nun gefährdet; denn im Besonderen der griechische Nezessitarismus passte nicht zum biblischen Konstruktivismus (Flasch 1989).

Ausgelöst wurde die Krise durch ein im 12. Jahrhundert einsetzendes Interesse an der Erkenntnis der Wirklichkeit und vor allem durch den Umstand, dass große Teile des Corpus Aristotelicum in der lateinischen Sprache wieder zugänglich wurden. Da man jetzt mit der aristotelischen Physik und Metaphysik auf ein fast schon naturalistisches Programm der „abschließenden Begründung" (Honnefelder 1998: 50ff.) und des Nezessitarismus rekurrieren konnte, musste der transzendent orientierte Augustinismus in Schwierigkeiten geraten. Nicht kompatibel waren mit dem „heterodoxen Aristotelismus" (Ferdinand v. Steenberghen) göttliche und menschliche Willensfreiheit – Thomas von Aquin neigte bereits wieder zu einem intellektualistischen Willensbegriff (Arendt 1978: 114ff) – sowie die auf Kontingenz angelegte heilsgeschichtliche Sicht des Christentums. Die Welt konnte entweder als ursprungslos (Aristoteles) erscheinen oder als notwendig andauernde Schöpfung (Neuplatonimus), was dazu führen musste, Gott als willenslose Kraft und Ursache zu begreifen (Hödl 1987: 231). Keineswegs überzogen wirkt deshalb Josef Piepers Bemerkung: Es wird schwierig eine Verknüpfung des Geglaubten mit dem Gewussten noch herzustellen. „Die doppelte Wahrheit tritt, als eine von *beiden* Seiten her drohende Gefahr, auf den Plan" (1991: 194); denn wenn Gott, was er hervorbringt, mit Notwendigkeit schafft, dann bedeutet dies, dass er eine andere Welt nicht hätte errichten können; es bedeutet aber auch, dass wir sein Wesen erkennen können: Sowohl epistemologisch als auch ontologisch wird er zu einer diesseitigen Entität.

Webers Dualismus wäre zu Gunsten einer rational erfassbaren Welt aufgehoben. Für ein derart durch die griechische Notwendigkeit angeleitetes Denken gibt es zwei Korrektive, um die Integrität des theozentrischen Codes zu wahren: Negative Theologie (Trennung von fides und ratio) und göttliche Freiheit. Während jene Perspektive von Albertus Magnus erprobt wird, gelangt diese im Nominalismus des 14. Jahrhunderts ins Blickfeld. Doch zunächst zur ersteren. Bald nachdem Albert im Auftrag seines Ordens 1248 die Dominikanerhochschule in Köln, die erste deutsche

Universität, gegründet hatte, kommentierte er in 36 Werken die pagane Philosophie des Aristoteles. Schon in seinen ersten Vorlesungen – zu seinen Hörern gehört Thomas von Aquin – wird die Grenze zwischen fideistischer Theologie und philosophischem Rationalismus deutlich: Gott ist nur insoweit Objekt rationaler Analyse, als er zum Gegenstand demonstrativer Folgerungen gemacht werden kann, was aber nicht der Fall ist, wenn er eine Entität jenseits des Verstandes ist (Sturlese 1993: 340). Gewissheit der Beweisführung besitzt nur der Philosoph, nicht der Theologe. Von der cognitio humana wird nur der notwendige ordo naturae, nicht die auf Freiheit gegründete Entscheidung Gottes erfasst (34). Deshalb kann die These, die Welt sei ewig, eine wahre Aussage sein, wenn sie sich aus der Beobachtung der Natur gewinnen lässt. Fragen nach den willkürlichen Eingriffen Gottes in die Welt gehören zum Bereich des Geglaubten.

Auch Siger von Brabant hatte dies behauptet, was 1277 zu seiner Verurteilung führte. Loris Sturlese meint deshalb, man rubriziere Alberts Position nicht korrekt, wenn man sie als „christlichen Aristotelismus“ identifiziere; vielmehr handle es sich um eine „Erprobung des philosophischen Rationalismus“ (343). Damit tritt ein Spezifikum ordinalistischen Denkens zu Tage, nämlich die auf Beobachtung (experimentum) ausgerichtete Wissensform, in der Ordnung als weltimmanenter Zusammenhang von Ursachen und Wirkungen erscheint. Ganz im Gegensatz zu seinem großen Schüler Thomas von Aquin, der ebenfalls am Ende seines akademischen Lebens Aristoteles kommentiert, stellt Albert sein Werk, so Georg Wieland, „weder als Ganzes noch in seinen Teilen“ in den Dienst der Theologie (2000: 127f.), womit aber der alte, auf Augustinus und Boethius beruhende Konsens zu zerbrechen droht. Auch Kurt Flasch sieht dies so: „Die Verurteilung von 1277 zeigt zwei Welt- und Wissenskonzepte im Kampf“ (1990: 83f.); und v. Steenberghen: In dem mächtigen Vordringen des Aristotelismus im 13. Jahrhundert war das weltliche Wissen „nicht mehr durch das bescheidene Gefolge der freien Künste repräsentiert, sondern durch die gewaltige Synthese der peripatetischen Schule. Der Konflikt zwischen dem Aristotelismus und der christlichen Theologie war unvermeidlich“ (1977: 269).

Zwar ist Aristoteles, wie v. Steenberghen bemerkt, die moderne Unterscheidung zwischen empirischer und metaphysischer Wissenschaft unbekannt; seine Erklärungen sind ontologische Erklärungen der materiellen Welt, die aus essentialistischen Definitionen folgen. Doch im Verein mit dem konstruktivistischen Code führt dieses Denken bereits zu einer Abgrenzung von ratio und fides, wobei nun der fides das voluntaristische Problem zugeordnet werden kann. Augustinus‘ Modell der konjunktiven, durch semantische Brücken gestützten Mehrfachcodierung ändert sich in ein solches, in dem Disjunktionen auftreten (disjunktive Mehrfachcodierung). Vollends differenziert erscheinen die beiden Codes jedoch erst im spätmittelalterlichen Nominalismus.

3.3. Theologischer Absolutismus und Entsakralisierung der Welt im spätmittelalterlichen Nominalismus

Als Wilhelm von Ockham (gest. ca. 1348) dem Kosmos eine religiös bestimmte Sinnhaftigkeit absprach (nicht dessen rationale Erfassbarkeit) und damit einen Handlungsraum schuf, in dem nicht mehr der griechisch inspirierte und theozentrisch umgeformte Normen-Kosmos strukturbildend war, hätte er sich bereits auf Alberts Naturalismus berufen können, der nicht mehr auf Gottes Offenbarung, sondern auf Vernunft zurückgriff. Doch die Provokation Ockhams ist grundsätzlicher: Ist nämlich Platons Annahme subjektunabhängiger, abstrakter Gegenstände in der Gestalt von Universalien unhaltbar, sind Ideen vielmehr nomina, Allgemeinbegriffe und somit Denkinhalte (Nominalismus), dann bricht die für die mittelalterliche Synthese so entscheidende Brücke; denn weder lässt sich nun die Sinnhaftigkeit des Kosmos durch die Voraussetzung rechtfertigen, das Gute sei als Idee real, noch kann die Idee als summum bonum im Intellekt Gottes dessen Handeln binden; er handelt vielmehr de potentia absoluta, d.h. mit seinem ständigen Eingriff in die Schöpfungs- und Heilsgeschichte muss gerechnet werden (Bannach 1975: 248). Ockhams Frage nach der Möglichkeit Gottes, die Welt auch anders zu erschaffen, als er sie erschaffen hat, kann im Kontext einer essentialistisch aufgebauten Welt, in der die essentiae die Grenzen seiner Einmischung bezeichnen, sinnvoll nicht gestellt werden. Während der heterodoxe Aristotelismus dazu tendiert, zwei Wahrheiten, die des Kosmos und die des Glaubens, zuzulassen, aber ohne das Axiom des Essentialismus aufzugeben, zerfällt mit der nominalistischen Übersteigerung der Allmachtstheologie die mittelalterliche Synthese endgültig und macht einer strengen Divergenz Platz: Wenn Gott nicht mehr de potentia ordinata handelt, dann gibt es keine Welt, die er zu Gunsten der Menschen erschafft; denn seine Schöpfung hätte auch anders ausfallen können. Mit der Negation der Universalien verschwindet der griechische Kosmos, auf den sich der Mensch nur einzulassen braucht, um zu bestehen. Zurück lässt der nominalistische Diskurs zwei unverbundene Semantiken, die eines absoluten Konstruktivismus und die des ordinalistischen Denkens; letzteres bezieht sich allerdings von nun an auf eine sinnlose Welt. Nachdem Patristik und Mittelalter die Theodizee als Kosmodizee begriffen hatten, präsentiert sich die nominalistische Welt als indifferentes, desakralisiertes Gebilde, das dem Menschen, so Blumenberg, die Last seiner Selbstbehauptung auferlegte (1966: 151).

Vorausgegangen war der geschilderten semantischen Umbesetzung eine selbst organisierte Ideenevolution, die mit der vorläufigen Stilllegung der im mehrfachcodierten okzidentalen Weltbild angelegten Spannung begonnen hatte und die es erlaubte, entlang des platonisch-augustinischen Codes, Gott in der Gestalt der immutabilitas Dei ordinalistisch zu deuten (Bannach 1975: 57ff.). Nach Blumenberg ist zwar die mittelalterliche Ideengeschichte ein beständiger, aber nicht geglückter Versuch, die spätantike Gegenposition der Gnosis, nämlich die Abwertung des Kosmos, zu überwinden. Vollends zu Tage tritt ihm zufolge die misslungene Bewältigung aber erst im Weltverlust des spätmittelalterlichen Nominalismus, und die

Weltpositivierung, wie sie sich im kausal determinierten und kognitiv erfassbaren Kosmos der Neuzeit äußert, bringt die eigentliche Erledigung der Gnosis (1996: 138). Indes verbirgt sich hinter Blumenbergs These als zentraler modus operandi der Ideenevolution die interparadigmatische Heterogenität des okzidentalen Weltbildes. Angesichts eines allmächtigen, auch das Heilsschicksal des Menschen (Prädestination) bestimmenden Gottes der Reformation und einer weder gesetzesethisch (Judentum, Islam) noch essentialistisch (katholische Kirche) verfassten Welt öffnet sich Webers Chance für innerweltliche Askese und Bewährung – zunächst im Kontext einer weltablehnenden Haltung – und schließlich für ein säkulares Weltbild, das, als Folge von Neubesetzungen in der okzidentalen Semantik, zur humanen Selbstbehauptung nötigt, indem es die innerweltliche Konstruierbarkeit der Dinge in einem sinnlosen Kosmos voraussetzt.

4. Max Webers innerweltliche Askese, interkultureller Vergleich und Fazit

Die kompetitive Struktur des ordinalistisch und zugleich konstruktivistisch geprägten okzidentalen Weltbildes findet am Freiheits- und Autonomieproblem ihren deutlichsten Ausdruck. Erreicht ist der Ausgangspunkt für Webers Argument, nachdem der theologische Absolutismus der Nominalisten den durch Ideen gesicherten Sinn des Kosmos zerstört, indem er die Gleichsetzung des Guten mit dem Sein negiert und den Menschen zwingt, sich selbst zu behaupten. Hier treffen sich die Analysen Hans Blumenbergs und Max Webers zur spätmittelalterlichen bzw. frühneuzeitlichen Semantik: Während ersterer das Ende des Mittelalters in dem Umstand sieht, dass „dem Menschen die Schöpfung als Vorsehung nicht glaubhaft erhalten (werden) konnte und ihm damit die Last seiner Selbstbehauptung“ (1996: 151) auferlegt wurde, erklärt Weber, wie Weltverlust und der Absolutismus des Deus absconditus das Heilsinteresse und den persönlichen Habitus prägen: Die Dissoziierung von religiös fundierter Wahrheit und (sinnlosem) Kosmos muss im Kontext der calvinistischen Ethik Weltablehnung erzeugen; zugleich involviert die genannte Differenzierung einen mächtigen Stimulus des unausgesetzten Kampfes mit der Welt, indem die Frage nach einem Sinn der Welt den innerweltlichen Asketen nicht mehr interessiert (Weber 1964: 424, 426). Die „absolute Unerforschlichkeit ... des jedem menschlichen Maßstab entrückten calvinistischen Gottes“ zwingt zur methodisch kontrollierten Bewährung und zur „sachlichen Berufsausübung“ in einer Welt, in der er durch rationales Handeln „den für ihn in seinem letzten Sinn unerforschlichen Willen Gottes“ vollstreckt (427).

Calvins Gott erscheint zwar ockhamistisch als „Archetypus des Willens“ (Dumont 1991: 66), doch seine Außerweltlichkeit manifestiert sich nun im individuellen Willen des Menschen, der als „Gotteskämpfer“ (Weber) das eigene rationale Handeln als Mittel der Gnadenbewährung bejaht. Das innerweltliche, durch den griechischen Code gestützte sacrum der mittelalterlichen Kirche taucht als außerweltliche Größe im Menschen wieder auf, mit der Folge, dass es erst in der Welt zur Geltung gebracht werden muss.

Nicht mehr weit ist jetzt der Sprung zu Blumenbergs humaner Selbstbehauptung bzw. zur autonomen Sicherung persönlicher Existenz in Webers kapitalistischer Welt. Mit der Reformation wird die mittelalterliche Willensthematik praktisch und operativ: Die Abwertung des Kosmos bis zu seiner Sinnlosigkeit ist eine Folge der Codekonkurrenz, die Konzentration der Sinnfrage hingegen auf das Gott/Mensch-Verhältnis ergibt sich aus der geheimnisvollen Gnadenbeziehung zu Gott, die, so Weber, „die Gewissheit des Heils und Gnadenperseveranz" bewirkt (1964: 445); diese sind Implikate theozentrisch-konstruktivistischen Denkens. Zugleich erfolgt damit die im Ockhamismus bereits angelegte Differenzierung zwischen Ordinalismus und Konstruktivismus, welche sich einerseits in der Erkenntnis sinnloser Kausalitäten (rationale Wissenschaft) zeigt und andererseits ethische Rationalität als Willensleistung begreift, die sich nicht mehr in den intellektualistischen Fesseln des griechischen Codes verfängt.

Am Ende unserer ideengeschichtlichen Analyse stellt sich die Frage, ob der theozentrische Konstruktivismus schon per se die Chancen für persönliche Autonomie vermehrt. Weber erörtert die Problematik im Zusammenhang mit dem Islam, einem makellosen Modus konstruktivistischen Denkens, so dass es sich lohnt ‚nicht nur in einem interkulturellen Vergleich nach einer Antwort zu suchen, sondern bei dieser Gelegenheit ein Fazit aus unseren Überlegungen zu ziehen. Opinio communis ist, dass die Willens- und Autonomiethematik im Islam eher peripher blieb. Aber weshalb? Ist doch auch nach Weber, ähnlich wie im Calvinismus (und Ockhamismus) die Machtfülle des islamischen Gottes ins Unermessliche gesteigert (1964: 332). Allein – der ideengeschichtliche, d.h. der paradigmatische Horizont ist ein anderer als im Okzident. Der Ockhamismus steht am Ende einer dynamischen I-deenevolution, welche, als Folge interparadigmatischer Heterogenitäten, die Konkurrenz von göttlicher und menschlicher Willensfreiheit entfaltet, während der islamische Diskurs auf ein ausschließlich theozentrisch codiertes System angewiesen ist. Tendenzen der Relativierung göttlicher Allmacht kennt dieses nur vereinzelt. Als im 12. Jahrhundert arabische Philosophen sich um die Rezeption des Aristoteles bemühten (Averroes u.a.), hatte der Islam seine formative Phase bereits durchlaufen und sein endgültiges Niveau der Codierung erreicht, so dass der „arabische Hellenismus" zwar den okzidentalen Diskurs beeinflusste, nicht jedoch die islamische Kultur. Die aus der mehrfachcodierten Struktur des abendländischen Weltbildes resultierende Ideenevolution musste deshalb ein Ereignis bleiben, das Weber zu Recht als einzigartig bezeichnet.

Allerdings wird die Willens-Semantik erst in Webers gesinnungsethischer Bewährung in der Gesamtlebensführung operativ. Mit dieser Kategorie erfasst er eine zentrale empirische Qualität persönlicher Autonomie. Aber gerade hier steht im Islam, wie Schluchter hervorhebt „pflichtgemäße Erfüllung des Gesetzes gegen ethische Gesamtpersönlichkeit" (1987:40). Gefördert wird nämlich eine unsystematisch, auf Gesetzeswissen basierende Kasuistik im Alltag, während der außeralltägliche Glaubenskämpfer sich furchtlos und fatalistisch der Vorsehung eines übermächtiges Gottes anvertraut. Theonomes Recht und fatum erscheinen als Folgen eines uneingeschränkten theologischen Konstruktivismus, eines Weltbildes, das den Ordinalismus der griechischen Kosmodizee ebenso ausschließt wie den des stoisch-christlichen Naturrechts.

Literatur

Andresen, Carl (1955): Logos und Nomos. Die Polemik des Kelsos wider das Christentum. Berlin.
Arendt, Hannah (1978): Vom Leben des Geistes. Bd. 11. Das Wollen. München.
Augustinius, Aurelius (1990): Logik des Schreckens. De diversis quaestionibus ad Simplicianus I 2 (hersg. u. erklärt v. K. Flasch). Mainz.
Banach, Klaus (1975): Die Lehre von der doppelten Macht Gottes bei Wilhelm v. Ockham. Problemgeschichtliche Voraussetzungen und Bedingungen. Wiesbaden
Blumenberg, Hans (1961): Die Vorbereitung der Neuzeit. Phil. Rundschau 9. S.81-133.
Blumenberg, Hans (1966): Die Legitimität der Neuzeit. Frankfurt.
Cramer-Ruegenberg, Ingrid (1980): Die Naturphilosophie des Aristoteles. Freiburg/München.
Dahrendorf, Ralf (1979): Lebenschancen. Aufsätze zur sozialen und politischen Theorie. Frankfurt.
Dihle, Albrecht (1985): Die Vorstellung vom Willen in der Antike. Göttingen.
Dumont, Louis (1991): Individualismus. Zur Ideologie der Moderne. Frankfurt a.M./New York
Eisenstadt, Shmuel N. (1981): Max Webers antikes Judentum und der Charakter der jüdischen Zivilisation. In: Schluchter, Wolfgang (Hrsg.): Max Webers Studie über das antike Judentum. Frankfurt a.M.: S.134-184.
Eisenstadt, Shmuel N. (1987): Allgemeine Einleitung. Die Bedingungen für die Entstehung der Kulturen der Achsenzeit. In: Eisenstadt, Shmuel. N. (Hrsg.): Kulturen der Achsenzeit. Ihre Ursprünge und ihre Vielfalt. Bd. 1. Frankfurt a.M.: S.10-42.
Eisenstadt, Shmuel N. (1998): Die Antinomien der Moderne. Frankfurt a.M.
Flasch, Kurt (übers., hrsg., erkl.) (1989): Aufklärung im Mittelalter. Die Verurteilung von 1277. Mainz.
Grillmeier, Aloys S. J. (1958): Hellenisierung-Judaisierung des Christentums als Deuteprinzipien der Geschichte des kirchlichen Dogmas. Teil 2. Theologie und Philosophie. 33. S.528-558.
Habermas, Jürgen (1981): Theorie kommunikativen Handelns. Bd. 1. Frankfurt a.M.
Harnack, Adolf v., (1886): Lehrbuch der Dogmengeschichte. Bd. 1. Darmstadt.
Hengel, Martin (1969): Judentum und Hellenismus. Tübingen.
Hirschberger, Johannes (1976): Geschichte der Philosophie. Bd.1. Freiburg.
Hödl, Ludwig (1987): Sie reden, als ob es zwei gegensätzliche Wahrheiten gäbe. In: Beckmann, Jan P. u.a. (Hrsg.): Philosophie im Mittelalter. Hamburg. S. 225-244.
Honnefelder, Ludger (1998): Metaphysik zwischen Onto-Theologik. Transzendentalwissen schaft und universaler formaler Semantik. In: Aertsen, Jan A./Speer, Andreas (Hrsg.): Was ist Philosophie im Mittelalter? Berlin/New York. S. 48-59
Jaspers, Karl (1963): Vom Ursprung und Ziel der Geschichte. München.
Lévi-Strauss, Claude (1967): Strukturale Anthropologie. Frankfurt.
Luhmann, Niklas (1997): Die Gesellschaft der Gesellschaft. Frankfurt.
Pannenberg, Wolfhart (1985): Christentum und Platonismus. Zeitschrift für Kirchengeschichte 96. S.147-161.
Parsons, Talcott (1951): Toward a General Theory of Action. New York.
Parsons, Talcott (1975): Gesellschaften. Evolutionäre und komparative Perspektiven. Frankfurt a.M.
Peetz, Siegbert (1997): Augustin über menschliche Freiheit. In: Horn, C. (Hrsg.): Augustinius. De civitate Die.
Pieper, Josef, (1991): Scholastik. München.
Popper, Karl R. (1973): Objektive Erkenntnis. Ein evolutionärer Entwurf. Hamburg.
Popper, Karl R. (1979): Das Elend des Historizismus. Tübingen.
Popper, Karl R. (2000): Lesebuch. Ausgewählte Texte zur Erkenntnistheorie, Philosophie der Naturwissenschaft, Metaphysik, Sozialphilosophie. Tübingen.
Prigogine, Ilya/Stengers, Isabelle (1983): Dialog mit der Natur. Neue Wege naturwissenschaftlichen Denkens. München/Zürich.
Reichenbach, Hans (1968): Der Aufstieg der wissenschaftlichen Philosophie. Braunschweig.
Ricken, Friedo S. J. (1969): Nikaia als Krisis des altchristlichen Platonismus. Theologie und Philosophie. 44. S. 321-341

Riesebrodt, Martin (1980): Ideen, Interessen, Rationalisierung: Kritische Anmerkungen zu F.H. Tenbrucks Interpretation des Werkes M. Webers. Kölner Zeitschrift für Soziologie und Sozialpsychologie. 32. S. 11-129.
Schluchter, Wolfgang (1991a): Religion und Lebensführung. Bd. 1. Studien zu Max Webers Kultur- und Werttheorie. Frankfurt a.M.
Schluchter, Wolfgang (1991b): Religion und Lebensführung. Bd. 2. Studien zu Max Webers Religions- und Herrschaftssoziologie. Frankfurt a.M.
Schluchter, Wolfgang (1998): Die Entstehung des modernen Rationalismus. Eine Analyse von Max Webers Entwicklungsgeschichte des Okzidents. Frankfurt a.M.
Steenberghen, Ferdinand v. (1977): Die Philosophie im 13. Jahrhundert. München/Paderborn.
Sturlese, Lori (1993): Die deutsche Philosophie im Mittelalter. Von Bonifatius bis zu Albert dem Großen 748-1280. München.
Tenbruck, Friedrich (1975): Das Werk Max Webers. Kölner Zeitschrift für Soziologie und Sozialpsychologie. 27. S. 663-702
Troeltsch, Ernst (1994): Die Soziallehren der christlichen Kirchen und Gruppen. 2 Bde. Tübingen.
Wieland, Georg (2000): Albert der Große. Der Entwurf einer eigenständigen Philosophie. In: Kobusch, Theo (Hrsg.): Philosophie des Mittelalters. Darmstadt. S.125-139.
Winkelmann, Johannes (1980): Die Herkunft von Max Webers „Entzauberungs"-Konzeption. Kölner Zeitschrift für Soziologie und Sozialpsychologie. 32. S.12-53
Weber, Max (1964): Wirtschaft und Gesellschaft. Bd. 1 (hrsgg. v. J. Winkelmann). Köln.
Weber, Max (1988a): Gesammelte Aufsätze zur Religionssoziologie. Bd. 1. Tübingen.
Weber, Max (1988b): Gesammelte Aufsätze zur Religionssoziologie. Bd. 3. Tübingen.

Der Autor

Gerwulf Singer, Dr. rer. pol. habil. Dipl.-Kfm., Professor an der Universität Siegen; Fachgebiet Soziologie, einschließlich Methodologie und Sozialökonomie; laufende Forschungsprojekte: Positive Theorie sozialer Ordnungen. Selbstorganisation und Evolution sozialer Strukturen.

Bevölkerungszahlen und Lebenserwartung in der Antike

Ingo Broer

„Dort gibt es keinen Säugling mehr,
der nur wenige Tage lebt, und keinen Greis,
der nicht das volle Alter erreicht,
wer als Hundertjähriger stirbt,
gilt noch als jung!"
(Jes 65,20f.)

Nicht nur das Andere, sondern auch die Vergangenheit ist uns fremd. Wie sehr letztere uns fremd ist, können relativ triviale Fragen zeigen. Sie offenbaren gleichzeitig, wie sehr wir immer wieder geneigt sind, die gegenwärtigen Lebensverhältnisse für normal und quasi naturgegeben zu betrachten. Um die radikale Verschiedenheit unserer Zeit zu früheren Zeiten aufzuzeigen, brauchen wir deswegen gar nicht in die ferne Vergangenheit zu blicken, ein Blick ins 19. Jahrhundert reicht dazu vollkommen. Während wir für die Gegenwart die Zahlen für die Lebenserwartung bei Frauen und Männern ziemlich genau im Kopf haben (vermutlich ohne *genau* zu wissen, was der Begriff Lebenserwartung besagt – es sei denn, man ist Sozialwissenschaftler!), gilt das für das ausgehende 19. oder das beginnende 20. Jahrhundert in keiner Weise. Allerdings können wir uns denken, dass die hohe Säuglingssterblichkeit, das nicht zu behandelnde Kindbettfieber und die fehlenden Antibiotika – um nur diese zu nennen – die Lebenserwartung dramatisch nach unten gedrückt haben. Das Werk des Jubilars „Die Sozialstruktur Deutschlands" hilft hier weiter und liefert schnell die Zahlen sowohl für die Gegenwart wie für das 19. Jahrhundert, wobei beim Vergleich der absoluten Zahlen mit der Gegenwart zu bedenken ist, dass die Fläche des Deutschen Reiches die der vereinten Bundesrepublik Deutschland um fast 50 Prozent übertraf.

Zwischen 1816 und 1850 war nach Geißler eine Explosion der Bevölkerung in Deutschland zu verzeichnen. Sie wuchs um über 40 Prozent von 24,8 auf 35,5 Millionen und verdoppelte sich bis 1910 fast noch einmal auf 65 Millionen – und dies trotz mehrerer starker Auswanderungswellen überwiegend in die USA. Geißler belässt es aber nicht bei der Anführung der Zahlen, sondern nennt zugleich auch eine Reihe von Gründen für diese Veränderung: Zum einen stiegen die Geburtenziffern in der ersten Hälfte des 19. Jahrhunderts stark an, weil viele Frauen, die vorher aufgrund ständischer Schranken unverheiratet blieben – man schätzt deren Anteil auf ca. 30 Prozent –, nunmehr heirateten und Kinder bekamen[1]; zum anderen wurden die medizinischen und hygienischen Maßnahmen verbessert (Geißler, 2002: 38).

Geißler berichtet darüber hinaus auch von einer interessanten gegenläufigen Bewegung. Die Entwicklung war also keineswegs bis zum so genannten Pillenknick geradlinig ansteigend! Auch insofern liefert der geschichtliche Rückblick Überraschendes. Im Jahre 1912 bringen die Frauen im Deutschen Reich im Durchschnitt ein Drittel weniger Kinder zur Welt als 1880/81. Die Gründe dafür sind zum einen in der Existenzweise der Industriebevölkerung zu finden, zum anderen aber auch in der damals eingeführten Sozialgesetzgebung, die das Überleben im Alter vom eigenen generativen Verhalten abkoppelte und der Gesellschaft als ganzer übertrug, und deren Weiterführung in der Gegenwart gerade durch das generative Verhalten in Frage gestellt ist. Solche „Unregelmäßigkeiten" finden sich auch sonst, sie sind also nicht auf die Geburtenziffern beschränkt. So ist um die Mitte des 19. Jahrhunderts ein Ansteigen der Kindersterblichkeit festzustellen, die zum einen im Ansteigen von Diphtherie und Scharlach, zum anderen aber auch in einer zunehmenden Proletarisierung und Urbanisierung ihre Ursache hatte. Und in einigen osteuropäischen Ländern kommt es in den 70er und 80er Jahren des 20. Jahrhunderts zu einem Rückgang der Lebenserwartung, der u.a. in einer Verschlechterung der Gesundheitsversorgung und in einer ungesunden Lebensweise begründet war (Höpflinger 1997: 153f.).

Das Durchschnittsalter der Männer stieg von 1871/80 bis 1901/10 von 36 auf 45 Jahre, das der Frauen im selben Zeitraum von 39 auf 48 Jahre. Was diese Zahlen zur Lebenserwartung für das Selbstverständnis der Menschen damals und[2] heute bedeuten, ist uns nicht unmittelbar deutlich. Geißler und Meyer machen an späterer Stelle darauf aufmerksam: Um 1890 erreichten nur 34 Prozent der Männer und 39 Prozent der Frauen den 60. Geburtstag (60). Es lässt sich leicht denken, dass die Einstellung zum Leben und zum Sterben (!) bei den damals lebenden Menschen in erheblicher Weise von der am Anfang des 21. Jahrhunderts abwich. Es ist etwas anderes, ob 34 bzw. 39 Prozent eines Jahrgangs 60 Jahre und älter werden oder ob 85 bzw. 93 Prozent dieses Alter erreichen. Auch das andere generative Verhalten beeinflusst indirekt das Selbstverständnis der Menschen: Der Tod eines Kindes hat bei zwei, wenn es hochkommt drei Nachkommen eines Ehepaares eine andere Bedeutung als bei einer größeren Anzahl von Kindern, von denen normalerweise keineswegs alle das Erwachsenenalter erreichen und worauf die Eltern auch eingestellt sind (vgl. auch die Angaben bei Höpflinger 1997: 152).

1 Vgl. zur Steuerung der Geburtenzahl durch Heiratshindernisse Wunderer 2002: 8, der darauf hinweist, dass lange Zeit Vorbedingung für die Heirat „der Nachweis einer *Erwerbsstelle*, etwa ein Hof oder ein Handwerksbetrieb" war und dass auf diese Weise das Heiratsalter (vermutlich nicht nur) erheblich nach hinten hinausgeschoben und damit die Anzahl der Kinder reduziert wurde.

2 In anderen Ländern war das Durchschnittsalter damals bereits höher. Für Frankreich z.B. lauten die Zahlen: 1870/71 Männer 41, Frauen 44 Jahre (vgl. Höpflinger 1997: 152).

1. Zahlenangaben der Antike und moderne Berechnung einiger antiker Bevölkerungszahlen

Dass wir über solche Zahlen aus der jüngeren Vergangenheit verfügen, ist ein Glücksfall. Dass Ähnliches aus der Antike nicht zu erwarten ist, versteht sich von selbst, zumal sich hinter solchen Zahlen aus der Moderne viel mehr Probleme verbergen, als der einfache Leser annimmt. So wenn z.B. die Bevölkerung des Deutschen Reiches in einem bestimmten Jahr in Relation zur Vergangenheit gesetzt werden soll, in der es das Deutsche Reich noch gar nicht gab – um nur ein ganz einfaches Beispiel zu nennen. Geißler und Meyer machen auf ein anderes methodisches Problem aufmerksam: Wenn man die absoluten Zahlen der Lebendgeborenen (so genannte „absolute Geburtenziffer“) als Basis für eine Statistik nimmt, ist das Ergebnis wesentlich weniger aussagekräftig als wenn man darauf abhebt, wie viele Kinder im statistischen Durchschnitt von einer bzw. 100 Frauen geboren werden (so genannte „Fruchtbarkeitsrate“). (52)

Bezogen auf die Antike sind das alles natürlich Feinheiten der Moderne, die zwar keineswegs unwichtig sind, die aber für die Antike schon deswegen nicht in Frage kommen können, weil wir für diese fast keine exakten Zahlen haben. Ich nenne nur einige Beispiele:

1.1 Die Bevölkerungszahlen für das Römische Reich

Die Angaben über die Bevölkerung in der Antike sind sehr schwierig zu „erheben“ und schwanken naturgemäß stark. Für das Römische Reich geht man häufig von einer Zahl zwischen 54-60 Millionen aus, der Kleine Pauly, ein Standardnachschlagewerk für die Antike, schätzt die Bevölkerungszahl des Imperium Romanum auf 50-70 Millionen (Band 1, Sp. 879) – dass man dafür keinen genauen Zeitraum nennen muss, demonstriert ebenso wie die Schwankungsbreite, wieweit wir hier von auch nur einigermaßen exakten Zahlen entfernt sind. Von diesen ca. 60 Millionen sollen, so schätzt man, 4-4,5 oder aber 6-7 Mill. Juden gewesen sein – immerhin eine Schwankung um 50 Prozent. Meist wird von einem Anteil der Juden von 7 Prozent an der Gesamtbevölkerung ausgegangen. Letztere Zahl besagt dem heutigen Leser wenig, sie wird aber äußerst lebendig, wenn sie/er sich die entsprechenden Angaben für Deutschland in der Weimarer Republik vor Augen stellt: Die Juden hatten damals in Deutschland einen Anteil von unter 1 Prozent an der Bevölkerung.

1.2 Die Bevölkerungszahlen für Palästina und Jerusalem

Für Palästina schwanken die Angaben der Einwohnerzahl zwischen 500.000 und drei Millionen. Neuere Berechnungen gehen sogar von mehr als drei Millionen Einwohnern aus. (Stambaugh/Balch 1992: 79; Mayer 1987: 12 sprechen sogar von bis zu fünf Millionen)

Die Zahl von 3 Millionen Bewohnern Palästinas ist dem jüdischen Geschichtsschreiber Flavius Josephus (37/38 – nach 100) zu verdanken, der sich in seinem Geschichtswerk über den jüdischen Krieg besonders an zwei Stellen zu dieser Frage äußert. In BJ II 14,3 § 280 ist von drei Millionen Juden in Jerusalem zur Zeit des Passafestes im Jahre 66 n. Chr. die Rede, worunter die Bewohner Jerusalems und die zahlreichen zur Zeit des Festes in Jerusalem weilenden Pilger zu verstehen sind. Als ob Josephus die erheblichen Zweifel zumindest seiner modernen Leser an dieser Angabe ahnen würde, geht er in BJ VI 9,3 § 420ff noch einmal auf das Problem ein, spricht von 2,7 Millionen Teilnehmern am Passafest und nennt dabei auch die genaue Zahl der Opfertiere, offensichtlich, damit die Zahlenangabe nachvollziehbar wird. Es heißt dort bei der Beschreibung des Kriegsendes im Jahre 70:

> „Die Gesamtzahl aller Gefangenen, die während des ganzen Krieges gemacht wurde, belief sich auf 97 000, die Zahl derer, die bei der ganzen Belagerung umkamen, auf 1 100 000 Menschen. Die Mehrzahl derer waren zwar geborene Juden, aber nicht ortsansässige Jerusalemer. Denn aus dem ganzen Lande war das Volk zum Fest der ungesäuerten Brote zusammengeströmt und unerwartet durch den Verlauf des Krieges umzingelt worden, so dass zunächst auf Grund der räumlichen Beengtheit Seuchen sie vernichteten, später aber die noch schneller zupackende Hungersnot. Dass aber die Stadt so viele Leute fassen konnte, geht klar aus der Volkszählung des Cestius hervor; da er dem Nero, der das jüdische Volk gering achtete, die Blüte der Stadt beweisen wollte, beauftragte er die Hohenpriester, falls möglich, die Menge zu zählen. Da nun gerade das sogenannte Passahfest begann, an dem von der neunten bis zu elften Stunde geopfert wird – um jedes Opfer sind nicht weniger als zehn Männer wie eine Bruderschaft versammelt, denn einer allein darf nicht essen, oft versammeln sich auch zwanzig – und so zählte man 255 600 Opfertiere. Das macht, um nur zehn für jedes Opfer anzusetzen, 2 700 000 Teilnehmer, alles reine und geweihte Personen; denn Aussätzige, Samenflüssige, in der monatlichen Reinigung befindliche Frauen sowie anderweitig Unreine durften nicht an diesem Opfer teilnehmen, ebenso wenig Nichtjuden, die sich zum Gottesdienst eingefunden hatten."

Wie diese Angaben des Josephus, der immerhin Augenzeuge war, heute eingeschätzt werden, vermag ein Zitat von M. Hengel zu zeigen, der von dieser Zahl sagt, dass sie „mit der historischen Wirklichkeit nichts mehr zu tun hat" (1961: 135 Anm. 3). Das Zitat vermag zugleich zu verdeutlichen, welche Probleme die Forschung mit den Zahlenangaben der Antike hat. Dasselbe gilt im Übrigen auch für überlieferte Angaben zur Bevölkerungsentwicklung, die in der Antike durchaus bereits gemacht wurden. Bekannt ist z.B. das bei Eusebius überlieferte Zeugnis des Bischofs Dionysios von Alexandrien an Hierax etwa aus dem Jahre 261, in dem er u.a. ausführt:

> "Und da wundert man sich und fragt, woher die andauernde Pest, die schweren Krankheiten, die verschiedenartigen Seuchen, das mannigfaltige und häufige Sterben der Menschen kommen und warum die so große Stadt (Alexandrien), einschließlich der kleinen Kinder und der ältesten Greise, an Einwohnern nicht mehr die Zahl derer aufweist, die sie vormals als das sog. beginnende Alter verpflegte. Dieser Vierzig- bis Siebzigjährigen waren seinerzeit so viele, dass ihre Ziffer heute nicht mehr erreicht würde, selbst wenn man die Leute vom vierzehnten bis zum achtzigsten Lebensjahre in das Verzeichnis der öffentlich Verpflegten eintrüge und mitzählte. Und die dem Aussehen nach Jüngsten sind gleichsam Altersgenossen der betagtesten Greise von einst geworden. Obwohl sie sehen, dass das Menschengeschlecht auf der Erde so ständig abnimmt und aufgerieben wird, erzittern sie nicht ob der immer mehr um sich greifenden völligen Vernichtung." (Eusebius, Kirchengeschichte VII 21,9f.)

Auch dieses Zeugnis hält einer gründlichen Überprüfung nicht stand und muss als große Übertreibung angesehen werden.[3]

Eindeutiger sollte die Frage nach der Größe der Einwohnerschaft Jerusalems zu beantworten sein! Denn zum einen handelt es sich hier um einen viel überschaubareren Raum als beim Römischen Reich, und zum anderen gibt es dazu eine Fülle archäologischen Materials und eine Reihe von literarischen Zeugnissen. Die Bedeutung der letzteren relativiert sich freilich sogleich durch ihre Widersprüchlichkeit.[4]

Auch die Ergebnisse der archäologischen Grabungen sind nicht eindeutig, weil der Verlauf der Mauer vor allem im nördlichen Bereich Jerusalems kontrovers ist. Während die einen den Verlauf der von Herodes Agrippa I. errichteten Nordmauer in etwa mit dem heutigen Verlauf der Mauer im Norden identifizieren, halten die anderen an einem um ca. 500m nach Norden versetzten Verlauf fest. Da die Ost-West-Erstreckung der Stadt an dieser Stelle über 1200m beträgt, hat diese Unsicherheit bezüglich der Nordmauer für die Rekonstruktion der Größe des Stadtgebietes

---

3 Vgl. dazu (Parkin 1992: 63f., 65) die Stellungnahme Parkins zur Einwohnerzahl von Seleukia nach Plinius, Hist. Nat. VI 122.

4 So wird die Länge der Mauer Jerusalems von Strabo, Geographie XVI 36 mit 60 Stadien angegeben, von Hekataios von Abdera nach Josephus, CAp I 22 § 197 mit 50, von Timochares, dem Biographen des syrischen Königs Antiochus IV. Epiphanes, mit 40 Stadien (überliefert bei Eusebius, Praep. Ev. IX 36), von Josephus in Ant. XIX 7,2 § 326 und BJ II 11,6 § 218; V 4,1-4 bes. § 159 mit 33 und von Xenophon (überliefert bei Eusebius, Praep. Ev. IX 36) mit 27 Stadien angegeben. Wir übergehen die Probleme, die die einzelnen Berichte bieten, z.B. weil sie nicht mit anderen Angaben desselben Schriftstellers übereinstimmen, und können in unserem Zusammenhang auch die verschiedenen Maße des Stadion vernachlässigen. Ob das Ziehen des Mittels aus diesen vier Angaben „ein zwar grobes, aber doch verwertbares Ergebnis" liefert, wie Ben David meint (1974: 372, Anm. 235), erscheint jedenfalls einigermaßen zweifelhaft.

sehr große Konsequenzen. Die Schätzung der Einwohnerzahl wird aber nicht nur durch den unsicheren Verlauf der Nordmauer, sondern auch noch durch die nur höchst ungefähr mögliche Schätzung der Bewohner pro Quadratkilometer erschwert.[5]

Die von einigen antiken Schriftstellern überlieferten Einwohnerzahlen Jerusalems schließlich gelten als viel zu hoch.[6] Die Angaben heutiger Autoren schwanken zwischen 40.000 bis 100.000 Einwohnern für Jerusalem in seiner Blütezeit.[7]

1.3 Die Bevölkerungszahl für Rom

Werfen wir zum Abschluss dieser kleinen Übersicht noch einen Blick auf Rom. Zumindest hier sollten die Ergebnisse, so würde man doch denken, erheblich übereinstimmender sein, da es bereits im Rom der Republik Personenstandsregister in Form des Census gab und seit der Mitte des ersten Jahrhunderts die Anzahl der Geburten genau registriert wurde. Allerdings weisen auch diese Angaben eine Reihe von Problemen auf, so dass ihre Brauchbarkeit für demografische Zwecke erheblichen Zweifeln unterliegt (vgl. Parkin 1992: 37; Brunt 1971: 5ff.), weswegen man sich auch hier mit Hilfe anderer Überlegungen und Berechnungen helfen muss. In Rom bereitet es aber wie in Jerusalem Schwierigkeiten, das Stadtgebiet genau festzulegen, und die Angaben für die Einwohnerzahlen schwanken zwischen 150.000 und 4.000.000. Allerdings gehen die meisten Forscher von einer Zahl zwischen 750.000 und 2.000.000 aus. Entscheidende Grundlage für diese Berechnungen sind vor allem die überlieferten Angaben über die Anzahl der Empfänger von verbilligtem bzw. kostenlosem Getreide und die über den Getreideverbrauch der ganzen Stadt (Brunt 1971 :376ff.; Kolb 1995 :448f.).[8]

Angesichts dieser unpräzisen Angaben nicht nur zu den Einwohnerzahlen ist die sozialgeschichtliche Betrachtung, die seit wenigen Jahrzehnten in die neutestamentliche Exegese Eingang gefunden hat, einigermaßen erstaunlich, und es mag kaum aussichtsreich erscheinen, eine Größe wie die Lebenserwartung der Menschen im Römischen Reich zur Zeitenwende in den Blick zu nehmen, um auf diese Art wenigstens in einem Punkt ein realistischeres Bild vom Leben in der damaligen Zeit zu gewinnen. Aber auf der anderen Seite ist festzustellen, dass diese Frage in der Ge-

---

5 Einige gehen von 25 qm pro Einwohner aus, andere von 35. Nach Angaben von T. Kollek lebten 1968 in der Jerusalemer Altstadt auf einer Fläche von 450.000 qm 25.000 Menschen. Das ergäbe 18 qm pro Einwohner (vgl. Ben David 1974: 57 und Anm. 257).

6 Tacitus schätzt in Hist 5,13 die Zahl der in Jerusalem Belagerten auf 600.000, wobei diese Angabe nicht notwendig mit der Einwohnerzahl Jerusalems identisch sein muss, Hekataios von Abdera auf 120.000 (zitiert von Jos, CAp I 22 § 197).

7 Ben David geht von 100.000 aus (1974: 57), Michel/Bauernfeind von 70-80.000 (1959, II.2: 207f.) und Otto übernimmt für das herodianische Jerusalem die Zahl von 40.000, die aber bis zum jüdischen Krieg um 50 Prozent auf 60.000 angewachsen sein soll (1980: 148).

8 In Rom sind 11 jüdische Gemeinden nachgewiesen, deren Mitgliederzahl Mayer (1987: 28) auf bis zu 50.000 schätzt.

schichts- und in der Bevölkerungswissenschaft seit dem ausgehenden 19. Jahrhundert intensiv verhandelt worden ist und verschiedene Faktoren hier doch zumindest ungefähre Angaben möglich erscheinen lassen. Jedenfalls gibt es eine ganze Reihe von Arbeiten, die sich diesem Problem widmen und Angaben zur Lebenserwartung liefern.

2. Die Lebenserwartung im Römischen Reich um die Zeitenwende

Da der Begriff Lebenserwartung im allgemeinen Sprachgebrauch lebendig, aber unscharf ist, muss zunächst darauf hingewiesen werden, dass damit keineswegs immer das durchschnittliche Sterbealter gemeint ist, sondern dass der Begriff die Anzahl von Jahren nennt, die ein Mensch in einem bestimmten Alter durchschnittlich noch zu leben hat. Daraus ergibt sich schon, dass sich die Lebenserwartung im Verlaufe des Lebens, vor allem des Lebensanfangs, nicht unerheblich verändert, zumal wenn man die wesentlich höhere Säuglings- und Kindersterblichkeit in früheren Gesellschaften mit einberechnet.

2.1 Die Berechnung der Lebenserwartung im Römischen Reich anhand der Grabinschriften

G. Mayer führt in seinem Werk über die jüdische Frau Belege aus der Antike an, die nicht nur Angaben über den Tod einer jüdischen Frau enthalten, sondern auch das von der Verstorbenen erreichte Alter angeben und schließt aus den Altersangaben auf ein Durchschnittssterbealter der jüdischen Frau von 27,15 Jahren. Dieses liege noch unter dem Durchschnittsalter der Römerin, das er mit 34 Jahren angibt. Im Säuglings- bzw. Kindesalter, zwischen 0 und 11 Jahren, starben 24,6 Prozent der jüdischen Mädchen; zwischen 12 und 40 Jahren 53,8 Prozent der jüdischen Frauen, 10,8 Prozent von ihnen wurden 60 Jahre und älter. Das höchste belegte Alter beträgt 96 Jahre.[9]

2.1.1 Die durchschnittliche Lebenserwartung der jüdischen Frau

Für diese Berechnungen stützt Mayer sich auf 130 Belege nicht nur aus Palästina, sondern auch aus Italien, Ägypten und anderen Teilen des Römischen Reiches. Auch durch andere Angaben wird nach Mayer bestätigt, dass die meisten Frauen im gebärfähigen Alter starben. – Mayer befindet sich mit seinem Verfahren durchaus in Übereinstimmung mit einer Reihe anderer Arbeiten, in denen ähnlich verfahren wird und die das Durchschnittsalter mit 20-30 Jahren angeben (vgl. Hopkins, 1966: 245;

9 1987: 72f.

Kajanto 1968: 5; Frier 1982: 243f.; Parkin 1992: 81[10]), wenn auch die Anzahl der von ihm herangezogenen Belege sehr klein ist.

Zunächst ist festzuhalten, dass in der Tat aus römischer Zeit wesentlich mehr solcher Grabsteine erhalten sind als aus dem alten und dem klassischen Griechenland, weswegen für die Schätzung der Lebenserwartung in letzteren eher auf Skelettfunde als auf Grabsteine Bezug genommen wird.[11] Allerdings sind auch hier erhebliche Probleme vorhanden, die eine exakte Schätzung kaum möglich erscheinen lassen (vgl. Parkin 1992: 41ff.).

Insgesamt wird die Zahl der Grabinschriften für das gesamte Imperium Romanum mit ca. 200.000 angegeben. Aus dem westlichen Teil des Imperium Romanum sind über 43.000 Lebensaltersangaben erhalten, von denen die übergroße Mehrzahl naturgemäß auf Grabsteinen zu finden sind. Drei Grabinschriften seien hier stellvertretend angeführt:

2.1.2 Drei Grabinschriften mit Angabe des Sterbealters aus der Antike

> Das dreijährige Mädchen des Damatrios, das ...
> lieb schmeichelte und schwatzte, ist zu den Toten gegangen,
> das einzige Kind, o Fremder, die Theokrita, deren Grab du da
> siehst, von der Jahreszeit Blumen umkränzt.
> (3./2. Jahrhundert v. Chr.)
>
> Der erste warst du vor den Jünglingen an gebändigter Haltung, wie es
> anerkannt hat die erlauchte altehrwürdige Gründung des Haliphos hier,
> mit zwanzig Jahren gestorben hat dich, Theon, aufgenommen der Lethe
> Au und die hehre Kammer der Persephone.
> Bemitleidenswert jammernd legten dein Vater Timeias und Kleariste
> deine Mutter dich in dieses Grab.
> (3./2. Jahrhundert v. Chr.)
>
> Guter Philinos, sei gegrüßt! Freunde und Menschen hast du geliebt, von allen bist du vermisst, niemanden hast du betrübt, hast redlich gelebt, hast neidlos gegen Fremde und Einheimische 31 Jahre gelebt.
> (2./3. Jahrhundert n. Chr., zitiert nach Pfohl 1980: 22f.)

---

10 Wiedemann 1989: 11-17 errechnet aus römischen Grabsteinen für die Frau eine Lebenserwartung von 20, für den Mann eine von 22 Jahren.

11 Aus solchen Untersuchungen ergab sich eine durchschnittliche Lebenserwartung im klassischen Griechenland für Frauen von 36,2 Jahren, für Männer von 45,0 Jahren. In späterer Zeit, unter römischer Besatzung, ist die Lebenserwartung nach diesen Untersuchungen etwas reduziert, sie beträgt für Frauen 34,3 und für Männer 40,2 Jahre (vgl. Angel 1973: 29 und ders. 1972: Tafel 28).

2.1.3 Bedenken gegen die Auswertung der Grabinschriften für ein durchschnittliches Sterbealter

Angesichts der großen Zahl der Belege ist die Heranziehung der Steine, die eine Altersangabe enthalten, zur Ermittlung des durchschnittlichen Sterbealters nicht erstaunlich. Diese Methode war trotz der schon früh dagegen geäußerten Bedenken lange Zeit en vogue, sie ist aber heute so einfach nicht mehr vertretbar, da in der Literatur inzwischen erhebliche Vorbehalte gegen eine solche Art des Vorgehens vorgetragen worden sind.

Diese beziehen sich keineswegs nur auf die trotz der großen absoluten Zahlen für eine statistische Auswertung sehr geringe Anzahl der erhaltenen Grabmonumente mit Lebensaltersangaben.[12] Denn trotz der 43.000 Lebensaltersangaben aus dem westlichen Teil des Imperium Romanum sind die Zahlen für einzelne Städte oder Gegenden häufig sehr klein, und der Hinweis, dass die Daten für das Römische Reich nicht einfach zusammen gesehen werden dürfen und nach Städten und Regionen (Provinzen?) separat reflektiert werden müssen, ist sicher berechtigt.

Die Einwände beziehen sich aber auch nicht nur auf die Tatsache, dass sich die Erhaltung der Steine dem Zufall verdankt, sondern es werden sehr konkrete Einwände gegen die vorgetragene Art der Berechnung erhoben, die sich aus dem Charakter des erhaltenen Materials nahe legen. Darüber hinaus wird zu Recht auch die Tatsache reflektiert, dass die Möglichkeit zur Errichtung von Grabsteinen nicht allen Schichten in gleicher Weise offen stand und dass schon deswegen die Angaben dieser Steine nicht für die ganze Bevölkerung repräsentativ sein können (vgl. dazu und zum Folgenden v.a. Clauss 1973; Hopkins 1966; Brunt 1971; Parkin 1992). Die Bedeutung dieses letzten Einwandes wird deutlicher, wenn man die Hinweise Kolbs ernst nimmt,

> „dass ... ein Großteil der einfachen Bevölkerung auf Staatsland ohne Grabstein bestattet wurde, beispielsweise in Amphoren, wie auf dem Friedhof der Isola Sacra bei Ostia. Aber auch für die Toten, welche man in ansehnlichen Mausoleen, wie jenen unter St. Peter, beisetzte, sind nur in wenigen Fällen Inschriften angebracht worden. So entsprechen den wenigstens 250 Bestattungen im Mausoleum H unter St. Peter nur 20 Inschriften. Auf der Isola Sacra ist nur ca. 1 Prozent der Toten inschriftlich erwähnt.“ (1995: 458f.)

Die weiteren Einwände lassen sich nach folgenden Kriterien zusammenfassen:

1. Einwände, die sich aus den Umständen der Erhaltung der Belege ergeben: Die Tatsache, dass fast alle Belege aus Städten stammen und Altersangaben von Verstorbenen aus ländlichen Gegenden fast nicht vorliegen, spricht ange-

12 Clauss 1973: 411 errechnet, dass von 0,015 Prozent der Menschen aus einem Zeitraum von 500 Jahren im westlichen Teil des Imperium Romanum Lebensalterangaben überliefert sind.

sichts der für die ländlichen Gegenden zu erwartenden höheren Sterberate (vielleicht mit Ausnahme von Rom wegen der dortigen schlechten Lebensverhältnisse) dafür, dass dieses Verfahren nur sehr ungenaue Daten liefern kann.

2. Weitere Einwände gegen die Repräsentativität der Belege: Für die Errechnung des durchschnittlichen Lebensalters ist die Kenntnis der Säuglingssterblichkeitsrate naturgemäß von großer Bedeutung. Die erhaltenen Angaben dazu sind aber viel zu gering und schwanken darüber hinaus stark. Dagegen werden die Angaben zur Kindersterblichkeit unterschiedlich beurteilt, die Angaben des Alters bei verstorbenen Kindern werden z.T. als stark überrepräsentiert angesehen. Ähnliche Vorbehalte werden auch gegen die Altersangaben bei jung verstorbenen Ehefrauen erhoben. Die große Zahl dieser Angaben sei keineswegs darauf zurückzuführen, dass ein besonders hoher Prozentsatz früh verstorben ist, sondern darauf, dass ihre Ehemänner sie überlebten, ihnen ein Grabmal errichteten und darauf angesichts ihrer Jugend ihr Lebensalter erwähnten. Auch gelten bestimmte gesellschaftliche Gruppen als stark überrepräsentiert (Soldaten und ihre Familien, Sklaven und Freigelassene), was zu einer Verzeichnung führen könnte, zumal der Anteil dieser Gruppen an den erhaltenen Inschriften mit Todesdatum stark schwankt. In manchen Regionen finden sich häufiger Altersangaben bei jung Verstorbenen als bei älteren, was wiederum zu einer Überrepräsentierung der jung Verstorbenen und damit zu einem zu frühen mittleren Todesalter führt. Die für Rom und für Afrika errechnete durchschnittliche Lebensdauer von 22,6 bzw. 47,9 Jahren ist so unterschiedlich, dass die dafür herangezogenen Ursachen wie gesunde Luft und mildes Klima diese Differenz nicht erklären können. Wobei nicht einmal die größten Extreme genannt wurden. Es gibt immerhin auch eine Gemeinde mit einem aus den Grabsteinangaben errechneten Durchschnittsalter von 60,2 Jahren: Castellum Celtianum (unweit dem heutigen Constantine in Nordafrika, vgl. Szilágyi 1965: 314). Die Ursache für diese Differenz dürfte eher im zu Grunde liegenden Material zu suchen sein. Darauf weist schon die Tatsache hin, dass es auch in Afrika Städte mit einem viel niedrigeren Durchschnittsalter gibt, wie z.B. Karthago, wo dieser Wert bei 33,3 Jahren liegt (Kajanto 1968: 6).[13] In die gleiche Richtung weist m.E. auch der Unterschied zwischen Bordeaux und Trier. Für Bordeaux errechnet Szilágyi eine durchschnittliche Lebensdauer für Männer und Frauen von je 37,5 Jahren, während der Wert in Trier bei den Männern 26,0 und bei den Frauen 21,1 Jahre umfasst. Wie will man diesen großen Unterschied zwischen den

13 Vgl. auch ebd.: 15. Dort weist Kajanto als Erklärung für das niedrige Durchschnittsalter in Karthago darauf hin, dass „children were remembered with epitaphs oftener there than elsewhere in Africa."

beiden Städten und die Differenzen bei den Geschlechtern plausibel erklären? (1961: 136-138)[14]

3. Einwände gegen die Exaktheit der Angaben auf den Grabinschriften: Die Tatsache, dass sich eine unverhältnismäßige Zahl der Altersangaben durch fünf oder zehn teilen lässt, spricht dafür, dass diese Angaben nicht exakt sind und häufig geschätzt wurden, wie überhaupt davon auszugehen ist, dass viele Menschen der Antike ihr exaktes Alter nicht kannten.[15] Der Umstand, dass in Afrika sieben Prozent von 10.697 Belegen ein Sterbealter von über 90 Jahren nennen, während in Rom der entsprechende Wert unter 1 Prozent von 8.067 Angaben liegt, ist ebenso geeignet, den aufgekommenen Verdacht, dass hier mit den Angaben etwas nicht stimmt bzw. diese nicht repräsentativ sind, zu bestärken wie die Tatsache, dass nach diesen Zeugnissen 27,8 Prozent in Afrika das 70. Lebensjahr erreichten, während der entsprechende Wert für Rom 2,8 Prozent lautet (vgl. Hopkins 1967: 249). Eine Erklärung für diese Differenz ist noch nicht gefunden. Daraus auf eine besondere „illiteracy" in Afrika zu schließen, scheint ebenso wenig gerechtfertigt wie die Annahme, in Afrika habe man generell dazu geneigt, die Lebensaltersangaben zu übertreiben.[16]

2.1.4 Grabinschriften und durchschnittliches Sterbealter

Angesichts dieser schwer wiegenden Einwände gegen die Exaktheit und die Repräsentativität der Altersangaben auf den Grabsteinen wird man auf die Berechnung eines Durchschnittsalters aus diesen Angaben solange verzichten müssen, als nicht methodische Schritte gefunden werden, die die geäußerten Bedenken zu überwinden helfen.

---

14 Die Auswertung der Altersangaben in den Haushaltsdeklarationen aus Ägypten führt übrigens zu einer Lebenserwartung von Mädchen bei der Geburt von 22,5 Jahren, von Jungen von 22,5-25 Jahren.

15 Zu den objektiven Schwierigkeiten der Altersbestimmung (vgl. Duncan-Jones 1977: 336; Kajanto 1968: 16ff).

16 Szilágyi (1967: 42) nennt die hohe durchschnittliche Lebensdauer in Nordwestafrika „ein besonders kompliziertes Problem". Frier (1982: 243) spricht von "the universally observed tendency of older respondents to exaggerate their age", aber das ist keine Lösung für dieses Problem (vgl. dazu ebenfalls Szilágyi 1967: 42). Zum Problem der Zuverlässigkeit der Altersangaben auf den Grabsteinen gibt Frier (1982: 235, Anm. 52) folgenden Hinweis: „the inscriptions from Rome give a median life expectancy for males at age 1 of c. 19 years, at age 15 of c. 15 years, at age 30 of c. 12 years, at age 45 of c. 11 years, at age 60 of c. 10 years." und kommentiert diesen: "The earlier figures are impossibly low, the later ones too high." Zu den auffälligen, besonders hohen Lebensaltersangaben in Afrika vgl. auch die Erklärungsversuche bei Szilágyi (1967: 41ff.) sowie die bei Kajanto (1968: 18ff.), der zu dem bemerkenswerten Schluss kommt: „The great differences in mortality between Africa and Rome were thus more apparent than real. Since Africa and Rome have furnished us with the largest number of age records, the conclusion seems warrantable that the length of life was, by and large, equal throughout the Roman Empire." Zu den Schwierigkeiten, die die Erklärung auch heutiger Differenzen in der Lebenserwartung noch bereitet vgl. Geißler (2002: 60f).

2.2 Eine Alternative zur Berechnung der Lebenserwartung nach den Grabinschriften

Die Frage, die sich dann ergibt, ist, ob es eine andere Möglichkeit gibt, das mittlere Lebensalter in der Antike zu schätzen. Dazu wird gern auf eine Tabelle zurückgegriffen, die von Ulpian (✞ 223) stammt und Angaben über die Lebenserwartung im dritten Jahrhundert n. Chr. enthält.

2.2.1 Die Angaben Ulpians zur Lebenserwartung (Digesten 35.2.68 Pr)

Sie ist in den sog. Digesten, einer unter Kaiser Justinian (482-565) veröffentlichten Sammlung von Auszügen aus den Werken von über 40 juristischen Schriftstellern meist des ersten bis dritten Jahrhunderts n. Chr. überliefert und wird dort unter dem Namen des Aemilius Macer, einem Juristen ebenfalls des dritten Jahrhunderts, zitiert. Diese „Tabelle" sollte dazu dienen, den Wert „jährlich zu verabreichender Alimente" zu bestimmen. Sie hat folgenden Wortlaut:

> „Die Berechnungen zu verabreichender Alimente, schreibt Ulpianus, muss dergestalt geschehen, dass von frühester Jugend bis zum 20. Lebensjahre (des zu Alimentierenden) die Summe der Alimente von 30 Jahren berechnet, und von dieser Summe die Falcidia abgezogen wird; vom 20. bis zum 25. die von 28 Jahren; vom 25. bis zum 30. die von 25 Jahren; vom 30. bis zum 35. die von 22 Jahren; vom 35. bis zum 40. die von 20 Jahren; vom 40. bis zum 50. Jahre wird die Summe von soviel Jahren berechnet, als noch an einem Alter von 60 Jahren fehlen, mit Abzug eines einzigen Jahres; vom 50. bis zum 55. die von neun Jahren; vom 55. bis zum 60., die von sieben Jahren; vom 60. Jahre an aber bis zu jedem Alter die von fünf Jahren; dies ist Rechtens sagt Ulpianus auch in Ansehung der Berechnung des Nießbrauches. Doch pflegt man gewöhnlich vom frühesten Alter bis zum 30. Jahre die Berechnung von 30 Jahren anzunehmen, vom 30. Jahre an aber die von soviel Jahren, als noch am 60. Jahre fehlen; es wird mithin die Rechnung nie über 30 Jahre ausgedehnt. So wird auch, wenn einem städtischen Gemeinwesen der Nießbrauch vermacht worden, es möge ohne weiteren Beisatz oder zu öffentlichen Spielen geschehen sein, die Berechnung von 30 Jahren angelegt." (Corpus Iuris Civilis: 682f.; lateinischer Text u.a. bei Frier 1982: 215[17])

Es werden an dieser Stelle zwei unterschiedliche Berechnungsweisen nebeneinander gestellt, die des Ulpian, die eine Neuerung darzustellen scheint, und die gewöhnli-

17 Auf die textlichen Probleme v.a. bei der Erwähnung der Falcidia brauchen wir nicht einzugehen, da sie unseren Zusammenhang nicht betreffen.

che, deren Ersetzung Ulpian beabsichtigt, weil er seine eigene für überlegen hält.[18] In eine Tabelle überführt, besagen die Angaben Ulpians folgendes, wobei zu beachten ist, dass es sich um die noch zu erwartenden Lebensjahre in dem jeweils genannten Alter handelt und dass sich eine mittlere Lebenserwartung aus diesen Angaben nicht ermitteln lässt:

Tabelle 1: Lebenserwartung nach Ulpian

Alter	Lebenserwartung in Jahren
1-19	30
20-24	28
25-29	25
30-34	22
35-39	20
40-49	60 minus Alter minus 1
50-54	9
55-60	7
60ff.	5

Die im zweiten Teil der Belegstelle genannte „gewöhnliche" Tabelle ist weniger detailliert als die Ulpians, man hat sie sogar „a crude but easily memorized ‚rule of thumb'" genannt (Frier 1982: 226; vgl. zum Folgenden durchgehend Frier). Sie liefert im Alter zwischen 30 und 39 Jahren z.T. erheblich höhere Jahreszahlen als die Tabelle Ulpians, im Alter zwischen 40 und 49 beträgt die Differenz nur ein Jahr, zwischen 50 und 60 sind die Werte z.T. erheblich niedriger. Für das Seniorenalter liefert die gewöhnliche Tabelle gar keinen Wert.

Diese erstaunlichen Tabellen hatten den Zweck, für die Steuer den Gesamtbetrag zu errechnen, der einem Legationsempfänger im Laufe seines (voraussichtlichen) Lebens zugewendet werden würde. Es mag sein, dass die neue Tabelle an die Stelle der alten trat, weil die Betroffenen die Ungenauigkeit der alten nachweisen konnten, aber dadurch ist die Annahme, Ulpian stütze sich dabei auf statistisches Material und er habe die Tabelle, die eigentlich in staatlichen Ämtern entstanden sei, nur überliefert (Frier 1982: 218f, 225f, 243; vgl. aber auch die vorsichtigere Einschätzung 229), noch lange nicht bewiesen. Es sind auch eine Reihe von anderen Gründen denkbar, die zu dieser Ersetzung geführt haben.

18 Allerdings ist die Frage, welche Tabelle die ältere ist, in der Literatur nicht unumstritten (vgl. Parkin 1992: 39).

2.2.2 Die Probleme der Angaben Ulpians

Die Tabelle hat des Weiteren einige nicht zu übersehende Schwächen, weswegen ihre Brauchbarkeit in der Literatur auch generell in Frage gestellt worden ist:

- Die für die Antike anzunehmende im Vergleich zu heute besonders hohe Säuglings- und Kindersterblichkeit ist in keiner Weise berücksichtigt, wenn der Wert der Lebenserwartung für die ersten 20 Jahre als konstant angesehen wird[19]
- das zu erwartende Lebensalter zwischen den Jahren 40-49 bleibt konstant und führt immer zu einem erwartenden Lebensalter von 59 Jahren
- eine Abnahme der Lebenserwartung im Seniorenalter wird nicht genügend in Rechnung gestellt.

Diese nicht geringen Bedenken richten sich gegen die Angaben zu Beginn, gegen die in der Mitte und gegen die am Ende der Skala. Von daher erscheint die Annahme, dass die Werte dazwischen exakter sind, als sehr gewagt, und man ist geneigt, die Exaktheit der ganzen Tabelle Ulpians mit Vorsicht zu betrachten. Jedoch wird diese Vorsicht gegenüber der ganzen Tabelle der Tatsache nicht gerecht, dass diese Tabelle für Steuerzwecke herangezogen wurde und sich sogar offensichtlich gegenüber der „gewöhnlichen“ Tabelle als überlegen erwies. Das muss zumindest dafür sprechen, dass sie nach Ansicht der Verantwortlichen die Wirklichkeit *einigermaßen* traf. Insofern erscheint diese Tabelle durchaus geeignet, uns zumindest einen Anhaltspunkt für die Lebenserwartung im Römischen Reich des dritten Jahrhunderts zu liefern, wenn auch die genannten Bedenken bleiben, die besonders hinsichtlich der Säuglingssterblichkeit gravierend sind. Selbst Parkin, der die Annahme Friers, die Tabelle Ulpians beruhe auf statistischen Auswertungen scharf kritisiert, gibt zu, dass es sich bei der Tabelle Ulpians um „good guesswork“ handelt und stuft die Angaben „at most as relatively intelligent guesses based not on statistical research but on observation and common sense“ ein (1992: 38f.; vgl. allerdings auch das Urteil: 58).

---

19 Um sich ein Bild davon machen zu können, kann man auf die Angaben bei Parkin (1992: 92ff.) hinweisen, der von einer Säuglingssterblichkeit im ersten Lebensjahr von 30 Prozent ausgeht. Das zehnte Lebensjahr erreichten danach 50 Prozent der Lebendgeborenen. Zur Veranschaulichung können einige der dort genannten bekannten Beispiele dienen: Cornelia, Mutter der Gracchen, hat zwischen 163 und 152 v. Chr. 12 Kinder zur Welt gebracht, von denen nur drei über das Kindesalter hinauskamen. Oder: Marc Aurel und seine Frau hatten wenigstens zwölf Kinder, von denen nur eines das Erwachsenalter erreichte. Allerdings sollten diese beiden Angaben nicht dazu verleiten, diese Kinderzahl für typisch zu halten. – Wie sehr die hohe Säuglings- und Kindersterblichkeit die durchschnittliche Lebenserwartung beeinflusste, kann man sich daran verdeutlichen, dass 80 Prozent der Kinder, die das fünfte Lebensjahr erreichten auch zwanzig Jahre alt wurden und 30 Prozent davon 60 Jahre erreichten. Nach Kajanto (1968: 8) gilt: „in Rome 17.2 Prozent of the man and 8.3 Prozent of the women would have lived to be 40 … at Celtianis the corresponding percentages are 79.6 Prozent and 75.1 Prozent“. Vgl. auch seinen Kommentar dazu: „The differences are too great to be credible.“

3. Die Lebenserwartung in der Antike

Die Untersuchungen zur Lebenserwartung in der Antike anhand der erhaltenen Grabinschriften haben nicht die erhofften zuverlässigen und nach Gegenden differenzierten Angaben geliefert, da die Lebensaltersangaben auf den Grabsteinen zahlreichen Bedenken nicht nur gegen ihren repräsentativen Charakter unterliegen. Die Tabelle Ulpians dagegen hat zumindest nach zeitweiliger Anschauung der Behörden offensichtlich die Wirklichkeit zuverlässig abgebildet und dürfte deswegen unbeschadet ihrer *statistischen* Ungenauigkeit doch einen zumindest einigermaßen zuverlässigen Anhaltspunkt für die Lebenserwartung im Römischen Reich bieten. Allerdings wird bei der Beurteilung dieser Tabelle auch zu berücksichtigen sein, dass auch das, was uns heute als wahrscheinlich und plausibel erscheint, gelegentlich einer *genauen Nachrechnung* nicht nur nicht standhält, sondern von letzterer sogar erheblich abweichen kann.

Insofern kann man sagen: Die Lebenserwartung eines Zwanzig- bis Vierundzwanzigjährigen wurde damals auf weitere 28 Jahre geschätzt, die eines Dreißig- bis Vierunddreißigjährigen auf weitere 22 Jahre. Diese Angabe erschien damals allgemein als plausibel und dürfte damit einigermaßen der Wirklichkeit gerecht werden. Den heutigen Anforderungen an Exaktheit wird diese Angabe natürlich nicht gerecht, was aber auch nicht erwartet werden kann.

3.1 Modellrechnungen zur Bevölkerungsentwicklung und deren Nutzen für die Historie

Seit den 50er Jahren wurden nun Modellrechnungen aufgestellt, gerade um Informationen auch über solche Bevölkerungen zu erlangen, über die wir nur unzureichende Nachrichten haben, seien letztere nun unzuverlässig oder einfach zu gering an der Zahl. Diese Modellrechungen, v.a. die von Coale/Demeny, haben Eingang in die historische Forschung zur antiken Bevölkerung gefunden, obwohl auch gegen sie Einwände erhoben worden sind, die auf den ersten Blick plausibel sind. Denn diese Modellrechnungen basieren nicht nur auf den Daten des 19. und 20. Jahrhunderts, wo die durchschnittliche Lebenserwartung bei der Geburt immer über 35 Jahre betrug, während diese für das Römische Reich, wie wir gesehen haben, auf zwischen 20 und 30 Jahren geschätzt wird, sondern stammen auch aus der sog. entwickelten Welt mit einem Lebensniveau, das mit dem der Antike unvergleichbar ist. Diese Modellrechnungen treten aber mit dem Anspruch auf, dass die Gesetze der Demographie in stabilen Gesellschaften universell anwendbar sind und „tables for high mortality can be calculated from lower mortality tables by regression“. Darüber hinaus soll sogar gelten: „age patterns can change over time, though not so significantly as to render the results from model life tables invalid”. (Parkin 1992: 81). Natürlich muss man die Ergebnisse solcher Modell-Tafeln richtig einschätzen und darf auch in ihnen nicht exakte Berechnungen des Durchschnittsalters sehen, wie wir sie aus der Moderne gewöhnt sind. Interessant ist nun, dass Frier, der in seinem bereits mehrfach herangezogenen Aufsatz solche Modellrechnungen bei der Interpretation der Ulpianschen Tabelle mit berücksichtigt,[20] für einen Zwanzigjährige(n) im römischen Reich eine weitere Lebenserwartung von 28,397 und für einen Dreißigjährigen eine von 23,111 Jahren angibt. Vergleicht man diese Werte mit Ulpians Tabelle so ergibt sich:

Tabelle 2: Vergleich Lebenserwartung Ulpian und Frier

Alter	Lebenserwartung nach Ulpian	Lebenserwartung nach Frier
20-24	20-24 + 28=48-52 Jahre	
20		20 + 28,397=48,4 Jahre
25		25 + 25,731=50,7 Jahre
30-34	30-34 + 22=52-56 Jahre	
30		30 + 23,111=53,1 Jahre
35		35 + 20,545=55,5 Jahre

Die Ergebnisse sind für den Zwanzig- und Dreißigjährigen sehr nahe beieinander, die Differenz nimmt für die jeweils folgenden vier Jahre aufgrund des konstanten Wertes der Lebenserwartung in der Ulpianschen Tabelle zu, weicht aber beim Vierundzwanzigjährigen im Vergleich mit dem Fünfundzwanzigjährigen von Frier nur um 1,27 Jahre ab. Die Differenz zwischen der Lebenserwartung des Vierunddreißigjährigen nach Ulpian und dem Fünfunddreißigjährigen nach Frier beträgt sogar nur 0,5 Jahre. Insofern scheint die Ulpiansche Tabelle für eine Beurteilung der Lebenserwartung in der Antike zumindest für die mittlere Spanne des Lebens nicht so ungeeignet zu sein, wie gelegentlich behauptet wird. Sie dürfte in der Tat eine Einschätzung der Lebenserwartung in der Antike liefern, über die nicht hinweg gegangen werden kann.

20 Frier (1982: 228ff.); vgl. dazu Parkin (1992: 82), der u.a. festhält: „First, Frier's eventual figures owe more in their specific details to the Model West Level 2 table from the first edition of Coale-Demeny than to Ulpianic figures… The similarities between Frier's life table figures and the relevant Coale-Demeny table (male and female combined) are quite clear and striking when the two are compared: the rates in the birth to 10-year age groups are identical, since Frier has used these figures where the Ulpianic tabel is considered inadequate. After that age, Frier's mortality rates are generally slightly lower up to age 35 years, and then became higher over the remaining years. The differences are not significant by any means: the relative ex values never differ by more than 1 year" – wobei ex die durchschnittliche Lebenserwartung im Alter x meint.

Um den Unterschied zur Gegenwart zu verdeutlichen, seien Zahlen des Statistischen Bundesamtes für die Bundesrepublik Deutschland 1997/99 und Zahlen für Österreich 1997 wenigstens am Schluss noch angeführt:

Tabelle 3: Lebenserwartung in der BRD 1997/1999 und Österreich 1997

Alter	Lebenserwartung BRD	Lebenserwartung Österreich
20	Frauen 61,15 Männer 55,21	Frauen 60,43 Männer 54,52
40	Frauen 41,62 Männer 36,18	Frauen 40,95 Männer 35,49

Wenn die oben angeführten Überlegungen einigermaßen die Wirklichkeit der Antike treffen, dürften 20-jährige Männer und Frauen heute im Durchschnitt ca. 30 Jahre älter werden als in der Antike. Damit ist freilich über die Qualität der Jahre weder für damals noch für heute eine Aussage getroffen.

Literatur

Angel, J. Lawrence (1972): Ecology and Population in the Eastern Mediterrenean. In: World Archaeology 4, S. 88-105.
Angel, J. Lawrence (1973): Paleoecology, Paleodemography, and Health. Paper delivered at 9th Intern. Congress of Anthropological and Ethnological Sciences 1973. Chicago und Detroit.
Ben David, Arye (1974): Talmudische Archäologie. Die Wirtschaft des jüdischen Palästina zur Zeit der Mischna und des Talmud Bd. 1, Hildesheim/New York.
Brunt, Peter A. (1971): Italian Manpower. New York u.a.
Coale, Ansley J./Demeny, Paul (1983): Regional Model Life Tables and Stable Populations. 2. Auflage. New York u.a.
Otto, Karl Eduard/Schilling, Bruno/ Sintenis, Karl Friedrich Ferdinand (Hrsg.) (1831): Das Corpus Iuris Civilis (Bd. 3/Pandekten Buch 28-36). Ins Deutsche übersetzt von einem Verein Rechtsgelehrter. Leipzig (Neudruck Aalen 1984).
Duncan-Jones, Richard P. (1977): Age-rounding, Illiteracy and Social Differentiation in the Roman Empire. In: Chiron 7. S. 333-353.
Frier, Bruce (1982): Roman life expectancy: Ulpians Evidence. Iin: Harvard Studies in Classical Philology 86. S. 213-251.
Geißler, Reiner (2002): Die Sozialstruktur Deutschlands. Die gesellschaftliche Entwicklung vor und nach der Vereinigung. Mit einem Beitrag von Th. Meyer. 3. Auflage. Wiesbaden.
Hengel, Martin (1961): Die Zeloten. Untersuchungen zur jüdischen Freiheitsbewegung in der Zeit von Herodes I. bis 70 n. Chr. Leiden/Köln.
Höpflinger, François (1997): Bevölkerungssoziologie. Eine Einführung in bevölkerungssoziologische und demographische Prozesse. Weinheim und München.
Hopkins, Keith (1966): On the probable age structure of the Roman population. In: Population Studies XX. S. 245-264.
Kajanto, Iiro (1968): On the Problem of the Average Duration of Life in the Roman Empire. In: Ann. Acad. Sci. Fenn. Ser. 3. Vol. 153.2. Helsinki.
Kolb, Frank (1995): Rom. Die Geschichte der Stadt in der Antike. München.
Mayer, Günther (1987): Die jüdische Frau in der hellenistisch-römischen Antike. Stuttgart.
Michel, Otto/Bauernfeind, Otto (Hrsg.) (1959): Flavius Josephus. De bello Judaico/Der jüdische Krieg. Griechisch und Deutsch. Bd. I – III. München.
Parkin, Tim G. (1992): Demography and Roman Society. Baltimore/London.
Pfohl, Gerhard (Hrsg.) (1980): Griechische Inschriften als Zeugnisse des privaten und öffentlichen Lebens. 2. Auflage. München.
Otto, Eckhart (1980): Jerusalem – die Geschichte der Heiligen Stadt. Stuttgart u.a.
Stambaugh, John E./Balch, David L. (1992): Das soziale Umfeld des Neuen Testaments. Göttingen.
Szilágyi, János (1961): Beiträge zur Statistik der Sterblichkeit in den westeuropäischen Provinzen des Römischen Imperiums. In: Acta Archaeologica Academiae Scientiarum Hungaricae 13. S. 125-155.
Szilágyi, János (1965): Die Sterblichkeit in den nordafrikanischen Provinzen I. In: Acta Archaeologica Academiae Scientiarum Hungaricae 17. S. 302-334.
Szilágyi, János (1966): Die Sterblichkeit in den nordafrikanischen Provinzen II. In: Acta Archaeologica Academiae Scientiarum Hungaricae 18. S. 235-277.
Szilágyi, János (1967): Die Sterblichkeit in den nordafrikanischen Provinzen III. In: Acta Archaeologica Academiae Scientiarum Hungaricae 19. S. 25-59.
Wiedemann, Thomas (1989): Adults and Children in the Roman Empire. London.
Wiesehöfer, Josef (1999): Art. Lebenserwartung. In: Der Neue Pauly. Bd. 6. S.1213-1215.
Wunderer, Hartmut (2002): Bevölkerungsentwicklung – kommt die Politik an ihre Grenzen? In: Sozialwissenschaftliche Informationen 31. S. 4-11.

Der Autor

Ingo Broer, Dr. theol. (*1943), Professor für Katholische Theologie mit dem Schwerpunkt Biblische Theologie an der Universität Siegen. Studium der Katholischen Theologie in Münster, Paderborn und Freiburg. 1970 Promotion, 1972 Habilitation, seit 1972 Professor für Bibelwissenschaft in Siegen.

Jüngere Publikationen: I.Broer/R. Schlüter (Hg.), Christentum und Toleranz, Darmstadt 1996, darin: Toleranz im Neuen Testament? Ein Versuch zum Toleranzgedanken in den paulinischen Briefen, 57-82; Einleitung in das Neue Testament I und II, Würzburg 1998 und 2001; Das Weinwunder zu Kana (Joh 2,1-11) und die Weinwunder der Antike, in: Das Urchristentum in seiner literarischen Geschichte. Fs. f. J. Becker (BZNW 100) Berlin 1999, 291-308; Knowledge of Palestine in the Fourth Gospel? In: R.T. Fortna/T. Thatcher (ed.), Jesus in Johannine Tradition, Louisville u.a. 2001, 83-90; Die Weisung Jesu und die Treue der Kirche am Beispiel der Frauenordination, in: P. Trummer/J. Pichler (Hg.), Kann die Bergpredigt Berge versetzen? Graz/Wien/Köln 2002, 47-68. Wiederabdruck in: "Wir sind Priesterinnen". Aus aktuellem Anlaß: Die Weihe von Frauen 2002, hg. von W. Ertel und G. Forster, Düsseldorf 2002, 154-176.

Stadtentwicklung als Element der bundesrepublikanischen Gesellschaftsgeschichte

Bernhard Schäfers

Ende des Jahres 2002 wurde durch das Buch „Der Brand. Deutschland im Bombenkrieg 1940-1945“ eine breite öffentliche Diskussion über die Zerstörung der deutschen Städte im Bombenhagel des Zweiten Weltkriegs ausgelöst – für den Autor Jörg Friedrich neben Flucht und Vertreibung aus den Ostgebieten des Reiches „die größte Katastrophe auf deutschem Boden seit dem Dreißigjährigen Krieg“. Auf mehr als tausend Städte und Ortschaften und damit auf ungefähr dreißig Millionen Menschen fielen unvorstellbare Mengen an Spreng- und Brandbomben; etwa eine halbe Million Menschen kam in diesem Inferno um. Städte wie Hamburg oder Köln, Münster oder Würzburg, Darmstadt oder Kassel, Krefeld, Pforzheim und Heilbronn waren in ihren Zentren zu mehr als 80 Prozent zerstört.

1. Die zweifache Stadtzerstörung durch den Nationalsozialismus

Entsprechende Zahlen und Dokumentationen gab es auch vor dem Aufsehen erregenden Werk von Friedrich[1]. Was bei Friedrich aufrüttelte und zu heftigen Kontroversen – auch der Fragen um die moralische Zulässigkeit dieser Stadtzerstörung – führte, war die Dokumentation des Leids Betroffener und des unvorstellbaren Kulturverlusts an historischen Gebäuden und Bibliotheken, Archiven und Museen, aber auch an privaten Beständen des kulturellen Erbes.

Von einer anderen, politisch-ideologischen Form der Stadtzerstörung durch den Nationalsozialismus selbst ist in diesem Zusammenhang kaum die Rede; sie geschah noch in „Friedenszeiten“ und hat nicht die Proteste der so stolzen deutschen Bürgerstädte hervorgerufen, die man erwarten würde: die Zerstörung der Autonomie der Städte und Gemeinden im Jahr 1935. Dies ist deshalb ein gravierendes Ereignis, weil der Selbstverwaltung der Städte in der deutschen Geschichte ein überragender Stellenwert zukam und zukommt.

Nach der „Einebnung“ der städtischen Autonomie im Absolutismus führte die Niederlage Preußens im Jahr 1806 zur Erneuerung der Gemeindeautonomie in der so genannten „Steinschen Städteordnung“ von 1808 – benannt nach ihrem Urheber

1 Vgl. vor allem die Dokumentation von Olaf Groehler (1990) und die Darstellungen von Werner Durth/Niels Gutschow (1988) und Klaus von Beymes (1987) über die Voraussetzungen des deutschen Wiederaufbaus; auch die einzelnen Stadtgeschichten sind eine wichtige Quelle der Kriegszerstörungen, ihrer Folgen und der Formen des Wiederaufbaus).

Karl Reichsherr vom und zum Stein (1757-1831). Aus der einführenden Verlautbarung von König Friedrich Wilhelm III. seien einige Sätze zitiert:

> „Der besonders in neuern Zeiten sichtbar gewordene Mangel an angemessenen Bestimmungen in Absicht des städtischen Gemeinwesens und der Vertretung der Stadt-Gemeinde, das jetzt nach Klassen und Zünften sich theilende Interesse der Bürgerschaft an der Verwaltung des Gemeinwesens, überzeugen Uns von der Nothwendigkeit, den Städten eine selbständigere und bessere Verfassung zu geben, in der Bürgergemeinde einen festen Vereinigungs-Punkt gesetzlich zu bilden, ihnen eine thätige Einwirkung auf die Verwaltung des Gemeinwesens beizulegen und durch die Theilnahme Gemeinsinn zu erregen und zu erhalten" (zit. bei Engeli/Haus 1975: 45).

Mit Änderungen und Variationen in den deutschen Ländern bestand diese Ordnung bis zum Jahr 1935, als mit der „Deutschen Gemeindeordnung" ein Traditionsbruch in der deutschen Stadt- und Gesellschaftsgeschichte vollzogen wurde. Diese neue Ordnung zielte darauf, das Führerprinzip auch in den Gemeinden zur Anwendung zu bringen und den zentralistischen, parteilich gesteuerten Durchgriff von Berlin bis in die entlegenste Provinz zu ermöglichen, entsprechend dem Ideal der nationalsozialistischen Gleichschaltung auf allen Gebieten. An die Stelle länderspezifischer Gemeindeordnungen trat Reichseinheitlichkeit.

2. Der Wiederaufbau nach 1945 von der gemeindlichen Basis aus

Wenn Edgar Salin in einem bekannten Aufsatz über Urbanität schrieb: „Nur über den Stadtbürger führt der Weg zum Staatsbürger" (Salin 1960: 23), so ist dies für das vom Krieg zerstörte Deutschland in mehrfachem, fast ironischen Sinne wahr. Die Staatsgewalt war suspendiert; der Neuaufbau begann von der gemeindlichen Basis her. Die Kommunalordnungen, die ab 1946 in den drei westlichen Besatzungszonen erlassen wurden, stellten die Gemeindeautonomie wieder her.[2]

Ein weiterer Grundgedanke neben dem der Sicherung freiheitlich-bürgerschaftlicher Traditionen kam hinzu: die „Fundamentaldemokratisierung" (mit einem Ausdruck von Karl Mannheim). Im Zusammenhang der pädagogischen Reeducation der deutschen Bevölkerung wurden u.a. Vorstellungen des amerikanischen Pragmatisten und Pädagogen John Dewey (1859-1952) integriert, dass Schule und

2 Hervorzuheben sind die Besonderheiten der von der britischen Militärregierung am 1.4. 1946 für ihr Besatzungsgebiet – die Länder Nordrhein-Westfalen, Niedersachsen und Schleswig-Holstein – erlassenen Ordnung, weil sie sich am britischen Verfassungsrecht orientierte (vgl. Engeli/Haus 1975: 700). Danach sollte der Gemeinderat gestärkt und die Funktion des Oberbürgermeisters auf repräsentative Funktionen beschränkt werden (nach jahrzehntelangen Diskussionen sind alle Länder später von diesen Vorgaben auf je eigenständige Weise abgewichen und haben unterschiedliche Formen der Magistratsverfassung eingeführt).

Gemeinde die Basis für die Einübung demokratischer Grundlagen und Verhaltensweisen sind.

Hinzu kam, dass nur auf der Gemeindeebene einigermaßen funktionstüchtige bürokratische Strukturen bestehen geblieben waren und sich die Alliierten darum bemühten, unbelastete und in der Weimarer Republik bewährte Persönlichkeiten als Bürgermeister und Oberbürgermeister zu gewinnen[3].

In der Sowjetischen Besatzungszone wurde von vornherein ein anderer Weg gewählt, der – wenn auch unter kommunistischen parteilichen Vorzeichen – dem von 1935 glich. Die „Demokratische Gemeindeordnung für die sowjetische Besatzungszone“ vom 14. September 1946 war bestimmt „durch eine von den Sowjets gesicherte Diktatur der ‚Partei der Arbeiterklasse'“ (Engeli/Haus 1975: 701).

In Westdeutschland übernahmen die Länderverfassungen die Bestimmungen zur Gemeindeautonomie, ebenso das im Mai 1949 verabschiedete „Grundgesetz für die Bundesrepublik Deutschland“. In Art. 28 Abs. 2 GG heißt es: „Den Gemeinden muß das Recht gewährleistet sein, alle Angelegenheiten der örtlichen Gemeinschaft im Rahmen der Gesetze in eigener Verantwortung zu regeln.“ Die Aufgaben, die auf die Gemeinden und die zunächst auf Gemeinde- und Länderebene wieder zugelassenen oder neu gegründeten Parteien zukamen, waren unvorstellbar nach Umfang und Dringlichkeit. Nach der Volkszählung vom 29. Oktober 1946 gab es in den drei westlichen Besatzungszonen für 13,7 Millionen Haushalte nur 8,2 Millionen Wohnungen; in der Zeit von 1945 bis 1947 strömten aus den deutschen Ostgebieten etwa zehn Millionen Vertriebene und Flüchtlinge auf das Territorium der vier Besatzungszonen; mehr als drei Millionen Evakuierte warteten noch im Jahr 1947 auf eine Möglichkeit, in ihre Wohnungen bzw. Gemeinden zurückkehren zu können[4].

3. Leitbilder der Stadtentwicklung nach 1945

Die Grundmuster der deutschen Siedlungsstruktur, zumal des Städtesystems, waren seit Ende des Mittelalters weitgehend ausgeprägt. Auf die dann folgenden Phasen städtischer Neugründungen und des Stadtumbaus im Absolutismus folgte seit ca. 1820 eine vom Industrie- und Fabriksystem bestimmte Form der *industriellen Verstädterung*. Ihre Muster und Größenordnungen zeigten seit der Zeit um den Ersten Weltkrieg kaum noch Veränderungen. Lag der Bevölkerungsanteil in den deutschen Großstädten im Jahr 1910 bei 27 Prozent, so betrug er 31,3 Prozent im Jahr 1950 und 32,4 Prozent im Jahr 1970. Auch die Mittelstädte zwischen 50.000 und 100.000 Einwohnern vergrößerten in diesem Zeitraum ihren Anteil an der Gesamtbevölkerung nur unwesentlich (alle Zahlen bezogen auf Westdeutschland).

---

3 So wurde z.B. in Köln Konrad Adenauer wieder in dieses Amt eingesetzt; da er sich in die neue, weitgehend nur repräsentative Rolle nicht einfügen konnte oder wollte, wurde er bereits im Oktober 1946 wieder abgesetzt.

4 Vgl. zu diesen und anderen Zahlen bzw. Problemen des Neuaufbaus von der gemeindlichen Basis aus Schäfers (2002).

3.1. Konstanten der deutschen Siedlungsstruktur

Bereits diese Daten machen deutlich, dass sich die Größenordnungen des deutschen Städtesystems trotz der Zerstörungen nicht verändert hatten. Die bei Kriegsende hier und da angestellten Überlegungen – wie z.B. in Hannover –, die zerstörte Stadt an einem anderen Platz völlig neu aufzubauen, blieben ohne Folgen. Dies lag nicht zuletzt daran, dass die Infrastrukturen, vor allem die unterirdischen, zum großen Teil noch benutzbar waren und dazu beitrugen, sich beim Wiederaufbau auch an den vorgegebenen Straßenrastern zu orientieren.

Die genannten Arbeiten (von Beyme 1987; Durth/Gutschow 1988) zeigen, dass es vor dem totalen Zusammenbruch Deutschlands umfangreiche Wiederaufbaupläne gegeben hat, von denen aber unter völlig veränderten politischen und ökonomischen Voraussetzungen nur wenig realisiert wurde. Erstaunen müssen auch die biografischen Verflechtungen und Karrieren der Architekten und Stadtplaner, die in den letzten Jahre der Weimarer Republik, der Zeit des Nationalsozialismus und dann in den ersten Jahren oder auch Jahrzehnten nach 1945 das Baugeschehen mit bestimmten (vgl. Durth 1986).

3.2. Das Leitbild der „gegliederten und aufgelockerten Stadt"

Das dominante Leitbild für den Wiederaufbau seit Ende der 1940er Jahre war das der „gegliederten und aufgelockerten Stadt"[5]. Überraschen muss aus heutiger Sicht, dass weder die „Charta von Athen", das bekannteste Manifest des Städtebaus im 20. Jahrhundert (vgl. Hilpert 1984) noch die auch in Deutschland seit etwa 1900 so populäre Gartenstadt-Idee von Ebenezer Howard erwähnt wurden. Vergleichbar der „Charta von Athen", insbesondere deren Leitsätze 77 und 78, geht auch das Leitbild der „gegliederten und aufgelockerten Stadt" von einer räumlichen Trennung und damit störungsfreien Lokalisierung der „städtischen Grundfunktionen" Wohnen, Arbeiten, Erholung und Verkehr aus. In Anlehnung an englische bzw. amerikanische Vorstellungen von einer Nachbarschaftseinheit (neighborhood-unit) als grundlegender städtisch-sozialer Siedlungseinheit sollte diese aus ca. 1000 Wohnungen und 4000 Tsd. Einwohnern bestehen. Hinter diesen Zahlen und den weiteren Gliederungen stehen Erfahrungswerte sowohl im Hinblick auf die Auslastung von Infrastruktureinrichtungen der Bildung, des Sports, der Vereinsbildung usw. als auch sozialpsychologische Erkenntnisse, bis zu welcher Größe die Integration in ein Gemeinwesen möglich ist.

Wie schnell die soziale Wirklichkeit über diese Vorstellungen hinwegeilte, erhellt allein aus der unterstellten durchschnittlichen Haushaltsgröße von 4,0 Personen; sie liegt gegenwärtig bei 2,2 Personen und der Anteil von rund 35 Prozent

5 auch wenn es in Buchform erst 1957 publiziert wurde; vgl. den Überblick zu den Leitbildern bei Schäfers/Köhler (1989).

Einpersonen-Haushalten im gesamtdeutschen Durchschnitt (in einzelnen Großstadtbezirken bis zu 70 Prozent) war damals nicht einmal vorstellbar.

Das Werk *Die gegliederte und aufgelockerte Stadt* wurde im gleichen Jahr veröffentlicht, als in Berlin mit dem Hansaviertel, das in den Tiergarten hinein gebaut wurde, das bekannteste Beispiel dieser neuen Form städtebaulicher Planung vorgestellt wurde[6]. Was aber viel wichtiger war: Im Hansaviertel baute die damalige, aus der ganzen Welt stammende Elite der Architekten und verschaffte Deutschland wieder Anschluss an den *Internationalen Stil* (der seine Wurzeln nicht zuletzt in diesem Land hatte). Die Wirkungen dieses Leitbildes sind bis heute umstritten, wenngleich die Wandlungen der Berufs- und Arbeitsstruktur, der Betriebsgrößen und anderer technisch-industrieller Entwicklungen dazu führten, dass die Separierung der städtischen Grundfunktionen sich immer deutlicher durchsetzte.

3.3. Entwicklung des suburbanen Raumes

Die *gegliederte und aufgelockerte Stadt* wurde zum Teil dort verwirklicht, wo sie wohl nicht gedacht war: Vor den Toren der Stadt, im schnell expandierenden suburbanen Raum. Dort entstanden in einer „neuen Gründerphase" (Heil 1974: 181) die Trabanten- und Satellitenstädte, die „Städte am Stadtrand", abfällig auch „Wohnsilos", „Schlafstädte", „Retortenstädte" oder „Ghettos für Grüne Witwen" genannt.

Bei dieser Kritik werden die ökonomischen und sozialpsychologischen Randbedingungen dieser Planung oft übersehen. Für die Mehrzahl der Menschen bedeuteten diese neuen Wohnungen einen bisher nicht gekannten Wohnstandard: mit WC und Bad in der eigenen Wohnung, mit Zentralheizung und oft deutlicher Vergrößerung des bisherigen Wohnraums. Diese neuen Wohneinheiten und suburbanen Räume standen im Zusammenhang mit dem Umbau der Städte zu *Stadtregionen* (mit dem Ausdruck von Olaf Boustedt) und einem Modernisierungsschub von personal, familiär und gesellschaftlich äußerst folgenreicher Auswirkung: der privaten Massenmotorisierung. Im Jahr 1949 gab es nur knapp ein halbe Million Pkw; bis 1960 stieg ihre Zahl auf 4,5 Millionen und verdreifachte sich in nur einem Jahrzehnt auf 13,7 Millionen Der VW/Volkswagen wurde seit Ende der 50er Jahre zum Symbol des „Wohlstands für alle". Die „Verdrängung" aus dem innerstädtischen Wohnraum durch die rasche Ausbreitung der Dienstleistungsgesellschaft konnte dadurch mit dem Wunsch, im Grünen zu wohnen, zeitlich parallel gehen. Schneller als zunächst erwartet, war die industrielle in die *tertiäre Verstädterung* (Mackensen 1974) übergegangen.

Mit der Suburbanisierung der Bevölkerung war die Suburbanisierung von Betrieben des Handwerks, der Automobilbranche und kleinerer Betriebe aus dem Innenstadtbereich eng verknüpft. Es ist heute kaum noch vorstellbar, wie sehr die Innenstädte bis nach 1970 von Autolärm, Abgasen und Belastungen durch die bis

6 Wobei anzumerken ist, dass Le Corbusiers *Unité d'Habitation* wegen ihrer Dimensionen an der Großen Heerstraße, unweit des Olympia-Stadions, erbaut wurde.

dahin immer noch zahlreichen Betriebe und Tankstellen im Innenstadtbereich erfüllt waren. Erst die Einrichtung von Fußgängerzonen und die Suburbanisierung auch von Betrieben wie die nach 1970 einsetzende ökologische Bewegung führten zu Veränderungen.

3.4. Verdichtung, Urbanität und Öffentlichkeit als neue Leitbilder

Gegen die Entwicklung des inneren Stadtumbaus zugunsten breiter Verkehrsadern („freie Fahrt dem freien Bürger") und des Umlandes zu funktions-reduzierten Schlafstädten regte sich seit Ende der 1950er Jahre eine ständig wachsende Kritik.

Edgar Salin brachte auf einer Veranstaltung des Deutschen Städtetages den Begriff *Urbanität* in die Diskussion (1960), der Soziologe Hans Paul Bahrdt 1961 die Kategorie der Öffentlichkeit (vgl. hierzu w.u.). Kritiker der Stadtentwicklung sprachen von „Profitopolis"[7] oder von der *gemordeten Stadt* (Siedler et al. 1964). Die nun einsetzende „Verdichtung", aus der heraus gleichsam wie von selbst Öffentlichkeit und Urbanität entstehen sollten, erwies sich als ein Konzept, das noch weiter in die Irre führte bzw. zeigte, dass sich bestimmte städtische Qualitäten weder beliebig am Reißbrett noch in den Köpfen von Sozialwissenschaftlern entwickeln lassen.

Ein weiteres Buch ist zu nennen, dass in diesen Jahren bei Architekten und Stadtplanern sehr breit rezipiert wurde: Jane Jacobs „Tod und Leben großer amerikanischer Städte" (1963). Dieses 1961 zuerst in den USA veröffentlichte Buch rief auch in Deutschland Horrorvisionen wach im Hinblick auf das, was in den Städten geschah: Entleerung der Innenstädte von Wohnbevölkerung, Verkehrsadern, die intakte Wohnviertel brutal durchschnitten (auch in kleineren Städten wie Esslingen oder Ulm), Entstehung immer größerer Trabanten vor den Toren der Stadt[8].

Da auch sonstige Innovationen mit einer gewissen zeitlichen Verzögerung aus den USA übernommen wurden, war die Befürchtung nicht ganz von der Hand zu weisen, dass den deutschen Städten ein ähnliches Schicksal bevorstand wie den amerikanischen – zumal die Vorstellung, man könne „autogerechte Städte" bauen, noch nicht vom Tisch war.

In dieser sich mehr und mehr zuspitzenden Kritik an der Entwicklung der Stadt bedurfte es nur noch eines einzigen Anstoßes, um aus dem Neubaueifer und der Wachstumseuphorie zu erwachen. Diesen Anstoß gab der Psychologe Alexander Mitscherlich mit seinem „Pamphlet" (wie er es nannte) *Die Unwirtlichkeit unserer Städte. Anstiftung zum Unfrieden* (1965). Der kleine Band in der damals so wichtigen Reihe der *edition suhrkamp* fand eine große Resonanz, was mit dem Renommee des Autors (er war 1969 Träger des Friedenspreises des Deutschen Buchhandels) ebenso zusammenhing wie mit der wachsenden Kritikbereitschaft im unmittelbaren

---

7 So der Titel einer resonanzreichen Ausstellung, deren Konzept und Katalog von Josef Lehmbrock und Wend Fischer stammten.

8 München-Perlach; das Märkische Viertel in Berlin mit einzigartigen Gigantomanien: einem Wohnblick von 400m Länge, was europäischen Rekord bedeutete.

zeitlichen Vorraum der Studentenbewegung. Mitscherlich wandte sich gegen die „bornierte Profitgier“ und die beliebige Spekulation mit Boden und Bodenbesitz[9]. Mitscherlichs Kritik ließ auch dadurch aufhorchen, dass er den Zusammenhang zwischen gebauter Umwelt und wachsenden sozialen und psychischen Problemen herausstellte.

In der 1967 voll ausbrechenden Studentenrevolte mit ihren Forderungen nach „Fundamentaldemokratisierung“ (Mannheim), Partizipation und Mitbestimmung in allen Gesellschaftsbereichen spielte die Kritik an der gebauten Umwelt eine große Rolle. Hier ließen sich die Zusammenhänge von profitorientierter Kapitalverwertung und unberücksichtigten menschlichen und psychischen Bedürfnissen besonders gut veranschaulichen. Heide Berndt, Schülerin von Mitscherlich und Theodor W. Adorno, kritisierte das nach ihrem Urteil überwiegend konservative „Gesellschaftsbild bei Stadtplanern“ (1968) und veröffentlichte im gleichen Jahr mit anderen Mitscherlich-Schülern (ebenfalls in der *edition suhrkamp)* eine Ideologie-Kritik des funktionalistischen Städtebaus (Berndt/Lorenzer/Horn 1968). Die „eindimensionale“ funktionalistische Architektur führe zur „Eindimensionalität des Menschen“[10], so lautete bei Berndt ein Kritikpunkt.

3.5. Maßstabsvergrößerung, Sanierung und innerer Stadtumbau

Die entstehenden Stadtregionen als neue sozio-ökonomische Einheiten fassten zwar begrifflich die engen wirtschaftlichen und sozialen Verflechtungen eines „Verdichtungsraumes“ zusammen, waren aber mit dem Verwaltungsraum immer weniger in Übereinstimmung. Hier und in der überaus großen Zahl sehr kleiner Gemeinden lagen die wichtigsten Gründe, ab Ende der 60er Jahre eine „Maßstabsvergrößerung“ der Gemeinden und Verwaltungen in die Wege zu leiten. In nur wenigen Jahren wurde die Gesamtzahl der Gemeinden von 24 282 auf 8 502 reduziert – eine heute kaum noch vorstellbare Leistung. Ebenso wenig ist vorstellbar, dass bis dahin mehr als 10.000 Gemeinden weniger als 500 Einwohner und mehr als 20.000 Gemeinden weniger als 2.000 Einwohner hatten. Es ging also auch um die Glaubwürdigkeit der Selbstverwaltungsgarantie von Art. 28 GG.

Den größeren Städten brachte diese gemeindliche Gebietsreform zumeist einen integralen, die Stadtregion nunmehr – zumindest zum Teil – umfassenden Planungsraum; die kleineren Gemeinden ließen sich – oft nach hartem Ringen – ihre Zustimmung zur Eingemeindung mit Schwimmbädern, Turnhallen und Gemeindezentren „honorieren“[11].

---

9 die in der Tat an den Bestimmungen der Art. 14 und 15 GG in eklatanter Weise vorbeigingen – und es immer noch tun.

10 In Aufnahme eines für die Studentenbewegung wichtigen Buches von Herbert Marcuse (1967).

11 Vgl. zu diesem Prozess, der das Partizipationsniveau in der westdeutschen Bevölkerung nachhaltig anhob, Schäfers (1970).

Auch für den inneren Stadtumbau wurden seit Beginn der 70er Jahre erhebliche Anstrengungen unternommen. Die Sanierungen vieler kleiner, mittlerer, aber auch größerer Stadtzentren gerieten oft mustergültig und zeigten eine Revitalisierung der Städte und des urbanen Lebens. Erhalten, Bewahren, behutsamer Umbau und Rückbau wurden seit Mitte der 70er Jahre zu Zielen der Stadtentwicklung. Hiermit verbunden waren Aufgaben, die mit verschiedenen Bundes- und Landesprogrammen gefördert wurden: Verbesserung des Wohnumfeldes, Zentrumsentwicklung und Stärkung der Autonomie der Stadtteile; Freiflächenplanung, Verkehrsberuhigung und Rückgewinnung innerstädtischen Wohnens. Dass es hierbei auch wieder zu Überzeichnungen kam und bestimmte Idyllisierungen und Talmisierungen, z.B. durch zuviel Grün am falschen Platz, des innerstädtischen öffentlichen Raumes und historischen Zentrums neue Kritik hervorriefen, änderte nichts an der Richtigkeit des nunmehr eingeschlagenen Weges.

4. Die neuerliche Entdeckung der kulturellen Stadt

Im Jahr 1971 warnte der renommierte Ökonom und Sozialkritiker John Kenneth Galbraith in einem Referat vor dem Deutschen Städtetag in München – ein Jahr vor der dortigen Olympiade – vor den Fehlentwicklungen der rein „ökonomischen Stadt" (vgl. Sauberzweig 1986: 7). Im gleichen Jahr wurde das Städtebauförderungsgesetz verabschiedet und trugen eine Reihe sozialer und kultureller Bewegungen dazu bei, den Städten ihre Kulturdimension neu zu erschließen. Das ist schon deshalb überraschend oder auch befremdlich, weil der Zusammenhang von Stadt und Kultur zu den Gründungsvoraussetzungen und Entwicklungsbedingungen von Stadt überhaupt gehört (Schäfers 1988).

Der Deutsche Städtetag legte 1973 eine Schrift vor mit dem Titel „Wege zur menschlichen Stadt"; hierin wurde die kulturelle Qualität der Städte deutlich hervorgehoben, zumal in der programmatischen Stellungnahme: „Bildung und Kultur als Element der Stadtentwicklung".

Hier wurde nicht nur für die Erweiterung des traditionalen (deutschen) Kulturbegriffs plädiert, sondern es wurden auch jene Dimensionen der Stadtkultur angesprochen, die seither in Theorie und Praxis sowohl das Bild der Stadt wie die Dimensionen über Stadt und Kultur bestimmen (vgl. von Beyme 1988; Schäfers 1988).

Der Deutsche Städtetag mit seinen Initiativen und Schriften seit Anfang der 70er Jahre, aber auch einzelne kommunale Kulturpolitiker, von denen nur Hermann Glaser in Nürnberg und Hilmar Hoffmann in Frankfurt genannt seien (zumal beide auch durch zahlreiche Aufsätze und Bücher auf die Stadtkultur-Diskussion erheblichen Einfluss hatten), haben große Verdienste, die Zusammenhänge von Stadt und Kultur durch neue Impulse unter veränderten sozialen und ökonomischen Bedingungen zu beleben. Die Diskussionen und Entwicklungen können wie folgt zusammengefasst werden:

- Rückgewinnung einer „kulturellen Topographie“. Hierunter ist die architektonische und stadtplanerische Rückbesinnung auf diejenigen Elemente der Stadtstruktur und Stadtkultur zu verstehen, die überhaupt erst den Rahmen abgeben für Urbanität und alle Formen und Verhaltensweisen, die man ursprünglich als „kultiviert“ bezeichnete. Hierzu gehören auch seit Beginn der 70er Jahre die Bemühungen um den Erhalt historisch wertvoller Bausubstanz als Basis der Stadtkultur.
- Neben die traditionellen Einrichtungen der „repräsentativen Stadtkultur“ wie Theater und Museen, Bibliotheken und Orchester, Musikschulen und Volksbildungsstätten traten seit Ende der 60er Jahre neue kulturelle Einrichtungen wie Bürgerhäuser, neue Formen des Kinos und des Kinder- und Jugendtheaters, Kulturläden, Geschichtsvereine und die „kulturpädagogischen Dienste“, z.B. in Museen und Theatern (vgl. Mörth/Rausch 1986).
- Bedeutende Museumsneubauten in vielen Städten, mit denen sich neue Museumskonzepte – über den eigentlichen Ausstellungszweck hinausgehend – verbanden. Hervorzuheben sind die spektakuläre Neue Stuttgarter Staatsgalerie des schottischen Architekten James Stirling im Stil der Postmoderne; das Museum von Hans Hollein auf dem Abteiberg in Mönchengladbach; das Museum für Kunstgewerbe in Frankfurt/M. von Richard Meier im Stil der „Weißen Moderne“ und ebenfalls in Franfurt das Architekturmuseum von Oswald M. Ungers; die Neue Pinakothek in München (von Branca) und viele Museen mehr, die Deutschland zu einer der reichsten Museums-Landschaften überhaupt machen.

Die Differenzierung und Intensivierung der Stadtkultur führte auch zu der Frage nach ihrem verfassungsrechtlichen Rahmen und Auftrag. So wurde hervorgehoben, dass die Gemeinden einen eindeutigen Kulturauftrag hätten, der Teil ihrer kommunalen Selbstverwaltungsgarantie sei (Häberle 1979). Die gegenwärtigen Entwicklungen, die durch äußerst knappe Finanzmittel und drastische Sparhaushalte bei den Kulturausgaben gekennzeichnet sind, rühren also an die Grundlagen der autonomen Stadt. Einiges wird aufgefangen durch einen wachen Bürgergeist und großes privates Engagement, aber nicht alle Einrichtungen lassen sich auf Dauer hierdurch am Leben erhalten. Auf andere problematische Entwicklungen, z.B. die sich kommerzialisierende Stadtkultur, wird im abschließenden Punkt eingegangen.

5. Öffentlichkeit und öffentlicher Raum im Wandel

Um 1960 kam die Kategorie der Öffentlichkeit neu in die Diskussion um Struktur und Entwicklung der Städte und Gemeinden. Hans Paul Bahrdt veröffentlichte 1961 seine „soziologischen Überlegungen zum Städtebau“ und zeigte die Relevanz des Gegensatzpaares von Privatheit und Öffentlichkeit; Jürgen Habermas veröffentlichte 1962 seine Schrift „Strukturwandel der Öffentlichkeit“. Beide Arbeiten hatten für die städtebauliche und stadtpolitische Diskussion einen bis heute nachweisbaren Stellenwert.

Der Begriff Öffentlichkeit ist nicht nur ein Zentralbegriff der Aufklärung und der sich herausbildenden bürgerlich-demokratischen Gesellschaft, sondern auch der Stadtkultur seit ihren ersten, für unseren Kulturkreis wichtigen Anfängen in der griechisch-römischen Antike. Städtebaulich standen die griechische Agora, das römische Forum und der mittelalterliche Markt im Mittelpunkt der Entwicklung, später ergänzt durch eine Vielzahl an öffentlichen Plätzen und öffentlichen Räumen wie Corso und Boulevard, die Passagen und heute die Malls). Der öffentliche Raum, so hat es der Philosoph Hans Blumenberg (1920-1996) ausgedrückt, ist unentbehrlich, weil in ihm die „Ubiquität des Menschlichen zur Sprache" komme. Und der Stadtplaner Thomas Sieverts sagte in einem Beitrag über „Die Gestaltung des öffentlichen Raumes", dass dieser „das Grundgesetz der Stadt" sei und deren Würde verkörpere. Das ist so formuliert, als ginge es um eine grundgesetzliche Verankerung von städtischer Öffentlichkeit als Grundelement bürgerlicher Freiheit.

Erst mit dem Zusammenbruch der sozialistischen Systeme um 1990 wurden auch bestimmte Entwicklungen des sozialistischen Städtebaus gestoppt. Das anti-urbane, anti-bürgerliche und ideologisch-demonstrative dieses Städtebaus war auch in der DDR bis auf wenige Ausnahmen überall erfahrbar. Die Schaffung großer innerstädtischer Plätze war nicht unter Voraussetzungen einer bürgerlich-liberalen Öffentlichkeit und Stadtgesellschaft erfolgt, sondern vor allem für Versammlungen von Brigaden und für Kollektive dieser oder jener Art Gravierend war und ist die Umgestaltung des Berliner Schlossplatzes in ein gigantisches Areal für Aufmärsche – städtebaulich eine nur schwer zu schließende Wunde.

Öffentlichkeit, zumal in Stadträumen, setzt nicht nur eine ganz spezifisch gebaute Umwelt voraus, sondern auch Mithandelnde, die sich im Sinne einer Kultur der Öffentlichkeit verhalten können und wollen. Öffentliches Verhalten bzw. Verhalten im öffentlichen Raum unterscheidet sich von typischen Verhaltensmustern in privaten und gemeinschaftlichen, gruppenspezifischen und institutionellen Zusammenhängen. Hierauf machte vor allem die genannte Schrift von Bahrdt aufmerksam. Er definierte eine Stadt als urban, in der das Spannungsverhältnis von privat und öffentlich städtebaulich deutlich ausgeprägt sei und die Individuen in der Lage seien, sich im Sinne einer „Kultur der Öffentlichkeit" zu verhalten. Öffentlichkeit ist ein Forum, auf dem Einheimische und Fremde einer pluralisierten Stadtgesellschaft sich selbst begegnen und sich durch „darstellendes" Verhalten „repräsentieren".

Hier zeigen sich jedoch Entwicklungen, die zu einer Gefährdung dieser spezifischen Verhaltensqualitäten und damit letztlich des öffentlichen Raumes selbst führen können. Richard Sennett sprach von der „Tyrannei der Intimität" (1977/1983), vom „Verfall und Ende des öffentlichen Lebens". Das sind Überzeichnungen, aber vielleicht auch hilfreiche Warnungen, denn in der Tat sind bestimmte „Privatisierungen" des öffentlichen Raumes kaum zu übersehen. Als verursachend müssen Veränderungen des Verhaltens in den Familien, wie z.B. Tischsitten und die allgemeinen Essgewohnheiten, angesehen werden. Die an Wochentagen – und vielfach auch an Sonntagen – immer selteneren gemeinsamen Mahlzeiten, aber auch der Abbau von Kantinen in Betrieben, Banken, Versicherungen und die gewerblichen Aktivitäten von immer mehr Angehörigen europäischer und anderer Kulturen zumal im Innenstadtbereich führten dazu, dass große Teile des öffentlichen Raumes zu einem „multikulturellen Essraum" umgestaltet wurden. Die verbreitete Nutzung von Walkman und Handy hatte auch zur Folge, im öffentlichen oder halb-öffentlichen Raum (Straßenbahn oder Eisenbahnabteil) den anderen erst gar nicht wahrzunehmen und diese Räume privatistisch zu intimisieren, wobei die Schamgrenzen für hörbar Mitgeteiltes deutlich gesunken sind. Zumindest hier scheint der „Prozess der Zivilisation" (Norbert Elias) zu einem Stillstand gekommen zu sein.

Andere Fehlentwicklungen führten zur „Schließung" öffentlicher Räume durch dort dominante Gruppen dieser und jener „Ethnien" („ur-deutsche" eingeschlossen) oder jugendlichen Subkulturen. Hier haben die Städte allen Grund, wachsam zu sein und sich die Basis ihrer Öffentlichkeit und Stadtkultur nicht zerstören zu lassen (vgl. zu Gegenmaßnahmen in einzelnen Städten Schubert 2000). Zum Offenhalten städtischer Räume gehört auch, dass sie angstfrei genutzt und passiert werden können. Hier gibt es Entwicklungen, bei denen nicht rechtzeitig gegengesteuert wurde[12]. Die nun mehr und mehr eingerichteten Video-Überwachungen öffentlicher Räume sind keine Abhilfe. Im Gegenteil: Sie zerstören das Element der von den Bürgern selbst wahrzunehmenden sozialen Kontrolle des öffentlichen Raumes und stärken letztlich staatlich kontrollierte Überwachungen. Die Okkupation des öffentlichen Raumes durch die beiden totalitären Gesellschaftssysteme auf deutschem Boden im 20. Jahrhundert ist eine Warnung. Die Okkupation beginnt typischerweise mit der Umbenennung von Plätzen und Straßen. Der öffentliche Raum sollte auch nicht für exzessive Kommerzialisierungen zur Verfügung stehen; so sind einige attraktive Mark- oder Innenstadtplätze fast das ganze Jahr über „vermietet". Der öffentliche Stadtraum ist eine conditio sine qua non einer freiheitlich-liberalen Gesellschaft. Dies bewusst zu halten, ist auch eine Aufgabe kritischer Sozialwissenschaft.

6. Schlussbemerkung

Stadtentwicklung bzw. die Entwicklung der gemeindlichen Lebensverhältnisse und Lebenszusammenhänge ist für die Menschen der sichtbarste und täglich erfahrbare Spiegel der gesellschaftlichen Entwicklung in ökonomischer und sozialer, kultureller und ästhetischer Hinsicht. Die Randbedingungen sozialstruktureller Art i.e.S. wurden bei der Darstellung aus Platzgründen weitgehend ausgespart. Entsprechend dem Anlass dieser Ausführungen ist das vor allem im Hinblick auf ein zentrales Arbeitsgebiet Rainer Geißlers zu bedauern: die Entwicklung der Formen sozialer Ungleichheit im Bereich des Wohnens und damit einem Grundelement sowohl der individuellen als auch der Stadt- und der Gesellschaftsentwicklung.

12 Sonst wäre der „Erfolg" einer bestimmten Partei in Hamburg nicht möglich gewesen.

Literatur

Bahrdt, Hans Paul (1998): Die moderne Großstadt. Soziologische Überlegungen zum Städtebau. Opladen.

Beiträge zum Problem der Suburbanisierung (1975): Forschungs- und Sitzungsberichte der Akademie für Raumforschung und Landesplanung. Bd. 102. Hannover.

Berndt, Heide (1965): Das Gesellschaftsbild bei Stadtplanern. Frankfurt a.M.

Berndt, Heide/Lorenzer, Alfred/Horn, Klaus (1968): Architektur als Ideologie. Frankfurt a.M.

Beyme, Klaus von (1987): Der Wiederaufbau. Architektur und Städtebaupolitik in beiden deutschen Staaten. München/Zürich.

Beyme, Klaus von (1988): Was kann Stadtkultur in Deutschland heißen? In: Werk und Zeit. I/1988, S. 6ff.

Durth, Werner (1977): Die Inszenierung der Alltagswelt. Zur Kritik der Stadtgestaltung. Braunschweig.

Durth, Werner/Gutschow, Niels (1988): Träume in Trümmern. Planungen zum Wiederaufbau zerstörter Städte im Westen Deutschlands 1940-1950. Braunschweig.

Engeli, Christian/Haus, Wolfgang (Hrsg.) (1975): Quellen zum modernen Gemeindeverfassungsrecht in Deutschland. Stuttgart u.a.

Friedrich, Jörg (2002): Der Brand. Deutschland im Bombenkrieg 1940-1945. München.

Groehler, Olaf (1990): Bombenkrieg gegen Deutschland. Berlin (Ost).

Habermas, Jürgen (1962): Strukturwandel der Öffentlichkeit. Untersuchungen zu einer Kategorie der bürgerlichen Gesellschaft. Berlin.

Häberle, Peter (1979): Kulturpolitik in der Stadt – ein Verfassungsauftrag. Heidelberg/Hamburg/Karlsruhe.

Heil, Karolus (1974): Neue Wohnquartiere am Stadtrand. In: Pehnt, Wolfgang (Hrsg.) (1974): Die Stadt in der Bundesrepublik. Stuttgart. S. 181-201.

Hilpert, Thilo (Hrsg.) (1988): Le Corbusiers „Charta von Athen“. Texte und Dokumente. Kritische Neuausgabe. 2. Aufl. Braunschweig/Wiesbaden.

Jacobs, Jane (1963): Tod und Leben großer amerikanischer Städte, Frankfurt/Berlin.

Mackensen, Rainer (1974): Städte in der Statistik. In: Pehnt, Wolfgang (Hrsg.) (1974): Die Stadt in der Bundesrepublik. Stuttgart. S. 129-165.

Mitscherlich, Alexander (1965): Die Unwirtlichkeit unserer Städte. Anstiftung zum Unfrieden. Frankfurt a.M.

Mitscherlich, Alexander (1969): Sozialpsychologischer Anmerkungen zum Bauvorhaben Heidelberg-Emmertsgrund. In: Architekturwettbewerbe 59. S. 28-32.

Mörth, Ingo/Rausch, Wilhelm (Hrsg.) (1986): Kultur im Lebensraum Stadt. Linz.

Pehnt, Wolfgang (Hrsg.) (1974): Die Stadt in der Bundesrepublik. Stuttgart.

Salin, Edgar (1960): Urbanität. In: Erneuerung unserer Städte. Vorträge und Aussprachen der 11. Hauptversammlung des Deutschen Städtetages. Augsburg/Stuttgart/Köln.

Sauberzweig, Dieter (1986): Kultur und Urbanität. In: Archiv für Kommunalwissenschaften. 25. Jg. S.1-23.

Schäfers, Bernhard (1970): Planung und Öffentlichkeit. Drei soziologische Fallstudien: Kommunale Neugliederung, Flurbereinigung, Bauleitplanung. Düsseldorf.

Schäfers, Bernhard (1988): Stadt und Kultur. In: Friedrichs, Jürgen (Hrsg.): Soziologische Stadtforschung. SH 29 der Kölner Zeitschrift für Soziologie und Sozialpsychologie. Opladen. S. 94-110

Schäfers, Bernhard/Köhler, Gabriele (1989): Leitbilder der Stadtentwicklung. Wandel und jeztige Bedeutung im Expertenurteil. Pfaffenweiler.

Schäfers, Bernhard (1998): Sozialstruktur und sozialer Wandel in Deutschland. Stuttgart.

Schubert, Herbert (2000): Städtischer Raum und Verhalten. Zu einer integrierten Theorie des Öffentlichen Raumes. Opladen.

Sennett, Richard (1983): Verfall und Ende des öffentlichen Lebens. Die Tyrannei der Intimität. Frankfurt a.M./New York.

Der Autor

Bernhard Schäfers, o. Prof., Dr. sc.pol., Dipl.-Soz., (*1939), seit 1983 Ordinarius für Soziologie und Leiter des Instituts für Soziologie an der Universität Karlsruhe (TH). Studium der Soziologie, der Rechts- und Staatswissenschaften an den Universitäten Münster und Wien 1960-1965; 1970 Habilitation für Soziologie. 1991/92 Vorsitzender der Deutschen Gesellschaft für Soziologie. Mitglied der Deutschen Akademie für Städtebau und Landesplanung.

Jüngere Publikationen: Politischer Atlas Deutschland, 2. Aufl. Bonn 1998 (auch engl. und frz.); Sozialstruktur und sozialer Wandel in Deutschland, 7. verb. Aufl. Stuttgart 2002 (UTB); Soziologie des Jugendalters. Eine Einführung, 7. verb. Aufl. Opladen 2001 (UTB); Hg., zs. mit Hermann Korte: Grundkurs Soziologie, vier Bde., Opladen 1992 ff. (alle Bde. in aktualisierten Aufl.); Hg., zs. mit Wolfgang Zapf, Handwörterbuch zur Gesellschaft Deutschlands, 2. verb. Aufl. Opladen 2001; Hg., Grundbegriffe der Soziologie, 8. verb. Aufl. Opladen 2002 (UTB); Hg., zs. mit Michael Kißener, „Weitertragen". Studien zur Weißen Rose, Konstanz 2001.

Strukturwandel in Oberhausen und Lebenschancen für Frauen

Norbert Marißen

Die Lebenschancen von Frauen im Jahr 2001 in Oberhausen werden in diesem Aufsatz erörtert. Dabei geht es um die Wahrnehmung von Modernisierung weiblicher Lebenslagen in einer jungen Großstadt, die sich aus ihrer von Schwerindustrie geprägten Entstehungsgeschichte löst. In welchem Ausmaß gelingt die Überwindung der traditionellen Frauenrolle und die Etablierung eines partnerschaftlichen Familienleitbildes in einer von Männern geschaffenen industriellen Welt?

Um den Erfolg oder Misserfolg dieses Prozesses verständlich zu machen, sind Rückblicke auf die Anfänge der Stadt in der Mitte des 19. Jahrhunderts notwendig, dabei geht es stets auch um Frauenerwerbstätigkeit. Die traditionelle Familienorientierung mit der Entscheidung für die Hausfrauenrolle war gleichbedeutend mit ökonomischer Abhängigkeit und beinhaltete ein ungleiches Machtverhältnis zum Mann. Diese Orientierung war nicht nur im Ruhrgebiet, aber dort besonders verbindlich; es gab kaum Alternativen.

Mit dem Abbau der schwerindustriellen Wirtschaftsstruktur verbesserten sich die Erwerbsmöglichkeiten für Frauen. Die parallel dazu erreichte gesetzliche Gleichstellung der Frau in der Ehe bot ihr die Chance, sich aus weiblicher Unterordnung im Geschlechterverhältnis zu befreien, die ihren Ausdruck in männlicher Bevormundung und manchmal auch in Misshandlung fand. Ob und wie weit Frauen in Oberhausen diese Chance bis zum Jahr 2001 genutzt haben, soll empirisch geprüft und bewertet werden.

1. Am Anfang waren Kohle und Stahl: Von der Heidelandschaft zur Industrieregion

Die Anfänge der Eisenverarbeitung lagen in Oberhausen bereits im 18. Jahrhundert, dennoch veränderte sich die Landschaft erst nach 1840 und zunächst langsam zu einer Industrieregion. Bis dahin blieb die Gegend ökonomisch wenig reizvoll, 70 Prozent des Bodens bestand aus einer den Dorfgemeinschaften gehörenden Schafsweide (Allmende), Bäume und Sträucher des Ödlandes wurden als Feuerholz gebraucht. Auf dem Gebiet des ursprünglichen Oberhausens lebten um 1800 ca. 200 Menschen.

Der Bau der Köln-Mindener Eisenbahnstrecke um 1845 leitete eine Entwicklung ein, die die Region innerhalb weniger Jahrzehnte grundlegend veränderte. Der naturbelassene und menschenleere Landschaftscharakter wurde abgelöst von einem

Zustand industriell verursachter Umweltzerstörung, in dem Menschenmassen einen neuen Platz zum Leben suchten. Erst gegen 1914 fand das Megawachstum ein Ende und man ging daran, das neu Geschaffene zu ordnen.

Statistiken und markante Ereignisse können die Entwicklung nur an der Oberfläche beschreiben, sollen hier trotzdem kurz genannt werden. Der bereits seit 1790 existierenden Eisenindustrie folgte 1853 die erste Zeche, anschließend kamen eine Vielzahl von Zechen, Hüttenbetrieben, Walzwerken, Chemieanlagen, Gießereien und Schmieden hinzu. Beherrschend dabei war die Gutehoffnungshütte (GHH), die sich zu einem vertikalen Konzern entwickelte und 1914 30.000 Menschen beschäftigte.

Bei der Gemeindegründung Oberhausens 1862 lebten bereits 5.600 Menschen dort, bis zum Zeitpunkt der Verleihung der Stadtrechte 1874 wuchs die Zahl auf 15.000, zur Jahrhundertwende waren es 42.200 und bei Kriegsausbruch 1914 97.400 Menschen. Rein rechnerisch hat sich von 1862 bis 1914 die Bevölkerung alle dreizehn Jahre verdoppelt. Allein die Entstehungsgeschichte der Stadt macht deutlich, dass das Leben dort anders aussah als in einer „normalen“ Stadt. Alteingesessene Städter gab es im Grunde nicht, um 1900 waren nur 35 Prozent der Einwohner gebürtige Oberhausener. Die extreme Wohnungsnot führte zur permanenten Suche nach besserem Wohnraum mit der Folge einer sehr hohen Binnenwanderung, phasenweise kam es jahresdurchschnittlich zu zwei Umzügen pro Person (nur die melderechtlich nachweisbaren Umzüge).

Während die Menschen bis 1870 aus der näheren Umgebung ins Ruhrgebiet und so auch nach Oberhausen wanderten, vergrößerten sich danach die Einzugsgebiete. Der hohe Arbeitskräftebedarf veranlasste die Unternehmen, gezielte Anwerbeaktionen in den Ostgebieten des Reichs durchzuführen, auch aus dem Ausland strömten Arbeitskräfte an die Emscher. Menschen unterschiedlicher Sprachen und Dialekte, religiöser Vorstellungswelten und Lebensformen mussten auf engsten Raum miteinander auskommen. „Ein hohes Maß derartiger Irritationen gehörte zur täglichen Erfahrung, verlangte viel Gleichgültigkeit oder Toleranz.“ (Reif: 68) Der Beruf der Angeworbenen in den Zechen , Stahl- und Walzwerken war meist von schwerer und sehr gefährlicher körperlicher Arbeit geprägt, nach einem sehr langen Arbeitstag gab es fast keine privaten Rückzugsmöglichkeiten. Da Eltern oder Familie meistens fehlten, war ein Auftanken in der Geborgenheit des Privaten nicht möglich.

Die entstehende Schwerindustrie benötigte für ihr Wachstum junge und kräftige Männer, denen sie im Vergleich zu anderen Branchen überdurchschnittliche Verdienstmöglichkeiten anbot. Der starke Zustrom der meist ledigen Männer verschob die Geschlechterproportionen in Oberhausen deutlich. Die Frauen kamen 1871 auf einen Bevölkerungsanteil von nur 41 Prozent. Eher selten holten die Männer Frauen aus der alten Heimat nach. Der hohe Männerüberschuss bewirkte sehr schnell einen Nachzug von ledigen Frauen aus den angrenzenden Regionen des Ruhrgebiets. Etwas vereinfacht lässt sich zusammenfassen, dass für Männer die Fernwanderung und für Frauen die Nahwanderung typisch war. Für fast alle Frauen, aber auch für viele Männer bedeutete die Einwanderung in das Ruhrgebiet eine Wanderung aus dem

Ledigenstand in den Ehestand. „Sitzenzubleiben" bedeutete für Frauen oft eine Diskriminierung bis zur Existenzbedrohung.

Von dem Versorgungsgedanken getrieben, wartete auf die „neuen" Arbeiterfrauen ein hartes und karges Leben, die Arbeiterehe besaß den Charakter einer Not- und Überlebensgemeinschaft. Das Leben der Frauen war geprägt von einer doppelten Bedrückung: einmal durch die proletarische Existenz und zum anderen durch das im Vergleich zum Bürgertum viel stärker ausgeprägte patriarchalische Rollenbild der Arbeiter. Eigenschaften der proletarischen Existenz waren die miserablen Wohnbedingungen und die hohe Kinderzahl. Zu den Pflichten der Frauen gehörte neben der Versorgung der Kinder und des Haushalts auch die Bestellung des Pachtlandes und die Kleinviehhaltung. Alles machten die Frauen nach Möglichkeit selbst: Nahrungsmittel ernten, Gartenprodukte haltbar machen, Kleidung nähen, Brot backen, Vieh schlachten und verwerten. Zum Nebenverdienst wurde häufig eine Schlafstelle an einen „Kostgänger" untervermietet, den sie zusätzlich versorgen mussten.

Die Beziehung zum Ehemann war ausgesprochen patriarchalisch. Er war, wie auch in anderen sozialen Schichten, der „Herr im Haus" und setzte gerade in der Arbeiterschaft seinen Willen oft grob mit physischer Gewalt durch. Ein partnerschaftliches Miteinander existierte nicht. Frauen wurden vielfach entwürdigt zum Arbeitstier und Sexualobjekt. Sprachlosigkeit zwischen den Eheleuten war oft anzutreffen.

Der chronische Frauenmangel bestand in Oberhausen bis zum Ersten Weltkrieg fort. Der Frauenanteil erreichte 1914 inzwischen einen Anteil von 47 Prozent, aber im heiratswilligen Alter zwischen 20 und 35 Jahren kamen weiterhin auf zwei Männer nur eine Frau. Selbst bis zum Zweiten Weltkrieg gelang es nicht, den Frauenmangel zu beseitigen, erst 1950 stimmte die Frauenquote an der Bevölkerung in Oberhausen mit der des Bundesgebietes überein.

Um 1900 zählten vier von fünf Erwerbspersonen zum Arbeiterstand, zum alten Mittelstand gehörten lediglich 6 Prozent und der neue Mittelstand von Beamten und Angestellten stellte 15 Prozent. Entwicklungsbedingt war die Bevölkerungsstruktur der Stadt stark unterschichtenlastig. Für die Frauenerwerbstätigkeit bestanden insgesamt ungünstige Rahmenbedingungen. Die städtische Wirtschaft war völlig auf die Schwerindustrie ausgerichtet, dort fanden Frauen grundsätzlich keine Beschäftigung. Eine Mittelschicht war nur rudimentär ausgebildet, Handel und Handwerk führten ein Schattendasein. Dort aber hätten Frauen allein Arbeit, wie sie damals für Ungelernte angeboten wurden (Wäscherinnen, Haushälterinnen oder Verkäuferinnen), finden können. In der schon stärker verbürgerlichten Hellwegzone lag 1907 der Erwerbstätigenanteil der Frauen bei knapp 15 Prozent. Der Frauenanteil dürfte in der Emscherzone, zu der auch Oberhausen gehört, deutlich darunter gelegen haben.

Der Erste Weltkrieg unterbrach die stürmische Entwicklung des Ruhrgebiets, sie wurde nach 1918 nicht wieder aufgenommen. Markant ist die Tatsache, dass kein weiterer Zuwanderungsgewinn verbucht werden konnte, die Bevölkerung wuchs zwar weiterhin leicht, Ursache war jetzt aber ausschließlich der Geburtenüberschuss. Unter Einfluss der Wirtschaftsblüte der 20er Jahre normalisierten sich die Verhältnisse im Ruhrgebiet. Wesentlich war der Ausbau der unterentwickelten Mittelschicht, hinzukommende hohe Beamtenpositionen in der wachsenden öffentlichen Verwaltung und Freiberufler bildeten eine kleine Oberschicht. Weitere Merkmale der Normalisierung waren eine entspanntere Wohnraumversorgung, sinkende Kinderzahlen, weitere Steigerung der Frauenquote an der Bevölkerung und der Frauenerwerbstätigkeit. Die wirtschaftlichen Zwänge des Ersten Weltkrieges erhöhten die Frauenerwerbstätigkeit merklich, ihr Anteil wuchs in der Hellwegzone fast um die Hälfte an. Nach Ende des Krieges sank der Anteil trotz zurückkehrender Soldaten nicht wieder ab, weil einerseits der expandierende Mittelstand Arbeit im Dienstleistungsbereich schaffte, andererseits neue Berufszweige wie Sekretärinnen oder Telefonistinnen in den großen Betrieben und der öffentlichen Verwaltung die Nachfrage nach erwerbstätigen Frauen steigerte. Im Jahr 1925 betrug der Anteil der Frauen an den Beschäftigten in der Hellwegzone 21 Prozent.

Spätestens seit der Mitte der zwanziger Jahre hatte sich das „klassische" Ruhrgebiet voll ausgebildet und bestand in dieser Form bis in die sechziger Jahre. Veränderungen in der Wirtschafts- und Erwerbsstruktur, der sozialen Schichtung und dem Alltagsleben lassen sich kaum mehr beobachten. „Die ruhrindustrielle Klassengesellschaft wies in der ersten Hälfte des 20. Jahrhunderts strukturelle Stabilität auf." (Tenfelde: 175)

Noch immer begegnet man außerhalb des Ruhrgebiets Bildern vom Land zwischen Ruhr und Lippe, die der Zeit zwischen 1920 und 1960 entspringen und die noch heute für typisch gehalten werden. Man hat sie offenbar lieb gewonnen, die aneinander gereihten Hochöfen, eingewickelt in ein düster-braunes Stahlgeflecht, die Schornsteine, aus denen unablässig weißer Rauch aufsteigt, die Güterbahngleise, über die nicht enden wollende Kohlenzüge rattern oder die Fördertürme, an denen sich die unablässig Seilräder drehen. Heute muss man sich gut auskennen, um noch ein solches Panorama zu finden.

2. Ein Gigant löst sich auf: Der Rückzug der Montanindustrie

Als ein Zentrum der deutschen Schwerindustrie war das Ruhrgebiet im Zweiten Weltkrieg besonders starken alliierten Luftangriffen ausgesetzt. Von der Zerstörung waren die schwerindustriellen Produktionsbetriebe, aber auch ein Großteil des Wohnungsbestandes betroffen. Im April 1945 lebten noch 96.000 Menschen in der Stadt Oberhausen, im Vergleich zu 193.000 bei Kriegsausbruch. Bereits in den ersten Monaten nach Kriegsende füllte sich die Stadt mit den im Krieg evakuierten Bürgerinnen und Bürgern. Im Jahr 1949 lebten wieder ebenso viele Menschen wie 1939 dort. Das Bevölkerungswachstum hielt bis 1963 weiter an und erhöhte die Bevölkerungszahl auf 263.000. Wie vor 1914 war Oberhausen erneut Ziel von Zuwanderungsströmen geworden, zwischen 1945 und 1963 kamen mehr als 50.000 Flüchtlinge und Heimatvertriebene in die Stadt und stellten damit knapp 20 Prozent der städtischen Bevölkerung. Hinzu kamen ca. 8.000 angeworbene Arbeitskräfte aus dem Gebiet der Bundesrepublik sowie West- und Südeuropa. Im Zuge des Wiederaufbaus in den 50er Jahren wurden die alten wirtschaftlichen Strukturen im Ruhrgebiet ebenso wie in Oberhausen wiederhergestellt. Während Kohle und Stahl in den anderen europäischen Ländern als tragende Wirtschaftssäulen „ausgemustert" wurden, erlebten sie im Ruhrgebiet als Montanindustrie eine erneute Blüte. Mit der Produktionsstruktur wurde auch die Erwerbs- und Schichtstruktur restauriert, es blieb bei einer überdimensionierten Unterschicht mit der Dominanz einer schwerindustriellen, gut verdienenden Arbeiterklasse.

Abbildung 1: Arbeiteranteil an den Erwerbspersonen in Oberhausen

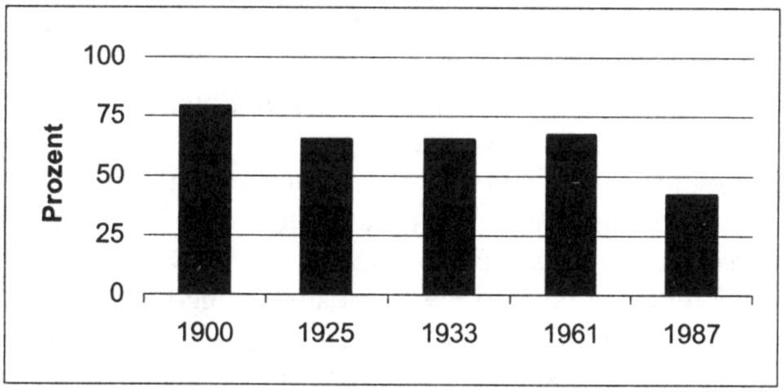

Die prosperierende Montanindustrie erlebte jedoch nur eine Scheinblüte, bereits 1958 kam es zu ersten Feierschichten auf Oberhausener Zechen, im Jahr 1968 schloss die erste und größte von ihnen. Einige Jahre später kriselte auch die Stahlindustrie, eine Stabilisierung der wirtschaftlichen Situation konnte nicht mehr erreicht werden. Im Jahr 1992 schloss die letzte Zeche, im Jahr 1997 stellte das letzte Stahlwerk die Produktion ein. Es gab keine Montanindustrie mehr in der Stadt, in nur 35 Jahren gingen 32.000 Arbeitsplätze allein in diesem Industriezweig verloren. So stürmisch wie der Anfang verlief einhundert Jahre später auch das Ende.

Zurück blieben die Menschen, von denen nur wenige den Entschluss fassten fortzuziehen; im Saldo verließen zwischen 1958 und 1977 knapp 38.000 die Stadt. Seit 1980 halten sich Wanderungsgewinne und -verluste die Waage. Grund für die Stabilität der Bevölkerungszahlen sind frühzeitige Versuche, sich nach den ersten Krisenanzeichen aus der montanindustriellen Abhängigkeit zu lösen. Dabei war die Verlagerung auf andere industrielle Branchen wie die Chemieindustrie, die Bauwirtschaft oder den Maschinenbau nur zum Teil erfolgreich, da mit Beginn der achtziger Jahre das verarbeitende Gewerbe selbst in eine krisenhafte Lage hineingeriet. Unausweichlich wurde damit die Förderung der Dienstleistungswirtschaft; die Hinwendung zu den Themen Konsum, Freizeit, Kultur und Tourismus konnte in den neunziger Jahren in Oberhausen wirksam umgesetzt werden.

Neben der wirtschaftlichen Lage erholte sich vor allem die Lebensqualität in den Ruhrgebietsstädten insgesamt. Hauptursache ist der Untergang der montanindustriellen schadstoffintensiven Produktionsweise, zeitgleich ging man an die Beseitigung von Umweltschäden. Die Betriebsflächen der stillgelegten Zechen und Stahlwerke verwandelten sich in Park- und Freizeitanlagen, Wohngebiete oder neue Gewerbeflächen. Das Projekt der „Internationalen Bauausstellung Emscherpark (IBA)“ mit einer Laufzeit von zehn Jahren und einem Investionsvolumen von 2,5 Milliarden Euro schaffte zwischen 1989 und 1999 einen neuartigen und unverwechselbaren Erholungsraum mitten in der ehemals besonders stark belasteten Emscherzone.

Die wirtschaftlichen Veränderungen beeinflussten den Arbeitsmarkt stark, 2001 fehlten in Oberhausen im Vergleich zu 1961 über 32.000 Arbeitsplätze für Arbeiter in der ehemaligen Kohle- und Stahlindustrie, hinzu kam der Abbau von weiteren 12.000 Stellen im restlichen Verarbeitenden Gewerbe, insgesamt ein Rückgang von 44.000 Beschäftigungsmöglichkeiten überwiegend für Männer. Wie entwickelte sich die Erwerbstätigkeit von Männern zwischen diesen Zeitpunkten? Zunächst fällt auf, dass die Zahl der Männer im erwerbsfähigen Alter zwischen 15 und 65 Jahren sowohl wanderungs- als auch geburtenbedingt um fast 20.000 Personen gesunken ist. Im Gegensatz zu 1961 erhöhte sich 2001 die Zahl der männlichen Beschäftigten im Dienstleistungssektor um 11.000 Personen, weitere 7.000 waren arbeitslos gemeldet, die übrigen befanden sich noch in der Schulausbildung oder bereits im Ruhestand. Der Rückzug der Montanindustrie veränderte so auch die soziale Schichtung, die über vierzig Jahre von ca. 1920 bis 1960 konstant geblieben war, der Arbeiteranteil von 67 Prozent im Jahr 1961 sank bis 1987 auf 42 Prozent.

3. Der Strukturwandel wird genutzt: Feminisierung der Beschäftigung

Die bezahlte Erwerbsarbeit bietet auch für Frauen den entscheidenden Rahmen für Lebenschancen. Sie erst schafft Alternativen der Lebensgestaltung und ermöglicht die Durchsetzung des Gleichheitsanspruchs gegenüber dem Ehe- oder Lebenspartner.

In Oberhausen, einer für das Ruhrgebiet sehr typischen Stadt, ist die Erwerbsorientierung von Frauen erst nach 1950 stetig gewachsen. Die Beteiligung von Frauen am Arbeitsmarkt erreichte auch nach Kriegsende bis 1950 nur ein bescheidenes Ausmaß, 17 Prozent der berufstätigen Personen waren Frauen. Im Zeitraum zwischen 1925 und 1950 ist damit keine Änderung des Erwerbsverhaltens von Frauen zu erkennen.

Bereits im Verlauf der fünfziger Jahre traten erste Veränderungen ein, die weibliche Erwerbsbeteiligung stieg kontinuierlich über einen Zeitraum von fünfzig Jahren. Von 83.299 erwerbstätigen Personen im Jahr 2001 waren 40.812 weiblich, ihre Beschäftigtenquote betrug also 49 Prozent.

Tabelle 1: Tätige Personen seit 1950 und Entwicklung des Frauenanteils in Oberhausen

Jahr	Tätige Personen		
	Insgesamt	darunter Frauen	
		absolut	in Prozent
1939	60.042	10.042	16,72
1950	83.053	14.107	16,99
1961	108.608	25.039	23,05
1970	92.839	25.322	27,28
1987	80.130	30.036	37,48
1995	80.468	36.948	45,92
2001	83.299	40.812	48,99

Wie allgemein gilt und galt auch für Oberhausen das Faktum der geschlechtsspezifischen Aufteilung des Arbeitsmarktes. Im gesamten Produzierenden Gewerbe fanden weit überwiegend Männer eine Beschäftigung, im Jahr 2001 waren hier vier von fünf Beschäftigten männlich. Die Männerorientierung war in der Vergangenheit dort noch weitergehender und wurde seit 1950 nur in kleinen Schritten reduziert. Frauen dagegen wurden schon immer auf den Dienstleistungssektor verwiesen. Der Beschäftigtenanteil für Frauen hat sich hier in den zurückliegenden 50 Jahren von 31,8 Prozent auf 56,8 Prozent fast verdoppelt. Innerhalb des Dienstleistungssektors nimmt der Öffentliche Dienst eine besondere Rolle ein. Zwei von drei dort arbeitenden Menschen waren 2001 weiblich.

In den zurückliegenden 50 Jahren beherrschte ein außerordentlich dynamischer Strukturwandel das Ruhrgebiet und somit auch Oberhausen. Der von einem sehr hohem Maße von Männern besetzte Sektor des Produzierenden Gewerbes verlor stark an ökonomischer Bedeutung.

Der Arbeitskräfteeinsatz schrumpfte 2001 auf ein Viertel im Vergleich zu 1961, dem Zeitpunkt der größten Expansion. Im Gegenzug expandierte der Dienstleistungssektor erheblich, die Menge der eingesetzten Arbeitskräfte nahm im gleichen Zeitraum um 70 Prozent zu.

Abbildung 2: Entwicklung der Frauenquote in den Wirtschaftssektoren zwischen 1950 und 2001 in Oberhausen

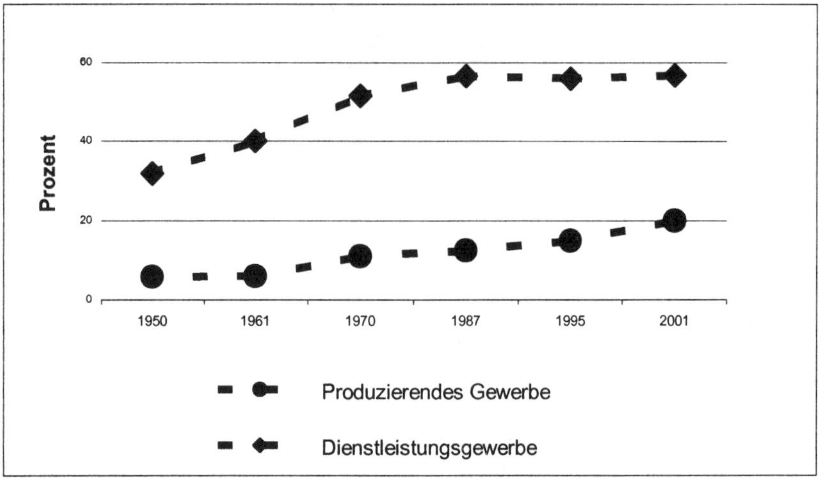

Tabelle 2: Tätige Personen seit 1950 nach Wirtschaftssektoren in Oberhausen

Jahr	Tätige Personen		
	Insgesamt	davon	
		Produzierendes Gewerbe	Dienstleistungsgewerbe
1950	83.053	47.692	35.361
1961	108.608	73.412	35.196
1970	92.839	55.476	37.363
1987	80.130	33.979	46.151
1995	80.468	20.175	60.293
2001	83.299	17.687	65.612

Durch die geschlechtsspezifisch ausgeprägte horizontale Segregation des Arbeitsmarktes gehörten Frauen aus quantitativer Sicht zu den Gewinnern des Strukturwandels. Ein umfassenderes Urteil ist möglich, wenn qualitative Aspekte in die Betrachtung einbezogen werden: nämlich 1. die Möglichkeit, ein gutes Einkommen zu erzielen und korrelierend damit 2. die Chance auf eine Ganztagsbeschäftigung.

1. Wesentliches Ziel der Frauenerwerbstätigkeit ist die Erlangung der wirtschaftlichen Selbständigkeit, also das Erzielen eines ausreichenden eigenen Einkommens. Da Männer und Frauen oft in unterschiedlichen Segmenten des Arbeitsmarktes tätig sind, lassen sich die Durchschnittseinkommen des Segmente ermitteln und vergleichen. In den fünf Wirtschaftsabteilungen, in denen mindestens jeder zweite Arbeitsplatz von einer Frau besetzt wurde, konnten in dreien lediglich unterdurchschnittliche bis stark unterdurchschnittliche Einkommen erzielt werden; in den vier Wirtschaftsabteilungen, in denen mindestens jeder zweite Arbeitsplatz von einem Mann besetzt wurde, lagen die Einkommen immer über dem Durchschnitt beziehungsweise stark über dem Durchschnitt. Weiter kann vermutet werden, dass innerhalb der einkommensniedrigen Wirtschaftsabteilungen Frauen meist in der unteren Betriebshierarchie tätig sind, während die (wenigen) Männer die hoch bewerteten und leitenden Positionen besetzen. Bezahlte Erwerbstätigkeit rentiert sich unter dem Gesichtspunkt Einkommen für Frauen deutlich weniger als für Männer.

Tabelle 3: Frauenanteil an den abhängig Beschäftigten und Verdienstchancen nach Wirtschaftsabteilungen 1986 in Oberhausen

Wirtschaftsabteilung	Frauenanteil In Prozent	Lohn- und Gehaltsindex
Bergbau, Energie	4,6%	1,27
Verarbeitendes Gewerbe	14,7%	1,19
Baugewerbe	9,2%	1,01
Handel	57,6%	0,75
Verkehr, Nachrichten	16,2%	1,01
Kredit, Versicherungen	59,4%	1,16
Dienstleistungen von Unternehmen, freie Berufe	72,9%	0,55
Organisationen ohne Erwerbscharakter	74,3%	0,95
Gebietskörperschaften, Sozialversicherungen	51,0%	1,14
Insgesamt	37,5%	1,00

2. Ein wesentlicher Erklärungsgrund für niedrige Löhne und Gehälter bei Frauen ist ihr geringer Beschäftigungsumfang. Typisch geworden für die Frauenerwerbstätigkeit sind Arbeitszeiten, die unter der regulären liegen. Die Bereitschaft von Frauen, Teilzeitbeschäftigungsverhältnisse anzunehmen, macht einen Teil ihres „Erfolges" am Arbeitsmarkt aus. Im nennenswerten Umfang lässt sich Teilzeitbeschäftigung erstmals 1970 nachweisen (5,6% al-

ler Beschäftigungsverhältnisse), schon damals wurde sie fast ausschließlich von Frauen wahrgenommen. Allerdings waren nur 16 Prozent aller erwerbstätigen Frauen teilzeitbeschäftigt. In den nachfolgenden Jahren wuchs die Teilzeitbeschäftigung rapid und erreichte 2001 in Oberhausen mit der Anzahl von 28.668 einen Anteil von 34,5 Prozent an allen Beschäftigungsverhältnissen. Von ihnen waren 22.430 weiblich besetzt. Im Jahr 2001 gingen 55 Prozent aller erwerbstätigen Frauen einer Teilzeitarbeit nach.

Tabelle 4: Tätige Frauen seit 1970 nach Beschäftigungsumfang in Oberhausen

Jahr	Tätige Frauen			
	Insgesamt	davon		
		Vollzeit	Teilzeit	in Prozent
1970	25.322	21.269	4.053	16,0
1987	30.036	17.660	12.376	41,2
1995	36.948	19.818	17.130	46,3
2001	40.812	18.382	22.430	55,0

Die Anzahl vollzeitbeschäftigter Frauen bleibt seit 30 Jahren konstant in einem Bereich zwischen 17.000 und 21.000 bei leicht abnehmender Tendenz. Da die Ergebnisse von 2001 erstmals auch die geringfügig beschäftigten Personen ausweisen, kann ein weiterer Qualitätsaspekt von Beschäftigung herangezogen werden. Auf diesen Arbeitsplätzen war ein maximaler Verdienst von 630 DM pro Monat möglich, die Tätigkeiten wurden als gering qualifiziert bewertet und gering entlohnt. Insgesamt wurden in Oberhausen 13.312 dieser Arbeitsverhältnisse festgestellt, davon 9.719 für Frauen. Damit war jede vierte erwerbstätige Frau geringfügig erwerbstätig.

Jugendliche und heranwachsende Frauen im Alter unter 25 Jahren waren mehrheitlich vollzeitbeschäftigt. Unter ihnen lag der Anteil der geringfügig Beschäftigten bei knapp 30 Prozent.

Auch Frauen im mittleren Lebensalter zwischen 25 und unter 55 Jahren waren überwiegend vollzeitbeschäftigt, wenngleich die sozialversicherungspflichtige Teilzeitbeschäftigung für diesen Frauenkreis merklich bedeutsamer war.

Für Frauen am Ende des Erwerbslebens (55 Jahre und älter) war die geringfügige Beschäftigung die meistgenutzte Art, ein Erwerbseinkommen zu erzielen; die Vollerwerbstätigkeit wurde lediglich von einer kleinen Minderheit ausgeübt. Vieles spricht dafür, dass die häufige Wahl einer sozialversichungsfreien geringfügigen Beschäftigung auf diese Erwerbsgeneration beschränkt bleibt, in der lange Phasen der Berufsunterbrechung und/oder eine fehlende Berufsausbildung sehr verbreitet sind.

Tabelle 5: Abhängig beschäftigte Frauen 2001 nach Beschäftigungsumfang und Altersklassen in Oberhausen

Altersklassen	Insgesamt	davon		
		Vollzeit-beschäftigte Frauen	teilzeitbeschäftigte Frauen mit Sozialversicherung	geringfügig beschäftigte Frauen
unter 25 Jahre	4.978	2.712	797	1.469
25 bis unter 55 Jahre	30.235	13.502	10.124	6.609
55 Jahre und älter	3.933	942	1.350	1.641
Insgesamt	39.146	17.156	12.271	9.719

4. Perspektiven auf mehr Lebenschancen entstehen: Die Modernisierung weiblicher Lebenslagen

„Lebenschancen sind Chancen auf die Verwirklichung von Lebenszielen, die in einer Gesellschaft im allgemeinen als erstrebenswert angesehen werden." (Geißler: 3) Verwendet man diese Definition des Begriffs Lebenschancen, dann besteht für Frauen in der Vereinbarkeit von Familie und Beruf die Perspektive für mehr Lebenschancen. Familie und Beruf sind für Frauen gleich hoch bewertete Lebensmuster. Die Chance zur gleichzeitigen und gleichrangigen Verwirklichung beider Ziele wird als etwas sehr Erstrebenswertes und Wünschbares empfunden. Das traditionelle Familienleitbild überließ den Frauen nur die Hausfrauen- und Mutterrolle, welche definiert wurde als Dasein für andere. Moderne weibliche Lebensentwürfe unternehmen den Versuch, andere Fähigkeiten neben der Familienorganisation zur Geltung zu bringen.

Der empirische Befund aus Kapitel 3 zeigt, dass ein wesentliches Ziel im Verlauf der zurückliegenden fünfzig Jahre erreicht wurde. Die Erwerbsorientierung von Frauen führte zu einer hohen Erwerbsbeteiligung, knapp die Hälfte aller Arbeitsplätze wurde 2001 von Frauen besetzt. Vor dem Hintergrund dieser Entwicklung wird oft von einer Feminisierung des Beschäftigungssystems gesprochen. Ursache hierfür ist der sich in zweifacher Weise vollziehende Strukturwandel der Oberhausener Wirtschaft.

Erstens schrumpfen in einer unter anderem nach dem Geschlecht segregierten Arbeitswelt die männerbesetzten Teile des Produzierenden Sektors, während der mit hohem Frauenanteil besetzte Dienstleistungssektor stetig wächst.

Zweitens gehen die Normalarbeitsverhältnisse mit unbefristeter Vollzeitbeschäftigung verloren und werden durch flexible und deregulierte Arbeitsverhältnisse abgelöst. Die Vollzeitbeschäftigung ist aber die Basis des traditionellen männlichen Lebenskonzeptes. Die Erwerbsmuster von Frauen weichen deutlich von denen der Männer ab. Mehr als die Hälfte aller berufstätigen Frauen besetzten 2001 eine Teilzeitstelle, davon übte die Hälfte eine geringfügige Beschäftigung aus. Mit zunehmenden Alter sinkt der bereits bei jungen Frauen niedrige Anteil der vollzeitberufstätigen Frauen und steigt der der geringfügig beschäftigten Frauen.

Eine Gegenüberstellung der Situation von Frauen im erwerbsfähigen Alter zwischen 18 und unter 65 Jahren im Jahr 1970 und 2001 verdeutlicht, ob den Oberhausener Frauen eine Annäherung an die Modernisierung der Lebensentwürfe gelungen ist. Danach befanden sich im Jahr 2001 ca. 46.400 Frauen entweder in einem bezahlten Arbeitsverhältnis, waren arbeitslos gemeldet oder hatten die Schulausbildung noch nicht abgeschlossen. Die übrigen 14.400 Frauen kümmerten sich um Haushalt und Kinder, ohne einer Erwerbstätigkeit nachzugehen. Völlig andere Zahlen ergeben sich für das Jahr 1970, damals blieben ca. 48.200 Frauen zu Hause während lediglich 29.700 dem Arbeitsmarkt zur Verfügung standen. Die Gegenüberstellung lässt folgende Ableitungen zu:

Tabelle 6: Frauen im erwerbsfähigen Alter 1970 und 2001 in Oberhausen

Jahr	1970	2001
Frauen im erwerbsfähigen Alter (18 bis unter 65 Jahre) insgesamt	77.900	61.500
davon		
vollzeitbeschäftigte Frauen	21.300	18.400
teilzeitbeschäftigte Frauen mit Soz.-vers.-pflicht	4.100	12.700
geringfügig beschäftigte Frauen	0	9.700
weiblicher Auspendlerüberschuß	3.500	600
arbeitslose Frauen	500	4.500
Schülerinnen	300	500
übrige Frauen	48.200	15.100

Die Zahlenwerte der Gegenüberstellung sind zum Teil lediglich eine Annäherung an die tatsächlichen Verhältnisse, da exakte Daten fehlen.

1. Das traditionelle Frauenleitbild bleibt auch heute für eine große Zahl von Frauen verpflichtend. Noch knapp 20 Prozent aller Frauen im erwerbsfähigen Alter folgen der althergebrachten geschlechtsspezifischen Arbeitsteilung und den klassischen Rollenmustern. Ihr Anteil ist jedoch stark fallend, die Anziehungskraft des traditionellen Frauenleitbildes verliert an Attraktivität Eine starke Zustimmung erhält es noch in konservativen Milieus, die häufig religiös geprägt sind. Dort zeichnen sich Bemühungen ab, die Wertschätzung der

Familienarbeit zu steigern (z.B. Diskussion über Erziehungseinkommen), um dem alten Leitbild neue Akzeptanz zuzuführen. Das grundlegende Problem, die Annäherung an ein wirklich partnerschaftliches Familienmodell, lässt sich damit aber nicht lösen.

2. Vier von zehn Frauen entschieden sich 2001 für eine arbeitszeitlich reduzierte Erwerbstätigkeit. Sie versuchten, ihr Zeitbudget zwischen Familie und Beruf aufzuteilen, da beides zu ihrem angestrebten Lebensentwurf zählte. Mit einem Anteil von nur fünf Prozent an den erwerbsfähigen Frauen besaß die Teilzeitarbeit 1970 keine nennenswerte Bedeutung. Damit entwickelt sich innerhalb der letzten 30 Jahre eine neue Form der innerfamiliären Aufgabenverteilung mit vollzeitbeschäftigten Männern und teilzeitbeschäftigten Frauen, bei der sich die Verfügbarkeit der Frau für die Familie deutlich einschränkt. Der Versuch, bei gleichzeitiger vollen Erwerbstätigkeit des Mannes Familie und Beruf durch eine Teilzeitbeschäftigung zusammenzufügen, kommt den Bedürfnissen vieler Frauen entgegen, ist aber ambivalent. Die Berufstätigkeit wird nicht aufgegeben, bleibt aber der Familienorientierung untergeordnet. Die Modernität im Verhältnis der Geschlechter findet wegen der Beharrlichkeit tradierter Auffassungen bei Männern zu seinen Familienpflichten kaum statt. Auch das niedrigere Einkommen verhindert die Durchsetzung des Gleichheitsanspruchs von Frauen. Für einen nachhaltigen Erfolg in der Arbeitswelt fehlen wegen der dort geltenden Normen für ein möglichst uneingeschränktes Engagement zugunsten der Firma wie flexibles Zeitbudget oder Abwesenheit konkurrierender Verpflichtungen wesentliche Voraussetzungen. Durch die zusätzliche Übernahme der Berufsrolle kann eine physisch und psychisch stark beanspruchende Doppel- oder Dreifachbelastung und eine mögliche Minderung der Leistungsfähigkeit entstehen.
3. Jede dritte Frau war 2001 ganztätig berufstätig. Untersuchungen zeigen, dass viele von ihnen auf Kinder verzichten, um ihren beruflichen Ambitionen nachkommen zu können. Der Anteil der gut ausgebildeten und aufstiegsorientierten Frauen steigt, sie sind wie Männer bereit, alle persönlichen Ressourcen für den Berufserfolg einzusetzen. Sie lassen sich auf keine ökonomische Abhängigkeit von einem Partner ein. Da mit einer Familiengründung der Gleichheitsanspruch von Frauen gefährdet ist, verzichten viele Frauen auf Kindererziehung. Ein kontinuierlicher Verbleib im Berufsleben eröffnet ihnen am ehesten Durchsetzungschancen bei der Leistungskonkurrenz in einem an männliche Eigenschaften ausgerichteten Berufsalltag. Nur so lässt sich privat die Gleichstellung der Geschlechter durchsetzen, eine grundlegende Bedingung für eine wirkliche Partnerschaft. Dabei müssen sie in Kauf nehmen, dass ihnen das Familienleben dauerhaft vorenthalten bleibt.

Mehr Lebenschancen für Frauen bedeutet für viele die Chance zur gleichzeitigen und gleichrangigen Verwirklichung von Berufserfolg und Familiengestaltung. Dieses Mehr an Lebenschancen macht die Neuorientierung von Männern bei der privaten und beruflichen Arbeitsteilung notwendig. Auch wenn die Verweigerung von Frauenrechten bei Männern erklärungsbedürftig geworden ist, hoffen sie weiter auf die Stabilität der alten Arbeitsteilung zwischen den Geschlechtern und beharren auf traditionelle Rollenmuster. Moderne weibliche Lebensentwürfe werden selten von Männern mit getragen, damit verhindern sie in entscheidender Weise den Angleichungsprozess hinsichtlich der Lebenschancen von Männern und Frauen.

Noch immer beziehen Männer ihr Identitätsgefühl allein aus der bezahlten und lebenslangen Berufsarbeit, die ihnen immer häufiger versagt bleibt. Auch deswegen stehen sie vor dem Erfordernis, die Familie für sich neu zu bewerten. Sie müssen sich auf ein neues Familienleitbild einlassen, bei dem beide Partner beide Lebensbereiche bedienen: die Familie als Ort für Emotionalität und des Daseins für andere Familienmitglieder und das Berufsleben als Ort zur Schaffung der materiellen Basis für die Familie. Neueste Zahlen deuten an, dass sich ein Teil der Männer (knapp 20 Prozent) bereits an diesem partnerschaftlichen Familienleitbild orientiert. Es besitzt damit nicht mehr die Form einer Utopie, sondern existiert als eine Form der Modernität, die Emanzipation und Innovation verbindet.

Der Rückblick auf die Anfänge der Industrialisierung zeigt den eigenen Weg von Frauen in Oberhausen zur Durchsetzung eines partnerschaftlichen Familienbildes ohne männliche Bevormundung. In einem lange von der Vorstellungswelt männlicher Industriearbeiter geprägten Klima (noch heute berichten viele Ältere stolz: „Meine Frau musste nie arbeiten!") bedeutet es eine besondere Leistung, bei Männern aber auch bei Frauen ein neues Bewusstsein zu schaffen. Bezahlte Erwerbsarbeit von Frauen wird nicht mehr als Makel für den Ehemann begriffen, sondern als Erweiterung weiblicher Lebenschancen, verbunden mit weit reichenden sozialen Belohnungen durch ein Leben in der Öffentlichkeit, finanzieller Unabhängigkeit und gestärktem Selbstbewusstsein.

Literatur:

Borsdorf, Ulrich (1994): Feuer und Flamme. 200 Jahre Ruhrgebiet. Internationale Bauausstellung Emscher-Park GmbH (Hrsg.). Essen.
Geissler, Birgit/Oechsle, Mechtild (2000): Die Modernisierung weiblicher Lebenslagen. In: Aus Politik und Zeitgeschichte. B31-32/2000. S.11-17.
Geißler, Rainer (1987): Soziale Schichtung und Lebenschancen in der Bundesrepublik Deutschland. Stuttgart.
Köllmann, Wolfgang/Hoffmann, Frank/Maul, Andreas (1990): Bevölkerungsgeschichte. In: Das Ruhrgebiet im Industriezeitalter. Geschichte und Entwicklung. Bd.1. Köllmann, Wolfgang (Hrsg.). Düsseldorf.
Marißen, Norbert (2003): Von der Industrieproduktion zur Dienstleistungswirtschaft. Eine Analyse der Erwerbsarbeit in Oberhausen an der Schwelle des 21. Jahrhundert. In: Beiträge zur Stadtentwicklung Nr. 73. Stadt Oberhausen (Hrsg.). Oberhausen.
Nipperdey, Thomas (1998): Deutsche Geschichte 1866-1918. Bd.1. München.
Reif, Heinz (1993): Die verspätete Stadt. Industrialisierung, städtischer Raum und Politik in Oberhausen 1846-1929. Köln.
Schulte, Jürgen (2002): Dual-career couples. Opladen.
Simm, Regina (1989): Junge Frauen in Partnerschaft und Familie. In: Aus Politik und Zeitgeschichte B28/29/1989. S.34-39.
Tenfelde, Klaus (1990): Soziale Schichtung und soziale Konflikte. In: Das Ruhrgebiet im Industriezeitalter. Geschichte und Entwicklung. Bd.2. Köllmann, Wolfgang (Hrsg.). Düsseldorf.
Voß, Jürgen (2000): Zuwanderung in Oberhausen 1850 bis 2000. In: Beiträge zur Stadtentwicklung. Nr. 68. Stadt Oberhausen (Hrsg.). Oberhausen.

Der Autor

Norbert Marißen;, Dr. rer. pol. (*1956), stellvertretender Leiter des Bereichs Statistik und Wahlen der Stadt Oberhausen, Studium der Volkswirtschaftslehre und Soziologie in Köln und Siegen, 1982 und 1985 wissenschaftliche Hilfskraft an der Universität-Gesamthochschule Siegen, Fachbereich 1, Prof. Dr. Geißler.
Jüngere Publikationen: Jugendkunstschulen (1998), in: Ein Strukturbericht zum Thema Kultur und Bildung, Städte in Zahlen Heft 8,Verband deutscher Städtestatistiker (Hrsg.); Das Wohnungsmarktbarometer Oberhausen (1999), in: Wohnungsmarktbeobachtung. Systeme-Indikatoren-Ergebnisse, Informationen zur Raumentwicklung, Bundesamt für Bauwesen und Raumordnung; Von der Industrieproduktion zur Dienstleistungswirtschaft. Eine Analyse der Erwerbsarbeit in Oberhausen an der Schwelle des 21. Jahrhundert, in: Beiträge zur Stadtentwicklung Nr. 73, Stadt Oberhausen.

Rainer Geißler und die Zukunft des Kassettenfernsehens

Jan Tonnemacher

Im Internet findet sich im Kurzlebenslauf Rainer Geißlers für die Universität Siegen kein Hinweis auf die Tatsache, dass er einmal Mitarbeiter der Prognos AG Basel war.[1] Von Mitte 1970 bis Mitte 1972 hat der Verfasser dieses Beitrags dort mit ihm und anderen gemeinsam ein Projekt mit dem anspruchsvollen Titel „Audiovision in Westeuropa bis 1980“ erarbeitet.[2] Dies soll nicht untergehen, und daher sei mit dem folgenden Beitrag an diese Zeit erinnert, verbunden mit einem etwas skeptischen Blick auf den Wert von Prognosen bei der Bewältigung gesellschaftlicher Aufgaben und Probleme.

Da saßen im Mai 1970 in dem kleinen Büro der Prognos am Pelikanweg mit Blick auf den „Zolli“ (Zoo) in Basel ein Wirtschaftsingenieur und ein Volkswirt an einem Projekt, mit dem die Zukunft des „Kassettenfernsehens“, wie es damals genannt wurde, vorausgesagt werden sollte. Das damals schon renommierte Prognos-Institut war gerade erst zehn Jahre alt geworden und bestand vielleicht aus drei Dutzend Mitarbeitern. Das Interesse an der wissenschaftlich fundierten Zukunftsforschung oder Prognostik als wichtiger Grundlage der Planung wirtschaftlicher und gesellschaftlicher Entwicklungen hatte zu dieser Zeit sehr stark zugenommen, was sich in einer Vielzahl von Veröffentlichungen niederschlug.[3] Wir alle fanden, es müsse unbedingt ein Soziologe an dieser Untersuchung mitarbeiten, mit der die vielfachen Wünsche und Erwartungen, die sich mit diesem ersten „Neuen Medium“ verbanden, auf eine fundierte und empirisch überprüfte Grundlage gestellt werden sollten. Da die Prognos-Soziologen in Projekten der Stadtentwicklung und Regionalplanung engagiert waren, wurde die Prognos durch einen glücklichen Zufall auf Rainer Geißler aufmerksam, der schon in Basel am Soziologischen Seminar bei Professor Paul Trappe promovierte und tätig war. Er kam, Reserveoffizier und mit Vollbart, erzählte uns von Systemstrukturen und Basiskommunikation und war engagiert.

Über einen Zeitraum von zwei Jahren haben wir dann Prognosen für die Markt- und Absatzchancen von Videokassettenrekordern und Bildplattenspielern erarbeitet, gemeinsam ein Determinanten-Modell entwickelt, wo Angebot wie auch Nachfrage nach Medien und Neuen Medien von sozialen und demografischen, ökonomischen, technischen und politischen Einflussfaktoren bestimmt waren. Später hat das der im

1 http://www.fb1.uni-siegen.de/soziolog/personen/geissler.html.

2 Prognos AG Basel: Audiovision in Westeuropa bis 1980. Unveröffentlichter Projektbericht in mehreren Bänden. Basel 1972.

3 Vgl. beispielsweise die verschiedenen Veröffentlichungen von Flechtheim (1968, 1972) oder Kahn/Wiener (1971) oder die Projektberichte der RAND Corporation, Santa Monica, Calif.

Oktober 2001 verstorbene und Rainer Geißler wie auch dem Verfasser dieses Beitrags freundschaftlich verbundene Klaus Schrape so formuliert:

> „Gute Prognosen unterscheiden sich von bloßen Mutmaßungen über die Zukunft vor allem dadurch, daß ihnen ein mehr oder weniger umfangreiches (theoretisches) Modell zugrunde liegt, bestehend aus zuverlässigen Ausgangsdaten, klar definierten Randbedingungen und empirisch gestützten Hypothesen über die Zusammenhänge zwischen unabhängigen Variablen (Einfluß oder Gestaltungsfaktoren) und abhängigen Variablen (Zielgrößen) in der Zeit." (Schrape/Trappel: 2001)

Das zweite Kriterium für die Qualität von Prognosen sieht Klaus Schrape, der zu dieser Festschrift sicherlich gern einen Beitrag beigesteuert hätte, in der Unabhängigkeit, Glaubwürdigkeit und „intellektuellen Lauterkeit" der Institution bzw. Person, die die Prognosen gestellt hat (Schrape/Trappel, 2001: 39). Der Name „Prognos" stand (und steht) für eine solche Qualität und beschwichtigte aufkommende Angstgefühle, die sich etwa so manifestierten: „Die Zukunft vorhersagen – das kann man doch gar nicht!" oder: „Was, wenn wir mit unseren Prognosen schief liegen sollten, dann können wir doch einpacken!" (Denn auch ich war neu in diesem Geschäft und hatte erst wenige Monate Erfahrungen in zwei Prognos-Marktstudien für Kunststoff-Folien und für Meerestechnik sammeln können). So jetteten wir denn mit dem damals fürstlichen Gehalt von 2.000 Franken im Monat durch die Republik und verschiedene Länder Westeuropas, fanden für Fachgespräche und Leitfadeninterviews mit der Prognos-Visitenkarte überall offene Türen, berechneten unsere Prognosen auf Tischrechnern von der Größe einer Reiseschreibmaschine, die die Grundrechenarten plus Memory ermöglichten und trafen uns überdies in Professor Trappes Soziologischem Seminar, wo auch Klaus Schrape zuhörte – damals noch Student und später ebenfalls viele Jahre bei der Prognos. Präsentiert wurde das Endergebnis dann vor den Auftraggebern der Gemeinschaftsstudie, für die u.a. die ARD-Medienkommission und die beiden Hamburger Großverlage Gruner + Jahr und Der Spiegel für die damalige Zeit üppige Summen bezahlt hatten. Entgegen den bisherigen Erfahrungen waren die Verlagsmanager und vielfach auch die Journalisten allerdings nicht ohne Skepsis und Kritik gegenüber dieser ersten grundlegenden Untersuchung der Zukunftschancen einer neuen Kommunikationstechnik. „Wie wollen sie das wissen?" war die häufigste Frage, und die Antwort hierauf war ständig und nur leicht abgewandelt wiederholt die, dass die Aussage eben auf bestimmten Annahmen basiere, die transparent und damit auch revidierbar seien. Damals war man überzeugt, heute bin ich selbst auch ein wenig skeptischer, insbesondere, da die Mehrheit der Adressaten Prognosen nach wie vor mit Prophezeiungen verwechselt und sie nicht als ständig überprüfungsbedürftige Planungsgrundlagen ansieht.

Schwerwiegender ist aber vielleicht noch folgender Gedanke: Ich habe bei einer späteren Überprüfung der Prognosen in diesem Projekt wie auch in manchen später von mir durchgeführten Untersuchungen (vgl. Tonnemacher 1975, 1978) festgestellt, dass zwar durchaus manches eingetroffen ist, vieles aber auch nicht. Zu einem ähnlichen – wenn auch für die eigenen Prognosen positiveren Ergebnis – kommen auch die Autoren Klaus Schrape und Josef Trappel (2001: 46ff). Wie viele meiner Prognosen haben sich als Fehlprognosen erwiesen und wie viele sind eingetroffen? Gerade im Fall neuer Kommunikationstechniken, wo man zumeist nicht auf Vergangenheitsdaten aufbauen kann, sind allenfalls die Einflussfaktoren berechenbar. Aber was ist mit „unvorhersehbaren Trendbrüchen"? (Schrappe/Trappel 2001) Treffsicherheit kann doch nicht ein Kriterium für gute Prognosen sein, denn wenn sie eintreffen, insbesondere nach einem längeren Zeitraum, dann kann es sich doch auch um Zufall handeln? Und wenn mit dem Zutreffen einer Prognose als Qualitätsmaß argumentiert wird, wird dann nicht auch wieder Prognose mit Prophetie verwechselt?

Prognoseverfahren lassen sich unterscheiden in intuitive Methoden einerseits und mathematisch-statistische Methoden andererseits. Dem Verfasser dieses Beitrags, der sich seit mehr als 30 Jahren mit Unterbrechungen mit Medienprognosen befasst hat, fehlt sowohl der Glaube an die Mathematik und die Zuverlässigkeit stochastischer Zukunftsberechnungen als Trendextrapolationen, Regressions- oder Faktoranalysen, wie auch der an die Aussagekraft intuitiver Methoden wie beispielsweise einer Delphi-Umfrage, bei der Expertenmeinungen über Zukunftsentwicklungen in mehreren Befragungswellen zu einem möglichst weitgehenden Konsens gebracht werden sollen. Im ersteren Fall droht eine zu starke Ausrichtung an der Vergangenheit oder die Nichtberücksichtigung von nicht voraussehbaren Ereignissen, und im letzteren wird wie mit anderen intuitiven Methoden wie beispielsweise dem Brainstorming auch nur eine Zusammenschau dessen erbracht, was dem gegenwärtigen Stand des Wissens und der gesammelten Erwartungen zeigt – nicht weniger, aber eben auch nicht mehr (wie es der anspruchsvolle Name des Orakels suggerieren könnte).[4] All dies mindert aber nicht den Wert von Prognosen als Voraussetzung für strategische Planung, jedoch nur unter der stringenten Voraussetzung von

- Ständiger Beobachtung, Prüfung und Revision der Prognosen,
- der Bereitschaft, selbstbewusst auch prominente Institution oder Personen infrage zu stellen, wenn es deren Ergebnisse notwendig erscheinen lassen sowie
- der Befähigung, nicht an Prognosen als Prophetien zu glauben und diese auch nicht als Ersatzvorgabe für eigenes Denken herzunehmen (vgl. Tonnemacher 2003).

4 Delphi-Studien wurden beispielsweise durchgeführt im Rahmen des EG-Forschungsprogramms FAST: vgl. Knoche/Seufert (1987: 111-129) sowie in neuerer Zeit: vgl. Beck/Glotz/Vogelsang (2000).

Nach der damals so intensiven Zusammenarbeit von mehr als 30 Jahren habe ich Rainer Geißler nicht mehr oft gesehen, seinen Weg in der Scientific-Community der Soziologie aber durchaus mitbekommen. Ich formuliere die Vermutung, dass für ihn – wie der Lebenslauf es ja schon signalisiert – die Beschäftigung mit Prognosen wirklich nur eine kurze Zwischenphase bedeutet hat, denn noch während der Projektlaufzeit im Jahre 1971 haben wir ihm bei einer kleinen Feier in der Prognos einen selbst gebastelten Doktorhut für die Promotion mit seiner Arbeit zur Basiskommunikation aufgesetzt (Geißler 1973), und nach seiner Veröffentlichungsliste scheint es so zu sein, dass Prognosen kaum noch eine Rolle gespielt haben. Beim – allerdings nur flüchtigen – Durchblättern seines Basiswerks zur Sozialstruktur Deutschlands habe ich immerhin doch noch eine Prognose gefunden: Die Voraussage der Bevölkerungsentwicklung bis zum Jahre 2030 (Geißler 1996: 343). Aber – der Autor sei freundschaftlich daran erinnert – auch Bevölkerungsprognosen aus der Amtlichen Statistik sind nicht unfehlbar, und es kann auch alles ganz anders kommen. Vielleicht schafft dieser kleine Beitrag einen Anstoß zur Wiederaufnahme unserer früheren Debatten über Wert und Unwert von Prognosen, dann allerdings nicht mehr für das „Kassettenfernsehen“, sondern vielleicht über das Internet.

Der Autor

Jan Tonnemacher , Prof. Dr. phil., Dipl.-Volkswirt, (*1940), Studium der Volkswirtschaft an der Freien Universität Berlin mit Abschluss im Jahr 1967. Danach Wirtschaftsredakteur einer Tageszeitung in Toronto, Kanada, sowie mehrere Jahre in der empirischen Wirtschafts- und Medienforschung, zuerst beim Institut für Demoskopie in Allensbach und von 1969 bis 1974 bei der Prognos AG in Basel. Von 1974 bis 1978 Leiter des Presse- und Informationsreferats der Technischen Universität Berlin. 1978 bis 1988 Projektleiter am Heinrich-Hertz-Institut für Nachrichtentechnik für Begleitforschungsarbeiten zur Einführung neuer Kommunikationstechniken. Von 1988 bis Ende 1989 Leiter der Abteilung Planung und Zentrale Aufgaben in der Intendanz des Senders Freies Berlin. Parallel seit 1974 Lehrbeauftragter am Institut für Publizistik der Freien Universität Berlin; Promotion 1975 in Publizistik mit den Nebenfächern Betriebswirtschaftslehre und Altamerikanistik; Habilitation 1977; seit 1982 außerplanmäßiger Professor der Freien Universität Berlin; seit Sommersemester 1991 zunächst als Lehrstuhlvertreter und seit 1. Oktober 1992 als Inhaber des Lehrstuhls für Journalistik II in Eichstätt tätig. Studienreisen und Forschungsaufenthalte in den USA, Japan und Lateinamerika. Seit 1968 freie Mitarbeit bei deutschen und schweizerischen Tageszeitungen sowie bei Rundfunkanstalten (Deutschlandfunk, SFB, SDR, SWF, WDR, ZDF).
Lehrgebiete: Kommunikationspolitik, Medienökonomie/Rundfunkmanagement, Öffentlichkeitsarbeit/PR, Publikumsforschung, Wirkungsforschung, Kommunikationstechnik, Ethik des Journalismus
Forschungsschwerpunkte: Neue Informations- und Kommunikationstechniken, Öffentlichkeitsarbeit/PR, Geschichte der Kommunikationspolitik

Öffentlichkeit oder Gesinnung? Wie Medienentwicklungen die Professionalität im Journalismus beeinflussen

Klaus Plake

Als Ausgangspunkt seiner Betrachtungen über Gesinnungs- und Verantwortungsethik wählt Max Weber – nach dem Ende des Ersten Weltkrieges – ein publizistisches Problem. Es geht ihm um die Frage, ob Dokumente veröffentlicht werden sollten, die nach seiner Einschätzung geeignet wären, Deutschland die Schuld am Ausbruch der Kampfhandlungen zuzuschreiben (Weber 1919a, 1992: 157ff.; Weber 1919b, 1988: 179ff.). Der bayerische Ministerpräsident Kurt Eisner hatte die Publikation vertraulicher diplomatischer Unterlagen der bayerischen Gesandtschaft in Berlin aus dem Jahre 1914 veranlasst, denen entsprechend die deutsche Regierung das Kaiserreich Österreich/Ungarn zu einer kompromisslosen Haltung gegenüber Serbien aufgefordert hatte. Weber wendet sich gegen derartige Publikationen wegen der nachteiligen Folgen, die ein Bekanntwerden der Dokumente im Ausland für Deutschland haben würde.

1. Max Weber und die Ethik des Schweigens

Eine derartige Unterdrückung von Informationen im nationalen Interesse klassifiziert Weber als verantwortungsethisch. Gesinnungsethisches journalistisches Handeln dagegen bedeutet für ihn die „Publikation aller, vor allem der das eigene Land belastenden Dokumente...ohne Rücksicht auf die Folgen“ (Weber 1919a, 1992: 236).[1] Gesinnungsethik ist für Weber radikal. Sie nimmt Schäden in Kauf, damit einem Prinzip Genüge getan wird. Angesichts der Inkompatibilität zwischen Norm und Lebenswirklichkeit entscheidet sich der Gesinnungsethiker für das Gesetz. Seine Ideale, so Weber, verlangen Gehorsam, damit sie nicht durch praktisches Kalkül desavouiert werden. Die Gesinnungsethik ignoriere den Menschen oder gehe von der Utopie aus, dass sich alles zum Guten wende, wenn man nur dem Prinzip Folge leiste. Auch die Wahrheitsliebe gilt nur für die „absolute Ethik“, nicht für die Verantwortungsethik (Weber 1919a, 1992: 233ff.). Von ihr sollte sich, so ist zu folgern, auch der Journalist nicht zu sehr beeinflussen lassen, zumal wenn das Wohl und Wehe der Nation auf dem Spiel steht.

Die Medienethik Max Webers orientiert sich an einem politischen Handeln, das in keiner Weise universalistischen Prinzipien genügt, sondern vielmehr auf partikulare Interessen ausgerichtet ist. Mit „Verantwortung“ meint er vor allem den

1 Weber, Max (1919a: 236).

möglichen Schaden für die Nation, den der Journalist durch Verschweigen zu verhindern habe. Mag eine Nachricht auch noch so sehr von allgemeiner Relevanz sein, so ist es für ihn doch die patriotische Pflicht der Presse, auf eine Veröffentlichung zu verzichten. Ob in dem konkreten historischen Fall tatsächlich die befürchteten kollektiven Folgen eingetreten wären, oder ob nicht vielleicht nur diejenigen mit negativen Konsequenzen zu rechnen gehabt hätten, die einen Krieg allzu leichtfertig in Kauf nahmen, ist eine offene Frage. Der später ermordete Kurt Eisner, der ja – als Schriftleiter des Vorwärts – auch Publizist war, vertrat diesbezüglich einen ganz anderen Standpunkt, nämlich dass durch Offenheit bessere Bedingungen bei den Friedensverhandlungen zu erwarten seien. Weber ist nicht nur gegenteiliger Ansicht, sondern er disqualifiziert auch seine Gegner. Indem er für seine Einschätzung „Verantwortlichkeit" reklamiert, kennzeichnet er diejenigen, die anderer Meinung sind, als verantwortungslos. Zu den Verantwortungslosen gehört, wer sich nicht auf ein zweifelhaftes Kalkül über die Folgen der Wahrheit einlassen will und vielleicht auch den Verdacht hat, dass ein Verschweigen und Vertuschen den Interessen derjenigen dient, die ihr eigenes Verschulden nicht eingestehen möchten. Rücksichtnahme im Namen aller ist möglicherweise, so wird man zur Rehabilitierung von Max Webers Kontrahenten sagen müssen, eine bewusste oder unbewusste Schonung verantwortlicher Individuen und einzelner Gruppen. Zumindest langfristig kann sich das von Weber als lebensfremd – naiv[2] oder dogmatisch abgewertete gesinnungsethische Verhalten auch in Hinblick auf die realen Folgen auszahlen.

Max Weber lobt nicht nur diejenigen, die an einer voraussetzungslosen Auseinandersetzung mit der Vergangenheit nicht interessiert sind. Lob gebühre vielmehr auch den Journalisten, die schon *während* des Ersten Weltkrieges durch Unterdrückung von Informationen „verantwortlich" gehandelt hätten (Weber 1919a, 1992: 192). Tatsächlich müsste aber auch schon 1919 klar gewesen sein, dass eine Parteinahme für die wilhelminische Politik durch Verschweigen von Meinungen und Fakten auch während der Kampfhandlungen nicht unbedingt dem Gemeinwohl genützt hat. Möglicherweise wäre – im Interesse der beteiligten Völker – das Massensterben früher zu Ende gewesen, wenn die Massenkommunikation funktionsfähig geblieben wäre. Die Vermeidung von kritischen Auseinandersetzungen im Namen der „Verantwortungsethik" muss fatale Konsequenzen haben. Max Weber verlangt von „einem im Krieg befindlichen Staatsorganismus" eine *„einheitliche Haltung*, zum mindesten: vor dem *Feinde."* (Weber 1918, 1984: 409) Entsprechend bedauert er, dass die Zensur der „demagogischen Ausbeutung" von Veröffentlichungen, die vom Reichsmarineamt lanciert wurden, „viel zu spät ... ein Ende gemacht" habe (Weber, ebd.).

2 Im Prozess gegen den des Hochverrats angeklagten Ernst Toller, bei dem Weber als Zeuge aussagt, schildert er diesen als „gesinnungsethisch", was im Kontext seiner Aussagen bedeutet, dass Toller zwar ehrbare Ideale vertreten habe, aber als völlig unpolitischer Mensch sich verleiten ließ, die falschen Mittel zu wählen, um diese Ideale durchzusetzen. Webers Charakterisierung des Angeklagten wurde, vermutlich gegen Webers Absicht, als belastend gewertet. Der angeklagte Toller erhielt eine Haftstrafe von fünf Jahren.Vgl. Weber, Max 1919 c, in: MWG, I/16, S. 485-491.

Seine Denkschrift über mögliche Folgen eines unbeschränkten U-Bootkrieges (Weber 1916, 1984) gab er als vertrauliches Dossier an einflussreiche Politiker weiter, anstatt sie zu veröffentlichen. Seine publizistische Staatsräson trug dazu bei, dass seine Befürchtung eines Kriegseintritts der USA in der Öffentlichkeit nicht bekannt wurden. Der Optimismus in der Bevölkerung blieb so erhalten, obwohl es nichts mehr zu gewinnen, wohl aber noch viel zu verlieren gab.

Die Verantwortungsethik des Journalisten ist nicht nur problematisch, wenn es um Krieg geht. Verantwortungsethisches Handeln heißt die Frage zu stellen, was passieren würde, wenn die Wahrheit ans Licht käme. Eine derartige Orientierung an den Folgen kennzeichnet ein taktisches Verhältnis zur Wahrheit. Besonders verdächtig sollte die journalistische Verantwortungsethik dann sein, wenn sich die vermuteten Konsequenzen für die Allgemeinheit mit den persönlichen Folgen decken, wenn das, was gut für alle sein soll, auch gut ist für denjenigen, der zugunsten dieses Allgemeinwohls Meldungen unterdrückt. Selbstverständlich müssen Journalisten häufig Rücksicht nehmen auf Verlegerinteressen, auf Abonnenten und Werbetreibende, auf Gönner und Sponsoren, auf politische Parteien und Mandatsträger. Gerade im Journalismus ist deshalb die Gefahr des Opportunismus besonders groß. Wenn es mit Nachteilen verbunden ist, Freiheiten zu erkämpfen, dann liegt es nahe – gewissermaßen als Neutralisierungstechnik – Verantwortlichkeiten (für das Blatt, für den Umsatz, die Auflage, die Rentabilität, schließlich auch für die Allgemeinheit) ins Spiel zu bringen. Dabei stellt sich allerdings die Frage, ob es mehr um die persönlichen oder die sozialen Folgen einer Veröffentlichung geht.

Max Webers persönliche Haltung ist wohl so zu umreißen, dass man in der Politik Ideale mit Lebensklugheit und taktischem Geschick verfolgen soll, was ein „starkes langsames Bohren von harten Brettern“ (Weber 1919a, 1992: 252) bedeutet. Nicht mit dem Kopf durch die Wand zu wollen, nicht prinzipiengetreu zu handeln, wenn dieses kontraproduktiv wäre, ja manchmal auch den Zweck die Mittel heiligen zu lassen, – das macht nach Weber die Verantwortungsethik aus. Es mögen historische Figuren wie Bismarck gewesen sein, von deren Wirken Weber beeindruckt war und von denen er sich bei seinen Überlegungen leiten ließ. Da kann notfalls auch eine Emser Depesche verändert und ein königlicher Dienstherr getäuscht werden; wenn es um höhere Ziele, die Verwirklichung des deutschen Nationalstaates unter der Führung Preußens geht, ist ein ansonsten nicht unbedenkliches Verhalten gerechtfertigt. Weber ist Bismarck gegenüber – vor allem in seinen letzten Jahren – keineswegs unkritisch, und er macht auch auf Fehler, zum Beispiel auf die von Bismarck veranlasste Schul- und Sprachenpolitik im Grenzraum zu Polen aufmerksam (Weber 1917, 1984: 198); nichtsdestoweniger ist der Ton seiner Ausführungen, wenn es um den „Fürsten Bismarck“ geht, von einer für Weber untypischen Wärme, die zuweilen in unverhohlene Bewunderung umschlägt. Noch Wilhelm II. wird von Weber attestiert, dass er der Vormundschaft Bismarcks als Ministerpräsidenten, „durch dessen Hände alles gehen muss, was an den Monarchen gelangt“, weitgehend ausgeliefert war (Weber 1964: 731). Weber bewundert, wie Bismarck mit dem Reichstag umgeht, seine antiparlamentarische Demagogie (Weber 1964: 1094f.).

Das Enquêterecht des englischen Parlaments hätte dieser nach seiner Einschätzung dem deutschen nie gewährt. Als Bismarck mit dem Plan scheiterte, einen Volkswirtschaftsrat als Machtmittel gegen das Parlament in Stellung zu bringen, weil die Parlamentsmehrheit dies ablehnte, erhob Bismarck, so die Schilderung Max Webers, gegen diese Abgeordneten den Vorwurf, sie suchten das Beamtentum davor zu bewahren, zu klug zu werden (Weber 1964, Bd. 2: 734), eine Pointe, die gerade im Zynismus Bismarcks besteht, der ja seinerseits das Parlament daran hindern wollte, zu viel Einblicke in den Beamtenapparat und in die Politik der Regierung zu gewinnen. Dieses Handeln imponiert Weber, weil Bismarck souverän mit dem Wissen als Steuerungsmittel der Politik umgeht.[3] Bismarck schließt das Parlament, ja sogar den König bzw. den Kaiser vom Wissen aus, um seine Machtausübung nicht zu gefährden. Da seine Politik aber den richtigen Zielen dient, so die implizite Werthaltung Webers, ist dieses Handeln nicht nur gerechtfertigt, es ist verantwortungsethisch und damit der stumpfen und vermeintlich kurzsichtigen Gesinnungsethik überlegen.

2. Das Problem journalistischer Verantwortung in der Gegenwart

So problematisch ein derartiges Verhalten aus heutiger Sicht erscheinen mag, so gibt es für Journalisten immer noch triftige Gründe, ein Wissen, das möglicherweise auch brisante Tatbestände umfasst, nicht preiszugeben. Dabei geht es um Veröffentlichungsschranken, die sich *nicht* mit dem decken, was Max Weber als Verantwortungsethik bezeichnet, da es nicht die politisch nachteiligen Folgen sind, die zur Vertraulichkeit veranlassen. Es sind vielmehr Mindestauflagen, zum Teil ethisch motiviert, zum Teil aber auch aus einem System des Gebens und Nehmens resultierend, das sich auf dem Markt der Informationen durchgesetzt hat. Zu den professionellen, sowohl formellen als auch informellen Codes, die nur von Außenseitern missachtet werden, gehört es, die Privatsphäre von Politikern zu respektieren, sofern diese es wünschen.[4] Auch die Anonymität von Informanten zu achten, möglicherweise sogar rechtliche Sanktionen in Kauf zu nehmen, ist eine solche Norm. Mehrheitlich lehnen Journalisten es ab, einem Informanten gegenüber die versprochene Verschwiegenheit nicht einzuhalten (Scholl/Weischenberg 1998: 189f.).[5] Die Kultur der Hintergrundgespräche, zu denen Spitzenpolitiker zuweilen einladen,

3 An anderer Stelle tadelt Weber die Offenheit der Journalisten wegen befürchteter Wirkungen im Ausland und erinnert an eine diesbezügliche Warnung Bismarcks, der seinerzeit festgestellt hatte: „Jedes Land ist auf die Dauer doch für die Fenster, die seine Presse einschlägt, irgend einmal verantwortlich.“ Es zeigt sich also, dass Webers „Journalistische Verantwortungsethik“ direkt an Bismarck orientiert war. Vgl. Max Weber (1916: 694).

4 Wenn aber Politiker ihr Privatleben in ihre Inszenierungen einbeziehen, um in der Öffentlichkeit sympathisch zu erscheinen, müssen sie auch mit – von ihnen nicht veranlassten – negativen Darstellungen rechnen.

5 Nur der naive Informant wir sich allerdings darauf verlassen, dass er einmal gegebene Informationen von der Veröffentlichung ausschließen kann, es sei denn, er verfügte über die geeigneten Mittel, um einen Verstoß gegen derartige Auflagen zu sanktionieren.

beruht auf der Beachtung derartiger Normen, die festlegen, was publiziert werden soll und was auf keinen Fall publiziert werden darf. Journalisten, die traditionsgemäß ihren Beruf in einem „symbiotischen Verhältnis“ (Requate 1995: 59ff.) mit Politikern ausüben, teilen so Geheimnisse mit Personen, berichten vieles nicht, auch wenn sie ihrem Publikum gegenüber den Eindruck schonungsloser Offenheit erwecken.

Zu den besonders wichtigen Regeln gehört, nur das zu veröffentlichen, was in Hinblick auf seine Richtigkeit geprüft ist. Allen – durchaus berechtigten – Argumenten des Konstruktivismus zum Trotz (Scholl/Weischenberg 1998: 180ff.) halten Journalisten an der Vorstellung fest, dass zwischen wahr und falsch unterschieden werden kann und dass es Aufgabe des Journalisten ist, die Öffentlichkeit „neutral und präzise“ zu informieren (Weischenberg: 444). Die Vorstellung, dass Wahrheit mehr ist als ein viables Konstrukt, dass sie sich somit nicht nur graduell, sondern grundsätzlich von der Unwahrheit unterscheidet, gehört zu den Leitbildern der journalistischen Praxis. Daher impliziert die Rolle des Journalisten, herauszufinden, wie es „wirklich“ war. Da auch Juristen die Vorstellung einer objektivierbaren Wahrheit teilen, gibt es für Journalisten rechtliche Sanktionen für den Fall, dass sie der Wahrheitspflicht nicht nachkommen. Was also nicht belegt ist, sollte, schon allein um rechtliche Schwierigkeiten abzuwehren, die für ein Medienunternehmen aus Falschmeldungen entstehen könnten, nicht veröffentlicht werden. Umgekehrt formuliert darf nur veröffentlicht werden, was auch bewiesen werden kann. Unbewiesen bleiben darf nur die zitierte Behauptung, die aber ihrerseits belegt werden muss, sodass die Verantwortung für die Richtigkeit an andere, nämlich die Urheber der Behauptung, weitergegeben wird. Nichtsdestoweniger bleibt der Journalist verantwortlich, und zwar nicht für die sozialen und politischen Folgen, wohl aber für die Richtigkeit seiner Ausführungen. Selbst noch bei Zitaten muss die Seriosität der Quelle und – falls sich der Autor nicht von der zitierten Meinung absetzt, folglich auf eine implizite Übereinstimmung geschlossen werden könnte – die Seriosität des Zitierten überprüft werden.

Das System der Verantwortung, und zwar sowohl einer – im Sinne Max Webers – Verantwortung für die gesellschaftlichen Folgen als auch einer Verantwortung für die Richtigkeit einer Meldung, hat sozialstrukturelle Voraussetzungen, die mehr und mehr in Frage gestellt werden können. Dazu gehört, dass Veröffentlichungen zurechenbar sein müssen, was im professionellen Journalismus in der Regel der Fall ist. Angestellte Journalisten und freie Mitarbeiter sind identifizierbar, arbeiten in Organisationen, sind Mitglied in Berufsverbänden. Die Akteure werden in vertragliche Beziehungen eingebunden, die ihren Spielraum so beschränken, dass sie für Fehler haftbar gemacht werden. Auch die Journalistenausbildung trägt mit der Einübung handwerklicher Routinen und mit der Internalisierung von Wertmaßstäben dazu bei, dass Mindeststandards beachtet und schädliche Rückwirkungen vermieden werden.

3. Verantwortung und globale Kommunikation

Diese Voraussetzungen entfallen mit den Online-Medien, die – bekanntlich zunächst aus militärischen Gründen – nicht hierarchisch, sondern netzartig aufgebaut wurden und die durch niedrige Kosten fast jedem die Möglichkeit bieten, weltweit zu publizieren. Während bei den traditionellen Medien die Kosten für die Diffusion von Informationen so hoch sind, dass nur Professionellen der Zugang erlaubt wird, kann sich mit dem Internet – auf eigene Rechnung – jeder an ein beliebig großes Publikum wenden. Hinzu kommt, dass sich der Rezipient auch gegenüber den herkömmlichen Medien mehr und mehr emanzipiert. Interaktivität, die aufgrund der Digitalisierung auch im Hörfunk und im Fernsehen realisiert wird, bedeutet, dass sich die Macht der Sprecher relativiert und teilweise an jene übergeht, die zuvor nur Zuschauer, Hörer und Leser waren. Diese Entwicklungen sind noch nicht abgeschlossen und in ihrem Ausgang offen. Aber wenn potenziell jeder zum Publizisten werden kann, wenn darüber hinaus Interaktivität den Rezipienten zum Gesprächs*partner* macht, dann ergibt sich die Frage, ob das Veröffentlichungsmonopol des professionellen Journalismus überhaupt gehalten werden kann. Wenn sich dann noch das Publikum untereinander verständigt, wenn die Medien zu Foren für den Austausch von Informationen und Meinungen werden, dann entfallen die Voraussetzungen der Zurechenbarkeit und der Verantwortlichkeit.

Mit dem Entstehen eines netzartig organisierten globalen Mediums können die traditionellen Medien umgangen werden. Was das bedeutet, zeigte sich zum ersten Mal sehr deutlich mit Beginn des Bürgerkrieges in Jugoslawien am Ende der kommunistischen Einparteienherrschaft. Zwar war es der serbischen Regierung möglich, Kontrolle über die Fernsehsender des Landes auszuüben, nicht aber mit gleicher Ausschließlichkeit über den Hörfunk. So widerstand der Radiosender B92 dem Druck, der auf die Medien ausgeübt wurde, und berichtete über die Protestkundgebungen der Opposition. Die Weigerung der verantwortlichen Redakteure, sich der vermeintlichen Staatsräson zu beugen und die Aktivitäten des Widerstandes zu verschweigen, wurde von der Regierung mit der Schließung des Senders beantwortet. Daraufhin verbreitete B92 seine Meldungen über das Internet, was eine viel größere und vor allem auch internationale Resonanz zur Folge hatte. Es kam daraufhin zu weltweiten Protesten gegen die Schließung des Senders und gegen die serbische Regierungspolitik. Schließlich sahen sich die Behörden gezwungen, das Sendeverbot zurückzunehmen (Shapiro 1999: 7).

Signalisiert dieser Vorgang das Ende des Verschweigens im Namen eines angeblichen „Gemeinwohls"? Möglicherweise wären der Erste – und auch der Zweite – Weltkrieg früher beendet worden, wenn es schon damals Andersdenkenden möglich gewesen wäre, „to send a message – be it text, audio, video or some combination – to hundreds or thousands of destinations as easily as to one, with no discernible increase in cost or time" (Shapiro 1999: 7). Die „Heimatfront" wird bei aussichtsloser militärischer Lage in Zukunft schwerer zu halten sein. Diese Veränderung ist umso bedeutsamer, als es sich beim traditionellen Fernsehen wegen des hohen technischen Aufwandes und wegen der Kosten, lange Zeit auch wegen der begrenzten Reichweite, um ein relativ leicht zu kontrollierendes Medium handelt. Insofern stellte das Fernsehen zunächst gegenüber dem Hörfunk und der Presse sogar einen Rückschritt dar. Heute konstituiert das Internet eine neue Art von Öffentlichkeit, die Maßstäbe setzt für andere Öffentlichkeiten. Es macht keinen Sinn, Ereignisse und Zusammenhänge – aus welchen Motiven auch immer – zu verschweigen, wenn sie in den elektronischen Wandzeitungen des Internet längst der ganzen Welt bekannt gemacht wurden.

Die immer reichlicher werdenden „Informationen“ kommen aus immer mehr Richtungen und werden auf Wegen verbreitet, die nicht nur für professionelle Journalisten passierbar sind. Als Informationsbeschaffer und Meinungsmacher bekommen Journalisten Konkurrenz durch Nichtprofessionelle, die sich immer selbstbewusster zu Wort melden. Internetbeauftragte von Bürgerinitiativen, Verbänden, gemeinnützigen Organisationen, aber auch von Wirtschaftsunternehmen, nicht zuletzt auf lokaler und regionaler Ebene, von politischen Parteien, Kirchen und weltanschaulichen Vereinigungen der verschiedensten Art werden zu Anbietern auf einem Markt, der bisher fast ausschließlich von hauptberuflichen Fachleuten beschickt wurde. Die viel geschmähte Massenkommunikation, die durch das Machtungleichgewicht von Produktion und Konsumtion/Rezeption gekennzeichnet war, die immer insofern Einwegkommunikation blieb, als die Rezipienten nicht die Möglichkeit hatten, über ihre persönlichen Kontakte hinaus sich anderen mitzuteilen, hat als Anbieter von Öffentlichkeit Konkurrenz bekommen.

Damit sind Rücksichtnahmen, wie sie Max Weber gefordert hatte, nicht mehr durchsetzbar. Selbst wenn auf Provider Druck ausgeübt wird, nur systemkonforme Meldungen zuzulassen, ist eine wirksame Kontrolle aufgrund der unendlichen Vielzahl von Informationsangeboten und der weltweiten Verbreitung kaum realisierbar. Wiederum im ehemaligen Jugoslawien wurde von Journalisten aus den verschiedenen Ländern des zerfallenden Vielvölkerstaates Mitte der 90er Jahre das Netzwerk AIM (Alternativna Informativna Mreza) gegründet. Die Internetplattform diente dem Austausch vorwiegend solcher Informationen, die sich mit der Propaganda nicht deckten (Pinzke 1996: 48ff.). Das Ziel dieser Initiative bestand darin, durch Wissen zur Versöhnung zwischen den verschiedenen ethnischen Gruppen beizutragen. Auch gegen diese Institutionalisierung einer nonkonformen Öffentlichkeit war der Staatsapparat machtlos. Was in Jugoslawien erstmals in Erscheinung trat, nämlich ein Informationsaustausch und eine Veröffentlichungspraxis, die staatliche Repressionen umgeht, ist inzwischen zu einer allgemeinen Errungenschaft geworden. Das Internet hat sich als ein weltweites Forum nicht zuletzt auch für Dissidenten etabliert.[6] Den Gegnern autokratischer Regierungen, die in ihrem Heimatland nicht zu Wort kommen, bietet das Internet die Möglichkeit, auf die öffentliche Meinung Einfluss zu nehmen, was in den Zeiten der Massenmedien nur

6 Eindrucksvoll in diesem Kontext der Artikel von Florian Harms: Arabien im Netz ohne Grenzen. In: taz Nr. 6112 vom 06.04.2000: 17.

mit einem erheblichen technischen und finanziellen Aufwand, das heißt mit der Hilfe ausländischer Bündnispartner möglich war.

4. Online-Kommunikation und die Entprofessionalisierung des Journalismus

Die Kehrseite dieser Entwicklung besteht darin, dass zu den – erwünschten und unerwünschten – Wahrheiten auch Unwahrheiten kommen. Auch im zweiten Jahr nach den Ereignissen des 11. September produziert das Internet täglich neue Gerüchte zu den „wahren Hintergründen" der Anschläge. In einem Buch zu den Attentaten gibt Bröckers (2002) einen Überblick zu der Gerüchteproduktion, die mit Hilfe des Internet stattfindet. Einige Websites haben sich bereits einschlägig spezialisiert und aktualisieren täglich ihre Links zu Meinungen und Vermutungen über das Geschehen. Entsprechend lautet eine URL zu dem Jahrhundertereignis *„whatreally-happened"*. Andere stellen die Ereignisse in einem allgemeineren Zusammenhang und liefern Hintergrundberichte zu geheimdienstlichen Aktivitäten, Drogengeschäften und Terrorismus. Dabei ergeben sich, indem fast alle Möglichkeiten der Kombinatorik ausgereizt werden, Verbindungen zwischen Regierungen der westlichen Welt, Regierungen der „Schurkenstaaten", Geheimdiensten, Ölfirmen sowie anderen global players, Großindustriellen mit ihren Familienclans, Geheimsekten, Verbrechersyndikaten, Militärführungen, Attentätern usw.. Bröckers stellt – obwohl dem verschwörungstheoretischen Denken zuneigend – nicht uneinsichtig fest: „World Wide Web bietet alles. Aufklärer und Spinner, Mainstreamer und Sektierer, Verschwörer und kritische Konspirologen tummeln sich hier gleichermaßen in zumeist friedlicher Koexistenz." (Bröckers 2002: 19)

Die Folgen können allerdings durchaus brisant sein. Was in der Zeit, als fast ausschließlich Professionelle das Nachrichtengeschäft betrieben, noch möglich war, fällt zunehmend schwer, nämlich Unterscheidungen zu treffen zwischen richtigen und falschen Meldungen oder – besser – zwischen seriösem Journalismus mit geringer Fehlerquote und unseriösem Journalismus, bei dem Fehler in Kauf genommen werden müssen, sowie einer privaten publizistischen Betätigung, die getragen wird von der Freude am Spekulieren. Was den unseriösen im Gegensatz zum seriösen Journalismus kennzeichnet, ist die Brisanz der Meldungen, die im Gegensatz zum „Qualitätsjournalismus" im Vordergrund steht. Das Neueste vom Neuen zu berichten, die besseren News zu haben und schneller zu sein als die anderen, kann ein erstrebenswertes und wirtschaftlich Erfolg versprechendes Ziel sein, auch wenn damit gelegentliche Irrtümer unvermeidlich sind. In dem Zielkonflikt, zutreffend *und* schnell zu sein, liegt die Priorität der seriösen Medien bei dem erstgenannten Ziel, während Sensations- und Boulevardpresse der Schnelligkeit den Vorzug geben.[7] Allerdings ist auch bei den Medienunternehmen, die nicht den

7 Hinzu kommt selbstverständlich, dass das Themenspektrum nur teilweise kongruent ist mit dem der seriösen Medien. Selbstverständlich hat der „human interest"-Aspekt eine wichtige Bedeutung. Was aber die gemeinsame Agenda angeht, so geht Sensation vor Genauigkeit.

Qualitätsjournalismus repräsentieren, die Richtigkeit der Informationen nicht unwichtig. Sie geben nur der Sensation, der Brisanz einer Meldung und ihrem Neuigkeitswert, den Vorzug. Zu viele Sensationsmeldungen, die sich später als falsch erweisen, untergraben – abgesehen von rechtlichen Konsequenzen – das Vertrauen des Publikums.

Da Medienunternehmen auf Reichweiten und Auflagen, somit auf öffentliche Akzeptanz angewiesen sind, darf keine zu hohe Fehlerquote in Kauf genommen werden. Ganz anders verhält es sich mit den Angeboten im Internet, bei denen es ein solches Kalkül der Kosten und Einnahmen nicht gibt. Der Nutzen der Anbieter dürfte vielfach in anderen als im ökonomischen Bereich zu suchen sein. Dazu gehört wohl auch, durch – richtige oder falsche – Informationen Einfluss zu nehmen, Gleichgesinnte zu finden oder auch nur auf sich selbst, möglicherweise auf eine Gruppe bzw. ein ideologisches Lager, aufmerksam zu machen. Da rechtliche Schritte schwer durchzusetzen sind und sich auf wenige, besonders krasse Fälle beschränken müssen, hat der Anbieter einer Website, was die Richtigkeit und Belegbarkeit von Meldungen angeht, eine „Freiheit", die mit der des professionellen Journalisten nicht zu vergleichen ist.

In der Zeit vor der Einführung der Online-Kommunikation hatte die Rückführbarkeit der Veröffentlichung auf den Veröffentlicher die Konsequenz, dass Falschmeldungen sowie verzerrende, inadäquate Bilder der Wirklichkeit nicht publiziert werden konnten, ohne rechtliche, wirtschaftliche oder allgemeine gesellschaftliche Folgen, zum Beispiel den Verlust der Reputation, befürchten zu müssen. Auch heute noch gilt, dass Medienethik, so vage und wenig konsensuell sie auch sein mag, zumindest diskutiert wird. Dabei steht außer Frage, dass alle Versuche einer Systematisierung in medienwissenschaftlicher Hinsicht problematisch sind. Mit Recht stellt Leschke (2001: 180) fest, dass „unter den derzeitigen gesellschaftlichen Bedingungen kaum mehr von einem verbindlichen System normativer Muster ausgegangen werden" kann. Nichtsdestoweniger gibt es moralische Positionen, von denen aus Diskurse in Gang gesetzt werden. Dazu gehören auch Argumente, die sich mit empirischen Evidenzen verbinden und so an gesellschaftlicher Beachtung und politischer Potenz gewinnen. Darüber hinaus ist ein Konsens zwar nicht über moralische Regelwerke, wohl aber, wie das Beispiel Kinderpornographie zeigt, über moralisch verwerfliches Verhalten zu beobachten. Eine totale Relativierung von Ethik ist also ebenso wenig am Platze wie die Unterstellung eines intakten, sachlich und logisch stringenten Normensystems. Sofern also eine – selbstverständlich von vielen Quellen ausgehende – ethische Hermeneutik stattfindet, sich also ein Publikum konstituiert, das an solchen Diskursen teilnimmt, ist auch das Mediensystem von Bewertungen seiner Kommunikate nicht ausgenommen. Wenn zum Beispiel die Aufforderung zum Rassenhass kein beliebiger Topos ist, über den sich Journalisten hinwegsetzen könnten, ohne Sanktionen der Berufsgruppe, der Öffentlichkeit oder des Strafrechts befürchten zu müssen, dann zeigt dies die ethische Valenz publizistischer Tätigkeit.

5. Öffentlichkeit und Verantwortlichkeit

Das Internet ist von Verdikten weitgehend ausgenommen, weil es tatsächlich Öffentlichkeit repräsentiert. Wenn es einen unbeschränkten Zugang, ein freies Kommen und Gehen gibt, dann haben Versuche einer Sanktionierung nur in Ausnahmefällen, bei schwer wiegenden Verstößen, Erfolg. Zwar sind auch im Internet diejenigen auszumachen, die beispielsweise gegen Strafrechtsnormen verstoßen, ja sogar die Rezipienten können, wie das Beispiel der Kinderpornographie zeigt, im Unterschied zu Druckerzeugnissen und elektronischen Medien ausfindig gemacht werden. Allerdings sind negative Konsequenzen vielfach zu umgehen. Auch professionelle Maßstäbe greifen nicht mehr, weil sie den Kommunikatoren nicht bekannt sind und weil sie sich ihnen gegenüber nicht verpflichtet fühlen. Das gilt auch für die journalistische Norm, zutreffend zu berichten. ‚Richtig' und ‚falsch' sind daher immer schwerer voneinander zu unterscheiden. Während man bei den traditionellen Medien wählen konnte, ob man wenig gesicherte, vielleicht auch verzerrt dargestellte Sensationsmeldungen den trockeneren, dafür aber solide recherchierten Informationen vorzieht, sind im Internet die seriösen Anbieter schwerer auszumachen. Hinzu kommt, dass die Online-Kommunikation auch für alle anderen Medien nicht ohne Auswirkungen bleibt:

> „Natürlich werden im Internet Unmengen falscher Informationen in die Welt gesetzt, was dem weitgehend unkontrollierten WWW seinen schlechten Ruf als unzuverlässige Gerüchteküche eingebracht hat. Doch hat hier der 11.September insofern Abhilfe geschaffen, als er jedem bei Verstand gebliebenen Zuschauer klar machte, dass auch die ‚seriösen' Medien im Ernstfall nichts anderes als eine dubiose Gerüchteküche sind, in der hemmungslos und ohne jede kritische Distanz Verschwörungstheorien in die Welt gesetzt und Propagandamärchen verbreitet werden." (Bröckers 2002: 279)

Auch wenn diese Feststellung stark übertrieben erscheinen mag, so ist doch richtig, dass angesichts der Schnelligkeit und der Menge an Informationen der professionelle Journalismus durch das Internet in Zugzwang gerät. Dies gilt nicht nur in Hinblick auf Tatsachenfeststellungen, die nicht mehr mit gleicher Gründlichkeit betrieben werden können, sondern auch für die Theorieproduktion. Das resignative Eingeständnis, dass über Hintergründe und Zusammenhänge nichts in Erfahrung zu bringen ist, lässt auch den Rezipienten journalistisch kontrollierter Medien unbefriedigt und bringt die Gefahr mit sich, dass dieser in seinem Bedürfnis nach Deutung ins Internet abwandert. Gleiche Reaktionen wären im Falle eines bewussten, wie auch immer motivierten Unterdrückens von Nachrichten zu erwarten; die Vermutung des Rezipienten, dass professionelle Journalisten – im Sinne der Weberschen Verantwortungsethik – ihr Wissen nicht preisgeben, könnte die Berichterstattung der herkömmlichen Medien aushebeln.

In der Konsequenz wirkt sich beides, sowohl das Webersche Verschweigen als auch das unkontrollierte Veröffentlichen von Tatsachen und Falschmeldungen, gleich aus: Wenn nicht mehr festgestellt werden kann, was wahr ist,[8] wenn zutreffende Informationen in einem Meer von Spekulationen untergehen, dann bleiben sie so unbekannt, als wären sie bewusst unterdrückt worden. Unter den Bedingungen der Mediendemokratie ist zwar nicht zu vermuten, dass es für seriöse Meldungen kein Publikum mehr gibt und nur noch wohlfeilen Gerüchten von angeblich gut informierten Websitebetreibern gefolgt werde (Plake/Jansen/Schuhmacher 2001: 132). Nach den Attentaten des 11. September ist aber die Annahme berechtigt, dass die Öffentlichkeiten, die sich im Kontext spektakulärer Ereignisse im Internet bilden, größer werden und dass sich eine Kommunikationskultur entwickelt, die auch die von professionellen Journalisten betriebene Medienkommunikation beeinflussen kann.

6. Politik als Inszenierung und Geheimnis

Dazu trägt auch eine bestimmte Entwicklung des politischen Geschehens bei, nämlich dass dieses immer mehr der Sichtbarkeit entzogen wird. Während die Öffentlichkeit sich mit Inszenierungen zufrieden geben muss (Sarcinelli 1987; Kepplinger 1992), also Politik als Abfolge von Presseerklärungen, Interviews, Parteiversammlungen und Staatsbesuchen erlebt, wird das tatsächliche Aushandeln von Machtrelationen, werden die entscheidenden Weichenstellungen und Beschlüsse immer mehr auf die Hinterbühne verlegt. Besonders für die Außenpolitik gilt, dass das Agieren im globalen Kräftespiel sich zunehmend der Kontrolle durch die Öffentlichkeit entzieht. Geheimhaltung ist besonders angesagt, wenn es um die Abwehr von Terrorismus geht, da jede Strategie durch einen Feind, der nur als Gruppe oder als Netzwerk existiert, der somit flexibler ist als feindliche Nationen und deren Armeen, der an keinen Ort, keine Zeit gebunden ist, der auch nicht eine Bevölkerung mobilisieren muss, vereitelt werden könnte. Das Handeln der Staatsmacht stellt sich auf immer neue Anschläge, Methoden, Personen und Allianzen ein, so dass viele kleinere Aktionen sowohl offensiver als auch defensiver Art angezeigt sind, wobei sich die Geheimhaltung als wichtigste Waffe erweist. Öffentlichkeit ist unter diesen Umständen eher ein Versehen; die Operationen, die von staatlichen Organen im Untergrund durchgeführt werden, sind – im Falle der Entdeckung – bestenfalls mit Peinlichkeiten verbunden: Wie im Falle des Anschlags auf die Rain-

8 Die ,Vergesslichkeit' des Internet trägt dazu bei, dass Kriterien wie richtig, zutreffend oder wahr an Bedeutung verlieren. Die Kommunikationsangebote des WWW können nur in Bruchteilen archiviert und dokumentiert werden. Zitationen von URLs können kaum als Beleg im herkömmlichen Sinne gelten, da möglicherweise schon nach kurzer Zeit die Texte im Internet nicht mehr auffindbar sind. Die in der Wissenschaft und im Journalismus üblichen Objektivierungsmethoden bleiben so – durch Zitation von Internetadressen – nur noch zum Schein erhalten; das Medium selbst ist auf Aktualität, nicht auf langwierige Validitätsprüfungen, die hermeneutische Durchdringung von Dokumenten und die historische Rekonstruktionen von Standpunkten angelegt.

bow Warrior im Jahre 1985[9] führt die unfreiwillige Publizität geheimdienstlicher Aktionen zu Skandalen, weil unterstellt werden kann, dass auch Spitzenpolitiker, die von dem Vorgehen der Polizei und anderer Einheiten des Staatsschutzes wegen ihrer Brisanz informiert werden müssen, involviert sind. Besonders mit dem Ende des Kalten Krieges, der Erosion des „Ostblocks", ja der Blockbildungen überhaupt ist der Krieg nicht mehr lokalisierbar, ja erscheint selbst die Guerilla, der *kleine Krieg*, gegenüber den global agierenden Netzwerken des Terrorismus als zu schwerfällig und regionalistisch. Wenn es auch in bestimmten Gebieten vermehrt zu Anschlägen kommt, so stellt sich doch immer die Frage der Drahtzieher, der Hintermänner, der Unterstützer und Finanziers. Bei diesen bewaffneten Auseinandersetzungen, an denen die Bevölkerung eines Landes nur als Opfer beteiligt ist, kommt es für Angreifer und Angegriffene auf Informationen an, um sich Vorteile zu verschaffen bzw. um den „Feind" ausfindig zu machen.

Terroristen *und* staatliche Behörden bzw. Spezialeinheiten haben daher ein immer perfekteres System der Informationskontrolle entwickelt.[10] So spektakulär auch die einzelnen Angriffe in diesem Krieg sein können, der permanent und überall geführt wird, so wenig konkret sind die Erkenntnisse, über die in der Regel die Medien verfügen. Ähnliches gilt selbstverständlich auch für strategische Vereinbarungen mit Bündnispartnern, und zwar möglicherweise über ideologische Grenzen hinweg, über Fragen der Unterstützung, der Neutralität oder der „Waffenruhe". Damit steht das Interesse der Öffentlichkeit in einem krassen Missverhältnis zur Informationslage. Selbst bei langfristigen, intensiven Recherchen von Journalisten vermehren sich eher die Unklarheiten, als dass Licht in die jeweiligen Ereignisse gebracht werden könnte. Fälle wie die Attentate auf John F. Kennedy und auf Olaf Palme, denen sich die Öffentlichkeit und ihre journalistischen Akteure immer wieder einmal zuwenden, bleiben mysteriös, weil das Geheimhaltungssystem perfekt funktioniert. Selbst die besten Belege führen nicht weiter, da jede Aussage unter dem Verdacht steht, von unbekannten Interessierten, die man überall vermuten kann, lanciert worden zu sein. Ebenso könnten die besten Techniken, die überhaupt zur Verfügung stehen, eingesetzt werden, um Beweismittel zu manipulieren. Der Medienrezipient hat folglich keine Möglichkeit, auch nur die Darstellung der Tathergangs zu verifizieren.

Zu der Feststellung, dass immer weniger zwischen zutreffenden und nichtzutreffenden Informationen, die in den Medien verbreitet werden, unterschieden werden kann, kommt damit eine weitere hinzu: In Bezug auf große historische Ereignisse, die den Lauf der Geschichte beeinflussen, gibt es ebenso wenig relevante Informati-

9 1985 sollte die Rainbow Warrior in einer von Greenpeace organisierten Aktion eine Anzahl von Schiffen auf einer Fahrt von Neuseeland zum Moruroa-Atoll anführen, wo zu diesem Zeitpunkt französische Atomwaffentests stattfanden. Drei Tage nach der Ankunft in Neuseeland, am 10.7.1985, wurde die Rainbow-Warrior vom französischen Geheimdienst angegriffen und gesprengt. Dabei kam der Photograph Fernando Pereira ums Leben.

10 Knappheit von Informationen und Informationskontrolle kennzeichnen jeden Krieg. Mit dem verdeckten Krieg gegen Terroristen und Attentäter ist die Geheimhaltung zum permanenten Zustand geworden, der die Zivilgesellschaft in Mitleidenschaft zieht.

onen wie auch in Hinblick auf Weichenstellungen, die nur der nächsten Etappe die Richtung vorgeben. Während Max Weber forderte, dass staatliche Stellen und Journalisten mit Informationen verantwortlich umgehen, ja diese auch unterdrücken sollten, stellt sich dieses Problem immer weniger. Relevante Fakten werden seltener, weil „verdeckte Aktionen“ perfekter betrieben und hoch wirksame Techniken der Informationskontrolle entwickelt werden. Die westlichen Staaten, durch terroristische Anschläge herausgefordert, kehren nicht nur zu einer Art von Geheimdiplomatie zurück; sie führen auch einen Krieg, bei dem – im Unterschied zu den Kriegen früherer Zeiten – nicht nur die Strategien, sondern auch die kriegerischen Aktionen selbst geheim bleiben. Weber ging noch von einer Situation aus, in der es einen Fundus an brisanten Informationen gab. Angesichts dieser Lage empfiehlt er Selbstbeschränkung im Interesse des Gemeinwohls. Heute sind diese Informationen nicht mehr zugänglich. Auch dem investigativen Journalismus sind da, wo Sicherheitsinteressen betroffen sind, enge Grenzen gesetzt, während in den Verlautbarungsjournalismus die Webersche Verantwortungsethik – bewusst oder unbewusst – bereits implementiert ist.

Bei anhaltendem Interesse der Öffentlichkeit bedeutet dieses Defizit an relevanten Informationen, dass Konstrukte sich entwickeln, sich verzweigen, sich vervielfältigen und zunehmend die Realität überlagern, wobei die nichtprofessionelle Internetpublizistik insofern von Bedeutung ist, als sie den professionellen Journalismus unter Druck setzt.[11] Wenn sich heute auch in der herkömmlichen Medienkommunikation eine Tendenz bemerkbar macht, das Privatleben von Politikern auch gegen deren ausdrücklichen Wunsch nicht unbehelligt zu lassen und wenn die Bereitschaft zunimmt, Gerüchten zu folgen, Gerüchte zu zitieren oder auf vage belegte Behauptungen zu vertrauen, dann sicherlich auch deshalb, weil sich mit neuen Informationstechnologien das gesamte gesellschaftliche Umfeld der Kommunikation, ja der Umgang mit den Medien überhaupt, verändert hat. Die scheinbare Informationsfülle darf aber über das tatsächliche Fehlen von Informationen nicht hinwegtäuschen.

Das Publikum gibt sich mit nichts sagenden und widersprüchlichen Informationen allerdings nicht zufrieden. Ganz im Gegenteil: Wenn alles gleichermaßen möglich ist, dann setzt diese beunruhigende Erfahrung von Kontingenz eine immer neue Informationssuche in Gang; das Interesse für Nachrichten nimmt dementsprechend zu, obwohl es keine verlässlichen Hinweise gibt, um die Vielfalt von Ereignissen auf gemeinsame Ursachen zurückführen zu können. Mit anderen Worten wird die Ratlosigkeit, die das politische Geschehen zunehmend hinterlässt, mit immer mehr und immer belangloseren Informationen bedient und damit eher vertieft als beseitigt. Es wäre zynisch, angesichts der Geheimhaltung, die den Komplex der

11 Entsprechend stellte Sievers fest: „ein Geheimnis (konfroniert) die Nichteingeweihten mit einer für sie unreduzierbaren Komplexität möglicher Geheimnisinhalte. Ein Geheimnis, an dem man nicht teilhat, stelllt insofern einen bedeutenden Unsicherheitsfaktor dar. ... Misstrauen und Gerücht als alternative Reduktionsmechanismen bzw. als Kommunikationsmodus sind als Ersatzsicherheiten für derartige Verunsicherungen besonders geeignet.“ Vgl. Sievers (1964: 75).

globalen, strategischen Sicherheitspolitik umlagert, den Schluss zu ziehen, dass den Medien, insbesondere dem Internet, geradezu die Funktion zukomme, die Distanz zwischen immer neu entfachtem Informationsbedürfnis und spärlicher Versorgung mit Informationen zu überbrücken. Es sollte aber auch nicht die Illusion gefördert werden, dass immer mehr Meldungen, Meinungen und „Hintergrundberichte“ immer mehr Wissen bedeuten. Vielmehr trifft das Gegenteil zu: Wenn nämlich zwischen Fakten und Falschmeldungen nicht mehr unterschieden werden kann, kommt es zu Effekten, die bei aller Beredsamkeit dem Weberschen Gebot des Schweigens entsprechen.

Es ist zu hoffen, dass sich im Internet Strukturen entwickeln, die es mehr als bisher gestatten, seriöse von unseriösen Meldungen zu unterscheiden. Der professionelle Journalismus – innerhalb und außerhalb des Internet – hat die Chance, eine solche Orientierung zu fördern, und zwar einmal durch Übertragung und Weiterentwicklung von Regeln des Publizierens und – zum zweiten – durch eigene Publikationen. Voraussetzung dabei ist, dass die professionell geführten Medien mit den – oft auch nur spärlichen – Fakten sorgfältig umgehen und nicht angesichts eines zunehmenden Konkurrenzdrucks ihrerseits Konstrukte produzieren. Nur durch den Verzicht auf Spekulationen, das heißt durch journalistische Bescheidenheit, die selbstverständlich eine Ausleuchtung der gesellschaftlichen Hintergründe nicht ausschließt, ist es möglich, zur Aufklärung, das heißt zur Vermehrung des Wissens über politische Vorgänge beizutragen.

Literatur

Bröckers, Mathias (2002): Verschwörungen, Verschwörungstheorien und die Geheimnisse des 11.9. Frankfurt a.M.
Harms, Florian (2000): Arabien im Netz ohne Grenzen. In: taz. Nr. 6112. 06.4.2000. S. 17.
Kepplinger, Hans Mathias (1992): Ereignismanagement. Wirklichkeit und Massenmedien. Osnabrück.
Leschke, Rainer (2001): Einführung in die Medienethik. München.
Pinzke, Renate (1996): Krieg, Propaganda und Zensur. Alternative Medienprojekte in Ex-Jugoslawie. In: medium 26. S. 48-50.
Plake, Klaus/Jansen, Daniel/Schuhmacher, Birgit (2001): Öffentlichkeit und Gegenöffentlichkeit im Internet. Politische Potenziale der Medienentwicklung. Wiesbaden.
Requate, Jörg (1995): Journalismus als Beruf. Entstehung und Entwicklung des Journalistenberufs im 19. Jahrhundert. Göttingen.
Sarcinelli, Ulrich (1987): Symbolische Politik. Zur Bedeutung symbolischen Handelns in der Wahlkampfkommunikation der Bundesrepublik Deutschland. Opladen.
Shapiro, Andrew L. (1999): The Control Revolution. How the Internet is Putting Individuals in Charge and Changing the World We Know. New York.
Sievers, Burkard (1974): Geheimnis und Geheimhaltung in sozialen Systemen. Opladen.
Weber, Max (1916a): Der verschärfte U-Boot-Krieg. Denkschrift unter Mitarbeit von Dr. Felix Somary. März 1916. Aus dem Nachlaß veröffentlicht in den Gesammelten Politischen Schriften 1921. Zitiert nach: Max Weber Gesamtausgabe (im Folgenden: MWG). Hrsg. von Horst Baier, Rainer Lepsius, Wolfgang J.Mommsen, Wolfgang Schluchter, Johannes Winckelmann. Tübingen 1984ff. Bd. I/15. Tübingen 1984. S. 99-125
Weber, Max (1916b): Deutschlands weltpolitische Lage. Rede am 27.10.1916 in München, in: MWG. I/15. S. 691-700
Weber, Max (1917): Deutschlands äußere und Preussens innere Politik. I. Die Polenpolitik. In: Frankfurter Zeitung. Nr. 55. 25.2.1917. Zitiert nach: MWG. Bd. I/15. Tübingen 1984. S. 197-203.
Weber, Max (1918): Innere Lage und Außenpolitik. n: Frankfurter Zeitung. Nr. 34. 3.2.1918. Zitiert nach: MWG. Bd. I/15. Tübingen 1984. S.401-420.
Weber, Max (1919a): Politik als Beruf. Erstdruck in Max Weber: Geistige Arbeit als Beruf. Vier Vorträge vor dem Freistudentischen Bund. Zweiter Vortrag. Max Weber: Politik als Beruf. München und Leipzig 1919. Zitiert nach: MWG. Bd. 17. Tübingen 1992. S. 157-252.
Weber, Max (1919b): Zum Thema der Kriegsschuld. In: Frankfurter Zeitung vom 17.1.1919. Abdruck in: MWG. Bd. 16. Tübingen 1988. S. 179-190.
Weber, Max (1919c): Zeugenaussage im Prozess gegen Ernst Toller 1919. Zitiert nach : MWG. I/16. Tübingen 1988. S. 485-491.
Weber, Max (1922): Wirtschaft und Gesellschaft. Grundriß der Sozialökonomik. II. Abteilung. Hrsg. von Marianne Weber. Zitiert nach der Studienausgabe. 2. Bd. Köln/Berlin. 1964.
Weischenberg, Siegfried (1995): Journalistik. Medientechnik, Medienfunktionen, Medienakteure, Bd. 2. Opladen

Der Autor

Klaus Plake, Dr. Soz.Wiss. (*1944), Professor für Erziehungssoziologie, Schwerpunkt: Sozialisationstheorie. Studium der Soziologie, Pädagogik und Volkswirtschaftslehre an den Universitäten Münster und Bielefeld; 1969 bis 1970 Wissenschaftlicher Mitarbeiter bei der Gesellschaft für Sozialen Fortschritt in Bonn. 1970 bis 1980 Tätigkeit an der Pädagogischen Hochschule Rheinland, zunächst als Wissenschaftlicher Assistent, ab 1974 als Akademischer Rat; 1978 bis 1979 Professurvertretung an der Universität Marburg; 1980 Akademischer Rat an der

Universität Düsseldorf; 1981 Habilitation an der Universität Münster; seit 1981 Professor an der Universität der Bundeswehr in Hamburg.
Veröffentlichungen: Reformpädagogik – Wissenssoziologie eines Paradigmenwechsels, Münster 1991; Hrsg.: Sinnlichkeit und Ästhetik, Würzburg 1992; Hrsg. (mit Wolfgang K. Schulz): Entillusionierung als Programm – Beiträge zur Soziologie von Shmuel N. Eisenstadt, Weinheim 1993; Talkshows – Die Industrialisierung der Kommunikation, Darmstadt 1999; Öffentlichkeit und Gegenöffentlichkeit im Internet, Opladen 2001 (mit Daniel Jansen, Birgit Schuhmacher).

Kapitel 3

Lebenschancen und Migration

Ethnische Konflikte im internationalen Vergleich

Heribert Adam

Spätestens seit Max Weber wissen wir, dass es keine objektive Sozialwissenschaft gibt. Schon die Auswahl von Forschungsthemen und die Interpretation von Daten werden immer vom Umfeld der persönlichen Erfahrung und Interessen mitbestimmt. Meine Geburt und Ausbildung in Deutschland, meine 35-jährige wechselnde Lehrtätigkeit in Kanada, Südafrika, den USA und Ägypten spiegeln sich deshalb auch in den folgenden Überlegungen zu dem kontroversen Thema ethnische Konflikte und Identität.

Die Vereinten Nationen veranstalteten im Herbst 2001 in Durban einen Weltkongress gegen Rassismus, Xenophobie und ähnliche Intoleranz. Neben den Festreden und Leerformeln der Politiker stritten sich Vertreter von Opfergruppen aus aller Welt um die Aufmerksamkeit der Weltöffentlichkeit. Die oberflächliche Berichterstattung beschränkte sich hauptsächlich auf die Streiterei um den Nahostkonflikt und die Entschädigungsforderungen der Afro-Amerikaner für Sklaverei. Die 15.000 Delegierten – von Dalits aus dem Hindu-Kastensystem über Roma und Ureinwohner aus allen fünf Kontinenten bis zu Homosexuellen, Asylsuchenden der politisch Verfolgten und Vertretern von Minderheiten, die ihren eigenen Staat etablieren wollen –konkurrierten darum, wer am meisten unter historischer Diskriminierung gelitten hat oder noch leidet und deshalb die höchste Anerkennung und Entschädigung verdient. Schon deshalb ist es angebracht, die Ansprüche auf Platz eins in der Hierarchie der Unterdrückung genauer zu untersuchen.

Wenn man über die Lösung oder Reduzierung der vielfältigen ethnischen Konflikte in der Welt vergleichend und theoretisch reflektiert, sollte man zumindest vier verschiedene Minoritätensituationen deutlich unterscheiden. Minderheiten haben nicht nur verschiedene historische Ursprünge und erleben unterschiedliche Diskriminierung mit unterschiedlicher Rechtsstellung, sie erfordern deshalb auch differenzierende, ja oft gegensätzliche Strategien bei der Konfliktüberwindung. Die vier Typen lassen sich unter folgenden Rubriken abhandeln:

1. Nationalitätenkonflikte
2. Ureinwohner
3. Diaspora-Minderheiten
4. Zuwanderer

Die Reihenfolge und Kategorisierung besagt nichts über das Ausmaß der Diskriminierung, den Grad des Unrechts oder die Intensität der Unterdrückung. Im

Folgenden werden vor allem die Unterschiede zwischen Kanada und Deutschland in der Kategorie der Zuwanderer vergleichend analysiert.

Die reiche akademische Literatur zum Thema konzentriert sich auf die einheimischen, lokalen Konflikte. Dutzende von Neuerscheinungen über Identitätskonflikte haben selten vergleichende Aspekte im Blick. In den USA dominiert die schwarz-weiße Rassenproblematik. In Deutschland stehen Migration, Fremdenfeindlichkeit und Ausländerintegration im Vordergrund. In Kanada wird diskutiert, wie man die Abspaltung von Quebec verhindert, während Einwanderung, Rassismus und die missliche Lage der indianischen Ureinwohner als Wahlkampfthema tabuisiert sind. Die israelische soziologische Diskussion wird von Abhandlungen über die Mentalität der Palästinenser beherrscht, während in Südafrika neuerdings nicht mehr die burische Halsstarrigkeit, sondern die Rassendiskriminierung der Weißen in Form von Affirmative Action die Gemüter bewegt.

Selten werden solche Themen vergleichend untersucht und man sucht vergeblich nach Studien, wie sich etwa die deutsche von der französischen oder britischen Fremdenfeindlichkeit unterscheidet. Ebenfalls vergeblich ist die Suche nach einer vergleichenden Analyse, die Lehren aus der friedlichen Beilegung des südafrikanischen Konflikts für eine Verhandlungslösung im Nahostkonflikt zieht. Es wäre doch wichtig zu verstehen, warum der südafrikanische Konflikt zwischen dem afrikanischen und burischen Nationalismus mit beiderseitigem Einvernehmen in einem demokratischen, multikulturellen Einheitsstaat endete, während die nationalistischen Antagonisten im Nahen Osten beide auf einem eigenen Nationalstaat beharren und sich seit Jahrzehnten über dessen Grenze die Köpfe zerschlagen. Falsche Vergleiche werden allerdings als politische Propaganda zu Dutzenden produziert, so etwa der Slogan von den Apartheid-Nazis in Afrika oder „Zionismus ist Rassismus“. Diese offizielle UN-Resolution verwechselt Nationalismus mit Rassismus, kulturelle Identitätsbewahrung mit biologischer Abstammung als Kriterium für unterschiedliche Rechte.

1. Nationale Minderheiten

Mit potenzieller Abspaltung bedrohen nationale Minderheiten den Einheitsstaat. Es gibt Hunderte von Völkern, die einen eigenen Staat verlangen. Abspaltung ist nicht auf die Dritte Welt beschränkt, wie etwa das Beispiel Quebec oder die Slowakei demonstrieren. In Afrika und Asien haben Unabhängigkeitsbewegungen unterdrückter Minderheiten zu langjährigen Bürgerkriegen geführt – wie etwa in Biafra, Ost Timor, dem Libanon, dem Sudan oder Sri Lanka. Auch in Europa gibt es nicht nur im ehemaligen Jugoslawien noch immer blutige Auseinandersetzungen mit ethnischen Minderheiten, die zumindest größere Autonomie verlangen, wie etwa in Spanien die Basken oder in Frankreich die Korsen. Der Zerfall der Sowjetunion ist das beste Beispiel, wie seit Lenin kolonisierte Nationalitäten ihre staatliche Unabhängigkeit mit Befreiung von Fremdherrschaft gleichsetzen. Die Schwächung des

Nationalstaates im Zuge der Globalisierung wird solcher ethno-regionalen Eigenständigkeit noch weiter Auftrieb geben. Maximale lokale Selbstverwaltung und Pflege der kulturellen Besonderheit gilt ja nicht nur wegen der Tyrannei der Mehrheit seit langem als ein Grundrecht. Vor allem ist der Konflikt schon vorprogrammiert, wenn Minderheiten konzentriert im eigenen Territorium leben, eigene Institutionen besitzen und Kolonialmächten in einen Zwangsstaat eingegliedert wurden oder von den neuen Eliten im Namen von Nationalbildung assimiliert werden (wie etwa die Kurden in der Türkei oder im Iran).

Allerdings ist die erfolgreiche Abspaltung und Staatsneugründung keine Garantie der dauernden Konfliktlösung. Als sich 1948 das muslimische Pakistan vom hinduistischen Indien trennte, gab es nicht nur eine Million Tote in den Flüchtlingsströmen, sondern Pakistan und Indien haben seitdem zwei Kriege geführt. Pakistan und Bangladesch haben sich unter großen Verlusten später voneinander getrennt. Falls es jemals einen eigenen lebensfähigen Staat der Palästinenser geben sollte, ist das noch lange keine Garantie, dass damit der Nahostkonflikt gelöst ist, denn die Feindschaft der arabischen Staaten gegenüber dem jüdischen westlichen Außenposten Israel wird fortbestehen.

Als generelle Strategie, Nationalitätenkonflikte zu beheben oder zumindest einzudämmen, empfiehlt sich weitgehende kulturelle Autonomie, Selbstbestimmung in lokalen Angelegenheiten, Machtteilung in der Zentralregierung (Konkordanzdemokratie) und Entnationalisierung des Nationalstaates. So wie die europäischen Religionskriege durch die Trennung von Staat und Kirche in der Neuen Welt überwunden wurden, muss jetzt ein ethnisch neutraler Staat oder offiziell multikultureller Staat die Gleichberechtigung all seiner verschiedenen ethnokulturellen Segmente garantieren. Solche multikulturelle Staatsbürgerschaft (Kymlika) oder multikultureller Patriotismus ist allerdings schwer zu realisieren, weil allein schon die offizielle Sprache eines Staates kulturelle Präferenzen beinhaltet. Glücklicherweise ist Deutschland von separatistischen Tendenzen verschont und auch die folgenden zwei Konfliktsituationen betreffen Deutschland nicht.

2. Ureinwohner

Unter Jahrhunderten von Kolonialismus haben meist vorstaatliche Jäger- und Sammlervölker gelitten – nicht nur durch europäische Mächte, sondern auch durch einheimische Eliten in Asien, Afrika und besonders in Lateinamerika. Eroberung und Fremdherrschaft gipfelten in Ausrottung, Versklavung, Assimilation und Marginalisierung durch Landraub und Zerstörung der traditionellen Lebenswelt. Für australische Aborigines, japanische Einu, Guatemalas Mayans oder San („Buschmänner") in Botswana bleibt der Begriff Menschenrecht abstrakt und fremd. Die drei Prozent überlebenden Indianer in Reservaten oder städtischen Slums in Kanada oder die Innuit/Sami in der Arktis stehen in ihrer Lebensqualität noch unter Bewohnern südafrikanischer Bantustans. Zwar haben liberale Demokratien wie Kanada oder Australien in der Verfassung Rechte der Ureinwohner auf Selbstbestimmung und kommunalen Landbesitz speziell verankert, was aber den Mangel an realer ökonomischer Macht oder geringe Wählerstimmen nicht ausgleicht. Aber immerhin können Ureinwohner jetzt in den meisten demokratischen Staaten das Recht als „Erste Nationen" einklagen. Tantiemen für die gewerbliche Nutzung traditioneller Stammesgebiete haben einigen der 600 Indianerstämme in Kanada sogar einen gewissen Reichtum beschert.

In meiner Wahlheimat Britisch Kolumbien werden die Beziehungen mit den Ureinwohnern noch durch ein gesondertes Problem belastet. Überall sonst in Nordamerika, einschließlich der USA, beruhen die Rechtsbeziehungen zwischen Ersten Nationen und dem Einwandererstaat auf Staatsverträgen. In den drei Jahrhunderten der Eroberung und Besiedlung der Neuen Welt, hat die britische Krone mit den unterworfenen Einheimischen Friedensverträge geschlossen, welche den Indianern eigene Reservate garantieren oder traditionelle Fischerei- und Jagdrechte zugestehen, die nur von Ureinwohnern wahrgenommen werden dürfen. In Britisch Kolumbien und dem nordwestlichen Gebiet Kanadas gibt es solche Verträge jedoch nicht. Die europäischen Invasoren haben das dünn besiedelte Gebiet langsam und fast unbemerkt unter der Fiktion einer terra nullis in Besitz genommen, ohne dass die Aneignung militärisch oder rechtlich besiegelt wurde. Es ist sozusagen das letzte offene Grenzgebiet der Welt. Deshalb betrachten die Ureinwohner ihre europäischen Nachbarn mit Recht als Eindringlinge. Umgekehrt hat die behauptete Souveränität der Indianerstämme keine europäische Rechtsgrundlage, und die Ureinwohner können deshalb nicht auf Vertragsverletzung klagen. Bei solch historischer Rechtsunsicherheit hängt alles von politischen Verhandlungen und vagen Gerichtsentscheidungen ab, die sich über Jahrzehnte hinziehen können. In der Zwischenzeit wächst die Ungeduld der Ureinwohner und ihre militanten und besser ausgebildeten jüngeren Führer nehmen sich die Taktiken anderer nationalistischer Befreiungsbewegungen zum Vorbild.

3. Diaspora-Minderheiten

Die Nachkommen der Sklaverei in Amerika bilden die Diaspora-Minderheiten ebenso wie ehemalige indische Vertragsarbeiter in der Karibik, Fidschi oder Ostafrika, Roma im Balkan und Südeuropa. Auch Hindu-Dalits und andere kastendiskriminierte, aus religiösen Gründen gettoisierte Gruppen gehören in diese Kategorie, wie auch die stigmatisierten Juden in Osteuropa oder die staatenlosen Palästinenser in der arabischen Welt. Gemeinsam ist diesen klassischen „Fremden" unter einer sich anders definierenden Mehrheitsbevölkerung, dass sie historisch als Sündenböcke missbraucht wurden, dass ihr Anspruch auf eigenes autonomes Territorium geleugnet wird und dass sie verstreut oft als Bürger zweiter Klasse ohne Rechtsschutz der Willkür der Mehrheit preisgegeben sind. Selbst wenn sie, wie die chinesische Minderheit in Indonesien, die westeuropäischen Juden oder die Ismailis in Ostafrika kollektiv besser als die Mehrheit gestellt sind, wird gerade durch diesen Unterschied zur Mobilisierung von Hass benutzt. Obwohl solche Minderheiten seit Generationen in demselben Land leben, ist die Rechtssituation der Außenseiter oft prekär. Afro-Amerikaner oder Dalits in Indien werden trotz gleicher formaler Rechte aus Gewohnheit und tief verwurzelten Vorurteilen diskriminiert. Das Gleiche gilt für kommunale Spannungen, in denen sich die Beteiligten selbst nicht als Fremde verstehen, wie zum Beispiel bei den Auseinandersetzungen in Nordirland oder kommunalen Gewaltausbrüchen zwischen Hindus und Muslimen in Indien.

Gleichstellungsmaßnahmen umfassen Schulintegration und Aufklärung, Anti-Diskriminierungsgesetze oder selbst zeitweilige Bevorzugung historisch benachteiligter Gruppen (Affirmative Action). Solche staatlich legitimierte Gruppenzugehörigkeit zur Herstellung größerer Chancengleichheit institutionalisiert aber die subjektive Differenz, die der liberale Individualismus doch gerade bei Rassenbewusstsein durch Farbenblindheit abschaffen will. Wenn sich reale Vorteile, wie zum Beispiel Universitätszugang oder Beschäftigung im öffentlichen Dienst oder Vergabe öffentlicher Aufträge mit der Hautfarbe verbinden, lässt sich schwerlich erwarten, dass die so Bevorzugten auf farbenblinder Kriterien beharren. Andererseits verschärft die Bevorzugung der rassischen Minderheit das Rassenressentiment der benachteiligten Mehrheit, was genau das Gegenteil der progressiv geplanten Intervention bewirkt.

Solche Gleichheitsanstrengungen beruhen auf dem Prinzip der Gleichbehandlung aller Staatsbürger. Wo die Minderheit nicht (oder noch nicht) als dauerndes Mitglied im Staatsverband gilt, ausgewiesen durch den nationalen Pass, gilt auch Diskriminierung als legitim. Alle Staaten der Welt regeln den Zugang zu ihren Privilegien mit der Staatsbürgerschaft, einschließlich des Aufenthaltsrechts und der politischen Mitbestimmung. Dies gibt der nächsten Kategorie der Zuwanderer ihren Sonderstatus.

4. Einwanderer, Arbeitsmigranten und Armutsflüchtlinge

Nicht im alteingesessenen Sinne „anders“ sind Einwanderer, Arbeitsmigranten und Armutsflüchtlinge. Sie unterscheiden sich von den Diaspora-Minoritäten durch ihre individuelle Motivation, ihre wirtschaftliche Lage durch Umsiedlung zu verbessern. Sie sind keine Bedrohung der Staatsmacht – im Gegenteil, sie verhalten sich oft überkonform und loyal. Ihr Minderheitsstatus im neuen Land ist „freiwillig“ gewählt, soweit man denn die Flucht aus der Armut oder die Sehnsucht nach individueller Sicherheit oder höherem Lebensstandard einer solchen Kategorie zuordnen kann. Individuelle Migranten wollen als Einzelne an dem höheren Lebensstandart und an den Freiheiten der westlichen Sozialstaaten teilnehmen, im Gegensatz zum kollektiven und zwangsweisen Schicksal der historisch älteren Diaspora-Minderheiten. Massenhafte Arbeitsmigration ist ein Phänomen jüngeren Datums, das mit dem wachsenden Gefälle zwischen Entwicklungsländern und Industrienationen zugenommen hat und durch die politische Unterdrückung in vielen ehemaligen Kolonialstaaten noch zusätzlichen Auftrieb erhielt. Kriegs-, Armuts-, Umweltflüchtlinge oder Verfolgte aus politischen, ethnischen, religiösen oder anderen Gründen lassen sich heute schwer auseinander halten.

Gemeinsam erfahren derart Fremde anfänglich die Skepsis, Distanz, Ablehnung oder offene Feindseligkeit der Einheimischen. Xenophobie gleicht sich in Deutschland, Kanada, Südafrika oder Japan. Allerdings hängt die Dauer und Intensität der Fremdenfeindlichkeit stark von dem Selbstverständnis des Aufnahmelandes ab. Klassische Einwanderungsländer wie Kanada, die USA oder Australien verstehen sich offiziell als plurale, multikulturelle Gebilde mit geringem Assimilitationsdruck. Jeder kann nach seiner Fasson selig werden. Einbürgerung erfolgt fast automatisch auf Antrag nach drei Jahren unbescholtenen Aufenthalts ohne besondere Voraussetzungen von Sprachkenntnissen oder kultureller Integration. Es wird erwartet, dass die großzügige Einbürgerung die kulturelle Integration erleichtert und nicht, wie in Deutschland, als Voraussetzung der Einbürgerung gilt. Der Pass ist kein Loyalitätsausweis und man kann mehrere Staatsbürgerschaften besitzen, solange man seine Steuern bezahlt und die Gesetze des Landes befolgt. Die soziale Hierarchie ist informell und relativ durchlässig. Auch Neuankömmlinge und Minderheitenvertreter können politische Karriere machen und gewählt werden, sofern sie die geforderten Voraussetzungen erfüllen. Der öffentliche Dienst, besonders die Polizei und Lehrerschaft, ist zurzeit besonders bemüht, vom Image einer rassistisch homogenen Körperschaft abzukommen.

Solch multikulturelles Selbstverständnis der klassischen Entwicklungsländer unterscheidet sich von historisch monoethischen Gesellschaften in Europa, die zwar faktisch schon lange nicht mehr kulturell homogen sind (oder nie waren), aber immer noch die Illusion einer gewachsenen einheitlichen Kulturnation pflegen. In Deutschland, Italien, Israel und Japan bestimmt die Abstammung die Zugehörigkeit, im Gegensatz zur Staatsnation im angelsächsischen Bereich, wo legaler Aufenthalt oder Geburt im Staatsterritorium das einzige Kriterium für Mitgliedschaft ist. Im Selbstverständnis der Staatsnation wird die Solidarität der Mitglieder subjektiv begründet und Herkunft ist theoretisch irrelevant. Die überfällige deutsche Reform des Staatsbürgerschaftsrechts geht in die gleiche Richtung. Aber auch die wenigen eingebürgerten Türken – und selbst die hier geborene und aufgewachsene zweite und dritte Generation der Gastarbeiter – bleiben im Gemeinverständnis immer noch Ausländer. Deshalb sollte man sich nicht wundern, wenn sie sich in eigenen Enklaven einigeln und Kontakte vermeiden.

Der deutsche Assimilationsdruck zeigt sich klar in der fast einheitlichen Ablehnung von „Parallelgesellschaften". Abkapselung von der Mehrheit wird als Bedrohung und gefährliche Ghettobildung angesehen. Umgekehrt wird in Kanada die ethnische Selbstorganisation positiv eingeschätzt und als berechtigte Interessenartikulation und als Teilnahme an den bestehenden Entscheidungsstrukturen bewertet. Die Regierung unterstützt solche Bemühungen sogar mit finanziellen Zuwendungen. Liberale, linke und konservative Parteien bewerben sich intensiv um die

Wählerstimmen der ethnischen Minderheiten und die visible minorities sind in allen Parteien visible und durch eigene Repräsentanten vertreten. Solche ethnischen Kandidaten fühlen sich aber in erster Linie ihrer Partei und nicht ihrer eigenen Herkunftsgruppe verpflichtet, und es hat in der Geschichte Kanadas niemals ethnische Parteien gegeben. Freilich wären Versuche Minderheitenparteien auf ethnischer Basis zu etablieren wegen des Mehrheitswahlrechts von vornherein zum Scheitern verurteilt.

Es besteht auch in Deutschland wenig Grund, ethnische Autonomie zu befürchten und zu bekämpfen. Teilnahme an der Mehrheitsgesellschaft muss sich freiwillig und unter Beachtung von Differenzen vollziehen und kann nicht nur über die Angleichung erlaubt sein. Warum muss die subjektive Identifikation mit der Mehrheitskultur zum alleingültigen Integrationskriterium erhoben werden, wenn sie einen schwierigen Identitätswechsel erfordert? Entweder müssen Muslime ihrer Religion abschwören, um als wirkliche Deutsche anerkannt zu werden, oder man muss muslimische Deutsche akzeptieren. Für Migranten sind ethnische Enklaven Inseln des Wohlbefindens und der Gruppenunterstützung in einer emotional kalten Welt. Solcher Heimatersatz spart dem Aufnahmeland sogar Sozialkosten. Rainer Geissler hat dies sehr einleuchtend formuliert:

> „Die monokulturellen Elemente des Assimilationskonzepts widersprechen den psychischen Befindlichkeiten vieler Migranten, weil sie den kognitiven und psychischen Verzicht auf die Herkunftskultur voraussetzen; sie sind daher kein geeignetes Instrument, um die interethnischen Beziehungen in multi-ethnischen Gesellschaften angemessen zu erfassen. Das Konzept der multikulturellen Integration ist dazu besser geeignet. Mit seiner zweipoligen flexiblen Form von der „Einheit-in-Verschiedenheit" trägt es sowohl den Bedürfnissen der Minderheiten nach Differenz als auch den Ansprüchen der Mehrheit auf ihrer Grundwerte und Grundregeln Rechnung."[1]

Dem kann man noch hinzufügen, dass Assimilationszwang auch offensichtliche Multi-Identität leugnet. Doppel- oder Mehrfachstaatsangehörigkeit zum Beispiel ist für Kanada kein Problem, während die deutsche Vorstellung noch immer von dem „Entweder-Oder" der Loyalität ausgeht. Man kann aber durchaus zugleich Türkei und Deutscher sein, ohne dabei schizophren zu werden.

Regelmäßig durchgeführte Bevölkerungsumfragen ermitteln längerfristige Entwicklungstrends, die zumeist in Westdeutschland keine Zunahme der Fremdenfeindlichkeit feststellen. Aber die vier Test-Items, die Allbus (1996) verwendet, könnten in Kanada überhaupt nicht benutzt werden.

---

1 Vortrag auf dem 30. Kongress der Deutschen Gesellschaft für Soziologie in Köln, September 2000.

1. „In Deutschland lebende Ausländer sollen ihren Lebensstil ein bisschen besser an den der Deutschen anpassen“ (Zustimmung 45 Prozent)
2. „Wenn Arbeitsplätze knapp sind, sollte man die Ausländer wieder in die Heimat schicken“ (Zustimmung 31 Prozent)
3. „Man sollte Ausländern jegliche politische Betätigung untersagen“ (Zustimmung 30 Prozent)
4. „Ausländer sollten sich ihre Ehepartner unter ihren eigenen Landsleuten auswählen“ (Zustimmung konstant 22 Prozent).

Eine Mehrheit will sogar den unbegrenzten Zuzug von EU-Arbeitern unterbinden (38 Prozent) oder begrenzen (51 Prozent). Zwar hat sich der Freizeitkontakt der „Ausländer“ mit „Einheimischen“ vermehrt (bei Türken 50 Prozent) und der Anteil gemischt-nationaler Ehen vergrößert, er liegt aber noch weit unter vergleichbaren Anteilen in Kanada. Etwa zehn Prozent der Griechen und Türken in Deutschland haben einen deutschen Lebenspartner. Von den Kindern der Japan-Kanadier, die während des Zweiten Weltkrieges als potenzielle Saboteure und Staatsfeinde enteignet und interniert wurden, heiraten jetzt 90 Prozent außerhalb ihrer Herkunftsgruppe. Nur dort, wo traditionelle religiöse Barrieren und zögernde Säkularisierung den Sexualkontakt außerhalb der Eigengruppe tabuisiert – wie etwa bei den kanadischen Sikhs – wird noch in hohem Maße Endogamie praktiziert. Zum großen Verdruss der Rabbiner, suchen sich selbst 50 Prozent der nordamerikanischen Juden einen nichtjüdischen Ehepartner, der selten zum jüdischen Glauben konvertiert. Solche unvermeidliche Integration in Kanada geschieht ohne staatlich forcierten Assimilationsdruck, der auch in Deutschland überflüssig ist und in Repression auszuarten droht.

Was dagegen unbedingt notwendig erscheint, ist eine rationale Einwanderungspolitik, die den Zuzug – wie in Kanada – nach landeseigenem Bedarf und Wertvorstellungen regelt, statt die de facto Einwanderung dem Zufall oder der Überlistung von Kontrollen zu überlassen. Wenn Zuwanderungswillige die legale Möglichkeit besitzen, in Deutschland zu wohnen und zu arbeiten, brauchen sie den Zuzug auch nicht auf illegale Weise zu betreiben. Wenn Deutsche wissen, dass neue Ausländer legale Einwanderer sind, statt ihren Aufenthalt einer List zu verdanken, wird sich auch das Ressentiment der Mehrheit vermindern.

Der Autor
Heribert Adam ist Professor für Soziologie an der kanadischen Simon Fraser University British Columbia.

Verhandlungskultur, Spannungsausgleich und die Kontrolle ethnischer Konflikte: Schweizer Lektionen für den europäischen Integrationsprozess

Robert Hettlage

Die Schweiz ist weltbekannt wegen ihrer Naturschönheiten, ihrer gepflegten Wintersportzentren und ihrer landschaftlichen Vielfalt auf kleinstem Raum. Danach folgen in den internationalen Umfragen regelmäßig: Käse, Schokolade, Uhren (vgl. Kommission „Präsenz Schweiz" 2003). Anspruchsvollere und informiertere Zeitgenossen beziehen sich aber auch auf die Schweiz als Gesellschaftssystem. Von ihnen wird sie beachtet wegen ihres hohen Lebensstandards und bestaunt wegen ihrer politischen Stabilität – trotz der in dieser Gesellschaft eingelagerten Gegensätze und Paradoxien. Widersprüche gibt es in der Tat nicht wenige:

Für manche ist Davos skifahrerisch das Höchste der Gefühle, für andere wird am World Economic Forum der seelenlose, globalisierte „homo davosiensis", der moderne Frankenstein, in die Welt entlassen. Die Schweiz ist ein Kleinstaat (0,028 Prozent der Weltbevölkerung) steht aber im Weltranking des Pro-Kopf-Einkommens an fünfter Stelle. Zwar sind die Schweizer mehrheitlich Europa-kritisch eingestellt, aber gleichzeitig durch eine hohe globale Orientierung gekennzeichnet (Zürich, Genf und Lugano, als die drei bedeutendsten Bankzentren der Schweiz sind ein Symbol dafür. Für viele sind sie die dubiosen Banktresore der Welt (vgl. Ziegler 1977)). Als Verweigerer der europäischen Integration (d.h. des Eintritts in das Europäische Währungssystem 1992) galt dieses Land dennoch einmal als Muster für eine Zusammenarbeit der Staaten in Europa. Trotz hoher Distanz gegenüber „dem Ausland" ist der Ausländer-Anteil mit fast 20 Prozent der Wohnbevölkerung so hoch wie in keinem anderen europäischen Land (außer Luxemburg). Als Land mit verschiedenen „Minderheiten" hat es doch kein eigentliches Minderheiten-Problem. Der „pflegliche Umgang" mit den Minoritäten gilt einigen sogar als die historische Leistung der Schweiz schlechthin (Hubacher 1999: 10)

Zweifellos ist diese „Willensnation", wie der jetzt aus dem Amt geschiedene Finanzminister, Bundesrat Kaspar Villiger, es formulierte, ein „soziologisches Experiment im Reagenzglas", von dem Europa immer noch einiges lernen kann. An der Schweiz kann man nämlich studieren, wie den latenten Gefahren der ethnischen „Sonderwege", der Mini-Nationalismen und des Ethno-Separatismus begegnet werden kann.

Europa ist in ethnischer Hinsicht ein äußerst zerklüftetes Gebiet. Seine Geschichte ist auch eine beständiger Kämpfe um und mit seinen Minderheiten. Man denke nur an Großbritannien (Nordirland), Spanien (Baskenland), Italien, Belgien, Österreich, Griechenland, nicht zu reden vom „ ethnischen Flickenteppich“ und den permanenten ethnischen Umsiedlungen, „Reinigungen“ und kriegerischen Auseinandersetzungen in Südost-Europa (vgl. Giordano 1996: 277ff.). Mit der im Jahr 2004 anstehenden 1. Etappe der so genannten Osterweiterung kommen auf die Europäische Union neue Belastungen infolge der ungelösten Probleme des „ethnic revival“ in Ungarn, im Baltikum, in Zypern, der Slowakei zu. Von den „alten“ Problemen der Bevölkerungsverschiebungen im Nachkriegseuropa (Tschechien, Polen) gar nicht zu reden. Nicht selten blickt man dann auf die Schweiz, um verstehen zu lernen, wie sie ihr Problem der ethnischen Differenzierung anpackt, das sie offensichtlich so erfolgreich und bisher so friedlich gelöst hat. Erst jüngst hat sich Uno-Generalsekretär Kofi Annan wieder auf das Schweizer Kantonsmodell berufen, um die Wiedervereinigung Zyperns noch vor 2004 zu erreichen (Annan-Plan).

Inwiefern die Schweiz hier immer noch Modellcharakter für Europa beanspruchen könnte, soll im Folgenden untersucht werden. Dazu ist zunächst ein Blick auf die Entstehungsgeschichte der Eidgenossenschaft unerlässlich.

1. Stichworte zur Entstehungsgeschichte der Schweiz

Bedeutsam für diesen Staat der Nationalitäten ist es bis heute, dass er nicht nach zentralstaatlichem Vorbild (wie z.B. Belgien) gegründet wurde. 500 Jahre lang war er eher ein lockeres und verwickeltes Bundessystem mit vollberechtigten und zugewandten „Orten“ nebst ihren Untertanenlanden , also ein „Staatenbündel“ (Gasser 1976: 162) Erst 1848 wurde die Schweiz in eine fest gefügte Bundeseinheit transformiert, wobei das Muster von damals 22 „Kleinstaaten“ (Kantonen) gewahrt blieb.

Historisch genauer besehen ist der Beginn des schweizerischen Bundesstaates früher anzusetzen. Markstein ist die „Mediationsakte“ von 1803, mit der Napoleon Bonaparte, damals noch Erster Konsul, die Verhandlungen über die institutionelle Neugestaltung der Eidgenossenschaft zum Abschluss gebracht hatte. Mit dieser Verfassung setzte er dem zentralisierten, jakobinisch-französischen Modell der so genannten “Helvetischen Republik“ zugunsten eines Föderativregelung ein rasches Ende.[1]

1.2. Der Staatsgründungsmythus von 1291

1991 feierte die Schweiz den 700. Jahrestag ihrer Gründung als Staatswesen. Die Gründungsurkunde, der so genannte „Bundesbrief“, und der Schwur der Gründerväter („Rütlischwur“), „ein einig Volk von Brüdern“ sein zu wollen, ist heute noch von

1 Angesichts der 200 Jahrfeier zur Mediation fragte der französische Senatspräsident im Übrigen, ob Frankreich bei seiner augenblicklichen Dezentralisierungs-Debatte nicht gut daran täte, sich vom Schweizer Nachbarn inspirieren zu lassen. Vgl. Basler Zeitung, Nr. 44, 21.2.2003:13.

politischer Pietät umgeben und hat einen hohen traditionalen Legitimationswert. Daran ändert die Frage nichts, ob Wilhelm Tell, der den Gruß vor dem Hut des Landvogts verweigert hatte, tatsächlich existierte[2] und ob zur damaligen Zeit durch den Kontrakt der „freien Schweizer" wirklich eine „Staatsnation" im heutigen Sinne gestiftet wurde. Die Historiker sind mittlerweile eher der Meinung, dass eine Nation in diesem Sinne gar nicht beabsichtigt gewesen sei, sondern eher nur ein Trutz-Bündnis, um die eigene Lebensweise der drei innerschweizerischen „Ur-Kantone" (Uri, Schwyz, Unterwalden) gegenüber fremden Eingriffen zu sichern. Ein Nationalstaat im heutigen Sinn war es sicher nicht. Eher könnte man von einer Organisation genossenschaftlicher Selbsthilfegruppen mit hoher „dorfverbandlicher Selbstreferenz" sprechen. Diese „Eidgenossenschaft" findet bis heute ihr Pendant und ihren kantonalen Nachhall in einem starken Anti-Zentralismus. Immer noch gilt, was der Europarat (1970) als Wesen der Schweiz erkannte – nämlich, dass sie „zentrifugal" geordnet sei.

Schon in der Gründungszeit und in den nachfolgenden Jahrhunderten, als der Bund von kleinen Berg-Gemeinden später um „zugewandte" Städte und größere Gebiete erweitert wurde, bleibt die Schweiz deshalb hauptsächlich ein Verteidigungsbund von lokalen und kantonalen Selbstverwaltungen. Dieser Bund hat die Besonderheit, dass er nicht Ergebnis einer Eroberungsgeschichte seitens einer Dynastie, einer Provinz oder einer Stadt ist, wie es sonst häufig in Europa der Fall war. Er wurde vielmehr mit dem Westfälischen Frieden (1648) aus dem Heiligen Römischen Reich deutscher Nationen entlassen. Begünstigt wurde die Entwicklung durch die Isolation, die Armut und die Unwegsamkeit des kleinen Gebiets, die erst sehr spät äußere Interessen und Invasoren auf den Plan riefen (Deutsch 1976).

Die seit dem 16. Jahrhundert beobachtbare Abstinenz von dynastischen Konflikten hat – nach der Niederlage der Schweizer bei Marignano (1515) – wesentlich zur Formulierung der schweizerischen Neutralität beigetragen. Die eigenen Zentralisierungserfahrungen waren kurz und abschreckend. Als unter dem Einmarsch der Truppen Napoleons die alte Eidgenossenschaft 1798 kollabierte und die in Paris geschmiedete Helvetische Republik ausgerufen wurde, schien die Schweiz den Weg des französischen Etatismus gehen zu sollen. Aber schon 1803 war der Zentralismus zu Ende, als Napoleon gezwungen war, die kantonale Souveränität wieder einzuführen. Überliefert ist sein Kommentar dazu: „Die Nation hat euren föderalistischen Staat geschaffen. Sie bezwingen zu wollen, kann nicht das Anliegen eines weisen Mannes sein."

Immerhin hatte der Eingriff von außen vier bedeutsame institutionelle Veränderungen auf den Weg gebracht:

1. einen föderalistischen Staat, der eine Synthese zwischen alter Dezentralisierung und neuen, demokratisch-egalitären Strukturen versucht;

2 Vgl. dazu Max Frischs böse Satire „Tell für die Schule" von 1971.

2. die Erweiterung des Staatsgebietes um sechs neue Kantone, die im „ancien régime“ (vor 1798) als Untertanengebiete galten,
3. die Dreisprachigkeit für alle offiziellen Verlautbarungen und Gesetze, um die also im Inneren nicht unter heftigen Konflikten gekämpft werden musste.
4. das Recht des Bundes, politische Verträge mit dem Ausland abzuschließen und die Organisation sämtlicher kantonaler Milizverbände zu überwachen.

Diese basale, politische Struktur hat bis heute – trotz veränderter Territorialgrenzen – überdauert. Die Wirtschaftsintegration stand gar nicht am Anfang. Man sieht sofort, dass die EU einen ganz anderen Weg eingeschlagen hat.

2.2. Sprach- und Religionskonflikte

Ein linguistisches Problem, wie es häufig Anlass für ethnische Spannungen ist, kam in der Schweiz erst relativ spät auf, nachdem schon jahrzehntelange Erfahrungen mit der Dezentralisierung und dem Aushandeln von Kompromissen gesammelt worden waren. Das wird deutlich, wenn man auf die Entstehungsphase zurückblickt.

In den ersten 200 Jahren des Bestehens der Eidgenossenschaft war das Staatsgebilde von ursprünglich drei auf 13 Kantone angewachsen. Davon wiesen nur die Kantone Bern und Fribourg Französisch sprechende Bevölkerungsteile auf. Diese weitgehende Sprach-Homogenität blieb noch weitere 300 Jahre (also insgesamt 500 Jahre) erhalten. Mit anderen Worten: Die vielsprachige Schweiz von heute existiert, was vielfach übersehen wird, gerade einmal 200 Jahre. Sie geht auch auf die Zeit Napoleons zurück, als zwischen 1803 und 1815 insgesamt neun Kantone in den Bund aufgenommen wurden: Fünf davon waren „welsche“ Kantone (Genf, Neuchâtel, Wallis, Vaud und Tessin). Bis dahin war Deutsch unangefochten die offizielle Sprache innerhalb der Konföderation gewesen. Nun erst rückte das Sprachenproblem langsam in den Vordergrund. 1979 kam mit der Verselbständigung eines neuen Kantons – Jura – sogar ein weiterer, Französisch sprechender Kleinstaat hinzu. Seiner Gründung war ein heftig angeheizter und auch gewalttätiger Sprachenstreit mit dem Kanton Bern vorausgegangen, der zur Separation führte. In langen Verhandlungen und Abstimmungen, an deren Ende eine politische Ausdifferenzierung stand, konnte der Sprachenstreit endlich in friedliche Bahnen gelenkt werden. Das Verfahren ist nicht untypisch für die Schweiz.

Die Schweiz gilt im Allgemeinen als außerordentlich friedfertiges Staatsgebilde. Dennoch war ihr ein Religionskonflikt nicht erspart geblieben. Nach der Mediationsakte Napoleons war es zunehmend zu Spannungen zwischen den größeren, protestantischen Stadt-Kantonen und den kleinen katholischen Land-Kantonen im Inneren der Schweiz gekommen. Erstere hatten nach 1830 an Einfluss gewonnen und wollten eine Verfassungsrevision auf liberaler Grundlage erzwingen. Dabei kam es zu einem politisch-religiösen Konflikt mit den sieben katholischen Kantonen, die 1845 den so genannten „Sonderbund“ bildeten. Der Versuch, diesen Bund im Bund mit parlamentarischer, d.h. protestantischer Mehrheit aufzulösen, führte 1847 zu einem 25 Tage dauernden Bürgerkrieg („Sonderbundkrieg" mit 128 Toten), dem Sieg der Liberalen und der Auflösung des Sonderbundes. Schon wenige Monate darauf (Februar 1848) war der Entwurf für eine neue, an das amerikanische Vorbild angelehnte Verfassung fertig gestellt. Es gilt rückblickend als eine hohe staatsbürgerliche Leistung, dass sie den Besiegten nicht aufoktroyiert wurde. Vielmehr wurde sie im November 1848 per Referendum angenommen und ist bis heute (mit rund 85 Veränderungen) wirksam geblieben. Dabei wurden zwar die Bundesinstitutionen und die Gewaltenteilung verankert, aber den Kantonspartikularismen über die Errichtung eines die Regionalinteressen vertretenden „Ständerats" (vergleichbar mit dem Deutschen Bundesrat) erhebliche Konzessionen gemacht. Zugleich wurden die drei Nationalsprachen – Deutsch, Französisch, Italienisch – im so genannten „Sprachenartikel" verankert.

2.3. Steigender Außendruck als Bestandsgarantie und Bestandsrisiko

Die moderne Schweiz von 1803 war das einzige liberale Regime Europas, das die Restauration von 1848 überlebte. Deswegen war sie auch den Kräften der Reaktion ein Dorn im Auge. So kam es nacheinander zu Drohgebärden und Konflikten mit Österreich (1852), Preußen (1856/57) und Frankreich (1860). Zugleich stimulierte der Kulturkampf in Deutschland und Frankreich die noch lebendigen Sonderbund-Animositäten im Land.

Der erhöhte politische Außendruck stärkte andererseits aber auch das Bewusstsein kleinstaatlicher Verletzbarkeit. Er stimulierte zu dauernder Wachsamkeit und fixierte die Bevölkerung auf die Geschlossenheit nach außen sowie auf den unbedingten Überlebenswillen dieses Staatsgebildes gegenüber den großen europäischen Nachbarn. Angesichts der Weltkriege von 1914 und 1939 („Igel-Mentalität") und des Kalten Krieges nach 1945 blieb diese Haltung bis 1989/1990 unverändert wirksam.

Anlässe für innere Spaltungen gab es hingegen genug: Die pan-germanische Bewegung und die alldeutsche Politik Bismarcks (mit der Gründung des deutschschweizerischen Sprachvereins und der „Union Romande") bedrohten das interne Gleichgewicht der Kulturen ernsthaft und machten den Sprachengraben sichtbar. Der Generalstreik von 1918 gefährdete durch massive wirtschaftliche und soziale Auseinandersetzungen die gesellschaftliche Einheit. Die faschistischen Diktaturen in Italien (1925) und auf der Iberischen Halbinsel, vor allem aber der Expansionismus des Dritten Reichs (ab 1938) bedrohten den Bestand dieses Landes ganz grundsätzlich. Das „ deutsche Trauma" ist bis heute noch nicht überwunden. Als tiefster Graben in der Schweiz gilt immer noch der „Rheingraben" gegenüber Deutschland, der wohlgemerkt kein Handels- sondern ein Antipathiegraben ist.

All diese Bedrohungen sensibilisierten nicht nur für das Markenzeichen einer typisch schweizerischen Binnendifferenzierung (damals 25 Kantone, vier

Landessprachen, Religionskonflikte), sondern zwangen auch zu Maßnahmen der Vermittlung „in Recht und in Minne". Sie führten zu größten Anstrengungen, die gesamtstaatliche Einheit, die wirtschaftliche Autarkie und die demokratische Ordnung zu stärken. Tatsächlich fand der Zweite Weltkrieg die Schweiz im Inneren weitgehend geeint vor. Unter dem extremen Außendruck waren Vermittlungsmaßnahmen und Kompromissbildungsverfahren ersonnen worden, die die typische politische Kultur der Schweiz bis heute beispielhaft bestimmen.

3. Die riskante Minderheitenfrage in der Schweiz

Dass eine solche „Verständigungskultur" in der Schweiz einen so dauerhaften, schon 150 Jahre umspannenden Erfolg haben konnte, ist keineswegs selbstverständlich. Das Spannungspotenzial dieses pluri-kulturellen Landes wäre an sich hoch genug, um das Gegenteil einer kulturellen und politischen Verständigung zwischen den ethnisch differenzierten Landesteilen zu Tage zu fördern.

Normalerweise versteht man unter Minderheit eine Gruppe, die sich nach Abstammungsglaube, Religion, Sprache und Brauchtum von einer Mehrheit der Staatsbevölkerung abgrenzt. Präziser sind ihre Merkmale durch den Europarat ausformuliert worden. Danach sind Minoritäten historisch (ethnisch, religiös, sprachlich) verwurzelte, von der übrigen Bevölkerung klar unterscheidbare Einheiten mit dem Bewusstsein gemeinsamer Merkmale, die als Gruppe einer herrschenden Mehrheit gegenüberstehen, also als Staatsangehörige eine Minderheitsposition einnehmen, aber den Willen besitzen, ihre Eigenart zu bewahren (Europarat 1970).

Betrachtet man diese Kriterien im Einzelnen, dann wäre die Schweiz eigentlich wie kaum ein Staat dafür prädestiniert, einen hoch entzündlichen gesellschaftlichen Gegensatz zwischen Mehrheit und Minderheiten aufzubauen.

3.1. Die Schweiz als klassischer Fall einer Gesellschaft von Minderheiten

Es ist kaum zu leugnen, dass die Schweiz aus vielen historisch verwurzelten Einheiten mit hohem Eigenbewusstsein besteht, andererseits aber durchaus herrschende Mehrheiten kennt.

1. Wie so oft in der Geschichte Europas, und wie früher schon in der Eidgenossenschaft, könnte die Religion durchaus Anlass zu Herrschaftskonflikten geben. Augenblicklich ist das nicht der Fall, da sie durch die verbreitete Säkularisierung der Gesellschaft vorderhand stillgestellt worden sind. Beachtlich und potenziell spannungsvoll bleibt jedoch, dass sich die Konfessionsrelationen in der Schweiz zwischen 1960 und 1980 verschoben haben. Die protestantische Mehrheit hatte 1960 noch 57 Prozent betragen; 1980 hin-

gegen ist sie auf nur 50 Prozent abgesunken. Demgegenüber ist die Zahl der Katholiken im selben Zeitraum von 41 Prozent auf 44 Prozent angewachsen. Nimmt man nicht nur die Schweizer Staatsbürger, sondern die Gesamtbevölkerung (unter Einschluss der ausländischen Wohnbevölkerung) als Berechnungsgrundlage (7,1 Millionen), so fällt die Entwicklung noch weit markanter aus: Denn im genannten Zeitraum ist dann die protestantische Bevölkerung auf 44 Prozent abgesunken, die katholische auf 48 Prozent gestiegen. Auf der anderen Seite kann man dem entgegenhalten, dass die christlichen Konfessionen sich in etwa das Gleichgewicht halten und aus dieser Sicht ausdrückliche religiöse Mehrheiten nicht gegeben sind.

2. Anders verhält es sich beim Kriterium der Sprache. Hier ist Deutsch eindeutig die Mehrheitssprache Von den 5,6 Millionen Schweizer Staatsangehörigen sprechen drei Viertel Deutsch als Muttersprache (73,5 Prozent), ein Fünftel französisch (20,1 Prozent) und jeder Zwanzigste spricht italienisch (4,5 Prozent). Hinzu kommen 0,9 Prozent Romanisch Sprechende. Überdies ist Deutsch auch die Sprache der Mehrheit der 26 Kantone. Von ihnen sind vier Französisch sprechende Gebilde (Genf, Vaud, Neuchatel, Jura). Zwei Kantone besitzen eine deutsch-französische Mischbevölkerung (Fribourg, Wallis). Diese sechs zusammen machen die so genannte „Romandie" (Westschweiz) aus. Ein Kanton ist italienisch sprechend (Tessin) und bei einem teilt sich die Bevölkerung in deutsch, italienisch und romanisch Sprechende (Graubünden). 18 von 26 Kantonen (also mehr als zwei Drittel) sind also rein deutschsprachige Gebilde.
3. Weiterhin ist zu beachten, dass sich das wirtschaftliche und damit das politische Gewicht der Schweiz eindeutig in die deutsche Schweiz, insbesondere in das „goldene Dreieck" zwischen Zürich, Basel und Aarau verlagert. Darunter ist Zürich mit Abstand der bevölkerungsreichste und wirtschaftlich bedeutsamste Kanton. Die Firmensitze und Produktionsstätten der großen Chemie-, Pharmazie- Produktions- und Transportfirmen sind in diesem metropolitanen Umfeld angesiedelt und ziehen die produktionsnahen Dienstleistungsunternehmen nach.

Warum angesichts dieser Spannungspotenziale eine Mehrheits-Minderheiten-Konfrontation nur in Ansätzen aufkommt und bis heute gebändigt werden konnte, macht das Faszinosum und den Mythos Schweiz aus. Sicherlich hat zur relativen Spannungsfreiheit zwischen den Bevölkerungsgruppen und den Kantonen beigetragen, dass es gelungen ist, ein die Kantonsgeschichte übergreifendes, gemeinsames schweizerisches Kollektivbewusstsein zu verankern. Ein eigenständiges, auf den jeweiligen Kanton (seine Sprache, Religion, Geschichte und Bräuche) bezogenes, ethnisches Gruppenbewusstsein, das mit dem gesamtstaatlichen Zugehörigkeitsgefühl in Widerspruch geraten könnte, hat sich dagegen nicht etablieren können. Das muss seine sozialstrukturellen Gründe haben.

3.2. Die Entschärfung der Spannungen durch günstige Konstellationen

Die Tatsache, dass das strukturell riskante und anfällige Gebilde Schweiz seine Einheit so lange und so erfolgreich bewahren konnte, hängt zwar nicht ausschließlich, aber zu einem gewissen Teil mit historischen Glücksfällen zusammen, die in anderen Staaten so nicht auftraten. Auch das sich vereinigende Europa der 25 Nationalstaaten kann mit solchen „natürlichen" Ausgleichsfaktoren kaum rechnen:

1. Als erstes fällt auf, dass es wenig politische Einwirkungen von Drittstaaten auf die Schweiz gegeben hat, die hätten spannungsverschärfend wirken können. Nur selten wurde eine „Herrschaftszuständigkeit von außen" beansprucht und durchzusetzen versucht. Das hängt mit der frühen Selbständigkeit der Kantone bzw. Unabhängigkeit der Schweiz vom Reich oder von Nachbarstaaten zusammen. Die Republik Genf, obwohl stark nach Frankreich orientiert, ist nicht eine französische Dependance, der Kanton Tessin stand lang unter der Verwaltung anderer Kantone und ist schon deshalb kein Ableger Italiens bzw. der Lombardei. Der Kanton Neuchâtel war zwar kurze Zeit ein preußisches Fürstentum, wurde aber 1815 relativ friedlich aus der preußischen Herrschaft entlassen. Die Kantone der Nord-Ostschweiz weisen – wie gesagt – keine politische oder kulturelle (d.h. emotionale, wertbesetzte) Nähe zum „großen Kanton" Deutschland oder zu Österreich auf. Dass die großen Nachbarn keine Herrschaftsansprüche anmeldeten, mag mit der europäischen Randlage, der sperrigen Gebirgslandschaft, der lange währenden Armut der Schweizer, aber auch dem Fehlen angestammter, dynastischer Vorrechte zusammenhängen.
2. Wichtiger für die Neutralisierung der Konflikte ist es jedoch, dass Sprach- und Kantonsgrenzen nicht zusammenfallen. Es gibt mehrsprachige Kantone (Fribourg, Wallis, Graubünden) als „Brückenköpfe", die die Polarisierung von sprachsensiblen Politikbereichen verhindern. Überdies hat die Schweiz den strukturellen Vorteil, dass die Sprachenzugehörigkeiten zwar räumlich stark gegliedert, aber nicht sozial zugeordnet sind. Die Spannungsherde überlagern sich nicht, sondern liegen quer zueinander und heben sich deshalb tendenziell wieder auf („cross-cutting cleavages" (Kerr 1974)). So überlappt sich die Konfliktlage „Religion" nicht mit dem Spannungsherd „Sprache", denn drei der vier nationalen Sprachregionen (mit Ausnahme des Kantons Tessin) haben sowohl bedeutende protestantische als auch katholische Anteile. Aber auch in den religiös, weitgehend homogenen Kantonen hat sich die Lage im Zuge der Industrialisierung und wachsenden Mobilität im Sinne einer Vermischung entschärft.
3. Zudem liegen die Sprachterritorien quer zur Urbanisierung. Es ist also nicht so, dass Deutsch etwa die Sprache des Bürgertums, französisch die Sprache der Landbevölkerung wäre. Von den wichtigen Städten liegen drei in der deutschen Schweiz (Zürich, Basel, Bern), zwei in der französischen (Genf,

Lausanne). Alle Sprachgruppen identifizieren sich seit den 60er Jahren und ihrer starken „Dekristallisation der Ungleichheiten“ (Levy 1997: 213) stark mit der Mittelschicht. Alle Sprachregionen – mit Ausnahme der romanischen – weisen ähnliche Muster der Berufsverteilung zwischen Selbständigen, Angestellten, Facharbeitern und Ungelernten auf.

4. Gegen die Bildung von Ethno-Territorien wirkt auch die hohe, kantonale Fragmentierung und Identifikation. Der Kleinraum Schweiz ist in einem, für Außenstehende beinahe unvorstellbarem Maße politisch zersplittert. 26 Kantone, die sich häufig „Staat“ nennen (z.B. État et Canton de Genève), sind mit starken Souveränitätsrechten und weitgehender Lokal-Autonomie ausgestattet. Wegen der guten Überschaubarkeit der Politik im Kleinstraum und wegen der tatsächlich großen Selbstverwaltungsrechte der Bürger[3] erscheinen die Institutionen bürgernah, „zugängig“ und das politische Leben durch „das Volk“ beeinflussbar. Nicht zuletzt deswegen ist die Identifikation der Menschen mit „dem Staat“ zunächst und primär auf der Kantonsebene angesiedelt.

Die Heterogenität der Interessen und die politische Zergliederung in kantonale Partikularismen erschwert zwar die Integration (so genannter „Kantönli-Geist“), aber umgekehrt auch die Regions- und Minderheitenbildung. Da die Primär-Identifikation nämlich beim Kanton oder sogar beim „Bürger-Ort“ – eine Besonderheit der Schweiz, nicht nur Staatsbürger, sondern auch „Ortsbürger“ zu sein – liegt, werden die Spannungen schon auf der kantonalen Ebene abgeblockt und nicht auf die Bundesebene getragen. Man kann sagen, dass die Kantonskultur mit der Regionskultur gleichzusetzen ist. Deswegen war es bislang so schwierig, übergeordnete Einheiten nach dem Gesichtspunkt der Sprachzugehörigkeit („Sprachregionen“) zu bilden. Bisher ist nach außen hin die Sprache wenig politisiert; es gibt keine ausgesprochenen Regional-Parteien und keine Mobilisierung der Sprachgruppen. Auch die „Romandie“ ist bisher kaum als politische Einheit aufgetreten. Vielleicht hat in der deutschen Schweiz auch die hohe Dialekt-Fragmentierung einer politisch-regionalistischen Vereinheitlichung entgegengewirkt.

Häufig ist der Zentralstaat, der den Sensibilitäten von Minderheiten hilflos gegenübersteht, Anlass für Sezessionswünsche. Europas Nationalstaaten können hierfür meist als Lehrbeispiele dienen. Man denke nur an Spaniens Basken- und Katalonienproblem. England und Schottland haben sich auseinander entwickelt, Flamen und Wallonen nie wirklich zusammenfinden können. Die ökonomisch schwergewichtige Lombardei versucht seit Jahren sich über die „Lega Nord“ als Staat zu profilieren und sich von den übrigen „beiden“ Italien abzukoppeln. Die ehemalige Tschechoslowakei hat sich immerhin friedlich in ihre zwei Teile auseinanderdividiert. Jugoslawien hingegen ist in grausamen Sezessionskriegen gänzlich zerfallen.

---

3 Initiativrechte, Referenden, Volksabstimmungen zu einzelnen „Sachgeschäften“, Direktwahl der Richter, manchmal sogar der Lehrer.

Dieser ethnischen Falle ist die Schweiz dadurch entgangen, dass sie sich von Anfang an als ein Gebilde von „Mini-Nationalitäten“ konstituiert hatte, die sich nachträglich ein gemeinsames Dach gaben. Ausdruck dafür ist der Föderalismus, der nur eine relativ schwache Entscheidungsspitze ohne Dominanzverhalten – hingegen mit ausgeprägtem Subsidiaritätscharakter – zugelassen hat. Die EU hat begriffen, dass eine Verfassung gegen die nationalstaatlichern Traditionen ihrer Mitgliedsländer keinen Bestand haben kann. Daher wurde im Vertrag von Maastricht (1992) das Subsidiaritätsprinzip im Einigungsprozess betont. Die europäische Verfassungsdiskussion von 2004 muss versuchen, die Effizienz der Gemeinschaftsinstitutionen gegen die „natürliche Resistenz“ der Nationalstaaten zu stärken, ohne sich zentralistisch zu gebärden.

Hier drängt sich ein Vergleich mit dem typisch schweizerischen Verhältnis zwischen Bund und Kantonen auf. „Bern“ als Ausdruck des Bundes ist aus der Sicht der Kantone relativ weit entfernt. Die Rolle der Bundesbehörden ist auch heute in vielen Bereichen noch vergleichsweise gering, wenngleich sie infolge der sich ausweitenden Tendenzen zum „Steuerstaat“ in den letzten Jahren beachtlich ansteigt. Die Empfindlichkeiten der EU-Mitgliedstaaten gegen eine europäische Bevormundung sind ebenso stark wie die der Kantone gegen einen „Bund“ mit Herrschaftsallüren. Die „Unionisten“ und die „Regionalisten“ standen sich immer so unversöhnlich gegenüber, dass etwas anderes als eine „intergouvernementale“ Ausgleichsmaschinerie nicht entstehen konnte. Die zentralstaatlichen Instanzen der Schweiz waren hinter verschlossenen Türen vielleicht nicht immer wesentlich vorsichtiger im Umgang mit ihren kantonalen Gesprächspartnern als die EU-Kommission mit den Nationalstaaten. In der Öffentlichkeit haben sie aber hierzu eine starke Profilbildung vermieden. Ein Widerstand gegen die Regelungswut der Bürokratie – nach Art des Misstrauens gegen „Brüssel“ und seine „Eurokraten“ – hat sich deswegen bislang nicht so heftig artikulieren müssen.

3.3. Entschärfung des Minderheitenbewusstseins durch Risiko-Kommunikation

Die historischen und sozialstrukturellen Konstellationen erklären folglich nicht alles. Die Schweiz hat vielmehr früh gelernt, mögliche Sezessionsrisiken durch eine ausgeprägte politische Kultur der Risiko-Minimierung einzudämmen. Diese Haltung ist in der Bevölkerung stark verinnerlicht und bestimmt das politische Leben bis heute. Die Schweizer sind sich der Störanfälligkeit ihres Staatsgebildes und seiner Bestandsvoraussetzungen im Allgemeinen durchaus bewusst. Sie wissen, dass gesellschaftlicher Erfolg und gesellschaftliche Einheit in engem Zusammenhang stehen. Staatliche Integration ist nicht nur an rechtsförmige institutionelle Ordnungsrahmen gebunden, sondern hängt auch von Wertvorstellungen, moralischen Überzeugungsmitteln und vorrechtlichen, sozialen Konvergenztechniken ab. Dazu gehören nach der gängigen Einteilung der Systemtheoretiker von Parsons bis Luhmann die Ressourcen „Macht“ (politischer Nachdruck), „Nutzen“ (Geld, Reichtum),

„Prestige“ (Anerkennung, Attraktion) und „Argumente“ (Rhetorik, Einsicht, Wertverpflichtung) (vgl. Markowitz 1990; Renn 1990). Der konzertierte Einsatz dieser vier Mittel der Risiko-Kommunikation lässt sich in der Schweiz durchgängig nachweisen:

3.3.1. Die Ressource „Macht“

Systemtheoretisch gesprochen, lässt sich die Loyalität eines Verbandes erhöhen, wenn Solidarität in begrenztem Ausmaß gegen die Vergabe von Macht, d.h. politischer Partizipation, getauscht wird. Diesen Weg ist die Schweiz durch eine Einschränkung der Macht der Zentrale und hohe Dezentralisierung auf Kantonsebene gegangen. Dadurch hat sich ein kommunikatives Binnengerüst herausgebildet, das sich, neben der Konföderationsstruktur, an fünf wichtigen institutionellen Regelungen ablesen lässt:

1. *direkte Demokratie*: Die Schweiz ist stolz auf ihr ausgeklügeltes System der basisdemokratischen Bürgerbeteiligung (vgl. Geißler 1973). Es äußert sich in den stark ausgeprägten Referendums- und Initiativ-Rechten der Bürger, die für eine hohe positive Zuwendung zum „System der Demokratie“, nicht aber unbedingt für eine hohe Wahlbeteiligung, und auch nicht für eindrückliche Partizipationsziffern bei den so genannten „Abstimmungssonntagen“ (meist dreimal im Jahr) sorgen. Jedenfalls ist die Angst, bei einem EU-Beitritt dieses direktdemokratische System opfern zu müssen, bis heute das größte Hindernis auf dem Weg „nach Europa“.
2. *hohe Gemeinde-Autonomie*: Gasser (1976: 125) bemerkt in Hinblick auf die ehemaligen absolutistischen und zentralistischen Staaten Europas wie Frankreich, Italien, Spanien, Deutschland und Österreich, dass eine „militärähnlich organisierte, am Befehlsprinzip orientierte Beamtenhierarchie ... kraft der ihr zustehenden ... dienstlichen ‚Weisungsrechte‘ gerade auch die örtlichen Behörden und Körperschaften weitgehend unter schärfster Kontrolle“ halten könne und damit zur Weberschen Schicksalsmacht geworden sei. Die Schweiz, hier eher den USA, Großbritannien und Holland verwandt, beruht auf „local self-government“. Danach ist die übergeordnete Exekutive an fest umschriebene Einzelaufträge gebunden und nicht „allgemein ermächtigt“. Somit kann die bürokratische Herrschaft möglichst weit nach unten verlagert und tendenziell an die genaue Kenntnis der lokalen Gegebenheiten angebunden werden.
3. *die so genannte „Zauberformel“*: Seit den 50er Jahren herrscht in der Schweiz eine permanente große Koalition der vier wichtigsten Parteien (Sozialdemokraten, Freisinnige, Schweizerische Volkspartei, Christlichdemokratische Volkspartei), die gemeinsam und auf kollegialer Basis die Bundesregierung stellen. Sie tritt nach außen geschlossen auf. Auf diese Wei-

se wird die Opposition in die Regierungsarbeit hineinverlagert und dadurch entschärft. Eine mediengesteuerte (Pseudo-)Polarisierung findet wenig Raum. Die jeweiligen Minister (sieben „Bundesräte") werden in einem ausgeklügelten Verfahren, das sprachliche, konfessionelle, kantonale (und neuerdings auch geschlechtsspezifische) Gesichtspunkte in Einklang zu bringen versucht, gewählt. Wichtiger erscheint dabei, ein Kräftegleichgewicht zu erzielen als die jeweils Profiliertesten zum Zug kommen zu lassen.

4. *Zwei-Kammern-System*: Wie andere Länder auch (USA, Großbritannien, Deutschland, Italien) besitzt die Schweiz mit dem Ständerat eine zweite Kammer. Die „Stände" (d.h. Kantone) besitzen ein weitgehendes Veto-Recht, denn sie müssen dem Gesetzgebungsverfahren zustimmen. Ihr Gewicht ist bei Gesetzes-Referenden außerordentlich hoch, da nicht nur die Wähler-Mehrheit, sondern auch die Mehrheit der Kantone zur Zustimmung bewegt werden muss (so genanntes „Stände-Mehr"). Dadurch werden die kleinen Kantone geschützt. Umgekehrt gilt diese Regelung als regionalistische Bremse, die die Eidgenossenschaft oft zur „Veto-Genossenschaft" macht.
5. *Staats-, Verbands- und Kantons-Tripartismus*: Die Schweiz ist bei ihrer Konsenssuche nicht nur durch hohe direkte Teilnahmemöglichkeiten, sondern auch durch einen demokratischen „Korporatismus" gekennzeichnet. Im Gesetzgebungsverfahren wird von Anfang an der Konsens mit den Sozialpartnern in Form eines „permanenten Hearing" gesucht. Die Suche nach Absprachen hat einerseits den nun schon bald 70 Jahre dauernden Arbeitsfrieden (seit 1937) gebracht, führt auf der anderen Seite aber auch zu protektionistischen Tendenzen (z.B. Agrar-Protektionismus).

Exkurs zur Aktualität der Zauberformel nach 45 Jahren:

Aufweichungstendenzen in Richtung auf ein europatypisches Konfrontationsmodell der Demokratie aus Regierungs- und Oppositionsparteien sind auch in der Schweiz erkennbar. Seit 1991 erhält die konservative Schweizerische Volkspartei (SVP) mit ihrem volkstribunartigen Exponenten, dem Großunternehmer Christoph Blocher, beständigen Zulauf und wurde bei den letzten Parlamentswahlen (2003: 27 %) stärkste Partei. Da sie im 7er-Gremium des Bundesrats bisher immer nur mit einem Sitz vertreten war, forderte sie, der neuen Machtarithmetik Genüge zu tun. Die SVP beanspruchte nun mit Recht einen zweiten Sitz zu Lasten der Christlichen Volkspartei (CVP), die als Verlierer der Wahl (2003: 14 %) ihren zweiten Sitz abtreten musste.

Darüber hinaus verlangte die SVP aber, dass Blocher vom Parlament in das Ministerkollegium gewählt werden müsste. Andernfalls würde sie in die Opposition gehen und die Zauberformel zerbrechen. Deshalb wurde die Bundesratswahl vom 10.12.2003 auch als „Schicksalswahl" empfunden und fand dementsprechend im In- und Ausland hohe Beachtung. Der befürchtete Systemwechsel trat aber nicht ein, da sich die übrigen Parteien „zähneknirschend“ diesem ganz und gar unüblichen Diktat beugten und Blocher zum Bundesrat kürten. Sie setzen – nun wieder ganz schweizerisch und nach außen hin konsensgestimmt – darauf, dass das Inklusionsverfahren den politischen „Rebellen“ zur Vernunft bringen und sogar eher *entzaubern* und „normalisieren“ werde, als der eventuelle Bruch mit dem „traditional eingelebten“ und deshalb in der Schweiz legitimen Konkordanzmodell einer Allparteien-Koalition (wenn man die Klein- und Splitterparteien aus der Betrachtung ausschließt).

Dazu schreibt am Tag nach der Wahl die „Neue Zürcher Zeitung“ (11.12.2003: 13): „Die SVP geht zwar als Siegerin aus der Wahl hervor. Sie wird aber erst noch zeigen müssen, dass sie zum Rollenwechsel von der ‚Drei-Viertel-Opposition‘ (Blocher) zur vollverantwortlichen Regierungspartei fähig ist. Die Probleme der Parteien sind zum Glück nicht jene des Bundesrats und der Schweizer Politik allgemein. Die Selbstregulierungskraft unseres demokratischen Systems mit den direktdemokratischen Eingriffsmöglichkeiten des Souveräns und einer Regierung, deren Schicksal jeweils vier Jahre lang gegen die Launen der Parteipolitiker gefeit ist, wird auch in Zukunft für den nötigen Ausgleich unterschiedlicher sozialer, kultureller und wirtschaftlicher Interessen sorgen. Und im Bundesrat selbst ist die Dynamik, welche die Personen im Amt entwickeln, auch nicht zu unterschätzen.“ Und weiter: „Bei dem kritikfreudigen und oppositionsgewohnten Parteiführer Blocher wird die Öffentlichkeit den Rollenwechsel, seinen Willen und die Fähigkeit, als Mitglied einer Kollegialregierung gemeinsame Verantwortung zu übernehmen und auch gegen außen mitzutragen, besonders genau verfolgen. Seine neue Aufgabe wird ihn bei einigen Themen nicht davor bewahren, auch seine eigenen Parteianhänger einzubinden oder in die Schranken weisen zu müssen.“

3.3.2. Die Ressource „Nutzen“

Bisher erwies sich der große wirtschaftliche Erfolg der Schweiz im 20. Jahrhundert als beträchtlicher Integrationsfaktor. Während früher die desintegrierende Kraft der Armut durch Außendruck aufgefangen wurde, wirken heute der Reichtum, das hohe Pro-Kopf-Einkommen, die gute Infrastruktur, der Erfolg auf den Weltmärkten und die starke Währung verstärkend auf einen internationalen „Mythos Schweiz“ ein. In seinen Rückwirkungen resultiert daraus für die Bevölkerung im Inneren eine starke Legitimationskraft der bisher erlangten gesellschaftlichen Ordnung. Hinzu kommt, dass der Wohlstand nicht krass ungleich zwischen den Kantonen und Sprachgruppen verteilt ist. Zwar liegen die französischsprachigen Kantone im Pro-Kopf-Einkommen etwas niedriger, aber die Lücke klafft nicht so weit auseinander (und ist im Vergleich zu den umliegenden Staaten immer noch so wenig dramatisch), dass dies Anlass zu großen Umverteilungsaktionen zwischen den armen und reichen Gebieten oder gar zu Sezessionstendenzen der Benachteiligten geben könnte. Von einem solchen Druck befreit, wie in anderen Ländern auch, der Finanzausgleich für die schwächeren Kantone und andere so genannte „Gemeinschaftswerke des Bundes", wie der direkte Bundesbeitrag für die Sprachgruppen, die überproportionalen Leistungen für Regionalradio und Fernsehen, die Entwicklungsprojekte für Berg-Regionen usw. Man ahnt, welche Aufgabe dem Europäischen Strukturfonds zukäme, um einen ähnlichen Spannungsausgleich zu bewirken.

Die relative Gleichverteilung des regionalen Reichtums hängt auch damit zusammen, dass die Schweiz, im Gegensatz zu den meisten Mitgliedsländern der EU, keine klassischen Rohstoff- und Industriegebiete kennt, sondern früh auf Handel und Dienstleistung ausweichen musste. Diese ließen sich leichter dezentralisieren. Alle Gebiete sind gleichermaßen verkehrstechnisch erschlossen. Es gehört auch zu den Glücksfällen, dass die Schweiz auf kleinstem Raum unterschiedlichste und reizvolle Landschaften vereint, so dass der Tourismus auf die verschiedenen Regionen verteilt ist. Berg- und Seengebiete, West-, Süd- und Ostschweiz sowie der Städtetourismus stehen in einem gesunden Konkurrenz- und Ausgleichsverhältnisverhältnis. Genf besitzt wegen seiner vielen internationalen Organisationen eine Sonderstellung als regional ausgleichendes Attraktionszentrum.

3.3.3. Die Ressource „Prestige"

Im Sprachenrecht kennt die Schweiz keine Minderheiten (Verfassungsartikel 116). Sie folgt nicht dem Prinzip der direkten Sprachentrennung in einsprachige Gebiete, sondern der Sprachenschichtung im gleichberechtigten, aber homogenen Verband. Mit der Bundesverfassung von 1848 wurde die Schweiz der erste Staat mit einer Mehrsprachenregelung unter dem Gesichtspunkt der Sprachengleichheit. Sie kennt bis heute vier Nationalsprachen (Landessprachen). Drei davon sind Amtssprachen. Seit 1995 ist auch das Romanische im Gebiet Graubünden zur vierten Amtssprache erhoben worden. Eine solche Entscheidung ist keineswegs selbstverständlich. Die zentralistische „Staatsnation" Frankreich z.B. legt Wert auf den einheitlichen Nationalsprachen-Verband. Die Schweiz hingegen definiert sich – trotz der deutlichen Mehrheitsposition des Deutschen – als ein mehrsprachiges und in seinen Sprachen gleichberechtigtes Gebilde. Dies verdankt sich wohl einer alltagspraktischen Nützlichkeitsüberlegung, trägt aber auch einen Entspannungsaspekt sowie einen solidaritätssteigernden und identifikatorischen Appell in sich.

Die Sprachkompetenz in den Minderheitssprachen Französisch und Italienisch hat unter den Mitgliedern der deutschsprachigen Mehrheit ein hohes Prestige. Sie ist auch weit verbreitet und wird im Sprachunterricht stark gefördert. Durch den neuen Sprachenartikel wird auch das Romanische tendenziell in diese Förderung einbezogen. Andererseits genießen die sprachlichen Minderheiten durch die ausgeprägte

Föderalisierung eine linguistische und kulturelle Autonomie, wie sie ein starker Zentralstaat nur selten gewährt. Ausdruck dieser multikulturellen Selbstdefinition der Schweiz ist die Anpassung der Bundesinstitutionen an die Sprachdiversität. So werden auch hier die Repräsentanten nach Sprachkriterien ausgewählt und auch Dienststellen wenigstens zu einem „funktionalen Bi-Lingualismus" verpflichtet. Die leicht überproportionale Vertretung der Minderheiten in Verwaltung, Armee und Gerichten steht zweifellos einer eventuellen Neigung zu ethnisch dominierten Konflikten wirksam entgegen. In dieser Hinsicht haben manche Staaten Europas noch viel zu lernen.

Entspannend wirkt auf die Empfindlichkeit von Minderheiten auch das so genannte „Territorialprinzip" ein, wonach der Staat durch Bundesgerichtsentscheid (1932, 1965) verpflichtet ist, „die Sprachgebiete in ihrer Ausdehnung und Homogenität" zu schützen. Übersetzt heißt dies, dass die Grenzen zwischen den Sprachterritorien nicht verändert werden. Sprachliche „Gebietseroberungen" sollen damit unterbunden werden. (Von einigen kritischen Fällen in den Kantonen Fribourg und Graubünden wird hier abgesehen.)

3.3.4. Die Ressource „Argumente"

All diese rechtlichen Regelungen werden durch eine starke Sozialisation zur gesamtschweizerischen Solidarität tagtäglich in den Medien, in den Schulen etc. untermauert. So arbeitet die Schweiz auf den verschiedensten Ebenen intensiv an einer „Staatssemantik", die sich um vier Kriterien gruppiert (Kleger 1996):

- um den genossenschaftlichen Bürgerstaat, der „Land und Leute" vertritt
- um Pluralismus, Souveränität, „Ehre" und Autonomie der Teile, d.h. der Kantone;
- um den Föderalismus der schweizerischen „Willensnation", die ihre Einheit ständig neu erarbeiten muss;
- und schließlich um die gelungene Institutionalisierung der Teilhabe (Initiative, Referendum) und des Kompromisses („Zauberformel" etc.), die zu den genuinen Leistungen der Schweiz gehören und einen kämpferischen Patriotismus für deren Erhalt freisetzen. Die bilateralen Verhandlungen mit der EU haben das jüngst bewiesen.

Danach gehört es zum „Sonderfall Schweiz", dass die Prozesse der Entscheidungsfindung ebenso wichtig sind wie die Entscheidungen selbst. Die bewährte Geschichte ist die Geschichte des „typisch helvetischen" Ausgleichs und der gewonnenen Erfahrung, dass die Konflikte im „herrschaftsentschärften Diskurs" zu meistern sind. Durch diese lange Tradition vorsichtiger, ausgleichsorientierter Ordnungsbildung hat die Schweiz große Sympathie, Zustimmung und Vertrauen im Ausland erworben. Dieses wird nach innen als Stimulus und „satisfyer" eingesetzt.

So verwundert es nicht, dass die Zustimmung zu den Institutionen tatsächlich sehr hoch ist (Inglehart 1977: 154ff.). Bei allen Sprachgruppen werden die gemeinsame politische Kultur und das Wertesystem der Kulturdiversität in der Einheit als Reichtum der Schweiz betrachtet. Sie sind Ergebnis intensiver Sozialisationsarbeit auf den verschiedensten gesellschaftlichen Kanälen. Diese funktionieren so weit, dass die Deutsch-Schweizer als überwiegende Mehrheit im Allgemeinen keine Mehrheitsattitüde an den Tag legen. Meist kennt die Bevölkerung die tatsächlichen Zahlenverhältnisse gar nicht richtig. Sie werden von den Medien heruntergespielt. Der Begriff „Minderheit" wird auf diesen Kanälen praktisch nicht verwendet. Verstärkend kommt hinzu, dass diese Mehrheit eine tiefe Selbsteinschätzung gegenüber „den Welschen" hat. Französisch gilt als Stereotyp für kulturell hoch stehende Lebensart, Italienisch als ein solches für gutes, entspanntes Leben-Können, während das Deutsche im Autostereotyp eher als verkrampft angesehen wird. Diese Schweizer Stereotypen sind nicht nur minderheitenfreundlich (Hinderling 1986: 11ff.), sondern auch spannungsmindernd.

4. Das ethnische Tabu der Schweiz und die Integrationsprobleme von morgen

Dass diese Risiko-Kommunikation (Obermeier 1995) gelungen ist und Eingang in gesellschaftliche Strukturen und in die politische Kultur gefunden hat, ist der größte Erfolg der Schweiz. Im Gegensatz zur üblichen Nationenbildung in Europa, die ursprünglich ethnisch begründet ist (Heraud 1986: 354), betont die Schweiz den Aspekt der Willensnation. Ihr Nationalbewusstsein knüpft nicht an ererbte, angestammte Eigenschaften wie Sprache und Volkstum an, verbindet also nicht ein ethno-biologisches (oder gar mono-ethnisches) Nationenverständnis mit einer staatlichen Ordnung, sondern leitet sein Selbstverständnis aus einer historisch geschaffenen, politischen Lebensform ab (Lüthy 1965).

Dadurch wird die übliche nationalstaatliche Versuchung einer engen, exklusiven Sicherung von Herrschaftsrechten gegenüber Minderheiten umgangen. Es ist vielmehr gelungen, in der Bevölkerungsmehrheit die Vorstellung zu verankern, dass sie nicht alles tun kann, was sie tun könnte, sondern „mehr tun (muss), als sie rechtlich tun müsste" (Kägi 1959). Durch eine strenge Beachtung des föderalistischen Ausgleichs war es sogar möglich geworden, die ethno-kulturelle Identität auf die Kantone zu übertragen, diese aber gleichzeitig miteinander zu verschweißen. Aus staatspolitischen Gründen wird deshalb eine Existenz ethnischer Identität jenseits der und quer zur kantonalen und nationalen Integrationsebene verneint (Kolde 1986: 306), ja eine ethnische Selbstdefinition nach den Kriterien Religion, Sprache, Geschichte und Brauchtum sogar mit einem schweren Tabu belegt.

Ob dies in Zukunft auch erfolgreich durchgehalten werden kann, ist die Frage, die sich für viele Beobachter heute neu stellt. Anlass zu Bedenken geben sechs große Zukunftsprobleme, die alle mit dem zunehmenden Modernisierungs-,

Anpassungs- und Integrationsdruck zusammenhängen, dem sich die Schweiz in Europa nur schwer entziehen kann:

1. Das erste Problem ist das des kulturellen Grabens oder „Röstigrabens“ (benannt nach dem deutsch-schweizer Kartoffelgericht „Rösti“). Die Kulturspaltung zwischen der deutschen und der französischen Schweiz, die auch früher vorhanden war, aber durch hohes Spannungsgefälle gegenüber der Außenwelt und erfolgreiche Sozialisierung im Inneren stillgestellt werden konnte, beginnt mit der Nivellierung von Außengrenzen größer zu werden. Was Hoffmann-Nowotny (1988) in Bezug auf eine moderne Eheform als „living apart together“ bezeichnete, gilt auch für die Sprachgruppen. Sie zeigen ein „growing apart together“. Dies ist umso bedenklicher, als sich das Gewicht der Zentren wandelt, und der Graben auch ein Wirtschaftsgraben zu werden droht. Zürich ist eindeutig das Wirtschaftszentrum der Schweiz, dem Genf bisher seinen Kosmopolitismus entgegensetzen konnte. Ob das künftig noch ausgleichend wirkt, steht unter dem Zentralisierungsdruck globaler Wirtschaftsverflechtung dahin.
2. Problematisch ist auch die geographische Mobilität geworden. Einerseits fühlen sich die Kantone Tessin und Graubünden von den deutsch-schweizer Zweitwohnungsinhabern überlagert (auf jeden zweiten Tessiner kommt ein „fremder“ Kantonsansässiger). Andererseits wandert die rätoromanische Bevölkerung überwiegend nach Zürich ab. Diese Migration schwächt das „Rumantsch“ als Alltagssprache, zerstört das gemeinsame Sprachgebiet der vierten Nationalsprache und lässt gleichzeitig die deutsche Sprache in Graubünden zum Eroberer des Sprachterritoriums werden Ob der neue Sprachenartikel von 1995 dem noch entgegenwirken kann, ist mit vielen Fragezeichen versehen.
3. Außerdem beginnen gewichtige politische Spannungen heranzureifen. Gemeint ist nicht nur die Aufspaltung der Schweiz in Abstimmungsblöcke zwischen Jungen und Alten (Levy 1997:517ff), Schweizern und Ausländern, Rechts und Links, sondern auch zwischen den innerschweizer Kantonen und der „West-Schweiz“. Bei wichtigen außen- wie innenpolitischen Themen (z.B. dem EU-Beitritt) bilden sich zunehmend gemeinsame ethno-regionale Abstimmungsschienen heraus, die künftig die Basis für die Entstehung eines bislang heruntergespielten Regionalbewusstseins darstellen können. Dies umso mehr, als die so genannte „Romandie“ (unter Einschluss des Kantons Basel-Stadt) dabei gegenüber den deutschsprachigen Kantonen auffallend häufig in die Minderheitsposition versetzt wird (so z.B. in der Frage des EU-Beitritts).[4] Früher war der Begriff „Romandie“ aus der kommunikativen Sprachregelung weitgehend ausgeklammert worden. Heute bemühen sich die Medien in der französischen Schweiz darum, diesen Terminus im Bewusst-

---

4 So sehen sich erstere außenpolitisch als „Europäer“, während der Rest der Schweiz als nationalistisch-eigenbrötlerisch abgetan und als majorisierender Bremser verstanden wird.

sein neu zu verankern. Bisher hatte die Schweiz das Glück, dass die politischen Spannungen nicht aufgeschaukelt wurden. Vielleicht stehen die großen Herausforderungen hier noch aus.

4. Damit verbunden ist das Problem, dass sich der politische Außendruck verschiebt. Die europäischen und globalen Feindbilder, die bis jetzt eine Homogenisierung im Inneren erzwingen konnten, sind nicht mehr wirksam. Deswegen steigen einerseits die zentrifugalen Tendenzen, andererseits wirken Integrationsdruck oder Integrationsangebote der Europäischen Union als Spaltungspotenzial. Der „Schweizerpass" als Symbol europäischer Exzellenz hat viel von seinem Glanz verloren. Für die einen wird die „echte Schweiz" mit ihrem Aufbau von unten her, mit ihren ausgeprägten Bürgerrechten und mit der Macht der Kantone durch „Brüssel" gefährdet. Die anderen erleben Europa als Chance, um die Schweiz aus der Nabelschau der „Einmauerungsgesellschaft" des 20. Jahrhunderts endgültig zu befreien.
5. Ein weiteres Fragezeichen ist durch den hohen Ausländeranteil gegeben (19 Prozent). Meist haben die Fremden das Recht auf dauerhafte Niederlassung erworben, nehmen aber das Angebot auf Einbürgerung nicht wahr. Das gilt auch häufig für die zweite Generation. Künftig wird der Arbeitskräfte-Bedarf noch höher werden, so dass die Schweiz zu Beginn des 21. Jahrhunderts mit einem Ausländeranteil von über 20 Prozent rechnet. Manche Schätzungen für das Jahr 2010 gehen sogar bis zu 30 Prozent (Wickert u.a. 2003). Hier stellen sich ganz neue Fragen der Multikulturalität und Integration, die nicht die Staatsbürger anderer Sprache und Kultur betreffen, sondern die Nicht-Bürger anderer Kulturen. Eine institutionelle Lösung für die sich ankündigenden Spaltungen ist noch nicht in Sicht. Hier ist die Schweiz bisher jedoch weltoffener als die „Festung Europa", die schon bei weit geringeren Ausländeranteilen die Zugbrücke hochzieht.[5]
6. Ein letztes Bedenken zur Integration der Schweiz baut sich im Zuge der Globalisierung auf. Alle Staaten stehen unter dem Druck, sich gegen die überstaatliche Entgrenzung der Medien, der Politik, der Wirtschaft, der ökologischen Probleme etc. kaum noch zur Wehr setzen zu können. Innere und äußere Sicherheit können heute in staatlicher Autonomie und Souveränität nicht mehr garantiert werden. Das führt vielleicht zum Niedergang „des Staates" im bisherigen Verständnis (Creveld 1999: 416ff.). Insofern ist auch die Schweiz auf dem Weg, ein „Normalstaat" wie andere zu werden. Dieses Bewusstsein wirkt jedoch als Einsturzgefahr für wichtige Säulen des bisherigen helvetischen Selbstverständnisses.

Die Neutralität besitzt international keinen hohen Stellenwert mehr, die „Diplomatie der guten Dienste" ist weniger gefragt, die hoch gerüstete Armee kennt keinen euro-

5 Mit dem Rechtsruck des neuen Bundesrats wird die Frage ab dem Jahr 2004 aber auch in der Schweiz noch viel virulenter werden. „Europa", „Xenophobie" und „Sozialpolitik" dürften die Konfrontation zwischen Rechts und Links, Jung und Alt, Deutsch und „Welsch" erheblich anheizen.

päischen Feind mehr. In moralischer Hinsicht kam der Schweiz während des Dritten Reiches keine Sonderstellung zu, wie die Historikerkommission (so genannter Bergier-Bericht) 2002 feststellte. Die Wirtschaft kann sich von der Weltkonjunktur nicht mehr abschotten; die Handelsverflechtungen mit der EU sind so eng, dass die meisten EU-Regelungen zwangsläufig übernommen werden müssen. Die Konkurrenz der Finanzplätze hat sich internationalisiert. Der internationale Druck auf die Offenlegung geheimer Bankkonten („Bankgeheimnis") wird immer stärker (Ulrich 2003: 17f). Der Verlust der Medienhoheit lässt binnenorientierte Sozialisation immer weniger zu. Europa reagiert auf diese globalen Verschiebungen mit intensiven Integrationsbemühungen – vorderhand an der in ihrer Eigenintegration verunsicherten Schweiz vorbei (Blocher 2002).

Hier treffen sich die Probleme beider „Gemeinschaften", nur dass die Willensnation Schweiz wenn nicht wirklich auf 700 so doch wenigstens auf 200 Jahre, die EU hingegen noch nicht einmal 50 Jahre Erfahrung zurückblicken kann. Die Bestands- und Entwicklungsprobleme beider gipfeln in der zentralen Frage, ob sie in der Lage sind, sich als ein eigenständiger, kommunikativer Verband zu erhalten oder ein solcher überhaupt erst zu werden. Der Wille der Schweiz dazu wird treffend beschrieben in dem Spruch, der in einem Berner Restaurant über dem Türbalken steht: „Ob deutsch, ob welsch, c'est tout égal, le même soleil scheint überall." Der „institutionelle Erfindungsreichtum", um dieses hohe Ziel zu erreichen, war und ist zweifellos beeindruckend.

Die Europäische Union kann daran zumindest lernen, welche komplexen globalen, „intergouvernementalen", nationalstaatlichen und regionalen Inklusions- und Exklusionsprobleme auf die Gemeinschaft noch zukommen, welche übergreifenden Integrationsmechanismen bislang fehlen, mit welchen spezifischen Kulturtraditionen „pfleglich" umgegangen werden muss, welche strukturellen Ausgleichsverfahren gestärkt werden sollen – und welche „Hausaufgaben" die Europäer überhaupt noch nicht angepackt haben.

Literatur:

Blocher, Christoph (2002): Zehn Jahre nach dem Nein zum EWR-Vertrag. Eine Standortbestimmung mit Ausblick. Zürich.
Creveld, Martin van (1999): Aufstieg und Niedergang des Staates. München.
Deutsch, Karl W. (1976): Die Schweiz als ein paradigmatischer Fall politischer Integration. Reihe „Staat und Politik“. Bd. 16. Bern/Stuttgart.
Europarat (1970): Das Problem der Regionalisierung in Europa. Europäische Gemeindekonferenz. 8.Tagung (26.-30.10.1970). Strassburg.
Frisch, Max (1971): Wilhelm Tell für die Schule. Frankfurt a.M.
Gasser, Adolf (1976): Staatlicher Großraum und autonome Kleinräume. Basel.
Geißler, Rainer (1973): Massenmedien, Basiskommunikation und Demokratie. Tübingen.
Giordano, Christian (1996): Ethnizität und „mono-ethnischer Territorialismus“ in Zentral- und Osteuropa. In: Honegger, Claudia u.a. (Hrsg.): Gesellschaften im Umbau. Zürich. S.277-288.
Heraud, Guy (1986): Zum Rechtsvergleich im Sprachenrecht. In: Hinderling, Robert (Hrsg.): Europäische Sprachminderheiten im Vergleich. Stuttgart. S.343-356.
Hinderling, Robert (1986): Probleme des Vergleichs sprachlicher Minderheiten. In: ders. (Hrsg.): Europäische Sprachminderheiten im Vergleich. Stuttgart. S. 7-19.
Hoffmann-Nowotny, Hans-Joachim (1988): Ehe und Familie in der modernen Gesellschaft. In: Aus Politik und Zeitgeschichte. B 13/88. S. 3-13.
Honegger, Claudia u.a. (Hrsg.) (1996): Gesellschaften im Umbau. Identitäten, Konflikte, Differenzen. Zürich.
Hotellier, Hélène (2002): Les Accords bilateraux Suisse-Union européenne. La troisième voie: une integration sans adhésion. In: Dumoulin, Michel/Duchenne, Geneviève (dir.): Les petits États et la construction européenne. Brüssel, Bern, Berlin, Frankfurt.
Hürlimann, Thomas (2002): Himmelsöhi hilf! Über die Schweiz und anderes. Zürich.
Hubacher, Helmut (1999): Beispielhafte Schweiz. In: Basler Zeitung. Nr. 82. 9.4.1999. S. 10.
Inglehart, Ronald (1977): The Silent Revolution. Princeton.
Kägi, Werner (1959): Humanismus der Gegenwart. Zürich.
Kerr, Henry (1974): Switzerland: Social cleavages and partisan conflict. Professional Papers, in: Contemporary Political Sociology 1. S.5-39.
Kleger, Heinz (1996): Die nationale Bürgergesellschaft im Krieg und Nachkrieg: 1943-1955. In: Imhof, Kurt/Kleger, Heinz/Romano, Gaetano (Hrsg.): Konkordanz und Kalter Krieg. Zürich. S.111-173.
Kolde, Gottfried (1986): Über das Messen und Vergleichen von Sprachverhaltenswissen in verschiedenen Sprachkontaktsituationen – am Beispiel zweier gemischtsprachiger Städte in der Schweiz. In: Hinderling, Robert (Hrsg.): Europäische Sprachminderheiten im Vergleich. Stuttgart. S. 275-323.
Lüthy, Herbert (1965): Vom Geist und Ungeist des Föderalismus. In: Jahrbuch der Neuen Helvetischen Gesellschaft 36. S. 29-54.
Markowitz, Jürgen (1990): Kommunikation über Risiken. Eine Theorie-Skizze. In: Schweizerische Zeitschrift für Soziologie 16. S. 385-420.
McRae, Kenneth D. (1983): Conflict and Compromise in Multilingual Societies: Switzerland. Waterloo/Ontario.
Obermeier, Peter (1993): Risikokommunikation. München.
Renn, Otwin (1990): Die gesellschaftliche Erfahrung und Bewertung von Risiken: eine Ortsbestimmung. In: Schweizerische Zeitschrift für Soziologie 16. S. 307-355.
Stöhlker, Klaus J. (2002): Die Schweiz im Blindflug. Das Ende der letzten Staatsutopie. Zürich.
Ulrich, Peter (2002): Das Bankgeheimnis – eine Identitätsfrage. In: Basler Zeitung. Nr. 256. 2./3.11.2002, S. 17f.
Villiger, Kaspar (1991): EG-Beitritt oder Alleingang? In: Dokument und Analyse 10. S. 29-30.
Vouga, Jean-Pierre (1980): Westschweizer, Deutschschweizer, Tessiner. Zürich.
Wicker, Hans-Rudolf u.a. (Hrsg.)(2003): Migration und die Schweiz. Zürich.
Wyler, Siegfried (1991): Probleme der Verständigung in mehrsprachigen Gesellschaften. In: 700 ans de contacts linguistiques en Suisse. In: Bulletin CILA 54 (1991) oct. S. 63-72.
Ziegler, Jean (1977): Die Schweiz wäscht weißer. Frankfurt a.M.

Der Autor

Robert Hettlage, Dr. rer. pol., Dr. phil., o. Prof., (*1943), Studien der Nationalökonomie, Philosophie und Soziologie in Fribourg/Schweiz, Dr. rer. pol. 1969, Dr. phil. 1971, 1978 Habilitation im Fach Soziologie an der Universität Basel, dort 1978-1981 Privatdozent, seit 1981 Lehrstuhl für Soziologie an der Universität Regensburg. Forschungsschwerpunkte und zahlreiche Veröffentlichungen im Bereich der Wirtschafts-, Kultur- und Entwicklungssoziologie, der Familiensoziologie, der Genossenschafts- und Migrationsforschung, der Europäischen Integration und des Grenzgebiets zwischen Sozialphilosophie und soziologischer Theorie.

Publikationen u.a.: Die Wirtschaft zwischen Zwang und Freiheit: Wirtschaftsplanung und Weltanschauung. (Sammlung „Politeia", Vol. XXVI). Heidelberg/Löwen 1972; Genossenschaftstheorie und Partizipationsdiskussion. 2. erweiterte und aktualisierte Aufl. Göttingen 1987; Familienreport. Eine Lebensform im Umbruch. 2. erweiterte und aktualisierte Aufl. München 1998; Hrsg.: Verleugnen, Vertuschen, Verdrehen – Leben in der Lügengesellschaft. Konstanz 2003

Backlash Downunder – Populistische Tendenzen in der australischen Migrationspolitik

Sigrid Baringhorst

Als 1901 der Australische Bund gegründet wurde, wurden Fragen der Einwanderung zur Angelegenheit der autonomen Selbstverwaltung der Kolonien. Die australische Regierung nutzte den gewonnenen Gestaltungsspielraum noch im gleichen Jahr zur Einführung eines rassistischen Steuerungsprogramms, das unter dem Namen White Australia Policy bekannt wurde. Diese hatte einerseits eine innenpolitische Komponente, indem sie die Fortsetzung der Auslöschung indigener Kulturen legitimierte. Andererseits enthielt sie eine bis in die 1960er Jahre hinein wirkende einwanderungspolitische Komponente. Durch eine Politik des rassistischen Ausschlusses sollte sichergestellt werden, dass sich der anglo-keltische Charakter der australischen Gesellschaft infolge von Zuwanderung nicht verändern würde. Die rassistische Migrationspolitik richtete sich vor allem gegen die Einwanderung von Chinesen, die während der Zeit des Goldrausches (1850-1860) ungehindert ins Land gekommen waren. Wesentliches Instrument der rassistischen Immigrationssteuerung war ein Diktiertest, bei dem potenziellen Einwanderern eine Prüfung von 50 Wörtern in einer beliebigen europäischen Sprache gestellt werden konnte.

Die White Australia Policy erhielt nicht nur die Homogenität der australischen Siedlergesellschaft als „white nation" (Hage 2000), sie führte sogar dazu, dass die Gesellschaft homogener wurde, als sie zur Zeit der Gründung des Australischen Bundes war. Der Historiker Andrew Markus referiert über die Bevölkerungsschätzungen des Demografen Charles Price:

> „Charles Price has estimated that in 1891, (Australia) was 87 per cent Anglo-Celtic and 6 per cent north European. Eastern and southern Europeans combined came to less than 1 per cent, Asians 1.9 per cent, and Aborigines 3.4 per cent. By 1947... the Anglo-Celtic component had increased to 90 per cent, the northern European was unchanged, and the combined total for Aborigines and Asians had fallen to 1.1 per cent." (Markus 1994: 155)

Erst 1966 wurde die anti-asiatische Ausschlusspolitik zu Gunsten einer nicht mehr nach ethnischen Kriterien diskriminierenden Einwanderungspolitik aufgehoben; seit 1973 erfolgt auch die staatliche Unterstützung von Neuzuwanderern nach universalistischen Vergabekriterien (vgl. Jupp 1991; Markus 1994). Die Aufgabe der White Australia Policy und damit das Ende einer nach rassistischen Kriterien ausschließenden Einwanderungspolitik führte ab Mitte der 1960er Jahre zu einer zunehmenden ethnischen Diversifizierung der Zuwanderer: Neben Einwanderern britischer und irischer Herkunft kamen zunächst Einwanderer aus Südeuropa und in den 1970er Jahren zunehmend auch Einwanderer aus Südasien sowie Südost- und Nordostasien ins Land.

Abbildung 1: Anteil der Asiaten an der Zuwanderung nach Australien seit 1971

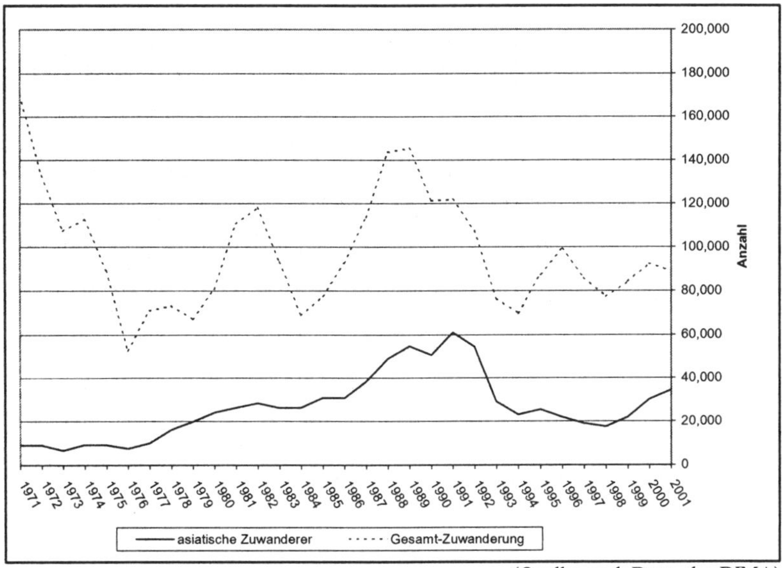

(Quelle: nach Daten des DIMA)

Die Politik der rassistischen Ausgrenzung war sowohl aus ideologischen als auch aus bevölkerungspolitischen und ökonomischen Gründen unhaltbar geworden. Rassenunruhen und Bürgerrechtsbewegung in den USA führten weltweit zu einer Delegitimierung rassistischer Diskriminierungspolitik. Zudem empfanden die australischen Nachkriegsregierungen die geringe Bevölkerungsdichte des Kontinents angesichts der Bedrohungserfahrungen während des Zweiten Weltkriegs als strategischen Standortnachteil. Populate or Perish lautete dementsprechend die Devise der australischen Einwanderungspolitik der Nachkriegsära. Durch eine gezielte Öffnung des Landes für Einwanderer auch aus nicht anglo-keltischen Herkunftsregionen sollte ein migrationsinduziertes jährliches Bevölkerungswachstum von einem Prozent erreicht werden. Die aktive Anwerbung von ausländischen Arbeitskräfte schien auch aus ökonomischen Gründen sinnvoll, zumal der Aufschwung der australischen Wirtschaft nicht mehr durch den Zustrom aus den mittlerweile selbst zu Einwanderungsländern gewordenen Staaten Westeuropas gestützt werden konnte.

Die kulturelle Diversifizierung der Einwanderer sollte jedoch keinesfalls den Erhalt des australischen Lebensstils, des Australian Way of Life gefährden. Aus diesem Grund wurde die Politik des rassistischen Ausschlusses durch eine Politik der kulturellen Assimilation ersetzt. In der Praxis erwies sich jedoch die assimilatorische Anpassungsforderung als kaum einlösbar. Zahlreiche sozialwissenschaftliche Studien wiesen auf eine soziale Benachteiligung von Einwandererkindern und eine zunehmende ethnische Segregation in den Städten hin. Die politischen Parteien erkannten nicht nur das Scheitern der Assimilationspolitik und das entstandene, mit den herkömmlichen Steuerungsmitteln nicht zu lösende gesellschaftliche Integrationsproblem, sondern sie nahmen auch zugleich die machtpolitische Bedeutung des wachsenden potenziellen ethnischen Wählerklientels wahr.

1. Multikulturalismus als nationales Integrationskonzept

Als nach mehr als 20 Jahren die Australian Labor Party die Regierungsmehrheit gewann, nutzte die Arbeiterpartei unter dem Premierminister Gough Whitlam die Chance zu einer grundlegenden Reform der Integrationspolitik. 1973 verabschiedete sich die Regierung offiziell vom Assimilationskonzept der Vergangenheit und erklärte zum ersten Mal den Multikulturalismus als das von nun an maßgebliche soziale Integrationskonzept Australiens. In der Folgezeit wirkten die beiden großen Parteien des Landes, d.h. sowohl die Labour als auch die konservative Liberal Party, an der Ausarbeitung eines multikulturellen Interventionskonzeptes mit.

„Die Leitprinzipien des australischen Multikulturalismus wurden in der National Agenda for a Multicultural Australia (OMA 1989) festgelegt und von allen Parteien im nationalen Parlament unterstützt. In dieser Agenda wurde der Begriff „multicultural" definiert als „simply a term which describes the cultural and ethnic diversity of contemporary Australia", und „multicultural policy" als „managing the consequences of cultural diversity in the interests of the individual and society as a whole". Der nationale Handlungsplan betonte als Kernelemente des australischen Multikulturalismus die drei konzeptionellen Dimensionen: kulturelle Identität, soziale Gerechtigkeit und ökonomische Effizienz.

Die National Agenda von 1989 formulierte auf der einen Seite grundlegende Rechte auf Chancengleichheit und soziale Gerechtigkeit. Über die klassische Vorstellung von bürgerlichen, politischen und sozialen Rechten hinausgehend, wurden zum ersten Mal kulturelle Forderungen als legitime und einklagbare Rechte in die australische Politik eingeführt. Multikulturalismus wurde nicht mehr nur als Programm von kulturellem Pluralismus oder von Minderheitenrechten formuliert, sondern erstmals als Grundlage der Rechte aller Bürger in einem demokratischen Staat verstanden (vgl. Castles 1997: 127). In den der Agenda von 1989 zu Grunde gelegten Prinzipien wird die Anerkennung von kulturellen Differenzen mit Anrechten auf eine universelle, chancengleiche Allokation öffentlicher Güter und Dienstleistungen verbunden.

Die „carefully defined limits“ der multikulturellen Politik bezogen sich vor allem auf die Verhinderung eines ethnischen Separatismus und religiösen Fundamentalismus. Um die soziale Kohäsion der Gesamtgesellschaft und gegenseitigen Respekt zu gewährleisten, wurden in der Agenda wesentliche Pflichten formuliert, wie insbesondere die Verpflichtung auf nationale übergreifende Interessen, auf Verfassungs- und Gesetzestreue und Toleranz, die mit den oben genannten Rechtsansprüchen verbunden wurden:

> „– multicultural policies are based upon the premise that all Australians should have an overriding and unifying commitment to Australia, to its interests and future first and foremost;
> – multicultural policies require all Australians to accept the basic structures and principles of Australian society – the Constitution and the rules of law, tolerance and equality, Parliamentary democracy, freedom of speech and religion, English as the national language and equality of the sexes; and
> – multicultural policies impose obligations as well as confer rights; the right to express one's own culture and beliefs involves a reciprocal responsibility to accept the right of others to express their views and values.“ (OMA 1989: vii)

2. Multikulturalismus und Einwanderungspolitik in der Kritik

In der australischen Politik geht das offizielle Bekenntnis zum Multikulturalismus einher mit einer systematisch entwickelten staatlichen Einwanderungspolitik. Die staatliche Steuerung basiert auf Planungen für die erwünschten Höchstzahlen in verschiedenen Zuwandererkategorien. Die Gesamtzahl der gewünschten Einwanderer wird von der Regierung in einem Dreijahresplan festgelegt, wobei die Ziele jährlich verändert und den konkreten Bedürfnissen und Rahmenbedingungen angepasst werden können. Die Einwanderungsquote setzt sich zusammen aus Zielgrößen für Flüchtlinge (humanitarian program) und Migranten (migrant program). Im Rahmen der Kategorie der migrants wird zwischen family stream und skill stream unterschieden. So sind von den für 2002-03 festgelegten 100.000 bis 110.000 erwünschten Einwanderern ca. 40.000 für die familienbezogene Einwanderung und 60.000 für qualifizierte Arbeitnehmer vorgesehen. Darunter zählen vor allem Personen, die volkswirtschaftlich auf Grund ihrer Qualifikationen erwünscht sind oder ein besonderes unternehmerisches Können und Eigenkapital vorweisen können. Von den 12.000 Visa, die im Rahmen des humanitarian program vergeben werden können, sind 10.000 für politische Flüchtlinge und für Asylsuchende geplant, die aus humanitären Gründen ins Land kommen. Nur 2.000 Visa sollen an Antragsteller vergeben werden, die sich schon auf australischem Territorium bzw. innerhalb der Australian Migration Zone aufhalten.

Bis in die 1980er Jahre wurden sowohl das Konzept des Multikulturalismus als auch die staatliche Einwanderungspolitik von einer großen Mehrheit der australischen Bevölkerung unterstützt. Im Laufe der 1980er Jahre fiel die Zustimmungsrate jedoch nicht zuletzt auf Grund von ökonomischen Schwierigkeiten des Landes signifikant. Nach einer 1990 durchgeführten AES-Befragung betrachteten 58 Prozent der Bevölkerung die Anzahl der „migrants allowed into Australia" als „gone too far" bzw. „gone much too far" (vgl. Goot 2000: 47). Drei Jahre später betrug der Prozentsatz derjenigen, die die Einwanderung als zu hoch bzw. viel zu hoch empfanden sogar 70 Prozent der Befragten. 62 Prozent stimmten mit der Forderung nach einem „short-term freeze on immigration" überein.

Eine Folge der wachsenden Kritik an der von der Australian Labour Party unterstützen Einwanderungspolitik war der Aufstieg der rechtspopulistischen One Nation Party unter ihrer Vorsitzenden Pauline Hanson. Bei den nationalen Wahlen im Jahr 1998 konnte die One Nation Party sogar 8,4 Prozent der Stimmen auf sich vereinigen. In Queensland, dem Herkunftsstaat von Hanson, betrug die Unterstützung sogar 14,3 Prozent. Bei den letzten Parlamentswahlen im Herbst 2001 verlor die Partei jedoch fast die Hälfte ihrer Wähler, ihr Anteil fiel auf 4,3 Prozent der Stimmen. Die Gründe für diesen Stimmenverlust sind vielfältig und liegen nicht zuletzt in parteiinternen Streitigkeiten und in nachgewiesenen Fällen von Korruption und Betrug. Eine wesentliche Ursache dürfte jedoch auch, wie im Folgenden näher erläutert werden soll, in der restriktiven Politik der seit 1996 regierenden konservativen Koalition von Liberal und National Party zu sehen sein.

John Howard, Premierminister und Vorsitzender der Liberal Party, hatte sich schon als Leader of the Opposition in den 1980er Jahren als scharfer Kritiker der Einwanderungspolitik der Australian Labour Party erwiesen. 1988 nach seiner Meinung zur vermehrten Einwanderung von Asiaten gefragt, antwortete er:

> „I do believe that if (Asian migration) is in the eyes of some of the community, too great, it would be in our immediate term interest and supportive of social cohesion if it were slowed down a little, so that the capacity of the community to absorb was greater" (zit. in Kelly 1992: 420).

Eine Howard-Regierung, so erklärte er 1995, d.h. ein Jahr vor seinem Regierungsantritt, in einer programmatischen Rede, werde die „sentiments of mainstream Australia" zum Leitprinzip ihres Handelns erheben:

> „Under (the liberals), the views of all particular interests will be assessed against the national interest and the sentiments of mainstream Australia. ... There is a frustrated mainstream in Australia today which sees government decisions increasingly driven by the noisy, self-interested clamour of powerful vested interests with scant regard for the national interest" (zit. in Stratton 1998: 74, 78).

In seinen Reden bezieht er sich gerne auf die Bewahrung des Australian Way of Life und den damit verbundenen australischen Werten als Leitziele seiner Regierungstätigkeit. So am 10. Juli 1998 in einer Rede in der St. Paul's School in Queensland:

> „There is that continuity, that golden thread of Australian values that hasn't changed. And in turn, the Australia that your children will inherit when they leave school will also be different. But there will be a continuity, there will be a golden thread of basic Australian values that will be there."

Oder am 24. Juli 1998 vor der Chinesischen Handelskammer in Perth:

> „Australia has managed to preserve a core set of Australian values that maintain a long continuity of values connecting us now in the last years of the 20th Century, with the early beginnings of the Australian federation almost 100 years ago."

Gegen eine Interpretation der nationalen Geschichte als eine der illegitimen Eroberung und des Genozids setzt er eine positive Deutung der Errungenschaften des Landes: „We are right to be proud of having built one of the most prosperous, most egalitarian and fairest societies in the world. We are right to be proud of our tradition of mateship in both peace and war." (Sir Robert Menzies Lecture)

In der praktischen Umsetzung bedeutete die Orientierung am Primat nationaler Werte und Interessen einen grundlegenden Wandel in der Integrations- und Einwanderungspolitik, der gegen den heftigen Widerstand der Selbstorganisationen der ethnischen Minderheiten, der Kirchen und einer Vielzahl humanitärer Gruppen durchgesetzt wurde: Insgesamt wurden die Höchstzahlen für die Einwanderung gesenkt und die Kriterien der Auswahl primär nach ökonomischen Nützlichkeitserwägungen festgelegt. Während der Anteil der im Rahmen der Familienzusammenführung erteilten Visa an der Gesamtzahl der Einwanderer reduziert wurde, wurde die Quote der skilled migrants sukzessive erhöht. Während frühere Regierungen Einwanderung stets als permanent settlement verstanden und deshalb Programme wie die Gastarbeiterpolitik der Bundesregierung scharf ablehnten, betrachtet die neokonservative Regierung temporäre Arbeitsmigration – trotz der damit verbundenen Integrationsprobleme – als angemessene Antwort auf die Anforderungen einer globalisierten Ökonomie.

Die Finanzierung zahlreicher Projekte im Rahmen der Umsetzung der multikulturellen Interventionspolitik wurde eingeschränkt oder gänzlich gestrichen und der Einfluss der multikulturellen Politik innerhalb der staatlichen Administration zurückgedrängt. Gegen die als die Nation spaltend kritisierten multikulturellen Interventionen der Australian-Labor-Party-Regierungen (1982-1996) wird die Stärkung des nationalen Zusammenhalts in den offiziellen Äußerungen zum Multikulturalismus betont. Um die nationale „cohesion" zu fördern, wird seit dem

Jahr 2000 ein Harmony Day mit jährlich wechselndem Motto staatlich gefördert und zelebriert.

3. Die Politik gegenüber unerwünschten Zuwanderern

Kehrseite des nationalen Stolzes auf australische Werte und Tugenden bildet die Dramatisierung und Bekämpfung der möglichen Bedrohung dieser Werte durch unerwünschte Einwanderer. In der nationalen Debatte heftig umstritten und auch in der internationalen Öffentlichkeit nicht unbeachtet geblieben, sind vor allem die restriktiven Eingriffe der neokonservativen Koalitionsregierung im Bereich der Asylpolitik und der Politik zur Bekämpfung illegaler Einwanderer. Seit 1996 wurde u.a. folgende Reformen eingeführt:

- Asylbewerbern, die ihren Antrag auf ein Visum von australischem Territorium aus stellen, wird anstelle einer dauerhaften Aufenthaltsgenehmigung maximal ein dreijähriges Schutzvisum (Temporary Protection Visa) erteilt. Sie dürfen innerhalb dieser drei Jahre weder das Land verlassen und dann wieder einreisen noch haben sie einen Anspruch auf Familienzusammenführung.
- Möglichkeiten, gegen einen negativen Bescheid von Regierungsbehörden Einspruch zu erheben und eine Berufungsinstanz anzurufen, wurden stark eingeschränkt.
- Zahlreiche Maßnahmen wie Verstärkung der Küstenwache, der Marine wie der Zollbehörden wurden ergriffen, um die Grenzsicherheit zu erhöhen und die nicht autorisierte Einreise von Migranten zu verhindern.
- Im Rahmen der so genannten „Pacific Solution“ errichtete die Howard-Regierung 2001 besondere Zentren zur Bearbeitung von Asylanträgen außerhalb des australischen Territoriums (z.B. auf Papua Neuguinea oder auf der kleinen Pazifikinsel Nauru). Damit potenzielle Asylbewerber erst gar nicht die Australische Migrationszone erreichen und im Falle eines negativen Asylbescheids ohne größere Probleme deportiert werden können, hat die australische Regierung sogar einzelne Inseln und Inselgruppen wie Christmas Island, Ashmore and Cartier Islands und die Cocos Islands aus der Australian Migration Zone ausgeschlossen.
- Die Höchststrafe für Menschenschmuggel wurde auf 20 Jahre Gefängnis und eine Geldstrafe von A$ 220.000 erhöht.
- Zur Abschreckung von illegalen Einwanderern wurden staatliche soziale Hilfsleistungen bis auf die Leistungen im Rahmen des staatlichen Gesundheitsdienstes (Medicare) gestrichen.
- Arbeitgeber, die illegale Einwanderer einstellen, haben mit hohen Strafen zu rechnen.

- Abgewiesene Asylbewerber sollen unverzüglich deportiert werden, sofern nachgewiesen werden kann, dass sie auch in einem anderen Land angemessenen Schutz gewährt bekommen.
- Seit 2001 wird in der nationalen und internationalen Öffentlichkeit immer wieder die Zwangsunterbringung von Asylbewerbern in zuweilen sehr abgelegenen Lagern skandalisiert. Die Lagerinsassen versuchen durch verschiedene Protesthandlungen wie Hungerstreiks und andere Formen der körperlichen Selbstverletzung die Öffentlichkeit auf die inhumanen Lebensbedingungen in den Lagern sowie die oft mehrjährige Unterbringung dort – die Dauer hängt ab von der Dauer des Asylverfahrens – aufmerksam zu machen. Auf Interventionen von Menschenrechtsorganisationen bis hin zur Uno reagierte die Howard-Regierung bisher scharf abweisend und insistierte auf dem Prinzip der nationalen Souveränität und erklärte die internationale Kritik als illegitime Einmischung in die inneren Angelegenheiten des Landes. Geradezu zynisch mutet eine Formulierung im letzten Wahlprogramm der Liberal and National Party aus dem Jahr 2001 an, mit der die lange Zwangsunterbringung in den detention camps den Asylbewerbern selbst angelastet wird "Detainees who remain in detention for longer periods are usually exercising their choice to pursue appeal through the judicial system and this can sometimes take several years" (The Liberal Party 2001b: 16).
- Um seine harte und restriktive Politik gegenüber unerwünschten Einwanderern zu verdeutlichen, scheute die Regierung im Wahlkampf 2001 nicht einmal vor einer Nazi-ähnlichen Propagandapraxis zurück. Als am 8. Oktober 2001 das australische Marineschiff HMAS Adelaide vor den Weihnachtsinseln ein sinkendes Boot mit Asylbewerbern abfing, fanden sie vierzehn Flüchtlinge unter ihnen auch Kinder, die vom sinkenden Schiff ins Meer gesprungen waren. Bilder dieser ums Überleben kämpfenden Menschen wurden in den australischen Medien verbreitet und wider besseren Wissens von Vertretern der Regierung so kommentiert, dass der Eindruck entstehen musste, die Flüchtlinge hätten ihre Kinder absichtlich ins Meer geworfen, um das Mitleid der australischen Bevölkerung zu wecken und um so die australische Regierung unter Druck zu setzen, die Flüchtlinge auf australischem Boden aufzunehmen.

4. Australien in Asien – eine ängstliche Nation

Gemessen an den drastischen Reaktionen der Regierung auf die Zuwanderung von Personen ohne Einreiseerlaubnis, scheint die Zahl der in den vergangenen Jahren aufgegriffenen illegal Eingereisten relativ gering. Nach Angaben des Department of Immigration and Multicultural Affairs betrug deren Zahl zwischen 1989 und 1999 insgesamt 7.532. Davon gelten 3.980 als „unauthorised boat arrivals“: Nur 615 Asylanträge wurden bewilligt, 75 Personen konnten aus humanitären Gründen bleiben, 2648 Personen wurden ausgewiesen, 564 blieben in den Flüchtlingslagern und sechs flohen aus diesen Zwangsunterbringungen. (vgl. DIMA 1999).

Die Härte der Reaktion der australischen Regierung scheint weniger in der sich in Zahlen manifestierenden faktischen Bedrohung begründet als in der spezifischen Wahrnehmung der Fakten und Interpretation der Zahlen. In der australischen Öffentlichkeit wie in den Papieren der Regierungsparteien werden Asylbewerber, die sich nicht an die Regeln der australischen Migrationspolitik halten, häufig als bogus oder phoney (Scheinasylanten) bezeichnet. Kennzeichnend ist vor allem deren Charakterisierung als queue jumpers. Nach der Konzeption der australischen Migrationspolitik wird Asylpolitik als resettlement policy begriffen. Dementsprechend wird von Asylbewerbern erwartet, dass sie wie andere Einwanderer auch noch im Ausland einen Antrag auf ein Einreisevisum stellen und sich entsprechend der Planung der Einwanderungsbehörden solange in die Einwandererschlange einreihen, bis die Behörden einen positiven Bescheid erteilen. Diese Regelung gibt den Australiern den beruhigenden Glauben an die Wirksamkeit einer fairen staatlichen Steuerung von Migrationsprozessen (vgl. Nicholls 1998). Bricht ein Asylbewerber die vorgegebenen Regeln und reist ohne Visum ein, so gilt dies der konservativen Regierung schon als Akt der Aggression gegen den australischen Staat.

> „This is the basis of our determination to fight illegal immigration. It is unfair to those waiting to come to this country using proper legal channels and it erodes public support in the overall immigration program." (Liberal Party 2001a: 17)

Neben dem Argument der Fairness wird vor allem die Bedrohung der nationalen Sicherheit als Argument für die rigide Behandlung unerwünschter Einwanderer angeführt. Tief liegende Ängste vor unkontrollierbaren Krankheitserregern werden mobilisiert und die besondere territoriale Verwundbarkeit des Inselkontinents hervorgehoben:

> „In today's rapidly changing and uncertain world environment, the integrity of Australia's borders can be challenged in unprecedented ways. Such changes are frequent and serious. The old problems of imported pests and diseases and the illegal exploitation of our marine resources, as dangerous as they are, have been joined by new and more insidious threats.
>
> Australians can no longer rely solely on the comfort of distance and surrounding sea for sure protection and governments must take strong, decisive steps to protect the integrity of our borders" (Liberal Party 20001b: 22).

Ähnliche Bedrohungsszenarien werden schon seit einigen Jahren in der nationalen Presse propagiert. Immer wieder werden Asylbewerber als Problemgruppe konstruiert und ihre unerlaubte Einreise als „sustained assault on Australia's shores" gebrandmarkt. Der angesehene Sydney Morning Herald deklarierte gar „hunts for boat people" und das „closing of all immigration routes" (29.12.1998) zu legitimen Mitteln der nationalen Sicherheitspolitik. Ähnlich wie die Regierung stilisieren auch die Massenmedien die Frage der illegalen Einwanderung zu einer nationalen Sicherheitsfrage und stellen dabei die Bedrohung der Volksgesundheit durch das Einschleppen von exotischen Viren und Krankheiten als besonders gefährlich heraus. So schrieb der Brisbane Courier Mail am 18.4.1999: „Farmers fear illegal boat people will bring in exotic diseases that could decimate Queensland's multibillion-dollar rural sector". Der dort zitierte Queensland Cattle Council President Mike Hill fordert gar in Reaktion auf die Ankunft von zwei Flüchtlingsbooten an der australischen Ostküste den Einsatz der nationalen Sicherheitskräfte: „It is not unreasonable to suggest that Australia's defence forces should be used as a stop-gap measure."

Die harte Linie gegenüber den unerwünschten Einwanderern trug bei den nationalen Parlamentswahlen im Herbst 2001 wesentlich zur Wiederwahl der Koalitionsregierung bei. Die restriktive Asylpolitik konnte vor allem deshalb erfolgreich als Wahlkampfhelfer eingesetzt werden, weil sie tiefliegende Ängste innerhalb der weißen Bevölkerung mobilisiert. David Walker (1999) und Anthony Burke (2001) haben in ihren Beiträgen zur Analyse der Geschichte Australiens vielfältige Belege für die tief sitzende Angst der Australier vor einer unkontrollierten bzw. zu wenig kontrollierten Einwanderung aus den viel ärmeren und zugleich bevölkerungsreichen asiatischen Nachbarländern gegeben. Nach ihrer Interpretation kann Australien von den Ursprüngen seiner Geschichte bis heute weniger als „The Lucky Country" (Horne 1964), sondern vielmehr als eine „Anxious Nation" (Walker 1999) betrachtet werden.

Historisch gesehen entwickelte sich die australische Nation parallel zum kontinuierlichen Machtzuwachs Asiens. Da sich die Australier eher als Außenposten Europas denn als Teil Asiens betrachteten und den asiatischen Nachbarn expansive und aggressive Bestrebungen unterstellten, interpretierten sie den Einflussgewinn Japans und anderer asiatischer Länder als „rising tide" oder „flood", als Bedrohung der eigenen territorialen Souveränität. Als die ersten australischen Marineschiffe nach Fertigstellung 1913 die australische Küste erreichten, kommentierte der damalige Premier Joseph Cook deren Ankunft: „This fleet will defend White Australia from less advanced but aggressive nations all around us with lower standards" (zit. in Stephens 2001).

Die Angst vor einer Asiatisierung des Inselkontinents bildete für eine lange Zeit die treibende Kraft der australischen Migrationspolitik. Die Abgrenzung von den Asiaten war für die australischen Siedler genauso konstitutiv für die Herausbildung einer nationalen Identität wie die Unterscheidung zwischen Schwarzen und Weißen in den Vereinigten Staaten. Das Schicksal der von den weißen Siedlern unterworfenen und nahezu ausgerotteten Aborigines führte ihnen indirekt auch die eigenen

Verwundbarkeit als bevölkerungsarme Enklave im asiatischen Raum vor Augen: Ein im Juli 1905 im Sydney Morning Herald veröffentlichter Brief verdeutlicht diese Analogie zwischen der möglichen eigenen Zukunft und dem Schicksal der Aborigines:

> „If we cannot people our Commonwealth ... our race will wane, and eventually be extinguished even as the Aborigines have disappeared before the might and numbers of their white foes" (zit. in Walker 1999: 9).

Die Aufhebung der Selektion von Einwanderern nach rassistischen Kriterien seit den 1970er Jahren erfolgte wie die Einführung des Konzepts des Multikulturalismus eher im Sinne einer top-down-strategy, und nicht als Ergebnis einer bottom-up Politikentwicklung. Sie basierte auf rationalen Entscheidungen der politischen Eliten, nicht jedoch auf einem umfassenden Einstellungswandel der breiten Bevölkerung. Der Zweite Weltkrieg hatte die militärische Verwundbarkeit des gering besiedelten Landes aufgezeigt und die Notwendigkeit eines umfassenden Einwanderungsprogramms dringlich werden lassen. Die Möglichkeiten, weiße Einwanderer anzuwerben, waren mit dem Nachkriegsboom in Europa relativ schnell erschöpft, ja die europäischen Länder hatten sich in den 1950er und 1960er Jahren selbst von Auswanderungs- zu Einwanderungsländern entwickelt. Hinzu kam die Integration des kolonialen Mutterlands Großbritannien in die Europäische Gemeinschaft und die damit implizit schwächer werdenden Beziehungen zum Commonwealth. Militärisch hatte Australien nach den Erfahrungen des Zweiten Weltkriegs einsehen müssen, dass nicht die Briten, sondern nur die USA als relevante Schutzmacht für sie eintraten. Diese militärische Abhängigkeit von den USA ist bis heute spürbar, wie nicht zuletzt die bedingungslose Unterstützung des US-amerikanischen Aufmarsches am Golf durch die Howard-Regierung verdeutlicht.

Die Lockerung der Bindungen an Großbritannien brachte politische wie ökonomische Konsequenzen mit sich. Zwar scheiterte 1999 ein Referendum, in dem die Australier aufgefordert waren, über die Einführung einer Republik zu entscheiden. Doch ist dieses Scheitern eher auf die spezifische konstitutionelle Alternative zurückzuführen, die zur Abstimmung gestellt wurde, als auf eine mangelnde Unterstützung für die Republik im Allgemeinen. Ökonomisch ging die Distanzierung von Großbritannien mit einer signifikanten Intensivierung der wirtschaftlichen Austauschbeziehung mit den asiatischen Nachbarn des Landes einher. Australien ist Mitglied der 1993 gegründeten Asia-Pacific Economic Cooperation (APEC). Während der Export von Waren in die EG, insbesondere nach Großbritannien, seit den 1970er Jahren stark abgenommen hat, nahm der Export in die asiatischen Länder – zuerst nach Japan, dann aber auch in die anderen boomenden Länder Asiens signifikant zu (vgl. McGillivray 1997).

Mit den ökonomischen Austauschbeziehungen und dem wachsenden Bedürfnis politischer Eigenständigkeit ging in den 1980er Jahren auf der Regierungsebene eine

Umorientierung des nationalen Selbstverständnisses einher, nach der sich Australien nicht mehr als Vorposten Europas, sondern als Teil von Asien versteht. Diese pragmatische Wende hat im Bewusstsein der Bevölkerung unterschiedliche Resonanzen erzeugt. Während die Eliten der städtischen Zentren die multikulturelle Öffnung des Landes begrüßten, stieß sie vor allem in den unteren Mittelschichten und in der ländlichen Bevölkerung auf Skepsis und Ablehnung (Betts 1999). Im kollektiven Selbstverständnis dieses Teils der Nation wird die Zuwanderung aus den asiatischen Ländern noch immer als Quelle der Bedrohung gesehen und entsprechend werden die Bindungen an das koloniale Mutterland und die anglo-keltischen Traditionen des Landes hoch gehalten. Die populistische Politik gegenüber unerwünschten Zuwanderern knüpft unter Berufung auf die „sentiments of the Australian mainstream" insbesondere an die Ängste dieses des Teils der Bevölkerung an.

5. Zusammenfassung

Die von vielen australischen Sozialwissenschaftlern und Sozialwissenschaftlerinnen vertretene Deutung der australischen Nation als postnationale oder auch postmoderne Nation verkennt das in weiten Teilen der Bevölkerung noch immer bedeutsame nationale Selbstverständnis als „White Nation" sowie die damit verbundenen Bedrohungsgefühle. Aus dem Widerspruch zwischen Geschichte und Geografie Australiens resultieren Spannungen und Ängste, die unter den Bedingungen von ökonomischen Krisen und beschleunigten Globalisierungsprozessen leicht von populistischen Kräften mobilisiert werden können. Die neokonservativen australischen Regierungen haben seit 1996 an diese Bedrohungsgefühle appelliert, um eine restriktive und in Teilen zweifellos inhumane Migrationspolitik durchzusetzen.

Literatur

Betts, Katharine (1999): The Great Divide: Immigration Politics in Australia. Sydney.
Brett, Judith (1997): The Politics of Grievance. In: The Australian's Review of Books. May 1997. S. 12.
Burke, Anthony (2001): In Fear of Security. Australia's Invasion Anxiety. Sydney.
DIMA (Department of Immigration and Multicultural Affairs) (1999): Unauthorised arrivals by air and sea. Fact Sheet 81.
Goot, Murray (2000): More 'Relaxed and Comfortable': Public Opinion on Immigration under Howard. In: People and Place. Vol. 8. No. 3. 2000. S. 46-60.
Hage, Gassan (2000): White Nation: Fantasies of White Supremacy in a Multicultural Australia. New York.
Horne, Donald (1964): The Lucky Country: Australia in the Sixties. Sydney.
Kelly, Paul (1992): The End of Certainty: The Story of the 1980s. Sydney.
Liberal Party (2001a): The Howard Government. Putting Australia's Interests First. Election 2001. Electoral Manifesto of the Australian Liberal Party.
Liberal Party (2001b): The Howard Government. Putting Australia's Interests First. Election 2001. Strengthening Australia's Defences. Statement of the Liberal and National Party. 24.10.01.
Markus, Andrew (1994): Australian Race Relations. Sydney.
McGillivray, Mark (1997): Australia's Economic Tied with Asia. In: McGillivray, Mark/Smith, Gary (Hrsg.): Australia and Asia. Melbourne.
Nicholls, Glenn (1998): Unsettling Admissions: Asylum Seekers in Australia. In: Journal of Refugee Studies. Vol. 11. Nr. 1. S. 62-79.
Stephens, Tony (2001): Anxious Oz: a dark thread through history. In: Sydney Morning Herald. 28. November 2001.
Stratton, Jon/Ang, Ien (1998): Multicultural Imagined Communities. Cultural difference and national identity in the USA and Australia. In: Bennett, David (Hrsg): Multicultural States. Rethinking Difference and Identity. London. S. 135-162.
Stratton, Jon (1998): Race Gaze. Australia in Identity Crisis. Sydney.
Walker, David (1999): Anxious Nation. Australia and the Rise of Asia 1850-1939. Brisbane.
White, Richard (1985): Inventing Australia. Sydney.

Die Autorin

Sigrid Baringhorst, Prof. Dr. phil. (*1957); seit 2000 Professorin für Politikwissenschaft an der Universität Siegen. Studium der Sozialwissenschaften und Germanistik an der RWTH Aachen. Promotion 1991 an der Universität Münster. Habilitation 1997 an der Universität Gießen. DAAD Lektorin für deutsche Sprache, Literatur und Landeskunde an der University of Bradford, Großbritannien (1986-1989). Wissenschaftliche Mitarbeiterin, Assistentin und Professurvertretung an der Universität Gießen (1990-1997). Dozentin für Cultural Politics an der University of East Anglia, Großbritannien (1998-99). Dozentin für German Studies an der University of Technology Sydney, Australien (Jan-Sep 2000).
Publikationen u.a.: Fremde in der Stadt. Baden-Baden: Nomos-Verlag 1991; (Hrsg. mit Mechtild M. Jansen), Politik der Multikultur. Vergleichende Perspektiven zu Einwanderung und Integration. Baden-Baden: Nomos 1994; (Hrsg. mit Mechtild M. Jansen u. Martina Ritter) Backlash – Frauen in der Defensive? Münster: Lit 1995; Politik als Kampagne – Zur medialen Erzeugung von Solidarität. Opladen: Westdeutscher Verlag 1998

Migration zwischen Segregation und Integration: Rechtliche, politische und gesellschaftliche Aspekte der Zuwanderung in die Bundesrepublik Deutschland

Lutz R. Reuter

Deutschland ist seit den neunziger Jahren eines der wichtigsten Einwanderungsländer. Die Zahl der Asylbewerber[1] ist zwar in der zweiten Hälfte des Jahrzehnts zurückgegangen, doch ist die ausländische Wohnbevölkerung um etwa zwei Millionen[2] angestiegen (vgl. Tab. 1-3). Hinzu kommen im selben Zeitraum noch ca. 3,1 Millionen Aussiedler[3], die statistisch als Deutsche erfasst werden. Auch ihre Zahl[4] ist deutlich zurückgegangen.[5] Neben wirtschaftlichen Gründen waren der Zusammenbruch des sozialistischen Staatensystems, die Auflösung der Sowjetunion, Kriege sowie die Binnenmigration in der EU ursächlich für den Zuwanderungsanstieg. Die Entwicklungen der vergangenen Dekade machen deutlich, dass die Zielländer die internationale Migration nicht verhindern, sie allerdings mit national unterschiedlichen Konzepten beeinflussen können. De iure ist Deutschland weiterhin kein Einwanderungsland wie Australien, Kanada oder die USA.

1. Entwicklung der Zuwanderung seit 1945

Die Zuwanderung erfolgt nach unterschiedlichen rechtlichen Bestimmungen insbesondere im Ausländergesetz; bis heute gibt es kein Gesetz zur Steuerung einer auf Dauer angelegten Einwanderung.[6] Allerdings ist nach älteren Gesetzentwürfen von SPD und Bündnis 90/Die Grünen inzwischen eine öffentliche Debatte über die Folgen des demografischen Wandels und den Fachkräftemangel in bestimmten Berufen eingeleitet, die in den kommenden Jahren trotz des Scheiterns des Gesetzes zur Steuerung und Begrenzung der Zuwanderung[7] wegen formeller Unvereinbarkeit mit dem Grundgesetz[8] zur Verabschiedung eines Einwanderungsgesetzes führen dürfte[9]

1 1992 ca. 438.000, 2002 ca. 71.000.
2 von 5,343 Millionen (1991) auf 7,319 Millionen (2001).
3 seit 1950 über 4,1 Millionen.
4 von 397.000 (1990) auf gut 91.000 (2002).
5 Vgl. Statistisches Bundesamt, Dez. 2002; Bundesaussiedlerbeauftragte, Dez. 2002 (www.bafl.de; www.bmi.bund.de).
6 Die Arbeits- und Aufenthaltsgenehmigung für IT-Fachkräfte von 1998 machte erstmals mit dem Anwerbestopp von 1973 den Bedarf an ausländischen Fachkräften regierungsamtlich sichtbar.
7 Zuwanderungsgesetz v. 20.7.2002, BGBl. I S. 1946.
8 Vgl. BVerfG 2 BvF 1/02 v. 18.12.2002.

(vgl. Ausländerbeauftragte 2002: 27-36). Dass Deutschland de facto ein Einwanderungsland ist, ist unumstritten, seit es vor Großbritannien und Frankreich die größte Zahl an Zuwanderern, Asylsuchenden und Flüchtlingen in Europa aufgenommen hat. Allerdings verschleiert die vergleichende Ausländerstatistik (vgl. Tab. 4)[10] nationale Unterschiede in der Zuwanderungsstatistik und im Einbürgerungsrecht. Nach der Immigrationsrate liegt Deutschland mit elf Prozent hinter Luxemburg (17 Prozent) und der Schweiz (13 Prozent) (Ausländerbeauftragte 1999: 41, 77f.).

Tabelle 1: Ausländer im Bundesgebiet (1960 – 2002)

Jahr	**Ausländische Bevölkerung in. Tsd. an der Gesamtbevölkerung** [1]	**Anteil der ausländischen Bevölkerung in Prozent**
1960	686,2	1,2
1968	1.924,2	3,2
1969	2.381,1	3,9
1970	2.976,5	4,9
...	...	...
1975	4.089,6	6,6
1976	3.948,3	6,4
1977	3.948,3	6,4
1978	3.981,1	6,5
1979	4.143,8	6,7
1980	4.453,3	7,2
...	...	...
1985	4.378,9	7,2
1986	4.512,7	7,4
1987	4.240,5	6,9
1988	4.489,1	7,3
1989	4.845,9	7,7
1990	5.342,5	8,4
	(ab hier gesamtdeutsch)	
1991	5.882,3	7,3
1992	6.495,8	8,0
1993	6.878,1	8,5
1994	6.990,5	8,6
1995	7.173,9	8,8
...	...	...
2001	7.318,6	8,9
2002	7.335,6	liegt Ende Juli vor

Quelle: Ausländerbeauftragte 2002; Bundesverwaltungsamt 2002; telefonische Auskunft: Beauftragte der Bundesregierung für Migration, Flüchtlinge und Integration

9 Der im Juni 2003 erneut vom Bundestag beschlossene ursprüngliche Gesetzestext dürfte allerdings von der CDU/CSU-Mehrheit im Bundesrat erneut abgelehnt werden.

10 Gesamtzahl 1993: D = 6,9 Millionen; F = 3,6 Millionen; GB = 2,4 Millionen; Ausländerbeauftragte 1994, S. 54f.

Tabelle 2: Asylbewerber und Aussiedler im Bundesgebiet (1960 – 2002)[1]

Jahr	**Asylbewerber**	**Aussiedler**
1960	2.980	19.169
1965	4.337	24.942
1969	11.664	30.039
1970	8.645	19.444
...	...	...
1975	9.627	19.657
1976	11.123	44.402
1977	16.410	54.261
1978	33.136	58.062
1979	51.493	54.802
1980	107.818	52.071
...	...	...
1985	73.832	38.968
1986	99.650	42.788
1987	57.379	78.523
1988	103.076	202.673
1989	121.318	377.055
1990	193.063	397.073
	(ab hier gesamtdeutsch)	
1991	256.112	221.995
1992	438.191	230.565
1993	322.599	218.688
1994	127.210	222.591
1995	127.937	217.898
...	...	...
2001	88.287	98.484
2002	71.127	91.416
1960-1979 (einschl.)	209.840	613.412
1980-2002 (einschl.)	2.822.469	3.298.588

Quelle: Bundesamt für die Anerkennung ausländischer Flüchtlinge 2002; Beauftragter der Bundesregierung für Aussiedlerfragen 2002.

Tabelle 3: Hauptherkunftsländer der Asylbewerber in Deutschland 1995, 2000 und 2002

Herkunftsland	1995			2000			2002		
	Rang	absolut	Prozent	Rang	**absolut**	Prozent	Rang	**absolut**	Prozent
Afghanistan	3	7.515	5,87	4	5.380	6,85	5	2.272	3,90
Algerien							10	1.743	2,45
Armenien	9	3.383	2,64						
Bosnien-Herze.	6	4.932	3,86						
China				10	2.072	2,64			
Indien							8	2.245	3,16
Irak	4	6.880	5,38	1	11.601	14,77	1	10.242	14,40
Iran	7	3.908	3,05	5	4.878	6,21	6	2.642	3,71
Jugoslawien	1	26.227	20,50	2	11.121	14,16	3	6.679	9,39
Pakistan	10	3.116	2,44						
Rumänien	8	3.522	2,75						
Russische Föd.				6	2.763	3,53	4	4.058	5,71
Sri Lanka	5	6.048	4,73						
Syrien				7	2.641	3,36	9	1.829	2,57
Türkei	2	25.514	19,94	3	8.968	11,41	2	9.575	13,46
Vietnam				8	2.332	2,97	7	2.340	3,29
Sonstige		36.892	29,84		24.675	31,38		27.001	37,80
Staatenlos				9	2.151	2,74			
Asylanträge Insgesamt		127.937	100,0		78.564	100,		71.127	100,0

Quelle: Bundesamt für die Anerkennung ausländischer Flüchtlinge 2003.

Tabelle 4: Zuwanderung im europäischen Vergleich (Zuzüge 1990, 1995 und 1999)

Zielland	1990	1995	1999
Deutschland	1.651.593	1.096.048	874.023
Frankreich	102.109 (1998)	77.000	138.388 (2001)
Italien	194.088	46.886	189.703
Niederlande	117.350	96.099	119.151
Schweiz	154.244	113.966	85.838
Großbritannien	267.000	245.000	284.594 (1998)

Quelle: Ausländerbeauftragte

Nachkriegsdeutschland, insbesondere die alte Bundesrepublik, ist durch große Wanderungsprozesse geprägt. Schätzungen gehen davon aus, dass bis zu einem Drittel der Bevölkerung über eine Migrationsbiografie verfügt; unter den 15-Jährigen sind bundesweit 21,8 Prozent Jugendliche mit Migrationshintergrund (westdeutsche Länder: 26,6 Prozent), d.h. haben mindestens ein im Ausland oder mit nichtdeutscher Staatsangehörigkeit geborenes Elternteil (Deutsches Pisa-Konsortium 2002: 190). Die Zuwanderung seit 1945 unterscheidet sich von der Migration in traditionelle Einwanderungsländer in den Anlässen und Formen erheblich; dabei sind insbesondere die folgenden Zuwanderergruppen zu unterscheiden:

1. *Zwangsarbeiter, Deportierte, Kriegsgefangene und KZ-Überlebende (displaced persons):* Diese Personengruppen sind nach dem Ende des nationalsozialistischen Regimes aus unterschiedlichen Gründen in Deutschland verblieben.
2. *Flüchtlinge und Vertriebene aus den Ostgebieten des Deutschen Reichs:* Ca. zwölf Millionen Personen.
3. *Ausländische Arbeitskräfte und Fachleute:* Diese kamen auf der Grundlage vertraglicher Regelungen mit einer Reihe kontinentaleuropäischer und skandinavischer Staaten zu Ausbildungszwecken und zum beruflichen Erfahrungsaustausch vor allem in den 50er Jahren nach Deutschland; dabei ergab sich zum Teil ein fließender Übergang in die Anwerbeverträge.
4. *Gastarbeiter:* Ausländische Arbeitskräfte wurden aufgrund zwischenstaatlicher Vereinbarungen über die Anwerbung und Vermittlung von Arbeitskräften[11] durch Anwerbungskommissionen ausgesucht und nach Deutschland gebracht[12]. Aufgrund der Regelungen zum Nachzug von Ehegatten und Kindern setzte sich die Arbeitsmigration auch nach dem Anwerbestopp von 1973 fort (Ausländerbeauftragte 1999: 19f.).
5. *Vertragsarbeiter und Auszubildende aus den Ländern des Rats für gegenseitige Wirtschaftshilfe* (RGW): Auf der Grundlage geheimer zwischenstaatlicher Abkommen, die die Zahl und Aufenthaltsdauer der Vertragsarbeiter festlegten, wurden seit Mitte der 70er Jahre Arbeiter aus sozialistischen Staaten, insbesondere aus Vietnam, Mosambik, Polen, Ungarn u.a. in die DDR gebracht. Ihre Zahl betrug Ende 1989 etwa 90.000, ihr Bevölkerungsanteil lag Anfang 1990 bei 1,2 Prozent (192.000) (Ausländerbeauftragte 1996: 7). Heute leben etwa 15.000 ehemalige DDR-Vertragsarbeiter in Deutschland.
6. *Werkvertragsarbeitnehmer:* Bilaterale Vereinbarungen mit zahlreichen mittelosteuropäischen Staaten und der Türkei legen bestimmte Kontingente von Werkvertragsarbeitnehmern fest, die zur Wirtschaftsförderung der Herkunftsländer und zum Ausgleich struktureller oder regionaler Mängel an

11 Italien: 1955; Spanien und Griechenland: 1960; Türkei: 1961; Portugal 1964; Tunesien und Marokko: 1965; Jugoslawien: 1968.

12 Ergänzende Vereinbarungen mit Korea zur Anwerbung von Spezialarbeitskräften wie Krankenpflegerinnen und Bergarbeitern.

inländischen Arbeitskräften überwiegend für geringer qualifizierte Tätigkeiten bis zur Fertigstellung des Werks, maximal drei Jahre, tätig sind (Ausländerbeauftragte 1999: 37-40).

7. *EU-Binnenmigranten:* Die mit dem Maastrichter Vertrag eingeführte Europäische Staatsbürgerschaft stellt die Unionsbürger weitgehend deutschen Staatsbürgern gleich, d.h. erlaubt Ausbildungs- und Arbeitsmarktzugang einschließlich des öffentlichen Dienstes (Ausländerbeauftragte 1999: 16-18; dies. 2002: 114-117).
8. *(Spät-) Aussiedler* aus verschiedenen osteuropäischen Staaten, insb. aus Polen, Rumänien, der Sowjetunion bzw. ihren Nachfolgestaaten (Ausländerbeauftragte 1999: 21f.).
9. *Flüchtlinge*: Die Zahl der Asylbewerber stieg zu Beginn der neunziger Jahre sprunghaft an und sank infolge der Asylrechtsänderung; die Anerkennung liegt bei 17,5 Prozent (2000). Hauptherkunftsländer sind derzeit (2003) Türkei, Serbien-Montenegro, Irak, Russland, China und Vietnam.[13] Für die Aufnahme von Kriegs- und Bürgerkriegsflüchtlingen wurde ein gesonderter Rechtsstatus im Ausländergesetz geschaffen, der für die Dauer der Kriegshandlungen ein Aufenthaltsrecht gewährt. Die Regelung wurde erstmals für die Bürgerkriegsflüchtlinge aus Albanien, Kosovo und Mazedonien angewendet (vgl. Tab. 3).
10. *Kontingentflüchtlinge:* Hierbei handelt es sich um Personen, die Deutschland nach vorab festgelegten Quoten im Rahmen internationaler Hilfsmaßnahmen aufgrund des Gesetzes über Maßnahmen für im Rahmen humanitärer Hilfsaktionen aufgenommene Flüchtlinge aufgenommen hat (insb. aus Südostasien und Lateinamerika). Sie genießen einen besonderen Rechtsstatus[14], der wie im Falle der Aussiedler dem Konzept einer gesteuerten Einwanderungs- und Integrationspolitik nahe kommt.
11. *Quasi-Kontingentflüchtlinge aus der ehemaligen Sowjetunion:* Die Regierung de Maizière hatte im Juli 1990 von Verfolgung oder Diskriminierung bedrohten Juden ein Aufenthaltsrecht in der DDR gewährt. Aufgrund einer Anschlussregelung vom Januar 1991 der Innenminister von Bund und Ländern werden jüdische Immigranten aus den Nachfolgestaaten der Sowjetunion in analoger Anwendung des Gesetzes über Maßnahmen für im Rahmen humanitärer Hilfsaktionen aufgenommene Flüchtlinge[15], jedoch ohne Kontingentierung und unbefristet, in Deutschland aufgenommen. Seit November 1991 ist ein Antragsverfahren im Herkunftsland erforderlich. Bis Dezember 2001 sind mehr als 152.000 Berechtigte eingereist (Ausländerbeauftragte 2002: 233f.).[16]

---

13 www.bafl.de.

14 Ausbildungsförderung, Arbeitserlaubnis, unbefristete Aufenthaltserlaubnis.

15 Kontingentflüchtlingsgesetz v. 22.7.1980, zuletzt geändert am 29.10.1997.

16 Ergänzende Information vom Bundesverwaltungsamt 2002. Die jüdische Gemeinschaft in Deutschland ist nach Frankreich und Großbritannien die drittgrößte in Europa.

Die jährliche Nettozuwanderung von Ausländern schwankt zwischen +277.000 (1993) und -33.000 Personen (1998) und liegt im Jahr 2000 bei 86.000 Personen; erst bei einer jährlichen Zuwanderung von deutlich über 200.000 Personen, langfristig von über 400.000 Personen würde der Bevölkerungsrückgang ausgeglichen (vgl. Tab. 5).

Der Anteil der Zuwanderer, die nicht über die deutsche Staatsbürgerschaft verfügen, und ihrer in Deutschland geborenen Kinder, die aufgrund des Abstammungsprinzips bis zum 31. Dezember 1999 nur die Staatsbürgerschaft ihrer Eltern erwarben, liegt bei neun Prozent[17]. Die Zahl der Einbürgerungen ist den vergangenen Jahren stark angestiegen; die Einbürgerungsquote (Anteil der Eingebürgerten an der ausländischen Bevölkerung) beträgt 2,43 Prozent (2001).

Tabelle 5: Zuzüge und Fortzüge von Ausländern nach bzw. von Deutschland

Jahr	Zuzüge	Fortzüge	Saldo
1993	986.872	710.240	+ 276.632
1994	773.929	621.417	+ 152.512
1995	792.701	567.441	+ 225.260
1996	707.954	559.064	+ 148.890
1997	615.298	637.066	- 21.768
1998	605.500	638.955	- 33.455
1999	673.873	555.638	+ 118.235
2000	649.249	562.794	+ 86.455
Gesamt	5.805.376	4.852.615	1.063.207

Quelle: Statistisches Bundesamt 2001.

Die Zahl der ausländischen Unternehmer beträgt ca. 280.000, die der Freiberufler etwa 55.000. Die regionale Verteilung der ausländischen Bevölkerung variiert zwischen 1,3 Prozent in Thüringen (ostdeutsche Bundesländer insgesamt 1,8 Prozent) und 18,7 Prozent in Hamburg (1998). Fast drei Viertel aller Zuwanderer leben in den vier Flächenländern Baden-Württemberg, Bayern, Hessen und Nordrhein-Westfalen. Ähnlich unterschiedlich ist der Ausländeranteil in den kreisfreien Städten von 1,4 Prozent in Erfurt bis zu 30,1 Prozent in Frankfurt/M.; in Berlin, Hamburg und München leben etwa eine Millionen Ausländer.[18] Demgegenüber erreicht der Anteil der Migranten selbst in den ostdeutschen Ballungsräumen Leipzig, Halle, Dresden, Magdeburg und Rostock nur 1,8 Prozent bis 3,1 Prozent. Die Zahl der Einbürgerun-

17 Schüleranteil: 9,4 Prozent; Geburtenanteil: 12,4 Prozent 2000 nur 6,5 Prozent; Erwerbstätigenanteil: 9,0 Prozent (1999 bzw. 2000).

18 14,2 Prozent; 18,7 Prozent; 23,6 Prozent (1995 bzw. 1998).

gen beträgt im Jahr 2000 187.000 (2001: 178.000), bei 44,9 Prozent wird Mehrstaatigkeit hingenommen (Ausländerbeauftragte 2000a: 230-268; 2002a: 379-412; 2002b: 13, 33).

Obwohl alle Zuwanderer zum Zeitpunkt ihrer Zuwanderung nicht über die deutsche Staatsbürgerschaft und nur wenige über deutsche Sprachkenntnisse verfügen, richten sich ihre Zulassung, ihr Aufenthaltsstatus und ihre Rechte nach sehr unterschiedlichen Rechtsquellen; dasselbe gilt für ihre im Inland geborenen Kinder (zur nationalen Zusammensetzung vgl. Tab. 6 u. 7). Diese Uneinheitlichkeit ist Ausdruck des Umstandes, dass bis heute die fast ausschließlich reaktive Ausländerpolitik nicht in eine steuernde Zuwanderungspolitik überführt wurde.

Tabelle 6: Ausländer im Bundesgebiet nach Staatsangehörigkeit (31.12.2001)

Staatsangehörigkeit	**absolut**	**Prozent**[1]
Ausländer insgesamt; davon:	7.318.628	100,0
1. Türkei	1.947.938	26,6
2. BR Jugoslawien[2]	627.523	8,6
3. Italien	616.282	8,4
4. Griechenland	362.708	5,0
5. Polen	310.432	4,2
6. Kroatien	223.819	3,1
7. Österreich	188.957	2,6
8. Bosnien-Herzegowina	159.042	2,2
9. Portugal	132.625	1,8
10. Spanien	128.713	1,8
11. Großbritannien	115.167	1,6
12. USA	113.528	1,6
13. Niederlande	112.362	1,5
14. Frankreich	111.347	1,5
15. Iran	98.555	1,4
16. Rumänien	88.102	1,2
17. Vietnam	85.910	1,2
18. Marokko	79.444	1,1
19. Afghanistan	71.662	1,0
20. Ungarn	55.978	0,8
21. Libanon	49.109	0,7

[1]Anteil an der ausländischen Bevölkerung insgesamt.
[2] Personen, die im Ausländerzentralregister am Auszählungsstichtag mit jugoslawischer Staatsbürgerschaft geführt wurden.

Quelle: Statistisches Bundesamt 2002.

Tabelle 7: Ausländische Unionsbürger in Deutschland (31.12.2001)

EU-Ausländer	**absolut**	**Prozent**[1]
EU-Staaten	1.870.022	100,0
1. Italien	616.282	33,0
2. Griechenland	362.708	19,4
3. Österreich	188.957	10,1
4. Portugal	132.625	7,1
5. Spanien	128.713	6,9
6. Großbritannien	115.167	6,2
7. Niederlande	112.362	6,0
8. Frankreich	111.347	5,6
9. Belgien	23.463	1,3
10. Dänemark	21.326	1,1
11. Schweden	19.194	1,0
12. Finnland	16.059	0,9
13. Irland	15.594	0,8
14. Luxemburg	6.225	0,3

[1] Anteil an den EU-Ausländern insgesamt.
Quelle: Statistisches Bundesamt 2002.

2. Die aktuelle Rechtslage

Das in Deutschland geltende Ausländerrecht stützt sich einerseits auf Bestimmungen des Völker- sowie internationalen Vertrags- und Europarechts und andererseits auf deutsches Verfassungs- und Gesetzesrecht, auf Rechtsverordnungen und Verwaltungsvorschriften. Das Ausländerrecht im engeren Sinne umfasst das Aufenthalts-, Asyl-, Arbeitserlaubnis- und Einbürgerungsrecht, im weiteren Aspekte des Niederlassungs- und Arbeitsrechts, des Sozial-, Sozialversicherungs- und Rentenrechts, des Bildungsrechts, des Ehe-, Familien- und Erbrechts sowie schließlich des Auslieferungsrechts. Außerdem gehören in den Kontext des Zuwanderungsrechts alle rechtlichen Regelungen zur Ordnung des Aussiedlerzuzugs und der Aussiedlereingliederung (vgl. Huber 2002).

Die wichtigsten Rechtsgrundlagen für Aufenthalt, Arbeit und Ausbildung von *Ausländern* sind das Gesetz über die Einreise und den Aufenthalt von Ausländern im Bundesgebiet[19], das Sozialgesetzbuch (SGB) Drittes Buch (III) – Arbeitsförderung[20], das Gesetz über Einreise und Aufenthalt von Staatsangehörigen der Mitgliedstaaten

19 Ausländergesetz (AuslG) v. 9.7.1990, zuletzt geändert am 9.1.2002 in Verbindung mit der Durchführungsverordnung zum Ausländergesetz (DV AuslG) v. 18.12.1990, zuletzt geändert am 9.1.2002, und der Verordnung über Aufenthaltsgenehmigungen zur Ausübung einer unselbstständigen Erwerbstätigkeit (Arbeitsaufenthalteverordnung (AAV)) v. 18.12.1990, zuletzt geändert am 4.2.2002.

20 SGB III i.d.F. v. 24.3.1997, zuletzt geändert am 19.3.2001.

der Europäischen Wirtschaftsgemeinschaft[21] sowie die Landesschulgesetze mit ihren verwaltungsinternen Ausführungsvorschriften (Reuter 2001). Die politischen (Grund-) Rechte von Nichtdeutschen ergeben sich aus den Bundes- und Länderverfassungen, dem ergänzenden Staatsrecht (z.B. Versammlungs-, Vereinigungs- und Parteiengesetze) und dem Kommunalrecht. Materiell geht es dabei vor allem um das Petitionsrecht, das Kommunal- und Europawahlrecht für EU-Bürger, die (einfachgesetzliche) Garantie der Versammlungs- und Vereinigungsfreiheit für Nichtdeutsche, das Recht auf Parteimitgliedschaft und die Bildung örtlicher Ausländerbeiräte (Ausländerbeauftragte 2002a: 65-70).

Die Zulassung von *Vertriebenen und (Spät-)Aussiedlern* in das Bundesgebiet stützt sich auf Art. 116 GG und das Gesetz über die Angelegenheiten der Vertriebenen und Flüchtlinge.[22] Die rechtliche Stellung von *Heimatlosen, Flüchtlingen, Asylsuchenden und Kriegs- oder Bürgerkriegsflüchtlingen* ergibt sich aus dem Gesetz über die Rechtsstellung heimatloser Ausländer im Bundesgebiet[23], dem Abkommen über die Rechtsstellung der Flüchtlinge[24], Art. 16a GG, dem Asylverfahrensgesetz[25], dem Asylbewerberleistungsgesetz[26], dem Kontingentflüchtlingsgesetz und § 32a Ausländergesetz, der die temporäre Aufnahme von Kriegs- und Bürgerkriegsflüchtlingen regelt. Das Verfahren der Aufnahme von Aussiedlern wurde zunächst 1990 durch das Gesetz zur Regelung des Aufnahmeverfahrens für Aussiedler[27] und ab 1993 durch das Gesetz zur Bereinigung von Kriegsfolgengesetzen[28] bzw. das novellierte BVFG erheblich verändert. Auslöser der Neuordnung war der plötzliche Anstieg der Aussiedlerzahlen von 79.000 im Jahre 1987 auf fast 400.000 im Jahre 1990. Mit der Gesetzesnovelle wurden einwanderungspolitische Steuerungsinstrumente, wie sie auch im Zuwanderungsgesetz vorgesehen waren, in das Aussiedlerrecht eingebaut. So ist jetzt Voraussetzung zur Anerkennung und Aufnahme als Spätaussiedler die Beantragung eines Aufnahmebescheids vom Wohnsitz in den Aussiedlungsgebieten aus. Die Zahl der jährlich zu erteilenden Aufnahmebescheide wird quotiert und liegt derzeit bei 103.000 Dabei kann das Bundesverwaltungsamt um zehn Prozent nach unten bzw. oben abweichen sowie im Aufnahmebescheid den frühesten Einreisezeitpunkt festlegen. Die Verteilung der Spätaussiedler auf die Bundesländer erfolgt nach einem vom Gesetz festgelegten Schlüssel[29]. Zur Integration der Aussiedler stand ursprünglich eine umfangreiche

21 Aufenthaltsgesetz/EWG (AufenthG/EWG1 v. 31.1.1980, zuletzt geändert am 14.1.1997 in Verbindung mit der Verordnung über die allgemeine Freizügigkeit von Staatsangehörigen der Mitgliedstaaten der Europäischen Union (FreizügigkeitsVO/EU1 v. 17.7.1997; vgl. Gesetzesnachweis bei Huber, 2002.

22 Bundesvertriebenengesetz (BVFG) v. 2.6.1993, zuletzt geändert am 22.12.1999.

23 HAG v. 25.4.1951.

24 Genfer Flüchtlingskonvention v. 28.7.1951 i.d.F.d. Bekanntmachung v. 28. April 1954.

25 AsylVfG v. 26.6.1992, zuletzt geändert am 29.10.1997.

26 AsylbLG v. 5.8.1997, zuletzt geändert am 25.8.1998.

27 Aussiedleraufnahmegesetz v. 1.7.1990.

28 Kriegsfolgenbereinigungsgesetz v. 21.12.1992.

29 z.B. BW:12,3 Prozent; BY: 14,4 Prozent; NW: 21,8 Prozent.

Palette an Integrationsmaßnahmen wie Überbrückungshilfen, Eingliederungsdarlehen, Pauschalabfindungen für die Aussiedlungskosten und Sprachkurse, die Leistungen der gesetzlichen Arbeitslosen-, Kranken-, Unfall- und Rentenversicherungen sowie Maßnahmen zur Übernahme einer selbstständigen Erwerbstätigkeit zur Verfügung. Dass der Spätaussiedlerzuzug stark rückläufig ist, hat verschiedene Ursachen. Neben einer Reduzierung der Eingliederungsangebote und tendenziellen Angleichung an die Angebote für ausländische Zuwanderer haben flankierende Steuerungsmaßnahmen wie die Sprachprüfungen vor Ort und Unterstützungsmaßnahmen in den Siedlungsgebieten der GUS den Zuzugssog abgeschwächt (Ausländerbeauftragte 2002b: 40f.).

Sonderregelungen gelten auch für die im Rahmen humanitärer Hilfsaktionen aufgenommenen *Kontingentflüchtlinge* und die rechtlich gleichgestellten jüdischen Immigranten aus der ehemaligen Sowjetunion *(Quasi-Kontingentflüchtlinge).* Ihnen wird ein dauerhaftes Bleiberecht eingeräumt, sie haben Anspruch auf die unbefristete Aufenthalts- und die unbefristete besondere Arbeitserlaubnis sowie Leistungen nach dem SBG III wie Sprachkurse und Eingliederungshilfen. Zuwanderer im Rentenalter haben jedoch keine Rentenansprüche.

Ausländer im Sinne des Ausländergesetzes sind Personen, die nicht Deutsche im Sinne von Art. 116 Abs. 1 GG sind. Der Aufenthalt von Ausländern im Bundesgebiet ist grundsätzlich an eine Aufenthaltserlaubnis gebunden, welche wiederum Voraussetzung für die Erteilung einer Arbeitserlaubnis ist. Von der Anwendung des Ausländergesetzes ausgenommen sind Personen, die nach dem Gerichtsverfassungsgesetz nicht der deutschen Gerichtsbarkeit unterliegen. Dies sind vor allem die Mitglieder der diplomatischen Missionen einschließlich ihrer Familienangehörigen und ihres Personals sowie die nicht amtlich entsandten ausländischen Botschaftsbeschäftigten, die Angehörigen der konsularischen Vertretungen, Personen mit dem Status als Exterritoriale wie ausländische Regierungsmitglieder und Diplomaten, die Mitglieder europäischer und internationaler Institutionen und Organisationen sowie die sich mäßig in Deutschland aufhaltenden ausländischen Truppenangehörigen.

Das Recht auf Aufenthalt und Beschäftigung von *EU-Ausländern* (Unionsbürgern) wird durch den Vertrag zur Gründung der Europäischen Gemeinschaft[30], das Aufenthaltsgesetz/EWG[31] und die Freizügigkeitsverordnung/EG[32] bestimmt; dementsprechend findet das Ausländergesetz nur eingeschränkt Anwendung. Unionsbürger haben das Recht auf Freizügigkeit innerhalb des gesamten Unionsgebietes, auf (visa-)freie Einreise und auf Erteilung einer Aufenthaltserlaubnis/EG von mindestens fünfjähriger Gültigkeitsdauer zum Zweck der Arbeitsaufnahme. Diese Aufenthaltserlaubnis wird um jeweils fünf Jahre oder auch unbefristet verlängert, wenn der Unionsbürger

30 EG-Vertrag v. 7.2.1992 i.d.F.v. 2.10.1997.

31 Fassung v. 31.1.1980, zuletzt geändert am 27.12.2002.

32 V. 17.6.1997, zuletzt geändert am 19.3.2001.

1. „sich seit mindestens fünf Jahren ständig im Geltungsbereich dieses Gesetzes aufhält,
2. sich auf einfache Art in deutscher Sprache mündlich verständigen kann,
3. über ausreichenden Wohnraum (§ 17 Abs. 4 des Ausländergesetzes) verfügt und
4. sich in eigenständig und ohne Inanspruchnahme öffentlicher Mittel gesicherten wirtschaftlichen Verhältnissen befindet" (§ 7a Aufenthaltsgesetz/EWG).

Mögliche Einschränkungen dieser Rechte sind gesetzlich geregelt und können z.B. für Staatsangehörige der 2004 beitretenden neuen Mitgliedstaaten gelten. Die Freizügigkeitsregelungen finden nach Maßgabe des Abkommens über den europäischen Wirtschaftsraum[33] auch auf Staatsbürger aus EFTA-Staaten Anwendung. Das im Dezember 2002 gescheiterte Zuwanderungsgesetz enthielt eine umfassende Reform der aufenthaltsrechtlichen Stellung der Unionsbürger, die vom Europäischen Gerichtshof[34] wie von der Ausländerbeauftragten der Bundesregierung (2000: 49-51) dringend angemahnt worden waren. Insbesondere die aufenthaltsrechtlichen Regeln für Unionsbürger bedürfen einer Vereinfachung und Herauslösung aus dem allgemeinen Ausländerrecht.

Im Gegensatz zu den freizügigkeitsberechtigten Unionsbürgern findet das Ausländergesetz uneingeschränkt Anwendung auf *Drittstaatsangehörige,* deren Aufenthaltsstatus es durch vier Arten der *Aufenthaltsgenehmigung* nach dem jeweiligen Zweck des Aufenthaltes näher bestimmt (§ 5).

1. Die Aufenthaltsgenehmigung wird als *Aufenthaltsbewilligung* (§ 28 f.) erteilt, wenn der Aufenthalt nur für einen bestimmten, vorübergehenden Zweck erlaubt wird. Ausländische Praktikanten, Studierende oder Doktoranden müssen Deutschland – zumindest bisher noch – nach dem Abschluss ihrer Ausbildung bzw. Erwerb ihrer Qualifikation wieder verlassen.
2. Die *Aufenthaltsbefugnis* (§§ 30-35) wird aus völkerrechtlichen oder dringenden humanitären Gründen oder zur Wahrung politischer Interessen des Bundes erteilt. In der Praxis wird sie vor allem für Bürgerkriegsflüchtlinge ausgestellt. Voraussetzung ist, dass kein Asylantrag gestellt oder ein solcher zurückgezogen wird. Anders als bei den Kontingentflüchtlingen ist die Aufenthaltsbefugnis an das Fortbestehen der Aufenthaltsgründe gebunden. Sie wird jeweils für längstens zwei Jahre ausgestellt, kann aber nach acht Jahren aus humanitären Gründen als unbefristete Aufenthaltserlaubnis nach Maßgabe der entsprechenden Voraussetzungen erteilt werden.
3. Die *Aufenthaltserlaubnis* (§§ 15-26) wird ohne Bindung an einen bestimmten Aufenthaltszweck befristet erteilt und befristet verlängert. Sie ist unbefristet zu verlängern, wenn sie seit fünf Jahren besteht und weitere Voraussetzungen

33 Gesetz v. 2.5.1992.
34 EuGH C24/97, Urteil v. 30.4.1998.

erfüllt sind; hierzu gehören für Arbeitnehmer die besondere Arbeitserlaubnis und weiterer, für eine Erwerbstätigkeit erforderlicher Erlaubnisse, außerdem die Fähigkeit, sich auf einfache Weise in deutscher Sprache mündlich zu verständigen, und die Verfügung über ausreichenden Wohnraum. Die unbefristete Aufenthaltserlaubnis ist die zweite Stufe der rechtlichen Verfestigung des Aufenthalts.

4. Die *Aufenthaltsberechtigung* (§ 27) ist die stärkste Form der Aufenthaltsgenehmigung; sie ist zeitlich und räumlich unbeschränkt und darf nicht mit Bedingungen oder Auflagen verbunden werden. Sie ist zu erteilen, wenn ein Ausländer acht Jahre eine Aufenthaltserlaubnis besitzt oder drei Jahre über eine unbefristete Aufenthaltserlaubnis verfügt und vorher im Besitz einer Aufenthaltsbefugnis war sowie weitere Bedingungen erfüllt. Hierzu gehört die selbstständige Sicherung des Lebensunterhalts, die Mindestzahlung von Rentenversicherungsbeiträgen, die Nichtverurteilung zu einer Freiheitsstrafe oder vergleichbaren Geldstrafe und die Erfüllung der für die Erteilung der unbefristeten Aufenthaltserlaubnis bestehenden Bedingungen.

Bei der *Duldung* des Aufenthalts eines Ausländers (§ 55) handelt es sich nicht um eine weitere Art der Aufenthaltsgenehmigung, sondern nur um den zeitweisen Verzicht auf eine nach innerstaatlichem Recht zulässige Abschiebung. Gründe können tatsächliche Hindernisse wie die Nichtaufnahme durch den Heimatstaat oder (völker-)rechtlich anerkannte Umstände sein wie Folter oder Todesstrafe im Heimatstaat. Die *Aufenthaltsgestattung* schließlich kennzeichnet den Aufenthaltsstatus von *Asylbewerbern* während des Asylverfahrens (§ 55 AsylVfG). Mit der Anerkennung als *Asylberechtigter* ist die Erteilung einer unbefristeten Aufenthaltserlaubnis verbunden (§ 68 AsylVfG, 15 AusIG). Flüchtlingen im Sinne der Genfer Flüchtlingskonvention wird für die Dauer des Bestehens der Fluchtgründe eine Aufenthaltsbefugnis erteilt. Ausländer aus Drittstaaten, die im Bundesgebiet einer unselbstständigen Arbeit von mehr als drei Monaten nachgehen wollen, benötigen eine Aufenthaltsgenehmigung, die nur nach Maßgabe der Verordnung über Aufenthaltsgenehmigungen zur Ausübung einer unselbstständigen Erwerbstätigkeit[35] erteilt wird (§ 10 AusIG). Dabei ist es zulässig, Einschränkungen auf bestimmte Berufe, Beschäftigungen oder Ausländergruppen vorzunehmen sowie auf Art und Dauer der Aufenthaltsgenehmigung. Außerdem ist für die Arbeitsaufnahme eine Arbeitserlaubnis der Bundesanstalt für Arbeit erforderlich, die nach Maßgabe des Einzelfalls erteilt wird sowie sachlich, räumlich und zeitlich beschränkt werden kann (§ 284 ff. SGB III). Zur Gruppe der Drittstaatsangehörigen gehören zwar auch türkische Zuwanderer; für sie sieht das Assoziationsrecht aber unter bestimmten Bedingungen verbesserte aufenthalts- und arbeitserlaubnisrechtliche Bedingungen vor.[36]

---

35 Arbeitsaufenthalteverordnung (AAV) v. 18.12.1990, zuletzt geändert am 24.3.1997.

36 Vgl. Abkommen zur Gründung einer Assoziation zwischen der Europäischen Wirtschaftsgemeinschaft und der Türkei v. 12.9.1963, die entsprechenden Beschlüsse des Assoziationsrats sowie die Rechtsprechung des EuGH v. 16.6.1995 u. 23.1.1997.

Tabelle 8: Aufenthaltsrechtliche Grundlagen

Aufenthaltsrechtliche Grundlagen	
Aufenthaltsgenehmigungen	Zweck
Aufenthaltsbewilligung	Ausbildung, Studium (befristet)
Aufenthaltsbefugnis	völkerrechtliche und humanitäre Gründe; deutsche politische Interessen (in der Regel zwei Jahre, verlängerbar, entfristbar)
Aufenthaltserlaubnis (EG)	Aufenthaltsrecht für Unionsbürger (befristet (fünf Jahre), verlängerbar, unbefristet)
Aufenthaltserlaubnis (Drittstaaten)	Aufenthaltsrecht (befristet, zweckungebunden, nach fünf Jahren unbefristet möglich)
Aufenthaltsberechtigung	Daueraufenthaltsrecht (unbedingt, zeitlich und räumlich unbeschränkt)
Duldung	völkerrechtliche oder faktische Nichtdurchsetzbarkeit einer ausländerrechtlich zulässigen Abschiebung
Aufenthaltsgestattung	Status von Asylbewerbern während des Asylverfahrens

Der Erwerb der deutschen Staatsbürgerschaft richtete sich bis zum 31.12.1999 nach dem Reichs- und Staatsbürgerschaftsgesetz;[37] seine Reform dürfte die wichtigste Änderung im deutschen Ausländerrecht seit der Revision des Ausländergesetzes im Jahre 1990 darstellen. Die Novellierung des in Staatsangehörigkeitsgesetz umbenannten und am 1.1.2000 in Kraft getretenen Gesetzes umfasst folgende Grundsätze: Das Abstammungsprinzip wird modifiziert, d.h. um das Territorialprinzip (ius soli) ergänzt. In Deutschland geborene Kinder ausländischer Eltern erwerben mit der Geburt die deutsche Staatsangehörigkeit. Besitzen sie noch eine andere Staatsangehörigkeit, haben sie nach Eintritt der Volljährigkeit bis zum 23. Lebensjahr zwischen der deutschen und der ausländischen Staatsangehörigkeit zu optieren. Voraussetzung für den Staatsbürgerschaftserwerb durch ius soli ist, dass ein Elternteil zum Zeitpunkt der Geburt seit mindestens acht Jahren seinen gewöhnlichen Aufenthalt im Inland hat und eine Aufenthaltsberechtigung oder seit drei Jahren eine unbefristete Aufenthaltserlaubnis besitzt. Für die vor dem Inkrafttreten des Gesetzes geborenen Kinder bis zu zehn Jahren besteht ein befristeter Einbürgerungsanspruch. Auch sie haben bei Volljährigkeit zwischen der deutschen und der ausländischen Staatsbürgerschaft zu wählen.

Erwachsene Ausländer erhalten bereits nach acht statt bisher nach 15 Jahren einen *Anspruch* auf Einbürgerung. Dieser ist gebunden an ausreichende Deutschkenntnisse, das Bekenntnis zur freiheitlichen demokratischen Grundordnung, den Besitz einer Aufenthaltserlaubnis oder -berechtigung und wie bisher an Straflosigkeit (ausgenommen Bagatelldelikte) und Unterhaltsfähigkeit. Der Bezug von Arbeitslosen- oder Sozialhilfe ist unschädlich, wenn dies nicht vom Betroffenen zu vertreten ist. Eine Sonderbestimmung zielt darauf, *Extremisten* von der Einbürge-

37 RuStG v. 22.7.1913, zuletzt geändert am 15.7.1999.

rung auszuschließen. Der Grundsatz der Vermeidung von Doppelstaatigkeit bei der Einbürgerung, von dem es seit Beginn der Geltung des RuStG stets Ausnahmen gegeben hat, wird beibehalten. Die schon bisher als Ausnahme zulassende Härteklausel wird konkretisiert für ältere Personen, wenn die Entlassung aus der Staatsbürgerschaft auf unverhältnismäßige Probleme stößt, für politisch Verfolgte und anerkannte Flüchtlinge, die künftig nicht mehr die Unzumutbarkeit ihrer Entlassungsbemühungen nachweisen müssen, für Personen, die unzumutbaren Bedingungen für die Entlassung aus ihrer Staatsbürgerschaft unterworfen sind (z.B. entwürdigenden Entlassungsprozeduren) und schließlich für solche Ausländer, die im Falle der Entlassung aus der Staatsbürgerschaft unzumutbaren Nachteilen wirtschaftlicher Art unterworfen wären (z.B. Enteignung).

Diese Gründe gelten auch für den Regelanspruch auf Einbürgerung von Ehegatten deutscher Staatsbürger. Die generelle Verpflichtung zur Einholung der Zustimmung des Bundesinnenministers zur Einbürgerung ist aufgehoben. Schließlich erfolgt die Einbürgerung deutschstämmiger Vertriebener und Spätaussiedler nunmehr automatisch durch Gesetz. Im Übrigen gelten die bisherigen Einbürgerungsbestimmungen wie die uneingeschränkte Geschäftsfähigkeit und das Fehlen von Ausweisungsgründen (vgl. §§ 46 f. AuslG). Mit dieser Reform wird endlich der Tatsache Rechnung getragen, dass sich die *deutsche* Gesellschaft durch Zuwanderung verändert hat; *Ausländersein* wird nicht mehr automatisch über Generationen hinweg *vererbt.* Deutschland hat damit einbürgerungsrechtlich Anschluss an seine westlichen Nachbarn gefunden.

Die Zahl der jährlichen (Anspruchs- und Ermessens-) Einbürgerungen von jungen Ausländern sowie Ausländern mit langer Aufenthaltsdauer hat aufgrund der Erleichterungen im novellierten Ausländergesetz von 1991 bis einschließlich 1996 erheblich zugenommen; sie bleiben allerdings mit 187.000 bzw. 2,56 Prozent der ausländischen Bevölkerung (2000) immer noch auf einem relativ niedrigen Niveau (Ausländerbeauftragte 2002b: 33). Das grundsätzliche Verbot der Doppelstaatigkeit, an dem auch das neue Staatsangehörigkeitsgesetz festhält, führt in der Praxis immer wieder zu Problemen (BMAS 1995).[38] So sind beispielsweise Kinder aus deutsch-ausländischen Ehen in der Regel Doppelstaatsangehörige. Die großzügigere Verwaltungspraxis hat dazu beigetragen, dass im Jahr 2000 bei 44,9 Prozent der Eingebürgerten eine Mehrstaatigkeit hingenommen wurde (Ausländerbeauftragte 2002a: 379f.). Fast die Hälfte der im Jahr 2000 Eingebürgerten sind Türken (83.000), gefolgt von Iranern, Jugoslawen, Libanesen und Marokkanern (vgl. Ausländerbeauftragte 2002a: 380). Die Einbürgerungsquoten sind bei den verschiedenen Nationalitäten unterschiedlich; sie liegen 1997 relativ hoch bei Tunesiern (6,6 Prozent) und Marokkanern (4,8), im Mittelbereich bei Afghanen (2,19), Türken (1,6)[39] und Ungarn (1,3) und relativ niedrig (unter 1 Prozent) bei Kroaten, Iranern und Jugoslawen (Ausländerbeauftragte 2000: 22f.; vgl. Tab. 8).

38 Nach Marplan (1998: 46) sind 57 Prozent der befragten Ausländer an einer Einbürgerung interessiert.

39 1993: 0,6 Prozent; 1995: 1 ,6 Prozent: 1996: 2,3 Prozent.

Tabelle 9: Einbürgerungen nach ausgewählten Herkunftsländern

Land der bisherigen Staatsangehörigkeit	Einbürgerungen		
	insgesamt	davon unter Hinnahme von Mehrstaatigkeit	
		absolut	in %
Türkei	82.861	23.921	28,9
Iran	14.410	14.368	99,7
Jugoslawien	9.776	8.696	90,0
Libanon	5.673	4.610	81,3
Marokko	5.008	4.263	85,1
Afghanistan	4.773	4.411	92,4
Sri Lanka	4.597	715	15,6
Russische Föd.	4.583	1.867	40,7
Vietnam	4.489	2.633	58,7
Bosnien-Herzeg.	4.002	500	12,5
Insgesamt	186.688	83.856	44,9

Quelle: Ausländerbeauftragte 2002

3. Integration durch Bildung

Die Arbeitslosenquote ausländischer Arbeitnehmer ist wesentlich höher als bei Deutschen; sie betrug 1997 20,4 Prozent (Deutsche: elf Prozent) und 2000 16,4 Prozent (10,5 Prozent). Die allgemeine Arbeitslosenquote in den westdeutschen Bundesländern, wo fast alle Zuwanderer leben, lag 2000 bei 7,8 Prozent. Ende 1999 waren 22,4 Prozent der Sozialhilfeempfänger Ausländer (Bevölkerungsanteil: 8,9 Prozent) (Ausländerbeauftragte 2002a: 408). Ausländische Beschäftigte sind überproportional in Arbeitsverhältnissen beschäftigt, die von geringen Qualifikationsanforderungen und saisonalen Nachfrageschwankungen geprägt sind wie z.B. Müllabfuhr, Reinigungsbetriebe, Pflegedienste bzw. Hotel- und Gaststättengewerbe. Zwischen Qualifikationsniveau und Arbeitsplatzsicherheit besteht eine hohe Korrelation. Der Ausbildungsstand ausländischer Arbeitnehmer, aber auch ausländischer Jugendlicher ist erheblich niedriger als der der deutschen Vergleichsgruppen; die Ungelerntenquote bei deutschen Jugendlichen beträgt 8 Prozent, bei den ausländischen 33 Prozent und bei türkischen 40 Prozent. Der Bildungspolitik für Zuwandererkinder kommt daher besondere Bedeutung zu. Trotz des kontinuierlichen Anstiegs der Bildungsbeteiligungsquote im Verlauf der achtziger Jahre und des Bildungsniveaus bis Mitte der neunziger Jahre sind Zuwandererkinder im deutschen Schul- und Ausbildungssystem weiterhin benachteiligt (Deutsches Pisa-Konsortium 2002: 189-202). Der Anteil der ausländischen Schüler im deutschen Schulwesen liegt bei 9,4 Prozent und unter Einbeziehung der Schüler aus Aussiedlerfamilien bei ca. 12 Prozent (Reuter 2001: 111). Zuwandererkinder sind überrepräsentiert an Haupt-, Gesamt- und Sonderschulen sowie unterrepräsentiert an Realschulen und Gymnasien (Gogolin/Neumann/Reuter 2001; vgl. Tab. 9). 19,3 Prozent der ausländischen Schüler erreichten 1999 nicht den Hauptschulabschluss (Deutsche: 8,0 Prozent). 41,0 Prozent der ausländischen Schüler an allgemeinbildenden Schulen erhielten den Hauptschulabschluss, 28,9 Prozent die mittlere Reife und 9,7 Prozent das Abitur.

Tabelle 10: Deutsche und ausländische Schüler an Schulen der Sekundarstufe I (Schuljahr 1999/2000 in Prozent)

	Schulart				
Staatsangehörigkeit	Hauptschule	Realschule	Gymnasium	Grundschule	Sonderschule
deutsche Schüler*	23,2	21,7	39,5	8,9	3,9
ausländische Schüler*	36,1	15,5	19,2	13,5	6,4

* Die Prozentwerte pro Zeile bleiben unter 100, da einige Schularten nicht berücksichtigt sind

Quelle: BMBW 2002; Ausländerbeauftragte 2002a; eigene Berechnungen

Deutsche Schüler erreichten mit 24,6 Prozent einen Haupt- und 41 Prozent einen Realschulabschluss sowie 25,5 Prozent die allgemeine Hochschulreife. Bei der Fachhochschulreife lagen beide Gruppen (Deutsche: 0,9 Prozent; Ausländer: 1,1 Prozent) nahezu gleich auf. Während die Bildungsbeteiligung im allgemeinbildenden Bereich stagniert oder leicht zurückgegangen ist, ist die Ausbildungsbeteiligung im Berufsausbildungsbereich seit 1995 erheblich zurückgegangen. 37,8 Prozent der 18- bis 25-jährigen Ausländer nahmen 1998 an einer Berufsausbildung teil, verglichen mit 65,9 Prozent der deutschen Vergleichsgruppe; 1994 lagen die Werte bei 43,5 Prozent zu 70,8 Prozent (Ausländerbeauftragte 2000b: 14-17, 37-45; dies. 2002a: 179-182). Die Qualifikations- und Beschäftigungsprobleme lassen sich auf die Vorschulphase und allgemeinbildenden Schulen zurückführen. Ausländer- und Aussiedlerkinder besuchen unterproportional Vorschuleinrichtungen und kommen ohne oder mit unzulänglichen Deutschkenntnissen in die (Grund-)Schulen. Es gelingt nicht, diesen Sprachrückstand so abzubauen, dass die Schüler die Sekundarschulen erfolgreich absolvieren können. Die Hauptmaßnahmen zur schulischen Betreuung der Zuwandererkinder sind Vorbereitungsklassen mit verstärktem Unterricht in Deutsch als Zweitsprache, Intensivkurse und Förderunterricht in Deutsch in den Regelklassen, muttersprachlicher und landeskundlicher Unterricht für Schüler der ehemaligen Anwerbeländer; in Ballungsgebieten gibt es auch reine Ausländerklassen (Seifert 2001; Gogolin/Neumann/Reuter 2001; vgl. Tab. 9).

Gleichheit der Bildungschancen für die etwa zwölf Prozent Schüler mit einer anderen Erstsprache als Deutsch hat bis heute keinen Vorrang in der deutschen

Schulpolitik. Asylbewerber- und Flüchtlingskinder sind in sechs Bundesländern nicht schulpflichtig (Gogolin/Neumann/Reuter 1998: 667-670). Die Maßnahmen zur Vermittlung von Deutschkenntnissen sind ineffizient (Deutsches Pisa-Konsortium 2002: 189-202; 2003: 243-260). Obwohl die Bildungsbenachteiligung dieser Schüler hinlänglich bekannt ist, haben schulpolitische Programme für Migrantenkinder keine Priorität. Dies dokumentiert auch das Schulrecht. Bis heute gilt die KMK-Vereinbarung über den Unterricht für Kinder ausländischer Arbeitnehmer von 1976/79 mit der wirklichkeitsfremden Doppelzielsetzung von Integration und Rückkehrförderung.[40] Die zum Gesetzesvorbehalt entwickelten Kriterien werden nicht beachtet (Deutscher Juristentag 1981: 152; Reuter 2003); die einschlägigen Bestimmungen sind weitestgehend Verwaltungsvorschriften.

Nur vier Landesschulgesetze enthalten gewisse Regelungen zur Beschulung von Zuwandererkindern sowie acht Schulpflichtgesetze Ergänzungs- und Ausnahmebestimmungen zum obligatorischen Schulbesuch (Reuter 1999 u. 2001); m.a.W.: Es fehlt an rechtlich verbindlich festgelegten Konzepten für Migrantenkinder, durch die ein Rechtsanspruch auf effizienten Unterricht in Deutsch als Zweitsprache gewährleistet wird. Obwohl es heute Studienangebote für den Unterricht mit Zuwandererkindern gibt, verfügen die meisten Lehrkräfte, die Deutsch als Zweitsprache durchführen, über keine einschlägige Ausbildung. Die wenigsten Lehrkräfte sind auf die interkulturelle und mehrsprachige Zusammensetzung der Schülerschaft ausbildungsmäßig vorbereitet; die Ressourcen für die Beschulung von Zuwandererkindern sind unzulänglich. Schließlich fehlt ein effizientes Unterrichtsangebot insbesondere in Regionen mit kleineren Ausländer- und Aussiedlerzahlen. Die Überwindung der vielfach beklagten Segregation der Zuwanderer auch der zweiten und dritten Generation, Folge ungenügender Ausbildungs-, Berufs- und Lebenschancen und ethnischer Selbstabschottung, wird erst dann gelingen, wenn grundlegende und wirksame Reformen im Vorschul-, Schul und Berufsbildungswesen stattfinden (Ausländerbeauftragte 2000a: 113-144; Fuchs/Reuter 2000; Langenfeld 2001).

5. Reformdesiderate und Entwicklungstendenzen

Eine umfassende und kohärente Novellierung des Staatsangehörigkeits- und Einbürgerungsrechts ist 1999 nicht gelungen; die Reform ist ein politischer Kompromiss, wie die Beibehaltung des Mehrstaatigkeitsverbots deutlich macht. Doch die wichtigsten Reformforderungen nach automatischem Erwerb der deutschen Staatsbürgerschaft durch Geburt, Aufgabe des Grundsatzes der einheitlichen Familienstaatsangehörigkeit und Ausnahmen vom Mehrstaatigkeitsverbot sind erfüllt. Der administrative Aufwand bei der Option für eine der beiden Staatsangehörigkeiten zwischen dem 18. und 23. Lebensjahr und beim Nachweis der Unzumutbarkeit

40 Vgl. KMK-Beschlußsammlung Nr. 899.1.

(bzw. der Unmöglichkeit) der Entlassung aus der ausländischen Staatsbürgerschaft lässt sich heute noch nicht abschätzen. Wichtig sind die durch die Legaleinbürgerung der Aussiedler eingetretenen Entlastungseffekte bei den Einbürgerungsbehörden.

Ob mit der Reform des Staatsbürgerschafts- und Einbürgerungsrechts die Forderung nach einem Kommunalwahlrecht von Drittstaatsangehörigen von der politischen Tagesordnung verschwinden wird, bleibt abzuwarten (Ausländerbeauftragte 2000a: 64, 208; Barbieri 1998). Die Erfahrungen mit dem Ausländerwahlrecht werden in Dänemark und den Niederlanden integrationspolitisch positiv bewertet. Die Änderung des Kommunal- bzw. Bezirkswahlrechts in Schleswig-Holstein und Hamburg waren 1990 am Urteil des Bundesverfassungsgerichts[41] gescheitert, das hierfür eine Änderung des Grundgesetzes für erforderlich ansah. Im Rahmen der Verfassungsreform von 1992-94 konnte nur über das Kommunalwahlrecht von Unionsbürgern Konsens erzielt werden (Art. 28 Abs. 1 GG). Die EG-Richtlinie zum Kommunalwahlrecht von Unionsbürgern[42] ist in den Bundesländern unterschiedlich umgesetzt worden. Mit Ausnahme von Bayern und Sachsen werden Unionsbürger in allen Bundesländern von Amts wegen in die Wählerlisten eingetragen und können zu hauptamtlichen Bürgermeistern und Landräten gewählt werden.

Fremdenfeindlichkeit, Rassismus, Antisemitismus und Gewalt gegen Minderheiten sind in Deutschland und Europa ubiquitär (Ausländerbeauftragte 2000a: 173-176; Rystad 1997). In verschiedenen Ländern wie z.B. in Belgien, Frankreich, Großbritannien, den Niederlanden und Schweden gibt es positive Erfahrungen mit Antidiskriminierungsgesetzen, während die Antidiskriminierungspolitik in Deutschland als rückständig gilt. Die in den neunziger Jahren aufgenommene Debatte über rechtliche Instrumente gegen gesellschaftliche Diskriminierungen von ethnischen, kulturellen und sozialen Minderheiten mündete in Gesetzentwürfe von Bündnis 90/Die Grünen und SPD (Ausländerbeauftragte 1997: 102-104 u. 2000a: 70-74). Die im Koalitionsvertrag für die 14. Legislaturperiode getroffene Vereinbarung, ein Antidiskriminierungsgesetz vorzulegen, ist nicht realisiert worden. Die EU-Richtlinie zur Einrichtung von Antidiskriminierungsstellen, nach der bis zum Juli 2003 staatliche Stellen mit Beratungs- und Dokumentationsaufgaben geschaffen werden sollen, ist in Deutschland noch nicht umgesetzt.[43]

Uneingelöst bleibt die Forderung, die Aussiedler-, Ausländer-, Flüchtlings- und Asylpolitik in eine abgestimmte Zuwanderungs- und Integrationspolitik zu überführen (Wollenschläger 1995). Über die Aussiedlerpolitik betreiben die deutschen Bundesregierungen seit Ende der achtziger Jahre unter dem Deckmantel der Kriegsfolgenbereinigung eine aktive Einwanderungspolitik, die die Zulassung zum Bundesgebiet nach Jahresquoten und ethnisch-kulturellen Kriterien steuert und spezifischen deutschen, z.B. demografischen, Interessen genügt (Krekeler 2001). Das

41 BVerfGE 83, 37, 60.

42 Richtlinie 94/80/EG vom 19.12.1994.

43 Richtlinie 2000/43/EG des Rates v. 29.6.2000; vgl. näher Ausländerbeauftragte 2002, S. 241-260.

Gleiche gilt auch für die Politik der quotierten Zulassung von Kontingentflüchtlingen und der unlimitierten Zulassung jüdischer Immigranten, letztlich aber auch für die Politik der Ausnahmeregelungen bei der Erteilung von Arbeitserlaubnissen an Saisonarbeiter einerseits und hoch qualifizierte Spezialisten andererseits.[44] Die Beispiele zeigen, dass die Argumente gegen den Status Deutschlands als Einwanderungsland und gegen eine aktive Zuwanderungspolitik nicht haltbar sind. Insofern ist mit dem Zuwanderungsgesetz vom Juni 2002 trotz seines Scheiterns ein Paradigmenwechsel in der deutschen Migrations- und Ausländerpolitik eingeleitet. Die Entwicklung einer abgestimmten Zuwanderungs- und Eingliederungspolitik bleibt auf der Tagesordnung der deutschen und der europäischen Politik (OECD 2001).

Mit dem Vertrag von Amsterdam werden Teile der Asyl-, Flüchtlings- und Ausländerpolitik vergemeinschaftet, d.h. sie unterliegen den Rechtsetzungsregelungen der Organe der EU.[45] Danach erhält die Union Zuständigkeiten für die Bestimmung des zuständigen Asyllandes, die Bekämpfung der illegalen Zuwanderung (einschließlich der internationalen Schleuserorganisationen) und Rückführung ausreisepflichtiger Ausländer sowie den Erlass von Mindestnormen für die Aufnahme und Anerkennung von Asylbewerbern, den Schutz von Vertriebenen und den Lastenausgleich innerhalb der Union.[46] Die Kommission hat bereits einige Maßnahmen eingeleitet, die die Vermutung haben aufkommen lassen, dass anstelle von Mindeststandards die Harmonisierung der Migrationspolitik angestrebt sei.[47] Insofern ist von Bedeutung, dass die Regelungen nach Art. 63 innerhalb von fünf Jahren zu treffen sind; dabei gilt für die Beschlussfassung im Rat das Einstimmigkeitsprinzip.

5. Segregation und Integration

Ethnokulturelle Gruppenbildungen, so genannte Reethnisierungen, lassen sich in allen europäischen Einwanderungsländern beobachten. Sie sind Ausdruck der Identitätssuche der Zuwanderer und Folge der Entfremdung von der Herkunftsgesellschaft und Distanz der Aufnahmegesellschaft. Ablehnung resultiert in der Regel nicht aus *Entfremdungserfahrungen,* sondern eher aus *mangelnden* Kontakten der einheimischen Bevölkerung mit ihren *Fremden,* wie die geringere Quote fremdenfeindlicher Delikte in Städten mit hohem Migrantenanteil im Vergleich zu solchen mit kleinen Anteilen zeigt. Mangelhafte Ausbildungschancen,

44 Vgl. Verordnung über Ausnahmeregelungen für die Erteilung einer Arbeitserlaubnis an neueinreisende ausländische Arbeitnehmer (Anwerbestoppausnahmeverordnung – ASAV) vom 17. September 1998: aufgrund von § 5 Nr. 2 wurden etwa 8.000 »Green Cards« für IT-Spezialisten ausgestellt.

45 Art. 63 (ex-73k) EG-Vertrag i.d.F. vom 2. Oktober 1997.

46 Vgl. z.B. Richtlinie des Rates zur Festlegung von Mindestnormen für die Aufnahme von Asylbewerbern in den Mitgliedstaaten.

47 Vgl. z.B. Richtlinie des Rates betreffend den Status der langfristig aufenthaltsberechtigten Drittstaatsangehörigen; Mitteilung der Kommission über eine gemeinsame Migrationspolitik der Europäischen Union.

Arbeitslosigkeit, Gettoisierung und hohe Integrationshürden fördern die Reethnisierung, die auch bei jüngeren Aussiedlern zu beobachten ist, und tragen zu Abwehr und Fremdenfeindlichkeit bei. Die Widersprüchlichkeit der Ziele und Praxis der bisherigen Zuwanderungspolitik und das Fehlen einer aktiven Integrationspolitik für Zuwanderer und Minderheiten stehen in einem Wirkungszusammenhang mit dem Mangel an gesellschaftlichem Konsens über die Zuwanderung. Hierüber sollten die politischen Parteien und gesellschaftlichen Gruppen einen öffentlichen Diskurs führen, wie er vor Jahren erfolgreich in den Niederlanden und Schweden geführt wurde. Ohne gesellschaftlichen Grundkonsens sind gesellschaftliche Integration, Toleranz, Akzeptanz kultureller Vielfalt und sozialer Frieden zwischen der autochthonen und der allochthonen Bevölkerung nicht erreichbar (Geißler 2001: 119).

Interesse ist ein Merkmal der Politik, auch der Einwanderungspolitik. Deutsche bevölkerungs-, wissenschafts- oder wirtschaftspolitische Interessen müssen in diesem Diskurs offen gelegt werden und in die Einwanderungs- und Integrationsgesetzgebung Eingang finden[48]. Mit den Vorschlägen der Zuwanderungskommissionen der Bundesregierung und der CDU ist bereits ein möglicher Konsens vorgezeichnet (CDU 2001; Unabhängige Kommission Zuwanderung 2001). Die politischen Akteure in Bund und Ländern sollten daher versuchen, endlich zu einem gemeinsamen Konzept auf der Grundlage des gescheiterten Zuwanderungsgesetzes zu kommen. Dieses Gesetz sah die Reduzierung der Zahl der bisherigen Aufenthaltstitel auf eine (befristete) Aufenthaltserlaubnis und eine (unbefristete) Niederlassungserlaubnis, die Vereinfachung des Verwaltungsverfahrens, das die Entscheidungskompetenz über den Arbeitsmarktzugang der Arbeitsverwaltung auf der Grundlage des Nachweises eines konkreten Arbeitsplatzes übertragen sollte, und die Möglichkeit zur Aufnahme einer begrenzten Zahl besonders geeigneter Zuwanderer über ein Auswahlsystem ohne feste Arbeitsplatzzusage vor.

Segregationsprozesse haben neben gesellschaftlichen, wirtschaftlichen und rechtlichen Integrationsbarrieren auf Seiten der Aufnahmegesellschaft Ursachen auch innerhalb der Zuwanderergruppen. Eigenethnische Strukturen sind zwar funktional zur Bewältigung der Einwanderungssituation, und das Engagement für sprachliche, kulturelle oder religiöse Belange ist Kern von Minderheitengruppenrechten. Unverzichtbar ist allerdings, dass die Immigranten deutsche Sprachkenntnisse und qualifizierte Schul- und Berufsbildungsabschlüsse erwerben. Schließlich ist nicht zu übersehen, dass Überhöhungen von national, sprachlich, kulturell oder religiös definierten Gruppenzugehörigkeiten unter Zuwanderern wie unter Deutschen vor allem dann auf fruchtbaren Boden fallen, wenn institutionelle Kommunikationsnetze fehlen und hohe Integrationsbarrieren bestehen. An dieser Stelle bleibt für Politik und Bürgergesellschaft noch eine Menge zu tun.

---

48 z.B. Prioritäten und Quoten nach demografischen, qualifikatorischen und arbeitsmarktpolitischen Kriterien.

Literatur

Beauftragte der Bundesregierung für Ausländerfragen (zit. Ausländerbeauftragte) (1994): Ausländerinnen und Ausländer in europäischen Staaten. Bonn.

Beauftragte der Bundesregierung für Ausländerfragen (1996): Die ausländischen Vertragsarbeitnehmer in der ehemaligen DDR. Bonn.

Beauftragte der Bundesregierung für Ausländerfragen (1997): Bericht der Beauftragten der Bundesregierung für Ausländerfragen über die Lage der Ausländer in der Bundesrepublik Deutschland. Bonn.

Beauftragte der Bundesregierung für Ausländerfragen (1999): Migrationsbericht der Ausländerbeauftragten im Auftrag der Bundesregierung 1999. Berlin.

Beauftragte der Bundesregierung für Ausländerfragen (2000a): Bericht der Beauftragten der Bundesregierung für Ausländerfragen über die Lage der Ausländer in der Bundesrepublik Deutschland. Berlin/Bonn.

Beauftragte der Bundesregierung für Ausländerfragen (2000b): Daten und Fakten zur Ausländersituation. Berlin/Bonn.

Beauftragte der Bundesregierung für Ausländerfragen (2001): Migrationsbericht der Ausländerbeauftragten im Auftrag der Bundesregierung 2001. Berlin/Bonn.

Beauftragte der Bundesregierung für Ausländerfragen (2002a): Bericht der Beauftragten der Bundesregierung für Ausländerfragen über die Lage der Ausländer in der Bundesrepublik Deutschland. Berlin/Bonn.

Beauftragte der Bundesregierung für Ausländerfragen (2002b): Daten und Fakten zur Ausländersituation. Berlin/Bonn.

Bundesministerium für Arbeit und Sozialordnung (zit. BMAS) (1995): Repräsentativuntersuchung '95: Situation der ausländischen Arbeitnehmer und ihrer Familienangehörigen in der Bundesrepublik Deutschland. Berlin/Bonn/Mannheim.

CDU (2001): Zuwanderung steuern, Integration fördern. Programm und Materialien vom 3. Mai. Berlin.

Deutscher Juristentag (Hrsg.) (1981): Schule im Rechtsstaat. Bd. I: Entwurf für ein Landesschulgesetz. Bericht der Kommission Schulrecht des Deutschen Juristentages. München.

Deutsches Pisa-Konsortium (Hrsg.) (2001): Pisa 2000: Basiskompetenzen von Schülerinnen und Schülern im internationalen Vergleich. Opladen.

Deutsches Pisa-Konsortium (Hrsg.) (2002): Pisa 2000 – Die Länder der Bundesrepublik Deutschland im Vergleich. Opladen.

Deutsches Pisa-Konsortium (Hrsg.) (2003): Pisa 2000 – Ein differenzierter Blick auf die Länder der Bundesrepublik Deutschland. Opladen.

Fuchs, Hans-Werner/Reuter, Lutz R. (2000): Bildungspolitik in Deutschland: Entwicklungen, Probleme, Reformbedarf. Opladen.

Geißler, Rainer (2001): Sozialstruktur und gesellschaftlicher Wandel. In: Korte, Karl-Ulrich/Weidenfeld, Werner (Hrsg.): Deutschland – TrendBuch: Fakten und Orientierungen. Bonn. S. 97-135.

Gogolin, Ingrid/Neumann, Ursula/Reuter, Lutz R. (1998): Schulbildung für Minderheiten: Eine Bestandsaufnahme. In: Zeitschrift für Pädagogik 44. S. 667-670.

Gogolin, Ingrid/Neumann, Ursula/Reuter, Lutz R. (Hrsg.) (2001): Schulbildung für Kinder aus Minderheiten in Deutschland 1989 bis 1999: Schulrecht, Schulorganisation, curriculare Fragen, sprachliche Bildung. Münster.

Huber, Bertold (Hrsg.) (2002): Handbuch des Ausländer- und Asylrechts. 2.Bd. Loseblattsammlung. München.

Krekeler, Christian (2001): Sprachförderung für Spätaussiedler. In: Deutsch als Zweitsprache, Sonderheft, S. 13-22.

Langenfeld, Christine (2001): Integration und kulturelle Identität zugewanderter Minderheiten: Eine Untersuchung am Beispiel des allgemeinbildenden Schulwesens in der Bundesrepublik Deutschland. Tübingen.

MARPLAN (1998): Soziale Situation. Offenbach.

OECD (2001a): Globalisation, Migration and Development. Paris.

OECD (2001b): Lernen für das Leben: Erste Ergebnisse der internationalen Schulleistungsstudie Pisa 2000. Paris.

Reuter, Lutz R. (2001): Schulrecht für Schüler nichtdeutscher Erstsprache. In: Zeitschrift für Ausländerrecht und Ausländerpolitik 21. S. 111-119.
Reuter, Lutz R. (2003): Gesetzesvorbehalt und Migration: Anforderungen an schulrechtliche Standards für zugewanderte Kinder und Jugendliche. In: Recht der Jugend und des Bildungswesens 51. S. 23-36.
Rystad, Göran (1997): Encountering Strangers: Responses and Consequences. Lund.
Seifert, Wolfgang (2001): Ausländische Bevölkerung. In: Schäfers Bernhard/Zapf, Wolfgang (Hrsg.): Handwörterbuch zur Gesellschaft Deutschlands. Opladen. S. 53-63.
Unabhängige Kommission »Zuwanderung« (2001): Bericht der Unabhängigen Kommission »Zuwanderung«: Zuwanderung gestalten, Integration fördern. Berlin.
Wollenschläger, Michael (1995): Institutionelle Rahmenbedingungen für eine Einwanderungskonzeption der Bundesrepublik Deutschland. In: Forschungsinstitut der Friedrich-Ebert-Stiftung (Hrsg.): Einwanderungskonzeption für die Bundesrepublik Deutschland. Bonn. S. 117-168.

Der Autor

Lutz R. Reuter, Dr. jur. (*1943), Professor für Erziehungswissenschaft, Bildungspolitik und Bildungsrecht an der Universität der Bundeswehr Hamburg und Lehrbeauftragter an der Universität Hamburg; Schwerpunkt: Bildungsforschung, Bildungsrecht, Migrations- und Minderheitenforschung; Erststudium der Politik- und Rechtswissenschaft in Kiel und Tübingen; Zweitstudium der Soziologie und Erziehungswissenschaft in Konstanz; 1971 bis 1977 Wissenschaftlicher Assistent im Fach Politikwissenschaft an der Universität – Gesamthochschule Siegen; seit 1977 Professor an der Universität der Bundeswehr Hamburg; Gastprofessuren: Universität Bremen (1974), Universität Duisburg (1976-1977), Northwestern University Evanston/Chicago (1986-1988, 1991-1992), PH Neubrandenburg (1990-1991), Universität Greifswald (1992-1993), Pädagogische Universität Maputo/Mosambik (1993, 1994, 1996, 2000), Technische Universität Nanjing (1998), Universität Stellenbosch, RSA (2001);
Jüngere Publikationen: Bildungspolitik seit der Wende, Opladen 1995 (mit H.-W. Fuchs); Bildungspolitik in Deutschland: Entwicklung, Probleme, Reformbedarf, Opladen 2000 (mit H.-W. Fuchs); Schulbildung für die Kinder von Minderheiten in Deutschland: Schulrecht, Schulorganisation, curriculare Fragen, sprachliche Bildung, Münster 2001 (mit I. Gogolin u. U. Neumann); After Communism and Apartheid: Transformation of Education in Germany and South Africa, Frankfurt a.M. u.a. 2002 (mit H. Döbert).

„Fremd im Land" – „Fit für die Zukunft"? Ressourcen und Risiken von jugendlichen Spätaussiedlern

Insa Fooken

Der vorliegende Beitrag stellt Ergebnisse eines kleineren Forschungsprojekts zu subjektiv wahrgenommenen Lebens- und Zukunftschancen jugendlicher Spätaussiedler dar. Die Federführung bei der Projektplanung und -durchführung lag dabei in der Hand der deutschstämmigen Kollegin Dr. Josi Salem-Pickartz aus Amman, Jordanien, die im Rahmen einer über den Deutschen Akademischen Austauschdienst (DAAD) und das Forschungsinstitut für Geistes- und Sozialwissenschaften (figs) finanzierten Gastprofessur im Fach Psychologie im Wintersemester 2001/02 an der Universität Siegen tätig war. Bei Recherchen über einen möglichen Forschungsbedarf vor Ort in Siegen zum Thema Kinder mit Migrationserfahrungen hatten Gespräche mit Schulamt, Schulleitern, Kinderschutzbeauftragten und Ausländerberatungsstellen in verschiedenster Trägerschaft ergeben, dass relativ übereinstimmend Kinder und Jugendliche aus Spätaussiedlerfamilien als diejenige Zielgruppe in der Stadt Siegen identifiziert wurde, bei der der dringlichste Klärungs- und Beratungsbedarf im Jugendhilfebereich vorlag.

1. Konkretisierung und Begründung der Fragestellung

Konkret geht es um Kinder und Jugendliche aus Spätaussiedlerfamilien, die im Schnitt in den letzten drei Jahren aus den Nachfolgestaaten der Sowjetunion nach Deutschland eingereist sind. Die Bedingungen und Begleitumstände der Aussiedlung sind im Vergleich mit den in den Jahren von 1980 bis 1993 stattgefundenen Aussiedlungen für die so genannten Spätaussiedler ab 1993 in vielerlei Hinsicht erschwert. Gerade die in jüngster Zeit eingereisten Spätaussiedler teilen somit trotz eines anderen rechtlichen Status das Schicksal vieler Immigranten: In kultureller, sozialer, aber oft auch und gerade in subjektiv-psychischer Hinsicht erfahren sie – rechtliches Deutschsein hin oder her – faktisch eine Einwanderungssituation mit Minoritätenstatus und den damit verbundenen herausfordernden und/oder belastenden Akkulturationsprozessen (vgl. Berry 1997; Schmitt-Rodermund/Silbereisen 2002).

Hinzu kommt, dass der Blick der Aufnahmegesellschaft auf die jugendlichen Immigranten vergleichsweise stark durch eine Defizit- und Problemwahrnehmung gekennzeichnet ist, eine Erwartung, die gerade auch bei den zugewanderten jungen Aussiedlern v.a. die psychosozialen Risiken und weniger die Chancen ihrer Lebenslage akzentuiert (Dietz/Roll 1998). Obwohl die Datenlage uneinheitlich ist, lässt sich in der Tat eine Tendenz beobachten, die darauf hindeutet, dass Kinder und Jugendliche aus (Spät)-Aussiedlerfamilien, und hier v.a. die Jungen bzw. jungen Männer, im Bereich der Delinquenz zunehmend stärker auffällig werden (Bundesministerium des Inneren/Bundesministerium der Justiz 2001).

So deuten sich ohnehin oft Unterschiede in den Lebensperspektiven zwischen den Geschlechtern an, die es nahe legen, auch immer nach möglichen zentralen geschlechtsspezifischen Differenzen zu fragen. Darüber hinaus sind Aussiedlerkinder auch überproportional häufig in sonderpädagogischen Einrichtungen zu finden (Bahlmann 2000). Letzteres ist insofern von zentraler Bedeutung, da sich – neben der Familie – Bildung und qualifizierte Bildungsabschlüsse als eine der ganz zentralen Ressourcen für Lebenschancen und soziale Platzierungsprozesse erweisen (Geißler 2002). Dabei sind es sicherlich nicht die möglichen ethnischen Unterschiede an sich, denen ein Erklärungswert für mehr oder weniger problematische Handlungsorientierungen zukommt. Vielmehr wird zu Recht in der einschlägigen empirischen Forschung darauf verwiesen, dass es v.a. die subjektive Wahrnehmung der Chancen sozialer Teilhabe ist, welches die Art und Weise der antizipierten und realisierten Lebensentwürfe bestimmt (vgl. Strobl/Kühnel 2000).

Die Neustrukturierung sozialer Kontakte und Netzwerke, die ja ohnehin im Übergang von der Kindheit ins Jugendalter „entwicklungsphasentypisch" ansteht und insbesondere eine Ausbalancierung der Bezugsgruppe Familie und Eltern einerseits und der Gruppe der Gleichaltrigen andererseits erfordert, erweist sich aber gerade für die Kinder aus den Spätaussiedlerfamilien als besonders schwierig. Diese Prozesse vollziehen sich in einheimisch deutschen Familien zumeist nach anderen Verhandlungs-Normen und Werten als es den Spätaussiedlerfamilien vertraut ist bzw. ihnen als angemessen erscheint. Hier hat sich in zahlreichen empirischen Untersuchungen die starke Familienbindung, die – nicht zuletzt angesichts häufig gegebener sprachlicher Probleme – ausgeprägte Orientierung an gleichfalls ausgesiedelten Gleichaltrigen und die als ambivalent erlebten Versuche der Integration in einheimische Peer-Kulturen als eine durch zahlreiche Verwerfungen und Ungleichzeitigkeiten gekennzeichnete Lebenslage mit unterschiedlichen Bewältigungsformen und -bereitschaften erwiesen (Kossolapow 1987; Roebers 1997; Dietz/Roll 1998; Schmitt-Rodermund/Silbereisen 1999; Herwartz-Emden/Westphal 2000; Strobl/Kühnel 2000; Settertobulte 2001).

Gleichwohl finden sich aber zwischenzeitlich sowohl in der Forschung als auch in den öffentlichen Diskurskontexten vermehrt Hinweise auf einen Perspektivenwechsel: weg von einer Defizitorientierung und hin zu einer stärkeren Ressourcenorientierung. So wird verstärkt darauf verwiesen, dass ein Migrationshintergrund nicht per se „Mangel" bedeutet, sondern auch auf spezifische Erfahrungen verweist, wie beispielsweise auf die Kenntnis unterschiedlicher kultureller Milieus, Traditionen und Sprachen, die wiederum eine eigene Qualität darstellen und in diesem Sinnen auch als Quelle von Empowerment und als Ausdruck von besonderen Lebenschancen wahrgenommen werden sollten (Sozialpädagogisches Institut 2002;

Bundesministerium für Familie, Senioren, Frauen und Jugend 2002). Eine solche Haltung bedeutet nicht Negierung der faktisch vorhandenen bzw. wirksam werdenden Ausgrenzungs- und Ungleichheitsstrukturen, sondern kann einer neuen Sensibilität gegenüber Migrationserfahrungen („Migrationssensibilität“) und einer erweiterten interkulturellen Kompetenz den Weg bahnen (Hamburger 2002; Teuber 2002).

2. Das Forschungsprojekt „Fit für die Zukunft“

Im Rahmen der hier vorgestellten Erkundungsstudie geht es um Fragen von selbst perzipierten Ressourcen und Lebenschancen bei Kindern und Jugendlichen aus Spätaussiedlerfamilien. Mit den Betroffenen zusammen wurden zunächst Chancen, Ziele und die wahrgenommene Realisierbarkeit ihrer Lebensentwürfe erarbeitet. Dazu fanden zunächst intensive Gruppendiskussionen mit insgesamt 83 Schüler und Schülerinnen aus Aussiedler- und Spätaussiedlerfamilien im Rahmen ihres muttersprachlichen Unterrichts statt. Hieraus wurde ein Themenkatalog entwickelt, der neben zwei psychologischen Verfahren zur Stressbewältigung und zur Leistungsfähigkeit, als zentraler Bestandteil in die Hauptuntersuchung einging. Der eingesetzte Befragungsbogen ist themenzentriert und weitgehend standardisiert, mit vereinzelten Möglichkeiten zu offenen Antworten. Das in der Befragung angesprochene Themenspektrum bezieht sich auf folgende Bereiche:

- Soziodemografische Informationen und Familien- und Haushaltssituation
- soziales Netzwerk („Menschen, die mir wichtig sind“) und verschiedene Erlebenszusammenhänge im sozialen Umfeld
- Selbstbild, gesundheitliches Erleben und Zufriedenheit mit verschiedenen Aspekten der Lebenssituation (Schule unter Leistungs- und sozialen Aspekten, sozio-ökologische und ökonomische Lebenslage)
- Situationsspezifisches Problemerleben und Bewältigungskompetenz („wie ich mit Problemen umgehe“) mittels des standardisierten Fragebogens zur Erhebung von Stresserleben und Stressbewältigung im Kindesalter („SSK“, Lohaus et al. 1996; Lohaus & Klein-Heßling 2002)
- Erfassung der kognitiven Leistungsgeschwindigkeit/„flüssigen“ Intelligenz mit dem Zahlenverbindungs-Test („ZVT“, Oswald & Roth 1997)
- Kritische Lebensereignisse in der Vergangenheit, „Verlust-“ vs. „Gewinnerfahrungen“
- Zukunftseinstellung und antizipierte Ressourcen für Zukunftsbewältigung

Im vorliegenden Beitrag wird eine Auswahl von Ergebnissen der Befragung von insgesamt 43 Schülern und Schülerinnen aus Spätaussiedlerfamilien aus dem Gebiet der früheren Sowjetunion dargestellt. Die Schüler waren insbesondere darüber informiert worden, dass es sich um eine Befragung handelt, die herausfinden möchte, was Schüler in ihrer Lebenssituation „fit für die Zukunft" macht. Das heißt, der Akzent sollte auch und gerade für die Befragten deutlich auf der Seite der möglichen Ressourcen liegen und erst an zweiter Stelle potenzielle Risiken, Probleme und Belastungen zur Sprache bringen. Die eigentliche Befragung wurde in russischer Sprache von zwei Studentinnen des Studiengangs Sozialpädagogik/Sozialarbeit an verschiedenen Schulen in der Stadt Siegen durchgeführt. Die Befragung fand in Absprache mit der Schulleitung während der Unterrichtszeit in einem separaten Raum statt und dauerte in etwa eine Schulstunde; zumeist wurden jeweils zwei Schüler parallel von den beiden Interviewerinnen bei der Bearbeitung des Fragebogens betreut. Diese intensive Zuwendung erwies sich als hilfreich und notwendig, da in den meisten Fällen zusätzlicher Klärungs- und Ermutigungsbedarf bestand. Grundsätzlich wurde die Befragungsaktion – trotz deutlicher Anzeichen von Anstrengung und Ermüdung am Ende – sehr positiv von den Schülern aufgenommen. Sie schienen erstaunt darüber, dass sich jemand für ihre ganz persönliche Meinung und Sichtweise interessierte und waren erfreut darüber, sich „in der Schule endlich einmal in ihrer Muttersprache" mitteilen zu können („Wann kommt ihr wieder?").

2.1. Ausgewählte soziodemografische Merkmale der Stichprobe

In der Stichprobe von insgesamt 43 befragten Schülern gibt es bezüglich der *Geschlechterverteilung* ein leichtes Übergewicht der Jungen (60,5 Prozent) im Vergleich mit den Mädchen (39,5 Prozent). Die *Altersverteilung* (12-16 Jahre) erlaubt eine Einteilung in „Jüngere" (12-14 Jahre, 53,5 Prozent) und „Ältere" (15-17 Jahre, 46,5 Prozent). Hinsichtlich der besuchten *Schulformen* ist festzuhalten, dass von den Befragten 74 Prozent verschiedene Siegener Hauptschulen besuchen, 21 Prozent eine Realschule und fünf Prozent ein Gymnasium. Die besuchten Klassen reichen von der fünften bis zur zehnten Klasse. Grundsätzlich wird auch hier deutlich, dass die große Mehrheit der Kinder und Jugendlichen ein Schuljahr zurückgestuft wurde und insofern auch in den Schulkarrieren Brüche stattfinden. Die *Aufenthaltsdauer* in Deutschland liegt bei der Mehrheit (58 Prozent) unter zwei Jahren. Zu den ausgesprochenen Neuankömmlingen, die vor weniger als einem Jahr nach Deutschland gekommen sind gehören 44 Prozent der Stichprobe. Insgesamt sind 42 Prozent zwei Jahre und länger in Deutschland. Unter denen mit der kürzeren Aufenthaltsdauer finden sich mehr Mädchen als Jungen und auch eher „Jüngere" als „Ältere". Die gemachten *Angaben zur Familiensituation* verweisen darauf, dass die große Mehrheit (77 Prozent) der befragten Kinder und Jugendlichen in einer traditionellen „normalen" Kernfamilie leben, davon die meisten mit Mutter, leiblichem Vater und Geschwister(n). Bei weiteren sieben Prozent handelt es sich nicht um den leiblichen, sondern um den Stiefvater. Drei der befragten Schüler leben nur mit der Mutter bzw. mit Mutter und Geschwistern zusammen, bei zwei der Befragten gehören noch Großeltern zum Familienhaushalt und eine Befragte nennt bei der Frage der Familienzusammensetzung nur ihren festen Freund. Etwa die Hälfte (49 Prozent) der Schüler lebt in Haushalten mit vier Personen, jeweils etwa ein Viertel nennt eine Anzahl von weniger als vier bzw. mehr als vier Familienmitgliedern im Haushalt.

2.2. Soziale Kontakte und Netzwerke

Betrachtet man zunächst den Bereich der *Freundschaften und außerfamilialen Beziehungen* so fällt auf, dass die meisten der Befragten im Schnitt sieben bis acht Personen (namentlich) als *Freunde und Freundinnen* nennen. Je kürzer die befragten Jugendlichen in Deutschland sind, umso kleiner ist der Freundeskreis. Dies gilt unabhängig von der Geschlechtszugehörigkeit. Als bester Freund/beste Freundin werden eine bis sechs Person(en) namentlich genannt, wobei es im Schnitt drei Nennungen gibt. Nur eine Befragte gibt an, niemanden zu haben. Welche anderen Personen, außerhalb von Familie und Freunden, werden als *wichtige Ansprechpartner* genannt? Mehr als die Hälfte (56 Prozent) nennen hier „Jugendliche aus der Nachbarschaft", knapp die Hälfte (49 Prozent) erwähnen Klassenkameraden, viele haben mehr als einen gleichaltrigen Ansprechpartner. Hier wird die hohe Bedeutung der Peers als –zumindest zusätzliche – wichtige Quelle sozialer Unterstützung deutlich. Von jeweils vier Befragten, die dann eher keine Gleichaltrigen nennen, werden Lehrer, Trainer im Sportverein und Mitarbeiter in Jugendtreffs erwähnt. Drei Jugendliche nennen nur den festen Freund bzw. die feste Freundin als einzigen Ansprechpartner, drei weitere nennen niemanden. Von 19 Prozent der Jugendlichen werden auch an dieser Stelle noch einmal zusätzlich Familienmitglieder aufgeführt. Die Frage nach einer *festen Freundschaft* wird von zwölf Jugendlichen (28 Prozent) bejaht. Tendenziell werden von den Jugendlichen in „fester Freundschaft" eher keine bzw. nur wenige andere wichtige Personen als Ansprechpartner genannt. Obwohl die Information nicht systematisch erhoben wurde, kann man davon ausgehen, dass es sich bei den Gleichaltrigen häufig um Kontakte aus dem eigenen Migrationsmilieu handelt.

Soziale *Netzwerkpartner* können in unterschiedlichem Ausmaß und in *unterschiedlichen Kontexten* von Bedeutung sein. Diesbezüglich sind verschiedene Emotionslagen und situative Kontexte angesprochen worden, für die bis zu vier konkrete Personen als wichtige Interaktionspartner genannt werden konnten. Dabei gibt es insgesamt zwei bis drei befragte Jugendliche, die offenbar ganz wenig Ansprechpartner haben. Ein Teil der Befragten hat ein teilweise sehr differenziertes Netzwerk, ein anderer Teil beschränkt sich entweder vorrangig auf den Freundeskreis oder auf familiäre Bezugspersonen.

Im Einzelnen: Wem teilt man mit, wenn man *glücklich* ist? Die Rangreihe der wichtigen Personen lautet: dem/der (besten) Freund/Freundin (38 Prozent), der Mutter (32 Prozent), den Geschwistern (12 Prozent) und dem Vater (9 Prozent). Jeweils etwa ein Drittel der Befragten nennt hier nur Familienmitglieder oder nur Freunde oder erwähnt aus beiden sozialen Kontexten entsprechende Personen. Dabei tendieren Jungen dazu entweder nur Familie oder nur Freunde zu nennen. Fast alle neu angekommenen Jungen ziehen hier nur Familienmitglieder heran, v.a. die Mutter, wobei die Mädchen hier eher nur Freundinnen nennen. Bei den Jungen mit der längeren Aufenthaltsdauer wird Glück überwiegend nur noch mit den Freunden und nicht mehr mit Familienmitgliedern geteilt. Grundsätzlich haben mehr Mädchen als Jungen Zugang zu beiden sozialen Bezugsgruppen (Familie und Freunde) und in diesem Sinne mehr Alternativen bezüglich sozialer Kontaktgestaltung. Die Frage nach dem präferierten gemeinsamen *Zusammensein* wird von fast zwei Dritteln mit dem Verweis auf die Freunde beantwortet. Allerdings spielt auch hier das familiäre Zusammensein eine wichtige Rolle, relativ unabhängig von einzelnen Familienmitgliedern. Letzteres gilt in deutlicherem Maße für die neu in Deutschland angekommenen Kinder und Jugendlichen.

Mit wem *lacht* man zusammen? Auch hier wird die Bedeutung der Gleichaltrigen offenkundig. So werden die Freunde von gut zwei Drittel genannt, daneben aber auch noch die Geschwister, wohingegen Eltern und andere Familienmitglieder nur vereinzelt erwähnt werden *Geheimnisse* werden vorrangig mit Freunden geteilt, daneben finden aber Eltern (bzw. Mütter) und auch Geschwister Erwähnung.

Über *Liebe und Freundschaft* spricht man am häufigsten mit den Freunden, zum kleineren Teil noch mit Geschwistern (allerdings nur bei Jungen), während die Eltern diesbezüglich nur eine geringe Bedeutung haben. Bei der Frage nach Thematisierung von *Schule und Beruf* beziehen sich allerdings wiederum zwei Drittel der Nennungen auf die Eltern, während die Freunde einen geringen Stellenwert haben. Auch Lehrer werden hier nur viermal genannt. Geht es um die Frage des Besprechens von *Sorgen und Problemen* fällt die sehr hohe Bedeutung der Mutter ins Auge: 40 Prozent der Nennungen beziehen sich auf sie. Darüber hinaus kommt aber auch den besten Freunden ein hoher Stellenwert zu. Nur ein kleiner Teil der Befragten wendet sich bei Problemen sowohl an die Familie als auch an den Freundeskreis. Es überwiegen die, für die Familie (sprich: die Mutter) am wichtigsten ist; gut ein Viertel der Befragten richtet sich nur an Freunde.

Das soziale Netzwerk spielt allerdings nicht nur unter dem Aspekt potenzieller Unterstützung eine wichtige Rolle, sondern kann auch eine Quelle von Ärger, Streit und Stress darstellen. Die Frage, mit wem man denn *Ärger bzw. Stress* erlebt, wird dem gemäß anders beantwortet: So beziehen sich jeweils fast ein Viertel der Nennungen sowohl auf Klassenkameraden als auch auf Geschwister und auch die Lehrer sind zu einem Fünftel als stressverursachend vertreten, wohingegen Eltern oder Freunde fast kaum erwähnt werden. So fällt auf, dass der schulische Bereich eine deutliche Quelle von Belastung, Reibereien und Anforderungen darstellt und eher negativ konnotiert ist, wohingegen dies in der Familie, zumindest in Bezug auf die erwachsenen Familienmitglieder (insbesondere die Eltern/Mütter), anders zu sein scheint, da hier die Aspekte von Unterstützung, Zusammengehörigkeit und Schutz stärker erlebt werden. Eltern bzw. Mütter und gute Freunde scheinen somit Beziehungspartner zu sein, denen eine deutlich positive Valenz zukommt. Die hohe und überwiegend uneingeschränkt positive Bedeutung der Mutter (bei relativer Irrelevanz des Vaters) ist dabei sicherlich noch einmal besonders erwähnenswert, da es sich im Vergleich mit einheimischen Kindern und Jugendlichen, in dieser hohen Ausprägung eher um ein Spezifikum dieser migrationsgeprägten Kinder und Jugendlichen zu handeln scheint.

Damit ergibt sich natürlich die Frage, ob gerade die „Unantastbarkeit" der Beziehung zu den Eltern möglicherweise die Bewältigung bestimmter „Entwicklungsaufgaben", wie die der Auseinandersetzung mit den Eltern und der Autonomie-Entwicklung, erschwert. So erscheint es auch durchaus bedauerlich, dass andere erwachsene Personen aus dem weiteren professionell-pädagogischen Bereich eine so geringen Stellenwert zu haben scheinen. Daneben gibt es andererseits durchaus Beziehungen, in denen Themen wie Opposition, Konkurrenz und Rivalität ausgetragen werden (Lehrer, Klassenkameraden, Geschwister). Von den möglichen verschiedenen Beziehungserfahrungen ist die Geschwisterbeziehung in diesem Zusammenhang vielleicht die interessanteste, da sie ein Experimentierfeld für das Erleben sowohl von positiver Emotionalität und Unterstützung darstellt bei gleichzeitig „erlaubter", d.h. die Beziehung nicht in Frage stellender Rivalität.

Betrachtet man alle Nennungen über die verschiedenen angesprochenen situativen Kontexte hinweg, dann fällt auf, dass Jüngere und Neuankömmlinge weitaus stärker auf Familie, wiederum v.a. auf die Mutter, bezogen sind, als das bei den Älteren und bei denjenigen mit der längeren Deutschlanderfahrung der Fall ist. Dies entspricht sicherlich zum einen stärker dem Entwicklungsstand der Jüngeren und verwundert auch für die Neuankömmlinge nicht. In Zeiten massiver Veränderungen, wie sie mit einer Übersiedlung einhergehen, bietet der familiäre Zusammenhang Schutz und stellt eine grundsätzlich positiv zu beurteilende „sichere Basis" dar. Familie, und hier insbesondere die Mutter, ist somit für die meisten der Jugendlichen eine wichtige Ressource. In diesem Zusammenhang erscheinen die sich andeutenden geschlechtsspezifischen Differenzen nochmals erwähnenswert. So scheinen die befragten Mädchen etwas mehr Auswahl an unterschiedlichen Interaktionspartnern in ihrem sozialen Netzwerk zur Verfügung zu haben als die Jungen, die sich scheinbar stärker vor die Alternative sehen, sich entweder an der Familie oder an der Gruppe der Freunde zu orientieren.

Im Rahmen einer methodisch etwas anders aufbereiteten Frage konnte die erlebte Nähe zu grundsätzlich wichtigen, *nahe stehenden Personen* in ein konzentrisches Kreisdiagramm in drei Abstufungen eingezeichnet werden. Bis auf insgesamt drei Befragte, deren Netzwerkdiagramme auf ein hohes Maß von Isolation bzw. Desintegration verweist, wurden von den meisten nur Familienangehörige eingeordnet (33 Prozent nur in Deutschland, 28 Prozent sowohl in Deutschland als auch in Russland/Kasachstan), während ein Drittel der Befragten sowohl Familie und Freunde/Bekannte einzeichneten (21 Prozent nur in Deutschland und 12 Prozent sowohl in Deutschland als auch im Herkunftsland). Auch hier wird wiederum die hohe Bedeutung der Familie sichtbar, insbesondere dann, wenn explizit noch einmal auf „wirklich nahe stehende Menschen" Bezug genommen wird. Dabei ist es sicherlich wichtig darauf zu verweisen, dass für immerhin 40 Prozent der Befragten (insbesondere für die Jüngeren und die Neuankömmlinge) ein Teil der nahe stehenden Personen sich in räumlicher Hinsicht sehr weit weg im Herkunftsland befindet.

2.3. Selbstbild, Gesundheit, Lebenszufriedenheit und Lebensbewältigung

Die befragten Schüler wurden gebeten sowohl ihren eigenen, selbst perzipierten *Entwicklungsstand* (als Kind, Jugendlicher, Erwachsener) einzustufen als auch die von ihnen diesbezüglich vermutete Sichtweise ihrer Eltern und Lehrer. Die Kongruenz von Selbstbild und vermutetem Fremdbild würde eher Übereinstimmung zwischen eigenem Kompetenzerleben und den entsprechenden Anforderungen von außen signalisieren, Inkongruenzen deuten eher auf Unklarheit und Widersprüche im sozialen Umfeld. Interessanterweise deuten sich hier zum einen hohe Übereinstimmungen zwischen der eigenen Wahrnehmung und der der Lehrer an, zum anderen erstaunliche Diskrepanzen bezüglich der vermuteten Sichtweise der Eltern und der eigenen. So fühlen sich fast alle Befragten (91 Prozent) als Jugendliche und die meisten (81 Prozent) vermuten, dass auch ihre Lehrer diese Einschätzung teilen. Dies gilt mehr oder weniger unabhängig vom Geschlecht, vom Alter und auch von der Aufenthaltsdauer. Befragt allerdings nach der Sicht der Eltern wird zum einen deutlich, dass die Hälfte der Befragten (51 Prozent) vermutet, ihre Eltern würden sie als Kind sehen, 40 Prozent glauben, dass ihre Eltern sie als jugendlich einstufen und 9 Prozent sehen sich in den Augen der Eltern als erwachsen. Obwohl dies tendenziell für beide Geschlechter gilt, gibt es dennoch signifikante Differenzen.

So scheint das Phänomen, quasi in Widerspruch zur eigenen Sicht von den Eltern als Kind beurteilt zu werden, weitaus stärker für die befragten Jungen zu gelten als für die Mädchen. Je älter die Jungen und je länger sie in Deutschland sind, umso eher haben sie den Eindruck, die Eltern nehmen sie in der Kindrolle wahr. Bei den Mädchen ist diese Tendenz zum Teil eher umgekehrt. Jüngere Mädchen und diejenigen, die erst kurz in Deutschland sind, gehen davon aus, dass die Eltern sie eher als jugendlich bzw. zum Teil sogar als erwachsen einstufen. Inwieweit dies für die befragten Jungen und Mädchen eher eine Ent- oder Belastung bedeutet, kann an dieser Stelle nicht geklärt werden.

Die Art und Weise des *Selbstbildes* wurde darüber hinaus über das Ausmaß der Zustimmung zu positiven bzw. Ablehnung negativer Aussagen für die eigene Person ermittelt. Für die Gesamtgruppe gilt tendenziell, dass sowohl positive Aussagen eher bestätigt werden (z.B. „Ich finde, ich bin ganz in Ordnung“) als auch negative eher verneint werden (z.B. „Manchmal komme ich mir ganz unwichtig vor“). Trotzdem streuen die Antworten doch so sehr, dass signifikante Unterschiede zwischen den Geschlechtern konstatiert werden können. So weisen die befragten Mädchen ein weniger positives und etwas negativeres Selbstbild auf als die Jungen. Die Einschätzung des *emotionalen Wohlbefindens* verweist darauf, dass sich praktisch niemand als „traurig“ einstuft. 40 Prozent der Befragten kreuzen das strahlendste „smile-Gesicht“ an, 42 Prozent das Piktogramm, das immer noch deutlich Fröhlichkeit signalisiert und nur 19 Prozent ordnen sich diesbezüglich als „neutral“ ein. Dabei tendieren Mädchen anders als die befragten Jungen etwas weniger dazu, sich als uneingeschränkt fröhlich zu bewerten.

Eine überwiegend positive Bilanzierung wird auch hinsichtlich der Einschätzung der eigenen *Gesundheit* vorgenommen. 21 Prozent schätzen ihre Gesundheit als „sehr gut“, 42 Prozent als „gut“ und 37 Prozent als „befriedigend“ ein, ohne dass sich signifikante Differenzen zwischen den Geschlechtern, Alters- und Aufenthalts-Statusgruppen ergeben. Bezieht man die Frage der gesundheitlichen Beeinträchtigung stärker auf *psychosomatische Beschwerden* und fragt nach konkreten Symptomen, dann wird allerdings doch deutlich, dass bestimmte Beschwerden in nennenswertem Umfang auftreten. Von gut der Hälfte der Befragten (51 Prozent) werden Konzentrationsprobleme benannt, 42 Prozent berichten davon, manchmal „vor Ärger zu platzen“, ein Drittel berichtet von Schlafstörungen und 30 Prozent von „Nervosität/Unruhe“. Zahlreiche andere Beschwerden sind zumindest für kleinere Untergruppen noch von Bedeutung. Schaut man nach differenziellen Aspekten, dann zeigt sich, dass Mädchen stärker als Jungen sowohl Konzentrationsprobleme nennen als auch „Magenbeschwerden/Übelkeit“, im Vergleich mit den Älteren nennen die jüngeren Befragten häufiger „Alpträume“ und während die Neuankömmlinge etwas weniger häufiger davon berichten, „vor Ärger zu platzen“ und „Nervosität“ zu zeigen als diejenigen, die bereits länger in Deutschland sind, leiden sie augenscheinlich doch häufiger unter „Magenbeschwerden“.

Die *Lebenszufriedenheit* wurde bezüglich verschiedener situativer Kontexte erfasst. Dabei erscheint es interessant, dass die befragten Kinder und Jugendlichen mit ihren Freizeitmöglichkeiten am deutlichsten zufrieden sind, wobei auch andere sozial-ökologische Gegebenheiten (Zimmer zu Hause, Wohnung der Familie, Wohngegend) fast ausschließlich als „gut“ eingeschätzt werden, dabei von den Jungen noch etwas besser als von den Mädchen. Ein etwas anderes Bild ergibt sich, wenn man den schulischen Bereich erfasst. Hier überwiegen für die Beziehungen zu den Lehrern und den Klassenkameraden zwar noch die positiven Bewertungen, wird hingegen die Zufriedenheit mit den Schulleistungen nur noch als „mittelmäßig“ eingestuft bzw. findet sich eine deutliche Streuung der Antworten. Dabei sind die befragten Mädchen weitaus zufriedener als die Jungen mit ihren Beziehungen zu den Lehrern, wohingegen umgekehrt die Jungen sowohl ihre Schulleistungen als auch die Beziehungen zu den Klassenkameraden positiver beurteilen. Bei den Neuankömmlingen wiederum fällt die Zufriedenheit mit Schulleistung und Beziehung zu den Klassenkameraden negativer aus als bei den Schülern, die bereits etwas länger in Deutschland wohnen.

Schließlich wurden noch mit einem standardisierten Messinstrument (SSK) *Stresserleben und Stressbewältigung* erfasst. Hiermit wird noch ein anderer Aspekt der Lebenssituation der hier befragten Kinder und Jugendlichen eingefangen, der insbesondere für Fragen der Beurteilung von Lebensbewältigung und Kompetenz eine wichtige Rolle spielt. In einem ersten Schritt wurde hier das Ausmaß von Stress-, Ärger- und Angsterleben bestimmt. Dabei zeigt sich für die Gesamtgruppe ein eher unauffälliges „normales“ Bild, welches in den Mittelwerten nicht von der Normstichprobe abweicht. Allerdings finden sich geschlechtsspezifische Differenzen. So scheinen sich die befragten Mädchen doch deutlich häufiger sowohl Stress- als auch insbesondere Angsterleben zuzuschreiben als es bei den Jungen der Fall ist. In der Art und Weise der Bewältigung verschiedener stress-, ärger- und angstbesetzter Ereignisse unterscheiden sich die befragten Mädchen und Jungen allerdings nicht. Auch hier fällt auf, dass in der Gesamtgruppe problemangemessenes und problemlösendes Verhalten ausgeprägt vorhanden ist, hingegen problemunangemessene Reaktionen, problemausweichendes und destruktiv-emotionsregulierendes Verhalten eher die Ausnahme darstellen. Die beiden Bewältigungsformen „Suche nach sozialer Unterstützung“ und „konstruktiv-emotionsregulierendes Verhalten“ entsprechen in ihrer Ausprägung in etwa der Norm. Dabei ist die Bewältigungskompetenz bei den jüngeren Befragten und bei den Neuankömmlingen etwas weniger konstruktiv ausgebildet als bei den Älteren und bereits länger in Deutschland Anwesenden.

Zusammenfassend sollen für die Bereiche emotionales Wohlbefinden, Gesundheit und Schule noch einmal geschlechtsspezifische Differenzen akzentuiert werden. Wenn man eine simple Kreuztabellierung der hier angesprochenen Variablen als Grundlage nimmt, dann lassen sich für die befragten Jungen folgende Zusammenhangsmuster finden: Ein ausgeprägtes emotionales Wohlbefinden scheint bei ihnen stark mit der Zufriedenheit mit räumlich-ökologischen Gegebenheiten (Zimmer, Wohnung) einher zu gehen und eine positive Einschätzung der Gesundheit hängt mit wenig Angstempfinden zusammen; im schulischen Bereich findet sich hohe Zufriedenheit mit den Schulleistungen bei einem wenig negativ ausgeprägten Selbstbild und einem Problembewältigungsverhalten, das durch Suche nach sozialer Unterstützung gekennzeichnet ist; Zufriedenheit mit der Beziehung zu Lehrern ist eher gegeben bei wenig Stress und bei Bewältigungsstilen, die durch Situationsangemessenheit gekennzeichnet sind und durch die Fähigkeit, konstruktiv-emotionsregulierende Techniken einzusetzen.

In der umgekehrten Variante lassen sich die Risikoindikatoren für die hier befragten Jungen bestimmen: schlechte ökologische Bedingungen, ein hoher Angstpegel, viel Stress, ein stark negatives Selbstbild und ein ungünstiges, wenig modulationsfähiges Bewältigungsverhalten. Für die befragten Mädchen scheinen emotionales Wohlbefinden und Gesundheit enger zusammen zu hängen; darüber hinaus spielt ein positives Selbstbild für das Wohlbefinden eine wichtige Rolle und für einen guten Gesundheitsstatus die relative Stressfreiheit, aber auch eher situationsunangemessenes Bewältigungsverhalten. Zufriedenheit mit den Schulleistungen und mit der Beziehung zum Lehrer hängen bei ihnen eng zusammen, die Zufriedenheit mit der Beziehung zu den Klassenkameraden geht mit der Fähigkeit zu problemlösungsorientierten Bewältigungsverhalten einher. Somit wären ein wenig positives Selbstbild, Stress und eine zu große Anpassungsbereitschaft Risikoindikatoren für den Bereich des Wohlbefinden und für den schulischen Bereich v.a. dort vorzufindende Probleme der Beziehungsgestaltung.

2.4. Leistungsfähigkeit

Aus längsschnittlich durchgeführten Lebensverlaufsuntersuchungen von sozial und sozioökonomisch benachteiligten Kindern ist bekannt, dass intellektuelle Leistungsfähigkeit bei gegebenen Risikolagen einen wichtigen Protektionsfaktor darstellen kann (Werner 1997). Auch wenn Intelligenzdiagnostik kein Anliegen in der vorliegenden Studie war, bestand dennoch Interesse an einigen diesbezüglichen Hinweisen und Informationen. Daher wurde ein mehr oder weniger sprachfreies normiertes Verfahren eingesetzt (ZVT), welches wenig zeitaufwändig Aspekte der Leistungskomponente kognitive Geschwindigkeit/"flüssige" Intelligenz erfasst. Die Ergebnisse dieses Verfahrens hinterließen allerdings mehr Ratlosigkeit als Erkenntnisgewinn. Die hier ermittelten T-Werte liegen nur bei 40 Prozent der Untersuchten im Durchschnittsbereich, 60 Prozent liegen somit darunter. Zumindest wird man dieses Ergebnis so deuten können, dass diese Form intellektueller Flüssigkeit bei den meisten der befragten Kinder und Jugendlichen nicht unmittelbar als Ressource zur Verfügung steht. Vielmehr scheint die kognitive Flexibilität eher beeinträchtigt bzw. blockiert zu sein. Möglicherweise ist aber auch die Anforderung durch dieses Testverfahren in seiner spezifischen „Leistungsvalenz" gar nicht erkannt worden. Darüber hinaus erscheint es erstaunlich, dass die hier ermittelten Werte in fast keinerlei systematischen Zusammenhang mit anderen Ergebnissen der Befragung zu bringen sind.

Es gibt lediglich zwei Hinweise auf (tendenziell) signifikante korrelative Zusammenhänge: Bei den befragten Mädchen hängen (starke) Konzentrationsprobleme und (niedrige) ZVT-Werte zusammen, bei den Jungen haben erstaunlicherweise eher diejenigen, die unzufrieden mit den Beziehungen zu den Klassenkameraden sind und diejenigen, welche dazu neigen „vor Ärger zu platzen", höhere Werte, so dass bei ihnen entweder aus einer sozialen Belastungssituation oder aus einer psychosomatischen Beeinträchtigung heraus eher leistungsorientiert reagiert wird. Ohne dieses Ergebnis weiter kommentieren zu wollen, sollte aber darauf verwiesen werden, dass es sinnvoll erscheint, in jedem Falle eine differenzierte, nicht stigmatisierende, sondern auf Förderung der Potenziale ausgerichtete Leistungsdiagnostik für die betroffenen Kinder, Jugendliche, Familien und Schulen durchzuführen.

2.5. Vergangenheit, Gegenwart, Zukunft

Die Befragung verfolgte u.a. das Ziel, den biografischen Gesamtkontext der betroffenen Schüler zusammen mit ihnen anzusprechen, um daraus Schlussfolgerungen für ihre Zukunft abzuleiten. Von daher lag es auf der Hand, dass die Befragten von ihren eigenen Biografie berichten sollten, von eigenen Erfahrungen und Einschätzungen ihres bisherigen Lebensverlaufs. Dabei ging es zunächst um *vergangene belastende Erlebnisse*, die bis zur Gegenwart passiert waren, unabhängig davon, ob noch im Heimatland oder in Russland. Hier wurde eine vorgegebene Liste abgefragt, die aber auch noch individuell ergänzt werden konnte. Insgesamt wurden 197 Angaben zu verschiedensten Ereignissen/Erlebnisse gemacht, die hier gebündelt aufgeführt werden. Die Rangreihe der Häufigkeit ist wie folgt:

1. Arbeitslosigkeit der Eltern/Geldsorgen (17 Prozent)
2. Tod eines Familienmitglieds (15 Prozent)
3. eigene Krankheit/Unfall (14 Prozent)
4. Schul- und Leistungsprobleme (13 Prozent)
5. Angst und erlebte Bedrohung (12 Prozent)
6. Krankheit/Unfall im sozialen Nahfeld (10 Prozent)
7. am Sinn des Lebens gezweifelt“ (8 Prozent)
8. Trennungserfahrungen“ (8 Prozent)
9. Umzüge (ohne Aussiedlung) (6 Prozent)

Vergegenwärtigt man sich dabei, dass diese 197 Erlebnisse sich auf 43 Befragte verteilen, dann wird deutlich, dass bestimmte Ereignisse von vielen der Kinder und Jugendlichen erfahren wurden und viele auch mit mehreren kritischen Ereignissen konfrontiert wurden (im Schnitt 4,6 Ereignisse pro Kind). Insgesamt sind 26 Prozent der Befragten diesbezüglich vergleichsweise unbelastet (0-2 Ereignisse), 42 Prozent haben im mittleren Umfang solche Erfahrungen gemacht (3-5 Ereignisse) und 33 Prozent können als vergleichsweise stark belastet gelten (6-11 Ereignisse).

In der Anzahl belastender Lebensereignisse unterscheiden sich weder die beiden Altersgruppen voneinander noch die Gruppen mit unterschiedlicher Aufenthaltsdauer in Deutschland. Hingegen gibt es deutliche geschlechtsspezifische Differenzen. Interessanterweise berichten Jungen signifikant häufiger als Mädchen von solchen belastenden Erfahrungen. Betrachtet man das diesbezügliche korrelative Umfeld, dann zeigt sich, dass bei den Jungen die Anzahl der Belastungen einhergeht mit einen positiven Einschätzung der eigenen Gesundheit, andererseits aber auch mit stark ausgeprägten Angst- und Ärgerempfindungen sowie einer deutlich erhöhten Zahl von psychosomatischen Beschwerden. Bei den Mädchen finden sich keine derartigen Zusammenhänge; hier geht eine erhöhte Belastung lediglich mit einer höheren Zufriedenheit in der Beziehung zu den Lehrern einher; möglicherweise fühlen sich gerade belastete Mädchen von den Lehrern stärker wahrgenommen und unterstützt.

Weiterhin konnten die Befragten bis zu jeweils drei Angaben machen über „Dinge“ (Menschen, Sachen, Tätigkeiten), die sie im Zusammenhang mit der Aussiedlung sowohl als *Verluste* wie auch als *Gewinne* erleben. Dabei sind die Antworten und genannten Aspekte ausgesprochen differenziert und lassen ein erstaunlich hohes Maß an Selbstreflexion und Urteilsfähigkeit erkennen. Bei der Frage nach *Verlusten* wurden insgesamt 120 Nennungen gegeben, von denen der größte Anteil sich auf den Verlust von Freunden (oft besten bzw. festen Freunden) bezieht (33 Prozent); weiterhin genannt werden von 21 Prozent Familienangehörige (Verwandtschaft, Großeltern), von 19 Prozent Verlust ökologischer Vertrautheit und identifikatorischer Verbundenheit (v.a. mit dem Haus, aber auch mit Dorf, Landschaft, Klima, Heimat, Sprache), erstaunlicherweise oft Tiere (12 Prozent), Geselligkeit im Kontext sportlicher und anderer Freizeitaktivitäten (8 Prozent) und Kompetenz- und Kontrollerleben (Sinnzusammenhänge, Freiheit) (5 Prozent). Die gleichfalls aufgelisteten *Gewinne* stellen nicht unbedingt unmittelbare Kompensationen der erfahrenen Verluste dar, sondern verweisen zumeist auf die grundsätzliche Möglichkeit neuer Erfahrungen.

Insgesamt werden 119 Aspekt erwähnt, die sich wie folgt präzisieren lassen: Erwerb (neuer) Freunde (32 Prozent), neue familiäre Zusammenhänge (14 Prozent), materiell-dingliche Verbesserungen und finanzielle Spielräume (14 Prozent), Teilhabe an Neuen Medien (13 Prozent), neue Sprache und Bildung (12 Prozent), erweiterte und erleichterte Lebens- und Entwicklungsspielräume (8 Prozent). Die Tatsache, dass aber beim Stichwort „Gewinne" doch noch 8 Prozent der Nennungen sich auf nostalgische Rückerinnerungen oder auf Kritik an den Lebensumständen in Deutschland beziehen, macht deutlich, wie schmerzhaft manchmal Erinnerungstätigkeit sein kann.

Auf die generelle Frage nach ihrer *Zukunftsaussicht* kreuzen etwa gut die Hälfte der Befragten die Einschätzung „zuversichtlich" an, während etwas weniger (47 Prozent) dies eher abhängig von Stimmung und Beurteilungsaspekt machen („mal so, mal so"). Dabei unterscheiden sich die Geschlechter nicht signifikant, wohingegen die Jüngeren und die Neuankömmlinge deutlich optimistischer sind als die Älteren und die Deutschlandkundigeren. Die Frage nach zwei Dingen, auf die sie höchstwahrscheinlich später *stolz sein* werden, wenn sie sie erreichen, wird quasi in zwei Schritten beantwortet. In einem ersten Schritt nennen jeweils etwa ein Drittel der Befragten entweder „Ausbildung/Lernen/guter Abschluss" oder einen „guten Beruf", wohingegen sowohl Statusaspekte (Führerschein/Auto, Haus) als auch insbesondere soziale Beziehungen („gute Familie", Freunde) einen vergleichsweise geringen Stellenwert haben. Dies ändert sich im zweiten Schritt, bei dem dann v.a. die „gute Familie" als erstes genannt wird. Allerdings werden auch hier noch von gut einem Viertel Beruf und Ausbildung aufgelistet. Statusgesichtspunkte und soziale Kontakte werden wiederum eher nur von wenigen erwähnt. Für ein Drittel lautet die präferierte Reihenfolge für die Zukunft: „erst Ausbildung/Beruf, dann Familie", für 23 Prozent sind „Ausbildung/Beruf" sowie Statusaspekte wichtig, 19 Prozent nennen nur den Ausbildungs- und beruflichen Bereich, für 12 Prozent sind eine „gute Familie" und Statusmerkmale wichtig, für 7 Prozent nur familiäre/soziale Aspekte und schließlich für 5 Prozent nur Statusgesichtspunkte.

Fast die Hälfte der befragten Mädchen gruppiert die gewünschte Zukunftsgestaltung um die Themen Ausbildung/Beruf und Familie, die häufigste Kombination bei den Jungen sind „Ausbildung/Beruf" und Statusmerkmale. Da Alter, Aufenthaltsstatus und Geschlecht z.T. konfundiert sind, ist es verständlich, dass Jüngere und Neuankömmlinge auch ganz stark die kombinierte Bildungs- und Familienorientierung aufweisen. Die subjektive *Sicherheit, diese Zukunftsziele zu erreichen*, ist vergleichsweise groß und zwar über alle Untergruppierungen hinweg: 12 Prozent der Befragten sind sich ganz sicher, fast drei Viertel (74 Prozent) fühlen sich diesbezüglich sicher und nur 14 Prozent äußern etwas Unsicherheit über die Realisierbarkeit ihrer Zukunftspläne.

In welchen Bereichen bzw. bei welchen Personen werden von den Befragten die hauptsächlichen *Ressourcen in der jetzigen Lebenssituation* verortet, die dazu dienen, diese *Zukunftsziele zu erreichen*? Hier konnte eine Vielzahl von Möglichkeiten angekreuzt werden, was auch von vielen genutzt wurde. Die Aussagen lassen sich folgendermaßen zusammenfassen: Von fast allen Befragten (93 Prozent) werden an erster Stelle motivationale Aspekte genannt, die überwiegend in der Verantwortung der eigenen Person liegen (Zielstrebigkeit, Anstrengungsbereitschaft); als ähnlich bedeutsam wird von ca. 87 Prozent der Bereich kognitiver Kompetenz und Kapazität eingeschätzt (Wissen, Sprache, Schulerfolg, Intelligenz); dass man auch „Glück" haben muss, wird von 84 Prozent bekundet; darüber hinaus gelten aber auch soziale Kompetenz und Tüchtigkeit als hilfreich (81 Prozent). Bei den potenziell hilfreichen Personen behauptet die Familie ihren überragenden Stellenwert (84 Prozent), Freunde (56 Prozent) und Lehrer/Berater (47 Prozent) spielen für ca. die Hälfte der Befragten eine Rolle. Ähnliches gilt für finanzielle Statusaspekte (53 Prozent). Zu guter Letzt bekunden aber immerhin noch 19 Prozent „eigentlich hilft nichts und niemand", obwohl sie teilweise zuvor bereits andere Aspekte positiv bewertet hatten. Generell kann man annehmen, dass die befragten Schüler ihre Zukunftschancen nicht einseitig determiniert sehen: Nach ihrer Einschätzung braucht man Motivation, Können, Glück und eine gute Familie. Dabei fällt die starke Betonung der Eigenanteile auf (Leistungsbereitschaft, Wissen), die signalisiert, dass die auf Individualisierung setzende, normative Botschaft unserer Leistungsgesellschaft erst einmal übernommen wird.

In einer letzten zukunftsbezogenen Frage ging es noch einmal darum, die Bestimmungsgrößen der eigenen Zukunftsplanung und -gestaltung wirklich auf die eigene Person zu beziehen („Was brauchst Du noch, um „fit" für Deine Zukunft zu werden?"). Auch hier wird zum wiederholten Male der große Stellenwert der Familie und zwar sowohl der Herkunftsfamilie als auch der später zu gründenden eigenen Familie deutlich. Von den insgesamt 129 Nennungen beziehen sich allein 29 Prozent darauf. Aber auch Freunde bzw. ein intaktes soziales Netzwerk werden für die eigene Zukunftsgestaltung als sehr wichtig erachtet (18 Prozent). Darüber hinaus werden Ausbildungen und berufliche Aspekte auch bei dieser Frage immer noch hoch bewertet (15 Prozent), wobei zusätzlich die Bedeutung von (deutschen) Sprachkenntnisse als Einzelnennung unterstrichen wird (8 Prozent). Eine Reihe der Befragten umschreiben weiterhin die Notwendigkeit, je nach situativer Anforderung anpassungsbereit und v.a. leistungsbereit zu sein (9 Prozent). Hoch im Kurs steht bei den Nennungen auch das Geld (11 Prozent), was somit von einem Drittel der Befragten als notwendig für die eigene erfolgreiche Zukunft erwähnt wird. Die restlichen Aspekte (Auto/Führerschein, Gesundheit, Glück) werden nur noch von einzelnen aufgeführt.

2.6. Erklärungszusammenhänge und „Wirkmodelle"

Wie lassen sich diese vielfältigen und hier ja überwiegend einzeln aufgelisteten Ergebnisse in einen prägnanteren Erklärungszusammenhang bringen? Es sollen an dieser Stelle noch einige regressionsanalytisch berechnete Befunde mit hinreichender Weise zur Varianzaufklärung zentraler abhängiger Variabler (=zukunftsrelevante Ressourcen und Risiken) aufgeführt werden. Da die bisher referierten Ergebnisse oft auf wesentliche Unterschiede zwischen den befragten Mädchen und Jungen verweisen, kann vermutet werden, dass die Quellen, die zur Varianzaufklärung in den abhängigen Variablen beitragen, auch geschlechtsspezifisch differieren. Von daher sind die Regressionsanalysen für beide Geschlechter getrennt durchgeführt worden. Als potenzielle Ressourcen und Risiken, die für die Zukunftsbewältigung von Bedeutung erscheinen, werden zum einen das Ausmaß eines „positiven" bzw. „negativen Selbstbilds" gerechnet, weiterhin „emotionales Wohlbefinden" und schließlich die „Zufriedenheit mit den Schulleistungen", da der Ausbildung von den Befragten ein sehr hoher Stellenwert zugeschrieben wird, um „fit für die Zukunft" zu werden. Die Variablen, die in die jeweiligen Vorhersagemodelle aufgenommen werden konnten, repräsentieren den in dieser Studie ermittelten Lebensraum der befragten Schüler.

Eine *positive Selbstwahrnehmung* wird demnach bei Mädchen v.a. beeinflusst (58 Prozent aufgeklärte Varianz) durch emotionales Wohlbefinden, durch konstruktiv-emotionsregulierendes, aber wenig situationsangepasstes Bewältigungsverhalten; bei den Jungen verweist das Vorhersagemodell (47 Prozent Varianzaufklärung) auf die Bedeutung der Familiengröße (eher kleiner), wenig Angstempfinden und eher situationsunangepasste Bewältigungsformen. Ein *negatives Selbstbild* wird bei den Mädchen – paradoxerweise – durch eine hohe Zufriedenheit mit den Schulleistungen erklärt (die aufgeklärte Varianz beträgt allerdings nur 22 Prozent), bei den Jungen hingegen von der Unzufriedenheit mit den Schulleistungen und einem hohen Ausmaß an Stresserleben (50 Prozent Varianzaufklärung). Betrachtet man noch einmal genauer die möglichen Wirkzusammenhänge für die *Zufriedenheit mit den Schulleistungen*, dann zeigt sich für die Mädchen ein Modell als einflussreich (74 Prozent Varianzaufklärung), das auf die hohe Bedeutung der Zufriedenheit mit der Beziehung zu Lehrer verweist, auf emotionales Wohlbefinden und eher problemausweichendem Bewältigungsverhalten, bei den Jungen ist ein Modell varianzaufklärend (54 Prozent), welches den Einfluss vieler Freunde, einer geringen negativen Selbstwahrnehmung und der Einschätzung, von den Eltern eher als Kind wahrgenommen zu werden, dokumentiert. Das *emotionale Wohlbefinden* wird bei den Mädchen beeinflusst von einem positiven Selbstbild und wenig psychosomatischen Beschwerden (Varianzaufklärung 50 Prozent), bei den Jungen zeigt sich ein Wirkmodell (aufgeklärte Varianz 52 Prozent), welches den Einfluss der Aufenthaltsdauer in Deutschland (eher kürzer), des Alters (eher älter) und der Zufriedenheit mit den Schulleistungen auf das emotionale Wohlbefinden unterstreicht.

3. Spätaussiedlung – eine besondere Lebenschance?

Ein zusammenfassender Kommentar der hier berichteten Ergebnisse müsste in jedem Falle noch einmal auf einige geschlechtsspezifische Differenzen aufmerksam machen, die andeuten, dass die subjektiv perzipierten Chancen aktuell möglicher und zukünftig antizipierter sozialer Teilhabe und damit die Entwicklungsspielräume bei den befragten Mädchen und Jungen unterschiedlich ausgeprägt sind. Während zwar für eine positive Selbstwahrnehmung bei beiden Geschlechtern v.a. die Selbstbehauptung, quasi entwicklungsgemäß, eine wichtige Rolle spielt, zeigen sich beispielsweise hinsichtlich eher negativer Selbstbildanteile doch erhebliche Unterschiede. Hier wirken sich möglicherweise stereotype Geschlechtsrollenerwartungen aus, die v.a. den schulischen Leistungsbereich unterschiedlich tangieren. Gerade für Jungen scheinen Unzufriedenheit mit den schulischen Leistungen mehr Stress und eingeschränktes Wohlbefinden zu bedeuten und einen negativen Selbstbezug nach sich zu ziehen, während bei den Mädchen der Leistungsaspekt der Beziehungsqualität zu den Lehrern untergeordnet scheint. Die Mädchen haben ohnehin etwas mehr Alternativen bei der Nutzung potenziell hilfreicher sozialer Beziehungen und können unterschiedliche Beziehungsquellen „anzapfen". Bei den Jungen hingegen scheint die Situation der Beziehungsgestaltung im Zuge der Aufenthaltsdauer uneindeutiger zu werden, gerade auch die Beziehung zu den Eltern.

Grundsätzlich kann man festhalten, dass sich der biografische Gesamtkontext der hier befragten Kinder und Jugendlichen als komplex darstellt. Sie haben zum einen eine komplizierte Vergangenheit, mit vielen Brüchen und Verlusten, aber auch Hoffnungen auf Neuanfang und Verbesserung der Lebenssituation. Belastet werden sie dabei oft von Ereignissen, die außerhalb ihres Einflussbereichs liegen (z.B. Arbeitslosigkeit, Ohnmacht und damit erlebte Depotenzierung der Eltern). Gerade der familiäre Bereich, der für ihr emotionales Gleichgewicht, für Gefühle von Zugehörigkeit und Identität von so hoher Bedeutung ist und somit eine der hauptsächlichen Ressourcen darstellt, erweist sich als nicht unbedingt verlässlich und stabil. Dies erhöht die potenzielle Vulnerabilität der Betroffenen, kann zu Kontroll- und Kompetenzverlust und Handlungsunfähigkeit führen. Andererseits ist bei den meisten von ihnen eine starke Überzeugung vorhanden, die eigene Zukunft gestalten zu können, v.a. mit Zielstrebigkeit, Leistungsbereitschaft, Wissen und kognitiver Kompetenz. Sie setzen somit allerdings auf Attribute, die gerade ihnen, mit ihren vergleichsweise problematischen Bildungschancen, nicht so ohne weiteres zugänglich sind. Trotzdem äußert sich in ihrer Zukunftssicht viel Lebenskraft und Optimismus. Im Rahmen „migrationssensibler" interkultureller Bildungsarbeit gilt es, dies als Ressource bei diesen Kindern und Jugendlichen wertzuschätzen und zu fördern.

Literatur

Bahlmann, Mechthild (2000): Aussiedlerkinder – ein (sonder-)pädagogisches Problem? Münster.

Berry, John W. (1997): Immigration, acculturation, and adaptation. In: Applied Psychology: An International Review 46. S. 5-68.

Bundesministerium für Familie, Senioren, Frauen und Jugend (Hrsg.) (2002): Elfter Kinder- und Jugendbericht. Bericht über die Lebenssituation junger Menschen und die Leistungen der Kinder- und Jugendhilfe in Deutschland. Bonn.

Bundesministerium des Inneren/Bundesministerium der Justiz (Hrsg.) (2001): Erster Periodischer Sicherheitsbericht der Bundesregierung (PSB). Bonn.

Dietz, Barbara/Roll, Heike (1998): Jugendliche Aussiedler – Portrait einer Zuwanderergeneration. Frankfurt a.M.

Geißler, Rainer (2002): Die Sozialstruktur Deutschlands. Wiesbaden.

Hamburger, Franz (2002): Migration und Jugendhilfe. In: Sozialpädagogisches Institut im SOS-Kinderdorf e.V. (Hrsg.): Migrantenkinder in der Jugendhilfe. München. S. 6-46.

Herwartz-Emden, Leonie/Westphal, Manuela (2000): Akkulturationsstrategien im Generationen- und Geschlechtervergleich bei eingewanderten Familien. In: Sachverständigenkommission 6. Familienbericht: Materialien zum 6. Familienbericht. Bd. 1. Familien ausländischer Herkunft. Empirische Beiträge zur Familienentwicklung und Akkulturation. Opladen. S. 229-271.

Kossolapow, Line (1987): Aussiedlerjugendliche. Ein Beitrag zur Integration Deutscher aus dem Osten. Weinheim.

Lohaus, Arnold/Fleer, Bernhard/Freytag, P./Klein-Heßling, Johannes (1996): Fragebogen zur Erhebung von stresserleben und Stressbewältigung im Kindesalter (SSK). Göttingen.

Lohaus, Arnold/Klein-Heßling, Johannes (2002): Zur situationalen Angemessenheit der Bewältigung von Alltagsbelastungen im Kindes- und Jugendalter. In: Kindheit und Entwicklung 11. S. 29-37.

Oswald, Wolf D./Roth, Erwin (1997): Zahlen-Verbindungs-Test (ZVT). Göttingen.

Roebers, Claudia M. (1997): Migrantenkinder im vereinten Deutschland. Eine Längsschnittstudie zu differentiellen Effekten von Persönlichkeitsmerkmalen auf den Akkulturationsprozeß von Schülern. Münster.

Schmitt-Rodermund, Eva/Silbereisen, Rainer (1999): Differentielle Akkulturation von Entwicklungsorientierungen unter jugendlichen Aussiedlern. In: Silbereisen, Rainer/Lantermann Ernst D./Schmitt-Rodermund, Eva (Hrsg.): Aussiedler in Deutschland. Akkulturation von Persönlichkeit und Verhalten. Opladen. S. 185-201.

Schmitt-Rodermund, Eva/Silbereisen, Rainer (2002): Akkulturation und Entwicklung: Jugendliche Immigranten. In: Oerter, Rolf/Montada, Leo (Hrsg.): Entwicklungspsychologie. Weinheim. S. 893-906.

Settertobulte, Wolfgang (2001): Gesundheitliche Lage und Risikoverhalten bei Jugendlichen aus Migrantenfamilien. In: Marschalck, Peter/Wiedl Karl H. (Hrsg.): Migration und Krankheit. IMIS-Schriften. Bd. 10. Osnabrück. S. 171-188.

Sozialpädagogisches Institut im SOS-Kinderdorf e.V. (Hrsg.) (2002): Migrantenkinder in der Jugendhilfe. München.

Strobl, Rainer/Kühnel, Wolfgang (2000): Dazugehörig und ausgegrenzt. Analysen zu Integrationschancen junger Aussiedler. Weinheim.

Teuber, Kristin (2002): Migrationssensibles Handeln in der Kinder- und Jugendhilfe. In: Sozialpädagogisches Institut im SOS-Kinderdorf e.V. (Hrsg.): Migrantenkinder in der Jugendhilfe. München. S. 75-134.

Werner, Emmy E. (1997): Gefährdete Kindheit in der Moderne: Protektive Faktoren. In: Vierteljahresschrift für Heilpädagogik und ihre Nachbargebiete 66. S. 192-203.

Die Autorin

Insa Fooken: Prof. Dr. phil., Dipl.-Psych, (*1947), seit 1993 Professorin für Psychologie mit dem Schwerpunkt Entwicklungspsychologie an der Universität Siegen.1967-72 Studium der Psychologie an der Universität Bonn. 1972-1976 psychologische und psychotherapeutische Tätigkeit im Bereich psychologischer Beratung. 1977-1980 Verwaltung einer wissenschaftlichen Assistentenstelle am Psychologischen Institut der Universität Bonn. Mitarbeit in einem gerontologischen Längsschnittprojekt. 1980 Promotion zum Thema „Frauen im Alter". 1980-1992 wissenschaftliche Angestellte an der Universität Bonn. Lehraufträge an der Universität Kassel.

Jüngere Publikationen: Fooken, I. (Hrsg.) (1994). Alter(n) – Umbruch und Kontinuität. Akzentsetzungen von Wissenschaftlerinnen. Siegener Studien, Bd. 55. Essen: Verlag Die Blaue Eule.; Fooken, I. & Lind, I. (1994). Vielfalt und Widersprüche weiblicher Lebensmuster. Frauen im Spiegel sozialwissenschaftlicher Forschung. Reihe Stiftung "Der Private Haushalt", Bd. 23. Frankfurt/M.: Campus Verlag.; Fooken, I. & Lind, I. (1997). Scheidung nach langjähriger Ehe im mittleren und höheren Erwachsenenalter. Schriftenreihe des Bundesministeriums für Familie, Senioren, Frauen und Jugend, Band 113. Stuttgart u.a.: Verlag W. Kohlhammer.; Fooken, I. (in Druck). Eros und Sexualität. In S.-H. Filipp & U.M. Staudinger (Hrsg.), Enzyklopädie der Psychologie. Band C/V/6. Entwicklungspsychologie des mittleren und höheren Erwachsenenalters .Göttingen: Verlag für Psychologie/Hogrefe.

Mediennutzung und Integration türkischer Migranten in Deutschland

Beate Schneider und Anne-Katrin Arnold

Ob Deutschland ein Einwanderungsland ist oder sein sollte, ist politisch umstritten. Die Zuwanderungspolitik gilt als hoch sensibles Thema, die öffentliche Diskussion wird eher von Emotionen als von sachlichen Argumenten und Einsichten bestimmt. Der Fokus der Auseinandersetzung scheint sich jedoch im Zusammenhang mit der Analyse der Ergebnisse der Pisa-Studie über die im internationalen Vergleich schwachen schulischen Leistungen von Kindern und Jugendlichen verschoben zu haben. In den Mittelpunkt rückten nun die dringenden Fragen nach notwendigen Leistungen und Fähigkeiten des deutschen Systems zur Integration von Migranten und deren Kindern (Spiewak 2003). Die moralische Frage danach, ob unsere Gesellschaft den Zuwanderern etwas schuldet, gewann politische Akzeptanz im Zusammenhang damit, dass es – allein schon aus Eigeninteresse – sinnvoll und gewinnbringend ist, ethnische Mehrheiten und Minderheiten erfolgreich und zum gegenseitigen Vorteil zu integrieren.

Im Rahmen der gesellschaftlichen Debatte um Zuwanderung und Integration spielt die Kommunikationswissenschaft eine eher marginale Rolle. Konjunktur hat die Disziplin allerdings dann, wenn die mediale Berichterstattung über erschreckende Übergriffe auf Migranten thematisiert wird. Dann beschäftigt sich die Medienforschung mit der Rolle der Medien bei der Integration von Migranten. Dabei wird die Forschung von zwei zentralen Perspektiven bestimmt. Weitaus am häufigsten geht es um die Darstellung von Ausländern in deutschen Massenmedien[1]. Solche „Medienbilder" – so die Prämisse – würden zu Bildern in den Köpfen der Mehrheitsgesellschaft und auf diesem Wege Vorurteile und soziale Distanzen schaffen, verändern oder abbauen (vgl. Esser 2000). Eine zweite, deutlich seltenere Herangehensweise widmet sich dem Zusammenhang zwischen individueller Mediennutzung und erfolgreicher Integration[2]. Dieser Ansatz geht von einer noch zu explizierenden Vermittlungsfunktion von Massenkommunikation aus, wobei Informationen über die jeweils andere ethno-kulturelle Gruppe verbreitet werden.

Dass Massenmedien eine wichtige Rolle für die Integration von Migranten spielen, scheint zumindest in der Kommunikationswissenschaft unumstritten, meist jedoch auf die Bedeutung der Darstellung von Ausländern in den Medien reduziert.

1 vgl. z. B. Geißler 1999; Merten 1987; Kühne-Scholand 1987; Ruhrmann & Nieland 2001; Brosius & Esser 1995; Funk & Weiss 1995.

2 So z. B. von Güntürk 1999; Bundespresseamt 2001; Hamburgische Anstalt für neue Medien 2001

Medien gelten als „Faktoren gesellschaftlicher Realität und gesellschaftlichen Wandels“, als „Hersteller und Lieferanten einer unter bestimmten Aspekten selektierten und interpretierten symbolischen Wirklichkeit“, „ihnen werden Leistungen ... für die Bewusstseinsbildung des Publikums und für die gesellschaftliche Konstruktion von Wirklichkeit unterstellt“ (Kühne-Scholand 1987: 79). Merten (1987: 76f) argumentiert, je fremder dem „deutschen Durchschnittsbürger“ eine Nation sei, je weniger er darüber wisse, je geringer der Kontakt mit Vertretern dieser Nation sei, desto mehr sei er auf die Medien angewiesen.

1. Das Verständnis von Integration und warum Medien dabei eine Rolle spielen

Die „schillernde Kategorie der Integration“ (Dörner 2000: 165) ist in der soziologischen Literatur umfassend beschrieben. Münch (1995: 5) versteht soziale Integration als einen „Zustand der Gesellschaft, in dem alle ihre Teile fest miteinander verbunden sind und eine nach außen abgrenzbare Ganzheit bilden“. Integriert ist eine Gesellschaft also dann, wenn ihre Mitglieder Vorstellungsmuster, Werte und Sinnperspektiven teilen (vgl. auch Kamps 1999). Dabei wird die soziale Integration von der Assimilation unterschieden. Letztere bezeichnet die Angleichung von Minderheiten an eine Mehrheit. Nach Pöttker (2003) ist in einer modernen pluralistischen Gesellschaft eine Angleichung lediglich hinsichtlich der Anerkennung der Menschenrechte und einiger elementarer Verfassungsgrundsätze notwendig; darüber hinaus können multikulturelle Gesellschaften über die Anerkennung von Unterschieden zusammengehalten werden. Geißler (2003: 21) illustriert eine normativ gelungene Integration am Beispiel Kanadas und den dort praktizierten Grundsätzen, die sich mit dem Schlagwort „Einheit-in-Verschiedenheit“ zusammenfassen lassen. Für ihn ist Integration eine „Mehrheit-Minderheiten-Wechselbeziehung(en) mit einem Kern von Anforderungen an beide Seiten“ (Geißler, 2003: 130) und nicht – wie in der aktuellen politischen Diskussion immer wieder postuliert – eine *einseitige*, von den Minderheiten zu erbringende Leistung.

Notwendige Voraussetzung für einen erfolgreichen Integrationsprozess ist eine Basis gemeinschaftlich geteilter Werte und Vorstellungen, die auf die Bedeutung der Medien und der Massenkommunikation verweist: Gemeinsame Werte, Sinnstrukturen und Identitätsmuster sind nur dann konstruierbar, wenn sie *kommuniziert* werden (Dörner 2000) – sie werden also durch Massenkommunikation gesellschaftsweit konstituiert. Der Beitrag der Massenmedien besteht dann darin, symbolische Gemeinschaften zu schaffen, in denen Vertreter der Minderheitsgesellschaften informativ gleichgestellt sind mit Angehörigen der Mehrheitsgesellschaft.

In modernen komplexen Gesellschaften können nur Massenmedien solche Symbole kommunizieren, denn politische, soziale, gesellschaftliche und wirtschaftliche Prozesse finden meist weit außerhalb der eigenen Lebenswelt statt und sind direkt nicht erfahrbar (vgl. u. a. Kepplinger 1998). Krotz (1999) folgert daraus: „In der Informationsgesellschaft findet Integration ... über das Kommunikationsinteresse und die Bereitschaft zur Kommunikation statt: ... integriert ist, wer sich für Kommunikation interessiert und dazu fähig und bereit ist.“ In diesem Zusammenhang bedeutet Integration nach Hasebrink (1999) die Herstellung von Beziehungen und gegenseitigen Kenntnissen zwischen den verschiedenen ethno-kulturellen Gruppen. Im Mittelpunkt steht die Frage, inwieweit Individuen und gesellschaftliche Teilgruppen durch mediale Vermittlung zu gemeinsamen Erfahrungen und gemeinsamen Themen gelangen, die einen gegenseitigen Bezug aufeinander erlauben und Grundlage von Interaktionen über die ethnischen Gruppen hinweg sind.

Esser (2000: 30) betont zwei integrative Funktionen der Massenkommunikation: Erstens der Erwerb sprachlicher/kommunikativer Kompetenzen und die damit verbundene Chance zur Aufnahme interethnischer Beziehungen und interethnischer Kommunikation und zweitens die massenmediale Beeinflussung der Aufnahmegesellschaft durch Abbau oder Veränderung von Vorurteilen und sozialen Distanzen. Beide Funktionen können aber nur dann erfüllt werden, wenn die Massenmedien Informationen, Wissensbestände und damit auch Werte und Sinnkontexte über die unterschiedlichen ethnischen Gruppen in einer Gesellschaft vermitteln.

2. Stand der Forschung

Dominante Forschungsfelder im Bereich „Integration und Medien“ sind die Darstellung von Minderheiten in der Berichterstattung, das spezifische Medienangebot, die Nutzung von Medien und der Zugang zu Redaktion und Produktion. Vor allem zur Berichterstattung liegen zahlreiche empirische Untersuchungen vor. Studien zum Zusammenhang zwischen Integration und Medien*nutzung* sind im Vergleich dazu eher selten und beschränken sich auf eine weitgehend deskriptive Darstellung des Medienangebots und der Mediennutzung ethnischer Minderheiten in Deutschland (vgl. Eckhardt 1987 & 2000; Güntürk 1999). Die wenigen Erhebungen der Mediennutzung im Kontext der Integration ethnischer Minderheiten explizieren jedoch kaum den Zusammenhang zwischen Nutzung und Integration (vgl. Bundespresseamt 2001).

Andere Länder haben eine längere und intensivere Forschungstradition. Dies liegt zum einen an dem im Vergleich zu Deutschland höheren Ausländeranteil und zum anderen an dem größeren Stellenwert, der dem Thema Ausländer und Integration vor allem im englischsprachigen Raum zugemessen wird. Studien zum Thema „Medien und Ausländer“ sind dort überwiegend dem Bereich der Cultural Studies zuzuordnen. Obwohl stark an Einzelfällen orientiert, liefern diese Studien einen guten Einblick in die Problemfelder der Thematik Ausländer, Integration und Medien.

Der Fokus dieser Studien liegt auf der Beziehung zwischen Medienkonsum und ethnischer Identität: Inwieweit tragen Medien zur Integration und zur Bildung ethnischer Identität bei bzw. inwiefern nutzen ethnische Minderheiten Medien, um sich zu integrieren, zu informieren oder um ihre ethnische Identität zu bewahren? Die große Zahl US-amerikanischer Studien, die ihren Forschungsschwerpunkt auf dem Potenzial von Medien zur Integration ethnischer Minderheiten haben, lässt sich aus der spezifischen Situation erklären: Die Vereinigten Staaten sind seit ihrem Bestehen eine Nation von Migranten gewesen. Diese verstehen sich eher nicht als Ausländer – und werden meist auch nicht als solche angesehen –, sondern als Amerikaner, die einer der zahlreichen ethnischen Minderheit angehören, z. B. den großen Gruppen der „Afro-Amerikaner", „Hispanics" und „Asian-Americans". Auch das Medienangebot für diese ethnischen Minderheiten ist mannigfaltiger als das Angebot für die in Deutschland lebenden Ausländer (vgl. Johnson 2000).

Die erste Welle der „Ethnische-Medien"-Forschung entstand während der Hochphase der Immigrationswelle in den zwanziger Jahren des letzten Jahrhunderts. Sie ging hauptsächlich von einem assimilativen Ansatz aus und wurde von der Chicago School begründet. Den Medien wurde dabei vorrangig eine heimatverbindende Funktion zugeschrieben. In den 60er Jahren sah die soziologische und kommunikationswissenschaftliche Forschung – beeinflusst durch die Civil Rights-Bewegung – das Konzept der Akkulturation[3] bestätigt. Man ging davon aus, dass ethnische Minderheiten die Mainstream-Medien vor allem nutzen, um Informationen über die dominante Kultur zu erhalten und sich so notwendige Eigenschaften der neuen Kultur anzueignen (z. B. Gordon 1964). Im Gegensatz dazu erfüllen ethnische Medien die Funktion der Unterhaltung und Entspannung. Außerdem wurde in ihnen eine Schutzfunktion gegenüber den assimilativen Kräften der dominanten Kultur gesehen (vgl. Johnson 2000).

Der jetzige Stand der Forschung weist zwar eine eindeutig pluralistische Orientierung auf, aber auch assimilative Funktionen der Medien werden beschrieben. Zum einen können ethnische Medien „pluralistische Gratifikationen" (vgl. Constantakis-Valdes 1992; Huntzicker 1995; Subervi-Velez et al. 1994) bieten. So erhalten und vermitteln sie die ethnische Kultur und Identität, indem sie in der jeweiligen Sprache kommunizieren und ethnische Werte vermitteln. Ethnische Medien können einer ethnischen Gruppe ein symbolisches Machtgefühl verleihen und mehrere Subgruppen zu einer Gruppe vereinigen. Die Artikulation von Gruppeninteressen wird erst durch ethnische Medien auf eine öffentlichkeitswirksame Basis gestellt. Assimilativ wirkt dagegen die Darstellung der ethnischen Minderheit im Kontext der westlichen Kultur.

3. Die türkische Minderheit und ihre Medien

Am Beispiel der in Deutschland lebenden türkischstämmigen Bürger soll eine Annäherung an die Funktion der Medien im Integrationsprozess versucht werden. Die Deutsch-Türken stellen die größte Ausländergruppe in Deutschland[4] dar und können

3 graduelle Adaption von Eigenschaften der Mehrheitskultur.

4 nach Angaben des Statistischen Bundesamtes lebten 2001 etwas mehr als 1,9 Millionen türkische Staatsbürger in Deutschland, das entspricht knapp 27 Prozent aller Ausländer.

auf ein relativ differenziertes Medienangebot zugreifen. Seit Einführung des Satelliten-Fernsehens sind die Türken in Deutschland umfassend mit medialen Angeboten vor allem aus dem Heimatland versorgt, dessen Spektrum breit und vielfältig ist.

Zu unterscheiden sind zum einen türkische Medienangebote, die überwiegend in der Türkei produziert und international verbreitet werden, und zum anderen deutsche Medienangebote, die in Deutschland für die türkischsprachige Minderheit hergestellt werden. Diese deutschen Angebote sind schnell vorgestellt: Die wenigen Versuche, deutsch-türkische Zeitungen bzw. Beilagen zu Zeitungen für ein ethnisch gemischtes Publikum herzustellen, sind aus Kostengründen nach kurzer Zeit wieder eingestellt worden[5]. Die in den 60er Jahren eingeführten öffentlich-rechtlichen Hörfunkprogramme für Gastarbeiter sind 2003 als Gemeinschaftsaufgabe der ARD aufgegeben worden, einige Landesrundfunkanstalten führen Ausländerprogramme im geringen Umfang weiter. Die „Vielfalt der Kulturen“ wird von zwei Angeboten programmatisch vertreten: „Radio multikulti“ vom Sender RBB und „Funkhaus Europa“ von WDR und Radio Bremen veranstaltet, senden für Hörerinnen und Hörer ausländischer Herkunft in ihrer jeweiligen Landessprache, darunter auch wenige Stunden pro Tag in Türkisch.

Türkische Medienangebote gibt es dagegen in großer Zahl. An den Kiosken werden neun Tageszeitungen und zwei Wochenzeitungen mit einem Deutschland- bzw. Europa-Teil in türkischer Sprache angeboten. Die türkischsprachigen Tageszeitungen erzielen in Deutschland insgesamt eine Auflage von über 250.000 Exemplaren (Bundesverband Deutscher Zeitungsverleger 2001). Am erfolgreichsten ist dabei die nach eigenen Angaben „liberal-konservativ-nationalistische“ Hürriyet (dt.: „Freiheit“), deren deutsche Ausgabe nach IVW-Statistik 2003 eine Auflage von mehr als 67.000 verkauften Exemplaren erreicht. In der Regel übernehmen die Redaktionen bei den in Deutschland erscheinenden, aber in der Türkei herausgegebenen Zeitungen den größten Teil der Türkei-Ausgaben; die auflagenstärkeren Zeitungen unterhalten eigene Redaktionen und ein Korrespondentennetz in Deutschland und berichten ausführlich für die Zielgruppe der Türken und Deutsch-Türken in Deutschland. Hürriyet veröffentlicht inzwischen sogar freitags einen mehrseitigen Teil in deutscher Sprache.

Das einzige von Türken in Deutschland produzierte türkische Radioprogramm (mittlerweile in deutschem Besitz) ist der private Sender „Radyo Metropol“ in Berlin. Ohne großen Aufwand sind allerdings eine Vielzahl türkischer Fernsehsender empfangbar. Momentan können über Satellit fünf analoge und siebzehn digitale türkische Fernsehprogramme empfangen werden. Zusätzlich ist das kostenpflichtige DigiTurk-Paket erhältlich, mit dem weitere 60 internationale Programme auf den Bildschirm gebracht werden. Der türkische (Staats-)Sender TRT International (TRT-Int) kann über das deutsche Kabelnetz empfangen werden.

Die Wirkung dieses weitgehend in der Türkei in türkischer Sprache produzierten Angebotes wird kontrovers diskutiert. Skeptiker befürchten eine massenmediale

5 z. B. die Beilage „Persembe“ der taz.

Isolation, eine Gettoisierung und die Bildung einer „türkischen Parallel- bzw. Konkurrenzgesellschaft“ (Becker 1996: 47). Der einfache Zugang zu ethnischen Medien ermögliche ein Verharren in binnenethnischen Beziehungen und ein Vermeiden interethnischer Kommunikation (Esser 2000), die Inhalte türkischer Medien verstärkten nationale, religiöse, kulturelle und soziale Einstellungen, wodurch eine Integration in die deutsche Gesellschaft erschwert werde (Güntürk 2000). Auf der anderen Seite wird argumentiert, eine durch die türkischen Medien verstärkte mögliche Abgrenzung gegenüber der Aufnahmegesellschaft sei positiv zu bewerten, denn auf diese Weise werde einer drohenden Assimilation entgegengewirkt (Hamburgische Anstalt für neue Medien 2001) – hinter dem Argument, fremdsprachige Medienangebote seien einer kulturellen Integration abträglich, stehe eine Gleichsetzung von Integration und Assimilation. Für das Fortbestehen sozialer (und auch ethnischer) Gruppen sei es elementar, sich gegenüber anderen Gruppen abgrenzen zu können (Welzer & Montau 1997). Im Übrigen gebe es von deutscher Seite zu wenig Angebote, die speziell an die Türken in Deutschland gerichtet seien, so dass auf türkische Medieninhalte zurückgegriffen werden müsse (Güntürk 1999).

4. Die Untersuchung des Zusammenhangs zwischen Integration und Mediennutzung

Im Rahmen eines Werkstattseminars am Institut für Journalistik und Kommunikationsforschung in Hannover wurde im Jahr 2002 der Versuch unternommen, durch ein breit angelegtes studentisches Forschungsprojekt den Zusammenhang zwischen Mediennutzung und Integration von Türken und Deutsch-Türken zu analysieren.

Da das Forschungsfeld bislang nur unzureichend bearbeitet ist, wurde für einen ersten Zugang zur Problematik eine explorative Vorstudie durchgeführt, bei der junge Türken und Deutsch-Türken in Hannover zu ihrem Lebensentwurf und ihrer Mediennutzung befragt wurden. Die zentrale Erhebung jedoch wurde über eine quantitative Befragung von drei verschiedenen Gruppen realisiert: Zum einen wurden türkischstämmige Hannoveraner schriftlich zu ihrer Mediennutzung und zu Indikatoren gesellschaftlicher und politischer Integration befragt. Zusätzlich und um der besonderen Rolle des Internet bei der Verbindung sozialer Gruppen Rechnung zu tragen, wurden Nutzer des (zweisprachigen) Internet-Ethnoportals „Turkdunya“ in die Untersuchung einbezogen. Die dritte – und am schwierigsten zu erreichende – Gruppe waren türkische und deutsch-türkische Journalisten in türkischen, deutschen und deutsch-türkischen Redaktionen in Deutschland.

Integration wurde über verschiedene Dimensionen operationalisiert, die sich bereits in früheren Erhebungen als nützlich erwiesen haben (z.B. Bundespresseamt 2001). Ausgangspunkt war dabei die Selbsteinschätzung der Sprachkompetenz. Auf der Ebene des Verhaltens ging es um Interaktion und Kommunikation mit dem sozialen Umfeld und eine Einschätzung der Wohnzufriedenheit. Einstellungen wurden zu Deutschland und zur Türkei im Vergleich, zur deutschen Politik und zum Zusammenleben von Türken und Deutschen erhoben. Das Interesse an kulturellen, sozialen und politischen Themen galt als ein Indikator für die (potenzielle) Teilnahme am öffentlichen Leben und die Integrationsbereitschaft.

Die methodischen Schwierigkeiten bei der Untersuchung ethnischer Minderheiten werden immer wieder beschrieben. So berichten auch die Forschergruppe um Weiß (Bundespresseamt 2001) und Eckhardt (2000) von erheblichen Hindernissen bei der methodischen Erfassung der Türken in Deutschland. Neben generellen Zugangsschwierigkeiten wirken sich besonders spezielle kulturelle Barrieren aus, die ein deutsches Forscherteam nur schwer überwinden kann, so z. B. die Zurückhaltung von Türken, Rekrutierungsanfragen eindeutig abzulehnen, sich der Teilnahme letztendlich aber doch zu entziehen oder die Tradition, dass Frauen in Gegenwart ihrer Männer keine Fragen von Fremden beantworten. Von vorneherein war absehbar, dass die Befragung von türkischen bzw. deutsch-türkischen Journalisten eine besondere Herausforderung darstellen würde: Journalisten beantworten ungern standardisierte Fragebögen und stehen im beruflichen Alltag unter großem Zeitdruck. Verschärft wurden diese Schwierigkeiten offensichtlich durch die besondere Situation von Journalisten, die für türkische Medien – vor allem türkische Zeitungen – arbeiten. Die redaktionelle Linie dieser Blätter, die mangelnde Unabhängigkeit der Berichterstattung und die politische Instrumentalisierung, sogar eine antideutsche Haltung und das Schüren von Ressentiments sind öffentlich immer wieder kritisiert worden. Die Bereitschaft von Redakteuren, Fragen etwa nach der Abhängigkeit von der türkischen Mutterredaktion einerseits oder der integrativen Leistung von Medien andererseits zu beantworten, war unter diesen Voraussetzungen offensichtlich deutlich geringer, als bei aller Skepsis zu erwarten war.

Die Basis der Teilstudien ist aufgrund dieser Schwierigkeiten eher klein: Der Rücklauf bei der schriftlichen Befragung betrug knapp 60 Prozent (239 von 400 ausgeteilten Fragebögen), 176 User des Internetportals nahmen an der Online-Befragung teil. Die Ausschöpfung bei den Journalisten belief sich auf magere 15 Prozent: Nur 25 Journalisten füllten den Fragebogen aus.

Im Folgenden konzentrieren wir uns auf die Darstellung ausgewählter Trends der schriftlichen Befragung in Hannover. Aufgrund der relativ problemlosen Erreichbarkeit von Türken und Deutsch-Türken in Schulen ist die Stichprobe sehr jung: Über die Hälfte der Befragten ist unter 20, ein gutes Fünftel 20 bis 30 Jahre alt, die höheren Altersgruppen sind entsprechend schwach, aber etwa gleich stark vertreten. Das Verhältnis zwischen Männern und Frauen ist ausgewogen, drei Viertel der Befragten haben die deutschsprachige Version des Fragebogens ausgefüllt, bei über 90 Prozent der Befragten sind beide Elternteile in der Türkei geboren.

Bei den Befragten zeigt sich eine deutliche und durchgehende Diskrepanz: Sie fühlen sich eher unsicher, fremd und von den Verhältnissen in Deutschland überfordert. Eher misstrauisch gegenüber dem politischen System in Deutschland, zeigen sie auch Unzufriedenheit gegenüber der aktuellen Politik. In ihrem sozialen und regionalen Umfeld allerdings fühlen sie sich sehr wohl, mit ihrem Leben in Deutschland sind sie zufrieden.

Der Zusammenhang zwischen Mediennutzung und Integration lässt sich am besten durch den Vergleich von drei verschiedenen Gruppen der Befragten verdeutlichen: Der größte und jüngste Teil der Befragten (51 Prozent) nutzt vorwiegend deutsche Medien, 12 Prozent nutzen überwiegend türkischsprachige Angebote und 37 Prozent der Befragten zeigen keine eindeutige Präferenz, sie nutzen deutsch- bzw. türkischsprachige Medien gleichermaßen.

Die Bindung an Deutschland ist bei denen, die bevorzugt deutschsprachige Medien nutzen, deutlich höher als bei den anderen Befragten; der Kontakt zur Türkei ist dagegen schwächer ausgeprägt. Auch diese Gruppe allerdings ist der Auffassung, die Meinung der Deutschen über die Türken sei eher negativ, sie hielten vor allem die türkische Kultur nicht für eine Bereicherung für Deutschland. Diese Skepsis führt allerdings nicht zu einer Abschottung: Die Gruppe verfügt über zahlreiche soziale Kontakte zu Deutschen, Deutsch ist sogar die dominante Alltagssprache. Wer bevorzugt deutsche Medien nutzt, befürwortet mehrheitlich ein Integrationsverständnis, das auf einem gegenseitigen Miteinander auf der Basis einiger gemeinsamer Werte und Vorstellungen beruht, aber von einer Assimilation der Kulturen weit entfernt ist.

Die Befragten, die Medien sowohl auf Deutsch als auch auf Türkisch nutzen, sind im Vergleich dazu deutlich schwächer integriert. Ihre Bindung an die Türkei ist die höchste aller drei Gruppen, auch der Kontakt zum Heimatland ist hier am ausgeprägtesten. Obwohl das soziale Umfeld zweisprachig ist, wird eine Tendenz zur Assimilation deutlich – die Befragten befürworten in der Mehrheit die Forderung, Türken in Deutschland sollten sich der Kultur der Aufnahmegesellschaft anpassen.

Am niedrigsten ist der Integrationsgrad der Befragten, die Medien vorwiegend auf Türkisch nutzen. Ihre sozialen Kontakte sind überwiegend auf Türken ausgerichtet, die Kommunikation findet überwiegend auf Türkisch statt. Alles deutet darauf hin, dass mangelnde Sprachkompetenz eine zentrale Ursache für die schwach ausgeprägte Nutzung deutscher Medien ist. Diese Gruppe – zum größten Teil Angehörige der ersten Generation – tendiert zum Separatismus: Mehr als die anderen Gruppen sind sie der Meinung, Türken sollten in Deutschland unter sich bleiben.

Die detaillierte Analyse zeigt allerdings, dass die Mediennutzung der Befragten besser durch das Alter als durch den Integrationsgrad erklärt werden kann. Dieser Befund wird auch durch die Vorliebe für bestimmte Medienangebote verdeutlicht. Die jungen Nutzer deutschsprachiger Medien bevorzugen Videos, DVDs und Tonträger; Fernsehen und Zeitungen spielen eine geringere Rolle. Die Befragten mit etwa gleichrangiger Nutzung deutscher und türkischer Medien und einem mittlerem Integrationsgrad sind auch mittleren Alters; sie haben eine Präferenz für Radio und Zeitschriften, das beliebteste Medium ist allerdings das Fernsehen. Auffällig ist ihre Neigung zu unterhaltenden Angeboten, die TV-Sender RTL und RTL2 führen die Fernseh-Hitliste an. Dennoch ist hier auch die Zeitungsnutzung ausgeprägt, Hürriyet liegt vorn, danach folgen aber schon deutsche Anzeigenblätter, Regionalzeitungen und „Bild“. Wer vorrangig türkische Medien nutzt – und das ist die älteste Gruppe der Befragten – schaut besonders viel fern: Die durchschnittliche Nutzungsdauer liegt mit 240 Minuten pro Tag weit über dem Durchschnitt von 180 Minuten[6]. Allerdings wird auch viel (türkische) Tageszeitung gelesen.

Die Radionutzung ist bei der türkischen Minderheit auffallend schwach ausgeprägt. Nur 63 Prozent der Befragten hören überhaupt Radio, die durchschnittlich Nutzungsdauer der Befragten liegt bei 109 Minuten pro Tag. Meist werden deutschsprachige Sender genutzt – angesichts der Tatsache, dass es außerhalb von Berlin keinen terrestrisch verbreiteten türkischen Radiosender gibt, ist das kein überraschendes Ergebnis.

Weitere Hinweise über den Zusammenhang von Mediennutzung und Integration geben die Nutzungsmotive. Bei den Programmen des deutschen Fernsehens suchen die eher gut integrierten jungen Befragten vor allem Informationen über Vorgänge des öffentlichen Lebens, Orientierung im Alltag und die Möglichkeit zur Anschlusskommunikation. Türkisches Fernsehen bringt die Familie vor dem Fernseher zusammen und erinnert an das Heimatland. Die in mittlerem und niedrigem Maße integrierten Befragten sehen deutsche TV-Angebote, um sich zu informieren, alle anderen Funktionen – wie z. B. Amüsement, Nostalgie, Stoff zum Nachdenken und Diskutieren zu finden – erfüllen für sie die türkischen Programme weitaus besser. Die Vorliebe für bestimmte Medienangebote hängt dabei mit dem Integrationsgrad zusammen: Vorwiegend unterhaltungsorientierte Rezipienten sind insgesamt weniger gut integriert als informationsorientierte Befragte, die aufgrund ihres Interesses an Nachrichten auch deutlich besser über aktuelle politische, soziale und wirtschaftliche Prozesse in Deutschland auf dem Laufenden sind.

Betrachtet man die unterschiedlichen Einstellungen der Befragten zum Zusammenleben der beiden kulturellen Gruppen in Deutschland, dann werden weitere Zusammenhänge mit der Nutzung spezifischer Medien deutlich. Eine intensive Zeitungsnutzung ist bei den Befragten festzustellen, die sich in unserer Gesellschaft nicht fremd und orientierungslos, sondern wohl und geborgen fühlen. Die Leser der Deutschlandausgabe der Zeitung Dünya vertreten hinsichtlich des Zusammenlebens von Türken und Deutschen ein multikulturelles Integrationsverständnis – das gilt auch für die Leser deutscher Zeitungen und für die Befragten, die gern Bücher lesen. Eine assimilative Einstellung dagegen – also die Meinung, die Türken sollten sich den Deutschen anpassen – ist bei Lesern der Türkiye und bei RTL-Zuschauern nachweisbar. Wer Hürriyet liest oder oft die türkischen Fernsehsender TRT-International und TGRT sieht, befürwortet häufiger ein separatistisches Konzept. Generell steht ein unterhaltungsorientierter Medienkonsum in positivem Zusammenhang mit einer solchen separatistischen Haltung.

Eine Prüfung der Zusammenhänge führt allerdings zu dem ernüchternden Ergebnis, dass die Mediennutzung die Integration und selbst das Wissen über Deutschland nicht stark beeinflusst. Zwar gilt: Wer häufig deutsche Medien rezipiert, interessiert sich auch am meisten für Deutschland und kann auch als besser integriert bezeichnet werden. Dennoch spielen andere Faktoren für die Integration eine wichtigere Rolle –

6 180 Minuten Sehdauer pro Tag entsprechen in etwa auch dem Durchschnitt der Sehdauer der Deutschen, vgl. Media Perspektiven 2002.

ein Ergebnis, zu dem auch Weiß und seine Kollegen kommen (Bundespresseamt 2001). Insbesondere das Alter der Befragten und das Geburtsland, Türkei oder Deutschland, haben einen weit stärkeren Einfluss auf die Integration.

Wenn auch von nachrangiger Bedeutung: Massenmedien spielen eine Rolle im Integrationsprozess. Das Interesse für Themen des Alltagslebens der Türken in Deutschland – Arbeitslosigkeit, der Streit ums Zuwanderungsgesetz etc. – ist hoch und kann nach Einschätzung der Befragten am besten über deutsche Medien befriedigt werden. Dieser Befund gilt über alle Gruppen hinweg. Ein weiterer Aspekt spricht für eine medial unterstützende Funktion: Befragte, die weit überwiegend deutsche Medien nutzen und diejenigen, die sich hauptsächlich auf türkische Angebote beschränken, fühlen sich eher schlecht informiert. Die Befragten jedoch, die sich beiden Medienangeboten gleichermaßen zuwenden, empfinden kein Informationsdefizit: Umfassende Wissensvermittlung als Voraussetzung für eine gemeinsame Werte- und Sinnbasis funktioniert demnach am besten über eine komplementäre Nutzung beider Medien.

Auf der anderen Seite verweist dieser Befund auf Defizite in der Medienberichterstattung, die hier allerdings nicht analysiert werden konnten. Die Ergebnisse aus der Kommunikatorenstudie können jedoch zur Interpretation herangezogen werden. Die türkischen und deutsch-türkischen Journalisten in Deutschland legen bei der Themenselektion den Schwerpunkt explizit auf Ereignisse mit starkem Bezug auf die Türkei oder zumindest auf Ereignisse, die beide Länder betreffen. Deutsche Themen im engeren Sinne werden selbst von türkischen Kolleginnen und Kollegen in deutschen Redaktionen weniger beachtet. Hier findet sich ein Hinweis auf den von Güntürk (1999) befürchteten einseitigen Informationsfluss in türkischen Medien, der die Informations- und Wissensvermittlung über die Grenzen der ethnischen Gruppe hinweg einschränkt.

Die durchweg als gut integriert zu bezeichnenden türkischen Journalistinnen und Journalisten bekannten sich überwiegend zu integrationsfördernden Absichten in ihrer Berichterstattung, plädierten dabei aber für die Erhaltung einer eigenständigen türkischen Kultur und für ein Zusammenleben als ergänzendes Miteinander. Selbstbewusst sind sie der Überzeugung, mit ihrer Arbeit das Zusammenleben der Türken und Deutschen – in welche Richtung auch immer – beeinflussen zu können, wobei sie sich in ihrem beruflichen Selbstverständnis weitestgehend als neutrale Berichterstatter sehen. Allerdings macht es einen entscheidenden Unterschied, für wen die Journalisten arbeiten: Türkische Journalisten in türkischen Redaktionen (in unserer Stichprobe ausschließlich Männer) zeigen im Vergleich zu ihren Kollegen und Kolleginnen in Redaktionen deutscher Medien deutlich separatistischere Einstellungen, die sich in ihren Antworten zur Akkulturation, in ihrem Themeninteresse und Aufgabenverständnis widerspiegeln.

5. Fazit

Unsere Studien haben nur begrenzte Aussagekraft. Die nicht repräsentative Stichprobe, die ungleiche Altersverteilung, die lokale Beschränkung und die Vorgehensweise bei der Rekrutierung lassen eine Verallgemeinerung der Ergebnisse nicht zu. Die Befunde sind nur als Tendenzen zu interpretieren.

Alter und Sozialisation in Deutschland haben im Integrationsprozess das weitaus größte Gewicht. Aber Medien sind eine einflussreiche Sozialisationsinstanz: Junge Menschen, die in Deutschland aufwachsen – und, so unsere Ergebnisse, vorwiegend deutsche Medien nutzen – sind besser integriert als ihre Landsleute, die in späteren Jahren zugewandert sind. Ein solcher Langzeiteffekt der Sozialisation ist mit punktueller empirischer Forschung kaum zu erfassen. Unsere Befunde deuten aber auf einen solchen Effekt hin.

Medien sind Schlüsselinstanzen zur Vermittlung von Wissen über die jeweils andere ethno-kulturelle Gruppe. Befragte mit einem hohen Interesse an aktuellen deutschen Themen weisen den höchsten Integrationsgrad auf – und dieses Interesse befriedigen sie durch die Rezeption deutscher Medien. Der Informationsfluss von der Mehrheits- in die Minderheitskultur funktioniert für diese Gruppe – aber nur für diese und nur in dieser Richtung. Die Wissensvermittlungsfunktion der Medien mag zwar hinter der Bedeutung sozio-struktureller Aspekte zurücktreten, sie ist dennoch ein essenzieller Aspekt bei der Schaffung einer gemeinsamen Grundlage an Werten und Sinnvorstellungen.

Auch wenn wir eher schwache Hinweise dafür gefunden haben, dass die Mediennutzung die Integration der türkischen Minderheit in Deutschland erklären kann, soll die Darstellung doch als Anreiz dienen, die Fragestellung systematisch zu erforschen. Eine Vielzahl an Datensätzen auch für Sekundäranalysen stünde dafür zur Verfügung. Die überwiegend öffentlich finanzierten Studien zum Themenkomplex „Ausländer in Deutschland" integrieren inzwischen Fragen zur Mediennutzung. Das gilt sowohl für die Repräsentativstudie zur „Situation der ausländischen Arbeitnehmer und ihrer Familienangehörigen in der Bundesrepublik Deutschland" des Bundesministeriums für Arbeit und Sozialordnung[7] wie für die Repräsentativumfrage zur „Lebenssituation türkischer Berliner und Berlinerinnen" der Ausländerbeauftragten des Senats von Berlin. Der Zusammenhang zwischen Mediennutzung und Integration hat sich als Forschungsperspektive offensichtlich behauptet und ist schließlich auch in der Auftragsstudie des Presse- und Informationsamtes der Bundesregierung „Mediennutzung und Integration der türkischen Bevölkerung in Deutschland" umgesetzt worden. Viele Fragen sind dennoch offen geblieben.

Dass auch die Türken selbst Integration und Mediennutzung verbinden, zeigt eine umfangreiche Dokumentation der Botschaft der Republik Türkei in Berlin. In der Absicht, „verschiedene Ansichten ... über die Integration der in Deutschland leben-

---

7 durchgeführt von Marplan/Offenbach in Zusammenarbeit mit polis – Gesellschaft für Politik und Sozialforschung mbH/München.

den Türken" richtig zu stellen, greift die Studie schon in der Einleitung die aus ihrer Sicht image- und integrationsschädigende und unter Deutschen verbreitete Behauptung auf, „die große Mehrheit der Türken beherrsche nur die türkische Sprache, ... sie läsen nur türkische Zeitungen, sie sähen zum größten Teil nur türkisches Fernsehen" (Botschaft der Republik Türkei in Berlin 2002). Wie wir wissen, stimmt das nicht – aber wir können auch immer noch nicht die Frage beantworten, ob sie deswegen schon als gut integriert betrachtet werden dürfen.

Literatur

Becker, Jorg (1996): Zwischen Integration und Dissoziation: Türkische Medienkultur in Deutschland. In: Aus Politik und Zeitgeschichte. B 44-45. S. 39-47.

Botschaft der Republik Türkei in Berlin (2002): Zur Integration der Türken in Deutschland. Allgemeine Behauptungen und Ergebnisse von Studien. Berlin.

Brosius, Hans-Bernd/Esser, Frank (1995): Eskalation durch Berichterstattung? Massenmedien und fremdenfeindliche Gewalt. Opladen.

Bundespresseamt (2001): Mediennutzung und Integration der türkischen Bevölkerung in Deutschland. Berlin.

Bundesverband Deutscher Zeitungsverleger (2001): Zeitungen 2001. Berlin.

Constantakis-Valdes, Patricia (1992): Toward a theory „immigrant" and „ethnic" media: The case of Spanish-language television. Paper presented at the annual convention of the International Communication Association. Miami, FL.

Dörner, Andreas (2000): Das Kino als politische Integrationsagentur. Afro-amerikanische Identitätsangebote im Hollywood-Film der 90er Jahre. In: Schatz, Heribert/Holtz-Bacha, Christina/Nieland, Jörg-Uwe (Hrsg.): Migranten und Medien. Neue Herausforderungen an die Integrationsfunktion von Presse und Rundfunk. Wiesbaden. S. 164-178.

Eckhardt, Josef (1987): Ausländer als Zielgruppe der Massenmedien. In: Bundeszentrale für politische Bildung (Hrsg.): Ausländer und Massenmedien. Bestandsaufnahme und Perspektiven. Bonn.

Eckhardt, Josef (2000) Mediennutzungsverhalten von Ausländern in Deutschland. In: Schatz, Heribert/Holtz-Bacha, Christina & Nieland, Jörg-Uwe (Hrsg.): Migranten und Medien. Neue Herausforderungen an die Integrationsfunktion von Presse und Rundfunk. Wiesbaden. S. 265-271.

Esser, Hartmut (2000): Assimilation, Integration und ethnische Konflikte. Können sie durch „Kommunikation" beeinflusst werden? In: Schatz, Heribert/Holtz-Bacha, Christina & Nieland, Jörg-Uwe (Hrsg.): Migranten und Medien. Neue Herausforderungen an die Integrationsfunktion von Presse und Rundfunk. Wiesbaden. S. 25-37.

Funk, Peter/Weiss, Hans-Peter (1995): Ausländer als Medienproblem? Thematisierungseffekte der Medienberichterstattung über Ausländer, Asyl und Rechtsextremismus in Deutschland. Media Perspektiven. 1. S. 21-29.

Geißler, Rainer (1999): Der bedrohliche Ausländer. Zum Zerrbild ethnischer Minderheiten in Medien und Öffentlichkeit. In: Ottersbach, Markus/Trautmann Sebastian.K. (Hrsg.): Integration durch soziale Kontrolle. Zur Kriminalität und Kriminalisierung allochthoner Jugendlicher. Köln. S. 23-37.

Geißler, Rainer (2003): Multikulturalismus in Kanada – Modell für Deutschland? In: Aus Politik und Zeitgeschichte. B 26. S. 19-25.

Gordon, Milton M. (1964): Assimilation in American life: The role of race, religion, and national origins. New York.

Güntürk, Reyhan (1999): Mediennutzung der Migranten – mediale Isolation? In: Butterwegge, Christoph/Hentges, Gudrun/Sarigöz, Fatma (Hrsg.): Medien und multikulturelle Gesellschaft. Opladen. S. 136-143.

Güntürk, Reyhan (2000): Mediennutzung der türkischen Migranten. In: Schatz, Heribert/Holtz-Bacha, Christina/Nieland, Jörg-Uwe (Hrsg.): Migranten und Medien. Neue Herausforderungen an die Integrationsfunktion von Presse und Rundfunk. Wiesbaden. S. 272-280.

Hamburgische Anstalt für neue Medien (Hrsg.)(2001): Medien, Migration, Integration. Elektronische Massenmedien und die Grenzen kultureller Identität. Berlin.

Hasebrink, Uwe (1999): Woran lassen sich Individualisierung und Integration in der Medienrezeption erkennen? In: Hasebrink, Uwe/Rössler, Patrick (Hrsg.): Publikumsbindungen. Medienrezeption zwischen Individualisierung und Integration. München. S. 57-72.

Huntzicker, William E. (1995): Chinese-American newspapers. In: Hutton, Frankie/Straus Reed, Barbara (Hrsg.): Outsiders in 19th-century press history: Multicultural perspectives. pp. 71-92. Bowling Green, OH.

Johnson, Melissa A. (2000): How ethnic are U.S. ethnic media? The case of Latina magazines. Mass Communication & Society. 3 (2 & 3). S. 229-248.

Kamps, Klaus (1999): Individualisierung und Integration durch das Netz? Der Grenznutzen des Internet für die politische Partizipation. In: Hasebrink, Uwe & Rössler, Patrick (Hrsg.): Publikumsbindungen. Medienrezeption zwischen Individualisierung und Integration. München. S. 21-40.
Kepplinger, Hans-Mathias (1998): Die Demontage der Politik in der Informationsgesellschaft. Freiburg.
Krotz, Friedrich (1999): Individualisierung und das Internet. In: Latzer, Michael/Maier-Rabler, Ursula/Siegert, Gabriele/Steinmaurer, Thomas (Hrsg.): Die Zukunft der Kommunikation. Phänomene und Trends in der Informationsgesellschaft. Innsbruck. S. 347-36.
Kühne-Scholand, Hildegard (1987): Die Darstellung der Ausländer im deutschen Fernsehen. Ergebnisse einer inhaltsanalytischen Untersuchung. In: Bundeszentrale für politische Bildung (Hrsg.): Ausländer und Massenmedien. Bestandsaufnahmen und Perspektiven. Bonn. S. 79-84.
Lomelí, Francisco/Jimenez, Alfredo (Hrsg.) (1993): Handbook of Hispanic cultures in the United States. Sociology. Houston, TX.
Media Perspektiven (2002): Basisdaten. Daten zur Mediensituation in Deutschland 2002. Frankfurt a.M.
Merten, Klaus (1987): Das Bild der Ausländer in der deutschen Presse. In: Bundeszentrale für politische Bildung (Hrsg.): Ausländer und Massenmedien. Bestandsaufnahmen und Perspektiven. Bonn. S. 69-78.
Münch, Richard (1995): Elemente einer Theorie der Integration moderner Gesellschaften. Eine Bestandsaufnahme. Berliner Journal für Soziologie. 5 (1). S.5-25.
Pöttker, Horst (2003): Diversity. Zugang ethnischer Minderheiten zur Massenkommunikation in den klassischen Einwanderungsländern Nordamerikas. Vortrag.
Ruhrmann, Georg/Nieland, Jörg-Uwe (2001): Integration durch Medien? Zur Berichterstattung über Migranten in Deutschland. Befunde und Perspektiven der Kommunikationsforschung. In: Hamburgische Anstalt für neue Medien (Hrsg.): Medien, Migration, Integration. Elektronische Massenmedien und die Grenzen kultureller Identität. Berlin. S. 111-124.
Spiewak, Martin (2003): Spitzenreiter im Scheitern. Türkische Kinder versagen, weil sie in der Schule zu wenig gefördert werden – und den Eltern Bildung nicht wichtig ist. In: Die Zeit.. 27.02.2003. S. 16.
Welzer, Harald/Montau, Robert (1997): Das Fallen der Grenzen. Figurationstheoretische Überlegungen zur Wiedervereinigung, zu Fremdenfeindlichkeit und Gewalt. In: Geiling, Heiko (Hrsg.): Integration und Ausgrenzung. Hannoversche Forschungen zum gesellschaftlichen Strukturwandel. Hannover. S. 69-82.

Die Autorinnen

Schneider, Beate, Prof. Dr. phil., (*1947); seit 1985 Professorin für Journalistik, seit 1993 Professorin für Medienwissenschaft am Institut für Journalistik und Kommunikationsforschung der Hochschule für Musik und Theater Hannover. 1973-1977 Referentin im Planungsstab der Universität Hamburg, 1977-1985 wissenschaftliche Mitarbeiterin im Fachbereich Wirtschafts- und Organisationswissenschaften der Universität der Bundeswehr, Hamburg.

Publikationen u.a.: Journalismus in den neuen Ländern. Ein Berufsstand zwischen Aufbruch und Abwicklung. Medien und Märkte, Bd. 3, Konstanz 1994 (hrsg. zusammen mit Frank Böckelmann und Claudia Mast); Wenn das Blatt sich wendet. Die Tagespresse in den neuen Bundesländern. Baden-Baden: Nomos (zusammen mit Dieter Stürzebecher) 1999; Lokale Kommunikation in Ostdeutschland. Konstanz 2000 (zusammen mit Wiebke Möhring und Dieter Stürzebecher,) 2000; Controlling-Praxis in Medienunternehmen. Kriftel 2000 (hrsg. mit Silvia Knobloch).

Arnold, Anne-Katrin, Dipl.-Medienwissenschaftlerin, (*1978); 1997-2003 Studium der Medienwissenschaften in Hannover und London, 1994-2001 freie Journalistin für Radio und Zeitung, seit 2003 wissenschaftliche Mitarbeiterin am Institut f. Journalistik & Kommunikationsforschung der Hochschule für Musik und Theater Hannover. Forschungsschwerpunkte: Soziales Kapital, Zivilgesellschaft und soziale Netzwerke.
Publikationen u.a.: (mit Beate Schneider) Das soziale Kapital in unserer Gesellschaft. Forschungsberichte für die Landesregierungen Niedersachsen und Sachsen-Anhalt. Hannover, 2003.

Anhang

Vita von Professor Dr. phil.-hist. Rainer Geißler

Akademische Ausbildung

1959	Abitur, Max-Planck-Gymnasium in Kiel (sprachlicher Zweig)
1959-1960	18 Monate Wehrdienst
1960-1967	Studium der Geschichte und Romanistik an den Universitäten Kiel, Freiburg i.Br. und Pau (Frankreich)
1961-1962	12 Monate Assistant Allemand und Lektor an Gymnasien und Universität von Pau (Frankreich)
1967	wissenschaftliche Prüfung für das Lehramt an Gymnasien in den Fächern Geschichte und Französisch an der Universität Kiel (Prädikat „mit Auszeichnung“)
1967-1968	Studium der Soziologie als Landestipendiat an der Universität Kiel
1969	Erweiterungsprüfung für das Lehramt an Gymnasien im Fach Soziologie an der Universität Kiel (Prädikat: „sehr gut“)
1971	Promotion an der Universität Basel mit einer soziologischen Dissertation zum Thema „Massenmedien, Basiskommunikation und Demokratie“ (Prädikat: „summa cum laude“ – Die Buchform (1973) wurde aufgenommen in die „Schlüsselwerke für die Kommunikationswissenschaft“, hg. von C. Holtz-Bacha/A. Kutsch, Wiesbaden 2002)

Berufliche Tätigkeiten

1968-1969	Lehrtätigkeit an einem Gymnasium in Basel
1969-1975	Berater bei der PROGNOS AG in Basel
1968-1975	Wissenschaftlicher Assistent am Soziologischen Seminar der Universität Basel (1968-1969 Halbtagsassistent)
1975-1981	Professor (C 3) für Soziologie mit dem Schwerpunkt Erziehungssoziologie im Fachbereich Pädagogik der Bundeswehruniversität Hamburg
seit 1981	Professor (C 4) für Soziologie an der Universität Siegen
1996-1997	Gastprofessor in der University of British Columbia in Vancouver

Forschungsschwerpunkte

Sozialstrukturanalyse:	soziale Ungleichheit (Schichten, Gender, ethnische Gruppen), Klassengesellschaft im Wandel, Ost-West-Vergleich
Bildungssoziologie:	soziale Auslese im Bildungssystem
Sozialisationsforschung:	politische Sozialisation, Sozialisation durch Massenmedien
ethnische Minderheiten:	Soziallage, Integrationsprobleme, kanadischer Multikulturalismus
Soziologie der Massenkommunikation:	politische Kommunikation, Medien und ethnische Minderheiten

Regelmäßige Lehrtätigkeit

- Sozialstrukturanalyse/soziale Ungleichheit
- Bildungssoziologie/Sozialisation
- Migration und Integration von Migranten
- Soziologie des abweichenden Verhaltens

Forschungsprojekte (Drittmittelprojekte)

1989-1997	Die Entwicklung der Fernsehnachrichtensendungen in den USA, der Bundesrepublik Deutschland und der DDR (1989-1991 Leitung mit Prof. Dr. Christian W. Thomsen, 1992-1994 Leitung Geißler, 1995-1997 Leitung mit Prof. Dr. Peter Ludes) im Rahmen des DFG-Sonderforschungsbereichs 240 „Bildschirmmedien" an der Universität Siegen
1998-1999	Umbrüche der Medieninformation in den USA und in der Bundesrepublik Deutschland (Leitung mit Prof. Dr. Peter Ludes) im Rahmen des DFG-Forschungskollegs „Medienumbrüche" an der Universität Siegen
2002-2005	Mediale Integration von ethnischen Minderheiten – ein Vergleich von USA, Kanada und Deutschland (Leitung mit Prof. Dr. Horst Pöttker, Universität Dortmund)

Gremien und Selbstverwaltung

1983-1985	Prodekan des Fachbereichs 1 (Sozialwissenschaften – Philosophie – Theologie – Geschichte – Geographie)
1985-1987 und 1987-1989	Dekan des Fachbereichs 1
seit 1997	Mitglied des Senats der Universität Siegen
seit 1999	Mitglied des Forschungsinstituts für Geistes- und Sozialwissenschaften (figs) der Universität Siegen. (2001-2002 Geschäftsführender Direktor)

Mitgliedschaften

Deutsche Gesellschaft für Soziologie (DGS); seit 1997 Mitglied des Konzils; Sektion Soziale Ungleichheit und Sozialstrukturanalyse, Gründungsmitglied, seit 1992 Mitglied des Sektionsvorstandes; Sektion Bildung und Erziehung; Sektion Migration und ethnische Minderheiten; Sektion Medien- und Kommunikationssoziologie

Deutsche Gesellschaft für Erziehungswissenschaft (DGfE); Sektion International und Interkulturell vergleichende Erziehungswissenschaft

Deutsche Gesellschaft für Publizistik- und Kommunikationswissenschaft (DGPuK); Sektion Mediensoziologie

Schweizerische Gesellschaft für Soziologie (SGS)

International Society for Polical Psychology (ISPP)

Beirats- und Herausgebertätigkeit

seit 1997 Mitherausgeber der „Siegener Beiträge zur Soziologie“
seit 1988 Editorial Consultant von „Politics, Groups and the Individual. International Journal of Political Psychology and Political Socialization“

Tagungen und Kongresse

Mitveranstalter von zahlreichen Tagungen der Deutschen Gesellschaft für Soziologie, insbes. im Rahmen der Vorstandsarbeit in der Sektion „Soziale Ungleichheit und Sozialstrukturanalyse“ – dabei auch häufig Diskussionsleitung (Chair)
Beteiligung an Internationalen Kongressen (Chair)
2000 26. New Hampshire Symposium in Conway
1997 Elias Symposium an der University of British Columbia in Vancouver
1995 21. New Hampshire Symposium in Conway

Gutachter- und Evaluationstätigkeit

Volkswagen-Stiftung (Einzelanträge)
Alexander von Humboldt-Stiftung (Einzelanträge, Preise)
seit 1998 Mitglied der Jury des Fritz-Thyssen-Preises (für die besten sozialwissenschaftlichen Aufsätze)
Kölner Zeitschrift für Soziologie und Sozialpsychologie (KZFSS)
Zeitschrift für Soziologie (ZfS)
Fachexperte bei der Evaluation der schweizerischen Fachhochschulen (Swiss Peer Review 2001 und 2003)

Schriften von Rainer Geißler (ohne Miszellen und Rezensionen)

1971

Politische Basiskommunikation bei Rousseau. Der Rousseau-Mythos oder von der Unaufgeklärtheit moderner Aufklärer. In: SSIP-Mitteilungen 28-29 (1971), S. 43-48.

1972

Sexualität und Gesellschaft. Soziologische Aspekte der Sexualerziehung in der Schule. In: René Amman (Hrsg.): Sexualerziehung in der Schule. Bern 1972, S. 83-100.

Politische Meinungsführer. Begriffe und Theorieansätze. In: Soziale Welt 23 (1972), S. 482-496.

Massenmedien und Bildungschancen. Vortrag zum Tag der wissenschaftlichen Begegnung an der Universität Basel. Basel 1972. Vervielf. Manuskript, teilweise veröffentlicht unter dem Titel "Problematische TV-Schule". In: Basler National-Zeitung Nr. 443 (2.12.72).

Hypothesen zur Wirkung von Massenmedien in der politischen Kommunikation. In: Paul Trappe (Hrsg.): Partizipation und Abstinenz. Eine Untersuchung zum Verhalten der Stimmbürger im Kanton Basel-Landschaft. Vervielf. Manuskript Basel 1972, Bd. I, S. 123-148.

Politische Kommunikation. In: Paul Trappe (Hrsg.): a.a.O., Bd. II, S. 75-137.

1973

Massenmedien, Basiskommunikation und Demokratie. Ansätze zu einer normativ-empirischen Theorie. Tübingen: Mohr & Siebeck 1973. 238 Seiten.

Soziologische Historie und historische Soziologie. Gedanken zu einem modernen Gegenwartskundeunterricht. In: Geschichte in Wissenschaft und Unterricht 24 (1973), S. 65-87.

Politische Meinungsführer und Demokratie. In: Schweizerisches Jahrbuch für Politische Wissenschaft 13 (1973), S. 67-86.

Politische Bewußtseinsbildung durch Massenmedien. Zur Rolle der Massenmedien in der politischen Sozialisation. In: Vorgänge (1973), Heft 6, S. 30-50.

1974

Einige Auswirkungen sozialen Wandels auf die politische Teilnahme. Anmerkungen zur Partizipationskrise in der Schweiz. In: Société Suisse de Sociologie (Hrsg.): Actes du IIième Congrès de la Société Suisse de Sociologie. Contributions à une Analyse Sociologique de la Suisse. Genève 1974, S. 137-148.

1975

Interessenartikulation in schweizerischen Massenmedien. Bericht über einen inhaltsanalytischen Versuch. Kleine Studien zur politischen Wissenschaft Bd. 78-79: Zürich 1975

Sozioökonomische Entwicklung – Anregung oder Hemmschuh für Partizipation? In: Schweizerische Zeitschrift für Soziologie 1 (1975), S. 129-156.

Warum wir immer weniger an die Urne gehen. In: NZ am Wochenende. Wochenendbeilage der Basler National-Zeitung vom 1.3.75.

1976

Bedürfnisvermittlung und Kommunikation. Voraussetzungen und Hindernisse für kommunikative Chancengleichheit. In: Rundfunk und Fernsehen 24 (1976), S. 3-14.

Instanzen der politischen Sozialisation. In: Projektgruppe am Institut für Kommunikationswissenschaft der Universität München: Einführung in die Kommunikationswissenschaft. Verlag Dokumentation: München 1976, S. 323-357.

1978

Bildung und Sozialchancen. Hypothesen zur Statuszuordnung durch das Bildungssystem. In: Kölner Zeitschrift für Soziologie und Sozialpsychologie 30 (1978), S. 468-487.

Quantitative Entwicklungstendenzen im Bildungssystem der Bundesrepublik Deutschland. (Forschungsbericht)

Maschinenschrift Hamburg 1978, 134 Seiten.

1979

Öffentliche Meinung und Meinungsbildungsprozesse. In: A. Heigl-Evers (Hrsg.): Lewin und die Folgen (Bd. VIII "Sozialpsychologie" des Handbuches "Psychologie des 20. Jahrhunderts") Kindler: München 1979. S. 519-526.

Die Sozialisationstheorie von Talcott Parsons. Zur Parsons-Rezeption in der deutschen Soziologie. In: Kölner Zeitschrift für Soziologie und Sozialpsychologie 31 (1979), S. 267-281.

Medieninhalte und partizipatorisch-pluralistische Demokratie. Ein theoretischer Bezugsrahmen zur Analyse politischer Massenkommunikationsaussagen. In: Publizistik 24 (1979), S.171-187.

1980

Zwischen Allmacht und Ohnmacht – Ergebnisse und Kritik der Wirkungsanalysen zur politischen Sozialisation in der Familie. In: Schweizerische Zeitschrift für Soziologie 6 (1980), S. 485-500.

1981

Junge Deutsche und Hitler. Eine empirische Studie zur historisch-politischen Sozialisation. Stuttgart: Klett 1981. 123 Seiten.

The Effects of the Film "Hitler – eine Karriere" On the Knowledge of and Attitudes Towards National Socialism. An Example of Historical-Political Education Through Mass Media. In: International Journal of Political Education 4 (1981), S. 263-282.

Die Bedeutung der Sozialisationstheorie von Parsons für die Analyse der Sozialisation von Erwachsenen. In: Rosemarie Nave-Herz (Hrsg.): Erwachsenensozialisation. Weinheim/Basel 1981, S. 19-26.

Die politische Öffnung der Familie in der Bundesrepublik Deutschland. Eine Anmerkung zum Gegenstrukturkonzept. In: W. Schulte (Hrsg.): Soziologie in der Gesellschaft. Bremen 1981, S. 531-536.

1982

Welchen Einfluß haben Massenmedien auf politisches Bewußtsein und politisches Handeln? In: Bernhard Claußen/Klaus Wasmund (Hrsg.): Handbuch der politischen Sozialisation. Braunschweig 1982, S. 84-103.

Neue Entwicklungen im Verhältnis von Familie und Politik. In: Schweizerische Zeitschrift für Soziologie 8 (1982), S. 451-468.

Politische Sozialisation in der Familie. Eine Synopse empirischer Ergebnisse. (Forschungsbericht)
Maschinenschrift Siegen 1982. 198 Seiten.

1983

Bildungschancen und Statusvererbung in der DDR. In: Kölner Zeitschrift für Soziologie und Sozialpsychologie 35 (1983), S. 755-770.

Die Einstellungen der Jugend zur Welt der Technik. In: Thomas Roser/Winfried Schlaffke (Hrsg.): Jugend und Technik. Köln 1983, S. 19-41.

Individuum – öffentliche Meinung – Politik. Zur Abhängigkeit der Politik von gesellschaftlichen Einstellungen. In: Ernst J. Nagel (Hrsg.): Dem Krieg zuvorkommen. Christliche Friedensethik und Politik. Freiburg 1983, S. 126-145.

1985

Technikfeindlich und leistungsscheu? Zum Einstellungswandel der Jugend. In: Aus Politik und Zeitgeschichte B 38 (1985), S. 27-37.

Die Schichtungssoziologie von Theodor Geiger. Zur Aktualität eines fast vergessenen Klassikers. In: Kölner Zeitschrift für Soziologie und Sozialpsychologie 37 (1985), S. 387-410.

Soziale Ungleichheit in der Bundesrepublik. In: Das Parlament 1985, Nr. 48, S. 18 (Sammelrezension).

1986

Theodor Geiger: Kritik der Reklame. Vervielf. Manuskript Siegen 1986. 518 Seiten. (Bearbeitung und Herausgabe der deutschen Übersetzung zus. mit Horst Pöttker).

1987

Soziale Schichtung und Lebenschancen in der Bundesrepublik Deutschland. Stuttgart: Enke 1987. 203 Seiten (Herausgeber und Autor der Hälfte der Beiträge).

Zur Problematik des Begriffs der sozialen Schicht. In: Rainer Geißler (Hrsg.): Soziale Schichtung und Lebenschancen in der Bundesrepublik Deutschland. Stuttgart 1987, S. 5-24.

Politische Ungleichheit: Soziale Schichtung und Teilnahme an Herrschaft. In: Rainer Geißler (Hrsg.): Soziale Schichtung und Lebenschancen in der Bundesrepublik Deutschland. Stuttgart 1987, S. 50-78.

Soziale Schichtung und Bildungschancen. In: Rainer Geißler (Hrsg.): Soziale Schichtung und Lebenschancen in der Bundesrepublik Deutschland. Stuttgart 1987, S. 78-110.

Soziale Schichtung und Kriminalität. In: Rainer Geißler (Hrsg.): Soziale Schichtung und Lebenschancen in der Bundesrepublik Deutschland. Stuttgart 1987, S. 138-161.

Die Massenmedien der DDR im Überblick. Vom Kampf der Agitatoren mit einem widerspenstigen Publikum. In: Haas, Hannes (Hrsg.): Mediensysteme. Struktur und Organisation der Massenmedien in den deutschsprachigen Demokratien. Wien 1987, S. 92-105.

Die Weißwäsche der Geldwäscher. v. Brauchitsch in "Schlag auf Schlag": Über den Verfall der politischen Moral im Fernsehen. In: medium 17 (1987), Heft 2, S. 9-11.

Theodor Geigers Geschichte der Werbung. In: Publizistik 32 (1987), S. 320-337 (zus. mit Horst Pöttker).

Anmerkungen zu Theodor Geigers Kritik der Reklame. In: Soziale Welt 38 (1987), S. 492-497 (zus. mit Horst Pöttker).

Wandel durch Massenmedien. Die Verstärker-Doktrin neu durchdacht. In: Roland Burkhart (Hrsg.): Wirkungen der Massenkommunikation. Theoretische Ansätze und empirische Ergebnisse. Wien 1987, S. 23-35.

Theodor Geiger. Kritik der Reklame – Wesen, Wirkungsprinzip, Publikum. In: Soziale Welt 38 (1987), S. 472-492 (zus. mit Horst Pöttker).

1988

Wissenschaft und Nationalsozialismus. Essen: die blaue eule 1988. 300 Seiten (Herausgeber zusammen mit Wolfgang Popp).

Junge Männer und Frauen vor Gericht. Geschlechtsspezifische Kriminalität und Kriminalisierung. In: Kölner Zeitschrift für Soziologie und Sozialpsychologie 40 (1988), S. 505-526 (zus. mit Norbert Marißen).

Laudatio auf Magdalena Sokolowska. In: Rainer Geißler (Hrsg.): Ehrenpromotion Magdalena Sokolowska. Dokumentation Siegen 1988, S. 12-22.

1989

Der Kibbuz – Bilanz einer kleinkommunistischen Utopie. In: Universitas 44 (1989), S. 462-473.

Nekrolog. In memoriam Magdalena Sokolowska. In: Kölner Zeitschrift für Soziologie und Sozialpsychologie 41 (1989), S. 804-805.

1990

Technikakzeptanz in der Bundesrepublik Deutschland. Unterschiede zwischen Jugendlichen und Erwachsenen und der Einfluß von Parteipräferenzen. In: Ernst Kistler/Dieter Jaufmann (Hrsg.): Mensch – Technik – Gesellschaft. Opladen 1990, S. 141-166.

Bildungschancen in der DDR – Erfolge und Mißerfolge sozialistischer Bildungspolitik. In: Grundlagen der Weiterbildung 1 (1990), S. 8-9.

Jugend und Technik. Wie bewerten Jugendliche zur Zeit Fragen der Technik und ihrer Folgen? In: Gegenwartskunde 39 (1990), S. 47-58.

Entwicklung der Sozialstruktur und Bildungswesen in der Bundesrepublik Deutschland und in der Deutschen Demokratischen Republik. In: Oskar Anweiler u.a. (Hrsg.): Vergleich von Erziehung und Bildung in der Bundesrepublik Deutschland und in der Deutschen Demokratischen Republik. Köln 1990, S. 83-111.

Schichten in der post-industriellen Gesellschaft. Die Bedeutung des Schichtbegriffs für die Analyse unserer Gesellschaft. In: P.A. Berger/S. Hradil (Hrsg.): Lebenslagen, Lebensläufe, Lebensstile. Göttingen 1990, S. 81-102.

Anmerkungen zur Analyse und Bewertung von Frauenkriminalität. In: Kölner Zeitschrift für Soziologie und Sozialpsychologie 42 (1990), S. 144-148 (zus. mit Norbert Marißen).

Kriminalität und Kriminalisierung junger Ausländer. Die tickende soziale Zeitbombe – ein Artefakt der Kriminalstatistik. In: Kölner Zeitschrift für Soziologie und Sozialpsychologie 42 (1990), S. 663-687 (zus. mit Norbert Marißen).

Soziale Ungleichheiten zwischen Männern und Frauen – Erfolge und Hindernisse auf dem Weg zur Gleichstellung in den beiden deutschen Gesellschaften In: Sozialwissenschaftliche Informationen 19 (1990), S. 181-196.

Agitation als Selbsttäuschung. Thesen zu den politischen Funktionen des DDR-Fernsehens vor der Wende (am Beispiel der Aktuellen Kamera). In: Peter Ludes (Hrsg.): DDR-Fernsehen intern. Berlin 1990, S. 297-307.

1991

Umbruch und Erstarrung in der Sozialstruktur der DDR. In: Wolfgang Glatzer (Hrsg.): 25. Deutscher Soziologentag 1990. Die Modernisierung moderner Gesellschaften. Opladen 1991, S. 520-524.

Soziale Ungleichheit zwischen Frauen und Männern im geteilten und vereinten Deutschland. In: Aus Politik und Zeitgeschichte B 14-15 (1991), S. 13-24.

Transformationsprozesse in der Sozialstruktur der neuen Bundesländer. In: Berliner Journal für Soziologie 1 (1991), S. 177-194.

1992

Die Sozialstruktur Deutschlands. Ein Studienbuch zur sozialstrukturellen Entwicklung im geteilten und vereinten Deutschland. Opladen: Westdeutscher Verlag 1992. 348 Seiten.

Finden junge Frauen mildere Richter? In: Wolfgang Greive (Hrsg.): Frauen in Haft. Loccum 1992, S. 103-109.

Die ostdeutsche Sozialstruktur unter Modernisierungsdruck. In: Aus Politik und Zeitgeschichte B 29-30 (1992), S. 15-28.

Milde für Frauen in der Strafverfolgung. Der Frauenbonus oder das Paradox der geschlechtsspezifischen Gleichbehandlung vor Gericht. In: Kölner Zeitschrift für Soziologie und Sozialpsychologie 44 (1992), S. 449-558 (zus. mit Norbert Marißen).

1993

Sozialer Umbruch in Ostdeutschland. Opladen: Leske + Budrich 1993. 252 Seiten (Herausgeber).

Sozialer Umbruch in Ostdeutschland. Einleitende Bemerkungen. In: Rainer Geißler (Hrsg.): Sozialer Umbruch in Ostdeutschland. Opladen 1993, S. 7-29.

Sozialer Umbruch als Modernisierung. In: Rainer Geißler (Hrsg.): Sozialer Umbruch in Ostdeutschland. Opladen 1993, S. 63-91.

Die Folgen der deutschen Vereinigung für das Mediensystem. Eine Zwischenbilanz. In: medium 23 (1993), Heft 1, S. 21-26.

Fremdenhaß: Warum es in Deutschland brennt und was wir dagegen tun können. In: Siegener Hochschulzeitung (1993), Heft 1, S. 25-31.

Die Entwicklung der Sozialstrukturen in den beiden Teilen Deutschlands. In: Hauswirtschaft und Wissenschaft 5 (1993), S. 216-222.

Sozialer Wandel. In: Werner Weidenfeld/Karl-Rudolf Korte (Hrsg.): Handbuch zur deutschen Einheit. Frankfurt/New York 1993, S. 581-593.

Die Hinterlassenschaft der realsozialistischen Sozialisation: Mitgift und Erblast zugleich. Thesen zu einem Streitgespräch über Mentalitätsunterschiede zwischen Ost und West. In: Jörg Mayer (Hrsg.): Die unsichtbaren Hände. Kultur und Mentalität im wirtschaftlichen Transformationsprozeß Ost- und Westdeutschlands. Loccum 1993, S. 45-50.

Kein Abgesang auf Schicht und Klasse. Entwicklungstendenzen der Sozialstruktur in Deutschland und Europa. In: Das Parlament 1993, Nr. 33, S. 19 (Sammelrezension).

Die Verliererinnen der deutschen Einheit. Neue Studien zur Situation der Frauen in Deutschland. In: Das Parlament 1993, Nr. 49-50, S. 22 (Sammelrezension).

1994

Soziale Schichtung und Lebenschancen in Deutschland. Stuttgart: Enke 1994. 260 Seiten (Herausgeber und Autor der meisten Beiträge. Zweite völlig überarbeitete Auflage von B 4).

Die Folgen der deutschen Vereinigung für die Struktur der sozialen Ungleichheit: Kontinuität im Westen – Verwestlichung des Ostens – neue Ost-West-Kluft. In: Klaus Plake (Hrsg.): Sozialer Wandel und Geschichte. Hamburg 1994, S. 181-202.

Die pluralisierte Schichtstruktur der modernen Gesellschaft. Zur aktuellen Bedeutung des Schichtbegriffs. In: Rainer Geißler (Hrsg.): Soziale Schichtung und Lebenschancen in Deutschland. Stuttgart 1994, S. 6-36 (völlig überarbeitete Neufassung von Nr. 31).

Politische Ungleichheit: Soziale Schichtung und Teilnahme an Herrschaft. In: Rainer Geißler (Hrsg.): Soziale Schichtung und Lebenschancen in Deutschland. Stuttgart 1994, S. 74-110 (völlig überarbeitete Neufassung von Nr. 32).

Soziale Schichtung und Bildungschancen. In: Rainer Geißler (Hrsg.): Soziale Schichtung und Lebenschancen in Deutschland. Stuttgart 1994, S. 111-159 (völlig überarbeitete Neufassung von Nr. 33).

Soziale Schichtung und Kriminalität. In: Rainer Geißler (Hrsg.): Soziale Schichtung und Lebenschancen in Deutschland. Stuttgart 1994, S. 160-194 (völlig überarbeitete Neufassung von Nr. 34).

Ein historisch einmaliger Großversuch. Sozialer und politischer Umbruch in Ostdeutschland. In: Das Parlament 1994, Nr. 50, S. 18 (Sammelrezension).

1995

Soziale Schichtung und Teilnahme an Herrschaft in der Bundesrepublik Deutschland und in der Deutschen Demokratischen Republik. Ein Rückblick. Verlag Dr. R. Krämer: Hamburg 1995. 42 Seiten (Forum Politologie und Soziologie, Heft 8).

Die Bedeutung Theodor Geigers für die Sozialstrukturanalyse der modernen Gesellschaft. In: Siegfried Bachmann (Hrsg.): Theodor Geiger. Soziologe in einer Zeit "zwischen Pathos und Nüchternheit". Berlin 1995, S. 273-297.

Das gefährliche Gerücht von der hohen Ausländerkriminalität. In: Aus Politik und Zeitgeschichte B 35 (1995), S. 30-39.

Neue Strukturen der sozialen Ungleichheit im vereinten Deutschland. In: Robert Hettlage/Karl Lenz (Hrsg.): Deutschland nach der Wende. Eine Fünf-Jahres-Bilanz. München 1995, S. 118-140 u. 256-261.

"Ausländerkriminalität" ist und bleibt ein gefährliches Unwort. In: Aus Politik und Zeitgeschichte B 43 (1995), S. 36-39.

Datenreport 1994 und Sozialreport 1994 im Vergleich. In: Roland Habich/Wolfgang Zapf/Gunnar Winkler (Hrsg.): Sozialberichterstattung in und für Deutschland. Ein Ziel – zwei Wege? Berlin 1995, S. 56-58.

1996

Die Politisierung des Menschen. Instanzen der politischen Sozialisation. Ein Handbuch. Opladen: Leske + Budrich 1996. 682 Seiten (Herausgeber zusammen mit Bernhard Claußen).

Die Sozialstruktur Deutschlands. Zur gesellschaftlichen Entwicklung mit einer Bilanz zur Vereinigung. Opladen: Westdeutscher Verlag 1996. 421 Seiten (Zweite überarbeitete und erweiterte Auflage von B 6).

Politische Sozialisation in der Familie. In: Bernhard Claußen/Rainer Geißler (Hrsg.): Die Politisierung des Menschen. Instanzen der politischen Sozialisation. Opladen 1996, S. 51-70.

Vorwort. In: Bernhard Claußen/Rainer Geißler (Hrsg.): Die Politisierung des Menschen. Instanzen der politischen Sozialisation. Opladen 1996, S. 9-12 (zus. mit Bernhard Claußen).

Von der realsozialistischen zur sozialstaatlichen Struktur der sozialen Ungleichheit. Umbrüche im ostdeutschen Ungleichheitsgefüge. In: Martin Diewald/Karl Ulrich Mayer (Hrsg.): Zwischenbilanz der Wiedervereinigung. Strukturwandel und Mobilität im Transformationsprozeß. Opladen 1996, S. 289-302.

Kein Abschied von Klasse und Schicht. Ideologische Gefahren der deutschen Sozialstrukturanalyse. In: Kölner Zeitschrift für Soziologie und Sozialpsychologie 48 (1996), S. 319-338.

Zur Konstruktion von Sozialschichten in Ostdeutschland. In: Dietrich Brenner/Hans Merkens/Folker Schmidt (Hrsg.): Bildung und Schule im Transformationsprozeß von SBZ, DDR und neuen Ländern. ZUD Berlin 1996, S. 168-172.

Sozialer Wandel. In: Werner Weidenfeld/Karl-Rudolf Korte (Hrsg.): Handbuch zur deutschen Einheit. Frankfurt/New York: Campus 1996, S. 611-625 (aktualisierte Fassung von Nr. 65).

Sozialstrukturforschung in der DDR – Erträge und Dilemmata. Eine kritische Bilanz zur Triebkraft-Debatte und Mobilitätsanalyse. In: Berliner Journal für Soziologie 6 (1996), S. 517-540.

1997

Hohe Ausländerkriminalität – ein Stammtischgerücht. In: Caritas. Zeitschrift für Caritasarbeit und Caritaswissenschaft 98 (1997), S. 517-521.

1998

Sozialstruktur. In: Bernhard Schäfers/Wolfgang Zapf (Hrsg.): Handwörterbuch zur Gesellschaft Deutschlands. Opladen: Leske + Budrich 1998, S. 642-652.

Das mehrfache Ende der Klassengesellschaft. Diagnosen sozialstrukturellen Wandels. In: Jürgen Friedrichs/M. Rainer Lepsius/Karl Ulrich Mayer (Hrsg.): Die Diagnosefähigkeit der Soziologie (Sonderheft 38 der Kölner Zeitschrift für Soziologie und Sozialpsychologie). Opladen 1998, S. 207-233.

Der „kriminelle Ausländer" – ein Vorurteil. In: Jugendwohl. Zeitschrift für Kinder- und Jugendhilfe 79 (1998), Heft 10, S. 454-460.

Das rassistische Vorurteil vom „kriminellen Ausländer". In: Evangelische Kommentare. Monatsschrift zum Zeitgeschehen in Kirche und Gesellschaft (1998), Heft 10, S. 572-575.

1999

Theodor Geiger. In: Dirk Käsler (Hrsg.): Klassiker der Soziologie. Band 1. München: Beck 1999. S. 278-295 (zus. mit Thomas Meyer).

Mehr Bildungschancen, aber wenig Bildungsgerechtigkeit – ein Paradox der Bildungsexpansion. In: Stephan Bethe/Werner Lehmann/Burkard Thiele (Hrsg.): Emanzipative Bildungspolitik. Münster: LIT-Verlag 1999, S. 83-94.

Der bedrohliche Ausländer. Zum Zerrbild ethnischer Minderheiten in Medien und Öffentlichkeit. In: Markus Otterbach/Sebastian Trautmann (Hrsg.): Integration durch soziale

Kontrolle. Zur Kriminalität und Kriminalisierung allochthoner Jugendlicher. Köln 1999, S. 23-38.

Sozialer Wandel. In: Werner Weidenfeld/Karl-Rudolf Korte (Hrsg.): Handbuch zur deutschen Einheit. 1949-1989-1999. Frankfurt/New York: Campus 1999, S. 681-695 (aktualisierte Fassung von Nr. 86).

Social Stratification in Germany. Change and Stability in the Course of Modernization. In: Social and Psychological Change of Japan and Germany. Proceedings of the 5th Meeting of the German-Japanese Society for Social Sciences, Waseda Universität, Tokyo, September 13-17, 1998. Tokyo: Waseda University Press 1999, S. 1-10.

2000

Sozialer Wandel in Deutschland. München: Franzis' print & media GmbH 2000. 62 Seiten (Informationen zur politischen Bildung Heft 269)

„Ausländerkriminalität" – Vorurteile, Mißverständnisse, Fakten. Anmerkungen zu einer vielschichtigen Problematik. In: Migration und Soziale Arbeit, Heft 1/2000, S. 20-27.

Bessere Präsentation durch bessere Repräsentation. Anmerkungen zum Problem „ethnische Minderheiten und Öffentlichkeit". In: Heribert Schatz/C. Holtz-Bacha/Jörg-Uwe Nieland (Hrsg.): Migranten und Medien. Opladen: Westdeutscher Verlag 2000, S. 129-146.

Theodor Geiger. Die soziale Schichtung des deutschen Volkes. In: Dirk Kaesler/Ludgera Vogt (Hrsg.): Hauptwerke der Soziologie. Stuttgart: Alfred Kröner Verlag 2000, S. 148-153.

Nachholende Modernisierung mit Widersprüchen. Eine Vereinigungsbilanz aus modernisierungstheoretischer Perspektive. In: Heinz-Herbert Noll/Roland Habich (Hrsg.): Vom Zusammenwachsen einer Gesellschaft. Analysen zur Angleichung der Lebensverhältnisse in Deutschland. Frankfurt/New York: Campus 2000, S. 37-60 (gekürzte Fassung in: Aus Politik und Zeitgeschichte B 40/2000, S. 22-29).

2001

Sozialstruktur: In. Bernhard Schäfers/Wolfgang Zapf (Hrsg.): Handwörterbuch zur Gesellschaft Deutschlands. 2., erw. u. aktual. Aufl. Opladen: Leske + Budrich 2001, S. 672-681 (aktualisierte Version von Nr. 89).

Sind „Ausländer" krimineller als Deutsche? In: Gegenwartskunde 50 (2001), Heft 1, S. 27-41.

Multikulturalismus in Kanada – Modell für Deutschland? In: Jutta Allmendinger (Hrsg.): Gute Gesellschaft? Verhandlungen des 30. Kongresses der Deutschen Gesellschaft für Soziologie. Opladen: Leske + Budrich 2001, S. 618-642 (Kurzfassung in „Frankfurter Rundschau" vom 27. Aug. 2001 unter dem Titel „Ein schillerndes ethnisches Mosaik").

Sozialstruktur und gesellschaftlicher Wandel. In: Werner Weidenfeld/Karl-Rudolf Korte (Hrsg.): Deutschland-Trendbuch. Campus: Frankfurt/New York: Campus 2001, S. 97-135.

2002

Die Sozialstruktur Deutschlands. Die gesellschaftliche Entwicklung vor und nach der Vereinigung. Wiesbaden 2002. 512 Seiten (3., grundlegend überarbeitete Auflage von B 10).

Sozialstruktur. In: Martin und Sylvia Greiffenhagen (Hrsg.): Handwörterbuch zur politischen Kultur der Bundesrepublik Deutschland. Wiesbaden: Westdeutscher Verlag 2002, S. 580-589.

Facetten der modernen Sozialstruktur – Modelle und Kontroversen. In: Victoria Jäggi u. a. (Hrsg.): Entwicklung, Recht, Sozialer Wandel. Bern u. a.: Peter Lang 2002, S. 537-551.

2003

Das Schweigen zur schichtspezifischen Benachteiligung – von Pisa gestört. In: Pädagogik 55 (2003), Heft 2, S. 10-15.

Der Ungleichheitsansatz in der Eliteforschung. In: Stefan Hradil/Peter Imbusch (Hrsg.): Oberschichten – Eliten – Herrschende Klassen. Opladen: Leske + Budrich 2003, S. 119-123.

Multikulturalismus in Kanada – Modell für Deutschland. In: Aus Politik und Zeitgeschichte B 26 (2003), S. 19-25.

Gesetzestreue Arbeitsmigranten. In: Soziale Welt 54 (2003), S.

Mediale Integration von ethnischen Minderheiten und Medienumbruch in Deutschland, den USA und Kanada. In: Spiel 20 (2003), S. 190-201 (zus. mit Daniel Müller, Horst Pöttker, Sonja Weber-Menges).

Sachregister

Personenregister

Neu im Lehrbuch-Programm

Heinz Abels

Einführung in die Soziologie

Bd. 1: Der Blick auf die Gesellschaft
2., überarb. Aufl. 2004. ca. 350 S.
Br. ca. EUR 19,90
ISBN 3-531-33610-X

Bd. 2: Die Individuen in ihrer Gesellschaft
2., überarb. Aufl. 2004. ca. 288 S.
Br. ca. EUR 17,90
ISBN 3-531-33611-8

Was ist Soziologie? Was sind zentrale Themen? Welche theoretischen Erklärungen haben sich zu bestimmten Fragen durchgesetzt? Auf diese Fragen will diese zweibändige Einführung in die Soziologie Antwort geben. Die Sprache ist so gehalten, dass der Anfänger sicher auf abstrakte Themen und Theorien zugeführt wird und der Fortgeschrittene sein Wissen in Ruhe rekonstruieren kann.

Ekkart Zimmermann

Das Experiment in den Sozialwissenschaften
2., überarb. Aufl. 2004. ca. 288 S.
Br. ca. EUR 22,90
ISBN 3-531-14124-4

Das Lehrbuch bietet einen fundierten Überblick, wie Experimente in den Sozialwissenschaften geführt werden und was dabei zu beachten ist. Dabei werden sowohl Grundlagen und klassische Experimentanordnungen als auch konkrete Handlungsmöglichkeiten vorgestellt.

Ansgar Weymann

Individuum – Institution – Gesellschaft
Erwachsenensozialisation im Lebenslauf
2004. ca. 224 S. Br. ca. EUR 22,90
ISBN 3-531-14156-2

Der Band beschreibt die vielfältige Phänomenologie der Erwachsenensozialisation im Alltag, ihre zentralen Institutionen und Prozesse. Er führt in die theoretischen Grundlagen ein und stellt Ergebnisse empirischer Untersuchungen zur Erwachsenensozialisation in Erwachsenenbildung/Weiterbildung, in Arbeit und Beruf, in der Technisierung des Alltags, in der Migration und in der Transformation Ostdeutschlands vor. Die abschließenden Überlegungen richten sich auf Folgen der Globalisierung: die nationalstaatliche Politik kann die Institutionen des Lebenslaufs nicht mehr exklusiv gestalten. Möglichkeiten supranationaler Lebenslaufpolitik zeigen sich vor allem in der Europäischen Union.

Erhältlich im Buchhandel oder beim Verlag.
Änderungen vorbehalten. Stand: Januar 2004.

www.vs-verlag.de

VS VERLAG FÜR SOZIALWISSENSCHAFTEN

Abraham-Lincoln-Straße 46
65189 Wiesbaden
Tel. 0611.7878-285
Fax 0611.7878-400

Nachschlagewerke

Dirk Baecker (Hrsg.)

Schlüsselwerke der Systemtheorie

2004. ca. 300 S. Br. ca. EUR 19,90
ISBN 3-531-14084-1

Das Buch versammelt Artikel über die etwa 30 wichtigsten Grundlagenwerke der Systemtheorie. Autoren der Beiträge sind u.a. Rudolf Stichweh, Helmut Willke, Norbert Bolz, Elena Esposito, Mathias Albert, Alfred Kieser, Giancarlo Corsi und Ranulph Glanville.

Axel Honneth, Institut für Sozialforschung (Hrsg.)

Schlüsseltexte der Kritischen Theorie

2004. ca. 300 S. Geb. ca. EUR 27,90
ISBN 3-531-14108-2

Der Band bietet einen umfassenden, einführenden Überblick über die etwa 80 wichtigsten Texte der Kritischen Theorie. Auf diese Weise gelingt eine verständliche und fundierte Einführung in die Kritische Theorie. Beitragsautoren sind u.a. Sighard Neckel, Rolf Wiggershaus, Gerhard Plumpe, Wolfgang Bonß und Martin Seel.

Martina Löw, Bettina Mathes (Hrsg.)

Schlüsselwerke der Geschlechterforschung

2004. ca. 304 S. Br. ca. EUR 27,90
ISBN 3-531-13886-3

Der Band versammelt Zusammenfassungen und Analysen von etwa 20 zentralen Schlüsselwerken der Geschlechterforschung. Mit Beiträgen u.a. von Regine Gildemeister, Karin Flaake, Marianne Rodenstein und Ulrike Teubner.

Werner Fuchs-Heinritz, Rüdiger Lautmann, Otthein Rammstedt, Hanns Wienold (Hrsg.)

Lexikon zur Soziologie

3. Aufl. 1994. 763 S. Br. EUR 42,90
ISBN 3-531-11417-4

Das *Lexikon zur Soziologie* ist das umfassendste Nachschlagewerk für die sozialwissenschaftliche Fachsprache. Es bietet aktuelle, zuverlässige Erklärungen von Begriffen aus der Soziologie sowie aus Sozialphilosophie, Politikwissenschaft und Politischer Ökonomie, Sozialpsychologie, Psychoanalyse und allgemeiner Psychologie, Anthropologie und Verhaltensforschung, Wissenschaftstheorie und Statistik.

Erhältlich im Buchhandel oder beim Verlag.
Änderungen vorbehalten. Stand: Januar 2004.

www.vs-verlag.de

VS VERLAG FÜR SOZIALWISSENSCHAFTEN

Abraham-Lincoln-Straße 46
65189 Wiesbaden
Tel. 0611.7878-285
Fax 0611.7878-400